Manfred Schneider

DAS ATTENTAT
Kritik der paranoischen Vernunft

Manfred Schneider

Das Attentat

Kritik der paranoischen Vernunft

Matthes & Seitz Berlin

»*Nicht der Zweifel, die G e w i s s h e i t ist das, was wahnsinnig macht …*«
(Nietzsche: *Ecce homo*)

GRUNDZÜGE EINER KRITIK DER PARANOISCHEN VERNUNFT

| Politik und Verdacht
| Kontingenzleugnung
| Ikonoklasmus
| Rationalität
| Geschichtsbilder
| Paranoia als Fatumsgewissheit und artifizielle Deutung

Politik und Verdacht

Nicht erst seit dem 11. September 2001 bestimmen Attentate und das Attentatsrisiko die Politik. Seit zweihundert Jahren bereits zählt der gewalttätige Angriff auf Machthaber und auf politische Symbole zu den großen Gefahren in der Politik. Anders als beim politischen Mord, den Mächtige selbst verüben oder in Auftrag geben, greifen beim Attentat die Ohnmächtigen zur Waffe. Das Attentat ist der auf einen Augenblick gerechnete Einzelgängerkrieg der Ohnmacht. Dagegen gehört der politische Mord, wie die ältesten Zeugnisse belegen, zum Spiel der Macht selbst. Der Machthaber, den allein Waffen tragen, hat stets mehrere Rivalen überlebt. Seit der Antike arbeitet daher die Politik daran, die Politiker zu entwaffnen und der Staatsgewalt die Zähne zu ziehen. Wie aber lässt sich die Macht hegen? Trotz aller Versuche, die politische Macht zu läutern, sie zu zerstreuen und zu kontrollieren, trotz Gewaltenteilung, trotz wachsamer Öffentlichkeit, trotz ausufernder Beobachtung der Mächtigen durch die öffentlichen Medien herrscht noch immer die Vorstellung, dass eher charakterlose, eigennützige, korrupte Leute die politische Klasse bilden. Paradoxerweise bedroht das Attentat die Politik gerade von dem geschichtlichen Wendepunkt an, wo moderne Verfassungen in Europa und in den USA den einst Ohnmächtigen selbst immer mehr Anteile an der Macht zugestanden. Das Attentat ist der Dämon der liberalen Weltverbesserung. Es ist ein ungewolltes Nebenprodukt, ein Übel der Befriedung, mit der die modernen Institutionen die politische Macht zu dressieren suchen. Die Chronik der Attentate zeigt, dass die Hegungs- und Befriedungsrechnung nie ganz aufgegangen ist. Die Zähmung des Leviathan-Staates durch Verfassungen, freie Wahlen, durch befristete politische Ämter, durch die Dritte Gewalt der Gerichte, durch eine unabhängige Presse und neuerdings durch die Batterien der Kameraaugen blieb bis heute unvollendet. Staat und Regierungen lassen sich nicht vollständig transparent machen. Der Verdacht folgt wie ein Schatten der Macht. Es scheint daher genau umgekehrt zu sein: Je weiter, tiefer und heller das politische Theater ausgeleuchtet wird, je näher uns die Politiker auf dem Bildschirm rücken, bis wir die Falten ihrer Stirn und das Rosa ihrer Zunge befragen können, ob sie auch die Wahrheit sagen, je vertrauter und privater die Politik ins Auge der Beobachter fließt, desto nebelhafter, unfassbarer und unerreichbarer scheint auch der Hintergrund zu werden. Mit der Sichtbarkeit wächst die Unsichtbarkeit. Die einfache Rechnung lautet: Je transparenter die Welt des Politischen, desto größer der Verdacht, dass sie sich der Beobachtung nur darbietet, um die Tatsachen zu verhüllen, um das wahre Spiel vor den Blicken abzuschirmen. Das moderne politische Unbehagen vermutet: Was ich sehe, ist nur eine raffinierte Ablenkung meines Auges, die bösen Mächte arbeiten im Dunkeln. So deutet und spricht eine alltägliche Paranoia, ein in jedermanns Kopf lauernder Verdacht.[1] Diese Paranoia kann schlafen, sie kann im Zustand des Wartens verharren, sie kann aber auch aktiv werden. Es gibt das kollektive Aufschlagen der Augen, der plötzlich erwachende Massenverdacht, dass all das, was geschieht, lediglich Theater ist, ein Maskenspiel, raffinierte Täuschung. So entsteht bisweilen eine revolutionäre Stimmung, die einer Menge oder einem ganzen Volk die Gewissheit gibt, dass nun die Stunde der Wahrheit und Truglosigkeit geschlagen hat. Dann wachsen dem Wahn tausend Fäuste, er sprengt die Tore der Bastille, stürmt das Winterpalais, reißt die

Gefängnisse auf, erschlägt die Wächter und reißt zuletzt die Akten aus den Schränken, um in dieses Dunkel des Betrugs einzudringen und seine Agenten und Papiere ans Licht zu zerren.

Das gleiche Gefühl kann aber auch einen Einzelnen ergreifen. Der Attentäter, der heute aus der Flut der Bilder und Informationen auftaucht und zugleich dagegen aufbegehrt, weil sie ihn doch anlügen, ist eine solitäre, oft bereits seit Langem vereinsamte Gestalt, ein Grenzfall der Gesellschaft, für den sich plötzlich der Verdacht zur Gewissheit verdichtet. Er plant diese Tat als kathartischen Gewaltakt, um seine blitzartige Erleuchtung, seine einsame Gewissheit in einer schockierenden Botschaft an alle zu richten. Mit einem Schlag will er die Welt in den Stand seiner Erkenntnis heben. Ihn treiben oft die reinsten Motive, er sieht sich als rächenden Engel oder als Märtyrer der Wahrheit. Gerade dieser Reinheitswunsch, das Verlangen, die politische Welt vollkommen durchsichtig werden zu lassen, lässt den Attentäter erschauern vor dem Müll der Vermittlungen, der Nachrichten, Bilder, Kommentare, die den Beobachter von den »inneren Gemächern« der Macht trennen. Alle Begriffe von Politik, alles Wissen, zumal das Bild des Mächtigen, den er auslöschen will, alle historische Erkenntnis bezieht der Attentäter aus diesen Medien. Die Bilder und Worte lügen, aber das Flimmern seines Bildschirms, das Schwarz der Druckbuchstaben liest er als heimliche Botschaft, dass ihn ein Diaphragma von der Wahrheit trennt: Jetzt treiben ihn die gestellten Bilder, die lügenhaften Erklärungen, die unechten Gesten, die falschen Worte dazu, die Tat, vor der er lange zurückschreckt, zu vollenden.

Das ist der Augenblick der Paranoia, nämlich der Interpretation von gegebenen Zeichen durch eine »falsch dichtende Einbildungskraft«, wie Kant sagte.[2] Aus den Zeichen der Welt, die er sorgsam deutet, liest sie die Aufforderung zu Rettung. Der Attentäter ist nicht selten ein Grenzgänger, den ein einsamer und bisweilen wahnhafter Irrglaube zur Tat treibt. Aber diese verrückte Tat, die eigentlich niemals die erhofften politischen Wirkungen erzielt, liefert doch fundamentale Aufschlüsse über unsere politische und geschichtliche Welt. Denn die Macht wartet bereits auf diesen Attentäter, sie fürchtet ihn und schützt sich aufwändig vor ihm, und so läuft das Gespenst des Königsmörders immer schon durch die Paraden und öffentlichen Auftritte der Politik. Der Attentäter betritt eine Szene, die fertig arrangiert ist, er ergreift eine Rolle, die von seinen Vorgängern geschrieben wurde, er trifft ein Opfer, das längst mit ihm gerechnet hat. Die Mächtigen und Prominenten unserer Tage umgeben sich mit einem *cordon sanitaire* von Wächtern, die diesen Täter in ihren Blicken gespeichert haben und die jede Szene in der Öffentlichkeit unablässig nach ihm absuchen. Aber diese dauernd lauernde Gefahr bietet dem Politiker auch die Gelegenheit zu großen Auftritten. Dann verlässt er die Geborgenheit der Wächterblicke, Wächterarme, Wächterwaffen, um einer abgesperrten Menge das Geschenk seines Händedrucks zu machen. Es sind in tausend Drehbüchern kopierte Modellszenen, die die Theatralik des Politischen in ihrem Repertoire führt. Die Zeugen bewundern es, wenn der Mächtige das Protektorat der Bodyguards abschüttelt, und die Wächter fürchten es, denn ihr Feind ist diese Menge, in der das Kontingente der Politik schlechthin lauert: die maßlose, furchtlose und vermutlich verrückte Tat eines Einzelnen.

Die Wächter sind Beamte in dem anderen, dem staatlichen System der Paranoia. Dieser bis an die Zähne bewaffnete Verdacht der Macht selbst errichtet Ämter und riesige Behörden, beauftragt unzählige Videoaugen, die die vielgestaltigen Feinde des Staates beobachten oder, wenn sie fehlen, auch erfinden: revolutionäre Parteien, radikale Gruppen, politisch oder religiös motivierte Terroristen, feindliche Staaten und deren Geheimdienste, die tatsächlich bisweilen Mörder auf den Weg schicken. Eine gigantische Tagundnachtaktivität von Behörden stellt sich allen möglichen Tätern in den Weg. Der staatliche Verdacht, der administrative Wahn, die geheimdienstliche Paranoia, die Tausende von Aktenkilometern befestigen und Millionen Überwachungskameras installieren, bilden das korrespondierende System, den Gegenpart im Dialog mit dem furchtbaren Verdacht, der dem Attentäter den Schlaf raubt.

Die verschiedenen Arten des Verdachts, die unsere politische Paranoia ausbrütet, sind freilich nicht ganz ohne Anhaltspunkte. Nachrichten berichten täglich vom Missbrauch der Macht; die Staatsmänner stehen in ständiger Versuchung, die von Gesetz und Moral gezogenen Grenzen zu überschreiten. In den staatlichen Schaltzentralen, in den Ministerien und Behörden, den Polizeiämtern und Armeen, arbeiten auch stets Leute, die dem Götzen Sicherheit das Gesetz opfern. Immer wieder erhält die Öffentlichkeit Kostproben fehlgeleiteter geheimdienstlicher Tätigkeit. Den Irak-Krieg von 2003 löste eine Gefahrenanalyse der US-Regierung aus, die auf falschen Informationen von Geheimdiensten, auf Fehlinterpretationen von Satellitenfotos, von Tonbändern und diplomatischen Noten beruhte. Auch das war eine artifizielle Deutung von Zeichen aus Fatumsgewissheit oder durch »falsch dichtende Einbildungskraft«, um noch einmal Kants Paranoia-Formel aufzugreifen. Seit dem September 2001 laufen immer wieder Wellen von Warnungen vor neuen Gewalttaten der Al-Qaida-Terroristen durch die Welt. Bisweilen taucht eine solche Gestalt auch auf, die im Netz der Geheimdienste hängen blieb oder durch eigenes Ungeschick scheiterte. Aus guten Gründen (das sind keineswegs Geheimhaltungsgründe) erhält die Öffentlichkeit nur selten Einblicke in die Datenbasis dieser Warnungen. Die Schubladen der Geheimdienste beherbergen eine administrative Spielart des politischen Deliriums. Wo der Staat Daten sammelt, mästet er auch den behördlichen Wahn. In seinem riesigen Archiv hinterließ der einstige Staatssicherheitsdienst der DDR das Monument eines solchen administrativen Irrsinns: lange Aktenkilometer, die die »falsch dichtende Einbildungskraft« tausender Wahnbeamter abgelegt hatte. Gewiss: Die Feinde der DDR gab es, und die Feinde der DDR hatten auch Grund, das SED-System zu hassen. Dennoch erzählen die vierzig Jahre des sozialistischen Deutschland von keinem Attentatsversuch. Das System brachte nur ein gewaltiges Trugbild der Freiheit hervor, und nicht der Verdacht, sondern die einfachste Erfahrung sagte den Leuten, wie falsch das Spiel dieser Macht lief.

Die Geschichte überliefert auch Beispiele dafür, dass es gute Gründe geben kann, einen Mächtigen mit Gewalt zu beseitigen. Die Männer des 20. Juli 1944 zählten nicht zur Klasse der paranoischen Einzeltäter. Damals entschlossen sich wohlinformierte Politiker und desillusionierte Militärs zur Tat, weil sie die klassische moralische Ermächtigung für sich in Anspruch nehmen durften, einen Tyrannenmord zu begehen. Die bereits zu römischer Zeit in Rednerschulen und in Tausenden von Schüleraufsätzen erarbeitete Erlaubnis, einen Tyrannen zu töten, bildet den literarischen Hintergrund der Einzeltäterattentate. Doch schon die erste unvergessene Tat aus der abendländischen Attentatschronik, die Ermordung Gaius Julius Caesars an den Iden des März im Jahre 44 vor unserer Zeitrechnung, stand im Zwielicht. War Caesar wirklich ein Tyrann? Griff er tatsächlich nach der Alleinherrschaft? Wollte er sich allen Ernstes als Gott verehren lassen? Handelten Brutus und seine Verschworenen wirklich aus reinstem politischem Idealismus?

Die Fragen bleiben offen. Doch was kann eine Kritik der paranoischen Vernunft angesichts solch verwirrender Eingangsbefunde leisten? Kann es eine Wissenschaft des bewaffneten Aberwitzes geben? Die Kritik, die Kunst der Unterscheidung, muss zunächst einmal die Archive der Attentate in Einzelanalysen durchleuchten. Die Zwiegespräche des politischen Wahns sind noch nicht geschrieben: der Dialog zwischen dem Attentäter und seinem Opfer, der Dialog zwischen dem Wahn der bewaffneten Hand und dem Wahn der Geheimdienste, der Dialog zwischen dem Ereignis und seinen Interpreten, der Dialog zwischen den Interpreten und ihren Ärzten. Der Attentäter, so unerwartet, so unvorhersehbar er auch auftritt, so verworren und verrückt seine Sicht der Dinge vielleicht ausfällt, gibt Auskünfte über die Pathologie des Politischen und der Geschichtsschreibung in der Kultur des Westens. Der amerikanische Historiker Richard Hofstadter unterschied einmal zwischen der klinischen Paranoia von Einzelpersonen und dem paranoiden Denkstil von Politikern, die eine Nation oder einen Staat oder eine Lebensform in Gefahr sehen.[3] Im Wahn des Attentäters verbinden sich beide Formen. Seine Tat beruht auf keiner singulären, sondern auf einer kollektiven Interpretation. Er zieht seine Gewissheit und die Kraft zu seiner Tat aus Gemeinwissen und vor allem aus Büchern. Er liest und schreibt. Er ist von Bildern besessen. Die Attentäter der Geschichte bilden eine literarische Familie: Alle Könige und Königsmörder, ebenso ihre demokratischen

Nachfahren, sind wie Brutus die Söhne oder Töchter Caesars. Bisweilen sprechen sie es Nietzsche nach: »Julius Cäsar könnte mein Vater sein«.[4] Und dieser Familienwahn korrespondiert unmittelbar mit einem staatlichen, institutionellen Wahn, der zur Politik der westlichen Welt, wenn auch nicht nur zu ihr allein, gehört. Weil die Beobachtung zutrifft, dass die Zahl der Attentate in der westlichen Welt von dem Zeitpunkt an zunahm, wo sich die Staaten Europas und Amerikas unter die Gesetze, Einschränkungen und Transparenzgebote der Demokratie, der Öffentlichkeit und der Gewaltenteilung begaben, scheint doch etwas nicht richtig zu laufen. Die Erklärungsversuche dieses Buches lassen sich unter vier Leitgesichtspunkte bringen.

Kontingenzleugnung

Ganz wie die Geschichtsschreibung verdrängt der moderne politische Diskurs die Kontingenz.[5] Und eben diese Kontingenz setzt das Attentat, das selbst gegen die Kontingenz aufbegehrt, in Szene. *Kontingent* heißt nach Aristoteles ein Geschehen oder ein Handeln, das »je nachdem, wie es sich gerade trifft, geschieht oder nicht geschieht«.[6] Gewiss ist allen Politikern bewusst, dass sie auch anders entscheiden können oder dass das Ergebnis ihrer Entscheidungen ihre Absichten bisweilen entstellt. Doch erweist sich der politische Diskurs darum als kontingenzblind, weil er die Welt mit Gesetzmäßigkeiten, Notwendigkeiten und Regelmäßigkeiten durchdringen soll. Die Politik soll den Leuten Sicherheit, Wohlstand, Risikolosigkeit schenken und einen Horizont aufziehen, der alle Erwartungen bestätigt. Das ist der Traum der Politik. Und darum begleitet dieses fundamentale, ontologische Anders-sein-können der Kontingenz »wie ein Schatten« alle Handlungen und Ereignisse.[7] Aber es bleibt ein Schatten unserer gegen den Zufall aufgetürmten Rationalität.

Als Hoheitszeichen dieser Verdrängung führen die modernen Demokratien die Gütesiegel der Vernunft. Der demokratische Staat hält sich für den institutionellen Ausdruck, den vom Recht getragenen Administrator der Vernunft. Die liberale Charta ist von gleicher Hand und mit der gleichen Tinte geschrieben wie die großen Werke der vernünftigen Aufklärung. Philosophen und Könige haben unsere Freiheit erdacht. Wie hat nicht Friedrich der Große gegen die Politik des Scheins, die Machiavelli den Fürsten nahelegte, gewettert![8] Der Staat ist die universelle Vernunft. Doch das Arbeitsgebiet der Politik ist keineswegs das Vernünftige, Regelhafte, Berechenbare, Gesetzmäßige, sondern ihr feindlichster Gegensatz: das Zufällige, Kontingente, Unvorhersehbare. Nicht die Algorithmen der Verwaltung, der stumme Gleichlauf der bürokratischen Akte, machen das Politische aus, sondern das Unerwartete. Die staatliche Administration beschäftigt daher Heerscharen von Planern und rechnenden Auguren. Dennoch gelangt dieses Unberechenbare und Unvorhersehbare nicht bis in den politischen Diskurs. Die ehrwürdige Metaphorik des Politischen fasste einst den Staat in das Bild eines Schiffs und verglich den Politiker mit einem erfahrenen Steuermann, der dieses Staatsschiff durch die Unvorhersehbarkeiten der Winde, Wellen und Klippen lenkt. Unser moderner Staat ist bildlos, er arbeitet als Maschinerie der Selbsterhaltung, die keine Winde und Wellen mehr kennen mag. Früher erzählte die Weltgeschichte vom Aufstieg und Untergang der Reiche. In vollem Bewusstsein, dass im Kampf der Reiche und Nationen stets alles auf dem Spiel stand, wollte sich ein Volk durch gemeinsame Institutionen in der Zeit und im Raum erhalten. Hingegen stellt heute der Staat seinen Bürgern Zeitlosigkeit in Aussicht. Der politische Diskurs gestattet keine Zweifel an seiner Zuverlässigkeit. Das Unvorhersehbare von Konjunkturen, Meinungen, Börsen, Finanzproblemen, Kriegen, Umweltrisiken ist kein Thema, sondern wird den Berechnungen der Auguren unserer Tage überlassen: Fachleuten der Prognose. So scheint der Lauf der Dinge immer den Normalitätserwartungen zu folgen. Gibt es nicht auch das Unvorhersehbare? Nachdenken über dieses Jenseits des Erwarteten leisten sich daher nur noch Versicherungen. Doch bisweilen will die Verzweiflung eines Einzelnen den Mächtigen direkt zu spüren geben, dass sie die Zufälle nicht beherrschen. Der furchtbare Anschlag des 38-jährigen Karst Roeland Tates am 30. April 2009, der mit seinem

Auto auf die niederländische Königsfamilie zuraste, scheint ein Beispiel für diesen aus Unglücksverzweiflung geborenen Wahn zu sein. Tates hatte seinen Arbeitsplatz verloren, seine Wohnung war gekündigt worden, und dies trieb den sonst angepassten und keineswegs verrückten Mann dazu, sein Auto in eine Mordwaffe zu verwandeln und sich auf die Königin zu stürzen. Dieses lebendige Bild des Staates, der Dauer und Sicherheit zu garantieren schien, hatte gelogen. Ganz allgemein gesprochen interpretiert die Paranoia die Welt, indem sie alles Kontingente löscht. Sie leugnet den Zufall. Sie ist wie von Kants teleologischer Vernunft besessen, die nichts in der organischen Welt als »grundlos« oder »unzweckmäßig« lassen kann und sogar dem Ungeziefer in »Kleidern, Haaren, oder Bettstellen« die gute Naturabsicht abliest, dass es die Menschen zur Reinlichkeit anhalten soll.[9] Der Paranoiker betrachtet aber nicht nur die organische Welt. Er durchleuchtet vielmehr *jedes* Ereignis, jede Schwingung der Dinge auf ihren Grund, auf einen anonymen oder aber feindlichen Willen hin, überall vermutet er Verschwörungen, die Hand einer unsichtbaren Macht. Der Paranoiker ist ein in die Politik oder in die Geschichte abgeirrter Wiedergänger des fabelhaften Detektivs Sherlock Holmes, der die zufälligen Zeichen besser als jeder andere entzifferte und aus ihnen den abwegigsten Verdacht zu erhärten verstand.[10] Jeder Flügelschlag, jeder Blick, jedes Zeichen, jede Nachricht zeugt ihm von einer bösen Absicht, von einer konspirativen Macht oder von einer göttlichen Hand. Der vollendete Paranoiker ist Geschichtsphilosoph und sieht sich als messianisch Beauftragter. Als Meister der artifiziellen Deutung folgt er der Mission, die Hegel der philosophischen Betrachtung übertragen hat, nämlich aus der Geschichte »das Zufällige zu entfernen.«[11] Der späte Nietzsche, der seine letzten Bücher als »Attentat (…) auf den Gekreuzigten«, auf das Christentum und auf die Deutschen[12] ankündigte, erklärte zugleich, dass es in seinem Leben keinen Zufall mehr gebe.[13] Nach seiner großen, einsamen Erleuchtung, nach der Erkenntnis der Ewigen Wiederkunft, verkündete Nietzsche daher die »Erlösung des Zufalls«[14], das Ende der kleinen Politik. So pointiert wurde die Weltdeutung der paranoischen Vernunft nie gefasst.

Die paranoische Vernunft operiert in Exzessen der Vernünftigkeit. Der moderne Staat folgt unbewusst der philosophischen Devise Hegels, wonach »die Welt des Wollens nicht dem Zufall anheimgegeben ist«.[15] Der Träger und Held dieser paranoischen Vernunft ist nicht der Übermensch, sondern der Staatsmann. Sein Glück deutet er als Prämie der Vorsehung. Der Chor der Kommentatoren, der Beobachter und Kritiker beteiligt sich an dieser Verschwörung. Diese Politik, ihre Vernunft und Fatumsgewissheit, bildet mit der Geschichtsschreibung eine konspirative Vereinigung gegen den Zufall. Denn der erfolgreiche Politiker, Wirtschaftsführer oder General ist die seltene Erscheinung, die für eine gewisse Zeit die Zufälle auf ihre Seite zieht und alles Glück der eigenen Weitsicht und tiefen Erkenntnis zurechnet. Ihr Erfolg besteht aber tatsächlich aus einer Serie glücklicher Würfelwürfe. Solche Leute kann die Welt gebrauchen. Aber diese Illusion bricht irgendwann zusammen, und dann sagt der Chor ganz richtig: »Das Glück hat ihn verlassen.«

Das Attentat liefert ein Lehrbeispiel für die moderne Unfähigkeit, aktuelle und historische Ereignisse als kontingent zu erleben, zu sehen, dass die Entscheidung des Augenblicks für diese oder jene Version zufällig ist. Den Mythos der Beherrschbarkeit und Planbarkeit der Welt schreibt der Katechismus unserer Staatsrationalität. Er sagt: »Credo quia rationale«. *Vernunft* ist der mit höchster Autorität versehene Name für den von Leibniz in die Welt gebrachten »zureichenden Grund«.[16] Der »zureichende Grund« liefert Deutungen der Welt, die alle Dinge und Ereignisse in einem regierenden Weltwillen Wurzeln schlagen lässt. Der zureichende Grund ist das Vernunftprinzip, das unangenehmen Tatsachen simple Ursachen zuschreibt: Der Klimawandel hat seinen Grund im CO_2-Ausstoß, der Krebs hat seinen Grund im Rauchen, die Jugendgewalt hat ihren Grund in den Medien, der Terror hat seinen Grund im Islam, der Krieg hat seinen Grund in den Männern, die Finanzkrise hat ihren Grund in der Habgier, um nur ein paar Beispiele zu geben, die eben Konjunktur haben. Ein Politiker, der keine Gründe kennt, verfehlt seine Rolle. Bereits Denis Diderot bestimmte in seinem *Encyclopédie*-Artikel über den Philosophen, dass der philosophische Geist ein beobachtender und richtig arbeitender Geist sei, der »alles auf seine wahren Prinzipien zurückführt«.[17] Entscheidend ist hierbei das Wörtchen *alles*. Totalisierung ist die Droge der Paranoia. Der *hinreichende Grund* der Philosophie gibt vor zu wissen, dass auch jedes Atom nach der Pfeife eines großen Planers tanzt. Das ist ihre Fatumsgewissheit. In der Politik aber sind *Gründe* hingegen fiktive Erklärungen für Handlungen oder Entscheidungen, die sich in der Dimension der Ereignisse nachträglich als erfolgreich oder als fehlerhaft erweisen. Es sind Wetten. Ein großer Teil des Weltalltags folgt Regelmäßigkeiten und Plänen, aber es gibt den großen Rest ungeplanter, nicht vorhersehbarer Vorfälle, die ungewollt und undenkbar daherkommen. Die Moderne füllt die Risse, die Falten, die Brüche, die Diskontinuitäten und Zufälle im Gang der Dinge mit zureichenden Gründen. Diese paranoische Vernunft lässt sich niemals überraschen. Sie kennt die Gründe immer schon. Bereits Kant bewunderte den ungeheuren Scharfsinn der Paranoiker. »Stimmten nur ihre Daten!«, seufzte der Königsberger Philosoph. Sherlock Holmes, der stets mehr sieht und dem sich mehr Verdacht erhärtet als allen anderen, ist eine Traumgestalt der Paranoia. Denn Anhänger oder Verwalter der paranoischen Vernunft sind sie alle: die Attentäter, die Opfer, die Beobachter. In diese Kontingenzblindheit bricht der Attentäter ein und betritt als schwarzer Engel des Zufalls das politische Theater. Das ist seine gar nicht bewusst gewählte Mission. Er will ja eigentlich die Wahrheit über die Macht verkünden. Aber er erteilt diese andere Lehre, dass die paranoische Vernunft eben mit ihm, hier an dieser Stelle und in diesem Augenblick, nicht gerechnet hat. Er ist das blutige Beispiel für die Rechenfehler.

Ikonoklasmus

Der Attentäter bringt noch ein zweites Problem der staatlichen Macht in der Moderne zur Anschauung: Der Attentäter ist ein Neurotiker des Bildes und handelt als Ikonoklast. Er will nicht nur das

Dunkel der Macht ausleuchten, er will auch und vor allem ein misslungenes Bild der Macht zerschlagen. Die Repräsentation der Macht ist im Auge der Attentäter desaströs. Auch der Attentäter Nietzsche sagte: »Die Bösen, das sind mir namentlich die, welche als Könige usw. das *falsche Bild* des mächtigsten Menschen geben, auf Macht von Heeren, Beamten gestützt.«[18] Das Bild des Mächtigen scheint dem Attentäter mangelhaft, dieses Bild, das die Moderne *Image* nennt, repräsentiert nicht seinen Glauben an die Gerechtigkeit, an das Schicksal, an die Wahrheit oder an das Vaterland. Das Bild des Mächtigen muss weg, ein besseres, vielleicht sein eigenes, muss her. Das ist das eine Motiv des mörderischen Ikonoklasmus. Die meisten Attentate der älteren und der neueren Geschichte gelten Götzen, Fälschungen, Anmaßungen eines Bildes der Macht. Die vielen römischen Kaiser, die einen gewaltsamen Tod fanden – von Caesar, ihrem Urbild, bis Heliogabal – wurden als entleerte, angemaßte oder gar gefälschte Bilder erschlagen. Diese Caesaren übernahmen ja stets göttliche Ämter und trieben eine exzessive Politik mit ihrem Bilde. Das war in Rom nicht anders als in Byzanz. Die Moderne hingegen hat die Bilder ihrer Herrscher abgerüstet. Sie sollen das Potenzial des Amtes, das sie ausüben, nicht zeigen, sondern vergessen machen. An ihnen soll kein Stäubchen Macht zu sehen sein. Das Lächeln der Mächtigen, das die Fotografie hervorgelockt hat, soll den Gedanken an die Gewalt, über die er gebietet, verflüchtigen. Der Ikonoklasmus des Attentäters greift dieses trügerische Bild an, das etwas anderes bedeutet, als es zeigt. Der Attentäter Karl Ludwig Sand, der am 21. März 1819 den Dramatiker, Publizisten und Geschichtsschreiber August von Kotzebue ermordete, nannte sein Opfer das »*Schutzbild* dieser feilen Zeit«.[19] Er wollte das trügerische Bild eines (vermeintlich) politisch Mächtigen zerschlagen.

Seit Beginn des 19. Jahrhunderts, seitdem die neuere Chronik der Attentate einsetzt und ihr sprunghaftes Ansteigen verzeichnet, erscheinen die Mächtigen im Bild, in immer mehr Bildern, in immer mehr technischen Bildern. Mit der Inflation der Fotos, der Karikaturen, Wochenschauen, TV-Bilder, kann sich das Bild der Macht zugleich entleeren oder auch aufladen. Die Attentäter richten ihre Waffe auf ein Foto oder auf den Pixelhaufen, den eben der TV-Bildschirm von der Kontur des Mächtigen zeichnete. Die Sichtbarkeit ist ja eine fundamentale Dimension von Macht. Doch erweist sich diese Sichtbarkeit der Helden, der Könige und Staatsmänner, der Film- und Popstars, der Kunst- und Sporthelden zugleich als eine schwierige, rätselhafte, riskante Sache. Die Körper der Mächtigen, die Körper der Vielgesehenen, hüllen sich in eine Aura. Die Repräsentanten umgibt ein Kraftfeld aus Blicken. Das Bild des Mächtigen kann daher eine maßlose Faszination auf den Täter ausüben. Lee Harvey Oswald, der Mörder John F. Kennedys, war kein verlängerter Arm der Mafia, des FBI oder des KGB, wie die paranoische Vernunft Amerikas noch heute behauptet, sondern ein junger depressiver Mann, der von dem Bild des Präsidenten derart geblendet war, dass er es auslöschen und sich selbst an dessen Stelle setzen wollte. Auch er erklärte: »Ich verachte alle Repräsentanten.«[20] Das galt für alle Repräsentanten sowohl in der Sowjetunion als auch in den USA. Verächtlich waren sie ihm, weil sie nicht das waren, was sie repräsentierten. Der Mörder John Lennons, Mark David Chapman, war viele Jahre lang ein begeisterter Anhänger des Beatles-Sängers. Doch als er eines Tages in einem Bildband Fotos seines Idols sah, die ihn als Star und arrivierten reichen Mann zeigten, entstand die Mordabsicht: »als ich diese Bilder anschaute, da wurde ich wütend auf ihn.«[21]

Rationalität

Der mörderische Ikonoklasmus der Attentäter richtet die Waffen auf das Bild eines Mächtigen und Vielgesehenen. Der Körper dieses Mächtigen ist emblematisch, er ist zugleich lebendig und symbolisch. Es ist der sprechende Köper schlechthin. Daher kann sich das Ziel einer solchen Gewalttat auch verschieben und die Gewalt unmittelbar den Emblemen und Symbolen der Macht gelten. Friedrich Nietzsches »Attentat auf den Gekreuzigten« galt einem solchen Symbol. Der junge kanadische Leutnant Lortie, der im

Mai 1984 die Regierung Quebecs auslöschen wollte, weil sie, wie er sagte,»das Gesicht meines Vaters« hatte, feuerte auf die leeren Regierungsbänke, als er das Parlament zufällig an einem sitzungsfreien Tag stürmte.[22] Auch die Schoolshooter unserer Tage wollen Institutionen ermorden. Der Schoolshooter von Emsdetten, Sebastian Bosse, notierte vor seiner Tat in seinem Tagebuch:»Du schickst deinen meist gehassten Ort zur Hölle.«[23] Der Angriff auf die Twin Towers traf Machtembleme des Westens, und diese allzu aktuelle Spielart der Attentatsgewalt will moderne, trügerische, scheinheilige Repräsentationen der Macht in die Luft gehen lassen, Wolkenkratzer, Flughäfen, Bahnhöfe, Kraftwerke, Regierungsgebäude, die Kathedralen technischer Rationalität. Mehr noch als den menschlichen Opfern gilt diese Attentatsgewalt den Einrichtungen und Emblemen einer maskierten, expandierenden herrschsüchtigen Zivilisation. Der Al-Qaida-Terrorismus entwickelte eine hypermoderne Form der Kriegsführung: nicht mehr die Konfrontation von Staaten und ihrer Interessen, sondern die Konfrontation von Kulturen und Weltbildern. Verborgenheit gegen Verborgenheit.[24] Der zerstörerische Wille radikaler, religiös motivierter Gruppen, die solche kollektiven Angriffe planen, kommt aber aus ganz ähnlichen Deutungen wie die mörderische Energie des einsamen Attentäters, des Prototyps dieser Gewalt. Sie sind tief durchdrungen von der Vorstellung einer im Verborgenen handelnden Macht. Flughäfen, Wolkenkratzer, Regierungsgebäude bilden für sie augenfällige Trugbilder eines Systems, das anders ist, als es erscheint. Ihren Blicken entzieht sich die westliche Zivilisation, sie besteht nicht aus Staaten und Völkern, sondern aus Knotenpunkten eines wachsenden Netzwerks von Kanälen, durch das riesige Ströme von Menschen, Energien, Waren, Kapital und Daten fließen. Dieses System bildet Bollwerke gegen uns fremd gewordene Formen der Kontingenz: Hunger, Krieg, Armut, Katastrophen, Seuchen, früher Tod. Wie hat sich der Westen diese Kontingenzreduktion erkauft? Für das Auge der Attentäter verbirgt das glänzende Außen der technologischen Embleme die wahre Welt. Im unsichtbaren Hintergrund wüten Ausbeutung, Imperialismus, Spekulation, Rassismus. Gegen die Trugbilder richtet sich der Angriff.

Der religiöse Glaube überlässt Kontingenz und Vorsehung einer unsichtbaren Hand, einem Götterwillen, dem er sich ergibt, aber der er nicht selbst zu sein versucht. Indem er der Hypermacht einen solchen Schlag versetzt und Wellen der Erschütterung durch die Welt schickt, hat der Attentäter Gott ein Urteil entlockt und die Macht seines Glaubens erwiesen. Diesen religiösen Antrieb will die Dämonisierung und Kriminalisierung der terroristischen Selbstmörder nicht wahrhaben. Ein solcher Attentäter taucht nicht nur eine U-Bahn oder einen Stadtteil in Asche und Blut, sondern er löscht sich selbst aus als Gottesbeweis oder als Antigottesbeweis, denn der Westen verkennt, dass auch seine eigene Rationalität ein (gut funktionierender) Wahn und ein (machtgestützter) Glaube ist.

Geschichtsbilder

Die Attentate der Einzelgänger wie der Gruppen bilden Dichtepunkte der Geschichte, es sind gedächtniswürdige Ereignisse, die das Unvorhersehbare im Gang der Dinge explodieren lassen und gewaltsam die Frage aufwerfen, wie sich Geschichte unter dieser Bedingung überhaupt denken lässt. Jedes Attentat auf eine mächtige oder prominente Persönlichkeit ist auch ein Angriff auf das Bild der Geschichte, das die jeweilige Macht trägt. Daher kann die Historiographie genau das nicht dulden. Die gleiche Paranoia, die im Hintergrund eines jeden Attentats eine Verschwörung vermutet, arbeitete auch das Modell der Geschichtsschreibung aus, dem wir vertrauen. Die Geschichtsschreibung kann die Zufallshaufen, die alle Vergangenheit auswirft, nicht auf sich beruhen lassen und sich nicht damit begnügen, die Fakten und Ereignisse zu sammeln, zu archivieren und in Wissen zu überführen. Sie muss die »schauerliche Herrschaft des Unsinns und Zufalls«[25] unablässig stürzen und in alle wichtigen Ereignisse einen positiven oder negativen konspirativen Sinn einspeisen. Dieser Typ von Interpretation ist unsere normale Paranoia, die aus Datenclustern Beweise, nämlich Sinnkonspirationen montiert. Sie arbeitet unter dem Aristotelischen Axiom, dass es keine Wissenschaft des Zufalls geben kann, dass sich der Zufall der Erkenntnis entzieht.[26] Aber die Chronik der Attentate erteilt die Lehre, dass eben der Zufall im Kampf gegen den Zufall steht. Die »schauerliche Herrschaft des Unsinns und Zufalls« schickt Attentäter und Historiker in die Geschichte, um die »schauerliche Herrschaft des Unsinns und Zufalls« zu widerlegen. Die Kritik der paranoischen Vernunft untersucht daher auch Attentate auf die Historiographie, ikonoklastische Schläge gegen die trügerische, falsche Emblematisierung der Vergangenheit. Am Entschluss vieler Attentäter wirkt nicht nur die Vorstellung mit, selbst Geschichte zu machen, den eigenen Name dem historischem Gedächtnis einzubrennen; der Attentäter streicht mit seiner Waffe auch eine Version der Geschichte, die ein vermeintlich mächtiger Autor zu Papier gebracht hat.

Das zeigt das Attentat auf August von Kotzebue. Karl Ludwig Sand stieß eigentlich ganz zufällig auf sein Opfer. Er hatte vom 17. bis 19. Oktober 1817 am Wartburgfest teilgenommen. Dort beging die deutschnationale burschenschaftliche Jugend den Jahrestag der Leipziger Völkerschlacht vom Oktober 1813 und Luthers Thesenanschlag vom Oktober 1517. Aber das Fest sollte diese großen Ereignisse nicht nur feiern, sondern auch selbst welche hervorbringen. Auf der Wartburg warfen die Studenten und Professoren daher unter anderem August von Kotzebues *Geschichte des deutschen Reiches von dessen Ursprunge bis zu dessen Untergange* ins Feuer. Das schien ein symbolischer Akt, provozierend wie Luthers Papier an der Wittenberger Kirchentür, geschichtsmächtig wie Napoleons Niederlage. Für den Theologiestudenten Sand gab es zwar viele Gründe zur Tat, aber eben doch keinen ersichtlich politischen Anlass, gerade von Kotzebue zu ermorden. Der Mann, der zeitweilig als Diplomat im Dienste des Zaren gestanden hatte, verfügte weder über politische Macht noch über großen publizistischen Einfluss. Er war zur Hassfigur aufgebaut worden, und seine Bücher nährten diesen Hass. Sand, der von Kotzebue zuvor nie zu Gesicht bekommen hatte, konnte mit den tödlichen Dolchhieben eine der damaligen Studentenschaft unmittelbar einleuchtende ikonoklastische Tat vollenden. Er löschte ein Bild aus und beseitigte einen Schriftsteller, der ein Buch über die deutsche Geschichte geschrieben hatte, das im Auge der national gesinnten Studenten das Bild dieses Deutschlands verfälschte. Die Antwort der Staatsparanoia folgte auf der Stelle. Der Deutsche Bund setzte noch im gleichen Jahr 1819 im Rahmen der Karlsbader Beschlüsse eine Untersuchungskommission ein, die das konspirative Netzwerk hinter dieser Tat finden und zerreißen sollte. Man stieß auf keine Anhaltspunkte für diesen Verdacht. Sands Dolchhiebe zielten nicht auf den Staat und seine Repräsentanten, sondern auf eine Lesart der Geschichte, die den Ereignissen der Vergangenheit, die sich an den Namen Deutschlands hefteten, die Fatumsgewissheit raubten. Die einzelgängerische Tat gegen den Historiker kam aus dem Willen zur Sicherung einer konspirativen Version der Deutschen Geschichte. Deutschland hatte im Auge dieser jungen Generation eine Mission.

Nicht nur Attentate, auch politische Morde können unmittelbar einer Lesart der Geschichte gelten. Das zeigt eine grauenhafte Tat aus dem 20. Jahrhundert. Am 30. August 1933 wurde der Schriftsteller, Kulturphilosoph und Geschichtstheoretiker Theodor Lessing in Marienbad von nationalsozialistischen Attentätern im Auftrag des SA-Stabsleiters Röhm erschossen. Man hatte wenige Monate zuvor in einer sudetendeutschen Zeitung lesen können, dass in Deutschland auf Lessings Kopf 40.000 Reichsmark als Prämie ausgesetzt worden waren. Lessing war 1916 als Autor einer kritischen geschichtsphilosophischen Schrift mit dem Titel *Geschichte als Sinngebung des Sinnlosen* hervorgetreten. In diesem mehrfach wiederaufgelegten Werk verwarf Lessing jede Form der Geschichtsmetaphysik von Herder über Hegel, Marx, Auguste Comte mit dem Argument, dass die Unmittelbarkeit der Geschichte nichts als Zufall, Chaos, als ein Meer von Blut und Tränen sei, sinnlos und wertfrei. Sein Versuch, eine paranoiafreie Geschichte zu denken, hat Theodor Lessing das Leben gekostet. Die mörderische Gewalt galt daher nicht nur, wie Lessings Biografen zumeist schreiben, einem jüdischen, pazifistischen Gelehrten. Sie galt einer Lesart der Geschichte, die die Ereignisse in der Zeit als schrecklichen Wellenschlag von Zufällen beschreibt: eine für die Vernunft schwer erträgliche Zumutung.

Paranoia als Fatumsgewissheit und artifizielle Deutung

Zu Beginn des 19. Jahrhunderts taucht die moderne Welt aus einem anschwellenden Strom von Ereignissen, Ideen, Informationen und Deutungen empor: Sie wird durch immer mehr Wissen unerkennbar. Diese Unerkennbarkeit resultiert paradoxerweise aus der Unmenge von Daten, Informationen, Berichten, Bildern und Lesarten: aus theologischen, philosophischen, politischen, utopischen, literarischen, sektiererischen, journalistischen Deutungen. Dieser Babylonismus der Interpretationen, der die Welt der Kontingenz der Ereignisse und der Deutungen aussetzt, ruft die Metadeuter auf den Plan. Jetzt errichtet sich die Vernunft der Paranoia ihre philosophischen Türme. Es ist die große Zeit der Denker von Hegel bis Nietzsche und über sie hinaus. Sie erblickt nicht nur in der Kontingenz der Ereignisse, sondern auch in der irritierenden Menge der Informationen über diese Ereignisse ein Unglück. Es muss doch einen Grund geben, sagt die moderne Paranoia, einen wahren, verhängnisvollen Grund, aus dem sich die dauernde Störung des Weltlaufs erklären lässt! Die paranoische Vernunft deutet ohne Anflüge von Zweifel, und wenn ihre Beweise und Konjekturen ins Extreme und Wahnhafte abirren, dann zieht sie zuweilen das Messer oder richtet Pistolen auf konspirative Gespenster. Oder sie lässt Sprengstoffpakete explodieren, weil kein Retter am Horizont erscheint, der die Komplexität und Kontingenz der Welt in einer großen Geste beseitigte. So sehen sich die Agenten dieser Vernunft selbst dazu aufgerufen.

Paranoia bezeichnet alltagssprachlich und klinisch ein breites Spektrum von Phänomenen. Zu ihnen zählen auf Deutungen beruhende Halluzinationen, Verfolgungswahn, Größenwahn, Kontingenzblindheit und immer wieder der Verdacht einer Verschwörung. Psychologen und Psychiater stritten lange darüber, ob die Paranoia eine eigene Krankheit ist, oder ob sie dem »Formenkreis« der Schizophrenie zugehört. Die neuere psychiatrische und neuropathologische Forschung rückt inzwischen vom Konzept eines eigenen, gegenüber der Normalität scharf abgegrenzten Krankheitsbildes der Schizophrenie ab. Nicht die Natur hat die Schizophrenie ersonnen, sondern die Psychiatrie. Da sich alle Merkmale, die sonst der Schizophrenie oder der Paranoia zugerechnet wurden, neurotische wie psychotische Symptome, in statistisch signifikanter Verteilung auch in der Normalbevölkerung nachweisen lassen, gibt es offenbar eine gleitende Skala schizophrener Verrücktheit. Die »Dekonstruktion« der Schizophrenie ist in vollem Gange.²⁷ Zugleich entwickelt sich auf der Grundlage eines Kontinuitätsmodells ein neues diagnostisches wie therapeutisches Konzept dieser Störung.²⁸ Ganz in diesem Sinne wird hier auch die paranoische Vernunft nicht als Krankheit, nicht als klinische Anomalie, nicht als Wahn oder Verrücktheit betrachtet; vielmehr wird sie in einem Kontinuitätsmodell gedacht. Die Formel, die hier vorläufig alle diese paranoischen Züge zusammenfasst, heißt *Fatumsgewissheit* und *artifizielle Deutung*.²⁹ Die Paranoia gewinnt ihre Gewissheit aus hochartifiziellen Deutungen, in denen Erregung, Angst, Verzweiflung, Hass mit Scharfsinn zusammenspielen. Sie findet die Ursachen für ihre Wahrnehmungen, für eine aktuelle Gefahr oder für das drohende Weltverhängnis in einer unsichtbaren Macht, die sich ihr in Zeichen verrät. Die artifiziellen Deutungen produzieren verrückte und großartige Fatumsgewissheiten, und bisweilen ergeben sich aus solchen unerschütterlichen Überzeugungen die Tatzwänge. Der berühmte paranoische Gerichtspräsident Daniel Paul Schreber glaubte zeitweise, dass ihm zwei kleine Männer das Rückenmark wölkchenförmig auspumpten. Er interpretierte dabei das Bild seines winterlichen Atems.³⁰ Ernst Wagner, der im September 1913 ein ganzes Dorf ausradieren wollte und 14 Personen tötete, hatte bei den Leuten des Dorfes »Blicke«, »Deuten«, »Lächeln« sowie »Hohnlächeln« wahrgenommen und solche Zeichen »sehr aufgeregt« zu Beweisen erhoben.³¹ Valerie Solanas, die 1968 auf Andy Warhol schoss, glaubte erkannt zu haben, dass alle Übel der Welt dem Schweinewesen der Männer zugerechnet werden müssen. Der junge Kaufmann Friedrich Stapß, der 1809 Napoleon ermorden wollte, weil er den französischen Kaiser als Verhängnis ganz Europas betrachtete, holte sich seine Gewissheit aus Zeitungsnachrichten.

Die Interpretationen und Gewissheiten der Paranoia sind ein Produkt der Moderne. Die Paranoia antwortet auf die wachsende

Komplexität und Kontingenz der politischen Welt stets mit monotonen und monokausalen Erklärungen: Sie beschuldigt die Juden, das Kapital, den Herrscher, die Presse, Gott, die Männer, die Freimaurer, den Sex, die Kommunisten, den Westen, die Gene, das Gehirn, das Böse. Diese politische Paranoia, Gewissheit und Deutung von Verschwörungen, blickt auf eine lange Geschichte zurück. Aber zum allgegenwärtigen Thema wird die Konspiration erst im 18. Jahrhundert. Sie ist ein Produkt der Vernunft. Kant erklärte in der ersten Ausgabe der *Kritik der reinen Vernunft*, dass jede Autorität, die sich nicht der vernünftigen Kritik stelle, unter *Verdacht* stehe.[32] Umgekehrt sprachen die Vertreter der Gegenaufklärung von der »philosophischen Conjuration«, die die Pariser Ereignisse vom 14. Juli 1789 ausgelöst habe.[33] Die artifiziellen Beweise montieren stets die Belege für ihren Verdacht und sprechen vornehmlich in Namen und Ereignissen der Weltgeschichte. Der deutsche »Philosoph der Verschwörungsthese«, Johann-August Starck schrieb in einem Werk von 1803 über den Triumph der *Philosophie im achtzehnten Jahrhundert*: »Die Triumphe Alexanders, Scipio's des Afrikaners, Cäsars, Dschingis-Chans (…) sind Kleinigkeiten im Vergleich mit diesem Triumph der Philosophie. Die größten Eroberer konnten nur einzelne Königreiche erobern; diese Philosophie hat beynahe die ganze kultivierte Welt erobert.«[34]

Die Paranoia, die hier ernstgenommen wird, ist daher kein evidenter Wahnsinn. Sie spricht zwar häufig in einem Beweisexzess, der mächtige pathologische Züge entwickeln kann. Zumeist aber tritt sie eher alltäglich und unauffällig auf. Wenn sie nicht nach Messern und Pistolen greift, dann bewaffnet sie sich mit vernünftigen Gründen. Selbst der klinisch identifizierte Paranoiker ist noch in der Lage, kohärente Ideen und Schriften niederzulegen und vollendet schlüssig zu argumentieren.[35] Die Paranoia ist keine Unvernunft, sondern eine Hypervernunft. Arthur Conan Doyle, der Erfinder des scharfsinnigen Sherlock Holmes, des genialen Paranoikers, der sich nie irrte, glaubte an Geister und spirituelle Kontakte mit toten Dichtern. Doch wenn sich der Sherlock-Holmismus in die Politik begibt, dann ist nichts Gutes zu erwarten. So hielt der einstige republikanische

Senator Joseph McCarthy am 14. Juni 1951 vor dem amerikanischen Senat eine Rede, die in sich völlig schlüssig war, die tatsächlich aber von einem furiosen Wahn diktiert war. McCarthy leitete seine Rede mit den Worten ein:

> Wie lässt sich die gegenwärtige Situation begreifen ohne die Annahme, dass ganz oben in der Regierung einige Männer gemeinsam daran arbeiten, uns dem Unglück zu überlassen? Das muss die Folge einer großen Verschwörung sein, einer Verschwörung von einem so gewaltigen Ausmaß, dass sie alle Unternehmungen dieser Art in der Geschichte der Menschheit in den Schatten stellt.[36]

Das ist die dramatische Sprache der paranoischen Vernunft, die gerne eine Konspiration im Weltmaßstab und in nie da gewesenem Ausmaß vermutet. Mit den gleichen Übertreibungen begründete der Staatsanwalt von New Orleans, Jim Garrison, am 1. März 1969 die Anklage gegen Clay Shaw, das vermeintliche Mitglied eines Regierungskomplotts zur Ermordung John F. Kennedys. Die regierungsamtlichen Bemühungen zur Aufklärung der Mordtat von Dallas verdammte Garrison mit den Worten: »Dies war der größte Betrug in der Geschichte unseres Landes. (...) Dies war vermutlich der größte Betrug, der je in der Geschichte der Menschheit verübt wurde.«[37] Der Staatsanwalt, dessen Hang zu artifiziellen Deutungen von vielen Seiten bestätigt wurde, war aber keineswegs verrückt, sondern er betrieb seine Untersuchung und Beweisführung mit ungeheurem Aufwand und Scharfsinn. Und er war ganz wie der Kennedy-Mörder Lee Harvey Oswald der Ansicht, dass die Rettung Amerikas in seine Hände gelegt sei und dass er selbst zum Präsidenten der Vereinigten Staaten gewählt werden würde.[38]

Als konspirative Vernunft pflegt die Paranoia vertrauten Umgang mit den höchsten Mächten. Daniel Paul Schreber vermutete, dass sich Gott selbst gegen ihn verschworen habe, und er war fest davon überzeugt, dass »ein solcher Fall in der Weltgeschichte wohl noch niemals vorgekommen ist«.[39] Diese konspirativen Mächte spielen ihr Spiel in der Weltgeschichte wie in der Menschheitsgeschichte. Glaubt man diesen Herrschern oder Interpreten, dann ist Gott noch der harmloseste Akteur. Selbst den Herrn der Welt überrumpeln die bösen Mächte, die so unendlich viele Namen haben, dass die Paranoia gerade daran ihren Verdacht stärkt. Sehen wir von den welthistorischen Konspirationstheorien des Bischofs Augustinus oder Professor Hegels oder Doktor Marx' oder Professor Nietzsches einmal ab, die Gott, den Weltgeist, die Produktivkräfte oder den Willen hinter den Kulissen intrigieren sehen, so treten im scharfen Blick der paranoischen Vernunft mit ermüdender Regelmäßigkeit Juden, Freimaurer, Jesuiten und Sozialisten als konspirative Akteure auf. Napoleon vermutete hinter dem misslungenen Anschlag des jungen Kaufmannsgehilfen Friedrich Stapß am 12. Oktober 1809 in Schönbrunn die Illuminaten.[40] Napoleons Quelle war vermutlich das vierbändige Traktat des französischen Jesuiten Abbé Barruel *Mémoires pour servir à l'histoire du Jacobinisme.*[41] Bereits Ende des 18. Jahrhunderts hielt man die Illuminaten und Freimaurer für die gefährlichsten Verschwörer. Ihre Bosheit drang in alle Winkel der Weltgeschichte ein. Die gegenrevolutionäre *Wiener Zeitschrift* nannte sie die »Feinde Gottes und des Menschengeschlechts«.[42] In seinem zunächst 1797 in Edinburgh und kurz darauf auch in New York gedruckten Werk über alle gegen die europäischen Religionen und Regierungen gerichteten Verschwörungen zählte der Autor John Robison auch die Lesegesellschaften zu den konspirativen Orden.[43]

Alle diese Bücher, die zumal Bücher denunzieren, wollen selbst der welthistorischen Aktion beitreten, deren Gefahren sie so ungeheuer erregen. Das gelingt nicht immer. Erfolgreich war der Jurist Carl Schmitt, der 1933 Adolf Hitler zum Rechtschöpfer erhob. Schmitt war nicht allein ein scharfsinniger und politisch umtriebiger Mann, sondern zugleich ein paranoischer Interpret ersten Ranges. Als Schmitt im Jahr 1935 einmal wieder die von ihm vertretene Rechtswissenschaft im Führerstaat pries, verband er das mit der über Millionen Zungen gelaufenen Erkenntnis, wonach die »volksfremde jüdische Intelligenz« die »allgemeine geistige Verwirrung« verursacht habe, die »zu dem Zusammenbruch des November 1918 führte.«⁴⁴ In einem Aufsatz von 1936 behauptete Schmitt unter Berufung auf den 1946 wegen seiner Beteiligung an der Deportation von nahezu tausend Freimaurern in Nazi-Konzentrationslager zu lebenslangem Zuchthaus verurteilten Historiker Bernhard Faÿ⁴⁵, dass sich der Begriff der »Verfassung« als Eindeutschung des Fremdwortes »Konstitution« erwiesen habe. Dieser Begriff sei »in den Freimaurerlogen des 18. Jahrhunderts geboren« worden.⁴⁶ Immer wieder erliegt die paranoische Deutung dem Zwang, an den Zeichen der Moderne die Konspirationen von Juden und Freimaurern oder Sozialisten zu erkennen. Schmitts Diskurse in seiner großen Zeit erteilen seinem Wahn das Wort, indem er sich die grundsprachlichen Vokabeln »welthistorisch« und »total« wieder und wieder in die Feder diktieren ließ.

Das Attentat ist ein gewalttätiger Angriff auf Repräsentanten, Bilder, Symbole und Embleme der Macht. Diese Macht, die der Attentäter beseitigen, vernichten oder verletzen will, kann viele Gesichter und Gestalten haben: Es können Götter, Staatsmänner, Politiker, Prominente, Künstler, Bilder, Werke, Zeichen, industrielle, militärische und soziale Institutionen sein. Der Attentäter handelt zumeist allein und aus einsamer Einsicht. Mit seiner Tat will er in das böse Spiel der Macht und in den verhängnisvollen Gang der Geschichte eingreifen. Der Dolchhieb, der Schuss, die Bombe sind daher dramatische Mitteilungen. Da das Attentat eine Form der Kommunikation ist, eine zumeist blutige Nachricht an die Welt, können auch Äußerungen, Werke, Bilder mit Attentatsgewalt beladen werden. Mordgedanken oder mörderische Worte wohnen in jedem Kopf. Den Schritt vom Gedanken zur Tat vollziehen aber nur ganz wenige. Bei diesem Übergang wirkt die Paranoia mit, die wahnhafte Deutung und Fatumsgewissheit. Die Attentatsgewalt kommt aus einer Interpretation von Gefahrenzeichen und wird getragen von der Gewissheit, von einer höheren Macht zu dieser Tat erwählt zu sein.

Über die politische Gefahr paranoischer Verrücktheit schrieb Immanuel Kant vor beinahe 250 Jahren: »Die menschliche Natur kennet kein gefährlicheres Blendwerk. Wenn der Ausbruch davon neu ist, wenn der betrogene Mensch Talente hat und der große Haufe vorbereitet ist, dieses Gärungsmittel innigst aufzunehmen, alsdann erduldet bisweilen so gar der Staat Verzuckungen.«[47] Eine Kritik der paranoischen Vernunft ist dringend geboten.

CAESARS TOD ALS GESCHICHTSMODELL: DIE VERSCHWÖRUNG DER GESCHICHTE

| Caesars Tod und die konspirative Philosophie
| Die Iden des März 44
| Caesars Tod als Vatermord und Familienaffäre
| Brutusschatten und die Moderne
| Noch mehr Brutusschatten:
  Königsmord und Gottesmord im 19. Jahrhundert
| Kaisertheater. Caesar auf der Bühne

Caesars Tod und die konspirative Philosophie

Wie die paranoische Vernunft historische Ereignisse deutet, indem sie darin konspirative Gespenster tätig sein lässt, das zeigt ein berühmtes Attentat: die Ermordung des römischen Feldherrn, Staatsmannes und Historikers Gaius Julius Caesar. Der Anschlag auf Caesar zählt nicht zu den Attentaten, die von einem Einzelgänger verübt wurden, aber sein konspirativer Hintergrund und die Größe des Opfers machten es zur Urszene aller politischen Anschläge. Seit der Antike interpretieren und kommentieren Historiker, Philosophen, Dichter die Tat des Brutus und seiner Mitverschwörer. Sie zitieren und rezitieren Caesars unerwartetes Ende als welthistorischen Paradefall. Aber auch Politiker und Revolutionäre rufen Brutus und seine Mitverschwörer aus den Gräbern, um das Beispiel ihrer eigenen Tat zur Wiederholung anzupreisen. So eröffnet Saint-Just im November 1792 den Prozess gegen Ludwig XVI. mit einem Blick in den römischen Senat an den Iden des März im Jahre 44 vor unserer Zeit.

Man wird eines Tages erstaunen, daß man im achtzehnten Jahrhundert nicht so weit vorgeschritten war, als zu Cäsars Zeiten; damals wurde der Tyrann im vollen Senat ermordet, ohne irgend eine andere Formalität als dreiundzwanzig Dolchstiche, und ohne ein anderes Gesetz als Roms Freiheit; und heute macht man mit ehrfurchtsvoller Scheu einem Menschen den Prozeß, welcher der Mörder seines Volkes war und auf frischer Tat mit blutiger, in Verbrechen getauchter Hand ergriffen wurde.[1]

Die republikanische Tradition, meint Saint-Just, macht kurzen Prozess mit den Tyrannen. Die französische Republik soll auch Ludwig nach diesem Vorbild richten. Denn was immer die Römer taten, war der Freiheit gewidmet und schuf damit Recht. Das Recht, Tyrannen zu töten, zählt daher zu den ältesten Rechten und Pflichten. Bereits im antiken Athen lieferte der Tod eines Tyrannen den Stoff für die »Schöpfungslegende der Demokratie«: Im Jahre 514 v. Chr. erschlugen Harmodios und Aristogeiton den Tyrannen Hipparch und stiegen in der Folge zu wahren Stars der Freiheit auf.[2] Diesmal, gegen Ende 1792, soll die Enthauptung des Königs die gleiche mythopolitische Kraft entwickeln. Denn immer schon stehen die Handelnden im Banne der geschriebenen Geschichte und ihrer Deutungen. Der Handelnde muss nicht nur handeln, sondern zur Vorbereitung der Tat positive Orakelzeichen erzeugen, die seine Entscheidung als gottgewollt, nämlich als geschichtsmetaphysische Verschwörung des Himmels und der Vorsehung, erscheinen lassen. Oder er muss seine Tat als Wiederholung einer vergangenen Großtat legitimieren. So verlaufen Haupt- und Staatsaktionen in Wiederaufnahmen aus dem Repertoire der Geschichte. Das Urteil über Ludwig XVI. sollte das Verschwörerurteil über Caesar kopieren; aber die Attentäter hatten bereits an den Iden des März eine historische Tat imitiert: die Vertreibung des letzten etruskischen Königs Tarquinius Superbus aus Rom durch Lucius Iunius Brutus im Jahre 509 vor unserer Zeitrechnung. Also scheint es doch so, dass ein geheimer Wille in der Tiefe der Geschichte für solche Reprisen sorgt und dass Saint-Just sich von diesem Willen getragen glaubte. Aber dieser Gedanke ist nicht neu.

Zu den Meisterdenkern der Geschichte und zu den Tyrannen historischer Deutung zählt auch der Kirchenvater und Begründer der christlichen Geschichtsmetaphysik Augustinus. In seinem Werk *Vom Gottesstaat*, das er kurz nach der Eroberung Roms durch die Westgoten unter Alarich im Jahre 410 niederschreibt, erbringt Augustinus den Nachweis, dass Gott allein die Geschichte steuert, dass Schlachtenglück und Völkerschicksale auf Gottes Befehl hören und den himmlischen Willen exekutieren. Im neunten Kapitel des fünften Buches setzt sich Augustinus auch mit dem Philosophen und Politiker Cicero auseinander. Cicero war Zeitgenosse und Gegner des Dictators Caesar, und die Rivalität der beiden Männer reichte bis in das Gebiet der Geschichtstheorie. Während Caesar seine Taten durch Schicksalszeichen und Götterwinke begünstigt sah und darüber ausführlich geschrieben hatte, warf Cicero in seiner Schrift *Über die Wahrsagekunst* die ganze prognostische Kunstlehre auf den Müll. Er ließ kein Verfahren gelten, um zukünftige Ereignisse aus Zeichen, Sternen, Eingeweiden von Opfertieren, aus Delirien oder Träumen vorherzusagen: Die kommende Zeit verbirgt sich vor den Blicken aller Auguren hinter einem unerreichbaren Horizont aus Kontingenz und Möglichkeit. Wo sich die Zukunft zum kurzen Moment einer Gegenwart formt, kann stets dieses oder jenes geschehen, aber nicht immer löst sich aus dem Möglichen auch das Wahrscheinliche. Cicero stieß in seiner Schrift nicht nur Wahrsager und Hellseher aus ihren Ämtern, er entzog auch den Göttern die Verfügung über die Zukunft: »Nicht einmal für Gott scheint es mir zuzutreffen, dass er weiß, was sich einfach so ereignet und was zufällig sein wird.«[3] Da dieser Satz auch die Vorsehung und die prognostische Allwissenheit des christlichen Gottes bestritt, muss der Bischof die Schreibfeder fliegen lassen. Maßlos entrüstet über Ciceros generelle Divinationskritik, gibt Augustinus den Skeptikern ein Beispiel aus der römischen Geschichte zu bedenken. Warum hat Gott, so fragt er, Rom unter Caesar und den Caesaren so groß werden lassen? Und er gibt selbst die Antwort: Die Christen sollten von der römischen Tapferkeit und Entbehrung bei der Errichtung des geschichtlichen Imperiums lernen, wie man sich durch Selbstverleugnung und Opfer auf das himmlische Imperium des Gottesstaates vorbereitet. Die römische Geschichte, zumal die Biografie Caesars, häufte heroische Taten, Opfer und militärische Erfolge auf den Namen Roms, um den Christen eine Anschauung dafür zu geben, wie moralische Leistungen prämiert werden. Denn die Mission der Christen in der Welt setzte ja gerade unter der Herrschaft von Caesars Sohn Augustus ein.[4] Augustinus lehrt Geschichte als pädagogische Konspiration Gottes. Nicht viel anders argumentiert knapp anderthalb Jahrtausende später der Geschichtsphilosoph Hegel. Im dritten Teil seiner *Vorlesungen zur Philosophie der Geschichte* trägt Hegel seine Interpretation des Attentats auf Caesar vor. Er erkennt in Caesars Herrschaft die Mission der Vernunft. Er sollte den gesamten Erdkreis unter den Willen eines Herrn bringen, nämlich unter die *volonté générale* des großen Vernunftherrn »Notwendigkeit«. Nach Hegels Wort begriff Caesar aus »Instinkt«, was die »notwendige Bestimmung Roms in der Welt der Geschichte« war.[5] Solche Heroen schöpfen ihre Taten aus dem »inneren Geiste, der noch unterirdisch ist, der an die Außenwelt wie an die Schale pocht und sie sprengt«[6]. Dagegen waren Caesars Gegner, Brutus, Cassius, aber auch Cicero, nach Hegel nicht in der Lage, diese Vernunftstrategie und konspirative Logik der Geschichte zu begreifen:

> Trotzdem sehen wir, daß die edelsten Männer Roms dafürhalten, die Herrschaft Cäsars sei etwas Zufälliges. (…) sie glaubten, wenn dies *eine* Individuum entfernt sei, so sei auch von selbst die Republik wieder da. Durch diesen merkwürdigen Irrtum befangen, ermordeten Brutus, ein höchst edles Individuum, und Cassius, tatkräftiger als Cicero, den Mann, dessen Tugenden sie schätzten. Unmittelbar darauf aber zeigte es sich, dass nur *einer* den römischen Staat leiten könne, und nun mußten die Römer daran glauben; wie denn überhaupt eine Staatsumwälzung gleichsam im Dafürhalten der Menschen sanktioniert wird, wenn sie sich wiederholt. So ist Napoleon zweimal unterlegen, und zweimal vertrieb man die Bourbonen. Durch die Wiederholung wird das, was im Anfang nur als zufällig und möglich erschien, zu einem Wirklichen und Bestätigten.[7]

Diese Philosophie entschlüsselt die weltgeschichtliche »Verschwörung der Vernunft«. Hegel gibt in der Einleitung zu seinen Vorlesungen zur *Philosophie der Geschichte* Einblick in ihre Pläne. Wie die Vorsehung des Augustinus bringt sich seine Vernunft der Geschichte mit pädagogischer Hartnäckigkeit ins Spiel. Sie insistiert in geduldiger Lehrerart, um durch solche wiederholten Lektionen den Glauben an die Vernünftigkeit der Weltläufte zu festigen. Caesar musste sterben, damit nach der misslungenen Wiederherstellung der Republik der neue Caesar Augustus die Notwendigkeit (und nicht Zufälligkeit) der Monarchie sinnfällig machen konnte.

Von Augustinus bis Hegel und darüber hinaus arbeitet die Philosophie diese Verschwörung Gottes, der Vernunft oder des Geistes aus. Ohne solchen konspirativen Sinn kommt eine philosophische Historiografie nicht zurecht. Sie kann immer nur einen einzigen Chef der Ereignisse denken. In jedem Gedanken und jedem Schwerthieb hinterlässt die Notwendigkeit ihr Monogramm. Aber gerade die Attentate der Einzelgänger, die sich verzweifelt oder in einem wahnsinnigen Selbstopfer anmaßen, einer höheren Vernunft in der Geschichte zum Recht zu verhelfen und die Konfusion der Willensmächte zu beenden, demonstrieren auf der Oberfläche der Ereignisse selbst, wie nachhaltig der Zufall mitwirkt, wie planlos die Dinge oft geschehen, wie wenig Verschwörung hinter den Haupt- und Staatsaktionen steckt, so dass die Philosophie der Konspirationen zumeist mit leeren Händen dasteht. Mit Recht bemerkt Hegel, dass die Attentäter Brutus, Cassius und Cicero, dem Zufall den Dolch in die Brust senken wollten, dem Zufall des plötzlichen, ungeheuerlichen, gottähnlichen Auftritts eines Mannes, eines aus dem Nichts aufgetauchten Bildes grenzenloser Macht. Ihr Misserfolg war gewiss ein Desaster, und die Ereignisse an den Iden des März schrieben sich nicht in das Lehrbuch der Vernunft ein. Doch als einer der wenigen Philosophen überhaupt verschloss Cicero seine Augen nicht vor der Kontingenz, vor den Schrecken und Überraschungen des Zufalls, vor dem Fluch, dass das Unwahrscheinliche als Ereignis, als Glück oder Unglück, in die Welt ragen kann. Daher bekämpften Caesar, Augustinus und Hegel diesen Theoretiker des Zufalls und Anstifter des Attentats auf Caesar mit Schwert und Feder. Nicht viel anders ergeht es im geschichtsphilosophischen Seminar den anderen verschworenen wie einzelgängerischen Attentätern. Diesen Engeln des Zufalls zensiert die konspirative Gemeinde der Philosophen, Theologen, Lehrer, Dichter, Historiker und Staatsmänner ihre Botschaften, indem sie die Geschichte als dialektisches Lehrstück ausgeben. Die Ermordung Caesars ist das Urbild aller Attentate. Die 23 todbringenden Dolchhiebe wurden zur Schule der Attentäter und der Historiker, und Caesars postume Karriere ließ ihn als welthistorisches Opfer zum Klassiker für Generationen europäischer Schüler aufsteigen. In Schulaufsätzen bildet sich der Geschichtsphilosoph. Caesars Leben und Tod ließen das abendländische mythische und historische Denken nie zur Ruhe kommen. Roms Geschichte, erst recht die römische Geschichtsschreibung diktierte ja den Geschichtsdenkern überhaupt den Verlaufsplan der westlichen Weltgeschichte. Rom lieferte bis ins 20. Jahrhundert hinein die modellhafte Ereignisfolge, den Zyklus von Aufstieg, Blüte und Verfall, an dem alle anderen Staaten oder Kulturen ihren eigenen Zustand ablesen können. Die europäische Geschichte durchläuft daher seit dem Mittelalter lange Serien von Versuchen, eine *renovatio* Roms, die Wiederherstellung des *Imperium Romanum* zu verwirklichen. Karl der Große ließ um 800 auf der Kaiserbulle die Inschrift *Renovatio Romani Imperii* niederlegen. Daran hielten sich über Jahrhunderte hinweg alle seine Nachfolger.[8] Auch die Französische Revolution bezog ihre republikanische Rhetorik und Semiotik von den Römern. Alle deutschen Reiche, das *Römische Reich deutscher Nation*, das zweite Reich von 1871 und zuletzt das Dritte Reich von 1933 drapierten sich mit dem Mythos des Reiches schlechthin, des Römischen Reiches. Das Imperium Romanum ist Staatsmodell, Machtmodell, Geschichtsmodell. Der Gedanke, dass alle Reiche durch den gleichen Kreislauf von Aufstieg und Abstieg, wie ihn Rom erlebte, gehen müssen, kommt aus den Köpfen der Philosophen. Über Jahrhunderte hinweg standen Denker und Staatstheoretiker im Banne dieses Roms und glaubten, dass die Monarchie auf die Republik folgen müsse. Den anspruchsvollsten und literarisch ergiebigsten Versuch, die Weltgeschichte als Abfolge von immergleichen Rom-Zyklen zu beschreiben, unternahm der italienische Jurist Giovanni Battista Vico (1668-1744). In seiner *Nuova Scienza*, den *Prinzipien einer neuen Wissenschaft über die gemeinsame Natur der Völker*, die 1725 und 1744 in zwei Versionen erschien, breitete Vico seine Theorie der Geschichte und der Kulturen aus, die als Biografie einer jeden Zivilisation gelesen werden kann. Dieses Modell rechnete Vico aus den Daten dieses einzigen Staates auf alle Völker hoch: auf die »Ursachen, die in der ewigen idealen Geschichte betrachtet werden (können) und sich in der römischen Geschichte aufs genaueste wiederfinden (lassen)«.[9] Mithin dient die Chronik Roms als Blaupause aller Reiche. Rom ist das Vorbild aller Staats- und Völkerschicksale. Für die Regelmäßigkeit dieser Historie sorgt nach Vico die Vorsehung. Das Buch der Geschichte ist immer schon mit Vorsehungstinte geschrieben. In der Tiefe aller Zeiten wirkt ein »innerer Geist«, eine metaphysische Verschwörung, die alle Völker und Reiche durch den Zyklus der idealen Geschichte schickt. Vicos konspirative Geschichtsmetaphysik findet in der Biografie einer jeden Kultur drei Entwicklungsphasen, ehe das jeweilige Volk einen untätigen Zustand erreicht, in dem es aus der Geschichte ausscheidet und zumeist vergeblich auf seine Rückkehr wartet. Diese drei Perioden, die einen Zyklus oder *corso* bilden, denkt Vico im Anschluss an Hesiods Lehre von den Weltaltern als Epochen der Götter, der Heroen und der Menschen. Die moderne Geschichte Europas läuft nach Vico als zweiter Durchgang, den die abendländische Welt nach dem ersten Zyklus Roms durchmacht. Diese neuzeitliche Periode schloss im Mittelalter an den ersten *corso* der römischen Geschichte an. Seine eigene Gegenwart verstand er also als Kopie des ersten *corso*. Vico ist der interessanteste Theoretiker dieses Rommodells, wonach alle großen Reiche und Staaten die römische Geschichte nachbuchstabieren. Nahezu alle Geschichtsphilosophen der Neuzeit betrachten Rom als ihr Lehrstück.

Daher können in dieser Neuzeit auch einzelne große Ereignisse der römischen Geschichte eine einzigartige, beispielhafte Bedeutung annehmen. Die Geschichtsphilosophen und Dichter lauern auf die verschwörerischen Wiederholungen der Ereignisse aus dem ersten

Durchlauf von Vicos Rommodell. Caesars Ermordung und die damit zunächst vereitelte, dann aber doch unvermeidlich gewordene Verwandlung der Republik in eine Monarchie bietet den folgenden Jahrhunderten ein solches beispielhaftes Ereignis zur Wiederholung an. Doch nicht nur die Staatsumwälzungen werden durch Wiederholung »im Dafürhalten der Menschen sanktioniert«, wie Hegel meint. Alle politischen Attentate der Geschichte nach Caesars Tod riefen die Schatten des Brutus, des Cassius und der übrigen Verschwörer zurück ins Leben. Jedes Attentat scheint einen zweiten *corso* des 15. März des Jahres 44 vor unserer Zeitrechnung einzuleiten.

Jean-Léon Gérôme: »Caesars Tod« (1867)

Die Iden des März 44

Von Caesars Ermordung berichten drei Historiker besonders ausführlich. Der älteste ist der griechische Schriftsteller Plutarch (45-125), der eine umfangreiche Sammlung von Biografien verfasst hat. Zu diesem Werk zählen auch die *Parallelbiografien* berühmter Griechen und Römer. Die Erzählmethode der Parallelbiografie ist von der Vorstellung getragen, dass sich in der römischen Geschichte die griechische Geschichte wiederholt. Jeder griechische Held gab einem römischen Doppel das Leben, jeder große Römer tritt als Kopie eines hellenischen Helden in die Weltgeschichte ein. Die Biografie Caesars erzählt Plutarch als Parallele zum Leben Alexanders des Großen, das Leben des Brutus als Parallele zur Biografie des Tyrannengegners Dion von Syrakus. Alexander und Caesar gelten als die geschichtsmächtigen Heroen der Antike, und erst die Moderne fügte diesen beiden als Dritten Napoleon hinzu. Plutarchs *Bio paralleloi* erzählen die römische Geschichte als zweiten *corso* der griechischen Geschichte. Caesar vollbringt die Wiederkehr Alexanders. Ein zweiter wichtiger Biograf Caesars ist der Römer Sueton, der in der ersten Hälfte des zweiten Jahrhunderts lebte. Sueton verfasste die Biografien von zwölf Kaisern, von Caesar bis Domitian. Suetons zweite Sammlung von Biografien *De viris illustribus* beschreibt das Leben berühmter Redner und Grammatiker. Der dritte Chronist des 15. März 44 ist der griechisch schreibende Cassius Dio, der im heutigen Bithynien geborene Sohn eines römischen Senators. Cassius Dio lebte etwa von 180 bis 240. Er hatte auch einige wichtige politische Ämter inne, doch um 230 zog er sich von allen öffentlichen Funktionen zurück und verfasste seine umfangreiche römische Geschichte, die in achtzig Büchern die Periode von Aeneas, dem mythischen Gründer Roms, bis Severus Alexander abdeckt, der im Jahr 222 die Kaiserwürde erhielt.

Diese drei prominentesten Historiker berichten nicht unisono von Caesars Leben und Tod, zusammen aber ergeben sie eine plastische Darstellung der Ereignisse. Caesar, den im 19. Jahrhundert Jacob Burckhardt mit einem Wort Christoph Martin Wielands[10] den »größten Sterblichen«[11] nannte, war ein einzigartiger Heerführer, ein genialer Politiker und Organisator, aber zugleich ein glänzender Redner und Schriftsteller. Seine außergewöhnlichen Fähigkeiten als Redner und Stilist hob bereits Quintilian hervor, und er betonte, dass Caesar seine Reden im gleichen Geist gehalten habe, wie er seine Kriege führte.[12] Wie viele bedeutende Staatsmänner verfügte Caesar über eine enorme Ausstrahlung, über den Willen und die intellektuellen Fähigkeiten, um alle Rivalen aus dem Weg zu räumen und um schließlich die Alleinherrschaft zu erringen. Caesar zeigte daher auch kein Interesse daran, die in eine Krise geratenen republikanischen Institutionen und Rechtsprinzipien wieder zum Leben zu erwecken. Das hingegen wollten seine Gegner: Cicero allen voran. Aber ihre Kräfte erwiesen sich als zu schwach. Caesars Macht war seit dem Jahre 48 v. Chr. unangefochten. Ende 48 wurde er für ein Jahr zum Dictator ernannt. Im April 46 erhielt er die Diktatur auf 10 Jahre, und seit Februar 44 regierte er als *dictator perpetuus*. Mit dieser Ernennung verbanden sich Ehrungen, die nie zuvor vergeben worden waren. Caesar erhielt den Namen *Imperator* und den Titel *Pater Patriae*, Vaters des Vaterlandes. Entsprechend fielen auch die bildlichen Huldigungen aus. Sein Standbild schloss an die Reihe der Könige an. Er erhielt einen goldenen Sessel im Rathaus und im Gericht. Sein Bildnis wurde bei Umzügen eigens auf einem Tragegestell und einem Götterwagen gezeigt. Er erhielt einen eigenen Tempel, Altäre, Statuen neben den Göttern, ein Polster, wie es sonst nur Göttern bereitet wurde, eigene Priester, die seine Bilder und Altäre verwalteten. Caesar förderte diesen Bilderkult nach Kräften. Aber welches Ziel verfolgte er mit dieser ikonischen Politik, die ihn nach und nach auf die Höhe eines Königs und Gottes erhob? Das gab er nie eindeutig zu erkennen. Vielleicht wartete er darauf, dass ihm die Königswürde angetragen wurde. Während sich Caesars Anhänger für eine solche Ehrung stark machten, wuchs auf der anderen Seite der Widerstand gegen ihn. Der Konflikt führte zu einem ersten öffentlichen Skandal, und die Erbitterung darüber kam am 15. März zum Ausbruch. So berichten die Historiker, dass bei einem Opferfest der Latiner ein Mann aus der Menge der Statue Caesars, um deren Haupt er zuvor eine weiße Binde gelegt hatte, eine goldene Lorbeerkrone aufsetzte. Als daraufhin zwei Volkstribunen dafür sorgten, dass die Krone wieder abgenommen und der Urheber dieser Ehrung verhaftet wurde, ließ Caesar wiederum die beiden Tribunen ihres Amtes entheben. Daraufhin ging das Gerücht um, Caesar strebe nach der Königswürde, doch der Dictator sorgte mit allerlei Tricks dafür, dass sich das Gerücht zerstreute. Allen Römern, die ihn mit dem Titel »König«

begrüßten, erteilte er den Bescheid, er sei Caesar und nicht König. Auch als ihm am Luperkalienfest sein Freund Antonius mehrfach ein Diadem aufsetzen wollte, wies Caesar den Kopfschmuck jedes Mal zurück und ließ ihn stattdessen dem Jupiter auf dem Capitol zum Weihegeschenk bringen. Doch da glaubte man bereits zu wissen, dass man einer geschickten Inszenierung des Imperators aufgesessen war.[13] Einen weiteren Skandal machte dann, wie Plutarch, Sueton und Cassius Dio gleichlautend berichten, eine Szene, in der Caesar den Senat brüskierte. Als ihm die Konsuln und Senatoren erneut eine ganze Reihe von Ehren zukommen ließen, empfing er sie vor dem Tempel der *Venus Genetrix*. Vor diesem Tempel stand auch, wie Sueton berichtet, das Denkmal seines Pferdes. Als sich ihm der Senat näherte, blieb Caesar sitzen und kränkte mit dieser Geste die hohen Herren. Zwar sagte man zu seiner Entschuldigung, er habe gerade an Durchfall gelitten und sei aus diesem Grunde sitzen geblieben. Doch jetzt sahen sich die Senatoren bereits mehrfach provoziert, und so nahmen von dort aus die Pläne zu seiner Beseitigung konkrete Formen an.

Sechzig Männer sollen sich gegen Caesar verschworen haben. Ihre Führer waren Gaius Cassius und Marcus Iunius Brutus. Aber haben sie die Tat wirklich allein geplant? War nicht die Vorsehung der einundsechzigste Verschwörer? Oder wollte der sonst allmächtige Weltgeist vor der Tat warnen? Zahlreiche Vorzeichen sollen das Attentat angekündigt haben: In der Nacht vor der Mordtat träumte Caesars Frau Calpurnia, dass ihr Haus zusammenstürzte und dass sich Caesar in ihren Schoß flüchtete, wo er erschlagen wurde. Caesar selbst träumte, in den Himmel über die Wolken gehoben zu werden und die Hand Jupiters zu berühren. Noch auf dem Weg in den Senat soll ein Mann namens Artemidor Caesar eine schriftliche Warnung über die Attentatspläne zugesteckt haben, die der Dictator aber nicht mehr lesen konnte. Die Verschwörer hatten die Senatssitzung am 15. März des Jahres 44 für den Anschlag ausersehen. Caesars Vertrauter Antonius sollte von einem der Ihren in ein Gespräch verwickelt werden, damit er seinem Freund im entscheidenden Augenblick nicht beistehen konnte. Als Caesar im einige Jahre zuvor von Pompeius errichteten und mit dem Standbild des Stifters geschmückten Senatssaal Platz genommen hatte, umringten ihn die Verschwörer. Tillius näherte sich Caesar mit einer Bittschrift, und als dieser abwinkte, riss ihm Tillius die Toga zum Zeichen des Angriffs herab. Caesar wehrte sich, doch in diesem Augenblick verletzte ihn Cascas von hinten gestoßener Dolch an der Kehle. Caesar konnte Casca noch packen und ihm seinen Schreibgriffel durch den Arm stoßen. Doch beim Versuch, rasch beiseite zu springen, traf ihn schon der zweite Hieb. Sueton berichtet:

> Wie er nun sieht, dass man bereits die Dolche gezückt hat und von allen Seiten damit auf ihn einstechen will, zieht er die Toga über den Kopf und lässt von der linken Hand den Bausch der Toga bis zu den Fersen hinabgleiten, um mit Ehre und Anstand zu fallen, wobei auch der untere Teil seines Körpers verhüllt bleibe. In dieser Stellung wurde er von dreiundzwanzig Stichen durchbohrt; er gab keinen Laut von sich, nur einmal, als ihn der erste Stoß traf, stöhnte er auf. Andererseits haben ein paar Autoren überliefert, er habe, als Marcus Brutus auf ihn einstach, auf Griechisch gesagt: ›Auch du, mein Sohn?‹[14]

Alle drei Historiker betonten, dass Vorzeichen die Ermordung Caesars angekündigt hätten, dass daher auch Leichtsinn im Spiel war. Caesar wurde ja nicht nur durch die Träume, durch den Auguren und durch das Schriftstück gewarnt. Überdies hätte er seinen Schutz einigen Gladiatoren anvertrauen können. So trug Hochmut zu seinem Ende bei. Nichts in Suetons Erzählung ist zufällig. Zwar hat man in der Antike nicht darüber nachgedacht, warum es ausgerechnet dreiundzwanzig Wunden (»tribus et viginti plagis«[15]) waren, die ihm den Tod brachten.[16] Hingegen fügte Plutarch seinem Bericht über die zufälligen oder vielmehr fatalen Vorzeichen der Tat eine weitere Überlegung hinzu:

> Dies kann nun wohl bloß zufälligerweise oder von ungefähr geschehen sein (ἀλλὰ ταῦτα μὲν ἤδη που φέρει καὶ τὸ αὐτόματον).

Allein der Ort, wo diese blutige Tat vor sich ging, und wo sich der Senat eben damals versammelte, eins der Prachtgebäude, die Pompeius an sein Theater angebaut hatte und worin auch eine Bildsäule desselben stand, dient allerdings zum Beweis, dass ein höheres Wesen dabei die Hand im Spiele gehabt und die Handlung gerade an diesen Ort verlegt hat.[17]

Kein zufälliges Geschehen gelangt auf einen solchen Schauplatz. Darin scheinen sich die drei Geschichtsschreiber Caesars einig. Es ist das Fatum mit im Spiel, ein Schicksal, das eben nach lateinischer Vorstellung eine sprechende Macht ist, denn *fatum* heißt ›das Gesprochene‹, ›der Spruch‹. Die Ereignisse der Geschichte sind bereits vom Fatum vorhergesagt, das Fatum tut seinen Willen durch wohldosierte Emissionen von Vorzeichen kund. Das Ereignis liefert lediglich die dramatische Inszenierung der Entscheidung nach, die das Schicksal zuvor getroffen hat. Das Schicksal wählt sogar den Ort noch mit Bedacht aus. Alle drei Historiker wollen daher Ciceros Entmachtung der Zukunftsdeuter in der Schrift *De divinatione* nicht folgen. Plutarchs Bemerkung, wonach Caesars Ermordung kein zufälliges, vermeidbares Ereignis gewesen sein könne, setzte die lange Reihe philosophischer Interpretationen über die Leitung der Geschichte in Gang. Auch Hegels Lesart von der lehrmeisterlichen Geschichte, die ihre Lektionen wiederholt, war den antiken Historikern und Politikern abgelauscht. Brutus selbst wollte seine Tat bereits als Reprise verstanden wissen. In der römischen Geschichte war zuvor schon einmal ein Brutus ruhmreich aufgetreten, und mit ihm glaubte der Attentäter verwandt zu sein. Jener Urahn namens Lucius Iunius Brutus soll um 509 die tarquinischen Könige vertrieben und damit die Errichtung der Republik in Rom ermöglicht haben. Der Name Brutus ernennt seinen Träger zum republikanischen Heros. Daher wurde nach Auskunft der Historiker ein knappes halbes Jahrtausend später Marcus Iunius Brutus immer wieder von Freunden und Caesar-Gegnern mit den Worten zur Tat aufgestachelt: »Du schläfst, Brutus«, oder: »Du bist nicht Brutus«.[18] So planten bereits die Attentäter das Ende Caesars als einen zweiten *corso*, nämlich als erneute Errichtung der

Republik. Das Echo des Namens Brutus war gleichfalls dazu angetan, das Ereignis aus dem Meer der Zufälle zu ziehen und die Tat als eine aus Vergangenheitszeichen montierte Mission zu betrachten. So handelten die Männer um Brutus und Cicero keineswegs aus Zufallsglauben, sondern gerade aus jener Wiederholungsgewissheit heraus, die Hegel ihnen absprach. Allerdings waren es zwei unterschiedliche Wiederholungen. Brutus kopierte eine rechtlich notwendige Tat, weil es die republikanischen Prinzipien verlangten, und jede Sanktion eines Verbrechens spricht den Wortlaut eines Gesetzes nach. In der Hegelschen Wiederholung hingegen erteilt der Geist eine Lektion, er bläut einer unkundigen Welt die *Notwendigkeit* des Neuen ein.

Cicero hatte unter Caesars Alleinherrschaft alle politische Tätigkeit aufgegeben und das Attentat aus dem Hintergrund heraus unterstützt. In seinen um 45/44 verfassten Dialog *De divinatione* fügte er später noch eine Bemerkung über Caesars Ende ein. Er fragt dort nach dem Sinn prognostischen Wissens. Wie hätte Caesar gelebt, wenn er vom Ausgang des 15. März 44 gewusst hätte?[19] Am 15. März ging es doch auch um eine Deutung der Geschichte. Wer hat Recht? Die Zufallsdenker oder die Konspirationalisten? Alle Meisterdenker, die dem Fatum und der Monarchie anhingen (und Meistergedanken sind Fatumsgedanken), verfolgten Cicero mit ihrem Ressentiment. Nicht nur Augustinus und Hegel. Auch Thomas Hobbes rieb ihm im *Leviathan* von 1651 die Bemerkung über den Tyrannenmord in der Schrift *De officiis* unter die Nase.[20] Und hat nicht die Geschichte selbst Fingerzeige gegeben, wie ihre Lehre verstanden und gedeutet sein will? Der Geist der Geschichte ahndet offenbar Beweisfehler und Fehlinterpretationen seiner Absichten mit der Höchststrafe. Die Opposition gegen Caesar und gegen das Fatum kostete Cicero das Leben. Als Antonius mit Caesars Adoptivsohn Gaius Octavius, dem nachmaligen Kaiser Augustus, im Jahre 43 ein Bündnis gegen Brutus und Cassius schloss, bestand er auf der Liquidierung Ciceros, die dann am 7. Dezember des Jahres 43 erfolgte. Der politische Mord prunkt gern mit Zeichen: Plutarch berichtet, dass Cicero Kopf und Hände abgeschlagen wurden. Auf Befehl des Antonius wurden Haupt und Glieder so schmachvoll auf der Rednertribüne in Rom ausgestellt, weil Cicero damit die Reden gegen Antonius erdacht und geschrieben hatte.²¹

In den Zeugnissen der Historiker finden sich genügend Hinweise darauf, dass das Attentat auf Caesar nicht allein dem Dictator galt, der allen Anzeichen nach die Königswürde anstrebte. Auch nicht nur dem Halbgott, der von sich sagte, dass jedes seiner Worte unmittelbar Gesetzeskraft habe.²² Es ging auch um die Fragen des Bildes, der Geschichte, der Kontingenz. Nicht erst die späteren Meisterphilosophen gaben dem Ereignis des 15. März 44 v. Chr. diese Interpretation. Die Erhebung in die Halbgöttlichkeit, die Caesar durch Titel, Bilder und Ehrenzeichen erlebte, spielte bereits im Bewusstsein der Handelnden eine entscheidende Rolle. Caesar hatte durch die von ihm veranlassten Huldigungen, durch den bis dahin beispiellosen Bilderkult seine Apotheose und damit sein eigenes Fatumwerden ins Werk gesetzt. Wer in den ungeheuren Erfolgen des Feldherrn und Politikers eine Stimme des Schicksals vernahm, den Spruch einer Vorsehung oder das Murmeln der Götter, für den konnte doch Caesar nur ein Auserwählter sein. Und der musste sich fragen: Soll Roms Größe, die in Caesar ihren ersten eigenen welthistorischen Superstar hervorbrachte, nur eine Folge von Glück und Zufall gewesen sein? In der Politik strahlt das Glück nicht wie Glück, sondern wie Verdienst. In der Konfrontation Caesars mit Brutus und Cicero standen sich außer Glück und Unglück auch zwei Lesarten der römischen Geschichte gegenüber. Kommen die Könige wieder, oder kehrt die Republik zurück?

Caesars Tod als Vatermord und Familienaffäre

Caesars Politik des Bildes, seine später auch durch Augustus bestätigte Erhebung in den Stand der Götter verfolgten den Zweck, einen an die sterbliche Person gebundenen Sinn in der Geschichte oder vielmehr: in der Zeit zu verkörpern. Der Mächtige betrachtet sich als legitimen Herrscher, weil ihm seine Mission von den Göttern übertragen worden ist. Bereits der lebende Caesar verkörperte das Bild des von den Göttern geförderten Glücks. Auch der Bilderkult dient der Eliminierung der Kontingenz. Darum wurde Caesar, der Politiker des Bildes, von so vielen Mächtigen kopiert. Eine groß in Szene gesetzte Investitur solcher Herrschaft begründet den Anspruch auf Protogöttlichkeit und Kontingenzsouveränität. Das Schicksal aber nutzte Caesars Ende als Blaupause. Nahezu ein Drittel der römischen Kaiser starb eines gewaltsamen Todes: erwürgt, erstochen, vergiftet oder gerichtet von eigener Hand. Diese Kaiserschicksale sind seltsam, denn die römischen Gesetze bedrohten die Tötung des Kaisers mit den schwersten Strafen. Die römischen Juristen erfanden das *crimen maiestatis*, dessen feierliche Formeln Auskunft darüber geben, wie man in Rom das Majestätsverbrechen und das Verbrechen des Vatermordes gesehen hat.

Die beiden berühmten Gesetze über den Parricid und über das gegen den Kaiser gerichtete Majestätsverbrechen wurden kurz vor und bald nach Caesars Tod erlassen. Da sie von Caesar und Augustus unterzeichnet waren, hießen sie Julianische Gesetze. Die *lex Julia* bestrafte das *crimen maiestatis* nicht nur mit dem Tode, sondern tilgte das Angedenken des Täters nach seiner Hinrichtung aus allen Gedächtnissen. Die Sanktion macht deutlich, dass bereits die römischen Gesetzgeber das Motiv des Attentäters kannten, der offenbar in die Annalen der Geschichte einzutreten wünscht. Gerade das wurde ihm verweigert. Sein Name durfte auf kein Grab geschrieben werden, und er durfte auch sonst nirgendwo erwähnt werden. Schärfer, dramatischer und symbolisch überladener fiel die Sanktion der *lex Pompeia* gegen die Vatermörder aus. Nach der Fassung der *Institutiones*, des von Kaiser Justinian um 530 erlassenen juristischen Lehrbuches, bestimmte das erste der beiden Gesetze, die *lex Pompeia* das Folgende:

> [D]ie sogenannte lex Pompeia (…) verfolgt das empörendste aller Verbrechen mit einer ungewöhnlichen Strafe. (…) [Der Vatermörder] wird weder mit dem Schwert noch durch Feuer hingerichtet noch einer anderen regulären Strafe unterworfen, sondern er wird zusammen mit einem Hund, einem Hahn, einer Schlange und einem Affen in einen ledernen Sack eingenäht

und dann in dieser todbringenden Enge je nach Beschaffenheit der Gegend entweder in das nahe Meer oder in einen Fluss geworfen, so dass er noch bei lebendigem Leib jede Verbindung zu den Elementen verliert und dem Lebenden der Himmel, dem Toten die Erde genommen wird.[23]

Der rituelle Aufwand zur Hinrichtung eines Königmörders entsprach dem Zeremoniell bei der Investitur einer Majestät. Alles sollte den Blicken dargeboten werden, alles war auf Faszination abgestellt. Die antike Religion sprach zu den Augen, und daher mussten auch die Sakrilegien in einer aufwändigen Strafaktion und peinlichen Show geahndet werden. Die Schmach dieser Auslöschung zwang den Delinquenten mit Tieren in ein verächtliches mörderisches *Biotop*, oder vielmehr in ein *Nekrotop*, so dass keine Rückkehr in die den Menschen vorbehaltenen Totenreiche möglich schien. Nach diesem Gesetz hätte eigentlich der Vatermord an Caesar gesühnt werden müssen. Aber war es wirklich ein Parricid? War Caesar ein Vater? Die Täter ließen sich von einem anderen Gesetz leiten, nämlich vom dem seit Platon und Aristoteles nie mehr in Frage gestellten Recht zum Tyrannenmord.[24] Nach dem Zeugnis des Tacitus, dessen Geburt in die Epoche Neros fiel, wurde die Frage nach dem Tyrannenmord im ersten Jahrhundert der Kaiserherrschaft akut, und in den Rhetorenschulen wurde kaum ein anderes Thema so häufig behandelt.[25] Auch Cicero lieferte in seiner letzten Schrift *De officiis* eine spöttische Darstellung der Tyrannis sowie der Tyrannenparanoia, und er rechtfertigte seinerseits den Tyrannenmord.[26] Man kann davon ausgehen, dass auch Brutus, der nach dem Zeugnis Senecas eine moraltheoretische Schrift unter dem Titel *Über das Geziemende* verfasst haben soll[27], über den Tyrannenmord als philosophisches Problem nachdachte. Aber woran erkennt man einen Tyrannen? War Caesar wirklich ein Tyrann? Eine solche Anschuldigung ließe sich nicht schlüssig begründen, und sie wurde in der langen Tradition der Caesar-Kommentare auch nie ernsthaft erhoben.

Caesars Politik des Bildes, seine der Öffentlichkeit zugewandte politische Theologie bestand ja darin, durch Häufung göttergleicher oder götternaher Embleme zu Lebzeiten in die Sphäre der Unsterblichen aufzusteigen. Römische Gottwerdung lief als ikonische Karriere und über eine dauernde Bestechung der Blicke. Caesar war der erste Römer, dem der Senat gestattete, Umlaufmünzen mit dem eigenen Portrait zu prägen.[28]

Münze mit Bildnis Caesars aus dem Jahr 44 v. Chr »CAESAR DICT. QUART«[29]

Die vielen erhaltenen römischen Münzen mit Caesars Portrait zeigen den Dictator zumeist mit der so genannten *corona aurea*, mit einem aus Goldblättern gefertigten Lorbeerkranz, dem Kopfschmuck Jupiters. Auf diesen Münzen steht auch häufig *Caesar Divus*, göttlicher Caesar. Auch das sind Spuren der Bildpolitik des Dictators, gegen die seine Attentäter aufbegehrten. Cassius Dio berichtet, dass am Vormittag des Attentats der Verschwörer Decimus Brutus, der als Freund Caesars galt, den Dictator zu Hause abholte, um ihn in den Senat zu geleiten. Nach den nächtlichen Träumen hatte Caesar üble Vorahnungen. Als Decimus dann die Besorgnisse zerstreuen wollte, stürzte ein Bildnis Caesars im Vorraum zum Boden und zerbrach.[30] Wer wollte darin nicht später ein Vorzeichen sehen? Ein Bild geht in Stücke. Die Täter begingen ohne Zweifel eine ikonoklastische Tat, sie erhoben sich gegen die im Bild vorweggenommene politiktheologische Ermächtigung. Gegen ein solches heiliges Präventivverbrechen schien es keinen Schutz zu geben. Je höher die Herrscher oder Künstler steigen, je mehr gottähnliche

Züge sie in ihr Bild meißeln lassen, desto dramatischer wächst das Risiko des gewaltsamen Todes.

Aber Caesars Tod war auch eine Familienaffäre. Caesars Mörder war sein Sohn, und alle Caesarenmörder stehen seitdem auf irgendeinem genealogischen Ast der Caesarfamilie. Von Caesars Tod am 15. März des Jahres 44 vor unserer Zeitrechnung gehen zwei Genealogien aus, zwei konträre Familien, die Familie der Täter und die der Opfer. Das Haupt der Verschwörung gegen Caesar, das sagen die historischen Quellen einmütig, hieß Marcus Iunius Brutus. Brutus war der von Caesar mit vielen Ehren versehene Sohn seiner Geliebten Servilia. Servilias Gemahl, den gesetzlichen Vater von Brutus, hatte der von Caesar im Bürgerkrieg geschlagene Pompeius hinrichten lassen. Dennoch schlug sich Brutus auf Pompeius' Seite, als der Bürgerkrieg ausbrach. Aber nachdem Pompeius in der Schlacht bei Pharsalos vernichtend geschlagen wurde, befahl Caesar, Brutus zu schonen. Im entscheidenden Augenblick der Senatssitzung am 15. März des Jahres 44, als Caesar die Dolche der Verschwörer blitzen sah, erkannte er Brutus unter seinen Mördern. Auch Cassius Dio berichtet, dass Caesar ihn noch als »mein Sohn« angesprochen haben soll.[31]

Die Tat des Brutus nimmt daher in zweifacher Hinsicht Bezüge zum Vatermord auf, zu dem schlimmsten Verbrechen, das die abendländische Welt bis ins 18. Jahrhundert hinein kannte: Brutus und seine Verschwörer beseitigten einen Politiker, der den Titel eines *Pater Patriae* trug, und er tötete einen Mann, der in ihm seinen leiblichen Sohn erblickte. Und seitdem berichten die Chroniken, dass viele Attentäter einen symbolischen Vatermord unternahmen. Konflikte mit dem Bilde des Vaters, mit der Vaterrepräsentation spielten in ihre Tat hinein. Die Attentäter der Geschichte sind daher Nachfahren des Brutus. Sie sind Söhne Caesars, des Imperators und Dictators. Die lange Geschichte der Königsmorde begann als Familiendrama.

Aber Caesar hatte noch einen weiteren Sohn, einen Adoptivsohn, und das war der erste Imperator Roms, der nachmalige Kaiser Augustus. Dieser Gaius Octavius wurde im Jahr 63 vor Christus geboren. Seine Mutter Atia war die Tochter von Caesars Schwester, also eine Nichte des Dictators. Und da Caesar aus seiner eigenen Ehe keine männlichen Nachkommen hatte, setzte er Octavius als seinen Haupterben ein und adoptierte ihn noch testamentarisch, was nach römischem Recht möglich war. Damit hieß Gaius Octavius nun Gaius Caesar, und später, als seine Macht auf dem Höhepunkt war, nannte er sich Gaius Iulius Caesar Divi Filius, Sohn des göttlichen Gaius Iulius Caesar. So leitet sich vom Namen Caesars die lange Reihe der Monarchen ab, die den Namen Kaiser oder Zar trugen und denen sich immer wieder ein Brutus entgegenstellte. Jeder Caesar empfing mit seiner Krone auch diesen düsteren Traum. Brutus' Schatten zählt mit Schwert, Krone, Apfel zu den Insignien seines Amtes.

Brutusschatten und die Moderne

Die Königsmörder, Attentäter und Revolutionäre Clément, Ravaillac, Fawkes, Fieschi, Orsini, Bresci, Cromwell, Robespierre und Saint-Just traten aus diesem Brutusschatten hervor. Auch Charlotte Corday, die Jean-Paul Marat am 13. Juli 1793 mit einem gezielten Messerstich tötete, sah sich als Widergängerin des Caesarmörders Brutus. In ihrem Abschiedsbrief an den girondistischen Abgeordneten Barbaroux schwelgte sie in der Erwartung, dass sie in den himmlischen elysischen Feldern mit ihrem großen Vorbild Brutus die ewige Ruhe genießen werde.[32] So wurde sie nach ihrer Hinrichtung von verschiedener Seite auch als Nachfolgerin des Brutus gefeiert. Der deutsche Jakobiner und Mainzer Abgeordnete Adam Lux wollte auf ihren Grabstein sogar die Worte meißeln lassen *Plus grande que Brutus*.[33] Christoph Martin Wielands *Neuer teutscher Merkur* enthielt im September 1793 einen anonymen Beitrag *Scharlotte Korday*, der einen Auszug aus dem Brief der Attentäterin an Barbaroux zitierte, darunter den Satz mit dem Wunsch, auf den elysischen Gefilden im Jenseits mit Brutus vereint zu sein.[34] Zwar setzte der Herausgeber einige skeptische Anmerkungen an das Ende dieses Beitrags, etwa dass Brutus nur von »einseitigen Enthusiasten bewundert« werde[35], aber ihm selbst flossen unfreiwillig auch einige begeisterte Worte aus der Feder, als er über die Brutusnachfolgerin schrieb. Ein deutscher Brutusschatten tauchte dann zwanzig Jahre später auf, als am 29. Mai 1813 in August von Kotzebues *Russisch-deutschem Volksblatt* von einem gescheiterten Attentatsversuch gegen Napoleon berichtet wurde. Unter der Überschrift *Ein deutscher Brutus* berichtete das Blatt eingehend von dem Erfurter Kaufmann Friedrich Stapß, der als Achtzehnjähriger im Oktober 1809 den französischen Kaiser mit einem Küchenmesser erstechen wollte.[36] Es dauerte nicht lange, bis solchen Brutusgespenstern auch der Sprung über den Atlantik gelang. Seit dem Frühjahr 1834 erschien in der Wochenzeitung *New York Observer* eine Serie von zwölf Artikeln unter der Überschrift *A Foreign Conspiracy against the Liberties of the United States*.[37] Der Autor vermutete ein Komplott katholischer Politiker, die unter der Führung Österreichs und der 1829 in Wien gegründeten Sankt Leopold-Stiftung und des Jesuitenordens die liberalen Institutionen der Vereinigten Staaten unterwanderten. Um die welthistorische Dimension dieses Angriffs auf Amerika zu unterstreichen, waren die Artikel mit dem Pseudonym »Brutus« signiert. Hinter diesem Namen verbarg sich der Professor für Malerei an der New York University Samuel Morse. Das Pseudonym zierte noch die Buchausgabe der Artikel von 1835, wurde dann aber bald gelüftet, nachdem zahlreiche andere Zeitungen die Texte nachgedruckt hatten und das Buch erneut aufgelegt worden war. Bis 1855 erzielten die Brutus-Artikel sieben Neuauflagen und zirkulierten zu Beginn des Bürgerkriegs in rund 200.000 Exemplaren.

Der Brutus Morse war zur gleichen Zeit mit der Konstruktion seines elektrischen Telegraphen befasst, und es ist nicht ohne Bezug zu seiner konspirativen Imagination, dass er in seinen Artikeln zum Beweis der Attentatsthese vor allem eine in Cincinnati erscheinende päpstlich-katholische Zeitung zitierte, die *The Catholic Telegraph* hieß.

Im Vorwort der späteren Buchausgabe bezeichnet Samuel Morse den österreichischen Haus-, Hof- und Staatskanzler, Fürst von Metternich, und die St. Leopolds-Stiftung als treibende Kräfte bei dieser Konspiration. Diese Stiftung habe die Absicht,»in den USA die

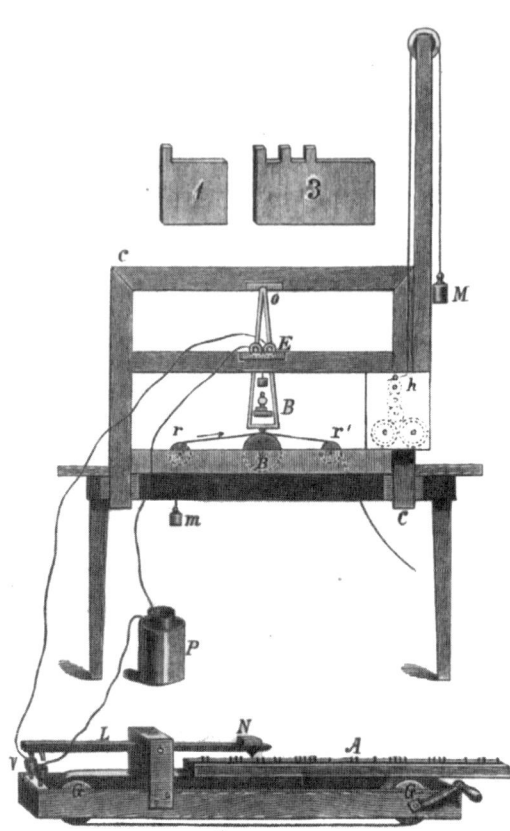

Der erste Paranoia-
Automat.
Das Modell des
Telegraphen von
Samuel F. B. Morse

katholische Missionierung in großem Maßstab voranzutreiben«.[38] Einen Hauptbeweis für seine These eines jesuitisch-päpstlich-metternichschen Attentats auf die USA findet Morse dann ausgerechnet in den achtzehn Vorlesungen zur Philosophie der Geschichte, die Friedrich Schlegel 1828 in Wien gehalten und ein Jahr später veröffentlicht hatte.[39] Als »Ritter des päpstlichen Christusordens« und als österreichischer Legationsrat war Schlegel hinreichend verdächtig, in seinen unter kaiserlicher Lizenz gehaltenen Vorlesungen die Sache des Papstes und der österreichischen Monarchie zu betreiben. Morse zitiert aus der siebzehnten Vorlesung, in der Schlegel die »Revolutionskrankheit vom ersten Brutus« an geißelt. Diese Krankheit, die in Rom von Brutus »bis zum Tiberius oder Diokletian« ein bis dreieinhalb Jahrhunderte lang gewütet habe, sei in dem »furchtbar beschleunigten Weltlauf der zum Ende eilenden Zeiten«, nämlich während der Französischen Revolution, im Zeitraum von kaum einer Generation durchlaufen worden.[40] Außerdem bezeichnete Schlegel in einem Atemzug damit Amerika als »eigentliche Pflanzschule aller dieser zerstörenden Prinzipien« und als »revolutionäre Erziehungsanstalt für Frankreich und das übrige Europa.«[41] Diese Vorlesungen bringen die geschichtsmetaphysische Panik des vermeintlichen Verschwörers Schlegel lebhaft zum Ausdruck. In der Vorrede zur Buchausgabe seiner Vorlesungen, die Morse gleichfalls zitiert, verkündet Schlegel ohne Umschweife: »Der nächste Gegenstand und die erste Aufgabe der Philosophie ist die Wiederherstellung des verlornen göttlichen Ebenbildes im Menschen.«[42] Und weiter lässt der Ritter des päpstlichen Christusordens keinen Zweifel daran, dass die Philosophie mit einer Theorie zur Wiederherstellung der Ebenbildlichkeit und der Wiedervereinigung des zerstreuten Menschengeschlechts beauftragt sei und dass sie an ihrer praktischen Umsetzung arbeiten müsse. Im Schlusswort der letzten Vorlesung setzt der Vortragende daher alle Hoffnung dieser Philosophie der Geschichte darein, »daß in der vollendeten religiösen Wiederherstellung des Staats und auch der Wissenschaft, die Sache Gottes und das Christentum vollständig auf Erden siegen und triumphieren werde«.[43]

In Schlegels Ideen zur Ausmerzung aller Brutusschatten in Europa und Amerika sowie in der Entschlossenheit zur Wiederbegründung der Völkereinheit unter Führung des Papstes und seiner Hofräte witterte Morse eine welthistorische katholische Konspiration. So konnte man Schlegel lesen. Alle Beweise für eine Attacke der päpstlich-jesuitisch-metternichschen Verschwörung, die den Umsturz der liberalen Institutionen in den USA durch telegraphische Kommunikation, Unterwanderung und Einwanderung (Morse verfasste auch Zeitungsartikel über die Gefahr durch Immigranten[44]) plane, zeigen wahnhafte Züge.

Mit dem Pseudonym Brutus setzte Morse das Namensemblem republikanischer Überzeugung schlechthin gegen die katholische

Verschwörung, die er aus Schlegels Vorlesungen herauslas. Aber damit nahm er nur den von Schlegel selbst geäußerten Zwangsgedanken auf, dass sich die Brutusse gegen den von Gott gestifteten welthistorischen Ordnungsgedanken auflehnten.

Brutus war aber auch der Familiengott der Schauspielerfamilie Booth, aus der John Wilkes Booth hervorging, der Mann, der am 14. April 1865 im Ford's Theatre in Washington den amerikanischen Präsidenten Abraham Lincoln erschoss. Der Vater des Attentäters war der berühmte Schauspieler Junius Brutus Booth, der 1821 aus England nach Amerika gekommen war und auch dort auf verschiedenen Bühnen beispiellose Erfolge gefeiert hatte. Drei seiner Söhne, darunter der zweitjüngste John Wilkes, wurden ebenfalls Schauspieler. Neben dem Beruf vererbten die Booths auch den Namen der römischen Freiheitshelden: John Wilkes' Vater, der ältere Bruder und ein Neffe des Lincoln-Mörders trugen den Namen Brutus. Namen lassen bisweilen den Schall und Rauch von Pistolenschüssen durch die Historie gehen. Ehe er die Waffe an das Haupt des Präsidenten drückte, will Booth die geflügelten Brutusworte »Sic semper tyrannis« [So ergeht es allen Tyrannen] gerufen haben.[45] Booth war der Überzeugung, dass sich Lincoln wie einst Caesar zum König von Amerika krönen lassen wollte.[46] In sein Tagebuch schrieb er das fatale Datum seines Attentats römisch: »April 13, 14, Friday the Ides« (Iden des April). Auch die letzten Eintragungen in diesem Journal rufen die Schatten des Caesarmörders auf.[47] Ähnlich der späte Nietzsche, der seine letzten Bücher als »Attentat (…) auf den Gekreuzigten« ankündigte und der zugleich erklärte, dass es in seinem Leben keinen Zufall mehr gebe.[48] Auch Nietzsche stilisierte sich in dieser Attentatsgeste als Brutusschatten, indem er sich eine römische Familie erfand: »Julius Cäsar könnte mein Vater sein«.[49] Brutus geistert als Hausgespenst der Paranoia durch die Geschichte.

Noch mehr Brutusschatten:
Königsmord und Gottesmord im 19. Jahrhundert

Anfang des 19. Jahrhunderts werden wie alle Bilder auch die Herrscherbilder durch den Fortschritt der Reproduktionstechnik inflationiert und entwertet. Das Sakrosankte wird profan. Die ikonoklastische Epoche der Attentate setzt hier ein. Und es ist die Epoche des Gottesmordes. Seit der Antike herrschen die Könige als irdische Stellvertreter Gottes, als *Vicarii Dei*, eine Position, um die sie sich im Mittelalter noch mit den Päpsten stritten. Mit jedem König, der von der Hand des Scharfrichters oder unter dem Hieb eines Mörders stirbt, geht auch der unsterbliche göttliche Anteil dahin, der ewige Leib sinkt ins gleiche Grab wie der sterbliche.

Die westliche Tradition kennt ganz unterschiedliche Formen des Gottesmordes. Als älteste kultische Prozedur weiß der antike Mythos von der Zerreißung des Dionysos durch die Mänaden. Aber dieser Gott kehrte im Zyklus des Jahrs stets zurück. Hingegen machen die modernen Königsmorde und Gottesmorde *tabula rasa*.

Die Verbindung zwischen der Hinrichtung des französischen Königs Ludwig XVI. und dem philosophischen Tod Gottes hat Heinrich Heine hergestellt. In seiner *Geschichte der Religion und Philosophie in Deutschland* von 1835 spielt Heine auch darauf an, dass es die Deutschen im Unterschied zu den Franzosen nicht geschafft hätten, sich von ihren Monarchen durch eine Revolution zu befreien, durch die Enthauptung eines Königs; die deutschen Guillotinen köpften lediglich philosophische Götter. Allerdings brachte die unblutige Exekution des Gottes durch Philosophie eine noch viel schrecklichere Erschütterung in die Welt als der Königsmord:

> Man sagte, dass die Nachtgeister erschrecken, wenn sie das Schwert eines Scharfrichters erblicken – wie müssen sie erst erschrecken, wenn man ihnen Kants ›Kritik der reinen Vernunft‹ entgegenhält. Dieses Buch ist das Schwert, womit der Deismus hingerichtet worden ist in Deutschland.

Ehrlich gestanden, Ihr Franzosen, in Vergleichung mit uns Deutschen seid Ihr zahm und moderat. Ihr habt höchstens einen König töten können, und dieser hatte schon den Kopf verloren, ehe Ihr köpftet. Und dabei mußtet Ihr so viel trommeln und schreien und mit den Füßen trampeln, dass es den ganzen Erdkreis erschütterte. Man erzeigt wirklich dem Maximilian Robespierre zu viel Ehre, wenn man ihn mit dem Immanuel Kant vergleicht. Maximilian Robespierre, der große Spießbürger aus der Rue Saint-Honoré, bekam freilich seine Anfälle von Zerstörungswut, wenn es das Königtum galt, und er zuckte dann furchtbar genug mit seiner regiziden Epilepsie; aber sobald vom höchsten Wesen die Rede war, wusch er sich den weissen Schaum wieder vom Mund und das Blut von den Händen, und zog seinen blauen Sonntagsrock an, mit den Spiegelknöpfen, und steckte noch obendrein einen Blumenstrauß vor seinen breiten Brustlatz.[50]

Immanuel Kant hat (…) den Himmel gestürmt, er hat die ganze Besatzung über die Klinge springen lassen, der Oberherr der Welt schwimmt unbewiesen in seinem Blute, es gibt jetzt keine Allbarmherzigkeit mehr, keine Vatergüte, keine jenseitige Belohnung für diesseitige Enthaltsamkeit, die Unsterblichkeit der Seele liegt in den letzten Zügen.[51]

Kants Widerlegung des ontologischen Gottesbeweises in seiner *Kritik der reinen Vernunft* von 1781 betrachtet Heine als Gottesattentat. Thomas von Aquins Gottesbeweis hatte Gott im vornehmen Himmel der scholastischen Rationalität einquartiert. Auch nach Kant lebte der unbeweisbare Gott weiter, wenngleich sehr viel weniger komfortabel, in der Ideenabteilung der kritischen Philosophie. Das kam in Heines Gegenüberstellung deutscher und französischer revolutionärer Gewalt aber nicht vor. Ungeachtet der Ironie, die seine Sätze leicht macht, war Heine der Überzeugung, dass Kant allein die gottesikonoklastische Tat vollbracht habe. Robespierre stufte er zum Handlanger Rousseaus herab, den er als den wahren Urheber des Königsmordes namhaft machte. Durch Heines *Geschichte der*

Religion und Philosophie zieht sich daher ein ernsthaftes Entsetzen darüber, dass der Königsmord zugleich das Gottesattentat möglich gemacht hat.

Aber warum dieser fromme Heinesche Schauder? Musste nicht das Gottesgnadentum fallen, um die moderne Welt der Freiheit und des Fortschritts zu begründen, um Technik, Wissenschaft, Wohlstand und Hygiene hervorzubringen? In ihren kritischen Bilanzen verzeichnet die Moderne eine Reihe von Negativposten: Traditionsverlust, Umweltzerstörung, Klimakatastrophe, Expansion der militärischen Gewalt, Völkermord, aber den Tod Gottes scheint sie nicht zu beweinen.

Es gibt dennoch Grund, in der negativen Bilanz der Moderne auch den Gottesmord zu führen. Der Gottesmord scheint dabei weniger ein theologisches Problem zu sein als vielmehr ein Ereignis, das der paranoischen Vernunft die leitende Position in der westlichen politischen Theologie einbrachte. Als Zeugen rufen wir den Caesarsohn und Gottesmörder Nietzsche in den Zeugenstand. Das gleiche, ja vielleicht sogar noch gesteigerte Entsetzen Heines über den Gottesmörder Kant geht durch einen Absatz in Nietzsches *Fröhlicher Wissenschaft* aus dem Jahre 1882. Es ist die kurze Passage mit der Überschrift »Der tolle Mensch«:

> Habt ihr nicht von jenem tollen Menschen gehört, der am hellen Vormittage eine Laterne anzündete, auf den Markt lief und unaufhörlich schrie: ›Ich suche Gott! Ich suche Gott!‹ – Da dort gerade Viele von Denen zusammen standen, welche nicht an Gott glaubten, so erregte er ein grosses Gelächter. Ist er denn verloren gegangen? sagte der Eine. Hat er sich verlaufen wie ein Kind? sagte der Andere. Oder hält er sich versteckt? Fürchtet er sich vor uns? Ist er zu Schiff gegangen? ausgewandert? – so schrieen und lachten sie durcheinander. Der tolle Mensch sprang mitten unter sie und durchbohrte sie mit seinen Blicken. ›Wohin ist Gott?‹ rief er, ›ich will es euch sagen! Wir haben ihn getödtet, – ihr und ich! Wir Alle sind seine Mörder! Aber wie haben wir diess gemacht? Wie vermochten wir das Meer

auszutrinken? Wer gab uns den Schwamm, um den ganzen Horizont wegzuwischen? Was thaten wir, als wir diese Erde von ihrer Sonne losketteten? Wohin bewegt sie sich nun? Wohin bewegen wir uns? Fort von allen Sonnen? Stürzen wir nicht fortwährend? Und rückwärts, seitwärts, vorwärts, nach allen Seiten? Giebt es noch ein Oben und ein Unten? Irren wir nicht wie durch ein unendliches Nichts? Haucht uns nicht der leere Raum an? Ist es nicht kälter geworden? Kommt nicht immerfort die Nacht und mehr Nacht? Müssen nicht Laternen am Vormittage angezündet werden? Hören wir noch Nichts von dem Lärm der Todtengräber, welche Gott begraben? Riechen wir noch Nichts von der göttlichen Verwesung? – auch Götter verwesen! Gott ist todt! Gott bleibt todt! Und wir haben ihn getödtet! Wie trösten wir uns, die Mörder aller Mörder? Das Heiligste und Mächtigste, was die Welt bisher besass, es ist unter unseren Messern verblutet, – wer wischt diess Blut von uns ab? Mit welchem Wasser könnten wir uns reinigen? Welche Sühnfeiern, welche heiligen Spiele werden wir erfinden müssen? Ist nicht die Grösse dieser That zu gross für uns? Müssen wir nicht selber zu Göttern werden, um nur ihrer würdig zu erscheinen? Es gab nie eine größere That, – und wer nur immer nach uns geboren wird, gehört um dieser That willen in eine höhere Geschichte, als alle Geschichte bisher war.‹[52]

Eine meisterliche Allegorie der Moderne. Das Attentat auf Gott war zugleich unmöglich und erfolgreich. Dass etwas von diesem Unmöglichen gelang, verdankt sich den Revolutionen, der Bildinflation und der Philosophie des 19. Jahrhunderts. Nietzsche legt das Erstaunen und den Stolz, das Erschrecken und die Überhebung in den Mund eines tollen Menschen, der nach dem Beispiel des Diogenes am helllichten Tag eine Lampe entzündet. Während der kynische Philosoph nach Menschen suchte, wie Diogenes Laertius berichtet, fahndet der moderne tolle Mensch nach Gott. Dieser Gottsucher-Diogenes ist auch dem Attentäter nachgebildet, und die ganze Passage durchziehen Brutusschatten und Erinnerungen an die Ermordung

Caesars: Die astronomischen Zeichen, die vielen Messer, das Blut an den Händen, die Sühnefeiern und heiligen Spiele – diese lärmende Sprache des Fatums stellt die Geschichte von Caesars Tod bereit.

Johann Heinrich Wilhelm Tischbein (zugeschrieben):
»Diogenes sucht einen Menschen« (um 1783)

Aus dem Munde des tollen Menschen tönen der Schrecken und der Triumph über den Mord. Aber was jetzt? Was nun geschieht, scheint in anderer Hinsicht undenkbar. In der tollen Vorstellung von den Folgen der Tat rücken die Täter selbst an die Stelle des Getöteten. Jetzt reklamieren sie, wenn auch schaudernd, für sich jene Größe, die zuvor den Heroen und Götter vorbehalten war. Die Tat, die eine Geschichte beendet, begründet gleich eine neue Geschichte. Was wird sie bringen? Die alte Ordnung der Welt ist zerstört, die Welt ist aus den Fugen, es gibt keinen Horizont des Sinns. Es gibt auch keinen Täter/Märtyrer, der wirklich an die Stelle des zerschlagenen Gottesbildes tritt.

Die römische Geschichte scheint sich tatsächlich zu wiederholen. Bedenkt man, dass mit dem Attentat auf den von den Göttern begünstigten Caesar auch jener theoretische Gottesmord des Cicero stattfand, die Entmachtung der Götter als zukunftskompetenter Unsterblicher, dann hat die westliche Moderne den Caesarenmord in der Politik und den Gottesmord in der Theorie noch einmal vollzogen. Aber fast jeder Bruch lässt etwas übrig. Selbst wenn die Götter den Himmel räumen müssen, den ihnen die ontologischen Beweise so bequem eingerichtet hatten, selbst wenn sie mit ihren irdischen Vikaren auf der Guillotine den Kopf verlieren, so leben sie doch als vornehme Geister fort. Zwar lässt der Westen den Weihrauch inzwischen aus seiner Religion der Liberalität dampfen, aus den Messeliturgien der Wirtschaft und Wissenschaft, und gewiss geht durch die allmähliche Entschlüsselung aller Geheimnisse der Welt und des Lebens die Allmacht Gottes an die Labors und Konzerne über; dennoch hält sich mit schwer begreiflicher Zähigkeit jene paranoische Vernunft in der Welt, die eigentlich als erste dem modernen Kalkül der rationalen Vernunft hätte weichen müssen. Es scheinen sich Reste archaischer Gewissheiten in der modernen Welt zu halten, Wiedergänger des alten Gespensterglaubens, die sich dann doch bisweilen in spektakulären Gewaltakten zu erkennen geben.

Nietzsches Lebensgeschichte zeigt in bewegender Klarheit, wie die Operationen der paranoischen Vernunft den Denkenden in die Gottesposition emporheben, die von den Philosophen und Schriftstellern des 18. und 19. Jahrhunderts leergeräumt wurde. Nietzsches eigener, wirklicher Wahnsinn Ende 1888 weist eine ähnliche Struktur auf wie die Rede des »tollen Menschen« aus der *Fröhlichen Wissenschaft*. Den Königsmord wie Gottesmord konzipieren die Täter als Rochade. Der Täter tritt an die Stelle des Opfers. Das Attentat vollzieht einen mörderischen oder auch nur gedankenmörderischen Platzwechsel. So erging es dem »Gottesmörder« Nietzsche. Wer jenen rein theoretischen Weltverwaltungsposten opfert, wo alle Zufälle der Welt ihr Gesicht enthüllen und sich als Notwendigkeit zu erkennen geben, der muss selbst zur Apotheose antreten. Eine Welt ohne Regierung und obersten Willen? Nachdem der Philosoph bereits ein Schreiben an August Strindberg mit »Nietzsche Caesar« unterzeichnet hatte, legte er in einem seiner Briefe an Meta von Salis vom Januar 1889 die Rochade offen. Dort heißt es:

> Die Welt ist verklärt, denn Gott ist auf der Erde. Sehen Sie nicht, wie alle Himmel sich freuen? Ich habe eben Besitz ergriffen von meinem Reich, werfe den Papst ins Gefängnis und lasse Wilhelm, Bismarck und Stöcker erschießen. Der Gekreuzigte.[53]

Friedrich Nietzsche, Fotografie nach 1889

Hier spricht nicht einfach der Privataffekt Nietzsches, der den Papst, Kaiser Wilhelm und Bismarck verabscheute; es sprechen die Rohformeln der Attentats- oder Revolutionspolitik, es spricht der moderne Wahn, der die schlechte und triviale Macht zum Verschwinden bringen und sich selbst an deren Stelle setzen möchte. Wohlgemerkt nicht aus Anarchismus, um die Macht zu beseitigen, sondern weil diese Macht eine schlechte Macht ist, eine unzureichende, unverständige, repräsentationsunfähige, philosophisch unaufgeklärte Macht. Das ist aber noch längst nicht alles. Nietzsches letzte Attentatsphilosophie, seine intellektuelle Verschwörung gegen Bismarck und den Kaiser, seine Vorstellung, die Position seiner eigenen Attentatsopfer einzunehmen, sind beseelt vom Wahn, alle Kontingenz auszulöschen. An die Stelle dieser Herrscher und Gottesgespenster tritt nämlich ein Künstler, der, wie Nietzsche sich in einem Brief an Heinrich Köselitz vom 20. März 1883 ausdrückte, mit »Vernunft rast«.[54] Damit führt Nietzsche wortwörtlich die Bestimmung an, die Kant im § 49 seiner *Anthropologie in pragmatischer Absicht* von 1800 für die paranoische Fatumsgewissheit aus artifiziellem Beweis gegeben hat. Mit Kant gesprochen rast die Vernunft vor allem bei denjenigen, »welche allerwärts Feinde um sich zu haben glauben; die alle Mienen, Worte oder sonstwie gleichgültige Handlungen andrer auf sich abgezielt, und als Schlingen betrachten, die ihnen gelegt werden«.[55] Das sind der Wahn und die Gewissheit der totalen Adressierung. Die Paranoia deutet alle Zeichen als an sie gerichtet, jedes Flimmern trägt eine Gewissheit an sie heran. Sie ist immer gemeint. Die ganze Welt ist in ein konspiratives Komplott gegen sie eingetreten. Negativ gesprochen, beginnt der paranoische Wahn exakt dort, wo das Denken der Kontingenz endet. Als privates Rasen wird diese Paranoia von den Irrenhäusern verschlungen; als öffentliches Rasen besetzt sie Throne, Lehrstühle oder geheimdienstliche Chefsessel. Oder sie richtet ihren bewaffneten Arm gegen sich selbst.

Der Paranoiker ist nicht imstande, Worte, Zeichen, Ereignisse als *zufällig* zu deuten. Gott oder die Vorsehung sprechen mit *ihm* und geben *ihm* ihre Absichten kund. Die späten Briefe und Schriften Nietzsches enthalten zahlreiche Formulierungen, die diesen Befund bestätigen. So schreibt Nietzsche am 8. Dezember 1888 an Strindberg: »Da es in meinem Leben keinen Zufall mehr gibt, so sind auch Sie kein Zufall.« Nietzsche ist dieses »Rasen« seiner Vernunft selbst aufgefallen. Am 22. Dezember 1888 gesteht er gegenüber Overbeck: »fast jeder Brief, den ich jetzt schreibe, beginnt mit dem Satz, dass es keinen Zufall mehr gebe in meinem Leben«.[56] Das ist zwar psychiatrisch auffällig, aber immer auch noch Philosophie. Mit dieser erklärten Unfähigkeit, irgendeinen Zufall in seinem Leben anzuerkennen, widerruft Nietzsche jene Lehre, die er im Abschnitt 203 von *Jenseits von Gut und Böse* der Welt erteilt hat: dass die Geschichte die »schauerliche Herrschaft des Unsinns und Zufalls« ist. Und daneben lehrte auch Zarathustra, als er wie Moses neue Gesetzestafeln schreibt, die »Erlösung des Zufalls«. Wie aber kann Nietzsche diese Lehre widerrufen? Es gibt nur eine einzige Perspektive, in der kein Zufall zu walten scheint. Das ist die Perspektive Gottes, die Perspektive der Heroen, die Perspektive der Geschichtsmetaphysiker von Augustinus bis Stalin. Mit welcher Entschiedenheit hatte Luther, der Augustiner, in seiner Schrift *De servo arbitrio* gegen Erasmus von Rotterdam darauf bestanden, dass es in Gottes Vorsehung keine Kontingenzen gibt und dass daher für den freien Willen keine Spielräume mehr blieben.[57] Nietzsche ist im Dezember 1888 nicht wieder Lutheraner geworden, sondern in die Weltsicht des getöteten und auch durch seine irdischen Stellvertreter verabschiedeten Gottes getreten.

Der Gottes- und Königsmörder Nietzsche war entschlossen, die christlichen Embleme Gottes abzuräumen, da sie ein »Priester-Attentat« und »Parasiten-Attentat«[58] darstellten und da er die Repräsentation der Herrscher verabscheute. Seine Philosophie legte er von vornherein als Attentatsphilosophie an, als Eroberungsphilosophie, als intellektuellen Caesarismus, der freilich erst im späten Stadium des »vernünftigen Rasens« seine terroristischen Gedanken ausplauderte. Als *der Gekreuzigte*, wie sich Nietzsche in der letzten Zeit seiner eigenen Attentate auf den Gekreuzigten nennt, als konsubstanzielles Bild Gottes, trägt er natürlich jeden Heldennamen in der Geschichte. Jeder Held steht als Beispiel dafür, wie Menschen gegen die Kontingenz der Welt mit dem Schwert in der Hand aufbegehren. Aber eben auch jeder Attentäter. Der historische Held und der Attentäter zeigen sich in dieser Hinsicht ganz solidarisch: Caesar und Brutus sind auch Zwillinge. Aller Wille, das Rad der Welt von eigener Hand zu drehen, kommt aus der Vorstellung, dass der Held durch seine Tat auch Recht schafft. Das ist der Traum des Attentäters, der eine Gestalt des Rechts angreift, um dann, wenn es schiefgegangen ist, in einem Sack, den er mit Tieren teilt, ersäuft zu werden. Jeder Heldenname steht für diesen Aufstand gegen das Gesetz und gegen den Zufall, für die Revolte gegen die absolute Grenze, die Menschen und Götter, wie auch Menschen und tote Götter voneinander trennt. Daher schreibt Nietzsche an Jacob Burckhardt, der ja auch Caesar den »größten Sterblichen« genannt hatte, in dem ebenso rasenden wie vernünftigen Brief vom 6. Januar 1898:

> Was unangenehm ist und meiner Bescheidenheit zusetzt, ist, dass im Grunde jeder Name in der Geschichte ich bin; auch mit den Kindern, die ich in die Welt gesetzt habe, steht es so, dass ich mit einigem Misstrauen erwäge, ob nicht Alle, die i n das ›Reich Gottes‹ kommen, auch a u s Gott kommen.[59]

Alle Helden, aber am Ende auch alle Werke sind Dubletten, vielleicht sogar konsubstanzielle Bilder Nietzsches. Durch die Weltgeschichte läuft eine positive, geradezu beglückende Verschwörung. Dieser großartige Wahnsinn aber bietet einen Einblick in die Logik, in das vernünftige Rasen einer solchen Attentatsidee. Das Gewissheitsrasen pflegt eine scharf umrissene Vorstellung und spielt auf höchstes Risiko. Denn immer erst im Nachhinein urteilt die Geschichte, ob dieses Rasen Wahnsinn oder heroische Vernunft war. Der Attentäter schließt wie Caesar eine Wette mit der Geschichte ab. Wie verrückt war denn Alexander? Welcher Aberwitz trug Caesar solche Macht ein? Welchem Irrenhaus war Napoleon entlaufen? Die Historie verlieh ihnen den Heldentitel. Und Nietzsches Attentate auf den Gekreuzigten? Von welchem Augenblick, von welchem Satz an waren diese literarischen Dolchhiebe verrückt?

Der Befund, der auf Nietzsches Krankenblättern steht: die Löschung von Kontingenz, die Eliminierung einer trügerischen Repräsentation von Macht, der ikonoklastische Affekt, die Rochade mit dem Opfer, lassen sich ganz gleich bei einer ganzen Reihe von historischen Attentätern erheben. Daher ist die Diagnose »Wahnsinn« verfehlt, wenn sie das Rasen der Attentätervernunft lediglich als krank, verrückt oder toll bezeichnet. Es bleibt stets lange unentschieden, ob diese Grenze durch die Tat nicht verschoben wird. Den Attentäter treibt eben kein blanker Irrwitz. Auch wenn ihn eine Gewissheit aus artifiziellen Beweisen zur Tat treibt, so folgt sein Delirium einer schon seit Langem durchgearbeiteten Idee. Und dann ist das Attentatsrasen ein verbreiteter, symptomatischer und moderner Wahnsinn. Zwar haben solche Irren immer schon die Spitäler bewohnt, Verrückte, die glaubten, Gott, Kaiser, Jesus oder der Papst zu sein. Für Hobbes galt diese Idee, selbst Gott zu sein, als deutliches Anzeichen des Wahnsinns.[60] Die Moderne fügte nur die Variante hinzu, dass es *für alle* vorstellbar geworden ist, König, Papst, Präsident, Künstler oder Star zu sein. Die Möglichkeit der Rochade mit den Mächtigen befällt alle Köpfe wie eine Kinderkrankheit. Das Erschrecken des tollen Menschen ist exakt der Schrecken, der in der Moderne das Attentatsereignis begleitet.

Der Schrecken ist aber nur die Umkehrung der Bewunderung, der fatalen Bewunderung, die der historische Held genießt. Den Schrecken löst die Anmaßung des Attentäters aus, seine Selbsterhebung in den Götterstand. Sie besteht nach Pierre Legendre darin, dass der Familien-Mörder, wie der *Codex Justianus* sagt, die Fata eines Menschen beschleunigt.[61] Wer in das Kontingenzregal der Götter eingreift, die sonst souverän über Leben und Tod eines Menschen Beschlüsse fassen, maßt sich den Schicksalsspruch an und erhebt sich selbst zum Fatum. Er will »ein Schicksal« sein, wie Nietzsche über sich im *Ecce homo* schreibt, in seinem »Attentat auf zwei Jahrtausende Widernatur und Menschenschändung«.[62] Der Täter, der zum Schicksal wird, unterscheidet sich vom Untätigen, der seine Mordpläne unausgeführt lässt und daher in Geschichtslosigkeit verharrt, durch das ungeheure Quantum an Kraft und Todesbereitschaft, die er für seine Tat aufbringen muss. Shakespeare und Schiller, die sich lebhaft für Attentäter interessierten, haben diesen Kraftaufwand zu messen versucht.

Kaisertheater. Caesar auf der Bühne

Die Bildpolitik, die die Herrscher, zumal die römischen Caesaren betreiben, lässt leicht den Gedanken aufkommen, dass es sich bei ihrer Geschichte um eine theatralische Sache handelte, dass überhaupt in der Geschichte lediglich Theater gespielt werde. Und das heißt umgekehrt, dass nur dort ein gedächtniswürdiger Vorgang stattgefunden hätte, wo das politische Ereignis einen von vielen Blicken abgetasteten öffentlichen Schauplatz füllt. Daher vermutete auch Plutarch, dass die Szene des 15. März 44 vor unserer Zeitrechnung, neben dem von Pompeius errichteten Theater, einen göttlichen Regisseur voraussetzt.[63] Wenn der Götterwille spricht, dann spielt das Staatstheater. Das Theater liefert ja in die Zeit, in den Zeitverlauf eingelagerte künstliche Momente, bewegte Bilder, wie später das Kino genannt wurde. Am gleichgültigen Flug des Zeitpfeils sind Götter nicht interessiert. Ihr Auftritt unterbricht den Alltag. Alles Politische verlangt die Inszenierung, selbst die Katastrophe. Als Kandidat für die Ewigkeit der Götter spielte Caesar darum auch bei seinem Tode mit und fiel mit erhabener Gebärde. Alle römischen Kaiser waren davon durchdrungen, dass sie eine große Szene bieten müssen, dass von ihnen ein Götterschauspiel auf weltgeschichtlicher Bühne erwartet wird. Das berichtet der Biograf Sueton in seiner Erzählung vom Ende des Kaisers Augustus.

> Am letzten Tage seines Lebens fragte er immer wieder, ob seinetwegen im Reich bereits Aufruhr herrsche, bat um einen Spiegel, ließ sich sein Haar kämmen und die einfallenden Wangen zurechtmachen und erkundigte sich bei den Freunden, die er zu sich vorgelassen hatte, ob sie den Eindruck hätten, er habe das Possenspiel (mimus) des Lebens trefflich bis zum Ende gespielt, und fügte dann die übliche griechische Schlussformel hinzu: ›Wenn Euch das Ganze wohl gefallen hat, so klatscht Beifall, und gebt mir alle als Freunde das Geleit‹.[64]

Auch Kaiser Nero hauchte mit einem unsterblichen Wort auf den Lippen sein Leben aus. Er war vom Senat für vogelfrei erklärt worden und entzog sich den Häschern durch Selbstmord. Seine letzten Worte lauteten angeblich: »Ach, was für ein Künstler geht mit mir verloren.« Seine ganze Herrschaft als Kaiser von 54-68 war eine Orgie von Verschwendung und Gewalt. Allem, was er tat, gab er eine schauspielerische Note, neben seinen vielen unglücklichen Auftritten als Mime in Theaterstücken. Der Historiker der Kaiserepoche Theodor Mommsen fasst zusammen:

Seine Neigungen gingen ganz auf das artistisch Dilettantische. In allem und jedem dilettierte er, ohne Neigung und besondere Begabung. (...) Nero war der erste römische Kaiser, der sich seine Reden schreiben ließ. Alle anderen ohne Ausnahme haben selbst geschrieben. Das einzige, was ihn interessierte, war die Sucht, als Schauspieler und Sänger zu glänzen, übrigens war er auch hierin gänzlich unfähig.[65]

Schlechter Schauspieler, schlechter Kaiser. Der Dilettant Nero ist in vielen Dramen und Filmen zum Gespött der Geschichte geworden.

Aber an ihm wird nur in extremer Entstellung das Theater des Kaiserlichen ansichtig. Man muss durch Pomp und große Inszenierung den Götterwillen, die Götterlust hervorlocken. Dieser späte Sohn des tragischen Geschichtshelden Caesar verübte am Ende an sich selbst das Attentat, das auf ihn gewartet hätte, wäre er nicht aus Rom geflohen. Sein komödiantischer Tod steht in scharfem Kontrast zum dramatischen, vollendet gespielten Ende Caesars, das in unzähligen Dramen, Romanen, Gedichten beweint und bejubelt wurde.

Die Bibliothek der Brutusschatten[66] enthält zwei herausragende Caesar-Dramen. Shakespeares Tragödie *Julius Caesar* aus dem Jahre 1599 bringt die Vor- und Nachgeschichte des Attentats in großen Szenen und packenden Dialogen auf die Bühne. Aber Caesar tritt nicht eigentlich als Handelnder auf, sondern als schicksalhafte Gestalt. Dem Gang der Handlung nach ist es ein Cassius-Brutus-Drama. Daher schrieb auch Nietzsche in der *Fröhlichen Wissenschaft*: »Das Schönste, was ich zum Ruhme Shakespeare's, des Menschen, zu sagen wüsste, ist diess: er hat an Brutus geglaubt und kein Stäubchen Misstrauens auf diese Art Tugend geworfen! Ihm hat er seine beste Tragödie geweiht – sie wird jetzt immer noch mit einem falschen Namen genannt –«.[67] Das war 1882. Sechs Jahre später, im *Ecce homo*, glaubte Nietzsche für Shakespeare die »höchste Formel« auszusprechen, wenn er sagte, dass der Dichter »den Typus Cäsar concipirt hat. Dergleichen erräth man nicht, – man ist es oder man ist es nicht.«[68] Das schrieb er wenige Seiten, nachdem er dem Gedanken nachgegeben hatte, dass Julius Caesar sein Vater sein könnte.[69] »Auch du, mein Sohn Friedrich!« Das hätte eher der Vater Jesus sagen können, als Nietzsche den *Ecce homo* als »Attentat (...) auf den Gekreuzigten« ankündigte.[70]

Vor der Gestalt des Brutus, so meinte Nietzsche in der *Fröhlichen Wissenschaft*, habe sich Shakespeare zu Boden geworfen. Das englische 17. Jahrhundert verfügte bereits über eine beachtliche Kenntnis der Attentäterpsychologie. Shakespeares Caesar scheint längst zu wissen, was Thomas Hobbes in seinem *Leviathan* schreiben wird, dass nämlich Attentäter vor allem Leser falscher Bücher sind. Die vielen Warnungen, die fatalen Zeichen, die Träume seiner Frau – nichts kann Shakespeares Caesar irritieren, er lässt sich nicht davon abhalten, seinem Untergang entgegen zu ziehen. Als aufgeklärter Mann glaubt er allenfalls an die prognostische Aussagekraft von physiognomischen Merkmalen. Er misstraut dem Cassius, weil dieser so hager ist und weil er offensichtlich zu viel liest. Askese, Ernst und unmäßige Lektüre stehen im Psychogramm der Fanatiker. Seinem Freund Antonius, der ihn von der Harmlosigkeit des Cassius zu überzeugen versucht, hält Caesar entgegen:

> Wär er nur fetter! Zwar ich fürcht' ihn nicht;
> Doch wäre Furcht nicht meinem Wesen fremd,
> Ich kenne niemand, den ich eher miede
> Als diesen hagern Cassius. Er liest viel.
> Er ist ein großer Prüfer, und durchschaut
> Das Tun der Menschen ganz; er liebt kein Spiel,

Wie Du, Antonius; hört nicht Musik;
Er lächelt selten, und auf solche Weise,
Als spott' er sein, verachte seinen Geist,
Den irgend was zum Lächeln bringen könnte. (I, 2)

Der hagere Cassius ist kein Schauspieler, er verachtet alle Unterhaltung und Zerstreuung. Er beobachtet, und aus dem kontemplativen Ernst erwächst stets Unheil. Auf der anderen Seite verfügen Shakespeares Verschwörer über das klare Wissen, dass ihre Tat einen Theatercoup darstellt. Sie mussten den Römern ihre Befreiung in einer erstklassigen Inszenierung darbieten und damit für den Stoff sorgen, den zahllose Caesar-Dramen wiederaufnehmen werden. Das Ereignis ist denkwürdig, gedenkwürdig und wird durch unendliche Wiederholungen laufen. Nach vollendetem Mord baden die Täter ihre Hände im Blut des Opfers und vertiefen sich in ein Gespräch:

BRUTUS   Bückt euch, Römer
Laßt unsre Händ' in Caesars Blut uns baden
Bis an die Ellenbogen! Färbt die Schwerter!
So treten wir hinaus bis auf den Markt,
Und, überm Haupt die roten Waffen schwingend,
Ruft alle dann: Erlösung! Friede! Freiheit!
CASSIUS Bückt euch und taucht! In wie entfernter Zeit
Wird man dies hohe Schauspiel wiederholen,
In neuen Zungen und mit fremdem Pomp!
BRUTUS Wie oft wird Caesar noch zum Spiele bluten,
Der jetzt am Fußgestell Pompeius' liegt,
Dem Staube gleich geachtet!
CASSIUS Sooft als das geschieht,
Wird man auch unsern Bund, die Männer nennen,
Die Freiheit wiedergaben ihrem Land. (III, 1)

Die Attentäter wissen, dass sie durch ihre Tat in die Geschichte eintreten, dass sie immer wieder aus dem Blute des Toten als Helden auferstehen werden. Das ist einfache Attentats-Psychologie. Die höhere Attentats-Psychologie hingegen weiß und kündigt an, dass diese Tat durch unendliche Repetitionen gehen wird. Einen Augenblick nach dem geglückten Attentat prophezeien sie die dauernde Reprise, die geschichtsneurotische Wiederkehr dieser Szene, die immerwährende Bevölkerung der Bühne durch ihre Personen. Natürlich erteilt dieser Dialog auch eine poetologische Auskunft: Shakespeare kündigt durch den Mund seiner Figuren, dieser der Historie entlehnten Personen, die ewige Wiederkehr dieses Stückes auf dem Theater an. Alles ist wahr geworden. Alles entspricht dem Verlauf der Geschichte, von der man buchstäblich nichts im Voraus wissen kann, außer dass sie aus blinden Wiederholungen, aus automatisierten Schleifen, aus zwanghaften Wiederaufnahmen ihrer unvorhersehbaren Ereignisse besteht. Selbst seinen Tod begeht Brutus am Ende des Dramas unter Bezugnahme auf den Mord an Caesar, indem er zuletzt, bevor er sich in sein Schwert stürzt, erklärt: »Nicht halb so gern bracht ich dich um als mich.« Zwei Attentate. Zwei Morde: Mord des Vaters, Mord des Sohnes. Und die unendlichen Wiederholungen: der lange Schatten, den der Mörder in die Welt brachte.

Eine dieser Wiederholungen spielt in Frankreich. Einhundertdreißig Jahre nach Shakespeare kommt dort ein zweites Caesar-Drama auf die Bühne: Voltaires Tragödie *La mort de César*. Es ist ein Anti-Shakespeare-Stück. Voltaire hatte Shakespeare zuvor selbst übersetzt. Doch während Shakespeare die Handlung über Monate hinweg bis zum bitteren Ende der Attentäter ausdehnt, reduziert Voltaire das dramatische Geschehen ganz klassizistisch auf die wenigen Stunden vor und nach der Tat. Allerdings hat er aus dem Attentat der Söhne ein heroisches Familiendrama und das heißt: eine französische Tragödie gemacht. Er lässt Brutus den leibhaftigen Sohn Caesars sein. Dieser Tragödienvorwand wurde nötig, weil Voltaire die Handlung ganz nach Cicero im republikanischen Geiste abgefasst hat. Caesars Tod ist aus politischen Gründen unausweichlich. Das reicht aber nicht für den Jammer und Schauder einer Tragödie. Ein historisches Drama, das einen zum Tyrannen entarteten Dictator richtet und damit einer Rechtsregel folgt, muss der Pflicht eine familiäre oder erotische Neigung entgegenstellen. Dieser Konflikt fällt allerdings im Vergleich mit Shakespeare ein wenig hausbacken aus. Die Gesetze der Dezenz in der französischen *tragédie classique* bestimmen gar, dass die blutige Tat selbst nicht auf der Bühne gezeigt werden darf. Wenige Jahrzehnte nach der Uraufführung wird man in Deutschland über die französischen Flüche und Seufzer im Alexandrinerkorsett lachen. Das Lessing-Lachen schallt durch unsere Literaturgeschichten. Aber über Voltaires Caesar-Drama wird zunächst nicht gelacht. Es gibt noch eine französisch-deutsche Affäre mit diesem Attentatsdrama. Und diese Affäre wird Weltgeschichte und blutige Attentatsgeschichte in sich hineinziehen. Napoleon, nach Alexander und Caesar der dritte welthistorische Held, hat bekanntlich zunächst selbst versucht, ein Caesar-Drama zu schreiben. Nicht nur Attentäter sind Leser, sondern manche Attentatsopfer sind auch Dichter. Später wollte Napoleon das voltairesche Caesar-Drama umschreiben. Und noch später ließ ihm die Weltgeschichte dazu keine Zeit mehr. Da suchte er nach einem geeigneten Bearbeiter, den er schließlich in einem deutschen Dichter gefunden zu haben glaubte. Der Name dieses Dichters war Goethe.

CAESARBEARBEITUNGEN UND NAPOLEONBILDER

| Caesars Sohn Napoleon
| Caesarnachfolgen und Caesarbearbeitungen:
  Napoleon in Weimar
| Stürzende Kaiserbilder
| Das Schönbrunner Attentat auf Napoleon
  am 12. Oktober 1809
| Der ›fanatique de Schoenbrunn‹ oder
  ein ›deutscher Brutus‹. Stapss in der Literatur

Caesars Sohn Napoleon

Der letzte welthistorische Held, der zugleich als Feldherr, Staatsmann, Gesetzgeber und Schriftsteller Geschichte machte, war der Korse Napoleon Bonaparte. Am Ende besiegt, gescheitert, verbannt, verhöhnt, hatte Napoleon I. doch das Gesicht der Welt verändert.

Als er endlich allein über Frankreich herrschte, wählte Napoleon nicht den Herrschertitel König oder Kaiser, sondern *Empereur* – die direkte Ableitung von Caesars Titel *Imperator*. Doch von früher Jugend an bestimmten Caesarbearbeitungen, Caesarüberbietungen und Romparodien Napoleons Karriere. Auch der blutige Ernst scheut vor Parodien und Pastiches nicht zurück. Folgten nicht auch im Verlauf der Französischen Revolution das Ende der Republik und der dramatische Übergang zur Monarchie dem Gang der römischen Geschichte? Napoleon sah sich von realen und eingebildeten, von konspirativen und einzelgängerischen Anschlägen bedroht. Kein Wunder also, dass der französische *imperator* mehrfach zum Ziel von Attentaten wurde.[1]

Heute hätte Plutarch eine Parallelbiografie über Caesar und Napoleon nachzutragen. Diese biographischen Parallelen setzen auf den Militärschulen in Brienne und Paris ein, wo sich der junge Bonaparte zu Beginn seiner Ausbildung mit Caesars Schriften beschäftigte. Dieses Caesarstudium galt zumal dem Feldherrn, seinem strategischen und taktischen Genie, dem Politiker, der den Bürgerkrieg siegreich beendete, der das Imperium Romanum erweiterte und einen ersten Begriff von Europa entwickelte.

Auch Napoleon wurde zu einem europäischen Ereignis. Nach seiner erzwungenen Abdankung in Fontainebleau 1814 fand Napoleon Trost in dem Gedanken, dass er zwar aus dem Reich der geschichtlichen Taten, der *res gestae*, austreten musste, aber nun wie Caesar die zweite Unsterblichkeit als Schriftsteller und Historiker der eigenen Mission, als Autor seiner *historia rerum gestarum*, erringen könnte.

Bereits der Militärschüler Napoleon verfasste Kommentare zu Caesars Schriften. In diese Zeit fallen auch seine Versuche, ein Caesar-Drama zu schreiben. Das erzählt Napoleon selbst der Gräfin Montholon auf St. Helena.[2] Das Stück sollte ein Gegenentwurf zu Voltaires Tragödie *La mort de César* aus dem Jahre 1735 werden. Obgleich er das Drama durchaus bewunderte, wollte Napoleon das Caesarbild positiv umschreiben. In seinen Augen verfehlte die republikanische Tendenz in Voltaires Stück Caesars wahre politische Motive. Noch in seinem auf St. Helena diktierten Caesarkommentar kritisiert er die römischen Historiker, die mit ihren tendenziösen Erzählungen Caesars Absichten entstellt hätten.[3]

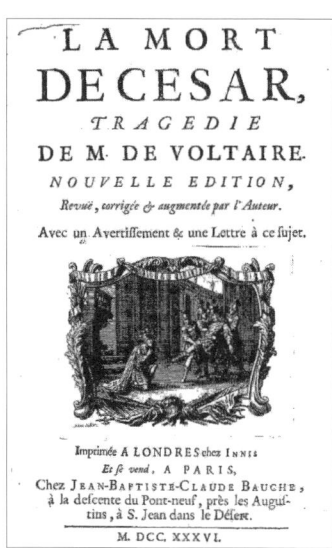

Frontispiz von Voltaires Tragödie »La mort de César« (1735)

Aber die Revision von Voltaires Caesardarstellung bildete nicht die einzige Triebfeder seiner lebenslangen Auseinandersetzung mit dieser Tragödie. Napoleon wird später erklären, dass überhaupt die Tragödie die »Schule der Fürsten« sei.[4] Da dachte er in erster Linie an das fürstliche Gymnasium der Corneille-Dramen, wo den Prinzen und aristokratischen Heroen so glänzende Alexandrinerantithesen über die Lippen kommen. Es ist im Grunde die augustinische Idee, dass das Theater der Bühne und der Welthistorie neue Menschen bilde.[5] Napoleons eigene Geschichte bietet indessen genügend Anhaltspunkte für seine Sorge, dass *La mort de César* auch zur Schule der Attentäter, zum Königsmördergymnasium, werden könnte. Denn Attentäter treten als bewaffnete Bücher und dolchschwingende Schullektüren in die Geschichte ein.[6] Da galt es über die Tragödie zu wachen.

Was kümmert sich der Staat unserer Tage um Literatur! Er päppelt die Dichter wie eine aussterbende Vogelart und fürchtet sich nicht mehr vor ihnen. Für das ausgehende 18. Jahrhundert hingegen verwaltete die Literatur noch monopolartig die Gedanken der Leute. Bücher und Theater übten im machtsensiblen Auge der Herrscher gewaltigen Einfluss aus, weil die Macht ein rein imaginäres Konstrukt bleibt, solange die Schwerter schweigen und Politiker wie Richter hinter verschlossenen Türen entscheiden. Dieses Imaginäre der Macht erlangt dann nur in Büchern und auf dem Theater eine Form. Wie sicherte der Staat den Abstand zwischen dem Wort des Königs auf dem Thron und dem Wort der literarischen Autorität, die auf dem Papier fortlebt? Diese traditionelle Macht ließ sich leicht beunruhigen und übertrug den Fürsten und ihren Kanzlern auch das Amt, die Abstände und Unterschiede zu bewachen und die neuen Literaturwerke zur Kenntnis zu nehmen. Der Zensor ist eine der vielen rechten Hände des Königs. Zugleich widmete der alteuropäische Königsstaat dem repräsentativen Außen seiner Institutionen noch besondere Aufmerksamkeit. Dagegen hat unsere Moderne den Staat und alle Politik semiotisch abgerüstet. Sie verzichtet darauf, der ungeheuren Macht, die die administrative, militärische und soziale Maschinerie des Staates in sich versammelt, auch ein sichtbares

Korrelat zu verleihen. Von solcher Nüchternheit war Napoleon noch weit entfernt. Er kümmerte sich höchstpersönlich um das Design des Staates und der höheren Gesellschaft, der Empirestil ist seine Kreation. Und er suchte durch unablässige Kriegszüge und Siege die Imagination seines Volkes zu beschäftigen. Er las und schrieb. Welcher General unserer Tage schleppt auf einem Feldzug außer Kanonen den Kanon, eine Bibliothek von wissenschaftlichen, historischen und literarischen Standardwerken, mit sich?[7] Der moderne Krieg kennt keine Muße, keine Bildung und keine Leser. Doch genau dieser Respekt und diese Vorbehalte gegenüber der Macht der Literatur gaben einmal der akademischen Literaturwissenschaft das Leben. Sie sollte dem Staat das richtige Lesen der jungen Leute garantieren. Es ist ein Topos nicht nur des 17. Jahrhunderts, dass Königsmord und Staatsumwälzungen durch die Lektüre falscher Bücher herbeigeführt würden.[8] Den Befund glauben auch die Gerichtsakten des 20. Jahrhunderts erheben zu können. Einst nährten die Köpfe der Könige noch die Vorstellung, dass die Literatur eine gelegentlich konspirative vierte Gewalt darstellt.

Auch im 19., 20. und 21. Jahrhundert entsteigen die Attentäter exzessiven Lektüren.[9] Nur steht der Kanon der Attentäter nicht mehr fest. Der Attentäter verwandelt jede Bibliothek in ein Pulverfass. Konnten die Königsmörder der Jahrhunderte zuvor immer noch als Leser Ciceros, Tacitus' oder Plutarchs überführt werden, so zieht die neuere Zeit auch diese Literatur in den Abgrund der Kontingenz. Was der Attentäter liest, gibt ihm der Zufall in die Hand. Nur dass er gelesen hat, steht fest. Der Weg vom Buch zur Tat ist unübersichtlich geworden, und außer Büchern wirken auch Bilder an der Ausbildung des Willens zur Tat mit.

La mort de César, das Theaterstück, mit dem sich Napoleon zeitlebens auseinandersetzte, ist eine Familientragödie: Welthistorische Entscheidungen und edelste politische Grundsätze verwandeln die von der Natur gewollte innige Vater-Sohn-Beziehung in einen mörderischen Konflikt. Denn Voltaire hat die Legende beim Wort genommen und aus Brutus einen leiblichen Sohn Caesars gemacht. Servilia, die Mutter des Brutus, eröffnet Caesar kurz vor ihrem Tode, dass er der Vater des Brutus sei. Brutus selbst erfährt davon aber erst, nachdem er seinen Freunden den konspirativen Eid geleistet und versprochen hat, dass er sich an der Tötung Caesars beteiligen will. Den Höhepunkt des Dramas bilden daher nicht die Dolchhiebe der Attentäter und das Ende des Dictators, die hinter die Kulissen verlegt sind, sondern ein Dialogduell zwischen Vater und Sohn. Brutus deutet seinem Vater an, dass im Senat bereits Pläne zu seiner Ermordung geschmiedet werden, und er sucht ihn noch einmal für die Ideale der Republik zu gewinnen. Caesar hingegen betrachtet die Republik als ein Relikt der Vergangenheit. Der Geist des alten Rom sei erloschen, der Streit der Interessen, der Bürgerkrieg können nur durch eine starke Hand beendet werden. Vergeblich appelliert Caesar an die natürlichen Sohnesgefühle. Der Dialog endet im Zerwürfnis:

CAESAR   Seit Sulla nicht mehr lebt, sind unsere alten Tugenden dahin.
Die Gesetze, Rom, der Staat, sind längst leere Begriffe.
In unseren verdorbenen Zeiten, da Bürgerkriege toben,
Redest du, als lebten wir noch zu den Zeiten des Decius oder Aemilius.
Cato hat Dich verwirrt, mein lieber Sohn. Ich sehe voraus
Deine schlimmen Tugenden zerstören den Staat und Dich selbst.
Wenn du es vermagst, dann weiche mit Deinen verwirrten Gründen
Dem Sieger über Pompeius, dem Sieger über Cato,
Deinem Vater, der dich liebt, und der Deinen Irrtum beklagt.
Zeige Dich als meinen wahren Sohn, Brutus; schenk mir Dein Herz.
Gib anderen Gefühlen nach, ich beschwöre Dich.
Tue Deiner Seele keine Gewalt an, damit sie Deiner Natur widerrät.
Du antwortest mir nicht? Du wendest Deinen Blick von

mir?
BRUTUS Ich kenne Dich nicht mehr. Götter, richtet Blitz und Donner gegen mich.
Caesar ...
CAESAR Was ist! Du bist bewegt? Deine Seele ist erweicht? Ach, mein Sohn ...
BRUTUS Weißt du nicht, dass es um Dein Leben geht.
Weißt Du nicht, dass es im Senat keinen einzigen wahren Römer mehr gibt,
Der nicht heimlich die Absicht verfolgt, Dir die Brust zu durchbohren?
Möge Dich Dein Heil und das Heil Roms bewegen:
Dein in Angst versetzter Schutzengel spricht durch meinen Mund;
Er treibt mich, und drängt mich, mich Dir zu Füßen zu werfen. (Er wirft sich zu Caesars Füßen)
Caesar, im Namen der Götter, die Du vergessen hast,
Im Namen der Tugenden, im Namen Roms und in Deinem Namen,
So beschwöre ich Dich im Namen eines Sohnes, der zittert und der Dich liebt,
Der Dich der ganzen Welt, nur Rom allein wiederum Dir vorzieht.
Stoß mich nicht zurück
CAESAR Unglücklicher, lass mich Was willst Du von mir?
BRUTUS Glaube mir, und sei nicht gefühllos!
CAESAR Die Welt mag sich ändern, aber mein Wille ist unbeugsam.
BRUTUS Ist das Deine Antwort?
CAESAR Ja, alles ist entschieden. Rom muss gehorchen, wenn es Caesar so will.
BRUTUS (zutiefst überrascht) Adieu Caesar.

CAESAR	Was bist du so bewegt?
Bleib noch, mein Sohn. Was denn! Du vergießt gar Tränen!
Wie! Brutus kann sogar weinen! Weinst Du, weil jetzt ein
König regiert?
Beweinst Du die Römer?
BRUTUS	Ich beweine Dich allein.
Adieu, sage ich.
CAESAR	Ach, Rom! Welche Not
quält Deine Helden!
Warum kann ich jetzt die Republik nicht mehr lieben![10]

Immerhin kommt diese Szene aus dem Kopf des Mannes, der die Geschichtsphilosophie der Moderne erfunden hat.[11] Voltaire bringt das welthistorische Ereignis als dramatische und rührende Vater-Sohn-Affäre auf die Bühne. Der Einsatz der Affekte ist hoch, der Strom der Gefühle läuft durch heroische Gemüter und prinzipienfeste Gesinnungen. Was Shakespeare noch im Einklang mit den historischen Quellen im Ungewissen gelassen hat, nämlich ob Caesar tatsächlich nach der Krone strebte, reinigt Voltaire von jedem Zweifel. Pater semper certus. Er legt seinen Protagonisten alle Motive in regelmäßigen Versen artikuliert auf die Zunge. Caesar formuliert politische Gründe für seine Entscheidung, er spielt den geborenen Souverän, aus jedem Wort spricht der kontingenzmächtige Herrscherwille. Das rückt der Dialog Caesars mit dem eben erst erkannten Sohn ins volle Licht. Auf eine Formel gebracht erklärt der Souverän: »Mein lieber Sohn, du hast die falschen Bücher gelesen. Cato ist nicht mehr auf der Höhe der Zeit. Halte dich an deinen Vater!« Dagegen steht der hypermoralische Brutus, der trotz der Eröffnung des Schicksals, dass Caesar sein Vater ist, an seinem Eid festhält und weiter die Republik über alle eigenen Interessen stellt. Auch dieser literarische Brutus wird Geschichte machen. Voltaire präsentiert dem Zuschauer kein Rätsel, kein politisches Drama, das mit Zufällen, Kehrtwendungen und Unvorhersehbarkeiten Spannung erzeugt. Das Attentat setzt den unvermeidlichen Schlusspunkt hinter eine Serie von Dialogduellen, in denen zwei Willen aufeinanderstoßen: Herrscherwille gegen Moralwille. Hundertfach gepanzertes Ich gegen hundertfach gepanzertes Überich. Auch diese Willen sind wie Vater und Sohn. Der Zuschauer erschrickt nicht über die Geschichte und ihre grellen Kontraste, sondern er darf über ein von der Notwendigkeit gestiftetes Heroenschicksal seufzen. Das sind den Franzosen des 18. Jahrhunderts die liebsten Seufzer.

Napoleon war also mit dieser Lesart der Caesar-Geschichte nicht einverstanden. Er las Voltaires Tragödie nicht als Kunstwerk, sondern als Stück, in dessen Schule Könige und Attentäter gehen würden. In dem Maße, wie ihn seine eigene politische und militärische Karriere ins Welthistorische trug, brachte er immer mehr Verständnis für den historischen Caesar auf, und zugleich mehrten sich die mündlichen Äußerungen, wonach er Caesars Politik für richtig hielt und sein Scheitern als großes Unglück betrachtete. Diese Auffassung teilte seine Umgebung. Im Jahre 1800 ließ Napoleons Bruder Lucien Bonaparte, der das Amt des Innenministers bekleidete, anonym eine Broschüre mit dem Titel: *Parallèle entre César, Cromwell, Monck et Bonaparte* drucken.[12] Das Werk griff Plutarchs Methode der Parallelbiografien auf. Aber der mit der Abfassung beauftragte Zensurbeamte und Dichter Louis de Fontanes lieferte unter dem Plutarch-Titel keine biografische Huldigung; vielmehr sollten die Namen Caesar, Cromwell und Georges Monck daran erinnern, dass der Tod von Herrschern ohne geregelte Nachfolge zu Bürgerkriegen oder gar zur Wiedereinsetzung von Monarchien geführt hatte. Der General Bourrienne gibt in seinen Memoiren einen deutlichen Hinweis darauf, dass Napoleon die Broschüre höchstpersönlich in Auftrag gegeben hatte. Die Parallèle diente als Versuchsballon: Wie würde die Öffentlichkeit darauf reagieren, dass der damalige Erste Konsul – anders als Caesar – vorzeitig einen Nachfolger aus der eigenen Familie ernannte?[13] Die Resonanz war negativ und Napoleon schob seinen Bruder als Sündenbock auf den Botschafterposten nach Spanien ab. Der Erste Konsul war im Jahre 1800 allerdings fest entschlossen, nicht nur eine Reihe von Caesarparallelen ins Werk zu setzen, sondern auch Caesarfehler zu vermeiden.

Caesarnachfolgen und Caesarbearbeitungen: Napoleon in Weimar

Am 18. Brumaire des Jahres VIII, dem 9. November 1799, erfolgte der Staatsstreich, indem Napoleon kurzerhand den Rat der Fünfhundert und das Direktorium entmachtete. Und um gleich römische Verhältnisse und römisch-französischen Parallelen herzustellen, rückten durch die neue, von Napoleon entworfene Verfassung drei Konsuln an die Spitze des Staates. Der erste der Konsuln war allerdings Napoleon selbst, der 1799 eben von einem Feldzug in Oberitalien und Ägypten nach Paris zurückkehrte. 1802 wurde er noch durch Plebiszite zum Konsul auf Lebenszeit ernannt; 1804 krönte er sich im Anschluss an ein weiteres Plebiszit in der Kirche Notre Dame mit dem Segen des Papstes zum erblichen Kaiser der Franzosen.

Kein Zweifel: Indem er nach der alleinigen Macht und dem höchsten Titel griff, vermied er Caesars Fehler. Alles nahm er selbst in die Hand, und als Armeechef sicherte er sich vor allem die Loyalität seiner Generäle. Attentate blieben allerdings nicht aus. Am 24. Dezember des Jahres 1800 explodierte in der Straße St. Nicaise unter dem Wagen des Ersten Konsuls eine Höllenmaschine. Es gab 22 Tote und 56 Verletzte. An Napoleons Fahrzeug gingen allein die Scheiben zu Bruch, in dem ihm folgenden Wagen wurde seine Stieftochter Hortense nur leicht verletzt. Der Erste Konsul war auf dem Weg in die Oper, wo Joseph Haydns Oratorium *Die Schöpfung* gespielt wurde. Der Anschlag bot Napoleon eine schöne Gelegenheit, sein kühles Blut unter Beweis zu stellen. Wie General Rapp, der im Wagen von Hortense saß, in seinen *Memoiren* berichtet, griff Napoleon in der Loge nach seinem Opernglas und schaute ins Publikum. Als Joséphine eintrat, bemerkte Napoleon nur: »Die Schufte wollten mich in die Luft sprengen.« Dann befahl er: »Bringen Sie mir das Programm des Haydn-Oratoriums.«[14]

Der Geheimdienstchef Fouché warf gleich eine ganze Verschwörerschar ins Gefängnis. Napoleon vermutete die längst gestürzte Jakobinerpartei hinter dem Anschlag. Die nähere Untersuchung ergab indessen, dass ihm Royalisten nach dem Leben getrachtet hatten.

Zwei Rädelsführer wurden hingerichtet und eine ganze Reihe von vermeintlichen Mitwissern sah sich aus Paris und seiner Umgebung verbannt, doch blieben die Hintergründe dieses Attentats weithin im Dunklen. Dafür reagierte Napoleon mit ungeheurer Härte, als vier Jahre später ein erneutes Komplott aufgedeckt wurde, an dem französische Oppositionelle, aber angeblich auch Engländer und Österreicher beteiligt waren. Hier ließ Fouché bereits eine internationale Verschwörung auffliegen. Mit der Macht wächst das konspirative Netzwerk der Feinde. Zur Aburteilung der Verschwörer setzte Napoleon das Pariser Schwurgericht ab und ließ für zwei Jahre ein Sondergericht urteilen. Die geheimdienstliche Vermutung, dass auch der Herzog d'Enghien, ein Spross des Bourbonenhauses, an der Verschwörung gegen ihn beteiligt gewesen war, bewog Napoleon, eine 300 Mann starke Kompanie Dragoner in das badische Ettenheim zu schicken, die dort den Herzog gefangen nahmen und nach Vincennes transportierten. Dort wurde der Herzog d'Enghien in einem Standgerichtsprozess zum Tode verurteilt und kurz danach erschossen. Diese Bluttat ist Napoleon von vielen Zeitgenossen und von manchen Biografen nicht verziehen worden, und er hat auch noch in seinem Exil in St. Helena mehrfach diese Gewalttat gerechtfertigt. Er berief sich dabei auf das Naturrecht zur Selbstverteidigung. Allenthalben hätten ihm Feinde nachgesetzt:

> Von allen Seiten und zu jedem Zeitpunkt wurde ich belagert, sie setzten Luftgewehre und Höllenmaschinen gegen mich ein, machten Komplotte und legten Hinterhalte jeder Art. Ich wurde die Sache leid und ergriff die Gelegenheit, den Terror nach London zurückzuleiten, und das gelang. Von diesem Tag an gab es keine Konspirationen mehr. Und wer könnte da etwas dagegen einwenden. Wie auch! Tagtäglich hetzte man mir aus einhundertfünfzig Meilen Entfernung den Tod auf den Leib. Keine Macht, kein Gericht auf Erden hätten mir je dafür Genugtuung verschafft, und ich sollte nicht gemäß dem Naturrecht Krieg gegen Krieg setzen![15]

Tatsächlich entging Napoleon durch sein unregelmäßiges Leben und durch die vielen Feldzüge allen Angriffen auf seine Person.[16] Ein weiterer Attentatsversuch verdient jedoch Erwähnung, weil Napoleon den Attentäter höchstpersönlich verhörte. Ein solcher Dialog kam sonst nur aus Dichterfedern, jetzt dichtete die Geschichte selbst. Doch sie erwies sich in diesem kleinen Drama als wenig originell. Denn dieses wenig bekannte und keineswegs welthistorische Ereignis verlief wie eine Serie von Déjà-vus der Iden des März. Vielleicht läuft in dieser Epoche durch Frankreich ein zweiter *corso* der römischen Geschichte unter Caesar. Napoleons Versuche, eine europäische Ordnung mit monarchischer Struktur und unter französischer Vorherrschaft zu schaffen, verarbeitete die Lektüre von Caesars Schrift über den Bürgerkrieg und über seine Auseinandersetzung mit Pompeius, vor dessen Statue Caesar den Dolchen der Attentäter zum Opfer gefallen war. Entging Napoleon auch selbst allen Anschlägen, so leitete er aber doch die Periode der nationalstaatlichen Attentate, der Blitzkriege und Invasionen ein.

Das Schönbrunner Attentat auf Napoleon von 1809 hat einen literaturpolitischen Vorlauf, der ins Zentralkapitel der Attentatsgeschichte gehört. Es ist die Begegnung zwischen Napoleon und Goethe. Anfang Oktober 1808 stand Napoleon auf dem Gipfelpunkt seiner Macht. Da versammelte er um sich alle von ihm abhängigen Fürsten Europas in Erfurt. Durch die Stadt rauschte, wie Goethe heiter schrieb, eine regelrechte »Flut der Kaiser und Könige«.[17]

Zu diesem Gipfel hatte Napoleon außer Zar Alexander noch zahlreiche, zum Teil von ihm selbst gesalbte Häupter vorgeladen: die Könige von Sachsen, Bayern, Württemberg und Westfalen sowie den Weimarer Großherzog Karl-August. Auch der Literaturkönig und Kleinstaatsminister Goethe sah sich unerwartet zur Audienz beim Kaiser aufgefordert.[18] Als Goethe am 2. Oktober dort eintraf, wo heute der thüringische Ministerpräsident sein Ländchen regiert, saß der Herrscher Europas eben beim Frühstück. Eifrige Diener, Adjutanten, Generäle und Diplomaten stellten die Echtzeitverbindung zur Welthistorie sicher. So bot der berühmte Kaiser dem berühmten Dichter einen kurzen Einblick in den akuten Betrieb des Weltgeistes. Es traten auf: prominente Geschäftsführer wie der Generalintendant Daru, der aus den besiegten Ländern Österreichs und Preußens gnadenlos Kontributionen presste; der Oberst Savary, Fouchés Gegenspieler als militärischer Geheimdienstchef, dem Napoleon 1804 das Kommando zur Exekution des Herzogs d'Enghien übertragen hatte; der General Berthier, der eben auf Befehl des Kaisers das Ehebett einer bayerischen Prinzessin bestiegen hatte; der Marschall Soult, der Vater des grandiosen Sieges bei Austerlitz; und schließlich Fürst Talleyrand, der Europameister aller Diplomaten, der aus dem von ihm geschmiedeten Rheinbund reichlich Soldaten und Geld für Napoleons Kriegsmaschinerie presste. Ohne seine Weltgeistgeschäfte zu unterbrechen, führte der Kaiser ein längeres persönliches Gespräch mit dem Dichter. Seinen Gast hatte er sofort gewonnen, als er ihn mit den Worten begrüßte: »Vous êtes un homme!«[19] Gleich wandte sich das Gespräch der Literatur zu. Den *Werther* hatte der Kaiser nach eigenem Bekunden siebenmal gelesen und 1799 in seiner Feldbibliothek nach Ägypten mitgeführt. Nun hielt er dem Dichter vor, dass er Werthers Selbstmord nicht sauber motiviert habe, weil der unglücklichen Liebe noch verletztes Ehrgefühl beigemischt sei. Napoleon war ja ein intimer Kenner der Selbstmordproblematik. Er hatte selbst 1787 als junger korsischer Nationalist eine Abhandlung über den Selbstmord verfasst, die sich zu der Sentenz hochschraubte: »Wenn das Vaterland nicht mehr existiert, sollte ein wahrer Patriot auch sterben.«[20] Aber als sich im Mai 1802 innerhalb eines Monats zwei Grenadiere seines Gardecorps aus Liebesgründen in den Kopf schossen, erließ er einen Tagesbefehl gegen den Selbstmord. In Anspielung auf die *Wertheriaden* der Zeit hieß es da: »Der Grenadier Gobain hat sich aus Liebe selbst getötet; das war übrigens ein sehr gutes Thema. (…) Aber der Erste Consul befiehlt: ein Soldat soll in der Lage sein, den Schmerz und den Kummer einer unglücklichen Liebe zu besiegen; es gehört gleichermaßen wahrer Mut dazu, Seelenqualen standhaft zu ertragen wie unter dem Geschützfeuer nicht zu weichen.«[21]

Der Dichter des *Werther* reagierte bei der Audienz sehr geschmeidig auf Napoleons Kritik, als hätte er aus Talleyrands Händedruck gleich etwas diplomatisches Fett empfangen. Goethe tat zunächst

Audienz Goethes bei Napoleon in Erfurt am 2. Oktober 1808 (zeitgenössische Zeichnung)

überrascht, stimmte Napoleons Kritik am *Werther* freundlich zu, verschanzte sich aber dann doch hinter der Dichterfreiheit. Vorher bereits hatte der Generalintendant Daru das Gespräch in Gang gehalten. Daru war nicht nur ein erstklassiger Kontributionenpresser, sondern auch ein meisterhafter Horazübersetzer. Er machte den Kaiser darauf aufmerksam, dass Goethe unter anderem Voltaires *Mahomet*-Tragödie ins Deutsche übertragen hatte. Daraufhin extemporierte der Kaiser so penibel über dieses Drama, dass ihn Goethe später mit einem Untersuchungsrichter verglich. Napoleon rechnete den Heerführer, Revolutionär, Propheten und Gesetzgeber Mohammed zu den Leitfiguren seines Lebens. Auch der junge Goethe hatte den Revolutionär Mahomet mit den Worten besungen: »Und im rollenden Triumphe / Gibt er Ländern Namen, Städte / Werden unter seinem Fuß.«[22] Als das Gespräch der beiden Männer auf die modischen Schicksalstragödien kam, krönte Napoleon seine Ablehnung mit dem Aphorismus: »La politique, c'est de la fatalité«. Die Politik, das ist das moderne Schicksal. Und Goethe, von Napoleon immer wieder mit den Worten »Qu'en dit M. Göt?«[23] zum Reden ermuntert, pflichtete bei. Aber er dachte sich wohl insgeheim jene Übersetzung hinzu, die er später seinem Bibliothekar Riemer verriet, dass

Napoleon selbst das Fatum spiele.[24] Jedenfalls bedachte das Fatum Napoleon den »Dichterfürsten«, den manche Oberlehrer gerne als deutschen Doppelgänger des Empereur feiern[25], mit dem Orden der Ehrenlegion, den Goethe auch noch 1814 trug, als die deutschen Patrioten waffenklirrend in den Befreiungskrieg marschierten.[26]

Doch gibt es auch eine Politik und eine Fatalität der Literatur. Goethe ahnte nicht, dass der Kaiser Napoleon noch zehn Jahre zuvor empfindsame Novellen gedichtet hatte. In seiner unveröffentlichten Erzählung *Clisson et Eugénie* aus dem Jahre 1796 griff Napoleon die alte Geschichte vom Liebesboten auf, der sein Amt missbraucht und die Frau des Freundes verführt. Ein solches Schicksal bürdete der junge Dichter Napoleon dem tapferen Armeeführer Clisson auf, der im Feld schwer verletzt wird. Clisson schickt einen jungen Offizier zu seiner Frau, um ihr die Botschaft von seinem glücklichen Überleben zu bringen. Der Bote wird für die gute Nachricht über alles Erwarten belohnt. Das merkt der feinfühlige Clisson bald daran, dass die Feldpostbriefe seiner Frau immer einsilbiger werden. Daraufhin verfasst Clisson eine letzte Nachricht an die geliebte Eugénie, und weil ihn Napoleons Tagesbefehl von 1802 noch nicht erreicht hat, stürzt er sich in den Schlachtentod.[27]

Der Tod des Helden durch Untreue! Das Thema ließ Napoleon zeitlebens nicht los, aber später errichtete er für solche Geschichten welthistorische Kulissen. Am 6. Oktober 1808 erreichte die Erfurter Monarchenflut das Residenznest und den Genietreffpunkt Weimar. Nach einem gemeinsamen Jagdvergnügen der Monarchen, wo man dem kurzsichtigen Zaren Alexander die Beute vor die Nase treiben musste, damit er sie mit seiner Schrotflinte auch traf, strömen die gekrönten Häupter ins Theater. Napoleon hatte bereits in Erfurt die Fürsten allabendlich ins Theater geladen. Die eigens angereiste Truppe der Comédie Française bot den Monarchen eine Reihe von Fortbildungsveranstaltungen, da Napoleon ja die Tragödie als Schule der großen Fürsten und Staatsmänner betrachtete. In Weimar ließ der Kaiser ausgerechnet Voltaires *La mort de César* auf die Bühne bringen. Der berühmte Schauspieler Talma, dem die Rolle des Brutus zugedacht war, soll Napoleon zuvor erstaunt gefragt haben, ob denn dieses Stück eine geschickte Wahl sei. Würde man nicht in Weimar die schlafenden Brutusse wecken? Und Napoleon plauderte wieder einen Bildungsplan aus: »Das ist doch nicht übel, dem gesamten, hier durch seine Souveräne vertretenen Europa zu zeigen, dass mich solche von blindem Hass gegen das Königtum erfüllten Verse nicht im Geringsten anfechten, dass ich sie mir sogar auf eigenen Befehl ins Gesicht schleudern lasse und dass meine Macht jede Anspielung aushält.«[28] So sprechen wahre Souveräne. Doch hatte der Theaterregisseur Napoleon auch kleine Tricks auf Lager. Wer *fatalité* spielt, überlässt nichts dem Zufall. Zahlreiche Claqueure sorgten dafür, dass das Weimarer Publikum von der Bühne die Stimme des Kaisers zu vernehmen glaubte. Voltaires César antwortet nämlich dem Antonius, der ihn vor zu großer Milde gegenüber seinen Feinden warnt: »Ich führe Krieg und siege, aber ich strafe nicht. Nie hören wir auf die Stimme des Verdachts oder der Rache, und über die besiegte Welt herrschen wir mit Milde.«[29] Diese Worte am Ende des ersten Aktes lösten im Weimarer Theater wohlinszenierten Applaus aus, während Kanzler von Müller eine »tiefe Bewegung« im Publikum wahrgenommen haben wollte.

So wird auch im Theater politisches Schicksal gespielt, wenn der Regisseur ein Kaiser ist. Talmas Sorge, dass das Attentatsdrama nicht die richtige Wahl für die Weimarer Bühne sein könnte, war keineswegs abwegig. Hatten doch Napoleons Truppen nach dem triumphalen Sieg über Preußen bei Jena und Auerstädt im Oktober 1806 einen lärmenden Auftritt in Weimar, um nach Soldatenart Beute zu machen. Das Theater, in dem jetzt Voltaires *César* auf Französisch starb, hatte zuvor eine Granate abbekommen. Und Goethes Haus war von den Plünderern wohl nur darum verschont geblieben, weil seine Frau Christiane die raublüsternen Soldaten durch einen mutigen Auftritt eingeschüchtert hatte. Auch die Sache des Herzogs Karl August hatte auf Messers Schneide gestanden: Napoleon ließ sich erst durch eine couragierte Fürbitte der Herzogin dazu bewegen, von einer größeren Strafaktion gegen den mit Preußen verbündeten Herzog abzusehen. So hatte der Kaiser die Besiegten in der Tat recht milde behandelt. Vermutlich aber hatte die Entscheidung, Voltaires Stück in Weimar spielen zu lassen, einen weiteren Grund. Denn immer noch suchte Napoleon nach einem Bearbeiter für das Drama, das doch dem großen Caesar wie allen großen Männern nicht gerecht wurde. Im Oktober 1808 glaubte Napoleon, endlich den richtigen Dichter dafür gefunden zu haben. Nach der Weimarer Aufführung des *César* nutzte Napoleon ein zweites Gespräch mit Goethe, um ihn zu einer Bearbeitung der Tragödie zu überreden, als hätte er gewusst, dass auch der Minister in jungen Jahren ein Caesardrama entworfen hatte und noch über vergilbte Notizen verfügte.[30] Zwei geniale Caesarexperten fachsimpelten da im Theater. Ihre Meinungen gingen gewiss nicht weit auseinander, denn Goethe schrieb eben an seiner *Geschichte der Farbenlehre*, und im Kapitel über die Römer sprach er von der Ermordung Caesars als »der abgeschmacktesten Tat, die jemals begangen worden.«[31] Der Kaiser schlug Goethe sogar vor, nach Paris zu kommen, um die Welt von dort aus höherer Warte zu sehen.[32]

Stürzende Kaiserbilder

Goethe war bereits vor der Erfurter Begegnung dem Charisma Napoleons erlegen, und er blieb bis an sein Lebensende ein unbeirrbarer Verehrer des Empereurs. Diese Treue bewahrte er seinem Idol, obgleich er, anders als der Herrgott seines Faustdramas, mehrere Wetten auf seinen Helden verloren hatte. Zuletzt hatte Goethe im Sommer 1813 darauf gesetzt, dass sich die Furcht der Fürsten und Völker vor dem Kaiser und damit auch der Friede in Europa halten würden.[33] Ein wenig politische Deutschland-Verachtung stand hinter diesem verlorenen Einsatz. Als dann im Herbst 1813 ganz Deutschland über die in der Leipziger Völkerschlacht zerschmetterte Grande Armée jubelte, konnte man aus dem Haus am Weimarer Frauenplan freilich keine Freudentöne vernehmen. Allenfalls Geräusche von herabfallenden Bildern. Acht Jahre nach der Leipziger Entscheidung nämlich erzählte Goethe dem befreundeten Egerländer Polizeirat Grüner: »Nach der Schlacht von Leipzig fiel ohne bekannte Veranlassung sein [Napoleons] Bild vom Nagel in meinem Zimmer herab; was sagen Sie dazu?«[34] Grüner war nicht schlagfertig genug, um zu antworten: »Das Fatum arbeitet nicht geräuschlos, sondern mit lärmenden Auspizien«. Das war nach Plutarch ja auch bei Caesar nicht anders. Da stürzte eine vom Dictator im eigenen Hause aufgestellte Statue um, als er Minuten vor dem Attentat in den Senat ging. Im Imaginären wiederholt sich alles. Goethe hatte in seinem Arbeitszimmer nicht nur das Bildnis des Kaisers im Blick; er brachte Napoleon eine ehrfürchtige Verehrung entgegen. Und die Niederlage seines Idols bei Leipzig erlebte er als einen schicksalhaften Ikonoklasmus, als Attentat der Geschichte selbst.

Die Weimarer Bildanekdote gibt Anlass, an die wunderbare Novelle *Das Bild des Kaisers* von Wilhelm Hauff zu erinnern, eines großen deutschen Erzählers aus der Biedermeierzeit, der 1827 mit nur fünfundzwanzig Jahren starb. Die Geschichte, die Hauff erzählt, spielt zu Beginn der zwanziger Jahre des 19. Jahrhunderts auf den Schlössern eines einst reichsunmittelbaren Freiherrn. Dieser Herr von Thierberg leidet unter den Zumutungen und Bitternissen der jüngsten Geschichte, da ihn der von Napoleon herbeigeführte Reichsdeputationshauptschluss von 1802 zu einem verarmten abhängigen Feudalherrn herabgestuft hatte. Folglich häuft Herr von Freiberg seinen ganzen Hass auf dieses Fatum namens Napoleon. Sein Nachbar und Freund, der Herr von Willi, hat hingegen dem Fatum als General gedient und verehrt den Kaiser über alles. Nun bahnt sich zwischen dem Sohn von Willis und Freibergs Tochter Anna eine zarte Romanze an, doch der einstige Freiherr will seine Tochter, die übrigens auch Anhängerin Napoleons ist, niemals in die Familie eines einstigen Generals geben, der auf Befehle des verhassten Franzosen gehört hat. Die Erzählung treibt den Gang der Dinge vor allem über politische Dialoge voran, die nicht nur zwischen den Freunden, sondern auch zwischen den Generationen kontrovers verlaufen, weil der junge von Willi ein Anhänger der Liberalen ist und seine Ansichten auch mit Nachdruck vertritt. Der Freiherr erzählt bei diesen Gesprächen von einem Erlebnis, das ihm doch einmal die zufällige Bekanntschaft eines liebenswürdigen Franzosen eingetragen hatte. Das war auf einer

Reise von Rom zurück in seine damals noch reichsunmittelbaren schwäbischen Besitzungen. Unterwegs wurde er von einigen französischen Soldaten angehalten und geplündert, bis plötzlich ihr Hauptmann dazwischentrat. Der Offizier stauchte die eigenen Männer wütend zusammen und erteilte ihnen Befehl, dem Deutschen sofort sein Eigentum zurückzuerstatten und sich zu entschuldigen. Der Freiherr war über den Gehorsam und die Disziplin der französischen Soldaten sowie über den festen Charakter ihres Hauptmanns so überrascht und erfreut, dass er ihn sein Leben lang als französische Ausnahme in herzlicher Erinnerung behielt. Nun begibt sich folgendes: Anna und der Sohn von Willi beschließen, dem alten General zum Geburtstag ein Bild Napoleons zu schenken. Sie geben die Kopie eines Portraits von Napoleon in Auftrag, »das Bild eines Reiters, der auf einem wilden Pferde eine Anhöhe hinansprengt«.

Die Beschreibung erinnert an das Gemälde von Jacques-Louis David, des gleichen Künstlers, der 1793 den eben ermordeten Marat gemalt hatte.[35] Um die Überraschung für Herrn von Willi sicherzustellen, wird die fertige Kopie bis zum Geburtstag in Annas Zimmer versteckt. Durch einen Zufall betritt Annas Vater einmal diesen Raum und bricht in Tränen der Rührung aus, als er das Bild sieht. Er dankt Anna für die schöne Idee, ein Portrait jenes edlen französischen Hauptmanns malen zu lassen, der ihn einst aus den Händen der plündernden Soldaten befreit hat. Wie sehr muss er aber staunen, als ihm offenbart wird, dass er auf diesem Bild den späteren Kaiser Napoleon vor sich hat. Den Mann, den er so hasste. Die Geschichte endet damit, dass der junge Willi und Anna im Zeichen des Empereurs heiraten und dass das Napoleon-Portrait, das Bild des Kaisers, doch beim Freiherrn von Thieberg verbleibt, Bild menschlicher Tugenden und Bild der Macht.

Wilhelm Hauffs Erzählung vom Bild des Kaisers trägt Züge einer Legende. Das Portrait stattete er mit der Aura eines halbgöttlichen Bildes aus, als gäbe es noch die konsubstanzielle Einheit von Bild und Dargestelltem. Solche Bilder stiften Frieden. Doch diese Magie des Bildes währte lediglich bis zur Mitte des 19. Jahrhunderts. Dann setzt der Aufstieg der Fotos ein, und die Herrscher ließen sich auch gerne in Straßenanzügen ablichten. Als Vorbote dieser Veränderung

Jacques-Louis David: »Napoleon überschreitet den großen St. Bernhard-Pass« (1800)

läuft der Erzählung vom Bilde Napoleons eine andere deutsche Geschichte entgegen. Es ist das halb vergessene Drama eines Attentatsversuchs, die misslungene ikonoklastische Aktion eines jungen Mannes, der ausgerechnet aus Erfurt stammte. Gewiss hätte es diesen Versuch nie gegeben, wenn nicht die Stadt Erfurt zum Schauplatz der welthistorischen Begegnung zwischen Napoleon und Goethe erhoben worden wäre.

Das Schönbrunner Attentat auf Napoleon am 12. Oktober 1809

In Erfurt waren 1808 die Fürsten durch Napoleons Schule der Tragödie gegangen. Aber offenbar hatte auch ein junger Pastorensohn namens Friedrich Stapß eine dieser Schulen besucht, das Brutusgymnasium von Voltaires *La mort de César*. Der angehende

Attentäter verfolgte jedenfalls alle diese großen Theaterereignisse in Erfurt lebhaft mit. Friedrich Stapß war 1792 in Naumburg geboren, wo später der Gottesattentäter Friedrich Nietzsche zur Schule ging, und er galt als stiller, verträumter junger Mann. Diesen Zug tragen übrigens die meisten Attentäter in ihren Steckbriefen, seit Shakespeares Cassius die Bühne betrat. Das geht aus dem kurzen biografischen Abriss hervor, den Friedrich Stapß' Vater in den vierziger Jahren über seinen Sohn veröffentlichte, um dabei auch den zwanghaften Ordnungssinn des jungen Mannes hervorzuheben.[36] Weiter erinnert sich der Vater, dass der junge Stapß wie Napoleon, das Opfer seines späteren Attentatsversuches, seine Feder als Dichter und Dramatiker in heroische Tinte getaucht hat. Als Dreizehnjähriger bearbeitete er ein Stück aus *Gumal und Lina* von Kaspar Friedrich Lossius.[37] Genau wie Napoleon nannte er Voltaire seinen Lieblingsautor. Vor allem schätzte er dessen *Histoire de Charles XII*.[38] Dieser schwedische König Karl regierte von 1697 bis 1718 und hielt ähnlich wie Napoleon für ein Jahrzehnt die Geschicke Europas in seinen Händen, ehe er bei der Belagerung der norwegischen Festung Frederikshald den Tod fand. Voltaire verfasste seine Geschichte Karls auch als Lehrbuch für Herrscher mit Eroberungsgelüsten: Diese Erzählung, so warnte er, müsste die Könige von allen Versuchungen zur Eroberung der Welt heilen. Das zweite Werk, das Vater Stapß in der Biografie seines

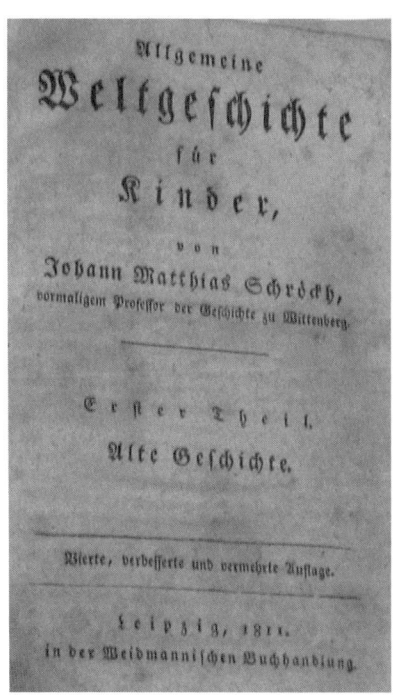

Matthias Schroeckhs »Allgemeine Weltgeschichte für Kinder« (1779-1784)

Sohnes erwähnt, ist die *Allgemeine Weltgeschichte für Kinder* von Johann Matthias Schröckh, die 1779 bis 1784 in vier Bänden erschien.[39] Diese Titel und die Dramen Schillers, allen voran die *Jungfrau von Orleans*[40], zählen zu den »falschen Büchern«, deren Lektüre sich der junge Kaufmannslehrling Stapß widmete.

Auch bei diesem Attentat ist Geschichte im Spiel, die Frage nach dem Sinn der Ereignisse, nach der konspirativen Vernunft in der Welt. Stapß verfolgte seit dem Erfurter Kongress die Politik und die Kriegsführung Napoleons in Deutschland und Österreich mit wachsender Spannung. Erst triumphierte er in einem Brief an seine Eltern, als Napoleon bei Aspern dem Erzherzog Karl unterlag. Als dann aber die Zeitungen die Niederlage Karls und Österreichs am 6. Juli 1809 bei Wagram meldeten, versank er in tiefer Verzweiflung. Gegenüber Freunden erwähnte der eben Siebzehnjährige zum ersten Mal die Möglichkeit eines Attentats. Dann behielt er seine Pläne für sich, als er am 25. September 1809 von Erfurt nach Wien aufbrach, um den Kaiser zu töten. Offenbar fühlte er sich zu dieser Tat von Gott persönlich berufen. In seinem Abschiedsbrief, den er den Eltern hinterließ, begründete er seine Absicht:

> Schon vor einigen Wochen kam ich auf den Gedanken, dieses zu thun; doch fand ich überall Hindernisse; als 2 Tage darauf, bei einer unangenehmen Nachricht, ich Gott bat, mir Mittel zu geben, mein Vorhaben ausführen zu können: da wurde es mir so hell vor den Augen, mir war es, als säh ich Gott in seiner Majestät, der mit donnerähnlichen Worten zu mir sprach: gehe hin und thue, was du dir vorgenommen hast, ich will dich leiten, dir behülflich sein; du wirst diesen Zweck erreichen, doch dein Leben zum Opfer bringen müssen, aber dann bei mir ewig froh und selig sein. Da hub ich meine Hände auf zu ihm und schwur fürchterlich und heilig, ihm zu gehorchen bis in den Tod, und verlangte hier keine frohe Stunde und dort ewige Verdammnis, wenn ich meinen Schwur brechen würde. (...) Es reißt mich fast mit Riesengewalt zu meinem Schicksal hin, dessen Lauf bald geendet sein wird.[41]

So erläutert Stapß seinen Eltern die Motive zu seiner Tat. Die Entscheidung schildert er als Berufung. Sprache und Szene dieser Berufungsgeschichte stammen aus Schillers Drama *Die Jungfrau von Orleans*. Auch er wollte ein Schicksal sein. Stapß traf am 7. Oktober in Wien ein, und vermutlich erfuhr er dort, dass Napoleon am nächsten Tag vor dem Schönbrunner Schloss eine Truppenparade abhalten würde. Rasch besorgte er sich ein Küchenmesser, das er von beiden Seiten noch einmal schärfte. Dann wickelte er Zeitungspapier um die Schneide und steckte das Messer in seine Jackentasche. Am Morgen des 8. Oktober begab sich Stapß nach Schönbrunn. Vor dem Schloss näherte er sich dem Kaiser, der dort gegen Mittag die Parade abnahm. Stapß war nur noch wenige Schritte von seinem Opfer entfernt, als ihn der General Berthier anhielt. Der General fragte den jungen Mann, was er wolle. »Ich will den Kaiser sprechen«, sagte Stapß, öffnete seinen Rock und tat, als habe er ein Schriftstück für Napoleon. Berthier wollte das Dokument entgegennehmen, aber Stapß beharrte darauf, es dem Kaiser selbst zu überreichen. Dieses Verhalten fiel auf, und Berthier rief Napoleons Flügeladjutanten Rapp herbei, der den jungen Mann den Gendarmen übergab, und bei der näheren Untersuchung des seltsamen Bittstellers fanden die Polizisten das in die Zeitung eingewickelte Messer.[42]

Der ›fanatique de Schoenbrunn‹ oder ein ›deutscher Brutus‹

Damit wäre eigentlich schon das klägliche Ende eines dilettantisch geplanten Attentats erreicht Aber die Szenen, die Schauder und Jammer hervorrufen, setzen erst hier ein. Nach einer ersten Meldung begab sich Jean Graf Rapp, ein geborener Elsässer, zu dem gefangenen Stapß und befragte ihn, was er mit dem Messer vorhatte. Der aber wollte seinen Namen und seine Absichten nur gegenüber Napoleon preisgeben. Doch auf eine weitere Frage erklärte Stapß, dass er den Kaiser habe töten wollen. Rapp erstattete Napoleon sofort Bericht und der Kaiser wollte erst gar nicht glauben, was man ihm erzählte. Als er dann die näheren Umstände erfuhr, vermutete er den Illuminatenorden hinter dem Anschlag. Die Illuminaten waren wie die Freimaurer die beliebtesten Agenten politischer Verschwörungstheorien. Damals steckte die politische Paranoia noch in ihren Anfängen.[43] Dann aber befahl Napoleon, den jungen Mann in sein Kabinett zu führen. Kaiser Napoleon unterzog den Attentäter persönlich dem Verhör, und Rapp übersetzte. Rapp hielt in seinen Memoiren das folgende Protokoll fest:

Napoleon: Woher sind Sie? – Aus Naumburg. – Was ist ihr Vater? – Protestantischer Geistlicher. – Wie alt sind Sie? – Achtzehn Jahre. – Was hatten Sie mit dem Messer vor? – Ich wollte Sie töten. – Sind Sie von Sinnen, junger Mann; Sie sind Illuminat. – Ich bin nicht von Sinnen; ich weiß nicht, was Illuminat ist. – Sie sind also krank? – Ich bin nicht krank, ich bin gesund. – Weshalb wollten Sie mich umbringen? – Weil Sie das Unglück meines Landes verschulden. – (…) Von wem sind Sie hergeschickt? wer hat Sie zu dem Verbrechen angestiftet? – Niemand; es ist meine feste innere Überzeugung, dass ich, indem ich Sie töte, meinem Vaterlande und Europa, das mir die Waffe in die Hand gegeben hat, einen großen Dienst erweisen würde. – Sehen Sie mich zum ersten Male? – Ich habe Sie schon in Erfurt bei dem Treffen gesehen. – Hatten Sie damals schon die Absicht mich zu töten? – Nein, ich glaubte, Sie würden keinen Krieg mehr gegen Deutschland führen; ich war einer ihrer größten Bewunderer. – (…) Sie sind von Sinnen, wie ich Ihnen sagte oder Sie sind krank.[44]

Dann ließ Napoleon einen Arzt kommen, der aber nur die Gesundheit von Stapß bestätigte. Daraufhin setzt Napoleon das Verhör fort:

Sie sind überspannt. Sie werden Ihre Familie ins Unglück bringen. Ich will Ihnen das Leben schenken, wenn Sie wegen des

Verbrechens, das Sie begehen wollten, um Verzeihung bitten und es bereuen. – Ich will keinen Pardon; ich bedaure es zutiefst, dass mir der Erfolg versagt blieb. – Zum Teufel! Es scheint so, als bedeutete Ihnen ein Verbrechen nichts? – Sie zu töten ist kein Verbrechen, sondern Pflicht. – Wen stellt das Portrait dar, das man bei Ihnen fand? – Es ist das Bild einer Person, die ich liebe. – Sie wird über Ihr Abenteuer sehr unglücklich sein. – Sie wird unglücklich sein, weil es mir misslungen ist; sie verabscheut Sie ebenso wie ich. – Aber wenn ich Sie begnadigte, würden Sie mir dankbar sein? – Ich würde Sie trotzdem töten.[45]

Damit ging das Verhör zu Ende. Napoleon hatte weder mit seiner Frage nach geheimen Verbindungen noch mit dem Angebot der Gnade Erfolg. Der Täter schien auch nicht verrückt zu sein. So schrieb Napoleon am Abend dieses Tages noch höchstpersönlich an den Polizeiminister Fouché in Paris:

Ich ließ den jungen Mann zu mir kommen, und der kleine Missetäter, der sehr unterrichtet zu sein schien, bekannte, er habe mich ermorden wollen, um Österreich von der Gegenwart der Franzosen zu befreien. Ich habe an ihm weder religiösen noch politischen Fanatismus entdeckt. Es schien mir auch, als wenn er nicht recht wusste, wer Brutus war.[46]

Das ist nun die entscheidende Wendung: Der Kaiser, der in Weimar Voltaires *Tod Caesars* zur Verblüffung Europas spielen ließ, wollte nun wissen, ob Stapß das römische Vorbild aller Attentäter aus irgendeiner Quelle gekannt habe. Ob Stapß vielleicht auch ein Sohn Caesars war wie Brutus. Offensichtlich gab Napoleon die Order, noch genauer in diese Richtung zu sondieren, denn in den weiteren Verhören durch österreichische und französische Behörden wurden alle Möglichkeiten weiter verfolgt: War Stapß ein Anhänger des Illuminatenordens, den die Fürsten seit dem 18. Jahrhundert aufmerksam observieren ließen? War es also eine Verschwörung? Oder war es eine Literaturverschwörung? Oder die Historie der

Caesar-Brutus-Affäre? Oder war es Cicero-Lektüre, die den jungen Mann zu seiner Tat verleitet hat? Der französische Polizei-General-Kommissar in Wien führte am 13. Oktober das nächste Verhör. Diesmal gab Stapß zu Protokoll, er habe den Kaiser vor die Wahl stellen wollen, entweder den Krieg zu beenden oder durch sein Messer zu sterben. Im Verhör am 14. Oktober wurde der Häftling weiter nach seinen Lektüren gefragt. Er nannte die Namen der Autoren von Kotzebue, Schiller, Campe, Fénelon, Voltaires *Geschichte Karls XII.* und den römischen Teil von Schroeckhs Weltgeschichte. Da hakte der Kommissar nach:

> [W]as hat in der römischen Geschichte ihre Einbildungskraft am meisten berührt? – Der Mord des Romulus an seinem Bruder Remus. – Nicht die Tat des Brutus? – Ich erinnere mich nicht. – Nicht, was über Cinna geschrieben steht? – Ich erinnere mich nicht. – Kennen Sie die Geschichte Frankreichs? Die Tat der Charlotte Corday? – Nein.[47]

Kein Modell scheint zu greifen. Weder ein zweiter *corso* des 15. März 44, erst recht kein zweiter Lauf des Mordplans, den Cinna gegen Augustus geschmiedet hatte, und auch kein zweiter Lauf des 13. Juli 1793, als Charlotte Corday Jean-Paul Marat erstach. Das letzte Verhör brachte dann doch noch etwas von der bekannten Attentäterpsychologie an den Tag und verbesserte die Aktenlage. Am 15. Oktober wurde Stapß vor das Geheime Kriegsgericht von Schönbrunn zitiert und erneut befragt. Ein weiteres Mal stellten ihm die Richter Gnade in Aussicht, wenn er die Namen der Mitverschwörer nennte. Die Antwort: »Ich kann nichts anderes sagen«. Auf weitere Nachfragen gab er wieder an, die Schlacht bei Wagram habe ihm seinen Entschluss eingegeben. Er wollte dem Weltfrieden dienen:

> Ich wollte mir einen großen Namen machen, und ich hoffte auf meinen Lohn im Himmel (…). Ich werde ruhig sterben und fürchte keine Qualen der Strafe (…). Die Tragödiendichter haben mich gelehrt, den Tod zu verachten.[48]

Stapß war doch in die Schule der Tragödie gegangen, die eigentlich für Fürsten eingerichtet worden war. Und er war in die Schule der Geschichtsbücher gegangen. Er wurde, wie nicht anders zu erwarten, zum Tod durch Erschießen verurteilt. Die Exekution erfolgte am frühen Morgen des 16. Oktober. Aber die Akten geben seltsamerweise an, dass die Strafe wegen Spionage verhängt wurde. Offensichtlich, und dafür gibt es noch mehr Hinweise, sollte nie bekannt werden, dass in Deutschland ein Attentat auf den französischen Kaiser versucht worden war. Während nach den *Institutiones* des Kaisers Justinian die Sanktion des *crimen lesae maiestatis* nicht nur das Leben, sondern auch jede Erinnerung an den Täter auslöschen sollte, weil die Attentäter ja ihren Namen in die Geschichtsbücher schreiben wollen, ging die Moderne dazu über, die Akten zu manipulieren. Den Attentäter versenkt man unter dem falschen Siegel eines Spions in den Staub der Archive.

Der achtzehnjährige Stapß hatte einsam den Entschluss gefasst, den Kaiser zu töten, der für ihn das Fatum selbst verkörperte, das Verhängnis Europas, das nach einem Eingreifen Gottes verlangte, um die Geschichte wieder in die Bahn einer Vorsehung zu bringen, wie sie der Historiker Schroeckh in seiner Weltgeschichte umrissen hatte. Bücher und das Verlangen nach dem Frieden in der Welt hatten ihn verleitet. Und er hatte davon geträumt, dass in der Weltgeschichte das Kapitel über einen gottgewollten Frieden im Jahre 1809 seinen Namen nennen würde. Ersichtlich hat Literatur an Stapß' Mitteilung an die Eltern mitgewirkt, dass ihn eine gottgewollte Mission dazu treibe, sein Land zu befreien. War die Tat auch dilettantisch geplant, so scheint sie doch besonders lehrreich.

Es sind die gleichen oder ähnlichen Lehren. Der Mann, der gegenüber Goethe behauptete, dass das Schicksal jetzt die Politik sei, gibt seine Auffassung zu erkennen, dass die Politik auch aus Verschwörungen besteht. Die welthistorische Frontstellung lässt Helden gegen Verschwörer antreten, Willen gegen Glauben, Ichs gegen Überichs. Denn Napoleon erklärte nach dem Verhör von Stapß gegenüber seinen Generälen: »Da habt Ihr die Resultate des Illuminatismus, der Deutschland beunruhigt. Wahrlich schöne Grundsätze, schöne Ansichten! Sie bilden die Jugend zu Mördern heran. Es gibt kein Mittel gegen diesen Illuminatismus, Kanonenschüsse schüchtern eine Sekte nicht ein.«[49] Stapß hieß in Napoleons Erinnerung weiter *le fanatique de Schoenbrunn*.[50] Der Kaiser, der kein Fatum und keine Kontingenz außer dem Politikschicksal gelten lassen wollte, das er in seiner Faust führte, bekannte seine Machtlosigkeit gegenüber den Geheimbünden. Auf Konspirationen lässt sich nicht schießen. Der gescheiterte Napoleon hatte im Exil auf der Insel St. Helena seine Nerven wieder im Griff und äußerte sich dort wie folgt:

> Es gibt keine großen folgenreichen Aktionen, die das Werk des Zufalls wären und des Glücks; sie entspringen stets aus Verbindungen und aus Genie. Selten nur sieht man die großen Männer bei ihren Unternehmungen, und seien es die riskantesten, einmal scheitern. Schauen Sie nur auf Alexander den Großen, auf Caesar, Hannibal, auf Gustav den Grossen und andere, sie sind stets erfolgreich; werden sie etwa darum zu großen Männern, weil sie Glück haben? Nein, weil sie große Männer sind, haben sie Gewalt über das Glück. Wenn man sich daran begibt, die Quellen ihres Erfolges zu studieren, dann ist man stets erstaunt zu sehen, dass sie alles unternommen haben, um den Erfolg auch zu erringen.[51]

So lautet die Litanei der großen Namen, die Geschichte schreiben, indem sie Glück und Zufall aus allen Chroniken radieren. Was Napoleon im Auge hatte, war *gloire* als historische Macht und politisches Instrument. Das politische Kalkül der *gloire* funktionierte lange Zeit. Aber der Ruhm bringt unkalkulierbare Nebeneffekte mit sich. Der Vater der modernen Psychiatrie, Philippe Pinel, berichtet in seinem *Traité médico-philosophique sur l'aliénation mentale* von 1809, dass zu der Zeit, als Napoleon Europa mit neuen Königen bevölkerte, zahlreiche »Monomaniker« in die Klinik kamen, die sich für Könige, Kaiser oder auch für Königinnen und Kaiserinnen hielten.

Der große Mann kann nur durch Verrat aus seiner Bahn geworfen werden. Durch Untreue, durch eine Verschwörung des Bösen. Es ist exakt diese Paranoia, die freilich nicht nur die wirklich Großen erfasst, vielleicht mehr noch die Kleinen, es ist die übererregte Paranoia der Macht, die allenthalben Zeichen von Verschwörungen sieht und deutet. Die napoleonische Staatsraison, der Krieg gegen England, die Liquidierung der Opposition, alle Politik des Caesarstudenten gilt der Gewalt, gegen die keine Armee etwas vermag. Der allmächtige Souverän entwickelt seine Staatsraison als eine Antiattentatsvernunft.

Napoleon, der in Stapß auch einen möglichen Caesar-Sohn erblickte, einen von der Literatur in die Irre geleiteten untreuen Sohn, reagierte selbst nach einem bekannten Literaturrezept. Sein Angebot zu verzeihen folgt der *clementia*, der klassischen Tugend, die der Lehrer aller Fürsten, Corneille, in seinem Drama *Cinna oder die Milde des Augustus* gefeiert hat. Nach dieser Geschichte, die übrigens auch Cassius Dio erzählt, soll Augustus dem Cinna, der ihn ermorden wollte, das Leben geschenkt haben. Hinter Cinnas Mordplan stand eine Frau, die Tochter eines von Augustus geächteten Römers. Die Milde als Fürstentugend ist römisches Erbe, wenngleich ein literarisches, aus Seneca, dem Lehrer Neros, zitiertes Romerbe, an das Napoleon offensichtlich anknüpfen wollte. Nach Seneca gibt es keine größere Fürstentugend als die Milde.[52] Nur weil Stapß an den unsichtbaren Fäden eines anderen Dramatikers hing, an Schillerfäden, konnte aus dieser von Seneca und Corneille entworfenen Szene nichts werden.

Daher ließ Napoleon für das Vergessen sorgen. Es blieben keine Notizen, keine Akten im Umlauf. Alles kam in die Hände von Joseph Fouché, der ein eisernes Geheimnis um die Sache schmiedete. Die Aktenvernichtung bildet ein eigenes Kapitel in der Geschichte der Attentate. Stapß' Eltern, die auch von französischen Kommissaren verhört worden waren, erfuhren erst viele Jahre später vom Schicksal ihres Sohnes. Ein Verwundeter der Leipziger Völkerschlacht ließ ihnen aus Dankbarkeit für ihre Pflege eine Zeitungsnotiz zukommen, die im *Russisch-deutschen Volksblatt* am 29. Mai 1813 erschienen war. Diese Zeitung gab ausgerechnet der Dichter, Publizist und Diplomat August von Kotzebue heraus. Stapß war Kotzebue-Leser, und auch Napoleon hatte sich über Kotzebues Komödie *Menschenhass und Reue* amüsiert, die er des Öfteren im Pariser Odéon-Theater in der Übersetzung seines Freundes und Biographen Louis-Antoine Fauvelet de Bourrienne gesehen hatte.[53] Die Ausgabe des *Russischdeutschen Volksblattes* berichtete unter der Überschrift *Ein deutscher Brutus* vom Attentatsversuch, den Friedrich Stapß unternommen hatte. Alle übrigen Spuren waren restlos verwischt worden. Stapß' Vater konnte erst im Jahre 1831 die Zeugnisse vorlegen, die es einem Gericht möglich machten, den Attentäter von 1809 endlich für tot zu erklären.[54]

Dabei waren bereits in den Jahren zuvor die Memoiren von Napoleons Generälen erschienen, darunter auch 1823 die Erinnerungen des Generals Rapp, der beim Verhör des Attentäters als Dolmetscher anwesend war. Ebenso schildert Bourriennes Napoleon-Biografie von 1829 die Ereignisse von Schönbrunn.[55] Zuvor hatte also Napoleon selbst dafür gesorgt, dass die Sache unter Verschluss blieb. Erst im Jahre 1942, im Zuge der Besetzung von Paris, gelang es dem deutschen Historiker Ernst Borkowsky, die Akten im französischen Nationalarchiv in Paris einzusehen. Seine Studie stellt neben den erwähnten Memoiren der Generäle das wichtigste Zeugnis für dieses Ereignis dar.

Stapß in der Literatur

Die Literatur hat das literarische Attentat des Voltaire-, Schiller- und Schroeckhlesers Stapß in einem Nebengedächtnis bewahrt. Von diesen literarischen Dokumenten sollen zwei kurz erwähnt werden. 1910 erschien aus der Feder des seinerzeit recht erfolgreichen Schriftstellers Eilhard Erich Pauls der Stapß-Roman *Der Freiheit Hauch*.[56] Pauls macht eine Art Literatur-Attentat aus dem Ereignis. Allerdings lässt er den jungen Lehrling nicht von Schroeckh und Schiller ergriffen sein, sondern von einem ganz anderen literarischen Dokument: Es ist Heinrich von Kleists *Katechismus der Deutschen*. Diese um 1809, vermutlich kurz nach der Schlacht von Regensburg verfasste

Schrift hat Kleist als katechetische Befragung eines Kindes durch seinen Vater abgefasst. Kleist war der sprachmächtigste Napoleonhasser deutscher Zunge. Seinen Katechismus verfasste er nach einer aus dem Spanischen übersetzten Vorlage. Ein Auszug:

> FRAGE. Was hältst du von Napoleon, dem Korsen, dem berühmten Kaiser der Franzosen?
> (...)
> ANTWORT. Für einen verabscheuungswürdigen Menschen, für den Anfang alles Bösen und das Ende alles Guten; für einen Sünder, den anzuklagen, die Sprache der Menschen nicht hinreicht, und den Engeln einst, am jüngsten Tag, der Odem vergehen wird.
> FRAGE. Sahst du ihn je?
> ANTWORT. Niemals, mein Vater.
> FRAGE. Wie sollst du ihn dir vorstellen?
> ANTWORT. Als einen, der Hölle entstiegenen, Vatermördergeist, der herumschleicht, in dem Tempel der Natur, und an allen Säulen rüttelt, auf welchen er gebaut ist.
> FRAGE. Wann hast du dies im stillen für dich wiederholt?
> ANTWORT. Gestern abend, als ich zu Bette ging, und heute morgen, als ich aufstand.
> FRAGE. Und wann wirst du es wiederholen?
> ANTWORT. Heute abend, wenn ich zu Bette gehe, und morgen früh, wenn ich aufstehe.[57]

Dieser Katechismus wird nun in dem Roman abgefragt, und es erweist sich dabei, dass Stapß ihn bereits auswendig kennt.[58] Die Tat folgt also einem von Literatur abgeschöpften väterlichen Imperativ. Pauls' Konstruktion ist nicht ganz abwegig, obgleich der *Katechismus* zu Kleists Lebzeiten nie in die Öffentlichkeit gelangt ist.

Im Jahre 1918 veröffentlichte Walter von Molo, ein Ingenieur, Schriftsteller, zeitweiliger Angestellter im Wiener Patentamt und in den Jahren 1928-1930 Präsident der preußischen Dichterakademie, sein »deutsches Volksstück« *Friedrich Staps*.[59] Auch von Molo betont die Literaturwirkung. Seinem Stapß hat Schiller die Mordwaffe in die Hand gedrückt. In einer Szene des ersten Aufzugs begründet der Titelheld seinen Freunden Zerrenner und Walter gegenüber den Mordplan. Er glaubt zu wissen, dass Gottes Finger an Napoleons Geschichte mitschreibt. Er selbst ist in diesem Vorsehungsplan mit der Mission betraut, Napoleons Sterblichkeit zu beweisen:

STAPS (...) *Es gibt nur die eine Lösung: Napoleon zu töten!* (Die zwei [Freunde] fahren zusammen.)
ZERRENNER (in höchster Aufregung) Du wirst doch nicht ...? (Die Stimme reißt ihm ab). Du ...?!
STAPS (zeigt, unpathetisch, zum Schillerbildnis) Dichter sind Seher! (Lieb, kindlich.) Habt ihr vergessen, was uns zu Tränen rührte, in unserm Theater, als es noch *deutsche* Stücke spielen durfte? (Mit Verehrung, gläubig, schwärmerisch.) ›Nichtswürdig ist die Nation, die nicht ihr Alles setzt an ihre Ehre!‹ (Liebreich) Soll Deutschland ›nichtswürdig‹ sein? Sollte sich keiner finden, der, wie die Jungfrau von Orléans ihr Frankreich, sein *Deutschland* errettete? (Aus der Erinnerung an Schillers Pathos quillt etwas Pathos in ihm; er legt den Kopf zurück.) Kein Wilhelm Tell, der den Tyrannen tilgt? (Zerrenner stürzt auf Staps zu, reißt ihn beim Arm, als wollte er ihn aufwecken.)
ZERRENNER (halblauter Schrei äußerster Furcht). *Leise* ...! (Kopf vorgeneigt.) Du wirst – *erschossen*, wenn dich jemand hört! (Scheuester Blick zur Gangtür.)
STAPS (im Abebben, aber doch mit hohem inneren Wellengang; er zitiert) ... ›Zu Dionys, dem Tyrannen, schlich Möros, den Dolch im Gewande, ihn schlugen die Häscher in Bande. Was wolltest du mit dem Dolche, sprich! entgegnet ihm finster der Wüterich. Die Stadt vom Tyrannen befreien! Das sollst du am Kreuze bereuen! (Mit Bezug, Märtyrerhingabe im Blick und auf den Wangen.) Ich bin, spricht jener, zu sterben bereit und bitte nicht um mein Leben!‹ ... (Stapsens Augen leuchten; er sieht die Entsetz-

ten, in die Realität zurückkehrend, freudig und ekstatisch an, *einfach*.) Gibt es etwas *Höheres*, als für die Freiheit der Menschenrechte sein Leben zu opfern?
ZERRENNER (zitternd) Komm zu dir!*⁶⁰*

Ein Pennälerdrama. Was für die Franzosen Voltaires *Tod Caesars*, das ist für die Deutschen Schillers *Wilhelm Tell*. Man kann sich ja fragen, warum Schiller ein Schulautor geworden ist. Sollte er nicht freiheitsliebende deutsche Jünglinge und Jungfrauen heranzüchten helfen? Ist nicht *Bildung* der Begriff für die politische Anstrengung, alle höheren Söhne und Töchter möglichst gleich denken zu lassen? Aber warum erfasst dieser idealistische Konformismus nur so wenige? Warum ist Stapß zu seiner Zeit und auch später eine solche Singularität? Warum vertrocknete der deutsche Freiheitsidealismus in Schulaufsätzen? Offenbar ist auch Bildung ein Theater wie die Politik. Man lernt sie lediglich *aufzuführen*.⁶¹

Diese deutsch-französische Attentatsaffäre hat nun die Pointe, dass August von Kotzebue, der Stapß' Geschichte unter dem Titel »Ein deutscher Brutus« als erster bekannt machte, im Jahre 1819 selbst das Opfer eines Attentats wurde. Er starb unter den Dolchhieben eines deutschen Brutus, der Stapß in vielerlei Hinsicht ähnelte. Er hieß Karl Ludwig Sand.⁶²

AUS DEN AKTEN DER KONSPIRATIVEN VERNUNFT

| FAMILIENÄHNLICHKEITEN (1): CAESARENMISCHPOCHE
| IKONOKLASTENVERSCHWÖRUNG:
  CALIGULA, COMMODUS, HELIOGABAL
| SELBSTVERSCHWÖRUNG: KÖNIG LUDWIG II. VON BAYERN
| GOTTESVERSCHWÖRUNG:
  SENATSPRÄSIDENT DANIEL PAUL SCHREBER
| DICHTERVERSCHWÖRUNG: HAUPTLEHRER ERNST WAGNER
| FAMILIENÄHNLICHKEITEN (2): WAGNER UND SEINE BRÜDER

Familienähnlichkeiten (1): Caesarenmischpoche

Der zum Opfer erwählte Herrscher und sein Attentäter tragen eine Reihe gemeinsamer Züge: Beide sind Leser, Herabgesandte der Literatur, Kandidaten für das Dauergedächtnis der Weltgeschichte, Todesverächter und Athleten des Willens. Vor allem jedoch wollen beide Fatum sein und die Götter-Position einnehmen, wo über Schicksale und über Leben und Tod entschieden wird. Sie wollen den Zufall sabotieren. Das ist der Doppelsinn von Souveränität: Gegen den Herrscher und seine einzigartige Macht tritt eine andere einzigartige Macht an, über die derjenige Machtlose verfügt, der sein Leben zu opfern bereit ist. Nach Hegel residiert die Staatssouveränität einzig allein in dem »Ich will« des Monarchen.[1] Aber wie schwach ist dieses äußerste und letzte »Ich will« des Souveräns, wenn sich das sterbensbereite »Ich will« eines Königsmörders auf den Weg macht!

Wo aber liegt der Unterschied zwischen ihnen? Moralisch wie psychologisch gibt es keinen Unterschied. Beide sind bedenkenlos, beide werden von Fatumsgewissheiten und artifiziellen Deutungen getragen. Welche Kräfte lassen sie aufeinanderprallen? Nietzsche fasste diesen Gegensatz in Begriffe, die anthropologisch angelegt scheinen, die aber einen ästhetischen Unterschied anzeigen. Für ihn teilte sich die Menschenwelt in zwei Kohorten: Eine kleine, ja winzige Fraktion bilden die Befehlenden, die aristokratischen Naturen des »Ich will«; in der anderen riesigen Menge hingegen finden sich die Gehorchenden zusammen. Nicht in Männer und Frauen teilt sich der natürliche Menschenpark, sondern in Wollende und Gehorchende. Nichts abstoßender für Nietzsches Augen, die von Sils Maria aus über Europas Gesellschaft hinweggingen, als die Machtverteilung in der modernen verkehrten Welt: Dort beobachtete er die Herrschaft der Herde, der Lämmer, der christlichen oder gar sozialistischen Sklavenseelen und ihren Hass auf alles Große. Noch in *Jenseits von Gut und Böse* feierte Nietzsche rückblickend die »Wohlthat« und »Erlösung«, die die »Heerdenthier-Europäer« vom Auftritt Napoleons empfingen.[2] Für wenige Jahre bot Europa dank Napoleons Herrschaft auf dem Theater der Weltgeschichte eine ansehnliche Vorstellung. Den gescheiterten Angriff des jungen Stapß auf den Empereur hätte Nietzsche daher als einen grotesken Untertanenaufstand verhöhnt: Die Schillerintoxikation, das Ressentiment eines kleinen Kommis, eines elenden Gewissens schwingt das Brotmesser gegen den großen, allzu seltenen übermenschlichen Willen, gegen den geborenen Befehlsgeber. Nicht die Freiheit handelte da, sondern ein Sklavenseelchen. Daher stießen Nietzsche auch die demokratischen Bewegungen ab, und er nannte sie eine »ungeheure instinktive Gesammt-Verschwörung der Heerde (...) gegen alles, was Hirt, Raubthier, Einsiedler und Cäsar ist«[3].

Der Zusammenstoß zwischen dem Herrscher, dem Dictator, dem Tyrannen, dem Befehlenden, dem Prominenten, Blickesammler und Bildgewordenen auf der einen Seite und dem Attentäter, dem Namenlosen, dem Moralischen, dem Gehorchenden, dem Bilderhasser und Fatumsgewissen auf der anderen, gibt noch weitere Unterschiede zu bedenken. Der Caesar, der in Ruhm getauchte Herr und von Gottesgefühlen durchschauerte Machthaber, folgt gerne dem Trieb, einer Menschheit, die auf seine Pläne nicht hört, die letzte Lektion zu erteilen und sie ans Ende zu bringen. Er ekelt sich vor Menschenmassen, es sei denn, sie versammeln sich zu seiner Huldigung oder sie marschieren in den Krieg. Der Attentäter hingegen will diese Menschheit mit sich selbst neu beginnen lassen. Er tritt als Solist auf, er ist einsiedlerisch und adamitisch, er lässt sein Blut zur Erlösung in die politische Arena strömen. Der Attentäter will ein neues Kapitel in der Menschheitsgeschichte aufschlagen, die Zeit von vorn beginnen lassen, während der Caesar als Untergangsapostel auftritt, eine Epoche abschließt, ein Ende herbeiführt, indem er Menschen- und Heeresmassen ins Feuer schickt und auch sein eigenes Leben verglühen lässt. Wenn der Caesar oder der Attentäter eine Verschwörung vermutet, wenn ihnen ihre paranoische Vernunft diese Deutung einflüstert, dann hören sie auf Stimmen, die aus der gelehrten Historie kommen. Es ist dort die Rede von der »Vorsehung«, von der Verschwörung der Geschichte, die die Welt in die Reprise und Wiederholung eines ersten oder zweiten Laufs schickt. Diese Rede tönte von den Kanzeln der Priester und von den Kathedern der Professoren. Und die Idee der Gottesverschwörung, des Fatums, der höheren Mächte, die eben diesen einen Mann auserwählen, um die Welt ins Heil zu führen oder sie von einem Tyrannen zu befreien, hat sich auf den Blättern der Geschichtsschreiber vielfach verewigt.

Die Idee oder der Wahn, die politische Welt mit einem Schlage zu verwandeln, zählt zur eisernen Reserve des Abendlandes. Dieser politische Traum gebiert politische Monster. Wer glaubt, ein Wunder bewirken zu können, wird Politiker. Die Wunderwirkungserwartung erzeugt charismatische Ausstrahlung. Das Charisma ist aber keine strukturlose Qualität, sondern ein Sammel- und Widergängerphänomen. Der Charismatiker ist ein Anderer, der bereits in einer vorläufigen Gestalt erschienen ist. Die Macht und Strahlkraft des Charismas speisen sich aus Erfolgsakkumulationen in der Struktur der Wiederkehr. Der Einmalige ist ebenso wie der Singuläre seltsamerweise ein Nachfolger. Jeder Held hat einen Vorgänger, denn es gibt keine heroische Leistung ohne Identifikation mit einem Vorläufer. Selbst Jesus war ein zweiter Adam. Und so treten immer wieder welthistorische Widergänger Caesars sowie moralische und mörderische Gespenster des Brutus auf. Da die paranoische Vernunft diesen universalhistorischen Wahn ausbildete und Männer mit Vorsehungsaufträgen oder Wunderwirkungspotenzialen ausstattete, ist es unvermeidlich und notwendig, die Basisfiguren dieses Wahns zu skizzieren. Das *Wunder*, die schlagartige Verwandlung und Reorganisation der Welt, ist die eine Basisfigur, die andere ist die *Wiederholung*. Die paranoische Vernunft konstruiert, ganz nach Vicos *Neuer Wissenschaft*, neue Durchläufe von Epochen und Perioden, sie sorgt für die verschiedenen, gleich ablaufenden *corsi* des Weltgangs. Eine dritte Basisfigur ist die *Ähnlichkeit* oder *Verwandtschaft*. Die großen Herrscher schenken sich der Welt als Söhne, Nachfahren oder Neuauflagen berühmter Vorgänger. Napoleon etwa war der Ansicht, dass mit ihm und mit seiner Mission die historischen Helden und Befehlenden Alexander, Hannibal, Caesar, Mohammed und Karl der Große wieder auftraten. Die Geschichte benötigte ihn als eine Synthese und Wiederkehr dieser Heroen. Das Beispiel Hitler zeigt, dass diese Basisfiguren im 20. Jahrhundert fortleben. Der Attentäter Nietzsche wiederum fand sich als Mitglied einer anderen Familie wieder: »In dem, was Zarathustra, Moses, Muhamed Jesus Plato Brutus Spinoza Mirabeau bewegte, lebe ich auch schon, und in manchen Dingen kommt in mir erst reif an's Tageslicht, was embryonisch ein paar Jahrtausende brauchte.«[4] In den späteren Jahren änderten sich Nietzsches Familiengefühle: »Alexander und Caesar sind meine Inkarnationen, insgleichen der Dichter des Shakespeare Lord Bakon. Zuletzt war ich noch Voltaire und Napoleon, vielleicht auch Richard Wagner.«[5] Da rückte er auf in die Familie der Größten; aber die Basisfigur seines Selbstbildes, nämlich eine Wiederholung, eine Synthese und ein Fatum zu sein, blieb die gleiche. Historische Helden wie Attentäter denken in solchen Genealogien, in Familien der Ähnlichkeit und Wiederkehr. Diese Familien blenden das Auge durch Evidenz. Solche Blutsverwandte des Schicksals und mörderische Cousins bringt eine Verschwörung der Naturkräfte hervor. Es gibt Königsfamilien und Erlöserfamilien, es gibt die Familien der Königsmörder, und ein wenig abseits und doch dazugehörig treten die Familienmörder auf, eine letzte unglückliche Verzweigung auf dem großen, allzu großen Stammbaum der Denker und Täter, die der paranoischen Vernunft dienen. Der Hauptlehrer und Familienmörder Ernst Wagner, von dessen Attentat später die Rede sein wird, sah sich selbst als geborenes Mitglied der Caesarenmischpoche. Allerdings montierte sein Wahn auch andere genealogische Mythen: Ernst Wagner vertrat in seinen späteren Jahren die Ansicht, seine Familie, die er ausgelöscht hatte, sei degeneriert gewesen. Sein Psychiater attestierte ihm: »Niemand war von seiner Fortpflanzungsuntauglichkeit im erbbiologischen Sinne mehr überzeugt als Wagner selbst; er hat deshalb seine ganze Familie vernichtet.«[6]

Ikonoklastenverschwörung: Caligula, Commodus, Heliogabal

Attentäter und Königsmörder folgen ikonoklastischen Antrieben und zerschlagen lebende Bilder. Die antike Geschichte des Königsmordes zeigt das in ganzen Fallserien. Dazu gehörte es, die eigene marmorne Gestalt feierlich in die Galerie der Götterbilder zu überführen oder ältere Götterbilder zu renovieren und ihnen dabei die eigene Physiognomie einmeißeln zu lassen. Die Bildpolitik der oströmischen Kaiser übertraf sogar alles, was ihren imperialen Vettern im Westen einfiel. Einige der Monarchen in Byzanz bestanden darauf, dass ihre höchsten Beamten stets ein Herrscherbild an ihre Amtskleidung geheftet trugen. Weiter führte die byzantinische Diplomatie die Versendung und Annahme des Kaiserbildes in das Protokoll von Herrschaft und Loyalität ein.[7] Nur in einem solchen Milieu theokratischer und bildbesessener Herrschaft konnte der theologische Streit über die Ikonen Gottes und seines Sohnes ausbrechen, die die Theologen und Kaiser im 8. und 9. Jahrhundert erbitterte. Das Verbot der Götterbilder, das Kaiser Leon III. durch die Synode im Jahre 730 aussprechen ließ, wurde gut 20 Jahre später von Kaiser Konstantin V. präzisiert. Konstantin ließ nur noch solche Bilder und Gedenkzeichen gelten, die eine konsubstanzielle Beziehung zwischen Prototyp und Abbild herstellten. Das Bild soll aus dem gleichen Fleisch, aus dem gleichen heiligen Urstoff gefertigt sein wie der Abgebildete. Da blieben nur noch Hostien und Reliquien übrig, allenfalls noch Menschen, die nach biblischer Auskunft Gott nachgebildet waren. Die Regel über die konsubstanzielle Relation war theologisch analog zur Beziehung zwischen dem christlichem Vatergott und seinem Erlösersohn gedacht.[8]

Am Thema des Bilderstreits lässt sich die intime Beziehung zwischen dem religiösen Dogma und der Paranoia studieren. Religiös ist der Glaube an die wunderbare Truglosigkeit und konsubstanzielle Einheit einer begrenzten, gehegten Menge von Zeichen. In dogmatisch festgelegten Personen, Bildern, Formeln oder heiligen Worten spricht mich das Göttliche an; ausgewählte Orte, bestimmte Bilder bringen mich in Kontakt mit dem Heiligen: Dieser Knochensplitter des Märtyrers hier bezeichnet nichts als diesen heiligen Mann und seine unbezweifelbare Zugehörigkeit zur Familie der Heiligen. Alle übrigen Zeichen können dies und jenes bedeuten und sind daher virtuelle Wohnstätten des Teufels. Die Paranoia, die artifizielle Deutung, bedarf verlässlicher Zeichen, an denen sich ihre Gewissheit verzehren kann, da für sie die Menge der Gefahrensignale unendlich ist. Für den Tyrannen und seine Juristen teilt sich daher die Welt radikal in Freunde und Feinde. Aber wie lassen sie sich unterscheiden? Das fragt sich Tag und Nacht die große Tyrannennot. Natürlich geben dem Herrscher seine Freunde einzig und allein Loyalitätssignale, sie leben im ewigen Kniefall; Feinde hingegen erzeugen mit jedem Wimpernschlag Verdacht. Aber maskieren sich nicht auch die Feinde als Freunde? Das weiß der Paranoiker nur zu genau, und darum verschont er auch die Freunde nicht. Die Seele des Herrschers ist der Verdacht. Nur was konsubstanziell ist mit ihm selbst, kann dem Verdacht entgehen.

Dieser allgemeine Verdacht ruinierte die kaiserliche Politik in Rom. Die Biografien der weströmischen Caesaren halten in zahlreichen Episoden fest, wie die imperiale Bildpolitik und Wahnsinn das gewaltsame Ende der Herrscher herbeiführten. Nur wenige von ihnen starben eines natürlichen Todes. Im ersten Jahrhundert der christlichen Zeitrechnung gelang das allein Kaiser Augustus. Sein Nachfolger Tiberius wurde vergiftet, Caligula trafen Verschwörerdolche, Claudius wurde vergiftet. Nero beging Selbstmord, Galba erlag den Schwertern von Attentätern, Otho beging Selbstmord, Vitellius wurde ermordet. Vespasian war nach einer Reihe von sieben Kaisern der erste, der wieder eines natürlichen Todes starb. Nicht nur Unglück auf Unglück schrieben die Biografen in ihre Caesarengeschichten; sie führten auch über die meisten dieser Herrscher psychiatrische Akten. Viele der Caesaren träfe nach moderner Vorstellung die Diagnose des Wahnsinns. Blickt man aber auf die römische Vernunftverwaltung, so heißt es vorsichtig zu sein. Denn steht nicht ein Kaiser, der bereits als *augustus* oder *divus* göttliche Attribute trägt, außerhalb jeder Vernunftnorm? Ist diese Verrücktheit nicht sogar eine Amtspflicht? Überhaupt stellt sich unter den Vorzeichen des römischen Rechts die Frage: Kann es verrückte Könige geben? Mit welchem *Recht* ließen sich römische Caesaren oder christliche Könige als wahnsinnig bezeichnen? Im Herzen dieses Wahnsinns steckt tatsächlich ein Rechtsproblem. Die Autoren des *Corpus Iuris Civilis* verliehen der kaiserlichen Macht eine einzigartige Reichweite. Souverän war er, weil er eine vollkommen paradoxe Stellung einnahm. Der Kaiser stand jenseits allen irdischen Rechts, zugleich aber verkörperte er dieses Recht, dem er nicht unterstand. Die römischen Juristen reservierten dem Souverän auch die Rechtsauslegung und das Privileg des Kommentars: »Aus seiner erhabenen Stellung heraus ist unmittelbar klar, dass es ihm allein zusteht, Gesetze zu erlassen und zu kommentieren.«[9] Die kaiserliche Ausnahmestellung fasste das *Corpus Iuris Civilis* um 530 in eine großartige Souveränitätsformel, bei der sich seine Vorgänger immer schon bedient hatten. In der *Novella* 105 über die Konsuln heißt es:

> Von allen diesen Vorschriften soll der Kaiser ausgenommen sein, denn Gott unterstellte ihm die von ihm gegebenen Gesetze, indem er ihn den Menschen als beseeltes Gesetz (*lex animata*) schickte.[10]

Der Kaiser beatmet das Gesetz. Und da es ihm von Gott unterstellt ist, können weder der Souverän noch das Gesetz *verrückt* sein.

Außerdem regelte im römischen Recht ein anderes Gesetz ausdrücklich die Unterscheidung zwischen Vernunft und Wahnsinn. So bestimmten die Caesaren in der christlichen Ära, dass alle diejenigen, die dem von ihnen erlassenen Gesetz Folge leisteten, den Namen katholischer Christen führen sollten, während der ungehorsame Rest für verrückt und aberwitzig erklärt wurde.[11] So also verfährt das Gesetz, das aus der Seele des Kaisers kommt. Dieser Caesar kann gar nicht verrückt sein, da ja gerade er per Gesetz den Unterschied von Wahnsinn und Vernunft bei den Auslegungen definiert. Die Psychiatrie der Caesaren stürzte sonst in den Abgrund der Frage, ob auch Gott verrückt sei. Denn der Kaiser beatmet nicht nur das Gesetz, sondern er beseelt zugleich den sterblichen Körper Gottes. Die Rede vom Caesarenwahnsinn ist weder juristisch noch gar psychiatrisch, sondern sie ist theologisch. Der Wahnsinn, der sich bei Caesaren wie Nero, Caligula, Commodus, Heliogabal zeigte, stellt einen extremen Typ von Souveränität dar. Der Caesar überschreitet die *Ähnlichkeit* mit den Bildern der Götter, um zur Einheit, zur *Konsubstanzialisierung* mit ihnen zu gelangen. Im Prozess dieser Gottwerdung des Kaisers oder der Caesarfleischwerdung der Götter, treten drei Züge besonders hervor: die Politik des Bildes, die Leugnung von Kontingenz und die Produktion von Geld. Das sind die römisch-imperialen Hauptzüge der paranoischen Vernunft.

Das zeigen drei Modellfälle der römisch-antiken paranoischen Vernunft. Es sind drei Männer, die zahlreiche Funktionen in ihrem Amt anhäuften: Gott, König, Baumeister, Geldbeschaffer, Künstler, Richter. Ein solches Multifunktionswesen konnte nicht entmündigt, sondern nur ermordet werden. Kaiser Gaius Iulius Caesar Germanicus, der unter dem Spitznamen Caligula von 37 bis 41 regierte[12], verkörperte diese göttlich-imperiale Synthese und kümmerte sich um alles, sogar um die Poesie. Dichter, die bei literarischen Wettbewerben versagten, zwang er dazu, ihre Wachstafeln so lange mit der Zunge zu bearbeiten, bis die Schrift darauf gelöscht war.[13] Sein höchster Ehrgeiz galt aber dem Ziel, Jupiters Göttlichkeit zu übertreffen. Die Mittel dazu lieferten ihm Architekten und Künstler. Zunächst ließ Caligula zwischen dem Jupitertempel auf dem Capitol und seinem Sitz auf dem Palatin eine Brücke schlagen.¹⁴ Dann baute er seinen Wohnsitz nach dem Modell des Jupitertempels um. Schließlich verfiel er auf die Idee, die Zeusstatue des Phidias aus Olympia zu holen und, mit seiner eigenen Physiognomie versehen, im kaiserlichen Haus aufzustellen. Der Raub des Weltwunders aus Olympia misslang jedoch – so berichteten Caligulas griechische Verbindungsleute –, weil der marmorne Zeus in lautes Gelächter ausbrach, als man ihn abtransportieren wollte.¹⁵ Die Arbeiter ergriffen daraufhin die Flucht.

Als Gott legte sich Caligula den Namen Dialios zu, und er ernannte er sich selbst zum ersten Priester des eigenen Kultes. Neben seinem Pferd und seiner Frau erhob er noch eine ganze Reihe vornehmer Römer zu Priestern. Diese Erhebung ließ er sich von den so Geehrten mit jeweils zehn Millionen Sesterzen vergüten. Caligula nutzte überdies die Vollmacht, die dem Caesar das *ius arbitriumque omnium rerum* einräumte, das »Recht und Schiedsrecht in allen Sachen«¹⁶, um die Erbschaften neu zu regeln.

Jetzt wanderte das Vermögen aller ohne direkten männlichen Nachkommen in den Staatssack des Caesars. Zugleich übte er sein richterliches Amt zugunsten des Gottes aus, der er selbst war, und beschleunigte durch geeignete Urteilssprüche den Erbfall. Caligula erfand und bestrafte ein neues Delikt, die Verhöhnung seiner göttlichen Majestät.¹⁷ Das Vergehen bestand darin, dass mancher Erblasser, der dem Kaiser testamentarisch sein Vermögen in Aussicht gestellt hatte, zu lange weiterlebte. Das empfand der Kaiser als Verhöhnung. Er verurteilte solche Leute, die so am Leben hingen und die Erfüllung ihres testamentarischen Versprechens maßlos lange hinauszögerten, zum Tode. Jedes Vermögen ist nicht nur virtuelles Geld und Zahlungsmittel, sondern auch ein schlafendes Erbe. Erben aber sind ungeduldige und höchst vernunftkritische Leute.

Römischen Juristen verdankt die abendländische Rechtstradition das Dogma, wonach die Vernunft (die Vernunft als Gegensatz des Wahnsinns) unmittelbar mit diesem Versprechen und dem impliziten Schwur in Zusammenhang steht. Nach deutschem Recht galten bis 1992 sowohl Verschwendung als auch Wahnsinn als Entmündigungsgrund. Wer sein Vermögen verprasste und seine Erben um den

Erbschwur des Vermögens betrog, konnte entmündigt werden: Der Entmündigte büßt die Gültigkeit seines Wortes und die Rechtkraft seiner Unterschrift ein. Die vor der Reform von 1992 gültigen Regelungen des Bürgerlichen Gesetzbuchs über die Entmündigungsgründe *Geistesschwäche* und *Verschwendung* lassen sich bis zum *Zwölftafelgesetz* zurückverfolgen. Zwar ist der Wortlaut dieses alten römischen Gesetzes nicht überliefert, wohl aber gibt es Zitate. Die um 450 vor unserer Zeitrechnung erlassenen Bestimmungen über die Entmündigung im Zwölftafelgesetz führen auch die *Institutiones* I,23,3 an. Sie erklären über den *prodigus* und den *furiosus*:

> Auch Geisteskranke und Verschwender stehen, selbst wenn sie über fünfundzwanzig Jahre alt sind, nach dem Zwölftafelgesetz unter der Pflegschaft (curatores) ihrer Seitenverwandten im Mannesstamm. Üblicherweise bestellten jedoch in Rom der Stadtpräfekt oder der Prätor und in den Provinzen der Statthalter aufgrund amtlicher Untersuchung für sie die Pfleger (curatores).[18]

Ein Kaiser konnte auch dann nicht unter Kuratel gestellt werden, wenn seine Befehle und Entscheidungen unter die Entmündigungsgründe *furiosus* und *prodigus* der zwölf Tafeln fielen. Wer jedoch die Funktionen Gott, Kaiser, Priester, Konsul, Bankier, Richter, Künstler in seiner Person zusammenfasst, der überschreitet mit seinen Handlungen und Reden den Raum, den das Recht erfasst. Ein Gott kann nicht verrückt sein, denn wie viel Wahnsinn ginge auf seine Rechnung! Caligula war nicht nur ein Verschwender, sondern auch ein Schwörer und Verschwörer. Zuletzt verlangte es seine paranoische Vernunft nach der Schicksalskompetenz schlechthin, nach dem äußersten Machtmittel, um die Störungen durch den Willen der Untertanen in einem königlichen Befehl zu begraben: »Hätte doch das römische Volk nur einen einzigen Hals!«[19] Ein dauerndes Morden ermüdet, denn es wachsen den Toten unablässig Lebende nach. Ein solcher Wunsch nach der Lösung aller Kontingenzprobleme, die Menschen verkörpern, wird im 19. und 20. Jahrhundert immer wieder aus dem Munde der modernen Caesaren zu vernehmen sein.

Marmorbüste Caligula

Auch Caligulas Plan, sein kaiserliches Bild im Tempel von Jerusalem aufzustellen, scheiterte. Die beiden misslungenen Projekte, der Raub der Zeusstatue aus Olympia und der verfehlte Einzug in den Tempel von Jerusalem, zeigen die Grenzen höchster imperialer Bildpolitik. Es gibt auch Götter, denen etwas misslingt. Wie es sich für einen in vielen Posen auftretenden Souverän gehört, wurde er während einer Pause bei den Palatinischen Spielen im Theater ermordet. Das geschah am 24. Januar des Jahres 41. Sonst umgab dieses Ende nichts Großartiges. Durch die Hintertüren des Theaters strömte nur eine kleine Verschwörergruppe, und die Attentäter waren nicht verrückt. Der eine der beiden Täter hieß Cassius Chaerea, der andere Sabinus, zwei Gardetribunen. Sie hatten einige Centurionen in den Plan eingeweiht. Als Caligula das Theater verließ, spaltete erst Chaerea dem Caesar mit einem Schwerthieb das Kinn. Blutend am Boden liegend rief er »Ich lebe noch« und empfing darauf von den übrigen Soldaten dreißig Schwertschläge, denen sein göttlicher Körper erlag. Auch der französische Schriftsteller Albert Camus, der 1942 ein Caligula-Drama geschrieben hat, lässt den Caesar mit diesen Worten enden. Sein Caligula terrorisiert die Römer mit einem absurden Freiheitsexperiment, das ebenso in Mord und Wahn führt wie das Gottesexperiment des historischen Caligula. Die letzte Szene des Stücks ist aufschlussreich, denn Camus setzt in der Schlusssequenz die Bildproblematik des Kaisers in Szene. Caligula steht vor einem Spiegel. Im Dialog mit seinem Spiegelbild gesteht er, dass er immer nur auf sich selbst, nämlich auf sein Bild gestoßen sei, das er hasste. Während sein Vertrauter

Hélicon bereits von den Dolchen der Attentäter getroffen wird, setzt das Finale ein:

> Eine unsichtbare Hand erdolcht Helikon. Caligula erhebt sich, ergreift mit der Hand einen niedrigen Stuhl und nähert sich keuchend dem Spiegel. Er beobachtet sich, simuliert einen Sprung vorwärts und wirft seinen Stuhl vor der symmetrischen Bewegung seines Doubles im Spiegel mit allen Kräften und brüllt:
> CALIGULA   Ab in die Geschichte, Caligula, ab in die Geschichte.
> Der Spiegel zerbricht und im gleichen Augenblick treten die bewaffneten Verschwörer zu allen Ausgängen herein. Caligula wendet sich ihnen mit einem verrückten Gelächter zu. Der alte Patrizier trifft ihn in den Rücken, Cherea mitten ins Gesicht. Caligulas Lachen verwandelt sich in Schluckauf. Alle schlagen zu. In einem letzten Schluckauf brüllt Caligula lachend und röchelnd:
> Ich lebe noch![20]

Auf dieser Bühne zerschlägt der Kaiser sein Spiegelbild mit eigener Hand. Aber es ist ein und dieselbe Handlung: Der Schwerthieb von fremder Hand und die Auslöschung des eigenen Bildes. Camus deutet den Caesarenwahnsinn als Verlangen nach dem Unmöglichen, und das heißt: Der kaiserliche Wahnsinn will das Kontingente aus dem Umkreis der Macht verbannen.

Die paranoische Vernunft schickte noch einen weiteren Caesaren in die Welt, dessen Größe die römischen Annalen festhalten: Commodus Antoninus war der Sohn Marc Aurels und der Faustina und regierte als Kaiser von 180 bis 193. Man vermutete bereits zu seinen Lebzeiten, dass ein Gladiator der natürliche Vater des Commodus gewesen sei, denn Faustina hatte ein großes Faible für starke Männer.[21] Commodus beglückte sein Volk nicht nur als Gott, Kaiser, Richter, Heerführer, Koch und Bauherr, sondern auch als erster Unterhalter. Er soll siebenhundertfünfunddreißig Mal als Gladiator in Rom aufgetreten sein.[22] Man stiftete ihm Standbilder, die ihn in

Gestalt von Herkules darstellten. Er nannte sich selbst auch den »römischen Herkules«, und um seinen eigenen Namen unsterblich zu machen, wollte er Rom in Commodusstadt umbenennen und die Römer unter dem Titel »Volk des Commodus« weiter Geschichte machen lassen. Seinen Namen schrieb der Kaiser unermüdlich auf Landkarten und in den Kalender. Die Stadt Karthago nannte er Alexandria Commodiata togata, und der Monat August wurde gleichfalls auf seinen Namen umgetauft. Daneben verfügte er über reichen Humor, obwohl er alle wirklichen und vermeintlichen fremden Lacher wilden Tieren zum Fraß vorsetzte.[23] Seine kaiserliche Macht bewies Commodus wie seine Vorgänger und Nachfolger gerne in souveränen Arrangements von Speisen. Während Caligula mit Vorliebe in Essig aufgelöste Perlen zu sich nahm oder Gold als Beilage servierte, und Heliogabalus seine Gäste mit Speisen aus Glas überraschte, rührte Commodus bisweilen Kot in die Menus. Den in Ungnade gefallenen Prätorianer-Präfekten Motilenus fütterte er mit vergifteten Feigen. Ein andermal bot er seinen Gästen zwei mit Senf bestrichene Krüppel auf silbernen Platten an, allerdings sollte diese Speise unberührt bleiben.[24] Nicht nur die kulinarische Poesie des Kaisers, auch seine übrigen Extravaganzen war kostspielig. Daher sorgte auch Commodus unter kluger Ausnutzung des Richteramtes fur die Finanzmittel seiner aufwendigen Herrschaft. Gerichtsentscheide verkaufte er für gutes Geld, auch das Todesurteil eines Rivalen oder eines Feindes konnte man bei ihm für eine beträchtliche Summe erwerben.[25] Sein eigener Tod erfolgte zur Hälfte durch Gift, das ihm seine Geliebte Marcia verabreichte, den Rest erledigte ein Ringer, mit dem der Kaiser zu trainieren pflegte.[26] Als Lohn für solch ein kunstvolles Leben versetzte ihn sein Nachfolger Septimus Severus unter die Götter und bestellte eigens einen »Eigenpriester des Herkules Commodus«.

Noch ein dritter ermordeter Caesar gehört in diese Reihe: Heliogabal oder Elegabal, der als römischer Kaiser den Namen Marcus Aurelius Antoninus trug. Ehe er als Gott nach Rom kam, diente er in der syrischen Stadt Emesa als Priester des Sonnengottes Elegabal. Auf Betreiben seiner Großmutter, der Schwägerin des Kaisers Septimus Severus, die ihn als Sohn des 217 ermordeten Kaisers Caracalla ausgab, wurde er von den syrischen Legionen als Vierzehnjähriger zum Kaiser erhoben. Das war das Jahr 218. Heliogabal brachte den Steinfetisch seines Sonnengottes mit nach Rom, baute ihm auf dem Palatin einen Tempel und erhob ihn als »sol invictus Elagabalus« zum obersten Gott der Stadt. Heliogabal muss ein hübscher Bursche gewesen sein, der sich nach kurzer Zeit selbst als Verkörperung des Sonnengottes, dem er eigentlich dienen sollte, ausgab. Das war aber erst der Anfang, in der Folge übertraf Heliogabal seine Vorgängercaesaren an Aberwitz, Gewalt und Ausschweifung. Er wurde dann am 11. März des Jahres 222 durch die Garde, die unter dem Befehl seines Vetters Severus Alexander stand, ermordet.

Und wieder war es ein französischer Schriftsteller, der diesem verrückten Kaiser ein literarisches Denkmal gesetzt hat: Im Jahre 1934 veröffentlichte Antonin Artaud seinen Roman *Héliogabale ou l'anarchiste couronné*. Die Sympathie für den Sonnengott, die Artaud in seinem Roman erkennen lässt, wird von Verwandtschaftsgefühlen getragen. Auch Artaud zählt zur Familie der Paranoiker, viele Jahre seines Lebens verbrachte er in der psychiatrischen Anstalt in Rodez. So schildert Artaud das Ende seines Sonnengottes, als dieser vor seinen Mördern aus dem Palast flieht:

Die Soldaten sind ganz nah. Heliogabal stürzt sich in irrer Angst mit einem einzigen Satz in die Latrinen, versinkt in den Exkrementen. Das ist das Ende.
Die Schar, die ihn gesehen hat, holt ihn ein; und schon packen ihn seine eigenen Prätorianer am Schopf. Und jetzt spielt sich eine Fleischbankszene ab, ein ekelhaftes Gemetzel, ein antikes Schlachthofbild.
Exkremente mischen sich mit Blut, spritzen hoch mitsamt dem Blut auf den Schwertern, die im Fleisch von Heliogabal und seiner Mutter herumstochern.
Dann werden die Leichen bei Fackellicht weggekarrt, durch die Straßen geschleift vor dem entsetzten Pöbel, vor den Häusern der Patrizier, die ihre Fenster öffnen und Beifall klatschen. Eine

ungeheure Menschenmenge zieht hinter diesen jämmerlichen Fleischklumpen, die schon ausgeblutet, aber noch besudelt sind, zum Tiberufer hinunter.[27]

Da von einem Königskörper nicht irgendein organischer Rest übrig bleibt, sondern ein Bild (ein konsubstanzielles Bild), muss dieser Körper in aufwendiger Grausamkeit zermetzelt und zum Verschwinden gebracht werden. Der Tod der Majestät, die dann unbegraben in den Ozean gespült wird, ähnelt nicht wenig dem Ende desjenigen, der das *crimen maiestatis* begangen hat: restloses Verschwinden, wenn auch nicht aus dem historischen Gedächtnis.

Selbstverschwörung: König Ludwig II. von Bayern

Kanzler Bismarcks jüdischer Bankier Gerson Bleichröder war es, der dem preußischen König Wilhelm I. die Kaiserkrone von 1871 vorfinanzierte, indem er dem bayerischen Ludwig II. eine Souveränitätsentschädigung von 100.000 Talern jährlich bezahlte. Ein Jahr zuvor hatte er den Bayern bereits mit einem Vorschuss von 3 Millionen Gulden die Mobilisierung gegen die Franzosen ermöglicht. 1876 kam Bleichröder ein süddeutsches Konsortium zuvor, als es galt, dem Märchenkönig mit einem Kredit von siebeneinhalb Millionen Mark unter die Arme zu greifen. Die Endzeit der Caesaren und ihrer souveränen Entscheidung über Vernunft und Geld war definitiv angebrochen. Caligula oder Commodus vermochten den Finanzspielraum für ihre Bauten zu erweitern, indem sie ihre Möglichkeiten als beseelte Gesetze nutzten. Der Bauherr von Herrenchiemsee und Neuschwanstein seufzte hingegen unter dem Ruin der Souveränität, da das königliche Budget schon lange dem Willen von Parlamentariern unterworfen war. Die Souveränitätskrise der Könige im 19. Jahrhundert spielt noch auf einem zweiten Schauplatz. Während die römischen Caesaren ganz nach dem Vorbild Jupiters ihren Lüsten und ihrem erotischen Geschmack jeden Dienst erwiesen und Schwestern, Knaben,

Der junge König Ludwig II.

Dirnen, Tiere auch gerne öffentlich liebkosten, quälte sich Ludwig zeitlebens mit sexuellen Gewissenskonflikten. Der arme König spaltete sich in einen sterblichen Körper, den es nach hübschen Reitknechten, Pferden und nach einsamer Selbstbefriedigung verlangte, sowie in einen moralischen Souverän, der ihm all dies untersagte. Die Spaltung stellt Nietzsches Gegensatz von Herrscher und Sklavenseele nach. Ludwigs fragmentarisch veröffentlichte Tagebücher enthalten beinahe auf jeder Seite Befehle im Namen des Königs an die eigene sterbliche Herdennatur, er möge sich aller sinnlichen, sexuellen Aktivitäten enthalten.[28] Dagegen waren die römischen Souveräne als Halbgötter vom Naturrecht so angenehm gestellt, dass sie die Gesetze nicht zu *fürchten* brauchten. Der bayerische König fürchtete sich unablässig. So träumte Ludwig auch nach dem Zeugnis seiner Krankheitsakten von einem Brand Münchens und der Entvölkerung seines Landes:

> Oft musste Ministerialrath von Ziegler (…) hören, wie schön es wäre, wenn man das verfluchte Nest (die eigene Haupt- und Residenzstadt) an allen Ecken anzünden könnte und Stallmeister Hornig führt als einen öfter von seiner Majestät angesprochenen Wunsch an (…), dass das ganze bayrische Volk nur einen Kopf hätte, um es auf einen Streich hinrichten zu lassen.[29]

Ludwig fühlte sich als unglückliches Mitglied der Caesarenfamilie, denn mit diesen beiden Wünschen zitierte er Nero und Caligula. Aber wie sie blieb er ein ohnmächtiger Entvölkerer.[30] Unablässig verschwor sich der bayerische König gegen sich selbst. Die Selbstverschwörung bildete allerdings nur das Vorspiel einer Verschwörung von Politikern, Hofbeamten und Ärzten, die den König für wahnsinnig erklärten und ihn unter Umgehung aller gesetzlichen Vorschriften entmündigten. Der König sah sich als Opfer eines Juristenattentats. Die Brutusse der Moderne verkleiden sich bisweilen als Psychiater und Richter. Hier ein Dokument der königlichen Selbstverschwörung:

Ich schwöre heute, den 21. Januar schrecklichen Andenkens, dem Jahrestag der Ermordung des Königs von Frankreich und Navarra, Ludwig XVI mit Namen, dass gestern, in der letzten Nacht, es das letzte Mal für immer war, erkauft durch das königliche Blut (Der heilige Gral). Absolut das letzte Mal bei Strafe aufzuhören König zu sein. Geschworen, dem 21. Januar 1877 zu Hohenschwangau. Ludwig.[31]

Rund fünfzig solcher Schwüre und Selbstverschwörungen dokumentieren die veröffentlichten Partien aus dem Tagebuch des Königs. Auch Schwüre stärken ihre Wortmacht durch verbalen Totenkult an anderen Mitgliedern der Königsfamilie. In Vorahnung seines gewaltsamen Endes bekräftigt Ludwig seine sich selbst gegebenen Versprechen durch die Erinnerung an den Königsmord, den Ludwig XVI. am 21. Januar 1793 auf dem Schafott erlitt. Das in der Revolution vergossene Königsblut setzt Ludwig als Sakrament ein, als Versprechenszeichen wie das Blut des Erlösers. Die Zeichen Blut/Wein begleiten ja die christliche Verheißung des Abendmahls, das Testament der Erlösung. Schließlich spricht der König mit sich selbst. Als ewiger König bedroht er den sterblichen Körper, den er bewohnt, mit dem Verlust der Königswürde, sofern er den Schwur nicht hält. Diese Dialoge der beiden Königskörper markieren den Riss, der durch diesen Mann geht. Eine Spaltung des Bildes oder des Selbstbildes. Durch die Kraft dieser Schwüre versucht Ludwig unaufhörlich, mit dem eigenen Bild zusammenzustimmen. Das eigene Bild ist ja, so versucht er sich immer wieder aufzurichten, das Bild Gottes:

> Am 1. Jan. 1868 die Huldigungen auf dem Thron entgegengenommen (…). So wahr ich Heute die Stufen des Königs-Thrones emporschritt, umgeben vom Glanze, umleuchtet von den ewigen Strahlen der Majestät, das sichtbare Abbild Gottes auf Erden, das nicht fehlen, nicht sündigen kann, so wahr werde ich in diesem Monde keinenfalls es wieder thun, eingedenk des Eidschwures vom 20. Sept. 1867 und der Heiligen Lehren Parcivals.[32]

Aber bin ich königlich oder göttlich, wenn es mich nach hübschen Dienern und Reitknechten verlangt? Und wenn meine göttlich-königlichen Schwüre dieses Verlangen nicht bannen können? Hier nistet die Paranoia. Zu den auffälligen Zeichen dieses Wahns zählt die von Ludwig selbst geschilderte Unfähigkeit, fremde Blicke zu ertragen. In jedem fremden Blick entziffert er die gleiche Botschaft. Gegenüber dem amerikanischen Schriftsteller Lew Vanderpoole äußerte sich Ludwig dazu einmal im Gespräch. Der König erschuf sich sein Märchenreich, weil er nur in einer künstlichen Welt leben konnte. Fremde Blicke verwandeln den König in das tausendfach gekränkte Kind zurück:

> Jede Berührung mit der Welt verletzt mich, meine Natur ist (…) von einer übermäßigen und unbegreiflichen Empfindlichkeit. Beleidigungen verletzen mich so tief, dass sie mich entwaffnen, sie drücken mich zu Boden, und sicherlich werden sie mich eines Tages vernichten. Selbst die Demütigungen, die ich als Kind erdulden musste, brennen noch fort wie offene Wunden. Ein scharfer oder forschender Blick – und sei es der eines gewöhnlichen Bauern – kann mich stundenlang bedrücken. (…) Mein Innerstes ist sensibel wie eine photographische Platte: jeder leiseste Eindruck ist unverwischbar eingeprägt.[33]

Das psychiatrische Gutachten über den König vermerkt dazu:

Dienerschaft, die hereintreten darf oder muß, hat tiefgebückt zu erscheinen, darf Seine Majestät nicht ansehen, kein Wort sprechen, muß durch Zeichen sich verständlich machen und gelingt dieses nicht, die Bewegungen des Schreibens nachahmen, worauf das Bezügliche im Vorzimmer geschrieben und dann Seiner Majestät überreicht werden darf. Beim Serviren der Speisen hat die Dienerschaft ebenso zu erscheinen, darf nicht bloß Seine Majestät, sondern auch die Speisen nicht ansehen und hat sich ebenso zurückzuziehen. Auch beim Anziehen der Kleider darf der Diener Seine Majestät nicht ansehen. (…) Der Grund, weßhalb die Dienerschaft Seine Majestät nicht ansehen darf, ist wahrscheinlich derselbe, aus dem Allerhöchstdieselben den strengen Befehl ertheilten, den Unterthanen die k. Schlösser, die Galawagen und Schlitten nie zu zeigen, da durch deren Blicke eine Entweihung stattfinden würde.[34]

Diese Maßnahmen, die die Paranoia auf höchstem königlichem Niveau sprechen lassen, sollen nicht der Entweihung von Speisen, Kutschen und Schlössern vorbeugen; sie dienen vielmehr der Sicherung des eigenen Bildes. Denn das Bild des Paranoikers droht stets unter der unbegreiflichen Macht fremder Blicke zu zerfallen. Da das Psychische nach Ludwigs Worten selbst als Bildspeicher operiert und alle Eindrücke fotografisch festhält, stürzt dieses Bild, das königliche Selbstbild, wieder in sich zusammen, wenn es von einem fremden Augenpaar in Blick genommen wird. Gewiss ist ein Bild, das nach Meinung des Königs das »sichtbare Abbild Gottes auf Erden«[35] darstellt, auch durch Profanierung gefährdet.

Die Folgen geben Ludwigs Sorge dann ja auch vollkommen Recht. Gegen die Dienerblicke (gegen seine Interpretation der Dienerblicke) konnte Ludwig sich schützen, nicht aber gegen die Psychiaterblicke. Denn die Ärzte verschworen sich mit den Hofbeamten. Ihr Gutachten beginnt mit den Worten:

So peinlich es für die unterzeichneten Ärzte ist, an die Beurteilung des geistigen Zustandes Seiner Majestät ihres Königs heranzutreten, sie müssen dem erhaltenen Befehle Folge leisten und erstatten hiermit unter ausdrücklicher Berufung auf den von ihnen geleisteten Eid, ihrer schweren Verantwortlichkeit vollkommen bewusst, nach Pflicht und Gewissen das verlangte Gutachten.[36]

Erstunterzeichner dieser verschworenen Gutachter war der königliche Obermedizinalrat und Psychiater Johann Bernhard Aloys van Gudden, der ohne Untersuchung des Königs, die er und seine Kollegen auf Grundlage der Aktenauskünfte für überflüssig hielt, die Expertise vom 8. Juni 1886 verfasste und den Prozess der Entmündigung einleitete. Fünf Tage später, am 13. Juni 1886, fand der Hofoffiziant Ritter am Ufer des Starnberger Sees vor dem Park von Schloss Berg, den Mantel und den Überrock des tags zuvor entmündigten, abgesetzten und in Gewahrsam genommenen bayerischen Königs Ludwig II. Wenig später wurden auch Hut und Schirm gefunden, und schließlich tauchten im Wasser erst die Leiche des ehemaligen Souveräns und dann die seines begleitenden Arztes von Gudden auf. Vermutlich hatte Ludwig seinen Psychiater erdrosselt, um anschließend den Tod im Wasser zu suchen.[37] Das Duell zwischen dem unter Kuratel gestellten König und dem für die Entmündigung zeichnenden Mediziner trägt endzeitliche Züge. Nur um den Preis des eigenen Lebens konnte der König der parlamentarischen Bestätigung seiner Entmündigung und der Entfernung aus dem Amt durch die psychiatrische Wissenschaft zuvorkommen.

Die Entmündigung, Entmachtung und Verwahrung des Königs Ludwig II. von Bayern waren die letzten Züge in dem Politiker- und Juristenattentat auf die persönlichen und königlichen Rechte. Der Wahnsinn des Königs, den die vier psychiatrischen Gutachter konstatierten[38], spielte auf dem Felde der neuen Politik. Die Frage: Ist der Herrscher verrückt? ist seit dem Ende des 18. Jahrhunderts eine politische Frage, über die abgestimmt wird. Bürger heben die Hand, wenn in ihren Augen der Souverän unter die Entmündigungsgründe *furiosus* oder *prodigus* fällt. Die Vernunft des Herrschers ist nicht mehr koextensiv mit der Macht, sondern ein allgemein menschliches Vermögen. Dass im Urteil der Psychiater eine andere Macht aktiv wird, hat Michel Foucault gezeigt. Kants geniales Argument[39], dass nicht die Medizin, sondern die Philosophie für die Frage der Vernunft und Unvernunft zuständig ist, weil sie keine politischen Machtinteressen verfolgt, blieb ohne Wirkung. Die Expertenfeststellung über die Geschäftsunfähigkeit eines Souveräns ist aber auch keine rein ärztliche Diagnose mehr. Sie erwies sich im Falle Ludwigs II. als strukturell identisch mit der Entscheidung über den Notstand. Denn der Fall oder die Diagnose einer längeren Amtsunfähigkeit des Königs erzwang in Bayern unmittelbar die Entscheidung über den Eintritt der Ausnahme. Der § 11 unter Titel. II der *Verfassungsurkunde für das Königreich Bayern* vom 26. Mai 1818 besagte: Wenn der König dauerhaft daran gehindert ist, die Regierung auszuüben, tritt ein Regent an seine Stelle.[40] Mit ihrer aus dem Stand heraus getroffenen Entscheidung über die Vernunft des Königs, die die Psychiater abzeichneten, umging die bayerische Regierung weiträumig die damals festgelegte Prozedur über die gerichtliche Entmündigung.[41] Wollte man eine Klärung über den Stand der königlichen Vernunft zivilrechtlich unanfechtbar herbeiführen, so waren dafür die Gerichte anzurufen, die sich auf Gutachten und auf den eigenen Eindruck stützten. Der bayerischen Regierung, deren Mitglieder dem König Treue und Beachtung der Gesetze geschworen hatten, diente Ludwigs irritierendes Verhalten zum Vorwand, eine Finanzkrise der königlichen Privatschatulle, der so genannten Zivilliste, zu vermeiden. Im Jahre 1886 drohte der Zivilliste wegen der auf 6 Millionen Mark angelaufenen Verbindlichkeiten des Königs ein Konkursverfahren.[42]

Die Amtsenthebung eines Königs ist eine beispiellose Prozedur. Die Fälle, die die europäische Geschichte hierzu erzählt, endeten zumeist mit dem Tode des entmachteten Monarchen. Denn solange sich ein Fürst zur Wehr setzen kann, lässt er die Waffen sprechen. Die bayerische Verfassungsurkunde vom 26. Mai 1818 ließ eine Amtsenthebung nicht zu. Eine Absetzung des Souveräns im Sinne der traditionellen kirchlichen oder auch weltlichen *depositio* war darin nicht vorgesehen. Ein *Impeachment* der königlichen Vernunft konnte sich von keiner Verfahrenspräzedenz her Sicherheit verschaffen und musste aus dem Nichts heraus erfolgen. Die Agenten von Ludwigs Absetzung sahen sich nicht durch das Recht ermächtigt, sondern führten die Amtsenthebung mit den neuen Waffen der psychiatrischen Expertise durch. In der kirchlichen und weltlichen Tradition wurde eine *Absetzung* entweder von einer höheren Amts- und Disziplinargewalt durchgeführt oder durch einen neuen Souverän. Die bayerische Verfassungsurkunde sah in § 11 Titel II lediglich die gesetzliche Regentschaft im Falle einer mehr als einjährigen »Verhinderung« des Königs vor. Damit hatten die Schöpfer der Verfassung immerhin eine Lage definiert, die zu einer Verfassungskrise und zu einem Ausnahmezustand hätte führen können. Eine *Absetzung* konnte nur innerhalb dieser verfassungsrechtlichen Bestimmung erfolgen. Dabei spielte die Frage der Zeit die zentrale Rolle. Anders als körperliche Krankheiten hört der Wahnsinn auf keinen Kalender. Daher erklärte der verantwortliche Psychiater von Gudden dem König auf die Frage, wie lange denn wohl die Kur seines Wahnsinns dauern werde: »Majestät, in der Verfassung steht, wenn der König länger als ein Jahr durch irgendeinen Grund an der Ausübung der Regierung gehindert ist, dann tritt die Regentschaft ein, also würde ein Jahr vorläufig der kürzeste Termin sein.«[43] Der König verstand, dass der Wahnsinn keine Krankheit, sondern die Maske eines politischen Feindes war.

Im Jahre 1886 war die königliche Bautätigkeit, nach Ludwigs Äußerung seine einzige Freude, zum Erliegen gekommen. Das große Projekt Neuschwanstein und der noch kostspieligere Nachbau des Schlosses zu Versailles auf Herrenchiemsee, konnten nicht fortgesetzt werden. Beide Projekte gehörten zu Ludwigs Politik, das königliche Bild wenigstens in repräsentativen Bauten sichtbar zu halten. Nachdem im Jahre 1884 durch eine Bankanleihe und durch eine Finanzspritze Bismarcks das Defizit von 8,5 Millionen in des Königs Kabinettskasse erst einmal ausgeglichen war, standen ein Jahr später wieder Schulden von sechseinhalb Millionen Mark zu Buche.[44] In einer verzweifelten Aktion hatte Ludwig seine Vertrauten in alle

Welt entsandt, um Geldmittel zu besorgen. Auch eine Beraubung der Rothschild-Banken in Frankfurt, Stuttgart oder Paris fasste er ins Auge.[45] Durch die Debatten über Wahnsinn und Vernunft des königlichen Geldbedarfs im Jahre 1886 geisterte sogar das vom Ministerium abgefangene Angebot eines französischen Agenten, wonach das Haus Rothschild dem König ein Darlehen für die Zusage in Aussicht stellte, dass er sich beim nächsten Krieg zwischen Preußen und Frankreich neutral verhalten würde.[46] Ein Hilferuf an Bismarck, der Ludwig 1871 reichlich aus dem Welfenfonds bedient hatte, um einen Teil der bayerischen Souveränitätsrechte dem neuen deutschen Kaiser zuzuführen, brachte im Frühjahr 1886 den freundlichen Rat, den Landtag um Ausgleich zu bitten. Sogleich ließ Ludwig eine solche Aufforderung an das Ministerium ergehen. Doch der Ministerpräsident, Freiherr von Lutz, gelangte bei seinen Sondierungen unter den Mitgliedern beider Kammern des Landtags angeblich zu keinem positiven Ergebnis. Dazu muss man wissen, dass dieses vom König 1881 bestätigte liberale Ministerium von Lutz im Landtag keine Mehrheit besaß. Die oppositionelle, konservative, königstreue Fraktion hätte eine Zustimmung zur Tilgung der königlichen Schulden mit politischen Bedingungen verbunden, die von Lutz aus dem Amt getrieben hätten. Trotz der prekären finanziellen und politischen Lage war der König nicht dazu bereit, seine Baupläne zu strecken. Er drohte mit Selbstmord oder mit Auswanderung, wenn ihm die Möglichkeiten zu weiterer Bautätigkeit genommen würden. Tatsächlich hatte der König seine politischen Rechte seit Jahren nicht mehr persönlich ausgeübt, er präsidierte weder den Sitzungen des Ministerrates, noch zeigte er sich in den Kammern des Landtags. Er war nur noch mit seinen Schlössern beschäftigt. Das Bauen, schrieben später seine klugen Psychiater, war auch der »Grund der Beschleunigung des Hereinbruchs der Katastrophe«, der Grund für den Wahnsinn.[47]

Vierzehn Tage nach dem Tod des Königs erklärte von Lutz in seinem Rechenschaftsbericht vor dem Landtag am 26. Juni 1886, dass er bereits im März des gleichen Jahres eine erste Unterredung mit dem Professor der Psychiatrie und Obermedizinalrat von Gudden gehabt habe. Von Gudden hatte in diesem dreiviertelstündigen

Gespräch auf der Grundlage der Anekdoten, die ihm der Ministerpräsident erzählte, aus dem Stand die Diagnose gestellt, dass »seine Majestät originär verrückt« seien.[48] Der Beschluss über die Entmündigung und über den Kandidaten für die Vormundschaft war durch das Gespräch im Prinzip bereits gefasst. Man musste dem agnatisch in Frage kommenden Regenten, König Ludwigs Onkel Luitpold, lediglich die Zustimmung abringen, den Neffen abzusetzen und als Verweser an dessen Stelle zu treten. Dies gelang, und Prinz Luitpold gab die von ihm und der Regierung am 10. Juni 1886 unterzeichnete Proklamation heraus, wonach im Namen seiner Majestät des Königs der König entmündigt und unter Kuratel gestellt war.[49] Um diese im Namen des Königs getroffene Entscheidung dem König als Allererstem zu eröffnen, begab sich eine Staatskommission unter Leitung des Staatsministers von Crailsheim nach Neuschwanstein. Die Ärzte und Pfleger hatten sich mit Chloroform und mit anderen üblichen psychiatrischen Zwangsmitteln ausgerüstet. Dem König sollte förmlich und feierlich erklärt werden, dass er wahnsinnig ist.[50] Weder war nach der Verfassung die Absetzung, noch war nach dem gültigen Zivilrecht die Entmündigung rechtmäßig.[51] Einen solchen Antrag konnte gemäß § 621 CPO nur eine genau bestimmte Gruppe Berechtigter – Ehegatte, Verwandte, Staatsanwalt, Vormünder – beim zuständigen Gericht schriftlich stellen. Der von einem solchen Antrag betroffenen Person musste Gehör gewährt werden. Weiter war die von der Landesregierung verfügte und durchgeführte Verwahrung des Königs klar rechtswidrig. Dem König wurden zivile wie auch Standesrechte verweigert. Denn nach § 1, Titel II der *Bayerischen Verfassung* unterstand er wie alle Mitglieder der königlichen Familie der Gerichtsbarkeit des Monarchen. Da die königlichen Rechte dann erst durch die förmliche Zustimmung des Landtages vom 26. Juni auf den Prinzregenten Luitpold übergingen, war also auch die Verbringung Ludwigs durch keinen Rechtstitel gedeckt.

Der König Ludwig II. erlag keinem Attentat, wohl aber einem Staatsstreich. Doch steht diese Rechtsfrage hier ganz im Schatten der paranoischen Vernunft, die den Kaiser beseelte. Seine Schlösser errichtete Ludwig als große schöne Embleme seines Königtums. Er wollte noch einmal allen Augen zu sehen geben, was in den Blicken der Kutscher, Politiker und Psychiater längst zu Staub zerfallen war: das Bild königlicher Souveränität. Zuletzt aber sollte sie ihn auch vor der Verschwörung bewahren, die er selbst auf dem Papier unablässig gegen sich selbst mobilisierte.

Gottesverschwörung:
Senatspräsident Daniel Paul Schreber

Als der größte Paranoiker deutscher Zunge, Daniel Paul Schreber, am 8. Dezember 1884 zum ersten Mal Hilfe in der psychiatrischen Klinik in Leipzig suchte, hatte er zuvor vergeblich am 28. Oktober 1884 bei der Wahl für den Reichstag kandidiert. Im Wahlbezirk Chemnitz war der Landgerichtsdirektor Dr. Schreber für die Vereinigten Nationalliberalen angetreten, die die Politik Bismarcks unterstützten. Er erhielt zwar knapp fünfundzwanzig Prozent der Stimmen, doch das Mandat errang der Kandidat der sozialdemokratischen Partei.[52] Nach dem für ihn so enttäuschenden Ausgang der Wahl begab sich Schreber zunächst zur Kur, dann aber benötigte er psychiatrische Hilfe. Die Krankenblätter der Leipziger Nerven-Klinik, die er aufgesucht hatte, notierten schwere depressive Zustände. Schreber fürchtete, bald zu sterben. Bis Ende Januar unternahm er drei Selbstmordversuche. Erst im Juni 1885 verließ er die Klinik, um dann Ende des Jahres, offensichtlich geheilt, ein neues Amt als Landgerichtsdirektor am Landgericht Leipzig, wohin er inzwischen versetzt worden war, anzutreten.

In der Zeit seines ersten Klinikaufenthaltes ließ sich Schreber mehrfach fotografieren.

Die Krankheitsakten halten das fest und notieren auch die Ratlosigkeit der behandelnden Ärzte über diesen Wunsch.[53] Welche Absichten verband der Patient damit? Die zunächst unklaren Motive traten ans Licht, als Schreber dann im Jahre 1893 mit den Symptomen eines paranoischen Deliriums erneut in die Leipziger Nervenklinik des Professors Flechsig kam. Jetzt hielt er sich für ein junges Mädchen und fürchtete unsittliche Attentate auf seine Person. Das anfänglich feine Gespinst aus Schlaflosigkeit, fixen Ideen und Hypochondrien ging allmählich über in großartige Selbstbilder und zuletzt in ein gewaltiges Wahnsystem, das um die Vorstellung kreiste, dass Schreber als einziger den Untergang der Menschheit überlebt habe. Durch eine langsame Geschlechtsumwandlung, die Jahrzehnte oder Jahrhunderte dauern würde, sei er auserwählt, einer neuen Weltbevölkerung das Leben zu schenken. Diesen Wahn trug die Phantasie einer entvölkerten Welt.[54] Schrebers rätselhafter Wunsch, sich fotografieren zu lassen, der Welt sein Bild zu hinterlassen, während er sich dem Tode nahe fühlte, entsprang der Vorstellung, zur Rettung der Menschheit ausersehen zu sein. Diese Idee entwickelte sich aus einem politischen Wahn. Der Kandidat des Landtages, dem so viele Stimmen für ein Mandat fehlten, hörte Stimmen. Dann wollte er das Bild des Menschen, der mit einer einmaligen weltgeschichtlichen Mission betraut worden war, der Nachwelt hinterlassen. In seinen 1903 erschienenen *Denkwürdigkeiten eines Nervenkranken* berichtet Schreber in allen Einzelheiten, wie sich sein Wahn zunächst in Halluzinationen von Stimmen ankündigte.

Daniel Paul Schreber

Die Biografie dieses Mannes, der als Sohn des Arztes und Volkspädagogen Daniel Gottlob Moritz Schreber 1842 geboren wurde, berichtet einmal von einer erstaunlichen juristischen Karriere, die Schreber auf die höchste richterliche Position im Königreich Sachsen beförderte, nämlich zum Präsidenten des Senats in Dresden. Eine rätselvolle Sprache spricht die lange Krankengeschichte dieses Mannes, der aus den Anfängen einer schweren Depression und Hypochondrie im Jahre 1884 dann in den neunziger Jahren ein komplexes Wahnsystem errichtete, das in der psychiatrischen Literatur nichts Vergleichbares kennt. Dieser Wahn verarbeitet wiederum Elemente aus der psychiatrischen Theorie seines behandelnden Arztes, nämlich die Nerventheorie, und konstruiert daraus ein kohärentes Weltkonzept, das aus Verbindungen und Kommunikationen solcher Nerven und ihrer Strahlenemanationen besteht. Gott ist Nerv, die Seelen sind Nerven, die Toten hinterlassen ihre Seelen als Nervenreste.

In der Nerven-Klinik Leipzig entsteht nun in den Jahren nach 1894 Schrebers neue Religion. Sie beruht auf der eigenen privilegierten Stellung, wonach seine zarten Nerven auf Gott eine besondere Anziehungskraft ausüben und den Herrn der Welt allmählich in ihn übergehen lassen. Aber er tritt nicht nur mit Gott in einen dauerhaften Kontakt, sondern gleich mit »der Gesammtheit aller Seelen«.[55] Er ist die Adresse eines universalen, alle Zeiten und Räume durchlaufenden Strahlenverkehrs. Fortan unterliegen alle Weltdaten, die Schreber erreichen, dieser artifiziellen Auslegung: Seine Sinne, sein Körper, seine Organe werden unablässig von Stimmen, Strahlen und Wundern heimgesucht. An die Stelle des Kontingenzsinnes tritt bei Schreber der übererregt tätige Wundersinn. Seine paranoische Vernunft verleiht allen Zeichen am eigenen Leib sowie allen Ereignissen in der näheren Umgebung die Beweiskraft des »Wunders«. Die Wunder sind für ihn unnatürliche, »weltordnungswidrige«, durch fremden Willen hervorgerufene Nachrichten. Selbst die trivialsten Dinge erklärt sich Schreber durch wunderbare Intervention höherer Mächte. So sieht er Kaffeeflecken auf seinen Rock »gewundert«, beim Essen werden Schnurrbarthaare in seinen Mund »gewundert«[56], durch Wunder ist stets der Abtritt besetzt, wenn er ihn aufsuchen will[57], und seinen Schlaf im Garten stören gleichfalls von niederen oder höheren Göttern geschickte Fliegen.[58] Es gibt aber auch erhabene, großartig poetische Wundereinwirkungen. Schreber überkam zeitweise das Gefühl, dass zwei kleine Männer versuchten, ihm das

Rückenmark auszupumpen. »Das Auspumpen hatte den Erfolg, dass mir das Rückenmark namentlich bei den Spaziergängen im Garten zuweilen in ziemlicher Menge in Form kleiner Wölkchen aus dem Munde entströmte.«[59] Hundertmal versichert Schreber, dass alle diese Vorkommnisse keinem Zufall entsprungen sein könnten. Mit dieser Leugnung aller Kontingenz und mit der Erklärung selbst des Fliegenflugs durch »Wunder« erreicht Schreber einen Extrempunkt der Rationalität, der sich kein Phänomen evident zu erkennen gibt, sondern allen Zeichen der Welt eine höhere Beweiskraft zuspricht: eine restlose wunderpolitische Semantisierung des Weltrauschens im Zeichen der eigenen Mission. Jedes Staubkörnchen reitet für den Gesandten auf höchsten Anweisungen. Der Wundersinn ersetzt den Kontingenzsinn, um den Verstand vor der Unmöglichkeit des Zufalls zu bewahren. Schrebers überstürzte Interpretation geht zuletzt so weit, dass er seine eigenen willentlich gesteuerten Vorstellungen als »umgekehrtes Wundern« bezeichnet.[60] Das »umgekehrte Wundern« der imaginären Tätigkeit heißt auch »Zeichnen«. Sein Zeichnen erläutert Schreber als »bewußte(n) Gebrauch der menschlichen Einbildungskraft zum Zwecke der Hervorbringung von Bildern (...) im Kopfe«.[61] Die Bildqualität dieser imaginären Hervorbringungen ist, wie Schreber an anderer Stelle unterstreicht, von einer solchen »Deutlichkeit und photographische(n) Treue«[62], dass sie sich im Wettbewerb mit den von der Welt selbst geschickten Bildern überlegen zeigen. Das Gedächtnis der paranoischen Vernunft, das betonte ja auch König Ludwig, arbeitet jetzt nach den Standards der neuen technischen Medien.

Die *Denkwürdigkeiten* sind auch ein Aktenstück aus dem Widerspruch Schrebers gegen seine vom königlichen Amtsgericht Dresden im Januar 1900 verfügte Entmündigung. Seine Erben, vor allem seine Frau, trugen Besorgnis, dass seine »phantastischen Vorstellungen bei seiner Vermögensgebahrung« eine negative Rolle spielen könnten.[63] Den Entmündigungsbeschluss des Gerichts, der gegen den obersten Richter des Landes Sachsen den Verdacht des *furiosus* und *prodigus* erhob, erwähnt Schreber in seinen *Denkwürdigkeiten* ausdrücklich, und er kündigt dort Widerspruch dagegen an. Das Buch sollte bei dieser Anfechtungsklage die Auffassung des Klägers von seiner eigenen Krankheit darlegen.

Schrebers eigene Erklärung für seine Krankheit war die Annahme, dass er das Opfer einer Reihe von Attentaten geworden ist. Allen voran hat sich Gott zu einer »Art Konspiration gegen (...) unschuldige Menschen« wie ihn verleiten lassen.[64] Gott hat, wie Schreber es ausdrückt, bei ihm »Nervenanhang genommen«, die Gottes- und Schrebernerven sind miteinander verdrahtet. Eine wichtige Rolle bei der Einrichtung dieser Verbindung spielte der Chefarzt der Nerven-Klinik Leipzig, Prof. Flechsig, der Schreber 1886 und 1893 behandelte. Schreber beschuldigte Flechsig des »Seelenmordes«, nämlich des Versuches, sich seiner Seele zu bemächtigen, um auf diese Weise sein eigenes Leben zu verlängern. Flechsig habe sich an einem Komplott beteiligt, das die Seele des Patienten in seine Verfügung brachte, während Schrebers in einen weiblichen Körper verwandelter Rest dem »geschlechtlichen Mißbrauch« überlassen bleibe.[65] Da Gott selbst in Schrebers Weltordnung aus Nerven besteht, wenn auch in unendlicher Zahl, verfügt ein *Nervenarzt* wie Flechsig über einen privilegierten Zugang zu dem göttlichen Nervensystem. Die Zeitdimensionen dieses Attentats auf seine Nerven sind dem Kranken aber nicht völlig klar. Es können auch Vorfahren dieses Flechsig gewesen sein, die vielleicht auch schon mit Vorfahren Schrebers »Nervenanhang« genommen haben: ein Komplott in Jahrhundertdauer. Längst aber fühlte sich Schreber dazu verpflichtet, den göttlichen Anspruch auf ewiges Genießen zu erfüllen.[66]

Mit diesem Vorwurf eines »weltordnungswidrigen Verhaltens«, eines Attentats, den Schreber erhob, stand Gott der Rechtsformel des *Corpus Iuris Civilis* nach außerhalb der von ihm selbst geschaffenen und repräsentierten Ordnung. Während nach dem naturrechtlichen Dogma eines Hugo Grotius auch Gott, »the wunderful numberer«, nichts daran zu ändern vermag, dass zwei mal zwei vier sind[67], ist Schrebers Gott aus dieser unverrückbaren Mathematik ausgeschieden. Schrebers Gott rechnet falsch und ist wahnsinnig. Aus seiner erotischen Verschmelzung mit dem wahnsinnigen Gott und aus dem allmählichen Übergang der göttlichen Nervenmasse in die seine, ergab sich für den Senatspräsidenten die Mission, als einziger das Weltgericht und den darauf folgenden Weltuntergang zu überleben.

Die für ihn überraschende Offenbarung im Verlauf dieser Sendung bestand aber darin, dass das »auserwählte Volk«, dem Schreber nach seiner Verwandlung in eine Frau die Rückkehr in die Geschichte ermöglichen sollte, die Deutschen waren. Und eine weitere Überraschung lag darin, dass dieser einzige Überlebende, der Schreber nun war, den Namen des »ewigen Juden« trug.[68] Doch diesen Namen wollte Schreber nur als Synonym von Staatsgründernamen gelesen wissen wie Romulus und Remus, die gleichfalls von einer sterblichen Mutter und einem Gott gezeugt worden sein sollen. Der Einzige zu sein, als Einziger übrig zu bleiben: Das ist, wie Canetti an mehreren Beispielen im *Masse und Macht* gezeigt hat, das Grundphantasma der Macht.[69]

Schrebers paranoische Vernunft war intakt geblieben. Er leugnete keineswegs, krank gewesen zu sein, er beklagte nur, dass seine Nervenkrankheit für ein welthistorisch, ja eigentlich erdgeschichtlich einmaliges Komplott gegen seine Person genutzt worden ist. Er äußert in den *Denkwürdigkeiten* Verständnis dafür, dass der Rest der Welt seine Erfahrungen und seine Weltsicht nicht teilen mag. Seine Schriftsätze in dem Entmündigungsverfahren schreibt er glasklar und argumentiert folgerichtig und überzeugend. Auf dem Spiel steht allein, ob er nun ein Auserwählter ist oder nicht. Ob ihm eine Welterlösungsmission aufgetragen wurde oder nicht: Als Opfer der »weltordnungswidrigen« *Politik* Gottes ist er weit über das hinaus, was irdische politische Ordnung darstellt.

Schrebers Gedankenattentat[70] zielt auf die Vaterposition: Das Vaterloswerden der Welt löst ihn selbst aus der genealogischen Verzweigung: ohne Vater, ohne Mutter, ohne Geschwister, ohne Kinder, letztes Glied und absolute Synthese der Menschheit. Da Gott selbst und die »Gesammtheit aller Seelen« Einzug in seinen Körper halten und sich tatsächlich eine konsubstanzielle Einheit zwischen Gott und Schreber, ja eine konsubstanzielle Vermischung mit allen Seelen herstellt, verliert das Bild des Herrn nach und nach an politischer und moralischer Kraft. Wenn die Nervenmasse des oberen

Gottes »in Folge der Anziehungskraft (...) zu mir herabgeschleudert« wurde, dann zeigte er »das Bild einer menschlichen Gestalt«. Dieses Bild erblickte Schreber, wie er sich ausdrückt, häufig in seinem eigenen Kopf. Es zeigte eine »überraschende Aehnlichkeit« mit einer Gestalt aus dem Deckengemälde »Travesura del amor«, das der spanische Maler Francisco Pradilla im Palacio de Linares de Madrid um 1886 gemalt hatte. Eine Reproduktion dieses Gemäldes hatte Schreber unter dem Titel »Liebesreigen« in einer Kunstzeitschrift studiert.[71]

Kein Wunder, dass dieses Wesen in »geistiger und sittlicher Beziehung selbst von einem einzelnen Menschen übertroffen« wird.[72]

Diese Ohnmacht, die Kastration Gottes (die Gestalt auf dem Bild ist eine Frau), setzt sich in Schrebers *Denkwürdigkeiten* auch

oben:
Detail aus Pradillas »Liebesreigen«

links:
Francisco Pradilla: »Travesuras del amor« (1886) Deckenfresko Palacio de Linares, Madrid

darin fort, dass Gott der vollständige Überblick über das zukünftige Geschehen verwehrt wird. Zwar steht ihm das Machtmittel des Wunders zur Verfügung, er vermag in Kontingenzverhältnisse einzugreifen und, wenn es ihm vielleicht gefällt, ein »Lotteriewunder« zu vollbringen, aber er weiß nicht im Voraus, unter welchen Bedingungen beispielsweise Japan und die europäischen Mächte im Krieg mit China Frieden schließen werden.[73] In solchen Sätzen parodiert Schreber die Augustinische Geschichtsmetaphysik. Der Gott des Augustinus richtete die Geschichte, zumal die römische Geschichte, als eine pädagogische Konspiration ein, um die Christen am Beispiel der Römer Askese und Opfermut zu lehren. Schrebers Gott erweist sich seinen Christen gegenüber als intellektuell unterlegen. Er will aus der Geschichte nichts lernen: »Ich selbst habe den Gedanken, daß Gott durch Erfahrung Nichts lernen könne, schon vor längerer Zeit in schriftlichen Aufzeichnungen wiederholt formulirt: ›Jeder Versuch einer erzieherischen Einwirkung nach außen muß als aussichtslos aufgegeben werden.‹«[74] Gott ist schwer erziehbar.

In Schrebers Delirium finden sich alle diese Elemente: mit Gott konsubstanziell zu sein, als einziger Mensch zu überleben, eine ganze Familie von Vorgängern zu verkörpern, aus der natürlichen Genealogie auszutreten, ein Selbstbildnis aus Lektüren zu montieren, Held und Träger eines welthistorischen Zyklus zu sein. Nahezu alle Teile aus diesem Bauplan des imperialen Wahns finden sich auch bei Caesar, bei Caligula und Napoleon, bei Nietzsche und Ludwig II. Viele der großen Attentäter und Attentatsopfer, die der paranoischen Vernunft dienen, verschmelzen mit dem Gottesbild, spielen mit der Vorstellung, als einzige Vertreter der Menschheit zu überleben. In dieser Mission vermischen sie politische und religiöse Zielvorstellungen. Über Wahnsinn und Nichtwahnsinn entscheidet der Erfolg. Bis zuletzt hoffte Schreber, durch eine ärztliche Untersuchung seines Körpers und seiner Organe den wissenschaftlichen Beweis seiner Auserwähltheit erbringen zu können. Das kann die Welt dem Wahn nicht bieten. Sie kann ihm erliegen, sie kann ihm glauben, sie kann ihm aber keine organischen Wunder schenken.

Elias Canetti hat in *Masse und Macht* das paranoische Delirium beschrieben. Alles zielt jedoch bei ihm auf den Tod.[75] Die Analyse der paranoischen Vernunft rückt von dieser radikalen Lesart ein Stück weit ab. Denn an dieser Vernunft nehmen alle in unterschiedlicher Weise teil: Sie ist der Kern des Politischen selbst. Die mythischen Träger des Politischen, das Volk, die Nation, aber auch die Träger und Geschäftsführer der Macht halten sich in der Welt nur unter der Vorstellung, dass sie eine Mission haben. Keine Nation ist einfach nur Nation, kein Präsident ist einfach nur Präsident. Sie haben immer Aufgaben in der Weltgeschichte zu erfüllen. Götter, Weltgeister, Nationengeister, Naturrechte oder Menschenrechte übertragen diese Missionen. Um solche Aufträge zu erhalten, kommt die paranoische Vernunft zu Hilfe. Sie muss der Politik beistehen, weil das Politische auf sich allein gestellt, ohnmächtig ist und über keine eigene Sprache verfügt. Wenn es also um die Missionen geht, dann spricht die Politik nicht in ihrer eigenen Sprache. Die Macht hat keine Sprache, sondern die Macht *ist* die Sprache und das Bild. Alle politische Macht ist auf dem Grund des Sprechens oder auf dem Grund von Zeichen errichtet. Das heißt einfach, dass die Macht und das Politische darauf angewiesen sind, in Mythen, Bildern, mit Pathos und Fatumsgewissheit zu sprechen. Warum glauben wir an die Mission dieses politischen Führers? Es ist seine Art zu sprechen. Was er sagt, könnte jeder sagen. Er spricht, wie die Macht sprechen muss. Auch die Größe, zumal die herrscherliche Größe, verfügt über keine eigene Grammatik, über kein eigenes Lexikon. Das Genie sieht aus wie ein Jedermann und seine Worte sind Jedermannsworte. Der Held gibt dem Auge des Kammerdieners bekanntlich nur Menschliches zu erblicken: Haarausfall, Verdauungsstörungen, Achselnässe. Die Größe ist auf Inszenierungen, auf artifizielle Auslegungen und Bilder angewiesen. Und der politische Sinn des Jedermann, der wir alle sind, lässt sich durch die erregte Größe faszinieren. Die Größe hat ewig zu tun, wir benötigen immer ihre vibrierende, erregte Erscheinung. Immer ist die Welt erlösungsbedürftig, immer werden sich dem Großen, dessen Größe ein schwingendes Bild ist, hilfesuchende Hände entgegenstrecken. Immer gibt es Verlangen nach Größe, aber die Sprachen und Bilder, in denen sie sich uns empfiehlt, brechen bisweilen ein. Dann erfüllt sich Nietzsches Wort: »Die Bösen sind (...) die, welche als König usw. das *falsche Bild* des mächtigsten Menschen geben.«[76]

Dichterverschwörung: Hauptlehrer Ernst Wagner

Ludwig II. von Bayern bezahlte seine poetischen Königsträume mit Souveränitätsverlusten, und er erlag dem Attentat der Politiker und Psychiater. Seine Vision der Schlossbauten auf Bergspitzen, seine Träume von menschenleeren Kunstwelten stellten Synthesen zwischen Zeit und Ewigkeit her. Er wollte die Wiederkehr der antiken Wunder im Großformat. Diese Träume kehren dann im 20. Jahrhundert in entstellter, in endzeitlicher Gestalt zurück. Der Caesarenwahnsinn im 19. und 20. Jahrhundert will die Souveränitätsverluste aus der sozialen Evolution, die Kontingenz unablässig zunehmen lässt, durch Mimikry der römischen Kaisergötter rückgängig machen. Wenn sich Caligula in erhabenem Stil bisweilen über die Goldberge seines Staatsschatzes mit dem ganzen Körper wälzte[77], so baden im 20. Jahrhundert allenfalls noch Comicfiguren wie Dagobert Duck in einer Schatztruhe.

Dagobert Duck als Mitglied der Caesarenmischpoche.[78]

Die Literatur und Kriminalgeschichte kennt ein noch dramatischeres Beispiel für solche Pastiches des Caesarenwahnsinns. In der

Nacht vom 3. zum 4. September 1913 ermordete der Hauptlehrer Ernst Wagner in dem schwäbischen Ort Degerloch, oberhalb von Stuttgart, seine Frau, seine beiden Töchter und seine zwei Söhne, von denen einer den Namen Richard trug. Am Morgen des 4. September begab sich Wagner mit Fahrrad und Zug über Ludwigsburg und Eglosheim, wo er die Familie seines Bruders besuchte, und über eine Reihe weiterer Stationen nach Mühlhausen an der Enz, wo er von 1902 bis 1903 gelebt hatte. Zuvor brachte er noch eine Reihe von Briefen an Verwandte, Vorgesetzte und an Zeitungsredaktionen auf die Post. In der folgenden Nacht zum 5. September zündete er in Mühlhausen mehrere Häuser an, tötete acht Personen verletzte zwölf weitere so schwer, dass einer von ihnen wenige Stunden später seinen Verletzungen erlag. Als eines der Motive für diesen Mordlauf gab Ernst Wagner später Rache an, weil man in Mühlhausen von einer unter Alkohol begangenen sodomitischen Verfehlung gewusst und dauernd über ihn gespöttelt hätte. Seine Frau und Kinder hätte er ermordet, um ihnen die Schmach eines perversen Familienoberhauptes zu ersparen. Wagner wurde später durch ein ärztliches Gutachten des Tübinger Psychiaters Robert Gaupp für paranoid-geisteskrank erklärt und in die Irrenanstalt Winnenthal eingeliefert, wo er erst 1938 verstarb.[79]

Der Fall Wagner gehört in diese Geschichte, weil er außer einer dreibändigen Autobiografie, die nur unvollständig erhalten ist, vor und nach seiner Tat noch sieben Dramen verfasst hatte. Wagner bestimmte über seinen Platz in der Literaturgeschichte: nicht Schiller, nicht Goethe, er sei der »größte deutsche Dramatiker«.[80] Seine Stücke geben für das 20. Jahrhundert kleine provinzielle Nachbilder jenes poetischen Wahnsinns, der in der klassischen Epoche zeitweilig das Imperium Romanum erfüllte. 1907 erschien im Privatdruck Ernst Wagners historisches Schauspiel *Nero* und 1921 das Drama in drei Akten *Wahn (König Ludwig II. von Bayern)*. Dieses Ludwig-Drama verleiht dem bayerischen König Züge jenes paranoiden Wahns, unter dem der Hauptlehrer selbst litt. Im dritten Akt des Stücks stellt der Psychiater, der mit dem König im Starnberger See ertrinken wird, seinem Patienten die Diagnose *Caesarenwahnsinn*, und er nennt diese Krankheit den »Verfolgungswahnsinn der Großen.«[81] Ernst Wagner hatte sich in seiner bereits 1913 abgeschlossenen Autobiografie *Stuttgarter Spaziergänge* die gleiche Diagnose gestellt. Dort stand als Kommentar zu einem Kinobesuch von *Quo vadis* zu lesen:

> Nero hat der Menschheit den Sauhund gemacht, darum wird er immer unvergessen bleiben. Mir fehlt es nicht an gutem Willen, es ihm gleich zu tun; aber bedenkt doch meine schwache Kraft! Ihm standen die Henkersknechte tausendweise zu Gebot, ich habe bloß meine zwei eigenen Hände. Ich bitte daher, um neben Nero bestehn zu können, um relative Abschätzung. (…) [E]r hatte doch (…) alle Lust der Erde ausgekostet, er hatte blutige Rache nehmen dürfen für den kleinsten Schimpf. Ich darf nicht im entferntesten daran denken, den kreuzigen zu lassen, der meine Dichtungen nicht lobt; ich kann keinen von denen, die meines Lebens spotten, den Löwen vorwerfen lassen.[82]

Wagner stellte sich eine große »Sanierung der Menschheit« vor und hätte gerne die nötigen Maßnahmen ergriffen: »[B]estellt mich zum Exekutor und kein Kommabazillus soll durchschlupfen. 25 Millionen Deutsche nehme ich auf mein Gewissen und es soll nicht ein Gramm schwerer belastet sein als zuvor (…). Das Herz schwillt mir – Caligula, reich mir das Schwert!«[83] Um in die Unvergeßlichkeit der Geschichte zu gelangen

Ernst Wagner mit einer Schulklasse

wie der Nazarener, wie Caligula, wie Nero, wie Nietzsche, die er alle zu seiner Familie rechnete, standen aber 1913 einem Hauptlehrer nur geringe Mittel zur Verfügung. Zeitweilig grübelte Wagner darüber nach, für seine Rache in Mühlhausen ein Filmteam zu engagieren: »Wenn ich aber mein letztes Drama aufführe, nehme ich vielleicht etliche mit, die alles aufnehmen. Recht viele Menschen sollen mich und meine Taten kennen lernen.«[84] Das Verlangen nach Ruhm, nach dem Erscheinen im Bild und nach einer Kontrolle der ganzen Welt im 20. Jahrhundert bedient sich technischer Medien. Der Dramatiker Wagner lässt Ludwig II. ein Reich, das die ganze Erde umfasst, über ein Sprechrohr und einen Spiegel-Monitor kontrollieren. Die Bühnenweisung zur vierten Szene im zweiten Akt sieht das folgende Arrangement vor:

> Der Saal der Herrlichkeit mit all seinen entzückenden Wirkungen der Form, des Lichts und der Farbe. An dem chorähnlichen Ende ein Podium mit dem Thronstuhl, auf dem der *König* sitzt. Sein Ornat ist Pracht und seine Haltung Erhabenheit. Vor dem König ein kleiner Tisch mit angeschraubtem Sprechrohr und aufgestelltem Spiegel, in dem der König, je nach Einschaltung des Drahts, sehen kann, was da oder dort in seinem die ganze Erde umfassenden Reich vorgeht. Hinter dem König die metallne, lebensgroße *Fama*. Sie streckt, stehend ihre Arme waagrecht nach dem beiden Hemisphären aus und hält in den Händen je ein Strahlenbüschel feiner Drähte, die sich an den Wänden neben und hinter ihr nach allen Richtungen ausbreiten.[85]

Ein vollkommenes paranoisches Delirium, dessen technische Arrangements beinahe den Schreberschen Strahlen nachempfunden sind. Allerdings gehen aus den Strahlenbündeln, die den König mit der ganzen Welt in Kontakt bringen, keine Gefahren hervor, sondern sie implementieren eine perfekte Kontrolle. Die *Fama*-Maschine funktioniert als ein Weltradio, das Nachrichten aus allen Kontinenten, Wetter, Politik, den Stand des Ruhmes und den Stand der »weltherrlichen« Finanzen durchgibt.

Die furchtbare Tat von Mühlhausen hatte Wagner schon viele Jahre zuvor geplant und die Einzelheiten in seiner Autobiografie niedergelegt. Darin berichtet er weiter, dass er eine Reihe von Selbstmordplänen gehegt hat, sie aber aus Feigheit unterließ. Seine Depression war auch genährt von den Enttäuschungen, die ihm die Ablehnung seiner Theaterstücke verursachte. Die Kritiker und Literaturhistoriker, die von einer »neuen Ära des deutschen Dramas (…) schrieben«, so beklagt sich Wagner an die Adresse der Nachwelt, seien dazu nicht befugt, da sie sein Werk nicht kennten: »[U]nd ich will es euch laut in die Ohren schreien, daß ich der größte Dramatiker der Gegenwart bin. Jeder Satz, den ich schreibe, legt davon Zeugnis ab«.[86]

Wagners Ludwig-Drama *Wahn* wird dann 1922 zum Gegenstand eines Literaturstreits. Die Affäre beginnt damit, dass der Psychiater Robert Gaupp, der als behandelnder Arzt und Gutachter seine Expertise über Wagner veröffentlicht hat, im *Berliner Tageblatt* auch einen Artikel über das Drama *Wahn* schreibt. Daraufhin interessiert sich der Münchner Verlag Meyer und Jessen für Wagners Stücke und fordert im September 1921 den Insassen der Heilanstalt Winnenthal auf, seine Manuskripte einzureichen. Nachdem Wagner dieser Bitte Folge geleistet, aber nach langem Warten im Sommer 1922 eine Absage erhalten hat, beginnt er über die Gründe nachzugrübeln. Da er immer noch tief von seiner literarischen Größe durchdrungen ist, hat er sich gute Chancen ausgerechnet. Zwar begründet der Verlag seine Ablehnung mit der »Ungunst wirtschaftlicher Verhältnisse«, dennoch liegt in Wagners Kopf der Verdacht bereits auf der Lauer. Er vermutet zunächst, dass nicht ihre literarische Qualität den Ausschlag gegeben habe, sondern seine Situation als Mörder und Irrer. Dann aber lässt ihn der Gedanke nicht los, dass die Ideen seiner Stücke, die verschiedene Bühnen bereits abgelehnt haben, von anderen benutzt werden. Der Gedanke erhält die dämonische Gestalt des Verdachts als im Januar 1923 im Stuttgarter Landestheater Franz Werfels Drama *Schweiger* erfolgreich aufgeführt wird. Ist das nicht eigentlich sein Stück? Wagner wendet sich an Gaupp und berichtet, dass sich ihm nach der Absage des Verlages »der Verdacht aufgedrängt [hat], dass von vornherein keine Verlags- sondern recht unlautere Absichten vorgelegen haben.«[87] Inzwischen ist nämlich der Münchner Verleger Georg Heinrich Meyer, der seine Stücke geprüft hatte, in den Verlag Kurt Wolff eingetreten, der Werfels Werke herausgibt. Wagner bildet nunmehr die Überzeugung aus, dass Werfel sein Stück *Wahn*, das ihm von Meyer in die Hände gespielt worden sei, für den *Schweiger* benutzt habe. Als Werfel dann zwei Jahre später den Grillparzerpreis der Stadt Wien erhält, schreibt Wagner kurz darauf, im März 1926, an die Jury und behauptet empört, Werfel habe sein Stück *Wahn* plagiiert. Als die erhoffte Reaktion ausbleibt, lässt Wagner in der Anstaltsdruckerei eine Flugschrift drucken, worin er den Vorwurf erweitert und behauptet, Werfel habe nicht nur seine Schauspiele *Wahn* und *Die Landhofmeisterin* für sein Stück benutzt, sondern auch seine Autobiografie, die beim Landgericht Heilbronn liege. Da auf seine Vorwürfe hin nichts geschieht, außer dass sein Psychiater Gaupp eine gewisse Berechtigung dieser Vorwürfe anerkennt, erstattet Wagner selbst Anzeige gegen den Münchner Verlag. Die Anzeige führt aber offenbar zu keiner Anklage. Im Juli 1929 lässt Wagner in der Anstaltsdruckerei ein weiteres Flugblatt herstellen, worin der Plagiatsvorwurf auf sämtliche Werke Werfels seit 1913 erweitert wird:

> Ein Plagiatsfall liegt hier vor, wie er kaum wieder dagewesen sein dürfte: ein reicher, berühmter, preisgekrönter ›Dichter‹ hat einem armen, unglücklichen Menschen sein Letztes, sein geistiges Eigentum gestohlen; bewusst, systematisch, erschöpfend und raffiniert gestohlen; von dem Zeitpunkt ab gestohlen, da dieser Unglückliche hinter den Mauern des Gefängnisses und Irrenhauses verschwand.[88]

Die Möglichkeit zum Plagiat habe Werfel durch eine jüdische Konspiration erhalten. Wagner vermutet jetzt, dass sein jüdischer Verteidiger von 1913 dem Juden Werfel Zugang zu allen literarischen Papieren verschaffte, die in seinem Prozess eine Rolle gespielt haben. Auch einen Winnenthaler Abteilungsarzt bezieht Wagner in diese Verschwörergruppe mit ein.[89] Am Ende verläuft Wagners

Kampagne im Sand, und man wird dankbar sein müssen, dass der Dichter Wagner, dem sich manche Ähnlichkeiten seiner Gedanken mit solchen Werfels wahnhaft als Plagiat darstellten, sicher hinter den Mauern der Winnenthaler Psychiatrie saß. Ein Attentat hätte auch aus dieser Plagiatsraserei hervorgehen können. Es sollten dann andere Täter auftreten, um anderen Abkömmlingen von Wagners Wahn die Hände zu reichen. In seinem Pamphlet hatte Wagner noch weiter behauptet:

> Die deutsche Geistigkeit lebt nicht in der Freiheit, sondern in der Knechtschaft der Judenzensur. Verlag, Presse, Theater, Kino und Radio werden von Juden souverän beherrscht. (...) Werfel gehört der Dichterakademie in Berlin an, deren Gründungsgrund und Daseinszweck ein politischer ist, deren Zusammensetzung den Judensieg im deutschen Schrifttum testiert.[90]

Diese Solidarität von Poesie und Gewalt, von paranoischem »falschem Dichten« und Politik verkörperte der unselige Wagner als unglücklicher pathologischer Fall. Ihm fehlten nur ein wenig Talent, ein wenig Charisma und die Hilfe des Zufalls. In seinen autobiografischen Notizen hatte sich Wagner auch als Politiker vorgestellt: »Welchen Mann wollt ihr auch wünschen als Präsidenten der deutschen Republik? Ich selbst habe früher an mich gedacht. Nun ich aber ausgeschieden bin, wer bleibt da noch übrig?«[91]

Familienähnlichkeiten (2): Wagner und seine Brüder

Ernst Wagners grauenhafte Taten verwaltet die Psychiatrie. Sie hatte es unbezweifelbar mit einem Kranken zu tun, dessen Hauptsymptom in der wahnhaften Deutung menschlichen Verhaltens bestand. Oder ist auch Mord eine Krankheit? Abgesehen von der Mordserie, tat Wagner, was viele Menschen tun, nämlich Zeichen von Verfolgung, von Spott und Hohn an indifferentem Verhalten und an zufälligen Gesten abzulesen. Was gesunde Menschen einfach hinnehmen, wurde für Wagner zum Gegenstand artifizieller Deutung und zum Antrieb seines Handelns: Nach jahrelangem Brüten führte er eine Mordserie als »Rachfeldzug« durch. Im Hintergrund dieser Tötungsakte war außer dem Willen zur Rache eine Theorie des Lebens aktiv, die den Hygienediskurs des 19. Jahrhunderts auf Völker und Bevölkerungen übertrug und ernsthaft die »Sanierung der Menschheit« ins Auge fasste. Diese Theorien hatte Wagner aus Ernst Haeckels Schriften in sein Denken kopiert.[92] Im System dieses Hygienewahns unterschieden sich der Massenmörder Wagner und die Massenmörder der Nazizeit lediglich darin, dass die systematische, von Ärzten angeleitete »Tötung lebensunwerten Lebens« im Rahmen von Wissenschaft und behördlicher Anweisung erfolgte. Wagners, wie er selbst behauptete, aus Mitleid ausgeführte Auslöschung der eigenen Familie trug den Stempel der zeitgenössischen Vernunft, die die für seine verrückte Tat geläufigen Euthanasieformeln zur Verfügung stellte. Die Differenz zwischen der Mordtat eines Vaters und den ganz gleich begründeten Taten eines Vaterstaates ist ohne Zweifel fundamental, aber worin liegt sie begründet? Den Unterschied zwischen dem pathologischen Wahn und dem wissenschaftlichen Wahn sichert die Psychiatrie, indem sie sich auf die Statistik beruft. Ein Wahn heißt pathologisch, wenn er »innerhalb der soziokulturellen Gruppe« von niemandem sonst geteilt wird.[93] Je mehr den Wahn teilen, desto weniger ist er pathologisch.

Im Falle Ernst Wagners ergibt sich dennoch der einzigartige Sachverhalt, dass der Insasse der psychiatrischen Anstalt und sein ärztlicher Betreuer in ein und demselben Geiste wirkten. Sie sprachen von dem Zeitpunkt an, da die Rassehygieniker das Wort ergriffen, die gleiche Sprache. Erneut stößt der Leser auf Familienähnlichkeiten: Die ärztlichen und juristischen Theoretiker und die Täter der »Tötung lebensunwerten Lebens« sind Wagners vernünftige Brüder. Die Paranoia nimmt zuweilen die Gestalt einer wissenschaftlichen Vernunft an.

Diese Übervernunft sagt: Es ist vernünftig, eine Gesellschaft oder ein Volk von den Kranken, den Verrückten und Behinderten zu befreien, die dem Nationalvermögen »ein ungeheures Kapital in Form von Nahrungsmitteln, Kleidung und Heizung« entziehen.[94] Sie fordert in lieblichen Bildern, dass der Staat den Garten des Volkes von »Unkraut« reinige.[95] Haeckel-Lektüre hat nicht nur Wagner betrieben, der in seinen *Stuttgarter Spaziergängen* mehrfach auf den Vererbungstheoretiker zu sprechen kommt oder dafür plädiert, degenerierte Menschen zu vernichten.[96] Aus den gleichen Büchern schöpfte auch der Moraltheologe Dr. Joseph Mayer, der auf den Dreh kam zu sagen, dass sich das Sittengesetz nur an geistig Normale wende, während Geisteskranke als »Subjekte und Träger der sittlichen Ordnung« ausscheiden.[97] Die rassehygienischen Stichworte Haeckels popularisierte dann Karl Bindings und Alfred Erich Hoches berüchtigter Aufsatz Die *Freigabe der Vernichtung lebensunwerten Lebens*, der 1920 erschien.[98] Darin wurde der Kulturbruch erneut ökonomisch begründet: Der Sammlung aller Kräfte für Deutschlands Wiederaufbau stehe das »moderne Bestreben entgegen, möglichst auch die Schwächlinge aller Sorten zu erhalten«.[99] Ausgerechnet Ernst Wagners Psychiater Robert Gaupp, der seit 1910 dem Vorstand der *Deutschen Gesellschaft für Rassehygiene zur Vervollkommnung der Rasse* angehörte, macht sich daraufhin an die Arbeit, die Gedanken in ein Handlungskonzept zu übertragen. Im Jahre 1925 hielt Gaupp auf der Jahresversammlung des Deutschen Vereins für Psychiatrie einen Vortrag über die *Unfruchtbarmachung geistig und sittlich Kranker und Minderwertiger* und erklärte, man müsse »angesichts der Summe von Not, Elend und Verbrechen, von geistigem Siechtum und antisozialer Verwilderung den lebhaften Wunsch empfinden, es möge alles getan werden, um dem schwer um seine Zukunft ringenden Volke den Weg zum Aufstieg zu erleichtern und die Last der Schädlinge abzunehmen«.[100] Was hier noch in die Euphemismen der Sterilisierung gehüllt wird, nimmt ein knappes Jahrzehnt später den Charakter eines großangelegten Mordens an. Gestützt auf die Dogmen von Medizinern Juristen und Theologen, organisiert die Berliner Kanzlei des Führers Adolf Hitler alle Formen der »Euthanasie«, von der Tötung Schwerkranker über die Ermordung von Behinderten bis hin zur systematischen Entvölkerung aller psychiatrischer Anstalten im Dritten Reich.[101]

Die paranoische Dimension dieses Massenmordens erschließt der rassehygienische Diskurs, der in Bildern des Untergangs Griechenlands und Roms das apokalyptische Unheil durch Behinderte und Demente beschwört. Der »Völkerabend« der Deutschen ziehe herauf, ruft der Betheler Arzt Dr. Hans Knöppler, weil »uninteressierte Wissenschaft und greisenhafte Ergebenheit« die Vermehrung der »Minderwertigen an Seele und Geist« zugelassen habe. Aus den von Bodelschwinghschen Anstalten lässt Knöppler den neuen Zeitgeist sprechen:

Schaudernd können wir verfolgen, wie in wenigen Menschenaltern mit schicksalhafter Folgerichtigkeit das Gesunde überwuchert sein wird vom Schwachen und Kranken (…).
Wo ist Assur, wo ist Babel? – Der Wind wehet über die Stätte, da ihre Türme prangten. Hellas und Rom sanken dahin unter der Herrschaft der Minderwertigen.[102]

So flogen dem Massenmörder Wagner aus Ärztemündern erneut die Stichworte zu, die ihn dann im Jahre 1938 über seine Taten behaupten ließen: »Man *redet* immer so viel von Rassehygiene, ich habe *gehandelt* und praktische Rassehygiene betrieben.«[103] Wenige Monate später konnten Professor Gaupp in seinem Nachruf auf den toten Patienten noch ein deutliches Lob aussprechen. Hatte Wagner nicht schon in seinen frühen Schriften sich und seine Familie für erblich belastet erklärt? Und so schrieb der Arzt: »Er hat in der Beurteilung der seelischen Entartung von Familie und Volk manche Vorstellungen scharf gefasst und formuliert, die heute zur vollen Geltung gekommen sind, besonders auf rassehygienischem Gebiete.«[104] Der paranoische Massenmörder ist seinen paranoischen ärztlichen Brüdern vorangemarschiert.

GOTTES VIKARE UND IHRE ANGREIFER

| Das Duell des Königs und des Erzbischofs
| Becket auf der Bühne: T. S. Eliot und Jean Anouilh
| Das Attentat auf Papst Bonifatius VIII.
    am 7. September 1303
| Bonifatius in Dantes Hölle
| Das Attentat auf Henri IV. am 14. Mai 1610
| Mörderkörper und Königskörper
| Eschatologische Zeitspenden
| Das Attentat auf Papst Johannes Paul II. am 13. Mai 1981
| Die milde Gabe *clementia*

Das Duell des Königs und des Erzbischofs

Es steckt ein großes Risiko darin, auf Erden Gott zu spielen und mit den Himmlischen zu wetteifern. Die römischen Caesaren, die so gerne den Beinnamen *divus*, der Göttliche, trugen und allerlei Götterallüren pflegten, indem sie sich zu Herren über den Zufall und über die fundamentalen Unterschiede von Leben und Tod, Sieg und Niederlage, von gerecht und ungerecht, von wahr und falsch, von reich und arm, schön und hässlich machten, sie mussten es büßen und starben zum Teil recht ungöttliche Tode. Keiner von ihnen erlebte eine Auferstehung wie der Mann Jesus, der sich von Pilatus auch Rex Iudaeorum nennen ließ.[1] Zwar blieb es dem jünglingshaften, von Antonin Artaud vergötterten[2] Caesar und Sonnengott Heliogabal vorbehalten, in einer Soldatenlatrine zu enden, aber auch manch anderer Caesar divus erlosch in einem unrühmlichen Finale. Götter in Menschenfleisch müssen Paranoiker sein, denn jeder Sterbliche ist ihr Feind. So zeigen ihre Fälle und Stürze etwas

Monotones, weil sie nichts lernen können. In der Tat sind Götter unbelehrbar.

Anders ihre christlichen Nachfolger. Der große Erfolg der christlichen Mission im Römischen Reich beruhte auch darauf, dass der Gottessohn Jesus, ein Mensch aus unsterblichem Fleisch, nur ein paar Jahre auf Erden wandelte und dass nach ihm nur noch Stellvertreter Gottes ohne eigenes göttliches Charisma auftraten. Im Unterschied zu den Caesaren in Rom und Byzanz, die himmlischen Glanz zeigen wollten und das Regal beanspruchten, Schicksal zu sein, begnügten sich die päpstlichen Herren des christlichen Gottesreiches mit minimalem theokratischen Aufwand. Das regelte der Bildersturm der ersten Christen. Ihre Geschichtsverschwörung setzte mit der Zerstörung und dem Verbot aller heidnischen Götterbilder ein: Du sollst dir kein Bild machen! Aber kaum hatten die Stellvertreter Gottes als ungöttliche Kaiser und ungöttliche Päpste ihre historische Mission angetreten, da zerriss die christliche Welt eine neue Streitfrage: Wer ist Gottes wahrer Vikar auf Erden? Wer empfing die Procura des obersten Herrn für die zeitlichen Geschäfte? Wer darf in seinem Namen sprechen? Trat sein weltlicher Vertreter, der Souverän und Caesar des irdischen Staates, in dieses Amt ein? Oder gehörte die Procura dem geistlichen Vertreter, dem Papst und Souverän des kirchlichen Staates? Und wer empfängt von wem die Insignien seiner Würde? Der Papst vom Kaiser oder der Kaiser vom Papst? Das heißt: Wer macht den anderen zum wahren Abbild Gottes auf Erden? Bei diesem Streit um die erste Gottesstellvertreterposition, dem Investiturstreit, floss viel Blut (aber kaum päpstliches oder kaiserliches, sondern vor allem Soldatenblut).

Unter den höchsten geistlichen Souveränen in Europa gab es nur wenige Attentatsopfer zu beklagen. Das ist erstaunlich. Auch die Päpste verfügen über große Macht, sie verstrickten sich in weltliche Händel, doch herrschen sie über sehr viel kleinere Länder als die politischen Souveräne. Die Kirche hat kein Territorium, sie verwaltet keine Räume, sondern die Zeiten. Vielleicht erklärt sich die glückliche Opferbilanz unter den Kirchenmännern auch dadurch, dass die Bischöfe und Päpste ihren Job als Vikare, als Stellvertreter

Gottes, erfolgreicher gestalteten. Sie traten nicht als »das *falsche Bild* des mächtigsten Menschen« auf, wie Nietzsches Formel für das Attentatsopfer lautet.³ Ihr repräsentatives Design provozierte weniger mörderische Affekte als die Bilder der Imperatoren. Zwar wurden auch einige kirchliche Würdenträger und Päpste Opfer von Attentaten; aber sie lockten nur dann ihre Mörder an, wenn sie in der weltlichen Politik eine Rolle zu spielen suchten. Bischöfe und Äbte regierten bisweilen auch als Territorialherren und verfügten über politische Macht. Andere traten als Vertreter der Kirchengerichte auf, der Inquisition, und zogen sich als Richter den Hass der Leute zu. Die Bischöfe, die in der Frühzeit der Christianisierung oder auch später noch unter den Schlägen von Gewalttätern starben, fielen nur selten einer individuellen oder kollektiven Paranoia zum Opfer. Ihr Blut floss, wenn religiöse und politische Interessenkonflikte nicht mehr auseinander gehalten werden konnten.⁴ Vier prominente Kirchenmänner gehören in diese Geschichte: der Erzbischof von Canterbury Thomas Becket (1170), der Papst Bonifatius VIII. (1303) und der Papst Johannes Paul II., der 1981 knapp dem Anschlag eines Mannes entging, der sich für den Messias hielt. In diese Reihe gehört weiter der französische König Henri IV. (1609), dessen Mörder sich von Gott beauftragt glaubte.

Die Ermordung des Erzbischofs von Canterbury am 29. Dezember 1170 lebt im historischen⁵ wie literarischen Gedächtnis⁶ Europas immer noch fort, obgleich die Schreckenstat mehr als achthundert Jahre zurückliegt. Der damalige Primas der Kirche von England wurde in seiner eigenen Kathedrale erschlagen, und eine solche Tat galt im hohen Mittelalter als furchtbares Sakrileg. Es war nicht nur eine Bluttat, sondern zugleich die Schändung eines Heiligen Ortes, einer irdischen Exklave des Himmels. Der Erzbischof von Canterbury starb am Ende einer einzigartigen Laufbahn. Thomas Becket kam aus bürgerlichem Hause, er wurde um 1120 als Sohn eines normannischen Kaufmanns in London geboren. Nach seiner Ausbildung in einem Augustinerkloster und dem Studium an verschiedenen Schulen in London und Paris gelangte er unter die Protektion eines Barons, der ihn in die aristokratische Freizeitgestaltung wie Jagen und Falknerei einführte. Um 1143 trat er dann in die Dienste des Erzbischofs Theobald von Canterbury ein. Mit Theobalds Förderung begann er eine Karriere als Kirchenmann. Doch im Jahre 1154 ernannte ihn der kurz zuvor gekrönte junge König Heinrich II. zu seinem Kanzler. Ihm diente Thomas acht Jahre lang, in denen er das Vertrauen und die Freundschaft seines Herrn gewann. Als Kanzler führte er das Siegel der Krone, und so unterstand ihm zugleich die komplizierte urkundliche Dokumentation und Archivierung königlicher Erlasse. Thomas erwarb durch diese Position, durch verschiedene kirchliche Ämter, aber auch durch weiteren vom König verliehenen Grundbesitz ein ansehnliches Vermögen und erheblichen politischen Einfluss. Seine Privatflotte zählte mehr Yachten als die des Königs, dem Thomas bisweilen sogar eines seiner Schiffe für die zahlreichen Englandreisen lieh. Auch war die Haushaltung des Kanzlers erheblich prächtiger als die des Königs. Zahllose Bedienstete standen zu seiner Verfügung, und eine ganze Schar vornehmer Ritter saß an seiner Tafel. Der König überließ Thomas sogar die Erziehung seines Sohnes.

Das alles änderte sich schlagartig, als der Erzbischof von Canterbury im Jahre 1161 starb. Heinrich drängte darauf, dass sein Kanzler zum Nachfolger gewählt wurde, weil er sich davon eine Stärkung seines politischen Einflusses auf die Kirche erhoffte. Doch Heinrichs Vertrauen wurde rasch enttäuscht. Thomas ließ sich kurz nach seiner Weihe von allen weltlichen Amtsgeschäften dispensieren. Auch das Kanzleramt gab er auf. Unter dem Druck der übrigen Bischöfe ging der zum Priester und Erzbischof gesalbte Thomas konsequent zur geistlichen Lebensführung über. Die Konflikte mit der Krone ließen nicht auf sich warten. Sie bildeten nur das Vorspiel einer allmählich ausufernden erbitterten Feindschaft. Der König setzte inzwischen alles daran, die angelsächsische Gerichtsbarkeit zu reformieren. Als Stifter der Common Law wollte er auch die Geistlichen dem weltlichen Gesetz unterwerfen. Sein neuer erzbischöflicher Gegenspieler hingegen beharrte auf der Zuständigkeit des kirchlichen Forums für die Geistlichen in allen Strafsachen. Thomas gab dem König erst nach, als ihn der eben selbst arg bedrängte Papst Alexander III. um

Mäßigung bat. Dann aber bereute Thomas sein Einlenken. Um den Streit endgültig beizulegen, lud König Heinrich seine Bischöfe und Barone im Jahre 1164 zu einer Konferenz in Clarendon ein. Dort akzeptierten Thomas und die übrigen Bischöfe zunächst Heinrichs Forderung, dass das alte königliche Recht wieder in Kraft gesetzt wurde. Danach sollten bei Strafverfahren vor kirchlichen Gerichten stets königliche Vertreter anwesend sein, die einen Verurteilten in Empfang nehmen und dann gleich vor ein weltliches Gericht bringen konnten. Doch nun wollte Heinrich die alten königlichen Gewohnheitsrechte gleich noch in sechzehn Konstitutionen schriftlich bestätigt haben. Diese Schriftversion löste neuen Zwist aus. Thomas nahm das Schriftstück zwar in Empfang, verweigerte aber sein Siegel. Auch der Papst stimmte nur einem Teil der Konstitutionen zu.

Der Streit schwelte weiter. Auf der Synode von Northampton am 6. Oktober 1164 drängte Heinrich seine Barone und Bischöfe dazu, den Erzbischof wegen angeblichen Verrats aus dem Amt zu entlassen. Ehe aber der Schuldspruch und damit die Entlassung verkündet wurden, begab sich Thomas schleunigst nach Frankreich, um sich dort dem Schutz des Königs Ludwig VII. und des Papstes anzuvertrauen. Ludwig und der Papst gewährten ihm ihre Hilfe, drängten Thomas aber auch dazu, sich mit Heinrich zu arrangieren. Doch selbst persönliche Begegnungen zwischen den ehemaligen Freunden brachten kein Ergebnis. Als Papst Alexander III. seinen Erzbischof im Exil zum päpstlichen Legaten ernannte, nutzte Thomas seine neue Befugnis sogleich: im Juni 1166 exkommunizierte er einige seiner Gegner und verdammte die Konstitutionen von Clarendon. Zwar hob der Papst auf Intervention Heinrichs diesen Bann wieder auf, aber der nächste Streit war bereits in Verzug, als Heinrich seinen Sohn durch den Bischof von York krönen ließ, obwohl diese Investitur einzig Sache des Erzbischofs war. Im Jahre 1170 schien der Streit dann durch einen Friedensschluss zwischen den beiden Männern, die sich erneut persönlich getroffen hatten, beendet. Thomas kehrte nach England zurück. Aber auch nach seiner Rückkehr und nach seinem Wiedereintritt in alle Ämter und Besitztümer verfolgte der Erzbischof seine alte kompromisslose Politik, indem er die Bischöfe, die an der Krönung des Prinzen beteiligt waren, exkommunizierte bzw. ihres Amtes enthob. König Heinrich tobte, als er von der Amtsenthebung und Exkommunikation der Bischöfe erfuhr. Unter seinen Rittern waren vier Männer, die sich durch die Wut des Königs aufgefordert fühlten, dem widerspenstigen Erzbischof eine Lehre zu erteilen. Sie begaben sich nach Canterbury und drangen am 29. Dezember 1170 in die Privaträume des Erzbischofs ein, beschuldigten ihn des Verrats und forderten ihn auf, die Bischöfe wieder in ihr Amt einzusetzen. Thomas weigerte sich, indem er auf die Autorität des Papstes verwies, in dessen Namen die Exkommunikation erfolgt war. Das Wortgefecht wurde immer hitziger, und als sich Thomas unnachgiebig zeigte, gingen die Ritter nach draußen, um ihre Waffen zu holen. Inzwischen begab sich der Erzbischof in die Kathedrale zum Vespergottesdienst, wohin ihm die Ritter folgten. Dort kam es zu einem erneuten Wortwechsel, die Ritter nannten Thomas einen Verräter und verlangten die Absolution der Bischöfe. Nachdem Thomas das ein weiteres Mal verweigert hatte, wollten ihn die Ritter aus der Kirche zerren. Als dies scheiterte, schlug einer der Ritter mit seinem Schwert nach Thomas, der zwar nicht verletzt wurde, aber in die Knie ging. Die vier Ritter konnten ihre Wut nicht mehr zügeln und erschlugen den am Boden liegenden Kirchenmann. Anschließend drangen sie wieder in die Privaträume des Toten ein, um dort zu plündern und Briefschaften zu rauben.

Buchmalerei, Ende des 12. Jahrhunderts: Thomas' Martyrium vor dem Altar in der Kathedrale von Canterbury

Der Tod des Erzbischofs war vermutlich nicht geplant, sondern bildete die Folge dieser heftigen Auseinandersetzung mit dem König, in der Thomas sich durch großen Starrsinn auszeichnete. Überhaupt handelten beide Seiten mit äußerstem Einsatz, da es um nicht weniger als die Stellvertretung Gottes ging. Und es lohnte sich auch, den äußersten Einsatz zu wagen, denn nach weit verbreiteter Ansicht jener Zeit war Gott stets mit dem Sieger. Dante erklärt im 9. Buch seiner Schrift *De monarchia*, dass das Kriegsduell dort geboten sei, wo das menschliche Urteil versagt, weil es ins »Dunkel des Unwissens« (*tenebrae ignorantiae*) getaucht ist. Nur ein solches Fiasko des menschlichen Urteils, nur die in Nacht getauchte Erkenntnis darüber, wer im Recht ist, erlaubt den Krieg. Daher soll nach Dante im gewalttätigen Streit »ohne Hass und ohne Liebe, (...) nur aus Eifer für die Gerechtigkeit durch den gegenseitigen Zusammenprall sowohl der geistigen wie der körperlichen Kräfte ein göttliches Urteil herausgefordert werden«.[7] Nach dem schrecklichen Verbrechen in der Kathedrale von Canterbury trat daher eine gewisse Besinnung ein, der König nahm einen Teil der Schuld auf sich und büßte sie auf einer Jerusalem-Reise ab. Er ließ sich in Canterbury sogar von Mönchen geißeln. Aber er sicherte sich mit diesem Zugeständnis den endgültigen Sieg der königlichen Macht. Der tote Thomas hingegen durfte seine Karriere als Heiligenfigur fortsetzen und verschaffte Canterbury ein gewaltiges Renommee als Wallfahrtsort. Bereits wenige Tage nach seiner Beerdigung wurden die ersten Wunder gemeldet, die von seinen Reliquien ausgingen. Das Blut des Märtyrers entwickelte damit jene charismatische Kraft, die dem Lebenden versagt geblieben war.

Erst König Heinrich VIII. bereitete im Jahre 1538 diesem Kult in Canterbury ein Ende. Er ließ den Schrein, der die Gebeine des Heiligen barg, zerstören und die Reste an anderer Stelle verscharren. Denn er wollte selbst zum Oberhaupt der Kirche avancieren. Dazu musste das Bild des toten Erzbischofs erneut zerschlagen werden. Dennoch oder vielleicht eben darum stieg Thomas zu einer zeitlosen Kultfigur der Künste auf. 1879/80 erschien die Novelle *Der Heilige* von Conrad Ferdinand Meyer, die packend von der Freundschaft und Feindschaft König Heinrichs und seines ehemaligen Kanzlers erzählt. Ihr Konflikt ist um eine ganz eigene Erfindung gruppiert: Der König verführt die kindliche Tochter des Kanzlers und verschuldet ihren frühen Tod. Beckets Wandlung vom geschmeidigen Hofmann zum prinzipienfesten, geradezu starrsinnigen Kirchenmann und Märtyrer wird mit dieser Episode motiviert.[8]

Becket auf der Bühne: T.S. Eliot und Jean Anouilh

Aus dem Jahre 1935 stammt das Drama des englischen Dichter T.S. Eliot *Murder in the Cathedral*, das aus zwei Teilen und einem Zwischenspiel besteht. Die Handlung rückt den zum Märtyrer gekrönten Thomas Becket in den Mittelpunkt, wogegen der königliche Gegenspieler überhaupt nicht in Erscheinung tritt. Hier ist alles entschieden. Den Hintergrund des historischen Konfliktes bildete die Frage, in wessen Hand Gott seinen irdischen Heilsplan gegeben hat: in die Hand der Kirche oder in die des Caesars. Doch der Anglokatholik Eliot lässt keinen Zweifel an der Mission seines Helden. Das missionarische Programm legt der Dichter seinem Helden Becket selbst in den Mund. Tote Heilige sind stets rückwirkend autorisiert, im eigenen Namen zu sprechen. Im Zwischenspiel des Stücks, das die Weihnachtspredigt des Erzbischofs von 1170 füllt, lässt Eliot Thomas die Theorie des Martyriums formulieren:

> Ein christlich Martyrium ist niemals zufälliges Geschehen, denn der Zufall macht keine Heiligen. Noch weniger wird ein christliches Martyrium durch den Willen eines Mannes herbeigeführt, der ein Heiliger werden will. (…) Ein Martyrium ist immer Gottes Absicht, (…) denn der rechte Märtyrer ist jemand, der Gottes Werkzeug geworden ist, der seinen eigenen Willen an Gottes Willen verloren hat.[9]

Da vernimmt man die Stimme des Paranoikers, der keinen Zufall gelten lassen will. Niemand kann sich aus eigenem Entschluss zum Martyrium aufschwingen. Es ist kein Amt, sondern eine Botschaft Gottes. Der Märtyrer ist eine in blutiges Fleisch geschriebene Nachricht. Sein Leiden ist eine Urkunde des Himmels. Wer aber kann sie lesen? Das kann allein der Papst. Er entziffert die Indizien, und Wunder, in denen Gott zu sprechen pflegt. Da nicht Historiker, sondern Legendenschreiber den Märtyrer dem Gedächtnis der Welt einverleiben, gelten auch die Regeln der Legende für eine solche Karriere. Der Märtyrer lässt sich unter den vielen Opfern von Gewalttaten daran erkennen, dass ihm Gott eine kleine Dosis eschatologischer Zeit gewährt.[10] Wo sich solche Augenblicke einstellen, die aller Wahrscheinlichkeit und allen Uhren eine himmlische Lehre erteilen, dort setzt Gott seine Botschaft ab. Die Mitteilung kommt aus einer kurzen Spanne zusätzlicher, unmöglicher, eigentlich reiner Wunder-Zeit zwischen Leben und Tod, die der Märtyrer nutzt, um außer mit Blut und Wunden auch noch mit seinen Lippen zu sprechen.

Die *Legenda aurea* weiß allerdings nichts davon, dass ein solches eschatologisches Zeitintervall in das Martyrium des Bischofs Becket fiel; wohl aber berichtet sie von einem anderen Zeitwunder: Ein todkranker junger Mann, dessen Seele für kurze Zeit ins Jenseits entrückt war, hat dort die Apostel auf schönen Stühlen sitzen gesehen. Allerdings war ein Stuhl in der Reihe der Apostelsitze leer, und auf seine Frage, wessen Platz das sei, wurde ihm beschieden, dieser Stuhl sei für einen »großen Priester von Engelland« reserviert.[11] So war bereits von höchster Hand bestimmt, dass der Märtyrer Thomas in die konspirative Gemeinschaft der Apostel eintreten sollte, und so stellt die Legende den historischen Sieg Heinrichs II. in Frage.

Einen ganz anderen Thomas schickt der französische Dramatiker Jean Anouilh auf die Bühne. Sein Stück *Becket ou l'honneur de Dieu* aus dem Jahre 1959 kreist um die gleiche Frage, von welchen Kräften ein solch intransigenter Charakter zehrt. Auch Anouilh interessiert sich für den rätselhaften Wandel des lebenslustigen weltmännischen Kanzlers Becket zum unerbittlich strengen und prinzipientreuen Kirchenmann. Was treibt ihn heraus aus einer ganz weltlichen Überzeugung von der Zufälligkeit der Dinge und der Ereignisse, die nur durch Geschick und Ironie zu bannen sind, in die geistige Welt eines immer schon vorwaltenden Sinnes? Wenn Becket zwar auch kein Attentäter wird, so schwingt er sich durch den Einsatz ganz gleicher Willenskräfte, wie sie der Attentäter auch für seine Tat mobilisiert, zum Opfer empor. Die Mordtat ist nicht nur das erschreckende Ergebnis eines Konflikts zwischen diesen beiden Lesarten der Welt, Zufall oder himmlische Konspiration, sondern auch eine Verschiebung der Unerklärlichkeit: von der Unerklärlichkeit der Welt, der zunächst König und Kanzler huldigen, wandert das Rätsel zur Unerklärlichkeit eines Charakters, der in sich einen Willen von ungeheurer Kraft aufbaut. Die Ähnlichkeit von Tätern und Opfern bildet eine erstaunliche Kontinuität in den Attentaten.

Das Attentat auf Papst Bonifatius VIII. am 7. September 1303

Wie die Ermordung des Erzbischofs Thomas Becket schrieb auch ein Papst-Attentat des Jahres 1303 Geschichte und Literaturgeschichte. Am 7. September dieses Jahres überfielen einige hundert Bewaffnete mit vier Männern an der Spitze Papst Bonifatius VIII. in seiner Residenz in Anagni, knapp hundert Kilometer südöstlich von Rom.[12] Sein Pontifikat führte Bonifatius, der zur Familie der Caetani gehörte, für kurze Zeit auf den Gipfel päpstlicher Macht in Europa. Bonifatius konnte zwar den Streit mit den deutschen Kaisern beilegen. Doch in der Auseinandersetzung mit dem französischen König Philipp IV. war ihm kein Erfolg beschieden. Den Höhepunkt und vielleicht auch den Anfang des Endes in diesem ungeheuerlichen Streit bildete seine berühmte Bulle vom November 1302 *Unam sanctam*, die neuerlich in schroffster Form die Suprem\tie der kirchlichen über die weltliche Macht verkündete:

> An eine einzige heilige katholische und apostolische Kirche zu glauben und an ihr in unbedingter Treue festzuhalten, zwingt uns der Glaube. Und an diese Kirche glauben wir unerschütter-

lich und sie bekennen wir schlicht, weil es außerhalb von ihr weder Heil noch Vergebung der Sünden gibt (...). Sie stellt den einen mystischen Leib dar, und das Haupt dieses Leibes ist Christus, und Gott ist das Haupt Christi. In ihr herrscht *ein Herr, ein Glaube und eine Taufe*. Denn in ältester Zeit bei der Sintflut gab es nur die Arche Noahs, worin sich die eine Kirche im Voraus zeige; von einer Hand errichtet, nämlich von der Noahs, hatte sie einen Kapitän und Lenker. Und wir lesen, dass außerhalb der Arche alles Leben auf der Erde vernichtet wurde.[13]

Der Anführer der Attentäter war ein Mann namens Sciarra Colonna, der mit seiner Familie durch den Papst und dessen Familie, die Caetanis, in den Jahren zuvor schwer gekränkt und zuletzt sogar exkommuniziert worden war. Die beiden Kardinäle Jakob und Petrus Colonna hatten durch Bonifatius ihrer kirchlichen Ämter verloren. In ihren Augen hatte sie lupenreine caetanische Familienpolitik um Privilegien und Ansehen gebracht, und sie wehrten sich in einer Reihe von Denkschriften gegen ihre Entmachtung.[14] Eigentlich handelt es sich um übliche Fehden zwischen einflussreichen Familien und Sippen, die die Geschichtsbücher des 14. und 15. Jahrhundert mit Lärm und Schrecken erfüllen. Die ganz zeitgemäße Feindschaft zwischen den Caetanis und Colonnas sowie anderen angesehenen Familien war aber noch dadurch angeheizt worden, dass die beiden Parteien auch in dem weltpolitischen Konflikt des 12. Jahrhunderts gegensätzliche Stellungen bezogen hatten. Die Colonnas waren ghibellinisch gesinnt, also kaisertreu, während die Caetanis auf der anderen Seite standen und sich den päpstlich gesinnten Guelfen zurechneten. Überdies spielte eschatologische Politik eine Rolle: Die Colonnas waren in den neunziger Jahren des eben verflossenen Jahrhunderts ein Zweckbündnis mit dem strengen Orden der Franziskaner eingegangen, an deren Spitze der metaphysische Theoretiker und Endzeitmathematiker Joachim von Fiore stand. Aus den Reihen der Franziskaner stammte der 1294 gewählte Papst Coelestin V., der unter dem Beinamen *papa angelicus*, Engelpapst, in die Geschichte eingegangen ist.[15] Joachim von Fiore hatte in dem Kloster Fiore bei Cosenza Ende des 12. Jahrhunderts einen neuen Orden gegründet. Theologisch stand dieser Orden auf der Grundlage eines um 1190 von Joachim verfassten bibelexegetischen Werkes mit dem Titel *Concordia novi ac veteris Testamenti*, deutsch: »Übereinstimmung des Neuen und Alten Testaments«. Beide Testamente enthalten nach Joachim alle wesentlichen Ereignisse seit Erschaffung der Erde, und die Ereignisfolgen der beiden Epochen lassen sich nach dem Modell von Typos und Antitypos aufeinander abbilden. In der Periode des Vaters (Altes Testament) und in der des Sohnes (Neues Testament) weist Joachim eine bis in winzige Details gehende Entsprechung nach. So herrscht offenbar ein konspirativer Sinn in dieser Strukturanalogie der Weltepochen vor und nach Christi Geburt. Wie lange währt die Welt, und wann wird der jüngste Tag anbrechen? Die Rechnung ist einfach: Die Ahnentafel nach Matthäus 1, 1-17 zählt 42 Generationen bis Jesus. Die Regel der Konkordanz verlangt, dass auch die zweite Periode im Zeichen des Sohnes 42 Generationen umfasst. Die Multiplikation der Zahl 42 mit einer durchschnittlichen Lebenszeit von 30 Jahren ergab ein Ende der 2. Periode um das Jahr 1260. So glaubte man sich zur Zeit des Spätmittelalters in einer metaphysischen Grenzzeit: Nach der Prognose der *Concordia*-Schrift sollte im Jahre 1260 eine dritte Periode ansetzen, die des Heiligen Geistes. Sie würde eingeleitet durch den Auftritt eines *novus dux*. Das Reich des Geistes, nach den beiden Reichen des Vaters und des Sohnes, wäre die Periode einer klösterlichen mönchischen Kultur, die bis zur Wiederkehr Christi nach weiteren 42 Generationen, also weiteren 1260 Jahren, währen sollte. An ihrem Ende wäre das konspirative Potenzial der Weltzeit verbraucht und die Bücher der Geschichte könnten geschlossen werden.

In der Hoffnung, die die Franziskaner und die Colonnas auf Coelestin setzten, wirkten auch die von Joachim ausgehenden politischen Kräfte des radikalen franziskanischen endzeitlichen Geschichtskalküls nach. Sie glaubten, dass mit Papst Coelestin das Dritte Reich des Geistes einsetzen würde und dass sich die künftigen Dinge als Kopien der beiden ersten Perioden erschließen ließen.[16] Damit hätten die Franziskaner und konspirativen Metaphysiker aus Fiore den Colonnas ein beispielloses Monopol der Weltinterpretation und Zeitprognose in ihre Hände gespielt. Das ging indessen schief. Coelestin sah sich bereits 1294 am Ende seines ersten Amtsjahres zur Abdankung gezwungen und wurde von seinen Gegnern sogar gefangengesetzt, ehe er 1296 starb. Nach Coelestin gelangte ausgerechnet der Mann auf den Stuhl Petri, der den Engelpapst zum Verzicht gezwungen hatte: Benedetto Caetani, der nachmalige Papst Bonifatius VIII. Für die Franziskaner und für die mit ihnen verbündeten Colonnas war damit bewiesen, dass Bonifatius sein Amt unrechtmäßig erhalten hatte, und dies war einer der Gründe, die zu dem Überfall am 7. September 1303 führten. Auch andere an diesem Anschlag Beteiligte hatten nachvollziehbare Motive. Zu ihnen zählte ein Vertrauter und Diplomat des französischen Königs Philipps des Schönen, Guillaume de Nogaret, der in dem welthistorischen Streit zwischen der französischen Krone und dem Papst eine herausragende Rolle spielte.[17] Bonifatius hatte eine Bulle vorbereitet, die die Exkommunikation Philipps verkündete, nachdem Guillaume wenige Monate zuvor im Auftrag seines Königs Papst Bonifatius als Ketzer bezeichnet und die Einberufung eines Konzils gefordert hatte, das den Pontifex absetzen sollte. Diese Beschlüsse wollte der Diplomat im Auftrag des französischen Königs dem Papst eröffnen und ihn nach Frankreich verschleppen. Als aber nun Bonifatius am 7. September 1307 den mehreren hundert bewaffneten Männern Nogarets und Sciarra Colonnas mutig und entschlossen entgegentrat, die Rehabilitierung und Entschädigung der Colonnas zwar in Aussicht stellte, hingegen der Forderung nach einer Auslieferung des Kirchenschatzes an das Kardinalskollegium sowie nach Amtsverzicht und Aburteilung entgegenhielt, dass man ihm den Hals abschneiden müsste, damit er die Tiara niederlegen würde, stürzten die Aufrührer in einen schweren Konflikt. Sciarra wollte den Papst töten, Nogaret hinderte ihn daran. Während die Ritter und Soldaten die Kirchen und Paläste der Kardinäle plünderten und das kirchliche und persönliche Vermögen des Papstes raubten, berieten die Köpfe des Unternehmens, was zu tun sei, bis endlich die Bewohner von Agnani dem bedrängten Heiligen Vater zur Hilfe kamen und ihn befreiten. Dennoch, so sprechen die zeitgenössischen Dokumente, starb der Papst an den Folgen dieses Attentats einen Monat später am 12. Oktober im römischen Lateranpalast.

Dieses Attentat, das manche Historiker den gewöhnlichen Handgreiflichkeiten zurechnen, von denen die Urkunden der Zeit zuhauf berichten[18], weist doch aufschlussreiche Züge auf, die sich im Prozess einer allmählichen Ausbildung der Attentatsformen immer wieder beobachten lassen. Sicher lässt sich in diesem Fall nur schwer auseinanderhalten, welchen Anteil an dem Ereignis persönliche Motive oder gekränkte Familienehre hatten, wie viel französische Politik daran war und inwieweit der Angriff auf den Papst seinem Monopol der Auslegung galt.»Weiterhin erklären, sagen, bestimmen und verkünden wir, dass es für das Heil eines jedes menschlichen Geschöpfes notwendig ist, dem Römischen Bischof zu unterstehen«, bestimmt die Bulle *Unam sanctam*.[19] Das heißt: Der Römische Bischof ist der einzige und unbestrittene Prokurist Gottes auf Erden. Im gleichen Zusammenhang steht die alte Frage, ob und wie die Mächtigen über Zufall und Providenz verfügen dürfen.

Bonifatius in Dantes Hölle

Es war nun wieder Bonifatius' Nachfolger, Papst Benedikt XI., der alle Teilnehmer an dem Attentat zu *Söhnen des Verbrechens, Kinder des Satans und Schülern der Verderbnis* erklärte und exkommunizierte.[20] Hingegen wurden die Leiden des Bonifatius, der von seinem eigenen Volk verraten, von Kriegsknechten verspottet und geschlagen worden war, der drei Tage in Todesangst gelebt hatte und am dritten Tage auf wunderbare Weise befreit worden war, mit der Passion des Gottessohnes in Verbindung gebracht.[21] Der Papst ist der Herr der Deutungen. Aber er hat mächtige Konkurrenten, die das bestreiten: Dante Alighieri erblickte in Bonifatius den Verräter der Sache der weißen Guelfen und bestrafte ihn dafür mit seinen Mitteln. Der eben noch amtierende Bonifatius empfängt im Inferno der *Göttlichen Komödie*, die an Ostern des Jahres 1300 spielt, die Vergeltung des Dichters. Dort wird dem Papst aus dem Munde eines seiner Vorgänger seine Strafe verkündet. Im neunzehnten Gesang des *Inferno* steht der

Besucher vor dem köpflings in den Boden gerammten, im Jahre 1280 verstorbenen Papst Nikolaus III., dem das Vergehen der Simonie die grausame Höllenstrafe eingebracht hat. Wie man weiß, bildet Dantes Inferno ja ein riesiges Strafgericht, in das der Dichter alle Übeltäter der biblischen und der weltlichen Geschichte ihren furchtbaren metaphysischen Sanktionen überantwortet. Diese Strafen hat eine mittelalterliche sadistische Imagination ersonnen. Sie werden in subtiler Bildsprache ausgearbeitet und in unerschöpfliche Beziehungen und Bedeutungen verflochten. In diesem gewaltigen Epos, erklärt der große Dante-Interpret Hugo Friedrich, gibt es »keinen Zufall«.[22] Dieses hundert Gesänge umfassende Loblied auf die göttliche Providenz und auf die wunderbar gerechte Ordnung des Jenseits kann keinen Zufall dulden, weder in der Welt noch in der Kunst. Und im Inferno sehen sich daher Männer, die als Attentäter dem Zufall zur Macht in die Geschichte verhelfen wollen, einer bildhaften, hochsymbolischen Sanktion unterworfen. Es ist gleich fein ersonnen, dass die Strafarten, die den Gottesverräter Judas und die beiden Caesarmörder Brutus und Cassius treffen, die ewige Exekution der simonistischen Verräter der Kirche zitieren. Welche Strafe müssen Judas und die Caesarmörder erdulden? Sie sind in die tiefste Hölle verbannt, wo auch der schlimmste Gottesverräter, der einstige Engel Luzifer, das satanische Gegenbild Gottes, schmachtet. Davon berichtet in dramatischen Bildern der vierunddreißigste Gesang des *Infernos*. Luzifer steckt in einem aus den Leibern der Verdammten gebildeten Eissee. Dem Jenseitswanderer Dante erscheint der Satan als eine riesige Windmühle. Ähnlich wie der dreiköpfige heidnische Höllenhund Zerberus hat der Satan drei Gesichter, eines rot, eines zwischen weiß und safran und eines hellbraun. Jedes dieser drei Gesichter Luzifers ruht auf einer Schulter mit zwei riesigen Flügeln. Diese sechs federlosen Flügel schlagen unablässig, sodass durch die ganze Hölle ein eisiger luziferischer Wind fegt:

> Zwei große Flügel ragten unter jedem,
> Wie sie ein solcher Vogel haben mußte;
> Nicht größer sind der Meeresschiffe Segel.

Sie hatten keine Federn, sondern waren
  Nach Art der Fledermäuse, und ihr Flattern
  Ließ dreifach einen Wind von dorther wehen.
Davon war der Kozytos ganz gefroren.
  Er weinte aus sechs Augen, von drei Kinnen
  Rann mit den Tränen blutgemischter Speichel.
In jedem Maul zermalmt' er einen Sünder
  Mit seinen Zähnen, wie um Flachs zu brechen,
  So daß er drei auf diese Weise quälte.
Dem Vordern war viel schlimmer als das Beißen
  Der Krallen Griff, denn oftmals ist der Rücken
  Von seiner ganzen Haut enblößt geblieben.
›Die Seele, die dabei am meisten leidet,
  Ist Judas der Verräter‹, sprach mein Meister.
  ›Der Kopf ist drin, die Beine zappeln draußen.
Von beiden andern, mit dem Kopf nach unten,
  Ist, der vom schwarzen Schopf herabhängt, Brutus;
  Sieh, wie er sich in stummen Schmerzen windet;
Der andere Cassius, mit den starken Gliedern.‹²³

Luzifer quält die drei Verräter Judas, Brutus und Cassius. Dante Commedia. 14. Jh., Italien. (Codex Altonensis, ex Bibliotheca Gymnasii Altonani, Hamburg)

Judas und die beiden Caesarmörder büßen hier als die allerschlimmsten Verräter der Menschheitsgeschichte. Denn als ob er bereits Hegel gelesen hätte, sieht auch Dante die beiden Attentäter als Männer, die gegen die Geschichtsvernunft selbst aufbegehrt haben: gegen die Errichtung des Ewigen Imperium Romanum, das Augustinus von Gottes Providenz getragen wusste.[24] Während diese Verräter mit ihren Köpfen und Beinen in einem der Luzifer-Mäuler stecken und auf ewig von den Zähnen des Ungeheuers zermalmt werden, schmachtet Papst Nikolaus in einem Graben des achten Höllenkreises, wo auch er mit dem Kopf voran in die Erde gerammt ist. Nikolaus, den die Strafe wegen Simonie ereilte, kann seiner furchtbaren Lage wegen den Besucher Dante nicht erkennen. Er hält ihn fälschlich für seinen Nachfolger Bonifatius. Und da Nikolaus wie viele andere Höllenbewohner mit der Prophetengabe ausgestattet ist, kennt er bereits die künftige Strafe des zum Zeitpunkt der Erzählung, Ostern 1300, noch lebenden und amtierenden Bonifatius. Das literarische Strafattentat auf Bonifatius zeigt eine Reihe von Analogien zur Peinigungsform der beiden Attentäter Brutus und Cassius; auch er ist zur Hälfte in die Strafmaschinerie versenkt.

> Ich sah dort an den Hängen und im Grunde
> > Den fahlen Stein von Löchern überzogen
> > Von gleicher Weite und von gleicher Rundung.
> Sie schienen mir nicht enger und nicht weiter
> > Als die in meinem schönen San Giovanni,
> > Die dort den Priestern dienen bei der Taufe.
> Das eine hab ich, noch sinds nicht viel Jahre,
> > Zerschlagen, weil ein Kindlein drein gefallen;
> > dies sei für jeden ein untrüglich Zeichen.
> Aus jenem Schlunde sah man aufwärts ragen
> > Die Füße und die Beine eines Sünders
> > Bis zu den Waden, und der Rest war drinnen.
> An allen diesen brannten beide Sohlen,
> > Weshalb so heftig die Gelenke zuckten,
> > Daß sie ein jedes Tau zerrissen hätten.[25]

Illustration zu Dantes »Göttlicher Komödie« von Gustave Doré: Inferno 19. Papst Nikolaus und die Simonisten, zur Strafe in taufbeckengroße Erdlöcher gerammt. (1862)

Das also erwartet demnächst das Attentatsopfer von Anagni, den noch lebenden Bonifatius: Umgekehrt stecken die Simonisten, die Verbrecher, die ihr kirchliches Amt durch Vermögenstausch erwarben, mit dem Kopf in einem Loche, das den Taufbecken in den Kirchen ähnelt. Auf ihren Fersen brennt ein Feuer, so dass diese Gemarterten dauernd mit den Gelenken zucken. Man könnte es als eine Art antitypischer Taufe, als rückgängig gemachte Taufe ansehen. Zugleich ist das Lebendigvergrabenwerden eine bis in die Neuzeit hinein übliche Strafe für bestimmte Verbrechen. Antitypisch sind die Umkehrung, der Sturz in das Becken sowie der Tausch der Elemente Feuer gegen Wasser. Papst Nikolaus weiß, dass er in das Loch stürzen wird, sobald Bonifatius an seine Stelle tritt, und er möchte – da er an dessen Ankunft glaubt – den endgültigen Fall durch eine Beichte hinauszögern. Dantes Führer Vergil verschafft seinem Begleiter Gelegenheit zum Gespräch mit dem einstigen Pontifex, indem er ihn zum nächsten, tiefer gelegenen Graben trägt, von wo aus Dante mit dem Delinquenten gleichsam von unten sprechen kann. Das Gespräch gibt dem Jenseitswanderer, der als Dichter in den Genuss dieser eschatologischen Zeit gelangt, willkommene Gelegenheit, etwas von der künftigen Geschichte zu erfahren.

Das Attentat auf König Heinrich IV. am 14. Mai 1610

Welche Strafen musste ein wirklicher Königsmörder, der Attentäter, der den französischen König Henri IV. tötete, erdulden? Zunächst zum Tathergang. Es war Freitag, der 14. Mai 1610, als König Heinrich IV. aufbrach, um seinen alten Freund und Kampfgefährten, Maximilien de Béthune, den Duc de Sully, im Arsenal aufzusuchen. Er reiste in einer Karosse und in Begleitung von zwei Herzögen und Marschällen. Hinter dem Wagen ritt ein kleines Gefolge. Die Eskortierung durch seine Garde hatte der König abgelehnt, obwohl es bereits zahlreiche Attentatsversuche gegen ihn gegeben hatte. Als der Wagen in einer engen Straße halten musste, weil ein mit Heu und Wein beladenes Gefährt entgegenkam und den Weg versperrte, sprang ein junger Mann auf die Speichen von Heinrichs Wagen und stieß einen Dolch zweimal in die Brust des Königs. Ein dritter Stoß traf den Begleiter. Der König rief noch »Je suis blessé«, dann begann er aus den Stichwunden und dem Mund heftig zu bluten. Der begleitende Herzog d'Epernon ließ den Attentäter festnehmen und dirigierte die Kutsche zurück in den Königspalast. Als man dort eintraf, war Heinrich IV. bereits seinen Verletzungen erlegen. Der Täter, der einunddreißigjährige François de Ravaillac aus Angoulême, kam aus zerrütteten Familienverhältnissen. Während der Vater und die Schwestern das gemeinsame Haus verlassen hatten, war er bei der überaus frommen Mutter geblieben. Als gläubiger Katholik hatte François vergeblich den Übergang von der Protektion durch die Mutter in ein geregeltes Ordensleben gesucht. Kurz war er als Laienbruder bei den Feuillants, einer Kongregation der Zisterzienser, eingetreten. Man hatte ihn aber wieder aus dem Orden entlassen, weil er nach eigener Auskunft bei Andachten Visionen hatte. Dies schien den Oberen ein gefährliches Zeichen für eine seelisch-geistige Störung. Daraufhin versuchte Ravaillac, bei den Jesuiten unterzukommen. Aber die wiesen ihn zurück, weil er zuvor Mitglied eines anderen Ordens gewesen war. Diese zweifache Zurücksetzung hat offenbar an den seelischen Reserven des Mannes so gezehrt, dass er jede Widerstandskraft gegen die dämonischen Einflüsterungen, die ihn zu dem Attentat aufforderten, verlor. Ravaillac hatte vor der Mordtat einige Zeit in Schuldhaft gesessen. Und auch dort wurde er von Visionen heimgesucht. Modern gesprochen, waren es paranoische Interpretationen wirrer Sinnesdaten. In Ravaillac festigte sich die Überzeugung, dass der König Krieg gegen den Papst führen und den Heiligen Stuhl nach Paris verlegen wollte.[26] Das glaubte er aus Äußerungen von Priestern und Soldaten herausgehört zu haben. Ein solcher Krieg wäre eine Ruchlosigkeit gewesen, eine Blasphemie, die den gläubigen jungen Mann in höchste Erregung versetzte. Ravaillacs Lesart all dieser Zeichen fand allerdings einen Anhaltspunkt in der Tatsache, dass der König nicht unbedingt als treuester Sohn der katholischen Kirche gelten konnte. Im Laufe seines Lebens hatte Heinrich sechs Mal den Glauben gewechselt. Heinrich war als Sohn eines Mannes von erstem königlichen Geblüt, Antoine de Bourbon, und von Jeanne d'Albret, der Erbin des kleinen Königreichs Navarra, 1553 geboren und katholisch getauft worden. Doch Mitte der fünfziger Jahre wandten sich seine Eltern dem Calvinismus zu, und die Kinder folgten ihnen. Als der Vater wenig später mit Heinrich an den königlichen Hof in Paris zurückkehrte, nahmen beide wieder den katholischen Glauben an, während in Navarra 1560 der Calvinismus zur Staatsreligion erhoben wurde. In der Bartholomäusnacht zum 24. August 1572 erlebten die Konfessionskriege ihren blutigen Höhepunkt, als auf Betreiben der von Spaniens Philipp II. geführten katholischen Liga der Führer der Hugenotten, Gaspard de Coligny, sowie einige tausend Hugenotten umgebracht wurden. Viele von ihnen waren als Gäste nach Paris gekommen, um an der Hochzeit Heinrichs mit Katharinas Tochter Marguerite, der Schwester des Königs Karl IX., teilzunehmen. Die

Hochzeit, für die Heinrich nach der Rückkehr zum Calvinismus seinen dritten Glaubenswechsel vollziehen musste, sollte eine Versöhnungsfeier werden. Doch als er nach dem Tod seiner Mutter 1576 das Erbe in Navarra antrat, bekannte sich Heinrich wieder zur Partei der Hugenotten.

Da war in Paris bereits im Jahre 1574 König Karl IX., Katharinas ältester Sohn, gestorben, und sein jüngerer Bruder Heinrich von Anjou hatte als Heinrich III. den Thron bestiegen. 1584 starb dann noch der jüngste Bruder des Königs, und König Heinrich III. von Navarra, der nachmalige Heinrich IV. von Frankreich, avancierte zum ersten Thronanwärter. Die Krone bemühte sich daher intensiv darum, im Einverständnis mit dem König von Navarra und dem Führer der Hugenotten die konfessionellen Streitigkeiten beizulegen. Doch dann erlag König Heinrich III. von Anjou am 2. August 1589 den Verletzungen, die ihm Tags zuvor der Dominikaner Jacques Clément bei einem Attentat mit einem vergifteten Dolch zugefügt hatte. Clément fühlte sich zu der Tat genötigt, weil er den König als einen eidbrüchigen Willkürherrscher betrachtete, der sich um eine Verständigung mit den ketzerischen Hugenotten bemüht hatte. Tatsächlich übernahm jeder französische Souverän mit dem Krönungseid ausdrücklich die Verpflichtung, alle Ketzer im Lande auszurotten.[27] Clément glaubte an den Schwur und nicht an Diplomatie. Bei den Attentaten auf Frankreichs Könige spielte die Lehre vom Tyrannenmord eine große Rolle, die zu dieser Zeit in allen Lagern erneut debattiert wurde.[28] Während Luther und Calvin den Tyrannenmord untersagten, hießen ihn die Jesuiten ausdrücklich gut. Das machte sie dann stets verdächtig, wenn ein König von Mörderhand fiel. Diesmal starb also der durch Cléments Messerstich in den Unterleib verletzte König Heinrich III. Noch auf dem Totenbett empfahl er den Schwager Heinrich von Navarra als seinen Nachfolger, obwohl der 1576 nach dem Tod seiner Mutter dort den Thron bestiegen hatte und zum Protestantismus zurückgekehrt war. Er hatte ihm aber auch nahe gelegt, sich mit dem Papst auszusöhnen und erneut zum katholischen Glauben zurückzukehren. Nach einem Zwischenregiment des von der katholischen Liga zum König ausgerufenen Onkels von Heinrich, Charles de Bourbon, der dann gleich wieder 1590 verstarb, konvertierte Heinrich am 25. Juli 1593 in der Kirche Saint-Denis in Paris. Die Krönung fand ein gutes halbes Jahr später am 27. Februar 1594 in der Kathedrale von Chartres statt.

Kaum lässt sich heute noch die ungeheure Erbitterung verstehen, mit der sich beide Parteien während der auf grausamste Weise geführten Konfessionskriege gegenüberstanden. Ging es doch im Kern nur um die Frage, ob nun der Gottessohn in der konsekrierten Hostie fleischlich präsent oder repräsentiert war. Es ist aber exakt diese Frage der Realpräsenz und der Repräsentation, die sich als Ungewissheit, als Besorgnis, Obsession, Wahn und Glaube durch die Historie der Attentate zieht. Der Attentäter als Ikonoklast zerschlägt ein Bild, das die Realpräsenz der Macht nicht sichert. Heinrichs Mörder, François Ravaillac, berichtete in seinen Verhören, dass er immer wieder Hostienvisionen hatte, ehe er sich zu der fatalen Tat aufraffte und den Ketzerkönig in den Tod schickte.[29]

Mörderkörper und Königskörper

König Heinrich IV. war französischer Meister im Konfessionswechsel. Da er beide Seiten aus eigenem Erleben so gut kannte, erzielte er mit seinen Bemühungen um Verständigung zwischen den religiösen Parteien durchaus Erfolge. Doch seine Vergangenheit als Haupt der Hugenotten trug dazu bei, dass Heinrich weiter als Erzfeind des Papstes und des Erlösers durch die Visionen und Delirien des Attentäters François Ravaillac geisterte. Leider gingen die Untersuchungsrichter in ihren peinlichen Verhören Ravaillacs allein dem Verdacht einer Verschwörung nach. Den Richtern von aristokratischem Geblüt versagte sich die Vorstellung, dass ein so einfacher Mann ganz allein auf die Idee verfallen sein konnte, den König zu ermorden. Immer wieder fragten sie nach Mitverschworenen oder nach dem politischen Drahtzieher. Aber Ravaillac bestand offenbar wahrheitsgemäß und am Ende auch zerknirscht auf seiner Alleintäterschaft. Immerhin erfährt man aus den Verhörprotokollen, dass Ravaillac von der Idee besessen war, die Hugenotten könnten für die Massaker der Bartholomäusnacht Rache nehmen und dabei mit der Unterstützung des Königs rechnen. Ravaillac berichtet auch von verschiedenen wieder aufgegebenen Attentatsversuchen. Mehrmals wollte er sich durch die Beichte von der Zwangsvorstellung lösen, den König töten zu müssen. Andere Attentatsversuche, die er an Weihnachten 1609 und an Ostern 1610 unternehmen wollte, führte er nicht aus. Die endgültige Entscheidung zur Tat fiel dann an Ostern 1610, als Ravaillac in der Nähe des Ortes Estampes, wo er schon einmal seine Mordwaffe zerbrochen hatte, auf ein Bild des Erlösers als *Ecce Homo* stieß, der sich, die Haut von Geißelhieben geädert, mit Dornen gekrönt, zerrissen und blutig dem Spott der Menge ausgesetzt sah. Jetzt war der Entschluss endgültig. Im Bild des *Ecce Homo* empfing Ravaillac dann die Vision seiner eigenen Strafe, ehe er sich nach Paris begab.[30]

Vielleicht ist Ravaillac der erste moderne Attentäter, der ganz unter der Macht eines Bildes stand, als er sich zur Tat entschloss. Die paranoische Vision, dass der Auftritt des irdischen Königs, des ketzerischen Herrschers, die ganze Welt entstellen könnte, entsprang dem Bild des himmlischen Königs, des erniedrigten Erlösers. Ravaillacs Richter aber suchten bis zum letzten Augenblick nach einer Verschwörung. Täter- und Opferparanoia, das Delirium des Einzelgängers und das des Staates, sind kongruent. Immer fragt der Staat nach den Büchern und Anstiftern. Doch ob die Traktate der jesuitischen Theologen, die im Zeichen der Gegenreformation das Recht auf Tötung eines Tyrannen bekräftigten[31], auch Clément und Ravaillac beeinflusst hatten, fragten sie nicht. Rund 20 Anschläge auf das Leben König Heinrichs verzeichnet die Geschichte. Das Wort vom Tyrannen perlte den Priestern jener Zeit rasch von den Lippen. Wer darf ihn töten? Seit Augustinus blieb stets unbestritten, dass Gott selbst den Auftrag vergeben konnte, einen Tyrannen zu beseitigen.[32] Wer durfte sich einem Befehl Gottes widersetzen? Ravaillac steckte in einer privaten Gottesverschwörung.

Der Königsmörder ist das absolute Gegenbild zum König. Ihre Konfrontation stellt eine gleiche Symmetrie nach, die die Strafgerichtslogik der *Göttlichen Komödie* zwischen Gott und dem Satan errichtet. Gott residiert im Zentrum des obersten Himmels, Luzifer ist im Zentrum des Erdinnern in die Eiswüste gerammt. Und so wie die Höllenstrafe der Verräter und Attentäter die Position Gottes umkehrt, so spiegelt die Exekution eines Königsmörders noch in der Neuzeit die königliche Emblematik.

Die Ermordung des Königs Henri IV. durch Ravaillac sowie die Folterung und Hinrichtung des Mörders.[33]

Zeitgenössische Stiche illustrieren die Mordtat und die Bestrafung des Mörders. Die untere Bildhälfte zeigt die Szene des Attentats. Der Wagen des Königs mit seinen vier Begleitern hält wegen des entgegenkommenden Gefährts, und unten sieht man Ravaillac in die Speichen treten, um seine Waffe auf den König zu richten. Gegen den Uhrzeigersinn geht dann die Bildgeschichte fort. Oben rechts wird der verurteilte Ravaillac auf einem zweirädrigen Karren vor das Hauptportal von Notre Dame gefahren. Dort sollte er, nur mit einem Hemd bekleidet und einer brennenden, zwei Pfund schweren Fackel in der Hand, bekennen, dass er »unseliger- und verräterischerweise besagte höchst erbärmliche, höchst abscheuliche, höchst ruchlose Freveltat begangen und besagten Herrn und König durch zwei Messerstiche in den Leib getötet« habe, welches er bereue und wofür er Gott, den König und die Richter um Verzeihung bitte. Der Stich zeigt dann die einzelnen Akte der Bestrafung: Zunächst wurde Ravaillac zur Exekution auf die Place de Grève gefahren. Ehe die Martern begannen, forderte man den Delinquenten erneut auf, seine Mitverschworenen zu nennen, obwohl er bereits in allen vorhergehenden Foltern auf seiner Alleintäterschaft bestanden hatte. Auf dem nächsten Bild der Sequenz sieht man, wie die Hand mit der Mordwaffe mit glühendem Schwefel verbrannt wird. Daran anschließend wird gezeigt, wie der Mörder auf ein kreuzartiges Rad geflochten, mit glühenden Zangen gezwickt und in die Wunden geschmolzenes Blei, kochendes Öl und kochendes Harz gegossen wird. Das ist das antitypische Bild zur Salbung des königlichen Leibes. Erneut fordert ihn der Gerichtsschreiber auf, seine Komplizen beim Namen zu nennen. Wieder beharrt der Gemarterte darauf, die Wahrheit gesagt zu haben. Das Hinrichtungsprotokoll vermerkt nach dieser Marter, dass man dem Delinquenten jetzt eine Pause gewährte, damit er das Sterben besser spüren würde. Seine Seele sollte »Tropfen um Tropfen« aus dem Leib träufeln, wie man es ausdrückte.[34] Schließlich sieht man, wie der Delinquent von vier Pferden, die an seinen Gliedmaßen ziehen, zerrissen wird. Links im Hintergrund brennt bereits das Feuer, das darauf wartet, die Glieder und den Leib des Mörders in Asche zu verwandeln, die anschließend alle vier Winde zerstreuen sollten. Auch das Geburtshaus des Mörders wurde zerstört, der Eigentümer entschädigt, aber das schloss die Bestimmung ein, dass an dieser Stelle niemals ein anderes Gebäude errichtet werden durfte. Die Familie musste innerhalb von vierzehn Tagen das Königreich Frankreich verlassen und durfte bei Strafe des Erhängens nie zurückkehren. Der gesamten Familie und allen Verwandten wurde es untersagt, den Namen Ravaillac zu führen.

Eschatologische Zeitspenden

Das ist die Strafe für Königsmord, die Umkehrung der Heiligen Salbung und Parodie der symbolischen Gesten, die den König in einer Genealogie von Blut und Namen sowie im historischen Gedächtnis verankerten. Dabei darf man nicht vergessen, dass sich der Täter, der verrückte, von Visionen und Gottesstimmen zum Mord getriebene Ravaillac, selbst in der Nachfolge des Gekreuzigten wähnte. Die alte beschämende Marter, aufs Rad geflochten zu werden, hält die Erinnerung an die Kreuzesstrafe wach. Die lange Zeit der Exekutionsmarter, das tröpfchenweise Verfließen der Mörderseele, setzt einen Karneval der sonst ins Martyrium eingeflochtenen eschatologischen Zeit in Szene. Die Legenden und Martyrologien berichten: Der Märtyrer ist tot, in Folge einer scheußlichen Zerfleischung tot, aber er spricht doch noch einmal als Toter, um seinen Anspruch auf Heiligkeit, auf den Eintritt ins Kollegium der Apostel und Heiligen zu erklären. So geschah es dem einem Attentat zum Opfer gefallenen Märtyrerbischof Petrus von Verona: Das Schwert seiner Mörder im Schädel, das Messer im Herzen, zu Boden gestürzt, die Seele bereits unterwegs in die Seligkeit, spricht er noch einmal das Glaubensbekenntnis.[35] Oder es tritt ein Delegierter auf wie der von der *Legenda aurea* für den Erzbischof Thomas Becket zur Apostelkonspiration entsandte tote Jüngling, der die kleine Dosis eschatologischer Zeit in Empfang nimmt. Diese Gabe bietet eine Kostprobe jener Ewigkeit, die am Ende der kosmischen Zeit die Welt in ihre Arme nehmen wird. Der vom Bischof Augustinus nach 410 beschriebene Gottesstaat verwaltet diese Ewige Zeit. Dantes *Göttliche Komödie* liefert hierzu einen Erfahrungsbericht. Was darf man von der Ewigkeit erwarten? Der Geist oder vielmehr die Zeitphilosophie des Kirchenvaters Augustinus ist daher auch auf dem Schafott gegenwärtig, weil nach seiner Lehre das Elend der Welt mit einem Mord einsetzte. Im *Gottesstaat* erinnert Augustinus daran, dass der Mörder Kain auch für den Beginn der schrecklichen Weltzeit verantwortlich ist:

Der erste Gründer des irdischen Staates also war ein Brudermörder, denn er tötete, von Neid übermannt, seinen Bruder,

der als Bürger des ewigen Staates auf dieser Erde ein Fremdling war. So ist es kein Wunder, daß lange hernach bei Gründung der Stadt, die das Haupt des irdischen Staates, von dem wir reden, werden und über so viele Völker herrschen sollte, (...) das Abbild in seiner Art entsprach. Denn auch hier ereignete sich dieselbe Schandtat.³⁶

Bei jedem Mord also erwacht die Erinnerung an dieses unglückliche erste Ticken der Weltzeit. Es ist eine zeitmetaphysische Gedächtnisfeier. Und so spricht auch der Mörder, nachdem ihm bereits ein paar Glieder abgerissen wurden, noch das Gebet *Sacra Regina* an die Heilige Jungfrau.³⁷ Täter und Opfer wenden sich an die gleiche konspirative Heilige Familie. Alles ist hier Konspirations- und Gedächtnispolitik. Der Attentäter wird durch die Serie der Martern getrieben, um ihm die Namen der Verschwörer zu entlocken, aber der einzige konspirative Name, den er nennen kann, ist der Name Gottes. Während sich der Leib des Mörders mitsamt seinem Namen in Nichts auflöst, salben die Ärzte den Leib des Königs für die Ewigkeit. Das erzählt Heinrich Mann ausführlich in seinem zweibändiger Roman *Die Jugend des Königs Henri Quatre* von 1935 sowie *Die Vollendung des Königs Henri Quatre* von 1938. Diesen Roman schrieb der Autor zum größten Teil während seines Exils, und er ist durchsichtig auf viele Ereignisse der Jahre nach 1933. So wird etwa die Bartholomäusnacht in Beziehung zu den Gräueln der Nazis gesetzt. Auch Mann kann es sich nicht versagen, den Tod des Königs einer Verschwörung der Jesuiten zuzuschreiben. Dabei bedient er sich eines modernen Klischees. Offenbar konnte er das Dritte Reich nicht anders verstehen. So erhebt Heinrich Mann den toten König zu einem Propheten einer glücklichen Zukunft, zum Propheten einer Verschwörung des Guten, wenn er ihn im letzten Kapitel des Buches von einer goldenen Wolke herab auf Französisch eine Ansprache halten lässt, in der er den Ewigen Frieden in der Welt prophezeit. So lautet die kurze Passage über die Aufbahrung des königlichen Leibes, des heiligen Gegenleibes zum zerrissenen Mörderleib:

Gegen Mitternacht wurde der Körper in weiße Seide gekleidet. Den Tag nachher öffnete ihn die Fakultät und entnahm die inneren Organe, damit sie nach Saint-Denis gebracht würden. Das Herz war den Jesuiten versprochen; indessen ergaben die Umstände und Anzeichen, daß es besser wäre für andere wie für die Väter, sie geduldeten sich. Der balsamierte Leichnam wurde ausgestellt, das war nicht wohl zu vermeiden; wer möchte verdächtigt werden, als wäre der Leichnam sein Werk.[38]

Der ausgestellte Leichnam demonstrierte für alle Augen, dass der König tot war. Und dass er zugleich nicht tot war, sondern dass alle Künste aufgeboten wurden, ihn vor der Auflösung zu bewahren. *Le roi ne meurt jamais*, lautet eine Devise der französischen Juristen. Der gesalbte Leib enthält das Bild des ewigen Leibes. Aber die Rede von den zwei Körpern des Königs entspringt der Not des irdischen Staates.[39] Die Ravaillacs demonstrierten bis zur Hinrichtung Ludwigs XVI. am 21. Januar 1793, dass dieser Satz nichts gegen die Zufälle auszurichten vermag. Und getrieben vom Sturm dieser Paradoxien sucht die Weltgeschichte ihren Weg durch das Meer der Kontingenzen zum Ewigen Frieden.

Das Attentat auf Johannes Paul II. am 13. Mai 1981

Ein weiteres Attentat auf einen Mann der Kirche und des Glaubens führt ins 20. Jahrhundert, in das Jahrhundert, in dem die Zahl der Attentate in aller Welt überproportional zunahm. Am Mittwoch, dem 13. Mai 1981, kurz nach 17 Uhr gab der dreiundzwanzigjährige türkische Staatsangehörige Mehmet Ali Agca mitten auf dem Petersplatz, aus einer Menge von zwanzigtausend Menschen, die dem Pontifex Maximus huldigten, mit einer Pistole drei Schüsse auf Papst Johannes Paul II. ab. Der seit Oktober 1978 amtierende Papst wurde durch einen Treffer in den Bauch schwer verletzt. Nach seiner Einlieferung in das San Gemelli-Hospital wurden mehrere Operationen vorgenommen, die das Leben des polnischen Oberhauptes der katholischen Kirche retteten. Außer dem Papst verletzten Agcas Schüsse noch zwei Touristinnen. Es wurde rasch bekannt, dass der Attentäter als Jugendlicher Mitglied der rechtsextremen türkischen Bewegung der Grauen Wölfe gewesen war. Weiter erfuhr man, dass er am 1. Februar 1979 den liberalen türkischen Journalisten Abdi Ipekci, Chefredakteur der Zeitung *Milliyet*, umgebracht hatte. Dieses Verbrechen hatte Agca eingeräumt, nachdem er von einem Gesinnungsgenossen denunziert worden war. Doch im November 1979 befreiten ihn Anhänger der faschistischen Partei aus dem Istanbuler Gefängnis, und Agca erschoss seinen Denunzianten. Zwei Tage nach dieser Flucht kündigte er gegenüber der Zeitung *Milliyet* sein Vorhaben an, den Papst, der für den 28. November seinen Besuch in der Türkei angekündigt hatte, zu ermorden. Die Biografie Agcas und seine Verbindung zur nationalistisch-religiösen Bewegung der Grauen Wölfe nährten gleich den Verdacht, dass es sich bei dem Attentat um einen von langer Hand geplanten Versuch gehandelt habe, einen verhassten Kirchenmann und einen Unterstützer der polnischen Solidarnosc-Bewegung zu liquidieren. Zu den unzähligen Tatversionen, die in der Öffentlichkeit zirkulierten, zählte auch Agcas Aussage, er sei Mitglied der Volksfront zur Befreiung Palästinas. Die Verwirrung und die Spekulationen wuchsen ins Ungeheure, als Agcas Behauptung bekannt wurde, er habe mit drei Vertretern des bulgarischen Geheimdienstes namens Todor Aivasov, Sergej Antonov und Vassilev Kolev gemeinsame Sache gemacht. Die bulgarische Regierung habe auf die Ermordung des Papstes eine Prämie von rund drei Millionen Mark ausgesetzt, die den Grauen Wölfen zufallen sollte. Die Verschwörer, zu denen Agca auch seinen alten Kumpel Oral Celik zählte, hätten verabredet, dass einer von ihnen eine Handgranate werfen, schießen und Verwirrung stiften sollte, damit er, Agca, in dieser Panikstimmung entkommen könnte. Der italienische Untersuchungsrichter pickte sich aus den vielen wirren Aussagen Agcas dieses Märchen heraus, wonach er im Auftrag des bulgarischen Geheimdienstes gehandelt habe, und ließ am 25. November 1982 den stellvertretenden Direktor der bulgarischen Luftlinie Balkan Air, Sergej Antonov, verhaften. Kurz zuvor hatte die amerikanische Journalistin Claire Sterling in einem *Reader's Digest*-Artikel Agcas Geschichte aufgegriffen und bestätigt, dass das Mordkomplott vom bulgarische Geheimdienst gesteuert sei. Diese Lesart walzte sie dann in einem ganzen Buch aus,[40] wenn auch ein bulgarischer Offizieller, der den stolzen Titel eines Generaldirektors der Bulgarischen Telegrafenagentur trug, diese Theorie zurückwies.[41] Obwohl Agca auch zu Protokoll gegeben hatte, dass er im Dienste Interessierter im Vatikan geschossen habe, hielten sich Spekulationen, wonach mal ein östlicher, mal ein westlicher Geheimdienst das Attentat in Auftrag gegeben hatten, am zähesten in der Welt.[42] Weder die Zeitungen noch die Ermittlungsrichter brachten Licht in die Affäre. Papst Johannes Paul wiederum glaubte, das Attentat sei die Erfüllung der dritten Prophezeiung gewesen, die die Nonne Lúcia dos Santos als Zehnjährige gemeinsam mit ihrer Cousine Jacinta Marto und ihrem Cousin Francisco Marto im Jahre 1917 bei Fatima empfangen haben will. Diese Lesart des Attentats gab der damalige Subdekan des Kardinalkollegiums Joseph Ratzinger im Presseamt des Vatikans bekannt.[43] Sehr viel mehr spricht inzwischen wieder dafür, dass Agca als Alleintäter gehandelt hat. Er wurde von einem römischen Gericht zu lebenslangem Kerker verurteilt, im Jahre 2000 amnestiert und der türkischen Justiz überstellt, die ihn im Januar 2010 aus der Haft entließ.

Auf unvergleichliche Weise bedient Agca alle paranoischen Vernünfte, die mit den Daten dieses Attentats befasst wurden. Seine Aussagen geben für verschiedene Konspirationen Material her: Gott selbst, der bulgarische Geheimdienst, der sowjetische Geheimdienst, die Grauen Wölfe oder vielleicht sogar der CIA, wie der französische Advokat Christian Roulette und nach ihm Valeska von Roques behaupten.[44] Inzwischen hat Agca mehrfach verlautbart, dass er der Messias sei, auf den die Gläubigen aller drei Religionen, Christen, Muslime und Juden, warteten. Zuletzt ließ er im Februar 2006 seine Anwälte in einer Mitteilung an *The Associated Press* erklären, er sei nicht nur der wahre Messias, sondern er schreibe auch »die einzig wahre vollkommene Bibel«. Der verhinderte Mörder hatte auf seinen Doppelgänger geschossen. Weitere Mitteilungen benötigt die Welt nicht, um in Agca einen Mann zu erkennen, der ganz nach dem

Vorbild so vieler religiös inspirierter Attentäter die Waffe erhoben hat. Ein Attentat ist eine Nachricht an die Welt wie das Martyrium, worin Gott seinen Nachrichten in Rätselgestalt verbreitet.

Papst Johannes Paul II. verzeiht seinem Attentäter Agca.

Die milde Gabe clementia

Agcas Anschlag von 1981 zeigt keine Gemeinsamkeit mit dem Attentat auf Papst Bonifatius im Jahre 1303, als eine schwer gekränkte und durch franziskanische Endzeit-Theologie hypnotisierte Fraktion von Bürgern, Adligen und Diplomaten den Kirchentyrannen in die Enge trieb. Schon mancher Attentäter rieb sich kurz nach der Tat die Augen, als der Beifall von Gottes Hand ausblieb. Der Gott der Providenzkonspiration beklatscht nur den Erfolg. Papst Johannes Paul II. war sich daher später doch auch wieder sicher, dass trotz der Fatima-Prophezeiung von 1917 die Mutter Gottes das Projektil des Attentäters abgelenkt hatte. Er konnte behaupten, dass bisweilen die

Himmlischen gegen den technischen Gang der Dinge konspirieren. Welch imperial begnadeter Politiker auf den Sitz Petri gelangt war, zeigte sich zwei Jahre nach den Pistolenschüssen, die ihn hätten töten sollen: Der Papst begab sich in die Gefängniszelle des Attentäters Agca und verzieh ihm.

Das ist die große Geste des Souveräns. Verzeihen, sagte einst Heinrich Heine, das ist Gottes Job.[45] Besser noch, wenn auch die Mächtigen den Gottesjob machten. Gut achtzehnhundert Jahre vor Heines Bemerkung hatte Seneca eine Schrift über die Milde *De clementia* an die Adresse seines achtzehnjährigen Zöglings Nero gerichtet. In dieser Abhandlung, die beim angehenden Halbgott Nero wenig ausrichtete, erinnerte Seneca an den göttlichen Kaiser Augustus, der einst dem Attentäter Cinna verzieh und ihm sogar seine Freundschaft anbot.[46] Die humane Souveränität besteht seit der neuzeitlichen Diskussion über die Milde eben in dieser Geste: dem gescheiterten Mörder zu vergeben. Das versuchte ja auch Kaiser Napoleon, der seinem Attentäter Friedrich Stapß das Verzeihen anbot. Nur zu gern wäre auch er in die Rolle des milden Souveräns geschlüpft. Aber Stapß war durch einen Gotteseid gebunden. So spielte Napoleon seine Rolle eben doch nicht vollkommen. Denn der wahre Souverän der *clementia* verzeiht ohne jede Bedingung. Die *clementia* ist kein Deal. Das bedingungslose Verzeihen unterscheidet sich im Grunde nicht von der bedingungslosen Vernichtung des Täterkörpers, die die Richter zur Bestrafung François Ravaillacs anordneten. Den Täter in Staub und Vergessen aufzulösen, um das Opfer in seiner gesalbten Souveränität sichtbar werden zu lassen, heißt im Prinzip das gleiche wie die souveräne Geste, die dem Täter nicht nur das Leben, sondern auch noch das Verzeihen, die Gnade und die Freundschaft schenkt, um ihn so in seiner Verirrung einzuschließen.

DER BETRIEB DER
PARANOISCHEN VERNUNFT I

| Zuständigkeitsfragen
| Die puritanische Rationalität und die Gnade der Effizienz
| Kant und die rasende Vernunft
| Psychiatrie der Paranoia, Paranoia der Psychiatrie
| Die Paranoia der Dichter (1): Oskar Panizza
| Die Paranoia der Dichter (2):
    Karl Kraus und Elias Canetti
| Freuds Talmudismus
| Docteur Lacan (1)
| Pierre Legendre: das Attentat des Gefreiten Denis Lortie

Zuständigkeitsfragen

Weil die Paranoia so viele Erscheinungsformen und so verschiedene Namen kennt, bleibt es unklar, welche Disziplin für die Paranoia zuständig ist. Als Karl Ludwig Kahlbaum 1863 bestimmten Störungen der Intelligenz und des Verhaltens den griechischen Namen *Paranoia* gab,[1] der dann in vielen Sprachen heimisch wurde, hatten sowohl Ärzte, als auch Theologen, Juristen und Schriftsteller ihre Erscheinungsformen beschrieben. Und nicht immer wurde sie als Krankheit erlebt. Das griechische Wort παρανοέω bezeichnet zunächst eine Form von Missverstehen und erst in zweiter Hinsicht eine mentale Störung oder wie in Platons *Nomoi* 928e Verrücktheit. Waren die Einflüsterungen des Daimon, von denen Sokrates berichtet, ein Delirium? Litt Jesus an »epilepsoider Neurose«[2], wie Nietzsche meinte? Hatte Paulus bei Damaskus eine Halluzination? War Caligula verrückt? Litt Napoleon an Größenwahn? Längst hat sich die Psychiatrie der Paranoia bemächtigt und ein klinisches Bild dieser Anomalie festgeschrieben.

Die klinische Paranoia beschreibt die Symptome Verdacht, Angst, Verfolgungswahn, Größenwahn, Kontakte mit Göttern, Revisionen der Herkunft und Halluzinationen.[3] Die Klinik erfasst aber nur die dramatische Erscheinung einer alltäglich auftretenden und weit verbreiteten Neigung zur Paranoia im Sinne der *artifiziellen Deutung*. Zumal die paranoische Fatumsgewissheit auf extrem artifizielle Weise zufällige Zeichen montiert und deutet, die dem Einzelnen oder der ganzen Welt Gutes oder Böses verheißen. Sie ist die Krankheit der Welthistorie. Als Filiale oder Exzess der Vernunft ist die artifizielle Interpretation der Paranoia daher nicht nur eine Sache der Psychiater. Sie beschäftigt die Politik, die Religion, die Philosophie, die Literatur, denn diese Betriebsart mit ihren wahnhaften Deutungen gibt sich als Vernunft und betätigt sich in allen Fakultäten, wenn sie sich auch nach Graden, nach Kreativität und vor allem nach Erfolg unterscheiden lässt. Die Vernunft als Oberbehörde des Denkens verwaltet ganz verschiedene Betriebsarten des Wahns.

Welche Vernunft ist zuständig für diesen vernünftigen Wahn? Wie haben Theologen, Juristen, Philosophen, Psychiater, Schriftsteller und Physiologen ihren *Mechanismus*, wie Freud sagen wird, erklärt? In den ersten Kapiteln dieses Buches konnte man eine Parade prominenter Paranoiker abschreiten und ihre Handlungen, Gedanken, Werke, Delirien studieren: Man blickte in die Akten von Herrschern, Kranken, Attentätern, Philosophen, Literaten. Die paranoische Vernunft dieser Männer, sofern ihre Leistungen nicht allein auf Krankenblättern niedergelegt wurden, sprach als eine zumeist welthistorisch ausgerichtete und im Erfolgsfall eschatologisch, militärisch, politisch und philosophisch wirksame Macht der Gewissheiten. Die Paranoia ist eine Interpretation, und es ist nicht übertrieben zu sagen, dass Interpreten die Spindel der Welt drehen wie einst nach Platon die Moiren: Die Propheten, Jesus, die Päpste, Luther, Calvin, Marx, Lenin waren Interpreten. Ihre Interpretationen leiteten welthistorische Veränderungen ein. Denn wer als Herrscher, Reformator, Prediger, Mörder, Denker oder Dichter in der Weltzeit nachhaltige Taten vollbringen will, der erhebt seine Zunge, seine Feder oder sein Schwert nicht gegen den ersten besten Nebenmann, sondern gegen gewaltige Feinde, und er glaubt Götter, Vorsehungen, Völker, Weltgeister, Naturgesetze oder Menschenrechte an seiner Seite. Wer aber ist Freund, wer ist Feind? Wer hilft hier zu unterscheiden? Das führt zu ewiger Unruhe. Denn um sicher zu gehen, montiert der paranoische Beweisgang in minuziöser Kleinarbeit Texte, Zeichen, Blicke, Gesten, Träume, Flimmern, Gedanken, ja selbst den Flug der Fliegen zu Botschaften feindlicher wie freundlicher Kräfte. So abwegig und verrückt ihre Deutung auch ausfallen kann, die Paranoia verfährt zumeist selbstgewiss und methodisch: Sie weiß von keinem Zweifel, sie kennt keinen Zufall, sie gibt den Zeichen von außen und von innen, die sie deutet, monotone Ursachen. Sie badet in unerschütterlichen Überzeugungen. Das gilt für ihre kleinen wie großen Formen, für das Gefühl der Mission wie für die Idee der Verfolgung. Die religiösen und politischen Helden betrachten sich als Gesandte des Himmels oder auch als Verfolgte der Hölle und deuten ihre Verzweiflungen oder Siege als Orakel der Welthistorie. Wie so mancher Heiliger, wie so viele calvinistische Prediger, wie mancher Denker fühlte sich auch der kleine Senatspräsident Schreber von Gott persönlich verfolgt und zur Erlösung der Menschheit bestimmt; der Attentäter Stapß opferte sich im Einklang mit dem Willen des obersten Herrn. Die aktive und passive Paranoia, der politische Weltherrscher und der philosophische Universaldenker, wirken bisweilen auch zusammen, etwa wenn Hegel im Oktober 1806 den aus Jena herausreitenden Kaiser Napoleon mit einer »wunderbaren Empfindung« erblickt und zur »Weltseele« erhebt.[4] Nietzsche fühlte sich als Reinkarnation Caesars und Napoleons, der Massenmörder und Hauptlehrer Ernst Wagner betrachtete sich als Wiederkehr Caligulas und als den einzigen Mann, der Präsident des Deutschen Reiches werden sollte. Die Paranoia folgt keinen momentanen Eingebungen. Was ihr plötzliche eherne Gewissheiten eingibt und was sie dann bisweilen zur Tat treibt, das hat sie mit ungeheurer Geduld und unvergleichlichem Scharfsinn aus dem Rauschen der Dinge herausgelesen. Niemals sind ihre Gründe trivial. Sie sind stets großartig, gefährlich, riskant, und dieses imposante Format der Gründe für ihr Tun rührt daher, dass für sie Ungeheuerliches auf dem Spiel steht: Reiche, Herrschaften, Gott, Weltordnungen, der Friede, die Wahrheit selbst.

Wie aber arbeitet die paranoische Vernunft, wie kommt sie zu ihrer Erkenntnis und zu ihrem Wahn? Zählt die Religion zur Paranoia? Denkt die Paranoia der Politik ganz wie die der Philosophie? Lässt sich vielleicht eine vernünftige Paranoia der Herrscher, Helden, der Religionsstifter und Meisterphilosophen von einer unvernünftigen Paranoia der Attentäter und Attentatsphilosophen unterscheiden? Gehören vielleicht Caesar, Mohammed, Vico, Calvin, Napoleon und Hegel in eine andere Abteilung als Brutus, Caligula, Stapß, Nietzsche und Schreber? Kant wusste, dass der Zufall darüber befindet, ob solcher Wahn an die Macht gelangt oder auf dem Schafott endet. Ist aber die Geschichte, die darüber entscheidet, vernünftig? Um solche Fragen beantworten zu können, müssen die Betriebsarten der Paranoia genauer und in verschiedener Sicht beschrieben werden. Es ist nötig, ihre Gestalten und Ungestalten, ihre vertrauten und bizarren Leistungen zu unterscheiden. Die Psychiater werden sagen, dass ein Wahn, den zehn Leute teilen, kein Wahn mehr ist. Wer aber ist der Herr einer solchen Statistik?

Da mit der Paranoia eine besondere Betriebsart der Vernunft befragt wird, steht hier zunächst ein Typ von Rationalität im Blickpunkt, den nach Max Weber zuerst die Vorsehungstheologie Johannes Calvins in die Welt brachte. Diese Theologie konzipierte die moderne Vernunft, in der noch unser Denken zu Hause ist. Anschließend soll Immanuel Kant, der größte Denker und Kritiker der Vernunft, zur Kritik der paranoischen Vernunft befragt werden. In dieser Zuständigkeitsfrage kommen noch weitere Philosophen, Psychiater, Dichter, Theoretiker und Praktiker der Paranoia zu Wort.

Die puritanische Rationalität und die Gnade der Effizienz

In seinen Aufsätzen zur protestantischen Ethik und zum Geist des Kapitalismus legte Max Weber zu Beginn des vergangenen Jahrhunderts eine machtvoll nachwirkende Theorie der modernen Rationalität vor. Was ist das Besondere an dieser modernen Rationalität? In einem allgemeinen Sinne waren ja auch das System des antiken Handels, das römische Recht oder die mittelalterliche Klosterwirtschaft *vernünftig*. Die moderne Rationalität hat sich hingegen als eigene Religion, als ein eigener Glaube, als eine durch Geschichte legitimierte, nämlich siegreiche Geldvernunft durchgesetzt: Die »rationale *betriebs*mäßige Kapitalverwertung«, schreibt Max Weber, und die »rationale kapitalistische Arbeitsorganisation« bilden die Grundlage unseres Wohlstands, nämlich unseres Behagens in einer als Marktregulierung und Erfolgswette konzipierten vernünftigen Ordnung. So *müssen* wir denken, weil wir nicht mehr anderes denken können.[5] Aber diese Vernunft der ordnenden »unsichtbaren Hand«, wie es im Gefolge von Adam Smith heißt, ist noch jung.[6] Sie ist der Urenkel verschiedener Vernunftahnen, und sie musste sich auf umständliche Weise den Weg zum kaum angefochtenen Glauben unserer Zeit freikämpfen. Wer heute »Rationalisierung« sagt, der denkt an Verfahren der Produktion, der Organisation und des Managements. Was aber geschah im Zuge jener theologischen Rationalisierung der modernen Welt, die Max Weber als »Entzauberung« beschrieb? Wie analysierten die Puritaner das vernünftige Management Gottes? Max Weber arbeitete die seltsame Spannung heraus, in der sich die calvinistischen Theologen und Kaufleute des 15. bis 18. Jahrhunderts einrichteten. Auf der einen Seite entwickelten die neuen Kapitalisten in England, Holland, in Neu-England, der Schweiz und Deutschland ihre bekannte nüchtern-zweckrationale Berufsauffassung; auf der anderen Seite bekannten sie sich zu dem heute fremd gewordenen Glauben an die pure Kontingenz der Gnade und an die Prädestination, wonach Gott in seinen Personalakten längst über ein jedes Menschenwesen entschieden hat. Dort steht besiegelt, ob Grete oder Hans erwählt sind oder verworfen. Gott hat nach dieser Auffassung seine Entscheidung bereits Jahrhunderte vor der Geburt von Hans und Grete niedergelegt. Die Verwaltung und Verteilung der Gnade ist mit der Einrichtung der Welt abgeschlossen. Gegen diese Entscheidung gibt es keine Berufung der Gläubigen. Aber ist dieser Fatalismus vernünftig? Und in welcher Hinsicht trug dieser Vorsehungsglaube zum Siegeszug der kapitalistischen Rationalität bei?

Weber versteht die theologische Einrichtung einer unrevidierbaren Providenzentscheidung Gottes darum als »Entzauberung«, weil damit die moderne Welt von aller religiösen Magie befreit wurde. Was geschieht, ist für die Menschenerkenntnis zufällig, aber doch von Gott genau so geplant und gewollt. Luther und Calvin verbannten aus der Religion alle magischen Handlungen des Gläubigen oder des Priesters, die Gottes Verteilung von Heil und Gnade beeinflussen könnten: Beten, Beichten, Almosen, Sakramente, Weihrauch, tausendfaches Küssen des Bischofsmantels verschieben kein Jota in der Aktenführung des Herrn. Es ist sinnlos, darüber zu klagen, als Fliege oder als Kamel aus der Hand des Schöpfers hervorgegangen zu sein; ebenso ist es sinnlos, Gott zur Rechenschaft zu ziehen, weil ich als Bettler, als Mann oder als Gelähmter auf die Welt kam. Die Theologie Calvins gibt das Theodizeeproblem zu den Akten.[7] Die Welt ist für die Puritaner der Raum, wo sich Gottes Herrlichkeit offenbart, und dem Menschen ist allein aufgegeben, durch Glaube und Gehorsam zu Gottes Ruhm beizutragen. Er soll den Beruf oder die Berufung, die ihm zugewiesen ist, getreulich erfüllen. Ein solcher Fatalismus lässt natürlich später die Marxisten tausend Fäuste ballen. Diese Theologie rekrutiert brave, schicksalsergebene Arbeiter. Calvins Theologie gefällt den Fabrikherren, nicht den Gewerkschaften. Es ist die Ideologie des Kapitalismus. Aber damit ist sie nicht erledigt. Sie beschäftigte die Moderne mit völlig neuen Fragen.

Denn nachdem die neuen Protestanten den Kapitalismus in Schwung gebracht hatten, gingen aus der ökonomischen Dynamik viele gläubige Menschen hervor, die keinen »Beruf« hatten. Was aber bedeutete das? War es Schicksal, war es Prüfung, war es Verdammung? Eine Antwort ließ sich Calvins Gott nicht entlocken, denn dieser Herrgott spricht nicht. Da nun seine Verteilung der Gerechtigkeit aller menschlichen Erkenntnis entzogen blieb, waren Hans und Grete gehalten, die ganze Welt als Orakel ihres Schicksals zu befragen. Das gab der Paranoia zu tun. Sie wollte sich Fatumsgewissheit verschaffen.

An der puritanischen und pietistischen Rationalität interessiert uns allein der paranoische Betrieb dieser Vernunft. Denn wenn auch der puritanische Glaube an die Vorsehung Gottes und an die Unangreifbarkeit seiner Entscheidung den Alltag frei machte für das Handeln, so beunruhigte jeden Gläubigen unablässig die Frage, ob er nun erwählt sei oder nicht. Hat Gott hinter meinen Namen das Gnadenhäkchen gesetzt oder nicht? Die puritanische Vernunft ist eine Beunruhigung, um nicht zu sagen: die moderne Schlaflosigkeit. Kann ich der Vorsehung nicht doch ein Zeichen entlocken? Hat sie vielleicht schon zu mir gesprochen? Sind gute Geschäfte ein gutes Zeichen? Der puritanische Geistliche Richard Sibbes, der zwischen 1610 und 1630 in Cambridge predigte, schrieb in seinem viel gelesenen Traktat *The Soules conflict with it selfe, and Victory over it self by Faith* von 1635, dass die Vorsehung kein Geheimnis sei, sondern in einer eigenen Sprache spreche, auf die man zu achten habe.[8] Aber in welcher Sprache spricht die Vorsehung? Und was bedeuten die Zeichen jeweils? Aus dem Abgrund dieser Frage erhebt die calvinistische Paranoia ihr Medusenhaupt. Sie ist ein kollektiver Wahn aus jener Zeit. Freilich ein Geschenk der Vernunft. Denn damals griffen zahllose theologische Vernünfte nach der Schreibfeder, um ein Buch oder ein Traktat zu verfassen, das den Leser die Zeichen der Vorsehung oder den Kurs ihrer Gnadenaktien zu entziffern lehrte. Fast jeder puritanische Theologe hat so etwas geschrieben.[9] Wenn alles gut lief, dann stützten solche Bücher die neue betriebswirtschaftliche Euphorie und die kapitalistische Vernunft; doch lief es schlecht, dann erzeugte die Doktrin von der möglichen Verwerfung eine Stimmung, die John Stachniewski in seinem Buch als die *Persecutory Imagination* bezeichnet hat: das paranoische Gefühl, von Gottes Zorn heimgesucht zu sein und die Hilflosigkeit gegenüber dem Sturm der Zeichen, die mir womöglich auch meine Verworfenheit bestätigen.[10]

Den qualvollen Betrieb des Heimsuchungswahns, der *persecutory imagination* haben englische und amerikanische Puritaner in ihren Tagebüchern und Autobiografien protokolliert und zu ganzen Bibliotheken gestapelt. In ihrer Sorge und in ihrem Wahn sammelten sie skrupelhaft und genau alle Zeichen, die Aufschluss geben konnten über Heil oder Unheil. Da Gott seine Beschlüsse geheimhält, klopfte der Gläubige nun bei jedem verdächtigen Zeichen, das sein Auge oder Ohr traf, an die Pforte der Unerforschlichkeit, um vielleicht doch einen Blick in Gottes Gnadenbuchhaltung zu werfen. Auch in alltäglichen Situationen musste er sich unablässig fragen: Bin ich erwählt oder bin ich verworfen? Die Puritaner kannten auch Fälle, in denen der Heimsuchungswahn die gläubigen Leute, die sich ohne Gnade wähnten, in den Selbstmord getrieben hat.[11] Am Rande solcher Verzweiflung bewegte sich auch der puritanische Mathematiker und Nautiker Richard Norwood, der seine autobiografischen *Confessions* um 1640 niederschrieb. Ihn hatte Augustins Traktat über das *Johannesevangelium* zum wahren Glauben bekehrt und später dazu veranlasst, davon Zeugnis abzulegen. Über Jahre hinweg war Norwood an Gottes Gnade verzweifelt, er fühlte sich in den Händen des Satans. Die Stimme des Teufels ging durch seinen Kopf, und nächtliche Angstträume und Pollutionen suchten ihn heim. Selbst auf der Straße fühlte er sich verfolgt:

> [U]nd zu dieser Zeit fühlte ich mich wieder sehr verwirrt durch innerliche Angst und Bedrohung, und alles erschien mir auf seine Art als feindlich, und selbst wenn ich ganz ungestört durch die Straßen ging, entkam ich den Pferden und Wagen zwei oder drei Mal nur mit knapper Not, was vielleicht auch von meiner aktuellen Schwäche und dem Kopfschwindel herrührte und den Verwirrungen, aber dann schien es mir in meiner Wahrnehmung doch so, als ob es von Zorn und Hass herkäme und als ob es ein Zähneknirschen gegen mich sei.[12]

Und welche Botschaft verbirgt sich im Inneren des Zähneknirschens? Welche Bedeutung lässt sich daraus ziehen? Um 1900 wird man sagen: Du bist verrückt; 1640 hieß das aber: Du bist verworfen. Solche zwischen Wahnsinn und Vernunft, zwischen Gnade und Verdammnis flimmernden Zeichen quälten die Interpretation der Puritaner. Denn die Mahnungen ihrer Prediger, das ewige Reden über Prädestination, Gnade und Verdammnis machte die Leute schier verrückt. König Charles I. untersagte 1628 allen Geistlichen, die nicht Bischöfe oder Deans waren, über die heiklen Themen Vorbestimmung, Erwähltheit, Verwerfung oder auch über die Effizienz von Gottes Gnade zu predigen.[13] Zwar behauptete der Prediger Thomas Goodwin, dass der Heilige Geist, der die Zeichen der Gnade in den Seelen niederlege, auch ihre Entzifferung lehre.[14] Doch die Abschöpfung dieser Bedeutung lief nicht immer ungestört, wie Goodwin gleich einräumte. Der Teufel habe bei der paranoischen Interpretation seine Hände im Spiel: »Der Teufel kann die Texte auf den Blättern unserer Herzen, wo vielleicht unsere Gnade oder anderer Trost aufgeschrieben wurde, umschreiben oder einfach nur umblättern und unsere Augen so einstellen, dass sie nicht mehr lesen können oder dass sie doch nur das lesen, worin unsere Sünden und Irrtümer geschrieben sind.«[15]

Teuflische Antihermeneutik leitet die artifizielle Lektüre an. Dieses falsche Lesen bildet auch im Auge der puritanischen Theologen eine Betriebsart der Paranoia. Goodwin gab in seinem Traktat von 1636 *A Childe of Light Walking in Darkness* sogar ein plastisches Beispiel dafür, wie der Teufel den Sinn ruiniert. Die satanisch angestiftete Paranoia fällt der Sinnestäuschung zum Opfer, wie sie die reversiblen Portraits der zeitgenössischen Kunst ins Spiel bringen. Goodwin beschrieb das so: »Das Herz des Menschen ist wie die doppelgesichtigen Bilder. Schaust du von der einen Seite auf das Bild, dann siehst du nichts als den grauenhaften Umriss eines Teufels; drehst du das Bild dann um und schaust noch einmal hin, dann siehst du das Bild eines Engels oder einer schönen Frau. Manch einer prüft bisweilen so die Zeichen seines Herzens und findet nur Scheinheiligkeit, Unglaube, Härte und Selbstsucht; aber wenn er später sein Herz noch einmal prüft und die gleichen Zeichen liest, dann findet er Gottes Bild ganz rein auf die Tafeln seines Herzens gezeichnet.«[16] Solche Bilder könnten so aussehen:

Beispiel für ein reversible portrait. »Il faut mourir« steht im weißen Kreis um das Bild. Der ›memento mori‹-Moralismus des 17. Jahrhunderts sagt: »Au jour dhui en pré, et demain en terre.« Stiche von Esme de Boulonnais.

Das gleiche Bild nach einer Drehung um 180 Grad. Die Inschrift moralisiert auch hier. Zum Beispiel: »Hier reluisoit ma face, au jour dhui elle est ridée, demain elle sera ensevelie et empaqueté.«[17]

Das gleiche Bild und doch die entgegengesetzte Bedeutung – je nachdem, wie man es dreht und wendet oder eben, wie der Teufel es dreht und wendet. Man wird noch an vielen Beispielen sehen können, dass das Misstrauen gegen Bilder oder vielmehr die Gewissheit, dass die Bilder nicht das zeigen, was sie zeigen, eine wirkungsvolle Betriebsweise der Paranoia ist. Die calvinistische Feindschaft gegen Bilder, ja auch ihre ikonoklastischen Attentate sind bekannt; die Puritaner erklärten die unvermeidliche Fehlinterpretation solcher Bilder und Zeichen durch die Ränke des Teufels. Von Hobbes bis Rousseau reichen die Hinweise darauf, dass die Originaltexte, die Gott oder der Heilige Geist in die Herzen der Menschen geschrieben hat, entstellt, unlesbar oder missverständlich geworden sind.[18] Gegen solche diabolische Hermeneutik errichteten die Puritaner nun Listen und Diagramme, die die Interpretation von allem Zufall freistellen und den Heimsuchungswahn von den falschen Lesarten befreien sollte. Der Theologe Richard Baxter, Max Webers Kronzeuge für die protestantische Allianz von Vorsehung und kapitalistischer Rationalität, legte mehrere solcher Listen vor. Zum Beispiel in seinem mehrbändigen Werk *A Christian Directory: Or, A Body of Practical Divinity and Cases of Conscience* aus dem Jahr 1673. Baxters Zeichensatz, auf den der Gläubige die Zuversicht oder Gewissheit seiner Erwähltheit stützen konnte, setzte aber dauerndes Training der inneren Wahrnehmung und Selbstbeobachtung voraus. Daran soll der Gläubige die Beweise seiner Gnadenwahl finden:

> [U]nd das magst du an diesen Zeichen ablesen: 1. Du wirst dann mit äußerster Sorgfalt die Heilige Schrift verstehen wollen, um zu wissen, was Gott gefällt und missfällt. 2. Du wirst alle deine Pflichten sorgfältiger erfüllen, damit es zum Gefallen Gottes beiträgt und nicht der Menschen. 3. Du wirst in dein Herz blicken und nicht nur auf deine Taten; du achtest auf deine Absichten und Gedanken sowie auf die innere Haltung und das Maß. 4. Du wirst auf die persönlichen ebenso wie auf die öffentlichen Verpflichtungen achten, und eher auf das, was die Leute nicht sehen als auf das, was sie sehen. 5. Du wirst deine Gewissensregungen achten und dich mit ihnen auseinandersetzen und sie nicht übersehen: Und wenn sie dir von Gottes Missfallen sprechen, wird dich das beunruhigen; wenn sie dir aber Gottes Wohlwollen anzeigen, wird dich das trösten. 6. Dein Wohlwollen gegenüber den Menschen wird ihnen zum Guten gereichen; und fromm wird es sein, um dir Gottes Wohlwollen zu erhalten; aber es sollte nicht nur um des Ansehens willen stolz und ehrgeizig sein und vor allem nicht ohne fromme Rücksicht auf das Wohlwollen Gottes. 7. Das Gefallen oder Missfallen der Leute,

wie sie über dich urteilen oder welchen Ruf du bei ihnen hast, ist für dich ebenso unerheblich wie deren eigenstes Interesse, wenn du es mit Gottes Urteil vergleichst. Dein Leben stützt sich nicht auf sie. Du kannst ihr Missfallen, ihre Kritik und ihre Vorwürfe aushalten, wenn nur Gott allein dir wohl gesonnen ist. Dies werden deine Beweise [für Gottes Gnade] sein.[19]

Die Gnadenzeichen stehen nicht an die Wand geschrieben, sondern sie müssen durch dauernde Selbstprüfung und Kontrolle der spirituellen Motivation gefunden werden. Jeder Gläubige ein Trüffelhund der Gnadenknollen. Und mit diesen Zeichensätzen an der Hand, füllten die Leute die Seiten ihrer Tagebücher mit detaillierten Bilanzen ihrer inneren Mängel und Vorzüge. Das zu lesen, ist selten erheiternd. So schrieb der puritanische Geistliche Michael Wigglesworth, einer der ersten Siedler in Neuengland, in sein Tagebuch der Jahre 1653-1657:

> Eitle Gedanken bei meinen heiligen Pflichten, üble Stimmung gegenüber den Menschen und Ungeduld gegenüber Gott, und in Bezug auf meine Schüler empfinde ich alle meine Mühen um ihr geistiges Heil als fruchtlos, so dass darüber wieder geistige Unruhe entsteht; und mein widerwärtiges Herz würde lieber so bleiben und sich damit trösten, dass es für die Zukunft andere Mittel einsetzt, statt seine Zuflucht in der Gegenwart bei Gott zu suchen.[20]

Wie sind diese Zeichen zu verbuchen? Woher kommen diese Heimsuchungen? Es gab also auch eine Paranoia, die alle inneren Regungen mit Bedeutung ausstattete. Sie duldete im innerseelischen Betrieb keinen Zufall und keine unbedeutenden Ereignisse. Ganz wie der Senatspräsident Schreber vernahm auch der Schriftsteller John Bunyan Stimmen in seinem Inneren, die elliptische Sätze sprachen. In seiner Autobiografie *Grace abounding for the chief of sinners*, die zunächst 1666 erschien, berichtet Bunyan, wie Gott (oder der Teufel) einen solchen unvollständigen Satz in ihn hineinsprach: »My grace is sufficient …« Der Abbruch tilgte jeden Hinweis, ob dieses Versprechen auch für den Sünder, in den diese Worte hineingingen, gelten sollte. Bis nach vielen Wochen die gleiche Stimme endlich sagte: »My grace is sufficient for thee …«[21] In Zusammenhang mit seinem Werk *The Pilgrim's Progress*, einer allegorischen Erzählung vom Weg ins Heil und vor allem von den Zeichen, die diesen Weg säumen und den Pilger führen, druckte Bunyan eine Tafel ab, die dem Leser angesichts der flimmernden Zeichen in seinem Innern doch Gewissheit über seinen Gnadenstand geben sollte. Er orientierte sich dabei an dem Heilsdiagramm, das William Perkins seinem Werk von 1591 *A golden chaine: or The description of theology, containing the order of the causes of saluation and damnation, according to Gods word* beigegeben hatte:

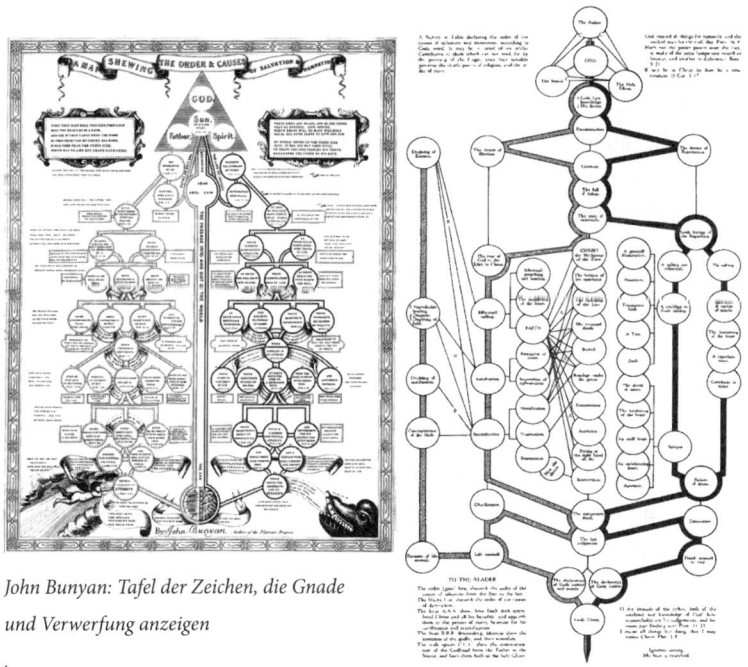

John Bunyan: Tafel der Zeichen, die Gnade
und Verwerfung anzeigen

Überblick oder Tafel zur Erläuterung der Ordnung,
wie Rettung und Verdammung nach Gottes Wort verteilt sind. Aus: William Perkins »A golden chaine«.

Auf beiden Karten führen die schwarzen Linien rechts zu Verbindungen, die bestimmte innere Ereignisse mit der Verwerfung und der Höllenverdammnis unterhalten. Die hellen Linien auf der anderen Seite zeigen die Wegemarken der Gnade an. Bunyan versah die Gnadenseite seiner Karte mit sechs Versen, die die Lektüre erläuterten.

> Wenn du auf dieser Seite liest, dann such'
> In deinem Herzen wie in einem Buch
> Und schau, ob du darin das gleiche liest,
> Was über Gott sprach der Herr Christ;
> Wenn nicht, dann schreckt die andre Seite,
> die statt zum Leben, dich zum Tod bereite.[22]

Was hat Gott in dein Herz geschrieben? Die Antwort kann in einem flimmernden Zeichen bestehen. Die puritanische Rationalität beruht aber auf der unerschütterlichen Gewissheit, *dass* er geschrieben hat. Die Zeichen einer unsichtbaren Hand lesen wir im Herz und auf dem Markt. Herzensschriften und Marktordnungen, Gottesglaube und Geldkredit sind mit der gleichen Vorsehungstinte geschrieben. Ihre rationale Seligkeit und ihr paranoischer Wahn heißen *Effizienz*. Es ist ein puritanisches Schlüsselwort. Perkins' Karte zeigt auf der linken Seite und in der Reihe, die von »The decree of election« (Gottes Beschluss über die Gnade) nach unten führt, das Zeichen des »Effectual Calling« (effektive Erwähltheit). Nur der Erwählte, so bestätigt Max Weber, verfügt über die *fides efficax*.[23] Die Effizienz bindet jene Kräfte, die als Gnade und ökonomischer Erfolg unmittelbar von Gott kommen. Ein solcher Vorsehungsglaube führte bisweilen nach Bedlam ins Irrenhaus. Aus guten Gründen erließ King Charles I. 1628 ein Verbot, über die Gnadeneffizienz zu predigen.[24] Pierre Legendre erinnert in seinem Buch über das Gottesverlangen an die scholastische Herkunft des Begriffs *Effizienz*, der heute zum Basisvokabular der industriellen Rationalität zählt. *Effizienz* ist nach wie vor ein Grundwort des ökonomischen Heils und erinnert immer noch an die Einwirkung Gottes.[25] Die Effizienzgewissheit ist eine rationale Paranoia. Aber gewiss nicht die einzige.

Kant und die rasende Vernunft

Kant hat in seinen Schriften mehrfach solche Störungen (und Überfunktionen) der Vernunft analysiert, die zu den Erscheinungsformen der Paranoia zu zählen sind. Dabei betrachtet er solche »Krankheiten des Kopfes« keineswegs als rein physiologische Symptome, sondern als kulturelle Erscheinungsformen. Als Leser des calvinistischen (paranoischen) Kulturkritikers Jean-Jacques Rousseau denkt er zivilisationsskeptisch, denn der »künstliche Zwang und die Üppigkeit der bürgerlichen Verfassung hecket Witzlinge und Vernünftler, gelegentlich aber auch Narren und Betrüger aus«[26]. In seiner Abhandlung von 1764 *Über die Krankheiten des Kopfes* analysiert Kant ausführlich den wahnhaften Enthusiasmus, ohne den niemals in der Welt »etwas Großes ausgerichtet worden« ist.[27] Er verweist darauf, dass der historische Erfolg des »Schwärmers«, der als Paranoiker in einer »großen Vertraulichkeit mit den Mächten des Himmels« lebt, kontingent ist: »Die Schwärmerei führet (…) den *Mahomet* auf den Fürstenthron, und den *Johann von Leyden* aufs Blutgerüste.«[28] Ebenso aus Beobachtungen geschöpft sind Kants weiterführende Bemerkungen zu dem Typ der Störung, den er darum »Wahnsinn« nennt, weil der Betreffende »in den nächsten Urteilen aus der Erfahrung der gemeinen Verstandesregel entgegen handelt«. Diese Urteilsmethode gibt aber sehr genau das Bild der Paranoia wider:

> Der *Wahnsinnige* siehet oder erinnert sich der Gegenstände so richtig wie jeder Gesunde, nur er deutet gemeiniglich das Betragen anderer Menschen durch einen ungereimten Wahn auf sich aus und glaubet daraus wer weiß was für bedenkliche Absichten lesen zu können, die jenen niemals in den Sinn kommen. Wenn man ihn hört, so sollte man glauben, die ganze Stadt beschäftige sich mit ihm. Die Marktleute, welche miteinander handeln und ihn etwa ansehen, schmieden Anschläge wider ihn, der Nachtwächter rufet ihn zum Possen, und kurz er siehet nichts als eine allgemeine Verschwörung wider sich.[29]

Dieser Wahnsinn ist also eine Interpretationsstörung: Der Wahnsinnige deutet und liest, und sein ganzes Denken wird beherrscht von der Vorstellung, dass alle diese Signale ihn allein angehen und einem Komplott zuzurechnen sind. Knapp vierzig Jahre später kommt Kant erneut auf diesen Wahnsinn zurück. In seiner *Anthropologie in pragmatischer Absicht*, die 1798 erschien, schreibt er einen kleinen, in der Psychiatrie freilich unvergessenen[30] Abschnitt über den Verfolgungswahn, und er formuliert dort eine philosophische Theorie der Anlage, »mit Vernunft zu rasen«:

Wahnsinn (dementia) ist diejenige Störung des Gemüts, da alles, was der Verrückte erzählt, zwar den formalen Gesetzen des Denkens zu der Möglichkeit einer Erfahrung gemäß ist, aber durch falsch dichtende Einbildungskraft selbstgemachte Vorstellungen für Wahrnehmungen gehalten werden. Von der Art sind diejenigen, welche allerwärts Feinde um sich zu haben glauben; die alle Mienen, Worte oder sonstige gleichgültige Handlungen andrer als auf sich abgezielt, und als Schlingen betrachten, die ihnen gelegt werden.[31]

Die Interpretationen der Paranoia bezeichnet Kant im gleichen Absatz als eine »methodische Verrückung«. Sie löst zwar heftige Störungen des Gemütes aus, wirkt also in die Seelen- und Verstandestätigkeit hinein; ungeachtet dessen denkt die Paranoia den Gesetzen der Logik gemäß. Daher ist sie eigentlich kein Ausfall, kein Versagen, sondern eher eine Überfunktion, eine Hypervernunft. Sie arbeitet richtig, sogar scharfsinnig, aber sie operiert mit den falschen »Data«. Die Paranoia versteht Kant als einen logischen Betrieb, den die Sinne mit verkehrten Informationen füttern oder der selbst aus Sinnesdaten abwegige Ideen montiert. Es besteht für ihn kein Zweifel darüber, dass die Untersuchung der Paranoia daher eine Aufgabe der Philosophie ist. Die Philosophen verwalten den Unterschied zwischen der richtigen und falschen Interpretation der Welt. Das entspricht der Ordnung der Dinge in seiner Zeit. Im 18. Jahrhundert fällt die paranoische Vernunft noch in die Zuständigkeit der Philosophen, im 19. Jahrhundert kümmern sich die Psychiater um sie, im darauf folgenden Jahrhundert gehört die Paranoia der Literatur und Kunst, und im 21. Jahrhundert fällt sie in die Zuständigkeit der Hirnphysiologen. Alle vier Disziplinen sind ihrerseits scharfsinnige, aufgeklärte und tendenziell überholte Gestalten der Paranoia. Über die Psychiatrie bemerkt Lacan, »dass es keinen offensichtlicheren und feinfühligeren Wahnsinnsdiskurs gibt als den der Psychiater, und noch genauer als ihren Diskurs über das Thema Paranoia.«[32] Gerade wenn es um die Paranoia geht, wird der psychiatrische Diskurs paranoisch, sagt der Psychiater Lacan. Damit wiederholt er keineswegs den alten Witz vom verrückten Irrenarzt, sondern er macht eine zutreffende Bemerkung über eine Paradoxie der Erkenntnis. Denn nicht jede Wissenschaft und nicht jeder Wahnsinn, wohl aber die Paranoia arbeitet als radikale Gestalt der Vernunft. Mit einem Wort: Die Paranoia interpretiert sich selbst am besten. Dafür aber bedarf es einer Kritik der Vernunft.

Was aber ist diese Vernunft, die die Paranoia als ihre eigene extreme Gestalt hervorbringt? Worin sieht Kant die Funktion oder auch die paranoische Überfunktion der Vernunft? Kant spricht in mehrfacher Bedeutung von Vernunft. Da ist einmal die Vernunft im Allgemeinen, das Erkenntnisvermögen, die Hauptabteilung des Gemüts, die Verstand und Vernunft im engeren Sinne umfasst. Die *Kritik der reinen Vernunft* nennt sie in ihrem Titel, denn das Werk kritisiert, und das heißt: es unterscheidet die verschiedenen Abteilungen und Zuständigkeiten in der Verwaltung des Erkennens. Im engeren Sinne ist Kants Vernunft eine spezifische Erkenntniskraft, die sich vom Verstand und von den Sinnesleistungen unterscheidet. Die Aufgabe dieser Vernunft besteht darin, den Verstand und seine Begriffe unter allgemeinen Prinzipien und Ideen zusammenzufassen. Dabei verfährt diese Vernunft einmal rein logisch, indem sie bestimmte Erkenntnisse, die ihr geliefert werden, in eine Einheit bringt. Eine solche logische Operation besteht etwa darin, die vielen sinnvollen Arrangements, die der Verstand in der Welt beobachtet, zu einem Prinzip der Zweckmäßigkeit der Natur überhaupt zu erheben. Zum anderen aber liefert diese Vernunft aus eigener Kraft transzendentale Prinzipien. Ein solches aus keiner Empirie heraus gefasstes Vernunftprinzip ist zum Beispiel der Grundsatz der Publizität in allen Angelegenheiten des Rechts.[33] Die Vernunft ist ein Gerichtshof, sagt Kant, doch der Gerichtshof arbeitet nur dann verlässlich, wenn er alle anderen Vernünfte an seiner Tätigkeit teilhaben lässt. Diese Prinzipien der Vernunft heißen *transzendental*, weil sie nicht aus der Erfahrung gezogen werden können, sondern ein eigenes Qualitätsprodukt des Vernunftbetriebs bilden. Solche Prinzipien sind weder »Erdichtungen« noch Hirngespinste, sondern sie bieten dem Verstand einen notwendigen Service. Die Vernunft ist also für die Produktion von Ideen zuständig. Besonders großformatige Ideen sind Gott, Freiheit, Demokratie oder Unsterblichkeit. Das sind Beispiele für Ideen, die die Vernunft in ihrem transzendenten oder, wie Kant gerne sagt, in ihrem »überschwänglichen Gebrauch« hervorbringt.[34] Weder die Sinne noch der Verstand können Ideen produzieren, denn Ideen haben keinen sicheren Grund in der Erfahrung. Dieser »überschwängliche« Vernunftgebrauch enthält daher auch Risiken. Denn die Vernunft neigt dazu, ihre Begriffe doch auf Erfahrung zu beziehen. Dies erfolgt zum Beispiel im Betrieb der teleologischen Urteilskraft, die überall Zweckmäßigkeit in der Natur zu sehen vermeint. Dabei kann sie durchaus einmal ein wenig spinnen. Folgenreicher sind solche überschwänglichen Anwendungen von Ideen, wenn der berühmte ontologische Gottesbeweis aus dem Begriff oder der Idee Gottes einfach auf dessen Existenz schließt. Die Vernunft muss ihre eigene Neigung, solche Ideen ohne Prüfung auf die Welt oder gar auf eine Regierung zu beziehen, kritisch kontrollieren, indem sie systematisch »Selbsterkenntnis« betreibt.[35] Das eben tut Kants *Kritik der reinen Vernunft*. Sie betreibt in ihrem *allgemeinen* Sinne die Selbstverwaltung der Begriffe und Ideen. Kants Bestimmung der Vernunft (im engeren Sinne) als ein spezifisches Erkenntnisvermögen, das über die Erfahrung hinaus »notwendige Begriffe« findet, »deren Gegenstand gleichwohl in keiner Erfahrung gegeben werden kann«[36], enthält freilich das Problem: Wie kann sichergestellt werden, dass die Vernunft vernünftige und keine verrückten Prinzipien oder Ideen ausbrütet?

Die kritische Vernunft, die ihre diversen Vermögen, Abteilungen, Begriffe, Ideen, Grundsätze und die »unwandelbaren und evidenten Gesetze« der Erkenntnis untersucht, setzt sich in ein Verhältnis zu sich selbst. Und sie tut das ausdrücklich, wie es in der Vorrede zur *Kritik der reinen Vernunft* heißt, um vor allem »der Schwärmerei und Aberglauben (...) die Wurzel« abzuschneiden.[37] Dass dies eine vornehmlich politische Aufgabe ist, betont Kant an gleicher Stelle, indem er den Regierungen empfiehlt, diese kritische Arbeit der Philosophie kräftig zu fördern. Zwar konnte Kant in theoretischer Hinsicht sagen, dass ohne Enthusiasmus (einer milden Form der Schwärmerei) niemals »in der Welt etwas Großes ausgerichtet worden« ist.[38] Aber dies entscheidet sich nach einem Zufalls- und Kräftespiel, das Philosophen und Regierungen nicht mehr kontrollieren können. Daher sind politische Schwärmer und Enthusiasten für Regierungen nicht nur lästig, sondern als virtuelle Umstürzler auch gefährlich. Was heißt nun »Schwärmerei«? Die anschaulichste Antwort darauf gibt die *Kritik der Urteilskraft*, die sagt, dass die Schwärmerei »ein Wahn ist, über alle Grenzen der *Sinnlichkeit* hinaus etwas sehen, d. i. nach Grundsätzen träumen (mit Vernunft rasen) zu wollen.«[39] Zur Kontrolle solcher Schwärmerei muss die Vernunft daher das *Rasen der Vernunft*, und das ist nach Kants eigener Bestimmung die Tätigkeit der Paranoia, unterbinden. Dies ist aber überaus schwierig, weil »eben diese Vernunft vermittelst ihrer Ideen natürlicher Weise dialektisch wird, und dieser unvermeidliche Schein durch keine objektive und dogmatische Untersuchung der Sachen, sondern bloß durch subjektive, der Vernunft selbst, als einem Quell der Ideen, in Schranken gehalten werden kann«.[40] Darin liegt die Paradoxie: Es ist die Natur der Vernunft, auch zu schwärmen, und es ist zugleich ihre Aufgabe, die Schwärmerei zu unterbinden. Aber wie verhindert diese Vernunft solche Überhitzung ihres Betriebes durch Schwärmerei, durch Überschwang oder Rasen?

Sie muss unterscheiden. Nimmt man ein Beispiel Kants, so stellt sich die Sache schon deutlicher und zugleich schwieriger dar. Kant selbst hat für die Idee einer vernünftigen Verschwörung der Geschichte, wie er selbst eingestand, *geschwärmt*. In seiner Abhandlung von 1784 *Idee zu einer allgemeinen Geschichte in weltbürgerlicher Ab-*

sicht entwickelt er den Gedanken, den er selbst eine »Lieblingsidee« nennt, dass die Vorsehung im »planlose(n) Aggregat menschlicher Handlungen« doch eine Ordnung verborgen haben könnte.[41] Es wäre zu schön, schwärmt Kants Vernunft, wenn sich eine solche von der Vorsehung geleitete Ordnung in den menschlichen Handlungen und in der Geschichte nachweisen ließe. Kants Idee eines Planes, der darauf hinausläuft, dass alle »menschlichen Handlungen« am Ende die Geschichte in eine friedliche Weltbürgergesellschaft einmünden, entspringt dem »überschwänglichen« Service der Vernunft. Die Vernunft kommt auf solche Weise mit einer Idee dem Verstand zur Hilfe, der in der Geschichte sonst nur Unsinn und Chaos findet. Wer vermag zu leugnen, dass es sich hier um *Schwärmerei* handelt? Die Idee einer friedlichen Weltgesellschaft ist vernünftig. Aber wenn sie zur Überzeugung oder gar zum fanatischen Glauben wird, dann mag sie rasend werden und vielleicht nach der Waffe greifen.

Kant hat diese Unschärfe zwischen Funktion und Überfunktion, zwischen Idee und Wahn klar erfasst und mehrfach auch theoretisch behandelt. Das hier gewählte Beispiel liegt ja nahe: Die Frage nach einer durch die Vorsehung in die Geschichte gelegten Ordnung. Diese Frage spielt in den philosophischen Gegensatz zwischen Caesar und Brutus, zwischen Augustinus und Cicero hinein. Diese Frage machte die Puritaner schlaflos, die für sich und für alle Menschen wissen wollten, wie Gottes Plan im Einzelnen aussieht. Sie zwingt, darüber nachzudenken, ob sich eine Geschichtsvernunft womöglich in Helden und Institutionen verkörpert oder ob solche Helden lediglich den planlosen Gang der Geschichte für die Momente ihrer Herrschaft unsichtbar werden lassen. Der Streit über diese Frage entspricht aber haargenau den beiden von Kant ausgearbeiteten Funktionen der Vernunft, nämlich einmal »überschwänglich« zu denken, und zum anderen, eben diesen Überschwang zu kontrollieren. Diesen alten Widerstreit zwischen Vernunft und Zufall in der Geschichte bearbeitete Kant als eine der vier »Antinomien der menschlichen Vernunft«. Alle diese Antinomien der reinen Vernunft lassen sich beschreiben als Satz und Gegensatz, als zwei Prinzipien, die einander einerseits ausschließen und doch nebeneinander bestehen können.

Sie sind gleich vernünftig oder unvernünftig. Sie sind gleich überschwänglich und nüchtern. Das gilt zum Beispiel für die These, dass die Welt der Zeit und dem Raum nach einen Anfang hat; die Gegenthese besagt, dass die Welt nach Zeit und Raum unendlich ist. Kant listet in den *Prolegomena zu einer jeden künftigen Metaphysik, die als Wissenschaft wird auftreten können* vier solcher Antinomien auf. Die für die Arbeit der paranoischen Vernunft erhebliche Antinomie lautet dort: »Satz: In der Reihe der Weltursachen ist irgend ein notwendig Wesen; Gegensatz: Es ist in ihr nichts notwendig, sondern in dieser Reihe ist alles zufällig.« Satz und Gegensatz, bemerkt Kant dort weiter, können »durch gleich einleuchtende klare und unwiderstehliche Beweise dargetan werden.«[42]

Es sind diese Antinomien, die Kant, wie er sich ausdrückt, aus dem »dogmatischen Schlummer«[43] geweckt haben. Seine Lösung der Antinomie besteht darin, zwischen dem transzendentalen »Ding an sich« und den Erscheinungen unter den Bedingungen von Raum und Zeit zu unterscheiden. Die Antinomie darf so zugespitzt werden, dass der ewige Dissens, der durch die Geschichte geht, der Streit, ob Sinn oder Nichtsinn, Plan oder Planlosigkeit, Vorsehung oder Zufall, Natur oder Freiheit die Reihe der Ereignisse bestimmen, ein Dissens der Vernunft selbst ist. Und in diesem Dissens der Vernunft, in diesem Streit zweier Parteien innerhalb des Gerichtshofes der Vernunft, wo nüchternes Urteil und Schwärmerei, kühle Vernunft und Enthusiasmus einander feindlich gegenüberstehen, treten auch die Schatten des Königs und seines Angreifers auf.

Wenn Kant bemerkt, dass beim Nachdenken über die Antinomien die Vernunft über sich selbst *brütet*[44], dann schließt dieses *Brüten* eben auch das überhitzte Denken der paranoischen Selbstinterpretation ein. Muss sich die Vernunft nicht auch bisweilen anstecken lassen? Liegt die Paranoia denn nicht auch bisweilen richtig, wenn sie in ihren rasenden Interpretationen und artifiziellen Beweisen doch die »formalen Gesetze des Denkens zu der Möglichkeit einer Erfahrung« anwendet? Es gibt doch Verschwörungen, und erkennt man sie nicht an unscheinbaren Zufällen? Folgt die Weltgeschichte nicht bisweilen enthusiastischen Ideen? Oder bewegt sich in der Geschichte überhaupt etwas ohne Schwärmerei? Jedenfalls geht es sowohl in der Philosophie wie in der Psychiatrie und auch in der Literatur jeweils um ein Selbstverhältnis der paranoischen Vernunft. In der Kritik der paranoischen Vernunft befasst sich die Vernunft mit sich selbst, allerdings nicht nur abstrakt und allgemein, sondern an Beispielen aus der Attentats- und Verschwörungshistorie, in denen stets Ideen, Fragen allerhöchster Bedeutung, Anflüge von Schwärmerei auf dem Spiel stehen: Leben, Tod, Macht, Gott, Menschheit, Recht, Weltuntergang. Die Paranoia brütet über Fragen aus den obersten Registern philosophischer Bedeutung. Vielleicht ist die Paranoia einfach die Philosophie.

Die Frage, wie der Betrieb der Paranoia arbeitet, ist für Kant soweit beantwortet. Für ihn bleibt unabweisbar, dass das paranoische Delirium eine Betriebsart der Vernunft ist. Sie kann, eben weil das die Natur der Vernunft will, dialektisch und rasend werden. Aber selbst wenn sie ins Register der Verrücktheit übertritt, ist es möglicherweise doch noch ein Vernunftrasen, eine überschwängliche Vernunft innerhalb der Vernunft. Vor diesem Hintergrund liest sich Kants Beschreibung der Paranoia im Kapitel von den Gemütskrankheiten der *Anthropologie* noch einmal etwas anders: Dort nannte er die paranoische Auslegung eine »falsch dichtende Einbildungskraft«. Die Paranoiker denken und dichten verkehrt, wenn sie indifferente Zeichen als feindlich interpretieren.

> Von der Art sind diejenigen, welche allerwärts Feinde um sich zu haben glauben; die alle Mienen, Worte oder sonstige gleichgültige Handlungen andrer als auf sich abgezielt, und als Schlingen betrachten, die ihnen gelegt werden. – Diese sind in ihrem unglücklichen Wahn oft so scharfsinnig in Auslegung dessen, was andere unbefangen tun, um es als auf sich angelegt auszudeuten, daß, wenn die Data nur wahr wären, man ihrem Verstande alle Ehre müßte widerfahren lassen.[45]

Wenn sie rast, dann arbeitet die Vernunft als artifizielle Auslegung und Adressierung von vermeintlich feindlichen Zeichen. Die »dichtende« Ausdeutung dient, wie Kant unterstreicht, der »eigenen

Erhaltung«. Die rasende Vernunft könnte vorzügliche Auslegungen, perfekte Beweise, nützliche Beiträge zur Selbsterhaltung liefern, wenn die Daten, die sie ihrer eigenen Gewissheit darbringt, nur immer stimmten. Die Ideen, die die Auslegung geschichtlicher, politischer, philosophischer Daten anleiten, entstammen aber nicht der Einbildungskraft, sondern dem Synthesebetrieb der Vernunft. Die rasende Vernunft arbeitet unfehlbar, aber häufig mit täuschenden Sinnesdaten und falschen Begriffen. Das heißt dann weiter: Die rasende Vernunft rast nicht von sich aus, sondern sie wird jeweils durch falsche Daten zu Fehlinterpretationen angeleitet. Wenn die Sinne beispielsweise halluzinierte Stimmen oder eingebildete Zeichen an die Vernunft herantragen, dann kommt diese Vernunft zu falschen Ergebnissen.

Psychiatrie der Paranoia, Paranoia der Psychiatrie

Die Philosophen analysieren die Operationsweise der Paranoia als Betriebsart der Vernunft; die Psychiater hingegen lassen sie zur Krankheit degenerieren. Zwar geben auch sie bisweilen ihrer Verwunderung Ausdruck, dass das Delirium der Paranoiker so scharfsinnig arbeitet; hingegen entledigen sie sich der heiklen Aufgabe, Vernunft und Wahnsinn voneinander zu trennen, indem sie grundsätzlich mit der Unterscheidung krank/gesund arbeiten. »Was ist der Wahnsinn, was ist die Vernunft?«, fragt der französische Psychiater Jean-Pierre Falret in seinen *Leçons cliniques* über Geisteskrankheiten von 1864. Und er fährt fort: »Ich werde mich hüten, darauf eine Antwort zu geben.«[46] Auch oder gerade wenn sie Antworten verweigern, sind Psychiater Herren einer Institution, die über das Privileg (und einst auch über das Schwert) der Diagnose verfügt. Sie benötigen daher nicht eigentlich ein Verständnis der Vernunft oder des Wahns, sondern sie erstellen normative Befunde, um den Wahnsinn zu diagnostizieren. Während die Paranoiker in der Epoche der Philosophie (oder Theologie) ihren besonderen Status selbst so verstanden, dass sie von Gott geprüft, gesandt oder verworfen sind, so heißen sie in der Epoche der Psychiatrie einfach krank. Michel Foucault hat in mehreren Büchern dargelegt, dass die Diagnose »Wahnsinn« ein Machtspruch ist.[47]

Sowohl als rasende Vernunft wie auch als klinisches Delirium ist die Paranoia nicht nur modern. Bereits Shakespeare, Descartes und Cervantes kannten Leute, die meinten, ihre Brust sei durchsichtig oder sie seien ganz aus Glas, weil andere offenbar ihre intimsten Gedanken errieten.[48] Auch Hobbes sprach von Verrückten, die glaubten, Gott zu sein.[49] Die alte philosophische Interpretation platzierte den Wahnsinn auf der Achse von Wahrheit und Irrtum, daher musste auch das cartesianische *cogito* sicher sein, dass sein Denken nicht Wahn oder Traum ist. Die neuere psychiatrische Interpretation hingegen, die im 19. Jahrhundert die Macht ergriff, verortet die Paranoia auf der Achse Gefühl-Wille-Freiheit.[50] Das medizinische Verständnis des paranoiden Deliriums zählt einmal die klassischen Merkmale auf, aber es kennt auch die wechselnden Arbeitsgebiete dieser »Kranken«. Denn seit dem Ende des 18. Jahrhunderts betritt die Paranoia auch das Feld der Politik. Nicht mehr nur Könige und Päpste fallen der paranoischen Interpretation zum Opfer, sondern auch Politiker auf den zweiten und dritten Rängen.

Lange Zeit sah sich die Paranoia der Familie der melancholischen Erkrankungen zugeordnet. Philippe Pinel nennt sie in seinem *Traité médico-philosophique* über die Geisteskrankheiten von 1809 »Melancholie mit Delirium«. Er berichtet den Fall eines Winzers, der im Pariser Asyl Bicêtre erfolgreich wegen Melancholie behandelt wurde. Endlich zeigte dieser Patient keine Symptome von Verwirrtheit mehr und sollte als geheilt entlassen werden; als er aber sein Entlassungsprotokoll unterzeichnete, da schrieb er als seinen Namen »Christus« aufs Papier.[51] Der Fall zeigt für Pinel schlagend die Dynamik auf, wie eine Melancholie allmählich die Vernunft untergräbt und irgendwann ein paranoides Delirium hervorbringt: Das ist dann die berühmte *idée fixe*. Pinels *Traité* ist klassisch. Er markiert den Beginn der französischen Psychiatrie, und er begründet zugleich die klinische Administration der Unvernunft. Auch der deutsche Dichter E.T.A. Hoffmann, der den verrückten Ex-Diplomaten Serapion erfand und ihn zum Hausheiligen des romantischen Erzählens erhob, schöpfte aus dem Werk Pinels und Muratoris. Allerdings lässt Hoffmann den Versuch seines durch Pinel-Lektüre aufgeklärten Erzählers scheitern, den Verrückten von der Wahnhaftigkeit seiner fixen Idee, er sei der Märtyrer Serapion, zu überzeugen und aus dem Delirium zu wecken. Serapion hält den Überzeugungsbemühungen entgegen: »Bin ich nun wirklich wahnsinnig, kann nur ein Verrückter wähnen, daß er imstande sein werde mir die fixe Idee, die der Wahnsinn erzeugt hat, auszureden.«[52] Der verrückte Serapion kennt nämlich die Pinelsche Theorie der *idée fixe*, die die Melancholie hervorbringt, genau so gut wie sein scheiternder Therapeut. Eigentlich stehen sich hier zwei Vernünfte gegenüber, von denen man nicht sagen kann, welche im Delirium herumirrt. E.T.A. Hoffmann, der als Richter durchaus mit Fällen zu tun hatte, in denen die Frage zu klären war, ob Vernunft oder Wahnsinn einem Mörder die Hand führte, hielt an diesem Unterschied hartnäckig fest. Noch hatte die Stunde der Literatur nicht geschlagen. Zuvor war den Philosophen bereits die alleinige Zuständigkeit für den Wahnsinn genommen worden.

An ihrer Stelle bauten die Psychiater ihre Asyle zu Beobachtungsstationen aus, um nur noch die akute Paranoia zu studieren, die später den Namen *délire systématisé* erhalten sollte. Die Klinik wollte nicht mehr von der Skala der Verrückungen und der feinen Unterschiede darin wissen, sie benötigte nur noch eindeutige Fälle. In der schönen, abgeschlossenen Welt der »Museen der Kranken« (Charcot) sammelten die Psychiater die einzelnen Ausprägungen der Paranoia und arbeiteten an ihrer Beschreibung und Klassifikation. Der eben erwähnte Falret schloss an Pinel an und sprach davon, dass die Paranoia eine systematisierte »fixe Idee« sei.[53] Seine auf eingehende klinische Beobachtungen gestützte Studie über den Verfolgungswahn trug ihm die Ehre ein, dass dieses *délire de persécutions* lange Zeit seinen Namen trug und als *maladie Falret* in die Lehrbücher Eingang fand, als hätte er sie erfunden.[54] Eine erste abschließende Beschreibung der Anomalie lieferte Julien Séglas, der in seinen *Klinischen Vorlesungen* von 1895 den Term Paranoia nach Frankreich importierte. Er beschrieb diese Störung als »folie systématique chronique.«⁵⁵ In dem von Valentin Magnan 1898 herausgegeben Kollektivwerk über die *Behandlung des Geisteskrankheiten* hieß sie dann das »délire systématisé aigu«⁵⁶.

Pinels Schüler Jean-Etienne Dominique Esquirol verdient in dieser Geschichte besondere Aufmerksamkeit. Seine umfassende systematische Darstellung der *maladies mentales* von 1838 führte einen entscheidenden Schritt weiter von der Philosophie weg. Zum Zeichen dieser Ablösung überlegt Esquirol auf den ersten Seiten seines Werks, mit welchen Gedanken ein Philosoph durch ein Irrenhaus gehen würde. Alles was in sein philosophisches Auge fiele, schiene ganz wie in der Welt jenseits der Klinik. Die Kranken haben die gleichen Ideen, die gleichen Irrtümer, die gleichen Leidenschaften; nur treten ihre Züge schärfer und kontrastreicher hervor, weil die Menschen ihre Gedanken, ihre Fehler und Leidenschaften ganz unverhüllt zeigen.⁵⁷ Der Wahnsinn zeigt die Affekte und intellektuellen Vermögen in ihrem Naturzustand. Statt von Melancholie spricht Esquirol daher von *Monomanie* oder von *Lypémanie*.

Aus: *Jean Etienne Dominique Esquirol »Von den Geisteskrankheiten« (1816)*

Esquirol beschreibt die Monomanen ganz wie Kant als besonders scharfsinnig, nur arbeiten auch sie mit den falschen »Daten«. Ihr Delirium läuft über primäre Fehler und deduktive Fehlerlosigkeit: »Sie gehen von einer falschen Idee aus, von falschen Grundsätzen, aber alle ihre Gedanken, alle Ableitungen stimmen mit der strengsten Logik überein.«[58] Zugleich entzieht Esquirol diese Kranken der Philosophie, indem er die monomanische Exaltation nicht aus der Vernunft, sondern aus der modernen Welt hervorgehen lässt. Zwar hat diese moderne Welt auch die Philosophie hervorgebracht, sie wird aber nicht mehr von ihr beherrscht. Die gesamte Moderne läuft nach Esquirol als rasende Vernunft. Auch da hat er Vorläufer. Bereits Pinel erklärte die moderne *folie* als Folge der Französischen Revolution. Das monomane Delirium beschreibt Esquirol zunächst ganz im Sinne Rousseaus und Kants als Produkt der Zivilisation: Die Paranoia treibt die intellektuelle Verfeinerung und Sensibilität ins Extrem. Aber er denkt politisch und behauptet, dass der Wahn als neue imaginäre Macht auftauche, weil die sozialen Beziehungen in seiner Zeit nicht mehr durch Religion, Tradition und Glauben gesichert würden, sondern durch die *Polizei*. Die moderne Paranoia entspringe völlig neuen sozialen und politischen Gegebenheiten, und ihre Vernunft verwalte sich selbst mit entsprechendem Personal. Denn er stellt fest, dass die von ihm behandelten Monomanen besonders häufig unter dem Wahn leiden, von der Polizei verfolgt zu werden.[59] Vielleicht hatten sie ja Recht! Weiter bemerkt Esquirol, dass auch Napoleons Auftritt in der politischen Welt die Monomanie grassieren ließ: »Als der Empereur Europa mit neuen Königen bevölkerte, da glaubten viele Monomane, dass sie Kaiser oder Könige seien, Kaiserinnen oder Königinnen.«[60] Am Rande solchen Wahns gedeiht dann auch die Tat. Daher verfügt Esquirol auch über eine beachtliche Erfahrung mit Attentaten. Sein König Louis-Philippe ist eben 1835 mit großer Not und eher zufällig der Mordmaschine Joseph Fieschis entronnen.[61]

Die deutschen Psychiater haben sich zu dieser Zeit längst einen Namen gemacht. Daran haben Dichter entscheidenden Anteil. Kaum ein psychiatrisches Werk wurde literarisch so ergiebig ausgebeutet wie Johann Christian Reils *Rhapsodieen über die Anwendung der psychischen Curmethode auf Geisteszerrüttungen* von 1803. Ein romantisches Grundbuch, die *Nachtwachen des Bonaventura*, spielt zum Teil im Irrenhaus. E.T.A. Hoffmann wurde bereits genannt. Auch Arthur Schopenhauer besuchte nach seinem Wechsel an die Berliner Universität 1811 mehrfach die Melancholie-Abteilung der Charité und machte sich Gedanken über die Verwandtschaft von Genie und Wahnsinn.[62] Der Dichter Oskar Panizza war selbst Psychiater. Panizzas zeitweiliger Kollege Emil Kraepelin fasste in seinem 1887 in zweiter Auflage erschienenen *Lehrbuch der Psychiatrie* das klinische Wissen seiner Zeit über die Paranoia vorläufig zusammen. Kraepelin besteht wie vor ihm bereits Esquirol und andere darauf, dass die Paranoia eine »originäre Verrücktheit« ist, dass sie also keine Abart, kein Symptom und keine Degeneration anderer Geisteskrankheiten wie Melancholie oder Manie ist. Sie erwächst auf ihrem eigenen Grund, und ihre Ausdrucksformen weisen eine gewisse Gleichförmigkeit auf. Die rasende Vernunft nach Kraepelin leidet an Hypochondrie, Verfolgungen, Größenideen, Kontakten mit Gott und anderem metaphysischen Personal, an Erinnerungstäuschungen, am Wahn höherer Abstammung und nicht zuletzt an der Furcht vor Verschwörungen. Das ist mehr oder minder gesichertes Wissen.[63] Was sich in der Folge noch ändert, ist ihr Name. Die Paranoia, die schon zuvor so viele Namen trug, heißt zeitweise »Dementia praecox«, um dann von Eugen Bleuler den Namen »Schizophrenie« zu erhalten.[64] Die heute vornehmlich englisch sprechende Psychiatrie verständigt sich neuerdings auf den Begriff »delusional disorder«. Wichtiger für die Diagnose ist der Zeitcharakter der Paranoia: Bereits Kraepelin wies darauf hin, dass dieser Wahn eine längere Inkubationszeit benötigt. Dieser Vorlaufzeit halber ist er wohl selten. Die Statistik vermerkt, dass höchstens ein Prozent der klinisch behandelten Geisteskrankheiten dieser Gruppe zuzurechnen ist.[65]

Trotz all dieser vermutlich richtigen klinischen Feststellungen verlieren die Psychiater doch allmählich aus dem Auge, was noch Pinel und Equirol deutlich aussprachen, dass die Paranoia eine Krankheit der Moderne ist, obwohl die Geschichte, die der Moderne vorausläuft, genügend bekannte Fälle vorzuweisen hat. Man konnte an Calvins Nachfolgern und an den Puritanern beobachten, dass das Denken der *Effizienz*, dass der Glaube an das Heil der Rationalisierung auch an der Störung dieser Ratio beteiligt ist. Wir haben gesehen und werden weiter sehen müssen, dass die politische Paranoia seit Beginn des 19. Jahrhunderts grassiert. Und es war keineswegs ein Ergebnis nüchterner Wissenschaft, sondern eine eigene genialwahnhafte Eingebung, die Max Weber auf die Spur der protestantischen Rationalität gebracht hat.[66] Der klinische Beobachtungsraum verengt heute auch den Blick für die Vielfältigkeit und für die Grade und Abschattungen der Störung. Das ist der Preis für die Abkopplung von der Philosophie und für den Psychiater-Unwillen, das näher zu bestimmen, was krank zu sein scheint: die Vernunft.[67]

Es war Sigmund Freud, der wieder den Blick auf den psychischen *Mechanismus* der Paranoia gerichtet hat. Bereits mehr als fünfzehn Jahre vor seinem Schreber-Buch *Über einen autobiographisch beschriebenen Fall von Paranoia* führte Freud seine Beobachtung in einer kurzen Abhandlung aus, die er im Januar 1895 seinem damaligen Freund Wilhelm Fließ zuleitete. Seine zentrale Erkenntnis fasste er darin in die Formel, dass die Paranoia »eine dem Ich [unverträgliche] Vorstellung« abwehrt, indem sie den Tatbestand in die Außenwelt projiziert. Sie missbraucht hierbei den sonst unverdächtigen »Mechanismus der Verlegung oder Projektion«.[68] Die Projektion entspricht als psychologische Operation der Induktion der Logik. Tatsächlich analysiert Freud den paranoiden Mechanismus in Begriffen der Logik und des Schließens. Im Verfolgungswahn etwa geht der Syllogismus, wie Freud schreibt, nur nach außen, während die eigenen inneren Zustände, das Wissen von sich selbst, abgeschnitten bleiben: Für den Protagonisten dieses Mechanismus ist der zufällige Blick, der ihn erreicht, nicht der liebende oder erotische Blick, nach dem es ihn verlangt, sondern es ist ein böser Blick, der ihn verfolgt. Das eigene Verlangen kann damit nicht mehr abgeglichen werden, weil es gänzlich unbewusst ist. Freuds klinische Erfahrung verarbeitet bekanntlich vor allem Fälle sexueller Störung. Dort ist der Mechanismus evident. Und Freuds Schreber-Buch von 1911 bildet die vollkommen überzeugende Analyse einer latenten Homosexualität. Wie Freud darin im ersten

Kapitel »Über den paranoischen Mechanismus« ausführt, lautet der Syllogismus der homosexuellen Paranoia: »Ich *liebe* ihn nicht – ich *hasse* ihn ja.«[69] Die Projektion macht daraus: »Ich *liebe* ihn ja nicht – ich *hasse* ihn ja – *weil er mich verfolgt*.«[70] Die Außenwelt ist eine Innenwelt. Auch die Weltkatastrophe, die der Paranoiker fürchtet oder die er prophezeit, ist die Projektion einer inneren Katastrophe. Und im Wahn oder in der wahnhaften Aktion baut er diese Welt wieder auf. Zugleich errichtet der Paranoiker das Größen-Ich, das Reste der infantilen Größenvorstellung nutzt, um durch Wiederbesetzung in den Genuss einer intakten Ich-Vorstellung zu gelangen. Freud bringt das Verständnis des paranoischen Mechanismus vor allem durch die Erkenntnis voran, dass der Wahn einen *Heilungsversuch* darstellt, dass der Paranoiker im Wahn eine neue Beziehung zur Welt und zu den Menschen in ihr herstellt.[71] Größenbilder, Fatumsgewissheit, Rettung statten eine utopische Wahnwelt aus, die der Paranoiker behaglich bewohnt wie Immanuel Kant seine »Lieblingsidee« einer Weltbürgergesellschaft. Die utopische Wahnwelt umgibt nicht nur den Kranken mit einem freundlichen Kosmos, in dem er mit seinen Ängsten und Deutungen leben kann, sondern alle Menschen.

Der Psychiater der Antipsychiatrie, Giovanni Jervis, will in seinem Kritischen *Handbuch der Psychiatrie* in ähnlicher Form die »Würde des Wahns« wiederherstellen. Er unterstreicht, dass es für den Urheber oder Protagonisten dieses Wahns um Leben und Tod geht.[72] Der Wahn verhindert die psychotische Auflösung und erlaubt es zu leben. Der Wahn rekonstruiert die Beziehung zu allen Menschen. Er ist eine Utopie. In diesem Traum möchte der Wahn allen das Leben ermöglichen, ganz wie Georg Büchners paranoischer Dichter Lenz sagt, dass die Dichtung, dieser milde, sanfte, allen pathologischen Zuschreibungen entronnene Wahn, nichts besorgt als »Leben, Möglichkeit des Daseins«.[73] Die Paranoia steigt im Zeitalter der Katastrophen zu einer wissenschaftlichen wie pathologischen Erkenntnisform auf.

Die Paranoia der Dichter (1): Oskar Panizza

Kaum ein psychiatrisches Werk des 19. und 20. Jahrhunderts verzichtet darauf, die Erfahrung des Wahnsinns durch ein literarisches Zitat begreiflich zu machen.[74] Literatur und Kunst des 20. Jahrhunderts brachten überhaupt erst das Bild der Paranoia in der Komplexität hervor, die die Frage ermöglichte, ob und wie der Unterschied zwischen Wahn, Kunst und Politik zu fassen wäre. Kein Schriftsteller verkörpert diese Einheit der Paranoia, die Psychiater und Dichter entwickelt haben, dramatischer und hellsichtiger als der unglückliche Psychiater, Schriftsteller und Patient Oskar Panizza. Panizza wurde 1853 geboren, sein Vater starb früh, und die Mutter setzte gegen die Kirche sowie gegen eine Order des Königs durch, dass der väterliche Wille, wonach seine Kinder katholisch erzogen werden sollten, unbeachtet blieb. Durch die Paranoia geistert übrigens stets das Gespenst des Vaters. Panizzas Mutter, Spross einer hugenottischen Familie, sorgte für eine strenge pietistische Erziehung ihrer Kinder. Immerhin hatte der Vater trotz Neigung zum Glücksspiel ein beachtliches Vermögen hinterlassen, und von diesem Erbe konnte später auch sein Sohn Oskar eine Zeit lang sorgenfrei leben. Zuvor jedoch hatte Panizza Medizin studiert und eine psychiatrische Fachausbildung genossen, die ihn 1882 als vierten Assistenzarzt in die Dienste des Professors Bernhard von Gudden führte, der zu diesem Zeitpunkt ärztlicher Leiter der Oberbayerischen Kreisirrenanstalt in München war. Professor von Gudden sollte dann im Jahre 1886 dem bayerischen König Ludwig II. aus den Akten heraus die Diagnose Paranoia stellen, um kurz darauf mit seinem königlichen Patienten am 13. Juni 1886 im Starnberger See zu ertrinken. In von Guddens Klinik lernte Panizza auch den Psychiater Emil Kraepelin kennen, der 1883 sein *Compendium der Psychiatrie* in erster Auflage veröffentlicht hatte. Im Jahre 1905 begegnen sich die beiden einstigen Kollegen erneut, Panizza wird dann Kraepelins Patient sein, da unbeeinflussbare Wahnvorstellungen von ihm Besitz ergriffen haben.[75]

1884 aber gibt Panizza auch wegen »wissenschaftlicher und anderer Differenzen mit seinem Schef«[76] den Dienst in von Guddens psychiatrischer Klinik auf, um einige Zeit finanziell unbesorgt für seine Literatur zu leben. Schon zu dieser Zeit bemerkt er bei sich selbst erste Anzeichen einer psychischen Erkrankung und begibt sich daraufhin fluchtartig nach London. Ein Jahr später lebt er wieder in München. Er veröffentlicht Lyrik, Erzählungen im Stil Edgar Allan Poes und beginnt ab 1890 auch journalistisch zu arbeiten. 1894 erscheint sein satirisches Theaterstück *Das Liebeskonzil*, das ihm ein Verfahren wegen Gotteslästerung vor dem Münchner Landgericht I sowie eine einjährige Haftstrafe einträgt. Nach der Entlassung aus dem Gefängnis im August 1896 lebt er in der Schweiz, wo ihm aber kurz nach Luchenis Attentat auf die österreichische Kaiserin Elisabeth am 10. Oktober 1898 in Genf die Aufenthaltserlaubnis entzogen wird.[77] In seiner 1904 verfassten Selbstbiografie vertritt Panizza die Ansicht, dass der deutsche Kaiser Wilhelm II. hinter seiner Ausweisung steckt.[78] In den folgenden Jahren macht er den Kaiser zunehmend für alle seine üblen Erfahrungen verantwortlich. Von der Schweiz aus begibt sich Panizza nach Paris, wo sich weitere Symptome seiner Paranoia einstellen, die er in Kenntnis ihrer Bedeutung sehr genau in seinem Notizbuch festhält. In Zürich lässt er noch 1898 seine satirische Schrift *Psychopathia Criminalis* erscheinen, die den politischen Wahn dem psychotischen Symptomenkomplex einverleibt. Das sei die Krankheit, die die Plebejer einst auf den *mons sacer* hinaustrieb, die Brutus und Catilina zu frevlem Mut entzündet hat, die Wyclif, Hus, Savonarola und Martin Luther befiel.[79]

Diese satirische Erfindung und seine publizistischen Auftritte machen Panizza schließlich zu einem heillosen Fall. In einem Band mit Gedichten, die er *Parisjana* nennt, greift er den deutschen Kaiser Willhelm II. an. Er ist der Überzeugung, dass die politische Lage »eine große Tat« erfordere. Aber er denkt allein an Taten der Feder. Wie Nietzsche hält auch Panizza seine Schriften für ein Attentat:[80]

O Musen flieht aus dem Bereiche
Der deutschen Pickelhaube fort,
schürzt Euch und flieht aus einem Reiche,
wo man Euch knebelt Reim und Wort.

Das sind keine großen Kunstwerke, doch vielleicht gerade darum provozieren sie eine Anklage wegen Majestätsbeleidigung. Im Jahre 1901 verlässt Panizza Paris, da ihm das Geld ausgeht. Er stellt sich den deutschen Behörden, die seine Gedichte beschlagnahmt haben und die bald darauf auch sein gesamtes Vermögen konfiszieren. Er wird für einige Wochen interniert. Ein Gutachten des Psychiaters Dr. Fritz Ungemach erklärt Panizza für geisteskrank und paranoid; die »Majestätsbeleidigung« sei in einem »Zustand krankhafter Störung der Geistestätigkeit« begangen worden.[81] So wird der Patient aus der Kreisirrenanstalt entlassen. Kurz darauf begibt sich Panizza erneut nach Paris, wo er bis 1904 bleibt. In Paris verfasst er noch eine Art Tagebuch, eine 180 Seiten umfassende Schrift mit dem Titel *Imperjalja*. Dies ist das zugleich traurigste wie großartigste Dokument seiner Paranoia. Im Zentrum aller Einträge steht der deutsche Kaiser Wilhelm II. Ihm wirft der Dichter Mord, Inzest, Päderastie, Verschwendung vor, der Monarch ist der Feind nicht nur Panizzas, sondern der Menschheit schlechthin. Eigentlich ein Grund, zur Waffe zu greifen. Doch die Beseitigung des Kaisers hat Panizza aus der Hand gegeben und an Bismarck abgetreten, den er als Urheber verschiedener Komplotte gegen Wilhelm und die Hohenzollern ausmacht. Wundersam hebt die Welt zu sprechen an. Immer überzeugter auf seine rasende Vernunft hörend, entziffert Panizza in den Jahren 1903/04 die unterschiedlichsten Ereignisse des vergangenen 19. Jahrhunderts, vor allem jedoch alle Zeitungsberichte und Fotos, die er in die Hand bekommt, als Nachrichten, die entweder Wilhelm II. oder Bismarck betreffen. Er vermutet etwa, dass Robert Kochs Impfstoff Tuberkulin ein Betrug sei, der den Kaiser, der Koch in Berlin empfangen hat, blamieren soll. Ähnliche Gedanken verbindet Panizza mit anderen Erfindungen:

> Die drahtlose Telegrafie *Marconi's*, der Versuch *Andree's*, per Luftbalon den Nordpol zu gewinnen, die neuen Metallstrahlen mit ihrer fabelhaften Wirkung, die Experimente des französischen Kemikers Curie's mit dem neu gefundenen Element Radjum (...). Alles dies scheint ein grosartiger Schwindel zu sein,

um den Kaiser und von ihm geäuserte Ideen ad absurdum zu führen ... Man langt sich an den Kopf, und sucht unwilkürlich in seinem Gedächtnis, in der Geschichte, Erfahrung, einen Anhaltspunkt, um diesen fast fabulösen Prozeß, diese beispiellose politische Komödje, zu meßen, findet aber keinen. Ich weis nicht, ich komme nicht von dem Gedanken los, daß Bismarck hier, bei aller Gröse der politischen Konzepzjon, der zweifellosen, ungeheuren Vereinfachung der politischen Verhältniße in Europa und in Deutschland, hier doch mehr ein Meisterstük seines Könnens zeigen wolte – aere perennius – und bei seiner koloßalen Menschenverachtung einmal zusehen wolte, weßen eigentlich die Menschen im Ertragen fähig seien.[82]

Die akribische Lektüre und detailgenaue Entzifferung auch von Bildern fördert zuletzt den immergleichen Befund ans Tageslicht. Monomanie und welthistorischer Blick arbeiten an einem eindrucksvollen Modell der politischen Welt.

Im Frühjahr 1904 verschlechtert sich Panizzas Gesundheitszustand rasch. Noch diagnostiziert er selbst die »Disozjazjon der Persönlichkeit«.[83] Immer qualvoller werden Luftsingen, Pfeifen, Geruchshalluzinationen. Alle diese Umweltsignale fasst er als feindliche Botschaften auf. In sein Notizbuch schreibt er:

Man hat durch monatelang fortgesetzte Peinigung und sistematisches Experimentiren mein Sensorjum so gefälscht, dass, als heute Abend ein par Schwalben, im Fluge, mit ihrem bekanten surrend-schwirrenden Laut, an meinem offenen Fenster vorübersausen, ich erschrekt, und eine der infamen, mich verhönenden Imitazjonen zu vernehmen glaubte, denen ich täglich stundenlang ausgesezt bin.[84]

Jetzt begibt sich Panizza auf dem Umweg über Lausanne nach München, um in der oberbayerischen Kreisirrenanstalt, wo er selbst einmal ärztlichen Dienst getan hatte, aufgenommen und behandelt zu werden. Als ihm der Leiter Dr. Ungemach die Aufnahme verweigert, mietet er sich im Juli 1904 in einer Wohnung ein. Seine Psychose wird immer dramatischer. Schließlich muss er seine Zwangseinweisung durch asoziales Benehmen provozieren: Panizza läuft nur mit einem Hemd bekleidet von seiner Wohnung bis in die Leopoldstraße, wo er dann von Polizisten abgeführt wird. Vergeblich hatte er versucht, durch Selbsteinsicht und Selbstdiagnose eine Behandlung zu erreichen. Erst die von Panizza aus Verzweiflung inszenierte Komödie des Irreseins erzielte die gewünschte Wirkung, und der Entmündigungsprozess kommt in Gang. Vor dem Richter und in Anwesenheit zweier psychiatrischer Fachärzte klagt Panizza, dass der Kaiser ihn mit Pfeifereien verfolge.[85] Einige Zeit verbringt er im Krankenhaus links der Isar. Dort schreibt er auf Veranlassung der Ärzte seine auf den 17. November 1904 datierte *Selbstbiographie*, in der er sich über »raffinierte, auf peinlichste Verletzung des Nervensistems berechnete *Pfeiferein*, Molestirungen mit allen möglichen die Gehörsnerven empfindlichst treffenden Instrumenten« beklagt.[86] Der behandelnde Arzt, Dr. Hans von Gudden, der Sohn Bernhard von Guddens, für den Panizza zwanzig Jahre zuvor als Assistenzarzt tätig gewesen war, hat keine Mühe, in seinem Gutachten vom Februar 1905 festzustellen, dass Panizzas Verhalten von »systematisirten Wahnvorstellungen der Verfolgung« geleitet sei.[87] Ein zweites Gutachten Dr. Ungemachs spricht davon, dass der Patient »gemeingefährlich« werden könnte und deutet die Gefahr von »Gewalthandlungen« an.[88] Die Feststellung, dass Panizza nicht mehr in der Lage sei, für »sein Vermögen u. sonstiges Eigentum zu sorgen«, bildet dann die Grundlage des Entmündigungsbeschlusses durch das Münchner Amtsgericht I am 28. März 1905. Die Vormundschaft über den Entmündigten teilen sich Panizzas Bruder Felix und der Justizrat Popp.

Bei dieser Gelegenheit begegnet Panizza auch seinem ehemaligen Kollegen Emil Kraepelin wieder, der inzwischen zu einem der führenden Psychiater Deutschlands und zum Ordinarius in München aufgestiegen ist. Kraepelin erhebt Panizza zum Muster seines Konzepts der Paraphrenie und verewigt ihn in seinen Lehrbüchern.[89] Und Panizza errichtet Kraepelin im 1906 entstandenen Zyklus von Zeichnungen ein Denkmal.

»Das ist der Thot der den Magister Kraepelin in den Tod jagt. So!«⁹⁰ Aus dem Zyklus Pour Gambetta, den Oskar Panizza 1906 in der Bayreuther Klinik anfertigte. In einer Reihe von Zeichnungen lässt er den ägyptischen Gott Thot, den mythischen Erfinder der Schrift und Protokollanten des Totengerichts, auftreten.

Der kranke Dichter verbringt die nächsten beiden Jahre in der Heilanstalt St. Gilgenberg in Bayreuth, ehe er 1907 in das Herz- und Kreislaufsanatorium »Mainschloß Herzogshöhe« in Bayreuth aufgenommen wird, wo er 1921 auch stirbt.

Das ist die Geschichte eines Paranoikers, der mit großer Klarheit die welthistorische Funktion des Wahns feststellte. Hier sprachen aus einem Munde ein Psychiater, ein Dichter und ein Paranoiker, die wussten, dass der Wahn in feinen und auch in blutigen Gestalten die Welt beherrscht. Panizza hatte die psychologische und psychiatrische Theorie seiner Zeit im kleinen Finger. In seinem Aufsatz über den Illusionismus formulierte er eine radikale Theorie der Abduktion und ihres klinischen Schattens, der Halluzination, die sein Modell aller Wahrnehmung ist. Ihm bleibt nur die Frage: Wer entscheidet, was eine Abduktion oder was eine Halluzination ist? Es sind immer diese, wie Panizza sagt, dämonischen Projektionen, die verrückten Ideen, die die Welt erschließen. Das Gleiche erklärt der

Großmeister der Vernunft Immanuel Kant. Wem das Schicksal den Erfolg zulächelt, das entscheidet der Zufall. Die paranoische Theorie des Paranoikers urteilt dann etwa so:

> Und so starb Jesus. Starb den Tot durch Henkershand. Ein Paranoïker. Aber ein Geistesheld, der mit der ganzen zähen, nie wankenden Kraft des paranoïschen Wahns seine Ideen bis zum lezten Blutstropfen verteidigt; indem er als Märtirer fält, die Maßen mit dem Inhalte seines Wahns anstekt, und so der ›Geisteskrankheit‹ eine fast 2000jährige Dauer von ›Wahrheit‹ verschaft.
> Er starb wie Sokrates, wie Savonarola, wie Hus, wie Servet, wie Sand, wie die Perowskaja, wie Angiolillo, in dem als psichisches Fänomen einzigen und unvergleichlichen Bewußtsein, nur durch den Tot einer idealistischen Idee zum Siege zu verhelfen.[91]

In allen diesen späteren Aufsätzen, die die charakteristische schizographische Behandlung der Worte und zumal der Wortbilder zeigen[92], kommt Panizza auf die Attentäter zu sprechen, die in früheren Epochen und auch zu seiner Zeit von sich Reden machten: Brutus, Charlotte Corday, Karl Ludwig Sand, Sofia Perovskaja, die am Attentat auf Zar Alexander vom 13. März 1881 beteiligt war, sowie Michele Angiolillo, der am 8. August 1897 den spanischen Premierminister Antonio Cánovas del Castillo erschoss. Dieser großen Familie der Attentäter und Attentäterinnen fühlte sich der vaterlos aufgewachsene Dichter Panizza verbunden. Nicht nur sind viele Attentäter paranoisch, sondern viele Paranoiker lassen sich von der Familie der Attentäter adoptieren. Das Rätsel daran löst sich: Der mächtige Vater, Kaiser oder König überdeckt das ohnmächtige Bild des eigenen Vaters. Die Adoption gewährt den Eintritt in eine vaterverschwörerische Geschwisterschaft. Ihr korrelieren immer Erkenntnisse.

Auch die Frage des Wahnsinns erörtert Panizza in diesem Zusammenhang. Im Jahr 1899 veröffentlicht er in den von ihm selbst herausgegebenen (und geschriebenen) *Zürcher Diskuszionen* eine umfangreiche »biographisch-psychologische« Darstellung des Kotzebue-Attentäters Karl Ludwig Sand. Auch hier geht er eine lange Reihe von Tyrannenmördern und Revolutionären wie Harmodios und Aristogeiton oder Savonarola durch:

> Wie, wenn es im Leben der Völker Zustände gäbe, in denen ein Vorwärtskommen ohne das Eingreifen solch' exaltirter Persönlichkeiten, wie jene beiden Atener dort, des Florentiners hier, unmöglich wäre, wenn in der geistigen Entwiklung der Nazjonen Bedingungen einträten, wo es, um über den toten Punkt hinwegzukommen, solcher Leute bedürfte, wie Luther, wie Carlstadt, wie Thomas Münzer, Niklas Storch, (...) Menschen, in denen auf der einen Seite der Unwille und das Aufbäumen gegen die geistige Knechtschaft in solchem Maase ihr Hirn in Flammen versetzt hat, auf der anderen Seite die Hemmungen, wie sie natürliche Schlaffheit und bürokratische Erziehung erzeugen, schließlich überwunden werden, so daß sie wie Delirirende erscheinen, Situazionen, in denen der natürliche Mensch nichts mehr vermag, der ›Geisteskranke‹ in glüklicher, kindlicher Narrheit allein noch das Höchste wagt – müßten wir dann nicht zu gewißen Zeiten die dunkle Schiksalsgöttin, die die Loose wirft und die Keimplasmas in der Vererbung mischt, anflehen: Schik' uns Sande, schik' uns Luthers, schik' uns Savonarolas, schik' uns Brutuse? –[93]

Heiner Müller wollte Panizza loben, indem er ihn einen Terroristen nannte. Und er zitierte Jean Baudrillard, der den Terrorismus durch permanente Störung des »Sinnzusammenhangs der bourgeoisen Gesellschaft« siegen sah.[94] Das ist zu schön, um wahr zu sein. Panizzas Terrorismus, wenn es denn einer war, bestand darin, Sinnzusammenhänge herzustellen. Nichts ist bürgerlicher, nichts bourgeoiser als die Paranoia. Sie ist betrunken von Zusammenhang und Sinn. Auch die Familie der Attentäter verbindet ein solcher Sinnzusammenhang. Panizza hätte dieser Familie und ihrem Sinn zu gerne angehört. Kaiser Wilhelm II. wäre sein auserwähltes Opfer gewesen. Er vermochte es nicht. Der Wahn, dass Bismarck seine Sache übernommen habe, der Zusammenhangswahn eines Bismarck-Komplotts, befreite ihn von der Last, diese Tat begehen zu müssen. Stets ist der Wahn eine Lösung.

Die Paranoia der Dichter (2): Karl Kraus, Elias Canetti

In welcher Weise schreiben Dichter wie Karl Kraus und Elias Canetti die Kritik der Paranoia, das Modell einer rasenden Vernunft, des abduktiven Deliriums fort? Karl Kraus erblickte den Grund aller zeitgenössischen Übel in der Entstellung der Welt durch journalistischen Sprachgebrauch. Die Mission der 37 Jahre lang von ihm herausgegebenen Zeitschrift *Die Fackel* war der immer neue, neu ansetzende, nie ermüdende Versuch, an Sätzen, Formeln, Entstellungen der Sprache, an falschen Bildern, verunglückten Metaphern, kurzum: an verderbten Texten und Sprechweisen die Verhängnisse seiner Zeit aufzuzeigen. Dass die Katastrophe des Ersten Weltkrieges von der Presse verursacht sei, von einem Sprechen, dessen Falschheit, Unbedenklichkeit, dessen Zynismus, Dummheit und latente Mordlust sich dem genauen Lesen offenbart, das hat er immer wieder durch Zitate ausgestellt. *Die Fackel* bietet über Jahrzehnte hinweg eine riesige Blütenlese von misslungenem Sprechen, von sprachlich entstellter Welt, von ruinierten Texten, aus denen die zerstörerische Gewalt von Krieg und Faschismus hervorgeht. Das verdorbene journalistische Sprechen setzt die Welt den Mächten der Verderbnis aus. Nur ein paranoisch eingestellter Leser, ein artifizieller Interpret, ein wahnhaft hellsichtiger Textdeuter, vermag schon aus einem einzigen falsch gesetzten Fremdwort die Apokalypse hervorbrechen sehen. In den Eingangssätzen des großen Essays *Untergang der Welt durch schwarze Magie*, der in der *Fackel* vom Dezember 1912 erschienen ist, liefert Kraus ein Selbstportrait. Dort greift er den schon in den ersten Jahren seiner *Fackel*-Tätigkeit erhobenen Vorwurf auf, dass er »zufällige Ärgernisse (…) für Symptome«[95] nehme, dass er aus Kleinigkeiten große Affären mache, dass er unscheinbare Alltagsgeschichten der Zeitungen ins welthistorisch Katastrophale erhebe:

> Ich habe Erscheinungen vor dem, was ist. Ich mache aus einer Mücke einen Elefanten. (...) Und der Mücken werden immer mehr: Oft kann ich sie nicht mehr unterscheiden. Tausend habe ich zu Hause und komme nicht dazu, sie zu überschätzen. Bei Nacht sehen sie wie Zeitungspapier aus und jedes einzelne Stück lacht mich an, ob ich nun endlich auch ihm die Verbindung mit dem Weltgeist gönnen wolle, von dem es stammt. Gegen die Plage dieser Ephemeren gibt es keinen Schutz, als sie unsterblich zu machen.[96]

Das sind die Mücken, die durch viele paranoische Systeme schwirren, die Kleinigkeiten, die durch blitzschnelle Schlüsse, durch Scharfsinn oder falsch dichtende Einbildungskraft, durch Konjekturen oder Abduktionen zu großen Bedrohungen der Welt hochgerechnet werden.

Nach welchem Modell arbeitet diese paranoische Vernunft? Welcher evolutionäre Erfolg steht dahinter? Man könnte die Presse- und Sprachkritik der *Fackel* mit jenen Schreib- und Schriftskrupeln in Verbindung bringen, von denen der Traktat *Sota* des Talmud berichtet. Dort findet sich die Frage: Warum füllen die jüdischen Kopisten Heiliger Schriften Vitriol in die Tinte? Antwort: Das giftige Vitriol muss in die Tinte des Schreibers, damit keine Fliege darin leben bleibt, denn mangelnde Vorsicht beschwört die Weltgefahr herauf, dass das Tierchen vielleicht auf dem Papier herumkriecht: Durch flüssige Tinte, die es am Flügel oder an einem Beinchen nach sich zieht, könnte es ein falsches Zeichen, einen Punkt oder Strich oder ein Komma hinterlassen und brächte damit die gesamte Schöpfung in Gefahr.[97] Denn die Buchstaben der Tora waren nach der Vorstellung der Rabbiner, die das Talmud-Buch *Sanhedrin* festhält, das Werkzeug Gottes bei der Erschaffung der Welt. Mit der Verrückung einer einzigen Letter würde die ganze Schöpfung verrückt. Die Besorgnisse und skripturalen Vorbehalte alter rabbinischer Schriftexperten wären danach auch in die *Fackel* eingezogen. Dieser talmudische Buchstabenglaube folgt einer orthographischen Theologie, die die Einheit von Wort und Weltheil denkt. Oder wäre Karl Kraus ein Paranoiker, der überall Feinde sieht und wittert, der jedes winzige Zeichen und sei es nur der Mückenflug der Zeitungslettern einem bösen Willen zurechnet, der die Welt in den Abgrund stürzt. Hier erinnert Karl Kraus an den Senatspräsidenten Schreber, der die Fliegen und Mückenschwärme, die ihn störten, von Gott weltordnungswidrig in seine Nähe »gewundert« glaubte.[98] Mücken, Insekten, Fliegen sind die Wappentiere der Paranoia: »Welcher Dichter hat nicht zu seiner Fliege gesprochen?« fragt Elias Canetti.[99]

Denkt man nun daran, dass die siebenunddreißig Jahre der *Fackel* die Zeit der Katastrophen des Ersten Weltkrieges wie auch des auftauchenden Faschismus waren, dann muss man diesem rabbinischen Gelehrten oder auch diesem pressekritischen Paranoiker Karl Kraus zustimmen und sagen, dass er mit Recht, mit höchst artifiziellen Deutungen die Macht der Druckerpresse, ihr Wörterunheil aufgespürt und ihre Gewalt bis in die Grammatik, die Orthographie und Zeichensetzung hindurch angeprangert hat. Die Kritik der *Fackel* hätte danach der Welt keine paranoische Missdeutung der Zeichen, keine wahnhaften Konjekturen des universalen, apokalyptischen Unheils aufgeschwatzt, sondern die geschichtsnotorischen Verhängnisse, das volle historische Desaster angekündigt. Eine Kritik der Paranoia müsste also die seltene Erkenntniskraft dieser rasenden Vernunft anerkennen, sie müsste an einer solchen Sprachauffassung, die Exaktheit, Unumstößlichkeit, den Scharfsinn und die prognostische Kraft der Krausschen Fatumsgewissheiten anerkennen. Die *Fackel* war ein vergebliches Rettungswerk.

Es war Elias Canetti, der im Anschluss an Walter Benjamin davon sprach, dass Karl Kraus zur eigenen Rettung und zur Bewahrung der Welt Festungssätze, zyklopische Mauersätze[100] geschrieben und gesprochen hat. Alles war bei Kraus auf »Unangreifbarkeit« ausgerichtet. Mit beispielloser Sorgfalt kontrollierte er jede Seite der *Fackel*, die er der Öffentlichkeit übergab. Kein Fehler sollte diese

Sprachbastion schwächen, sie durfte »keine Lücke, keine Ritze, kein falsches Komma« enthalten.[101] Selbst seine Leser forderte Kraus auf, sich an der Suche nach Druckfehlern zu beteiligen. Die *Fackel* sollte eine kollektive *Festung* bilden. Alle sollten sich darin sicher fühlen. Ein solches Gespür für die inneren Motive der Sprachbehandlung in der *Fackel*, für die paranoische Vernunft bei Kraus konnte nur ein »Mit-Paranoiker«, eine ganz gleich erregbare Wahrnehmung und artifizielle Interpretation entwickeln. Es ist inzwischen bekannt, dass Elias Canetti in den ersten Jahren seiner Ehe mit Veza Canetti psychotische Zustände erlebte. Veza wandte sich im Sommer 1937 brieflich mehrfach an ihren Schwager, den Psychiater Georges Canetti, und berichtete ihm vom Verfolgungswahn seines Bruders, von Zuständen »zwischen Wahnsinn und Selbstmord«. Canetti glaubte bisweilen, Veza wolle ihn vergiften, weshalb sie die Teetasse mit ihm tauschen musste. Ein anderes Mal hörte er Einbrecher. Elias Canetti selbst teilte in dieser Zeit dem Bruder auch persönlich mit, dass mit ihm alles »in Verfolgungswahn enden« werde.[102]

Den Paranoiker »erregen Verdächte und nicht Tatsachen«, schreibt Canetti in *Die Fliegenpein,* und er fährt fort: »Tatsachen (…) können ärger sein als der Verdacht selbst – sie machen ihm keine Angst.« Daher beruhigt sich der Paranoiker erst dann, wenn er sich davon überzeugt hat, dass er »wirklich vergiftet *ist*«.[103] Die Katastrophe hält sein Denken im Takt, während der Gleichlauf der Dinge die paranoische Vernunft dauerhaft beunruhigt. Die höchste Stabilität erreicht der Verdacht im Hass. Kraus wie Canetti waren geniale Hasser. Vermutlich ist Canetti in den Jahren von 1924 bis 1928, als er die »Schule« des Karl Kraus besuchte, ins Gymnasium des Hasses gegangen. Und daher zeigen sie die Gemeinsamkeit, mit Kant zu sprechen, dass sie »sonst gleichgültige Handlungen anderer« als Angriffe auf sich und auf die Weltordnung betrachten. Es geht ihnen darum, allen Verstand und alle aus Hasskräften gespeiste Kritik zur eigenen Erhaltung aufzuwenden, aber die eigene Erhaltung setzen sie mit der Erhaltung der Welt gleich. Es ist nun ein bekannter dynamischer Zug, dass dieser Hass, der sich die Daten der politischen Welt in wahnhaften Deutungen aneignet, auch seine

Feinde und Götter rasch wechseln kann. Die Monotonie des Bösen, der Macht, der Übel, der Gewalt, der Todesdrohung kann diverse Gesichter annehmen. Schlagartig kann sich ein und dieselbe Person von einem Gott in einen Teufel verwandeln. Dies nun widerfuhr gewiss auch nicht ganz zufällig Karl Kraus. In seinem Essay *Die Schule des Widerstandes* aus dem Jahr 1965 erzählt Canetti, wie er den Götzen Karl Kraus, den Diktator und Festungssatzbaumeister der *Fackel*, erst zu einem Gott erhob und ihn anschließend zertrümmerte. Zunächst beschreibt er genau, wie der Autor der *Fackel* von Stimmen heimgesucht wurde, freilich von keinen eingebildeten, sondern von wirklichen Stimmen. Anschließend beschreibt er in »Die Fackel im Ohr«, wie er selbst unter der Diktatur dieser Stimme lebte und zu den blinden Anhängern von Karl Kraus gehörte. Ihr größtes Vergnügen erlebte die Fangemeinde bei den öffentlichen Vorlesungen, wenn der Satiriker seine Feinde exekutierte: »Was eine Art von reißender Erwartung unter den Menschen im Saale schuf, war nicht so sehr der Urteilsspruch selbst als seine sofortige Vollstreckung.«[104] Diesen gleichförmigen Betrieb der paranoischen Tyrannei nimmt Canetti dann in dem Kapitel über die Paranoia in *Masse und Macht* wieder auf. Der Sultan von Delhi, Muhammad Tughlak, der 1325 den Thron bestieg und 26 Jahre regierte, gilt Canetti als der »reinste Fall eines paranoischen Machthabers«[105]. Tughlak ließ jeden Tag Hunderte von gefesselten Untertanen vor seinen Thron führen und befahl, sie zu töten, zu foltern oder zu schlagen. Diese Strafen verhängte er auf den bloßen Verdacht oder auf die Vermutung von Ungehorsam hin. Da die Hingerichteten immer drei Tage liegen bleiben mussten, türmten sich stets Haufen von Leichen im Hof des Palastes. Ganz nach dieser Herrscherart zeigt auch Karl Kraus die Züge eines paranoischen Machthabers, wenn auch seine Hinrichtungen *in effigie* oder *in littera* stattfinden. Aber irgendwann, den Augenblick hat er nicht genau angegeben, erwachte Canetti aus dem Bann dieses Diktators, und der *Fackel*-Ton löste sich aus seinem Ohr. Da setzte die Umkehr ein: Kraus wurde vorübergehend zum Feind. In einer Notiz aus dem Jahre 1942 bezeichnet Canetti den zuvor verehrten Kraus als einen Despoten, als »einen Mann, so persönlich und eigensinnig, so beschränkt und beinah so ungebildet wie Hitler«.[106] Der Hitler-Vergleich taucht noch einmal in einem Brief an den Bruder Georg auf, in einer Reaktion auf das mehr als 300 Seiten starke Fackelheft von Ende Juli 1934 mit dem Titel »Warum die Fackel nicht erscheint«. Nachdem Kraus damals länger als ein Jahr zur Machtergreifung der Nazis in Deutschland öffentlich geschwiegen und seine Anhänger in tiefe Verzweiflung gestürzt hatte, erklärte er sich in diesem langen Text zu Gunsten des austrofaschistischen Kanzlers Dollfuß und gegen die Sozialdemokratie. In dem zu Kraus' Lebzeiten unveröffentlichten Heft *Die dritte Walpurgisnacht* stand dann der unbegreifliche, weil satirisch gemeinte Satz »Zu Hitler fällt mir nichts ein.« Im Fackelheft vom Juli 1934 hatte Kraus diese Wendung vollzogen und die Sozialdemokraten mitsamt der Arbeiterschaft politisch abgeschrieben. Er machte den Führern der Sozialdemokraten, die im Februar 1934 einen Aufstand des Arbeiterschutzbundes nur halbherzig unterstützt hatten, den Vorwurf, den Faschismus selbst verschuldet zu haben. So erklärt er: »[K]eine Möglichkeit sei gescheut, Intellektuellen, deren Horizont mit Für und Gegen abgesteckt ist, die Enttäuschung nicht zu ersparen, dass einer, der gegen Hitler schweigt, keine Bedenken trägt, für Dollfuß zu sprechen: dem er seit jenem zweiten Aspern Eigenschaften zuerkennt, die er Herrn Otto Bauer absprechen muß.«[107] Bei Aspern hatte der Erzherzog Karl von Österreich-Teschen im Mai 1809 Napoleon geschlagen; und während des österreichischen Bürgerkriegs im Februar 1934 war der hochdekorierte Jagdflieger Godwin Brumowski von Aspern aus zum Luftangriff gegen den Goethehof im 22. Wiener Gemeindebezirk gestartet, wo sich Mitglieder des Republikanischen Schutzbundes verschanzt hatten. Kraus sah keine Chance mehr dafür, dass die Arbeiterbewegung Einfluss auf den Gang der Dinge nehmen könnte. Sein politisches Urteil war keineswegs falsch. Aber auch der Kanzler Dollfuß, der im Juli 1934 ermordet wurde, konnte Hitler nicht »überhitlern«, wie er es selbst ausgedrückt hatte. Nach der Lektüre des Fackelheftes vom Juli 1934 schrieb Canetti an seinen Bruder über seinen einstigen Abgott Karl Kraus:

Ich schäme mich, von einem solchen Monstrum beeinflusst gewesen zu sein. Ich schäme mich des ungeheuren und bestimmenden Eindrucks, den seinerzeit der Kampf, den er nach dem 15. Juli gegen Schober führte, auf mich gemacht hat. Ich fürchte Spuren seines Einflusses in meinen Dramen und möchte ausmerzen in jeder Arbeit und in mir, was an ihn erinnert. Ich möchte ihn, obwohl er so schwach ist, *körperlich* züchtigen. Welch ein Thersites! Welch ein Goebbels im Geiste!

Und wenig später heißt es: »Karl Kraus ist ein Meister der *Phrase*, er war so etwas wie ein Hitler der Intellektuellen.«[108] Beide sind mörderische Texte, radikale Umkehrungen von Freund und Feind und zugleich selbstzerstörerische Schreibübungen. Canetti rückt den einst verehrten Despoten exakt in die Feindesposition oder vielmehr in die Hassposition, wo auch für ihn bisher Hitler, Goebbels und die Phrase platziert waren. Er setzt exakt die Formeln ein, die er dem großen Vorbild abgelauscht hatte, und doch soll sein Fluch so effektiv sein, dass sich alle Spuren des verfluchten Idols in ihm selbst verflüchtigen. Wie will man die eigene Sprache verfluchen? Man könnte es bei dem Kommentar bewenden lassen, dass hier eine Haltung, eine Erkenntnishaltung durch ihre eigene Paradoxie zermalmt wird. Hinzuzufügen bleibt freilich, dass auch hier die Kritik der Paranoia unmittelbar an dem teilhat, was sie befeindet.

Es sind vier Elemente, aus denen Canettis Kritik der Paranoia gebaut ist: aus dem Tod, dem Überleben, aus der Masse und der Sprache. Sie hängen miteinander zusammen. Dabei bildet Canettis Kritik des Schreberschen Wahns in *Masse und Macht* den dichtesten und am klarsten ausgearbeiteten Teil seiner Kritik der Paranoia. In dieser Analyse ist die ganze intellektuelle Familie, zu der Canettis Schreber gehört, präsent: Das sind Canetti selbst, Hitler und Karl Kraus. Die Paranoia denkt bekanntlich in Familien. Die wichtigen Punkte von Canettis Kritik der Schreberschen Paranoia lassen sich daher auf den Schreibenden selbst beziehen.

»Er (…) ist zum Glück kein Dichter«, bemerkt Canetti gleich im ersten Absatz über Schreber. Was Schreber vortrage, sei ernst, sei lächerlich, es sei eine Religion, es gehe um das ewige Leben, er werde von einer ganzen Meute von Feinden bedrängt. Subjektiv, erklärt Canetti, ist das die Erfahrung eines jeden Machthabers.[109] Schreber lebte ja auch in dem Wahn, dass er als einziger Mensch eine Weltkatastrophe überlebt habe. Dies ist allerdings der höchste Triumph der Mächtigen, und tatsächlich erfüllt das Verlangen, die ganze Menschheit mit einem Schlag zu beseitigen, Machthaber wie Nero, Caligula oder den bayerischen Ludwig II.[110] Nun blickt Schreber als Einziger auf den Untergang der ganzen Menschheit zurück, nachdem er selbst unzählige Attacken überstanden hat: Angriffe durch Strahlen, Stimmen, Vögel, kleine Männer, »hingemachte Männer«. Diese Woge von Verfolgungen hat er überlebt, und das gab ihm das Gefühl, unsterblich zu sein. An diesem Punkt seiner Lebensgeschichte, so dürfte sich die Lektüre Canettis im Geheimen weiter entwickelt haben, hat Schreber die wahnhafte Größe erlangt, die Überlebensgröße, die Canetti selbst als Religion zu stiften gedachte.

Aber um welchen Preis? Wie präsentiert sich die Welt, wie formuliert sich die Erfahrung eines solchen durch Überlebenswahn privilegierten Menschen? Der Wahn arbeitet als ein Mechanismus des Immergleichen. Hinter der Mannigfaltigkeit der Welt tauchen die Umrisse der immer gleichen Gestalten und Figuren auf. Wie ein Platoniker erkennt der hellsichtige Paranoiker nur noch die wenigen Urgestalten des Seins, und das sind Feinde. Penibel untersucht Canetti den Prozess des Gestaltverlustes und des Monotonwerdens der Welt im Auge des Paranoikers.

> Der Paranoiker leidet an einem Verwandlungsschwund, der von seiner eigenen Person ausgeht – sie ist in allem das unveränderlichste – und von da aus die ganze übrige Welt überzieht. Sogar das wirklich Verschiedene sieht er gern als *dasselbe*. Seinen *Feind* findet er in den verschiedensten Gestalten wieder. Wo immer er eine Maske wegzieht, steckt sein Feind dahinter. Um des Geheimnisses willen, das er hinter allem vermutet, um der Demaskierung willen, wird ihm alles zur Maske. Er lässt sich nicht täuschen, *er* ist der *Durchschauer*.[111]

Im Zuge dieser Entwandlung, die Canetti analysiert, nehmen zum Beispiel alle Patienten der Piersonschen Anstalt, in der Schreber einige Zeit verbrachte, das Gesicht von Bekannten an. Schreber beobachtet sogar, dass die Leute im Gesellschaftszimmer der Klinik ihre Köpfe wechseln, ohne das Zimmer zu verlassen, indem sie »auf einmal mit einem anderen Kopfe herumliefen«.[112]

Die Kehrseite dieses Monotonwerdens der Welt, die Canetti beobachtet, ist die Monotonie seiner eigenen Interpretation, die sich mit ähnlicher Hartnäckigkeit dieses Wahnsystems bemächtigt, indem sie den vier Elementen des paranoischen Wahns, der Masse, dem Tod, dem Überleben, der Sprache, alle Macht einräumt. Denn nicht nur in der psychiatrischen Klinik, die Schrebers Auge abtastet, tragen ganz verschiedene Leute die gleichen Gesichter; auch in der Welt des Paranoia-Kritikers stellen sich solche wahnhaften Verwandlungen ein. Hier denkt Canetti noch als Schüler der *Fackel*-Schule. In der dem Untergang geweihten Welt des Pressefeindes Karl Kraus waren es der Verleger Ernst Benedikt, die beiden Kaiser Wilhelm II. und Franz Joseph, der Theaterkritiker Alfred Kerr, der Verleger Békessy, der Polizeipräsident Schober, die die lange Reihe der Feinde anführen und die dem Zeitungsleser ein gleiches Gesicht zuwandten. Sie waren Kopien des »österreichischen Antlitzes«, das die Synthese aller abscheulichen Physiognomien in der Hölle der *Fackel* bildet. Alle diese auf den immerwährenden Namen des Feindes, des Untergängers, getauften Gestalten werden auch mit der gleichen polemischen Gewalt und satirischen Vehemenz angegriffen und zur Strecke gebracht. Dieser stereotyp gezeichnete, unsterblich konspirative Weltzerstörer, dieser monotone Feind lockt die kritischen Kräfte der Paranoia hervor, die immer schon bereit stehen. Sie lauern auf ihr artifizielles Lesen und Deuten. Um aber in Bewegung zu geraten, sind diese Kräfte der *Fackel* auf Zeichen angewiesen, auf unvollständige Texte, auf missglückte Äußerungen, auf Leerstellen, in denen das Verhängnis halb verborgen nisten mag, das der stets gleich rasenden Auslegung, der längst protokollierten Lesart zuarbeitet, wonach Tod, Untergang, Weltverhängnis drohen.

Während Karl Kraus die Verzerrung, die Entstellung, die »falsch dichtende Einbildungskraft« der Journalisten mit dem klinischen Modebegriff der *Hysterie* einfängt und sie zerschlägt, setzt Canetti den Begriff *Paranoia* ein. Seine Paranoia arbeitet nach gleicher Methode, indem sie auch die Phänomene auf einige Grundbegriffe bringt. Die gefährliche Welt wird nur von wenigen Gefahren heimgesucht. Aber sie haben alle das gleiche Gesicht.

Freuds Talmudismus

Oskar Panizza, Karl Kraus oder auch Elias Canetti geben Beispiele für die Erkenntniskraft des Wahnes. Aber auch Sigmund Freud kannte die wahnhaften und scharfsinnigen Leistungen der paranoischen Kritik. Am Ende seines Buches über den Senatspräsidenten Schreber steht die Bemerkung: »Es bleibt der Zukunft überlassen zu entscheiden, ob in der Theorie mehr Wahn enthalten ist, als ich möchte, oder in dem Wahn mehr Wahrheit, als andere heute glaublich finden.«[113]

Auch Freud darf man zu den genialen Paranoikern zählen. Seine Methode vertraut auf die gleiche Allianz, die Überschwänglichkeit und Kritik in der Kantischen Vernunft eingegangen sind. Wissenschaftliche Erkenntnis gewann er durch »Aufeinanderfolge von kühnspielender Phantasie und rücksichtsloser Realkritik«.[114] Er war überdies ein Mann, der rasch Feinde witterte und stets auf der Hut vor Abtrünnigen seiner Lehre war. Die psychoanalytische Bewegung trug in ihren Anfängen überhaupt Züge eines Gruppenwahns, einer sich gegen zahlreiche Feinde zusammenschließenden Gemeinschaft. Und die Psychoanalyse ist selbst eine Theorie der Feindschaft, der Abwehr, des Widerstandes, der Verdrängung. Sie betrachtet die Seele als Kampfplatz eines dauernden innerpsychischen Krieges. Zu den Feinden der paranoischen Psychoanalyse, ihrer »kühnspielenden Phantasie« oder »falsch dichtenden Einbildungskraft«, zählt auch Elias Canetti. Allerdings kann es dabei nicht erstaunen, dass Canetti in seiner Freud-Kritik alle Argumente anführt, die seine eigenen Analysen von *Masse und Macht* tragen. In einer nicht veröffentlichten Notiz des Nachlasses aus den vierziger Jahren heißt es:

> Das Peinlichste an Freud ist seine Enge; die Härte, mit der er gewisse Dinge aus seinem Gesichtskreis ausschließt, erinnert an die Härte des Geldes und an die Ausübung jüdischer Reinheitsvorschriften. Er gibt sich nie her, er bleibt immer geprägt und derselbe, und er weiß meist, was er denken will, bevor er sich umgesehen hat. (...) Seine Konzilianz ist einen Millimeter tief, seine Härte geht durch die ganze Erde. Er glaubt nur, was er kennt. Er kennt nur, was er sich denkt. Was er sich denkt, ist auf eine schrecklich manifeste Weise vorbestimmt. Es wird ihm Gesetz, sobald er denkt. Dieses im Tiefsten durchaus unkritische und zugleich phantasielose Denken hat den Charakter des jesuitischen Gesetzes wie nichts Andres das mir bekannt ist.[115]

Diese in ihrer Schärfe unvergleichliche Bemerkung fasst Canettis Kritik der Paranoia zusammen. Die Paranoia ist eine Bedrohung, die Psychoanalyse ist eine Bedrohung. Alle Bedrohungswarnungen sind zumal daran erkennbar, dass sie prototypische Feinde aufrufen: Ausgerechnet die Juden und die Jesuiten zieht Canetti zum Vergleich heran, das altgediente Personal der Paranoia. Sie ist unbeirrbar und fatumsgewiss. Denn was hat diese angebliche Härte und Gewaltsamkeit Freuds mit der Härte des Geldes zu tun? Was mit jüdischen Reinheitsvorschriften? Was mit dem jesuitischen Gesetz? Die Härte Freuds ist gewaltsam, geht durch die ganze Erde und kontaminiert die Welt. Das Ausmaß einer Gefahr ist für die Paranoia stets global. Hier prallen zwei paranoische Kritiken aufeinander. Sie sind keineswegs verrückt, sie sind keineswegs wahnsinnig. Sie sind auf beängstigende Weise scharfsinnig. Dass nun ein Jude dem Juden Sigmund Freud das Jüdische seiner Wissenschaft vorhält, scheint besonders auffällig. Ist die jüdische Interpretation auch paranoisch? Dies scheint Harold Bloom zu vermuten, der Freud als rabbinischen Talmudisten verehrte.[116] Damit ist die Interpretationstradition jüdischer Rabbiner aufgerufen, die kein Element eines heiligen Textes für bedeutungsneutral hielten und alles vermeintlich Zufällige oder Inkohärente der Überlieferung durch aufmerksamste, scharfsinnige und immer wieder neu ansetzende Auslegung eliminierten. Das entspricht der Methode Freuds. Es gibt im Psychischen »nichts Willkürliches«, heißt es ausdrücklich in der *Traumdeutung*.[117] An gleicher Stelle wiederholt Freud die Maxime seiner Analyse, dass auch die »geringfügigsten Züge des Traumes«, dass »jede Nuance des sprachlichen Ausdrucks«, in welcher der Traum vorliege, zur Interpretation gelangen müssten. Mit gutem Recht verlangt er daher, dass der Traum eine Behandlung wie ein »heiliger Text« erfahren soll.[118]

Diese Auslegungslehre, die den Traum als »heiligen Text« behandelt und keinen zufälligen Buchstaben auslässt, lehnt sich an den Heiligen Text der Juden an und an die Kommentare im Talmud. Die rabbinischen Ausleger gaben der Tora ihre überdeterminierte Sinnstruktur. Ein Heiliger Text kann kein willkürliches Zeichen enthalten. Hier hat Gott den Propheten und sich selbst die Hand geführt. Jede Letter nahm die Ladung einer grenzenlosen Mitteilungsabsicht in sich auf. Was aber sagen die Heiligen Texte des Talmuds selbst über die Auslegung des Traums? Dazu findet man auf den Folios 55 bis 57 des Traktats *Berakhoth* eine Reihe von Aussagen, die den Weg weisen. Um an die einzigartige Funktion der heiligen Buchstaben und an die ungeheure Verantwortung der Deuter zu erinnern, die den Traum entziffern, ruft der Traktat zunächst den Namen des Rabbi Beçalél auf, der allein die Buchstabenkombinationen kannte, mit denen Himmel und Erde geschaffen wurden.[119] Die Macht der Interpretation durchdringt alle Winkel der Schöpfung. Das erinnert daran, dass die Paranoia eine literarische Gestalt und Interpretationsautorität annehmen kann, die Religion heißt; stets aber hält sie die Ordnung des Universums im Blick. Der große Kabbala-Forscher Gershom Scholem vertritt die Ansicht, dass diese Buchstabenkombination, die der Rabbi Beçalél allein beherrschte, die Buchstaben im Namen Gottes waren.[120] An jedem dieser Buchstaben hängt daher ein Stück der Schöpfung, und darauf muss die äußerste Aufmerksamkeit verwendet werden. Solche kabbalistische Wissenschaft reicht aber bis tief in die Theorien der Traumauslegung hinein. Denn die talmudische Traumtheorie besagt: »Der Traum richtet sich nach dem Mund«, und das heißt, dass die Traumdeutung das Geheimnis der unbewussten Vorausschau enthüllt. Die mündlich erteilte Deutung des Traumes setzt überhaupt erst die Kraft in Bewegung, die den Traum in Erfüllung gehen lässt. Daher kann Rabbi Hisda auch sagen: »Ein ungedeuteter Traum ist wie ein ungelesener Brief«.[121] Und dann kann es sich auch ganz so ergeben, wie es der gleiche Traktat erzählt.

> R. Banaá: Vierundzwanzig Traumdeuter waren in Jerušalem. Einst hatte ich einen Traum und ging zu allen, und was mir der eine deutete, deutete mir der andere nicht, aber alles ging mir in Erfüllung. Das bestätigt, was gesagt wird. Alle Träume richten sich nach dem Munde.[122]

Das also ist die talmudische Auslegungslehre des Traumes, so funktioniert die Traumdeutung der Rabbiner. Emmanuel Levinas, der diese Passagen kommentierte, will die talmudische Tradition der Auslegung mit einem modernen Konzept des Unbewussten verbinden.[123] Ob die Psychoanalyse daher überhaupt eine »jüdische Wissenschaft« ist, bleibt vielleicht offen. Es gibt aber genügend Anhaltspunkte dafür, dass Freud bewusst an die talmudische Wissenschaft anknüpfte, als er seine Auslegungsregeln über die Träume verfasste. Und dass er eine präzise Vorstellung davon besaß, welche Macht der Auslegung zukommt.

Auslegungen sind allerdings nicht immer methodisch geleitete Verfahren. Die alltägliche Paranoia zeigt ganz klar, dass alle Zeichendeutung ein kaum zu kontrollierendes Spiel des Unbewussten ist. Das Unbewusste hält sich ein ganzes Kollegium von interpretierenden Pharisäern, Kriminalisten, Astrologen und Chiromantikern. Freud selbst gab dazu ein schlagendes Beispiel. Er verfügte über ein sicheres psychologisches Urteil. Das beruhte auf einer gewiss auch intuitiven Wahrnehmung. Aber diese Wahrnehmung konnte delirant werden und in jene Richtung abirren, die Kant mit seinem Wort von der »rasenden Vernunft« andeutete. In dieses Register fällt womöglich Freuds Identifikation mit dem Gründer des jüdischen Volkers in seinem Moses-Buch, über die Yerushalmi so eindrucksvoll geschrieben hat.[124] Es gibt aus der Feder Freuds noch eine weitere Moses-Schrift, die Indizien dafür enthält. Seinen ursprünglich anonym veröffentlichten Aufsatz über den Moses von Michelangelo leitet Freud mit einem Hinweis auf seine wissenschaftliche Auslegungsmethode ein, und er erläutert dabei die Art der Aufmerksamkeit, die er auch ganz nebensächlichen Details zuwendet. Er erwähnt den Arzt und Kunstkenner Giovanni Morelli, alias Ivan Lermonieff, der aus der genauen Beobachtung winziger Details auf einem Bild, der Fingerhaltung oder der Form der Ohrläppchen, eine sichere Zuschreibung dieser Gemälde an bestimmte Künstler ermöglichte. Dann erlaubte es Morellis Methode auch, Fälschungen sicher zu erkennen.[125] Die Psychoanalyse, erklärt Freud dann weiter, verfährt ganz entsprechend. Sie versieht solche nebensächlichen Zeichen, den Abfall der Rede, mit Bedeutung und zieht ihre Schlüsse daraus. Das bildet den methodischen Grundsatz seiner Untersuchung. Was aber hat ihn so sehr an Michelangelos Moses gefesselt? Freud zeigt sich fasziniert davon, dass dieser von Michelangelo aus dem Marmor gehauene Moses auf das Bild der abtrünnigen Israeliten mit solcher Gelassenheit reagiert. Er reagiert zwar zornig, aber antwortet eben nicht mit der unbeherrschten Geste, dass er die Tafeln in Stücke schlägt. Es ist interessant zu sehen, dass Freud wie Morelli vor allem auf die Details der rechten Hand des Moses achtet. Daraus entwickelt er seine Deutung, dass der Mann, der eben Gott gesehen und die Gesetzestafeln von ihm in Empfang genommen hat, der Aufwallung des Zornes widersteht:

Damit hat er etwas Neues, Übermenschliches in die Figur des Moses gelegt, und die gewaltige Körpermasse und kraftstrotzende Muskulatur der Gestalt wird zum leiblichen Ausdrucksmittel für die höchste psychische Leistung, die einem Menschen möglich ist, für das Niederringen der eigenen Leidenschaft zugunsten und im Auftrage einer Bestimmung, der man sich geweiht hat.[126]

Moses als gelassener Interpret. Das hat Freud tief beeindruckt. Hat er selbst auf die Zeichen, in denen sich ein Schisma oder gar ein Vatermord ankündigte, mit gleicher Gelassenheit reagiert? Gewiss nicht. Die verschiedenen Zerwürfnisse mit seinen Anhängern und Schülern, mit Adler, Jung, Wittels und anderen weisen ihn als dogmatischen und misstrauischen Menschen aus, dem es nicht gelang, seine Leidenschaft niederzuringen, wenn er Verrat witterte. Die verschiedenen Ohnmachten, die zumal in seinem Umgang mit C.G. Jung vorfielen, sprechen nicht die Sprache der Gelassenheit. Offenbar achtete Freud mit großer Angst, um nicht zu sagen: paranoisch, auf Zeichen möglichen Verrats. Auch das waren artifizielle Interpretationen, die nicht methodisch geleitet waren. Überzeugend weist Yerushalmi darauf hin, dass Freuds spätere Deutung der biblischen Moses-Erzählung diese Linie verfolgte: Im Anschluss an Ernst Sellins Moses-Buch von 1922 nahm Freud an, dass Moses von den Juden ermordet worden sei. Sie hätten seine monotheistische Lehre nicht annehmen wollen. Moses sei das Opfer eines Attentats geworden.[127] Diese Interpretation zur Entstehung der Moses-Religion kommt aus »kühnspielender Phantasie«. Aber die Spekulation hat die Erkenntnis für sich, dass mit dem Attentat alles beginnt. Oder dass mit dem Attentat alles wieder beginnen kann.

Docteur Lacan (1)

Jacques Lacan hat zwei wichtige Beiträge zur Betriebsweise der Paranoia vorgelegt. Da ist einmal seine Dissertation von 1932, *De la psychose paranoïaque dans les rapports avec la personnalité*.[128] Auf diese Arbeit wird in einem späteren Kapitel einzugehen sein, da der von Lacan dort analysierte Fall, die Geschichte der Attentäterin Marguerite Anzieu, besonderer Aufmerksamkeit bedarf: In der Attentäterin und ihrem behandelnden Psychiater standen sich zwei Wahnformen gegenüber.[129] Hier aber geht es um das großartige Seminar des Jahres 1955-1956 mit dem Titel *Les Psychoses*.[130] In diesem Seminar kommentiert Lacan Daniel Paul Schrebers *Denkwürdigkeiten* und Freuds Schreber-Buch. Dazu ist Lacan als Psychiater praktisch und theoretisch vorgebildet. Der wichtige theoretische Beitrag, den Lacan in diesem Seminar liefert, ist die konsequente Ausarbeitung des Unterschiedes zwischen Neurose und Psychose. Seine Ausarbeitung steht, wie Lacan ausdrücklich sagt, im Zeichen der modernen Wissenschaft, die kein Vertrauen mehr in die Erscheinungen hat, sondern eben hinter ihnen im Verborgenen nach den Ursprüngen oder Kräften forscht, die ihren Grund bilden.[131] Das ist die Devise der paranoischen Wissenschaft, die im Namen moderner Meisterdenker wie Marx, Nietzsche, Freud, Heidegger auftritt. Ihre Prämisse lautet: Die Welt zeigt sich nicht, wie sie ist. Diese Episteme steht in klarer Distanz zur platonischen Philosophie der Verborgenheit. Sie ist nicht spekulativ, sondern paranoisch. Lacans Seminar behandelt daher die beiden Formen des Verbergens, die der Neurose und der Psychose jeweils zugrunde liegen: Es sind die Verdrängung und die Verwerfung. Um diese beiden Verfahren des Unsichtbarmachens zu verstehen, sind die Psychoanalyse wie die Psychiatrie auf die Funktion und zumal auf die gestörten Funktionen der Sprache verwiesen. Zunächst gilt: Beide Spielarten des Verbergens, Verdrängung wie Verwerfung, stehen im Dienst des Lebens, eines bisweilen verzweifelten und immer wieder scheiternden Versuchs der Patienten, sich in der Welt zu halten. Denn in der Welt, die sich ihnen allein durch die Sprache erschließt, finden Menschen einzig mit Hilfe der Sprache einen Platz. Wörter, Begriffe, Bedeutungen kommen in der Natur nicht vor, daher eröffnen allein sie den Zugang zu einer menschengemäßen Welt. Was nicht durch Zeichen vermittelt und strukturiert ist, gibt es auch nicht für das Subjekt. Und manches, was es gibt, möchten die lieben Menschen nicht wahrhaben. Den Tod zum Beispiel. Das neurotische Verbergen, die Verdrängung, lässt nun aus dem Inventar der subjektiven Welt die Dinge, die dem Subjekt unangenehm sind, ins Unzugängliche verschwinden. Und dies erfolgt durch Einsatz von Wörtern und Sätzen. Die Verdrängung ist das Programm der Blockade, die sagt: »Davon will ich nicht sprechen«. Solche Blockade erzielt im Sinne der Neurose ihre Wirkung, wenn der Wunsch, der Gedanke, die Furcht oder das Trauma, die verdrängt werden sollen, auch tatsächlich aus dem aktiven Gedächtnis verschwinden, wenn sie dem Zugriff der Sprache entzogen werden. Aber es liegt ein Risiko darin. Worüber nicht gesprochen wird, was also nicht im Symbolischen erscheint, so lautet Lacans Diktum, das sucht sich oft den Weg des Symptoms, sofern das verdrängte Element ein bestimmtes Quantum an psychischer Energie speichert. Auch die neurotischen Symptome sind eine Art von Sprechen, sie sind Signifikantenreihen und damit Diskurs. Nur artikuliert sich dieser Diskurs nicht in Wörtern, sondern durch alle nur denkbaren realen Symptome, durch Hemmungen, Ängste, Phobien, Idiosynkrasien, Schmerzen, Träume, Schlaflosigkeit. Diese Symptome haben, wie Lacan sagt, die Struktur einer Sprache. Die neurotischen oder hysterischen Zeichen halten durch Ähnlichkeiten, durch linguistische Konnektionen, durch die aus der *Traumdeutung* bekannte Verschiebung und Verdichtung, Kontakt mit dem Diskurs der verdrängten Sachverhalte. Daher sieht sich die Psychoanalyse in der Therapie darauf angewiesen, dieses Verdrängte dem Sprechen wieder zugänglich zu machen.

Anders arbeitet die Verwerfung, deren Dynamik Lacan der Paranoia zugrunde legt. Was in diesem psychotischen Mechanismus verworfen, weggeworfen ist, das ist mit Lacans Worten ein primordialer Signifikant, ein bezeichnendes Element, das es dem Subjekt erlaubt, Wurzeln in einem symbolischen Ursprung zu schlagen. Noch einmal: Wurzeln schlagen Menschen in der Welt nur durch Signifikanten. Als »primordiale Signifikanten« bezeichnet Lacan solche Zeichen, aus denen sich mythische Ordnungen bilden: Himmel, Erde, Tag, Nacht, die als lebendige Einheiten vorgestellt werden, gleichsam als Familien, in denen Heirat, Mord, Inzest, Verwandlung, Anfang und Ende verkörpert sind. Nicht dass der mythisch denkende Mensch dies alles wörtlich genommen hätte; wohl aber gab es ihm die Erfahrung, die er mit den Zeichen und Rhythmen des Kosmos machen konnte, symbolisches Material an die Hand, seine eigene Welt zu errichten. Und ein solcher primordialer Signifikant ist auch der Vater. Warum der Vater und nicht die Mutter? Gewiss gibt es auch unendlich viele Mutterzeichen. Unter das Vatersymbol fallen im Reifungsprozess eines Kindes eigene Züge. Das ebenso populäre wie missverstandene Ödipus-Drama, das jedes Menschenkind durchlebt, bestimmt die Erkenntnis: wer ich bin, woher ich komme, welcher Nation ich angehöre, wessen Namen ich trage und wessen Geschlecht ich habe. All dies fällt in die Verwaltung des Vaters, des primordialen Signifikanten. Mit seiner Hilfe, mit seinem Namen fixiert ein Mensch seinen Ursprung symbolisch. Das heißt, Sohn oder Tochter zu sein. Lacan, der die Theorie der Psychose aus Freuds Schreber-Interpretation aufnimmt und fortschreibt, erkennt eben in dieser Verwerfung des Namens-des-Vaters den dynamischen Vorgang der Psychose. Wie aber kann es dazu kommen? Den natürlichen Vater gibt es, ein solcher Vater kommt in der Welt des Kindes in irgendeiner Gestalt vor. Er hat auch einen Namen. Indessen besteht die symbolische Vaterfunktion etwa darin, dem Sohn eben seine *Position* zugänglich zu machen, die symbolische Rolle, die der Sohn auch einmal einnehmen soll: die Position des Vaters, die sich als Name-des-Vaters bestimmt. Ein solcher Vater-Name ist wie ein Wort. Niemandem gehört ein Wort, jeder darf es benutzen, es ist dafür geschaffen, in allen möglichen Mündern, auf allen möglichen Papieren zu erscheinen. Und auch der Vatername dient dazu, von allen früheren, gegenwärtigen und zukünftigen Mitgliedern der Familie getragen zu werden. Das heißt es, Vater zu sein, die Vaterrolle zu spielen, als Vater zu sprechen: den Namen, der von anderen Vätern überlassen wurde, für andere zu Verfügung zu stellen. Wenn aber ein solcher Vater als Tyrann, als »soziales Monster«, als Heiliger, Verrückter oder Genie diese Stelle, diesen Namen und diese Funktion monopolisiert und nicht freigibt, dann kann der Sohn dabei scheitern, diesen Vater als Namen (also in einer symbolischen Funktion, als Gegensatz der Mutter) für seinen Weltaufbau einzusetzen. Der Tyrann verkörpert eben nicht eine Rolle oder Funktion, die auch ein anderer einnehmen darf. Ganz wie Gott selbst, der spricht: Du sollst niemanden neben mir verehren, es gibt auch keinen Gott nach mir. Wenn der Vater mit dieser Namensusurpation, in dieser Gottes- oder Tyrannenrolle auftritt, dann bleibt dem Sohn (oder der Tochter) nur das *Bild* des Vaters als Haltepunkt.[132] Es versagt also der primordiale

Vater-Signifikant, der dem Kind die Familienwelt und anschließend die Menschenwelt darstellen soll. Über Jahre hinweg vermag sich ein angehender Psychotiker mit Hilfe von solchen Vater-*Bildern*, mit Ersatzvätern oder auch mit anderen »Krücken« und Identifikationen zu halten. Plötzlich aber, wie aus heiterem Himmel, löst er sich auf in einem Delirium, das zwar nicht alle seine Geisteskräfte ruiniert, das ihn aber seines Halts in der Welt beraubt. Das ist die Psychose.

Dass es aber dieser Mangel ist, das Loch, das der verworfene Name-des-Vaters hinterlässt, das zeigt der Auftritt des Anderen im Delirium. Sagen wir vereinfacht: Der Andere tritt auf als Gott oder Kaiser oder als Präsident. Dieser Vater tritt bekanntlich nie in eigener Person auf, als Fleisch und Blut ist er nicht mehr wert als die Tinte für den Buchstaben. Er besetzt die Funktion, die Welt »zusammenzuhalten«, die Vorstellung von einem Zusammenhalt der Welt zu geben. Für den Psychotiker ereignet sich der Zusammenbruch der symbolischen Ordnung, die ungeheure Verwirrung, bisweilen an dem Punkt seiner Biografie, wo er mit der Frage seiner eigenen Vaterschaft konfrontiert ist oder auch wie im Falle Schrebers mit einer Vaterposition, da er (als höchster Richter seines Landes) eine symbolische Stellung bekleiden sollte, die für ihn keine sichere Verankerung in einem »primordialen Signifikanten« hatte. Exakt in diesem Augenblick betritt dann jener Andere die Szene, auf die sich der Psychotiker in seinem Delirium versetzt sieht, und demaskiert sich. Das kann nun Gott sein wie im Falle Schrebers, der Kaiser wie im Falle des Dichters Panizza, der Präsident oder ein Idol wie im Falle so vieler Attentäter. Bisweilen auch eine ganze Serie von Geschichtshelden wie im Falle Nietzsches. Um diesen Anderen herum gruppiert sich das Delirium, und es ist die Funktion der Psychose, das hat Freud ja erklärt, die zusammengebrochene Welt neu aufzubauen, neu zu montieren. und das heißt: neu zu interpretieren. Allerdings gibt es auch die andere Variante, die in Freuds Bewunderung für den Überbringer des Gesetzes, für den Partner Gottes, für Moses eingeht: dass die Welt noch einmal von vorne beginnen kann.

Dies ist der nicht explizite, aber doch unübersehbare Beitrag Lacans zum Verständnis der delirösen Interpretation und des Attentats. Die Attentäter (wie ihre weiblichen Pendants) zeigen diese Anfälligkeit für die Bilder der Mächtigen, weil diese Bilder im Zentrum ihres Deliriums stehen, ohne dass sie aber selbst in der Lage wären, mit Hilfe dieser Mächtigen ihre eigene Welt wieder zu errichten. Es ist daher dieses imaginäre Bild, das als Haltpunkt ihres Deliriums nicht mehr taugt und das sie im Attentat zerschlagen. Ihr Angriff gilt aber keineswegs diesem »primordialen Signifikant«, dem Vatersignifikanten selbst. Man wird am Beispiel des folgenden Falles sehen, wie genau diese Dynamik einen Attentatsversuch auslöst.

Pierre Legendre: Das Attentat des Gefreiten Denis Lortie

Am 8. Mai 1984 stürmt der fünfundzwanzigjährige Gefreite der kanadischen Armee Denis Lortie in Kampfuniform das Gebäude der Assemblée nationale von Québec. Mit seiner Maschinenpistole schießt er wahllos auf alles, was seinen Weg kreuzt. Drei Menschen werden getötet, acht weitere Personen bleiben verletzt liegen. Als er den Plenarsaal erreicht, wo er die Regierung von Québec auszulöschen gedenkt, muss er feststellen, dass an diesem Tag keine Sitzung stattfindet. Der Saal ist leer. Lortie wirft sich in den Präsidentensessel, feuert noch einige Male in die unbesetzten Stuhlreihen und lässt sich später von einem Wachoffizier zur Aufgabe überreden. Die ganzen vierzig Minuten, die Lortie im Plenarsaal sitzt, werden von Videokameras aufgenommen, und diese Bilder gehen um die Welt. Befragt, was ihn zu dieser Tat veranlasst hat, antwortet Lortie später: »Die Regierung von Québec hatte das Gesicht meines Vaters.«[133]

Wenige Stunden vor dem Attentat, aber schon ganz von dem Delirium getragen, verfasst Lortie noch zwei Botschaften. Ein von ihm besprochenes Tonband schickt er an eine lokale Hörfunkstation, damit es über den Sender läuft; ein zweites Band bespricht er für seine Frau. Auf beiden Bändern kündigt er die Liquidierung der Regierung an. Seiner Frau erklärt er zum Motiv: »Ich weiß nicht warum, *ich muß es tun, ich kann nicht anders.*«[134]

Pierre Legendre, Jurist und Psychoanalytiker, hat diesen Fall ausführlich und beispielhaft kommentiert. Sein Buch trägt den Untertitel »Abhandlung über den Vater«, und er kann völlig überzeugend erläutern, wie dieses Verbrechen seinen Ausgang von einer desaströsen Vaterbeziehung genommen hat. Dieses Drama von Lorties Lebensgeschichte gibt Aufschluss über eine Arbeitsweise des akuten paranoischen Deliriums. Lortie entstammt bescheidenen Verhältnissen. Er tritt mit siebzehn Jahren in die kanadische Armee ein, heiratet und wird Vater von zwei Kindern. Einer seiner Vorgesetzten bezeichnet ihn als einen »extrem guten Jungen«. Nicht moralische Verwahrlosung treibt Lortie auf den Weg des Verbrechens; eher das Gegenteil. Im Prozess berichtet der junge Mann ausführlich, wie sich allmählich alles um ihn herum verdüsterte. Schwere Schatten traten auf, als sein zweites Kind zur Welt kam. Er fühlte in sich eine ungeheure Angst aufsteigen, die er so beschrieb: »Und die Unruhe, von der ich nie jemandem etwas gesagt habe, kam daher, daß ich mich fragte; ob ich nach allem, was ich erlebt hatte, *genauso sein werde*.«[135] Diese Angst, »genauso zu sein«, bezog sich auf seinen Vater, einen Tyrannen und Familiendespoten, der alle Arten von Misshandlungen seiner Frau und auch mehrfachen Missbrauch der eigenen Töchter auf seinem Konto hatte. Lortie fürchtete sich davor, auch ein solcher Vatertyrann zu werden.[136]

Wenige Tage vor dem Anschlag hatte Lortie seinen Vorgesetzten um drei Tage Urlaub gebeten. Das Gesuch war aus für ihn unbegreiflichen Gründen abgelehnt worden, und als auch sein Einspruch erfolglos blieb, nahm der anscheinend despotische Vorgesetzte für den jungen Gefreiten die Gestalt seines Vaters an. Auf die Frage seines Anwalts, ob ihn sein Vorgesetzter an den Vater erinnert habe oder ob er es tatsächlich war, antwortet Lortie: »Ja, er war es.«[137] In Lortie steigen die destruktiven Phantasien auf, gegen die er sich schon lange gewehrt hat, es ist sogar ein Gefühl von Allmacht, das ihn erfüllt. Kurz darauf sieht er den kanadischen Ministerpräsidenten im Fernsehen, und es ist nun dieses *Bild* des Mächtigen, das seine destruktive Imagination fesselt und den Plan des Blutbads auslöst. Es ist Freitag, der 4. Mai 1984. Lortie bereitet die Tat in allen Einzelheiten vor, er bespricht eine Kassette, die er an den Moderator einer Hörfunksendung zur Ausstrahlung schickt. Seine Botschaft geht gleichsam ans Universum, und sie ist durch seine Beziehung zur Sprache selbst begründet. Auf der Kassette sagt Lortie unter anderem: »Ich will etwas zerstören, was die Sprache zerstören will. Ich will die Sprache auf die richtige Seite bringen, wo wir dann die französische Sprache haben werden.«[138] In einer zweiten Botschaft an seine Frau erklärt er, dass seine Tat unter einem unbedingtes Muss stehe, vor allem aber, dass er mit seinem eigenen Ende rechne.

Lortie entwirft sein Ende als großen Bühnenauftritt. Tatsächlich möchte er ja als Held und Befreier sterben, mit einem Schlag die Bilder seines Leidens (die Väter) beseitigen, aber auch sich selbst von der Last der Depressionen und von inneren Konflikten erlösen. Lorties Anwalt Larochelle hat die Situation so beschrieben:

> Erfüllt vom Gefühl seiner Allmacht, erschöpft von einem langen inneren Kampf, den fortzuführen er nicht mehr die Kraft hat, unfähig mit anderen über seine Schwierigkeiten zu sprechen, hatte Lortie die Kontrolle über sich verloren. Seinen einzigen Ausweg sieht er von nun an im Tod. Er beschließt als Befreier zu sterben. Seine Tat soll alle Einwohner Québecs (und ganz besonders seine eigene Familie) vom verhaßten Joch einer schlechten, despotischen Ordnung befreien. Deren Repräsentant ist Premierminister Lévesque. René Lévesque spielt für Denis Lortie jetzt die Rolle, die bislang sein Vater innehatte. Man muß ergänzend hinzufügen, daß Lortie diese politische Befreiungsphantasie entwickelt, obwohl er sich bis zu diesem Zeitpunkt nicht im geringsten für Politik interessiert hatte.[139]

Dieser ganz und gar vom Delirium getragene Plan enthält allerdings auch ein Element, das wieder einen wesentlichen Aspekt des paranoischen Attentats erläutert, den Moses-Aspekt, nämlich das Motiv der Befreiung und Neugründung. Lortie hat nicht den Suizid als Ausweg aus seiner verzweifelten Lage gesucht, sondern er wollte getötet werden. Noch im Plenarsaal, auf dem Stuhl des Präsidenten sitzend, forderte er die bewaffneten Wachmannschaften auf, ihn zu erschießen. Er betrat die Szene, um durch ein Ende nach den Regeln des Gesetzes wenigstens als Toter Anschluss an die legale Ordnung gewonnen zu haben.

Das Attentat Lorties verläuft als Delirium, nicht aber als Exzess. Es geht ihm darum, das Bild eines Mächtigen auszulöschen, der nicht nur die Züge des Despotenvaters trägt, sondern der zugleich – den Hintergrund bildet das kanadische Sprachenproblem – die Sprache usurpiert. Es zeigt sich, dass der Attentäter kein persönliches Verhältnis zu seinem auserwählten Opfer hat, es ist die repräsentative Funktion, die er angreift, weil sie in seinen Augen versagt: Aus dieser zweifachen Entwurzelung kommt einer der Antriebe des Attentäter-Ikonoklasmus. Wie Lacan sagt, kämpft der Paranoiker mit dem Bild eines Vaters, der jenseits des Gesetzes steht, der keine Grenze für sich anerkennt und der es dem Sohn unmöglich macht, die Vaterposition einzunehmen, in der es auch einmal darum gehen wird, seinen Kindern das Verbot und die Sprache zu vermitteln. Zugleich will der Attentäter als Bild überleben und als fortlebendes Bild den Dank der Geretteten für sein Opfer konsumieren. Das Delirium aber macht es ihm unmöglich zu sehen, dass er mit seiner Aktion, die als Vatermord in Szene gesetzt ist, die Ordnung der Welt seinerseits umstürzt.

Warum lassen sich die Attentäter, die als Bilderstürmer auftreten, doch so sehr durch die modernen Medien faszinieren? Die Paranoia hat es mit dem Problem des Absenders zu tun. Wer ist es, der in mir spricht? Wer lässt die Fliegen gegen mich los? Wer verschafft mir die Pollutionen? Warum schauen die Leute mich so seltsam an? Woher kommen die elliptischen Sätze? Das Netz der Nachrichten, Zeitungen, Telegrafen, Fernsehstationen, Radiosender und neuerdings der virtuellen Verbindungen, bilden ein technisches Implement der Macht, die mich zum Objekt ihrer Willkür gemacht hat. Die Bedeutung aller Zeichen offenbart sich am Ende: Die fremde, feindliche Macht, die sich in den Gesichtern der Mächtigen maskiert, operiert als Macht der Mitteilung. Der Attentäter muss diesen Fluss der Nachrichten, die ihn überfluten, weil er sich als Adressaten nicht situieren kann, mit Gewalt beenden.

Legendres Kommentar zu dem Attentat des Gefreiten Lortie gewinnt vor allem dadurch Überzeugungskraft, dass er die Gerichtsverhandlung gegen den Attentäter in seine Analyse einschließt. Er kann schlüssig erklären, warum Lortie gemeinsam mit seinem Verteidiger darauf verzichtet, gemäß der einschlägigen Bestimmung des kanadischen Strafrechts auf »Geistesgestörtheit« zu plädieren.[140] Lortie wollte sich, wie Legendre sagt, seine im Delirium begangene und von Amnesie verdunkelte Tat unbedingt aneignen. Dazu diente unter anderem die Videoaufnahme des Attentats, die sich Lortie im Rahmen der Gerichtsverhandlung anschaute. Erst nachdem ihm das Verfahren vor Gericht seine Tat vermittelt hatte, vermochte er in einer symbolisch geordneten Welt wieder Fuß zu fassen.

Denis Lortie auf dem Stuhl des Parlamentspräsidenten

Das Delirium des Attentäters lässt sich mithin in der Theorie der kulturellen Menschwerdung ohne Rest aussprechen. Dem Attentäter, nicht selten einem verlorenen Sohn, ist der Bezug zum Grund seiner Existenz verloren gegangen. Diesen Grund verbürgt zumeist der Vater, dem als Gegensatz, als symbolischer Gegenfigur zur Mutter, die zweite Menschwerdung eines Kindes in die Hände gelegt wird: Das im Strudel des Imaginären umher taumelnde Kind findet die Orientierung und Verankerung in einer sprachlich erschlossenen Welt erst dadurch, dass sie als begrenzte und nicht als totale Welt zugänglich ist. Warum aber Begrenzung?

Warum nicht die totale Freiheit? Auch das Beispiel Franz Kafkas zeigt, welche verheerende Wirkung von einem despotischen Vater ausgehen kann. Kafkas Helden sind Abgesandte dieses Kindes Franz, dem es nicht gelang, den Platz des Vaters einzunehmen. Kafka schickt alle seine Figuren auf den Weg, beladen mit Schuld, und lässt sie in der unbekannten Welt des fremden Kontinents, des Gerichts oder des Schlosses Halt suchen. Aber jede Erzählung, jedes winzige Fragment, worin Kafka seine Abgesandten auf den Weg schickt, verläuft als Drama des Scheiterns.

Die ungeheure Gewissheit und Sicherheit, die den Paranoiker trägt, seine *folie systématique*, wie die französischen Psychiater des 19. Jahrhunderts schrieben, das absolute, durch nichts zu erschütternde Muss des Attentäters, bilden das Abbild eines Zwangs, der vom Gesetz und von seinen Repräsentanten eben *nicht* ausgeht. Es ist paradoxerweise das Gerichtsverfahren, das ihm wegen Mordes gemacht wird, aus dem Lortie das positive Bild seines Müssens bezieht: die Macht des Gesetzes, die ihm einen Platz zuweist. Am 11. Mai 1987 wurde Lortie schuldig gesprochen und »auf Dauer« zur Haft verurteilt. Allerdings enthielt die Verurteilung wegen Mordes zweiten Grades die Klausel, dass nach zehn Jahren Haft eine Begnadigung ausgesprochen werden kann. Eine bedingte Freilassung Lorties erfolgte dann im Dezember 1995.

DIE FRANZÖSISCHE REVOLUTION ALS WELTHISTORISCHE PARANOISCHE GROSSÜBUNG: CHARLOTTE CORDAY UND JEAN-PAUL MARAT

| Die Ermordung Jean-Paul Marats am 13. Juli 1793
| Das Duell der Souveräne
| Die wildgewordene Leserin
| Bilderkult: Charlotte
| Bilderkult: Marat

Die Ermordung Jean-Paul Marats am 13. Juli 1793

Am 13. Juli 1793, gegen 19.30 Uhr tötete die knapp fünfundzwanzigjährige Marie Anne Charlotte de Corday d'Armont den radikalen Republikaner und Publizisten Jean-Paul Marat mit einem einzigen Messerstich. Wie konnte eine junge zarte Frau eine solch ungeheuerliche Tat begehen? Was war ihre Geschichte? Charlotte Corday stammte aus einem kleinen Ort im Departement Orne der Normandie. Ihre Familie gehörte zum dortigen Landadel, aber der Vater, Jacques de Corday d'Armont, war als drittgeborener Sohn mit einem kleinen Landbesitz abgefunden worden, und so verfügte dieser Zweig der Cordays nur über geringe Einkünfte. Als die Mutter bei der Geburt eines sechsten Kindes 1782 starb, brachte der Vater seine beiden Töchter als Pensionistinnen in einer kirchlichen Stiftung unter. Im Anschluss daran zog Charlotte 1791 zu einer entfernten Verwandten in Caen. Sie zeigte keine Neigung, zu heiraten. Statt für den Ehestand interessierte sie sich für Politik, und als passionierte Leserin mehrerer Zeitungen war sie die über die politischen Ereignisse genau im Bilde. Verschiedene Briefe aus dieser Zeit dokumentieren ihre lebhafte Anteilnahme am Schicksal ihres Landes. Charlotte war eine überzeugte Republikanerin, doch beobachtete sie mit großem Unbehagen die Radikalisierung des Nationalkonvents unter dem Einfluss der Commune. Schließlich trat sie in Kontakt mit einigen Vertretern der Gironde, die nach der Verhaftung ihrer führenden Vertreter im Konvent Anfang Juni 1793 aus Paris geflohen waren und von den Provinzen aus gegen die Herrschaft der Jakobiner und Sansculotten kämpften.

Jean-Paul Marat war im Sommer 1793 einer der einflussreichen Männer der herrschenden Jakobiner-Partei. Als Sprachrohr der Sansculotten trat er entschlossen gegen die bürgerliche Gironde auf. Er war 1743 in Boudry, im Fürstentum Neuchâtel, dem heutigen Schweizer Kanton Neuenburg, geboren worden. Nach dem Medizinstudium in Paris verbrachte Marat mehrere Jahre in England, wo er als Arzt praktizierte und zugleich eine Reihe von Schriften veröffentlichte, darunter den *Essay on the Human Soul* (1772), den *Philosophical Essay on Man* (1773) sowie das politische Traktat *Chains of Slavery* (1774). 1776 kehrte Marat nach Paris zurück und fand dort eine Anstellung als Arzt der Leibgarde des Grafen d'Artois. Unter seinem Namen erschienen weitere naturwissenschaftliche Schriften, zunächst 1779 die Abhandlung *Découvertes (...) sur le feu, l'électricité et la lumière*. 1788 folgten die *Mémoires académiques, ou nouvelles découvertes sur la lumière*. Zugleich trat Marat als politischer Autor hervor. Unter anderem entwarf er einen *Plan de législation criminelle*, der 1780 noch anonym erschien, und eine *Éloge de Montesquieu* (1785), die er für einen Wettbewerb der Akademie von Bordeaux verfasste. Im Sommer 1788 beteiligte sich Marat mit der Broschüre *Offrande à la patrie, ou Discours au Tiers-Etat de la France* an der Vorbereitung der Generalstände, indem er nachdrücklich für die konstitutionelle Monarchie plädierte. Vermutlich verdankte er dem Verbot dieses Büchleins die Entsendung in das Wahlkomitee Karmeliter-Distriktes. Am 14. Juli 1789 verhinderte Marat nach seinen Angaben den Einmarsch mehrerer Dragonerregimenter und deutscher Kavallerie auf dem Pont Neuf.[1] Bald konzentrierte er seine politische Tätigkeit auf den Journalismus, und seit dem 16. September 1789 brachte er die von ihm allein geschriebene periodische Zeitung *L'ami du Peuple* heraus, die ihm im Laufe der nächsten Jahre immer wieder Anfeindungen, Verhaftungen und Anklagen eintrug. Nachdem er am 9. September 1792 in den Nationalkonvent gewählt worden war, konnte Marat seinen politischen Einfluss weiter ausbauen, während die Vertreter der Gironde vergeblich versuchten, seinen Ausschluss zu erzwingen. Gleich nach der Verhaftung Ludwigs XVI. im November 1792 plädierte Marat für die Hinrichtung des Königs. Im April 1793 wurde er Vorsitzender des Jakobinerclubs. Einen letzten Triumph verbuchte der »Freund des Volkes«, wie er sich selbst nannte, in seinen Auseinandersetzungen mit der Gironde, als die im Konvent gegen ihn erhobene Anklage am 24. April 1793 durch das Revolutionstribunal abgeschmettert wurde. Marat hatte sich in seiner Verteidigungsrede selbst als »Apostel und Märtyrer der Freiheit« gefeiert. Anfang Juni 1793 stürzte ein von Marat mitorganisierter Volksaufstand endgültig die Gironde, und die Terrorherrschaft des Wohlfahrtsausschusses nahm ihren Lauf. Diese Wendung der Revolution hatte Marat als Autor und Herausgeber des *Ami du peuple*, der dann nach der Ausrufung der Republik *Le Publiciste de la République française* hieß, tatkräftig gefördert.

Im Juli 1793 befand sich Frankreich im Bürgerkrieg. Ein Aufstand tobte in der Vendée, und die in Paris entmachteten Girondisten wollten unter General Wimpfen in Caen Truppen zusammenziehen, um die gemäßigten Deputierten in Paris vor den extremistischen Kräften zu schützen. Eine kleine Gruppe girondistischer Abgeordneter war bereits aus Paris nach Caen geflohen. Sie wurden in Marats *Ami du peuple* wiederum auf die übelste Weise beschimpft. Zu ihnen zählte auch der Deputierte Barbaroux, mit dem Charlotte Corday in Verbindung trat. Da sie vorbehaltlos die politischen Überzeugungen der Girondisten teilte, nahm Marat in ihren Augen monströse Züge an. »Marat, dessen Name schon das Bild aller Verbrechen vor die Seele stellt«, schrieb sie in ihrer *Adresse aux Français*.[2] So gewann sie die Überzeugung, dass nur Marats Tod eine Katastrophe verhindern könnte. Aber wer war dazu in der Lage? Als sie am 7. Juli in Caen beobachtete, wie sich nur wenige Freiwillige zur Armee Wimpfens meldeten, da stand ihr Entschluss fest. Es sei keineswegs nötig, dass sich eine ganze Armee aufmache, um Marat zu beseitigen. Dafür, so schrieb sie, »reicht die Hand einer Frau«.[3] Charlotte Corday reiste kurzentschlossen mit der staatlichen Post am 9. Juli von Caen nach Paris, wo sie zwei Tage später, an einem Donnerstag, im Hotel de la Providence abstieg. Dort nahm sie auf Vermittlung von Barbaroux Kontakt mit dem girondistischen Deputierten Lauze-Duperret auf, der ihr Zugang zum Innenminister verschaffte, bei dem sie sich für die Pension ihrer in die Schweiz emigrierten Freundin Alexandrine de Forbin einsetzte.

Ursprünglich hatte sie geplant, Marat in aller Öffentlichkeit zu töten. Die Feierlichkeiten zum 14. Juli im Konvent hätten den Rahmen für eine solche spektakuläre Tat abgegeben. Sein Bild, das nach ihrem Wort »alle Verbrechen vor die Seele stellt«, sollte vor aller Augen zerschlagen werden. Sie erfuhr aber kurz nach ihrer Ankunft in Paris, dass Marat an diesem Sonntag, dem 14. Juli, nicht in den Konvent gehen konnte. Der Volksfreund litt an einem schweren Hautekzem, und um die entzündlichen Schübe besser zu ertragen, arbeitete er zumeist in einer mit Wasser und Essenzen gefüllten Badewanne. Die Kopfschmerzen, die das Hautübel begleiteten, suchte er durch ein mit Essig getränktes Kopftuch zu lindern. So entschloss sich Charlotte Corday, ihr Opfer in seinem eigenen Haus aufzusuchen. Am Nachmittag des 12. Juli verfasste sie im Hotelzimmer eine »Adresse aux Français«, in der sie ihre Tat erklärte. Am Samstag, dem 13. Juli, begab sie sich zunächst morgens zum Palais Royal, wo sie in einem der Arkadenläden für 40 Sous ein Küchenmesser kaufte, das sie später in ihrer Oberkleidung verbarg. Gegen 11 Uhr 30 ließ sie sich in die Rue des Cordeliers fahren, wo sie im Haus Nr. 30 Marat zu sprechen wünschte. Sie wurde mit dem Hinweis auf die Krankheit des Mannes abgewiesen. Nach ihrer Rückkehr ins Hotel richtete sie über die Stadtpost ein Schreiben an Marat, in dem sie ihm anbot, die konterrevolutionären Pläne der Girondisten in Caen aufzudecken. Gegen 15 Uhr begab sie sich erneut zu Marats Haus, kehrte aber gleich wieder zurück und verfasste ein zweites Schreiben, in dem sie Marat um seinen Schutz bat. Doch brachte sie den Brief nicht zur Post, sondern trug ihn bei ihrem nachfolgenden Besuch bei sich, um ihn überreichen zu lassen. Schließlich erschien sie gegen 19 Uhr wieder in der Rue des Cordeliers. Als ihr wie zuvor eine Bedienstete den Eintritt verwehrte, bestand sie lautstark darauf, vorsprechen zu dürfen, da sie doch inzwischen zum dritten Mal um Zugang bäte. Das hörte offenbar Simone Evrard, die Lebensgefährtin des Hausherrn, die nach kurzer Rücksprache mit Marat die Besucherin eintreten ließ. Charlotte Corday wurde in das kleine Badezimmer vorgelassen, wo Marat in der Wanne saß und arbeitete. Er hatte inzwischen das erste Schreiben gelesen und fragte die Besucherin gleich nach den Girondisten in Caen. Er wollte alle Namen wissen, und sie nannte ihm achtzehn nach Caen geflohene Girondisten sowie vier Mitglieder der Regionalregierung des Calvados, die einen Teil der aufständischen Truppe nach Evreux geführt hatten. Marat notierte sich die Namen und erklärte, dass er sie alle demnächst guillotinieren lassen würde. »Diese letzten Worte entschieden sein Schicksal«, wird Charlotte Corday zwei Tage später an Barbaroux dazu schreiben.[4] Als Antwort stieß die vermeintliche Denunziantin Marat das verborgene Messer in die rechte Brust unterhalb des Schlüsselbeins, wo es bis in die Lunge drang. Marat konnte nur noch einen Schrei ausstoßen. Simone Evrard eilte herbei, die Mordwaffe lag auf dem Brett über der Wanne. Simone versuchte, das aus der Wunde strömende

Jules Aviat: »Charlotte Corday und Marat« (1880).

Blut des Freundes mit der Hand zurückzudrängen. Der im gleichen Hause wohnende Zahnarzt Lafondée wurde gerufen. Er legte Marat eine Kompresse an, aber nachdem er in der Achselhöhle keinen Puls mehr fühlte, ließ er den Sterbenden auf ein Bett legen. Als kurz darauf der Militärarzt Pelletan hinzutrat, stellten sie gemeinsam den Tod des Opfers fest. Inzwischen hatten die herbeigeeilten Frauen und der Angestellte Laurent Bas die Attentäterin zu Boden geworfen. Später wurde Charlotte, an einen Stuhl gefesselt, durch den Polizeikommissar Guellard einem ersten Verhör unterzogen. Sie gab ihre Überzeugung zu Protokoll, dass Marat verantwortlich sei für die furchtbare Lage Frankreichs und für den aufflammenden Bürgerkrieg. Sie habe es für wert gehalten, ihr Leben zu opfern, um Frankreich zu retten. Dem Verhör lauschten noch vier weitere prominente Männer des Konvents, Maure, Drouet, Chabot und Legendre, und ihnen verlas der untersuchende Polizeikommissar die Botschaft an die Franzosen, die die Täterin bei sich trug. Weit nach Mitternacht wurde Charlotte in das einstige Militärgefängnis im alten Kloster Saint-Germain-des-Prés überbracht, wo im September 1792 einige hundert politische Gefangene ermordet worden waren. Weil man ihren Selbstmord fürchtete, stand die ganze Nacht über ein Wächter neben ihrem Bett. Dagegen protestierte sie vergeblich in zwei Schreiben am 14. und 15. Juli. Wie konnte man sie so verkennen! Sie war eine angehende Heldin, die alles bedacht hatte, die sich auf alles gefasst gemacht hatte. Sie hatte damit gerechnet, dass sie vom Volk auf der Straße in Stücke gerissen würde, nicht aber dass man sie vor einem feigen Tod schützte.

Das Duell der Souveräne

Die Ähnlichkeiten zwischen Charlotte Corday und Marat geben dem Attentat die Züge eines Spiegelgefechts. Sowohl Marat, der »Apostel und Märtyrer der Freiheit«, als auch Charlotte Corday, die Retterin der Republik, begründeten ihre mörderischen Einstellungen mit ihrer besonderen Opferbereitschaft: Beide wollten Frankreich retten, er mit seiner Feder, sie mit dem Messer. Noch im Juni 1792 hatte Marat über sich selbst geschrieben: »Der Volksfreund, dessen letzter Atemzug dem Vaterland gilt (...), wird sein Grab in einem glühenden Ofen finden.«[5] Auch ideenpolitisch kommen sie aus der gleichen Welt. Charlottes Vater veröffentlichte im Herbst 1788 die Broschüre *Mémoire adressée aux Notables, 23. Novembre 1788*, in der er die ungleiche Verteilung der Abgaben kritisierte und sich ausdrücklich als Vertreter der aristokratischen Partei gegen das Steuerprivileg des Adels wandte. 1792 brachte er eine weitere Broschüre heraus. Unter dem Titel *Supplément au système de L'Égalité des Partages* stellte er unter Berufung auf Rousseaus *Contrat social* das uneingeschränkte Besitzrecht in Frage. Vater Corday und Marat lagen 1792 politisch noch auf einer Linie. Marat war zunächst Royalist wie Corday, und ihre Forderungen nach Gleichheit und Gerechtigkeit bildeten zu diesem Zeitpunkt den *common sense* der Aufklärung. Beide beriefen sich auf Rousseau, sodass Jules Michelet später den selbsternannten »Freund des Volkes« Marat sogar als »Affen Rousseaus« verhöhnte.[6] In seiner Programmschrift *Offrande à la patrie, ou Discours au Tiers-État de la France* setzte sich Marat noch im August 1788 für die konstitutionelle Monarchie ein. In der Anrede an das drangsalierte Volk schrieb er über den König wie über einen ärztlichen Kollegen: »Deine Verzweiflungsrufe klangen in seinen Ohren; sein väterliches Herz wurde durch Mitleid erregt; er untersuchte deine Wunden und sein Inneres wurde durch Schmerz erschüttert; er eilt dir zur Hilfe.«[7] Seinen Wunsch in der *Offrande*, »Gesegnet sei der beste der Könige«, wiederholte er allerdings nicht mehr.

Die Französische Revolution ist die erste paranoische Großübung der Weltgeschichte. Das Handeln aller Protagonisten lief nach kurzer Zeit auf die gleiche wahnhafte Aktion hinaus: Alle wollten die verborgene Wahrheit, den Verrat, die Intrige, das Komplott, den Geheimplan, die Konspiration, die Konterrevolution ans Licht bringen. Gewiss gab es auch Gründe für ein Aufreißen aller Türen und Schränke, das Sprengen aller Geheimsiegel, nachdem der absolute Staat so lange im Unsichtbaren gearbeitet hatte: Daher zählt es zu den Errungenschaften von 1789, dass alle Sprüche der Macht, der Gerichte und Parlamente öffentlich erfolgten. Aber genau damit setzt die paradoxe Gegenreaktion ein: Nicht die Verborgenheit, sondern gerade die Öffentlichkeit der Handlungen nährte den Verdacht, dass es nicht mit rechten Dingen zugehe. Finden die Entscheidungen in Geheimkabinetten statt, dann gibt es keinen Verdacht, sondern von allen Lippen kommt die Forderung nach öffentlicher Kontrolle. Hingegen sind Sicht- und Beobachtbarkeit die Triebkräfte der Paranoia. Im Licht der Öffentlichkeit wachsen die Schatten des Verdachts. Die Fraktionen im Konvent, die Flüchtlinge in Paris, Bürger und Adel, Deputierte und Sansculotten, Regierung und Militär, Zentrale und Provinz, alle hielten sich gegenseitig für Konterrevolutionäre, Verschwörer, Bestochene und klandestine Royalisten. Die Gespenster dieses Verdachts würgten an allen Beteiligten, sie bestimmten den Gang der Revolution in den Jahren 1793-1795 nachhaltiger als Tatsachen und kühler politischer Wille. Hegel erschrak noch in seinen Vorlesungen des Wintersemesters 1822/23 vor der »fürchterlichen Gewalt« des Verdachts und der Tyrannei, die die Schreckensherrschaft getragen haben.[8]

Die juristische Aufrichtung und bürokratische Eskalation der Verdächtigung setzte im Frühjahr 1793 ein. Am 21. März wurden die berüchtigten »Comités de surveillance et pouvoir révolutionnaire« durch eine Verordnung des Wohlfahrtsausschusses eingerichtet. Der Erlass ermächtigte die Vertreter in den Pariser Sektionen, in allen Städten und Gemeinden Papiere zu kontrollieren, Listen von Verdächtigen zu erstellen und diese auch gleich zu verhaften. Nun stapelten sich die Listen der rasenden Vernunft. Diese feierliche Erhebung des Verdachts zur allgemeinen Staatsaufgabe erfolgte dann durch das *Décret du 17 septembre 1793 relatif aux gens suspects*, das als »Loi des suspects« in die Geschichte eingegangen ist. Das Gesetz autorisierte die Überwachungsausschüsse, ihre Listen mit Verdächtigen an den zentralen Sicherheitsausschuss zu übermitteln, der dann alle Verdächtigen, allerdings nach Prüfung, verhaften lassen konnte. Wie aber gibt man dem Verdacht eine rechtliche Form? Nach dem Gesetz sind verdächtig:

1. (...) alle diejenigen, die sich durch ihr Verhalten oder ihre Beziehungen oder durch ihre Äußerungen oder ihre Schriften als Parteigänger der Tyrannei oder des Föderalismus und als Feinde der Freiheit zu erkennen gegeben haben; 2. alle diejenigen, die nicht auf die durch das Gesetz vom 21. März dieses Jahres vorgeschriebene Weise die Herkunft ihrer Existenzmittel und die Erfüllung ihrer Bürgerpflichten nachweisen können; 3. alle diejenigen, denen das Bürgerzeugnis verweigert worden ist; 4. diejenigen, die durch den Nationalkonvent oder seine Kommissare von ihren Ämtern suspendierten oder abgesetzten und nicht wieder eingesetzten Staatsbeamten, insbesondere diejenigen, die kraft des Gesetzes vom 12. August dieses Jahres abgesetzt worden sind oder noch abgesetzt werden sollen; 5. alle diejenigen vormaligen Adligen, Männer, Frauen, Väter, Mütter, Söhne oder Töchter, Brüder oder Schwestern gleich, sowie die Bevollmächtigten der Emigranten, die nicht kontinuierlich ihre Loyalität gegenüber der Revolution zum Ausdruck gebracht haben; 6. alle diejenigen, die zwischen dem 1. Juli 1789 und der Verkündung des Gesetzes vom 8. April 1792 emigriert sind, selbst wenn sie in der durch dieses Gesetz gesetzten Frist oder auch früher nach Frankreich zurückgekehrt sind.[9]

Den Terror betreibt nicht das herabblitzende Messer der Guillotine, sondern die im Verdacht lauernde permanente Drohung. Die bürokratisierte Verdachtsdrohung will den Raum der Sichtbarkeit und Kontrolle totalisieren: erst die Intimsphäre, dann das Tiefinnere des Subjekts und zuletzt sein Unbewusstes. So durchdrang der Verdacht mit seiner Rhetorik der Demaskierung und Entlarvung alle Reden, Taten und Absichten der Revolutionsregierung.»Der seitdem ständig und überall gegenwärtige Verdacht vergiftete die Parteistreitigkeiten und steigerte die Haßgefühle«.[10] Verfolgt von innen, verfolgt von außen. Die Dialektik des Verdachts erfordert rasches Handeln: Wer äußert den Verdacht als erster? Wer dem Verdacht entgehen will, muss verdächtigen, wer der Denunziation entgehen will, muss denunzieren. Die artifizielle Interpretation ist überlebenswichtig. Aber sind nicht auch die Denunzianten verdächtig? Sind sie nicht »gedungene Sendboten der ausländischen Höfe«, »feige Sendlinge der Tyrannen«?[11] Im Verdacht wütet die Abduktion, rast die aufgeklärte Vernunft. Die vom Misstrauen besessene Interpretationsgemeinschaft kennt unter den Bedingungen des Terrors kein nichtssagendes Zeichen mehr. Jeder Wimpernschlag ist ein Geständnis. Der Terror errichtet das Tribunal der Denunziation, wo alle als Demaskierte und als Eifernde der Demaskierung auftreten: Robespierre demaskierte Pétion, Saint-Just demaskierte Danton, und Danton wiederum prophezeite den Tag, an dem »alle Masken fallen werden.«[12] Dieser Tag wird der jüngste Tag sein. Erst am Ende der Welt wird endlich der Verdacht verdächtig, alle geben ihre Masken ab, am jüngsten Tag erst treten sich die Menschen in der Brüderlichkeit und Offenheit gegenüber, von der Rousseau geträumt hatte.[13] Zuvor wurde über die Jahre 1792 bis 1795 in Hunderten von Reden, Sitzungen, Prozessen, Broschüren, Pamphleten, Zeitungsartikeln demaskiert, verdächtigt, demaskiert, verdächtigt. Doch die Demaskierung schälte sich aus der Rhetorik heraus und nahm Anlauf zur Liturgie der Todesurteile: Verhaftung, Prozess, Guillotine. Die Redner antizipierten das Geschäft der Scharfrichter: Saint-Just wollte den Kriegsminister, den Marquis de Beurnonville, gar nicht mehr demaskieren, sondern gleich »die Maske auf seinem Gesicht zerschmettern«.[14] Die aus tausend Mündern hervorblitzende Demaskierungsdrohung, die Verdachtsgewitter und ihre blutigen Folgen, geben dem Titelhelden in Georg Büchners *Dantons Tod* recht, der auf die Nachricht, dass Collot d'Herbois im Wohlfahrtsausschuss geschrieen habe, »man müsse die Masken abreißen«, bemerkt: »Da werden die Gesichter mitgehen.«[15]

In Marat arbeitete die rasende Vernunft des Argwohns und des Verschwörungsverdachts im Tagundnachtbetrieb. Er war die tobende Muse der Denunziation. Sogar einige seiner Freunde hielten ihn für verrückt. Die *Loi des suspects* hätte er als die Vollendung seines Lebenswerks betrachten können. Demaskierung und Denunziation waren sein besessenes Amt. Im *Ami du peuple* häufte er die Namen der Verräter, Aristokraten, Konterrevolutionäre und Verdächtigen und gab sie dem Wüten der radikalen Kräfte preis. Seiner Paranoia reichten beiläufige Indizien, um einen »Verräter« zu erkennen. Über seine Beweismethode schrieb er im Mai 1791 an Camille Desmoulins: »Um an ein Komplott zu glauben, brauchen Sie juristische Beweise; mir genügen der allgemeine Gang der Geschäfte, die Beziehungen der Feinde der Freiheit untereinander, das Kommen und Gehen gewisser Agenten der Macht.«[16] Das »Auge des Volkes«, wie sich Marat selbst nannte, sah mehr konterrevolutionäre Gespenster als alle und hielt sich daher für einen Propheten. Das Editorial seiner 1790 zeitweilig unter dem Titel *Le Junius Français* erschienenen Zeitschrift kündigte an: »Dieses Journal ist im Besonderen dazu bestimmt, den heimlichen Manövern der Revolutionsfeinde nachzugehen, ihre Verbindungen mit den ausländischen Kabinetten aufzudecken und die Komplotte der Vaterlandsverräter aufzuspüren.«[17] Im *Junius* Nr. VI vom 9. Juni 1790 erklärt er: »Hätten wir den Namen von Patrioten verdient, wenn wir darin nachließen, die Schurken zu demaskieren, die uns verderben wollen?«[18] Im September fasst er seine Aufgabe spitz: »die Verschwörungen enthüllen, die Verräter entlarven«[19]. Er begnügte sich indessen nicht mit der Denunziation und Hinrichtung der vermeintlichen Feinde, er verlangte: »Schneidet den ehemaligen Aristokraten, die euch verraten, die Daumen ab, spaltet den Kalottenträgern die Zunge.« Vor allem aber forderte er Köpfe und zwar in irrsinnigen Mengen. In der Ausgabe vom 14. Januar 1793 seines *Journal de la République française* machte er seine Rechnung auf:

> Sie machen mir ein Verbrechen daraus, daß ich die Köpfe der Verräter und Verschwörer gefordert habe. Aber habe ich diese Verbrecher nicht immer nur dann der Rache des Volkes anheimgegeben, wenn sie ungestraft dem Schwert der Gerechtigkeit trotzten und wenn die Diener des Gesetzes immer nur damit beschäftigt waren, für deren Straflosigkeit zu sorgen? Und wo ist denn dieses so große Verbrechen, wenn man 500 Köpfe von Verbrechern gefordert hat, um 500 000 Unschuldige zu retten? Ist diese Rechnung nicht schon ein Zug von Weisheit und Menschlichkeit?[20]

Solche Rechnungen trug Marat immer wieder vor; die Menge der Verräterköpfe, die abgeschnitten werden mussten, um Frankreich zu retten, trieb er in die Inflation: Michelet zählt in seiner *Geschichte der französischen Revolution* nach: »600 Köpfe, 10.000 Köpfe, 20.000 Köpfe; das steigt, wenn ich mich recht entsinne, bis zu der merkwürdig genauen Ziffer von 270.000 Köpfen.«[21]

Anonyme Marat-Karikatur, die ihn als Urheber des Ladensturms am 25. Februar 1793 denunziert. Marat ist an dem Schriftstück identifizierbar, in dem von 270.000 Köpfen die Rede ist.

Der girondistische Abgeordnete Barbaroux erinnerte sich in seinen *Memoiren*, dass Marat in einem Gespräch, das sie führten, genau 260.000 Köpfe gefordert hat.[22] Kein Wunder, dass die Gironde diesen »Freund des Volkes« auch für die Massenmorde des September 1792 verantwortlich machte. Denn zwei Wochen vor dem furchtbaren 2. September 1792, konnte man im *Ami du peuple* lesen:

Worin besteht die Pflicht des Volkes? Es hat nur zwei Mittel zur Verfügung. Das erste besteht darin, daß das Volk das Urteil über die in der Abbaye eingesperrten Verräter beschleunigt, daß es die Kriminalgerichte und die Versammlung umzingelt und daß es sie, für den Fall, daß die Verräter freigesprochen werden, ohne zu fackeln mit dem neuen Gericht und den verbrecherischen Schöpfern des perfiden Dekrets massakriert. Das zweite Mittel, das sicherste und weiseste, besteht darin, daß sich das Volk bewaffnet zur Abbaye begibt, die Verräter herausholt (…), und sie mit dem Schwerte enthauptet.[23]

Und auch im Nachhinein behauptete Marat, dass die Morde vom 2. und 3. September »allein durch die Rechtsverweigerung provoziert« worden seien, die das Kriminalgericht beging.[24] Da aus der Feder des Volksfreundes solche Ströme von Blut flossen, erblickte auch Charlotte Corday in Marat den Urheber des September-Blutbades, das weit über tausend Gefangenen das Leben gekostet hatte. Ihr eigener Wahn aber bestand darin, dass sie Marat allein für den Urheber aller Schrecken und Wirrnisse hielt. Umgekehrt behauptete der radikale Vertreter der Commune, Hébert, in seiner Rede am 13. Juli vor dem »Conseil genérale de la Commune«, das Messer habe Marat genau in dem Augenblick getroffen, da er im Begriff gewesen sei, die »authentischen Beweise einer Verschwörung« zusammenzustellen.[25]

Das Attentat galt einem Bild der Macht, worin sich die Ohnmacht des Mörders spiegelt. Täter und Opfer tauschen dauernd die Position. Denn was erklärte Charlotte Corday im Verhör auf die Frage, welche Beweise sie dafür habe, dass Marat der Urheber aller dieser Übel sei? »Marat hatte eine Maske vor dem Gesicht.«[26] Sie ist die Doppelgängerin ihres Opfers. Die Ähnlichkeiten reichen bis tief in die Rhetorik: Ganz wie der Märtyrer der Freiheit seinen letzten Atemzug dem Vaterland schenkt[27], will auch sie ihren »letzten Atemzug« dem Vaterland widmen.[28] Auch sie treibt die Dringlichkeit des Handelns durch ein Staccato von »schon«-Sätzen: In Ihrer *Adresse aux Français amis des lois et de la paix* schreibt sie:

Schon marschieren die aufrührerischen Departements gegen Paris, schon hat das Feuer der Zwietracht und des Bürgerkrieges die Hälfte des großen Landes erfasst (…). Schon bringt der elendste der Bösewichter, Marat, (…) den Berg ins Wanken.[29]

Im gleichen »schon«-Staccato beschwor Marat die Kriegsgefahr in einer *Lettre de l'ami du peuple, Aux Fédérés des Quatre-vingt-trois départements* aus dem Frühjahr 1791:

Schon bestürmen dreihunderttausend Söldner unsere Grenzen im Osten. Schon hat man ihnen die Schlagbäume des Königreichs überlassen. Schon hat einer ihrer Trupps eine unserer Befestigungen eingenommen.

Und so geht es weiter in einem katastrophenbesessenen, fatumsgewissen »Schon«-Trommeln, das mehr als zehn atemlose Sätze skandiert.

Charlotte spricht die Sprache der radikalen Revolutionäre, sie spricht die Sprache Marats, sie spricht die Sprache der alle durchrasenden Erregung. Vollends offensichtlich aber wird die Spiegelbeziehung der Attentäterin und ihres Opfers, wenn sich beide zu Souveränen über eigene und fremde Menschenleben erheben. Marat rechtfertigt das Blutvergießen stets damit, dass nur durch eine unermüdliche Guillotine ein Vielfaches an Opfern vermieden werden könnte. Immer wieder stellt er die Forderung, dass sich das Volk einen Diktator oder einen Volkstribun wählen sollte. Vor dem Nationalkonvent erklärt er:

[D]a ich jene Axt allein auf die Häupter der wichtigsten Konterrevolutionäre gerichtet wissen wollte, habe ich versucht, diese schrecklichen und zügellosen Bewegungen der Weisheit eines Chefs zu unterstellen, der zugleich ein treuer Patriot und Staatsmann wäre, der die Hauptverschwörer aufgespürt und hingerichtet hätte.[30]

Charlotte Corday denkt nicht anders, wenn sie auch knapper kalkuliert: nur ein Kopf und alle Franzosen sind gerettet. Das ist die Attentäterbuchhaltung. Die Attentäterin steigert sich in die Vorstellung hinein, dass der Tod Marats den Bürgerkrieg beenden und den Frieden wiederherstellen werde. Das Attentat zeigt Züge einer Revolutionsparodie. Denn ihren Brief an Barbaroux, zwei Tage nach dem Attentat, datiert sie nicht nach dem Revolutionskalender: Sie schreibt vielmehr »am zweiten Tag nach der Vorbereitung des Friedens«[31] und erklärt damit eine neue Zeitrechnung.

Souverän ist nicht, wer über den Notstand gebietet. Souverän ist, wer tötet und selbst den Tod nicht achtet. Vermutlich ist es aber auch so, dass wer sich schon außerhalb des Lebens stellt, zugleich ins Außen der elementaren Gesetze tritt. Der Mörder, der die Gesetze hinter sich lässt, tritt auf als Rechtsschöpfer, der das Leben, die Zeit, die Welt von vorn beginnen lassen will. Auch wenn er scheitert, für diesen Moment ist er Souverän. Sein Prestige steigert sich noch, auch sein Prestige als potenzielle Gründerfigur einer neuen Ordnung, wenn er oder sie auch diese Souveränität im Martyrium und im Tode demonstrieren. Im Anschluss an das Attentat in der Rue des Cordeliers setzte eine Konkurrenz der Martyrologien ein. Auch darin zeigt sich die Ähnlichkeit von Täterin und Opfer.

Die wildgewordene Leserin

Die Öffentlichkeit und auch die Männer der Revolution waren tief beeindruckt von den Auftritten dieser jungen Frau, die so entschieden und unbeirrbar handelte. Der Präsident des Revolutionsgerichts, Jacques Bernard-Marie Montané, versuchte im Verhör, das am 16. Juli im Justizplast in Anwesenheit des Staatsanwaltes Fouquier-Tinville stattfand, der Angeklagten noch die Namen von Mitverschwörern oder von Anstiftern zu entlocken, weil man diese Tat einer so jungen Frau unmöglich allein zutraute. Charlotte belehrte die Männer mit den blutigen Händen, dass die Vermutung einer Anstiftung durch Dritte eine schlechte Kenntnis des menschlichen Herzens verrate. Eine solche Tat könne man nur mit den Kräften des eigenen Hasses, nicht aber mit dem Hass anderer vollführen.[32] Keine Paranoia, liebe Staatsanwälte, meine Tat bietet keinen Grund, Verschwörungen zu wittern! Auch in allen weiteren Äußerungen, in ihren Verhören, in den Einlassungen vor Gericht, in den hinterlassenen Schriftstücken vernimmt man die Sprache unirritierbarer Entschlossenheit.

Und die Sprache der Literatur. Ein zeitgenössischer Journalist glaubte zu wissen, dass der Kopf der Attentäterin eine »Furie aller möglicher Lektüren« gewesen sei.[33] Damit rief er die alte Attentatstheorie auf, wonach die Königsmörder die falschen Bücher und auch zu viele davon gelesen hätten. Der große Historiker der französischen Revolution, Jules Michelet, behauptete, Charlotte habe am 12. Juli den ganzen Tag die *Vitae* Plutarchs studiert.[34] Plutarch zählt zum Kanon aller wirklichen und eingebildeten Helden bis ins 20. Jahrhundert hinein. Rousseau erzählt, dass er als Knabe Plutarchs Geschichte des Mucius Scaevola bei Tische las und so hingerissen war, dass man ihn nur mit Mühe daran hindern konnte, selbst seine Hand in die Glut des Ofens zu legen.[35] Auch Schillers Karl Moor stärkt sich durch Plutarch-Lektüren, um später zum Terroristen zu avancieren. Der Poet, Deputierte und Präsident des radikalen Club des Cordeliers, Fabre d'Eglantine, verfasste für den *Moniteur* einen Artikel über Charlotte Corday, der in die gleiche Richtung wies. »Ihr Kopf war mit Büchern jeder Art gefüllt (...) ihr Geist war durch ungenießbare und nebelhafte Lektüren verrückt.«[36] Das sagte ein mittelmäßiger Dichter, der instinktiv spürte, dass die Attentäterin vernehmlich im Ton Voltaires, Rousseaus, aber auch Corneilles sprach. Tatsächlich war Charlotte eine Nachfahrin des französischen Klassikers Pierre Corneille, da ihr Urgroßvater 1709 eine Enkelin des großen Dramatikers geheiratet hatte. Mit einem Corneille-Zitat schließt sie auch den Abschiedsbrief an den Vater, den sie am Tage vor der Gerichtsverhandlung und der Hinrichtung schrieb; allerdings stammte die Lesefrucht von Pierre Corneilles Bruder Thomas: »Das Verbrechen schändet und nicht das Schafott.« Die Ansicht, dass ihre Tat kein Verbrechen sei, sondern vom Recht gedeckt, begründet sie mit der

Erklärung Marats zu einer »bête féroce«, einem wilden Tier, das den Rest Frankreichs zu verschlingen drohte. In ihrer *Adresse aux Français amis des lois et de la paix*, die sie beim Attentat bei sich trug, legte sie ihre Rechtsauffassung ausführlich dar:

> Oh Frankreich, deine Ruhe hängt an der Ausübung des Gesetzes; aber das kümmert mich nicht, wenn ich Marat töte, denn er ist vom Universum verdammt, er steht außerhalb des Gesetzes... Welches Gericht wird über mich urteilen. Wäre ich schuldig, dann wäre es auch Alcidis (Herakles), der die verschiedenen Ungeheuer erschlug; aber ist er auf ein derart abscheuliches gestoßen (wie Marat)? O Freunde der Menschheit, werdet ihr einer wilden Bestie nachtrauern, die sich an Eurem Blut mästete?[37]

Die Sprache der Revolution zog ihre Semantik und ihr Pathos aus der Literatur des 17. Jahrhundert. Nahezu alle Revolutionäre verfügten über einen reichen Fundus klassischer Zitate. An Corneilles Dramen hatte Charlotte sogar unter den Augen ihres Onkels Abbé de Corday das Lesen geübt. Ihr Biograf d'Almeras unterstreicht, dass ihr die Alexandriner des *Cid* und des *Polyeucte* eine erste Lektion in Heroismus erteilten.[38] Aber sie verfügte neben dem Pathos, das seine Wirkung mit Anekdoten der römischen Mythologie und Geschichte stärkte, auch über andere Register des Ausdrucks. Ihre politischen Urteile waren scharf und pointiert, bisweilen entschuldigte sie sich wegen ihrer bösen Zunge. Die Tat vom 13. Juli ist in Wort und Bild ihr eigenes Werk bis zum Ende.

Kaum drei Stunden nach dem Attentat beobachtete sie beim Verhör, wie der aus der Kutte gesprungene Kapuziner und Vertreter des Sicherheitskomitees, François Chabot, die Gegenstände musterte, die man ihr abgenommen hatte. Als dabei sein Blick an ihrer goldenen Uhr hängen blieb, mahnte sie: »Haben Sie vergessen, dass die Kapuziner ein Armutsgelöbnis abgelegt haben?«[39] In einem Brief aus dem Jahr 1791 brachte sie ihre Ansicht über den König zu Papier und entschuldigte sich, dass sie die Sicht ihres Vaters und ihrer royalistischen Freunde nicht teilte.

Wie sie im Verhör bekannte, war sie auf die *Gazette quotidienne* abonniert; außerdem las sie die Girondistenzeitung *Courrier des Départements*, den *Courrier français* sowie den *Courrier universel*. Zu ihren bevorzugten literarischen Autoren zählten neben Corneille die römischen Historiker, zumal Plutarch, schließlich auch der Attentatsdichter Voltaire, der Autor von *La mort de César*. Die aufklärerische Philosophie war ihr vertraut, allen voran Rousseau, Diderot, besonders aber der Abbé Raynal. Dessen enzyklopädisch angelegte, sechs Bände umfassende *Histoire des deux Indes* war 1770 herausgekommen, hatte zweimal ein Verbot durch die Zensur und ein Autodafé erlebt, ehe es zu einer Programmschrift der Revolution aufsteigen konnte. Den Abbé Raynal bezeichnete Charlotte als ihr Orakel.

Während Marats Freunde die Attentäterin als wahnsinnig gewordene Leserin kleinschwatzen wollten, stellte Charlotte selbst ihre Tat in die Tradition römischer Freiheitsliebe und republikanischen Opfermutes. Sie trat ein in die Familie der Attentäter, deren Urvater Brutus war. Zwei Mal führte sie in erhaltenen Dokumenten Zitate aus Voltaires Caesar-Drama an, das sie offenbar zu weiten Teilen auswendig konnte. Erst in einem Brief an ihre Freundin Loyer[40] und dann erneut in ihrer *Adresse aux Français*. Das Voltaire-Zitat krönt ihre eigenen Worte:

> Schon marschieren die empörten Departements auf Paris zu; schon erfasst die Flamme der *Uneinigkeit* und des Bürgerkrieges die Hälfte dieses großen Landes; noch gibt es ein Mittel, es zu löschen; aber man muss das Mittel rasch einsetzen. Schon erschüttert der gemeinste unter den Verbrechern, Marat, dessen Name allein das Bild aller Untaten zusammenfasst, nachdem er unter das rächende Schwert gestürzt ist, die Montagne und lässt Danton wie Robespierre erbleichen. Und die übrigen Räuber, die auf dem blutigen Thron sitzen, werden von den Blitzen umzuckt, die die menschenrächenden Götter nur darum noch zurückhalten, weil sie ihren Sturz noch aufsehenerregender machen und weil sie alle diejenigen erschrecken wollen, die der

Versuchung erliegen könnten, ihr Glück auf den Trümmern eines missbrauchten Volkes zu errichten. (...)
O mein Vaterland! Dein Unglück zerreißt mir das Herz; ich kann dir nur mein Leben schenken, und ich danke dem Himmel, dass ich die Freiheit habe, darüber zu verfügen. Niemand wird durch meinen Tod etwas verlieren; (...) ich möchte, dass auch mein letzter Atemzug noch zum Wohl meiner Mitbürger diene; dass mein Haupt, wenn man es durch Paris trägt, ein Zeichen sei für den Zusammenschluss aller Freunde der Gesetzlichkeit, und dass die ins Wanken geratene Montagne ihren Sturz mit meinem Blut geschrieben sieht; dass ich ihr letztes Opfer sein möge, und dass das gerächte Universum erklären möge, dass ich mich um die Menschheit verdient gemacht habe. Im übrigen, sollte man meine Tat mit anderen Augen sehen, so kann auch das mich nicht beunruhigen.
Dann soll der erstaunten Welt, diese große Tat
Entweder zum Abscheu oder zur Bewunderung gereichen.
Mein Geist, dem es nicht darum geht, in das Gedächtnis einzutreten,
Bedenkt sich weder um Anklagen noch um den Ruhm.
Ganz und gar frei und ganz und gar Bürger
Ist mir die Pflicht genug und alles andere gilt mir nichts.
Los, denkt nur noch daran, aus der Sklaverei befreit zu werden.[41]

In diesen sieben Versen aus Voltaires *La mort de César* taucht erneut Brutus' Schatten auf. Voltaire und der Caesarmörder sind Abgötter der Französischen Revolution: Den »Altar des Vaterlandes«, den man auf dem Marsfeld errichtet hatte, zierten zwei Gemälde. Das eine stellte den Triumph Voltaires dar, das andere, Davids Gemälde von Brutus' Schwur, nannte Michelet das »Wahrzeichen der Cordeliers«.[42] Aber auch an zahlreichen anderen Stellen wurden Brutus-Denkmäler errichtet. Zwar verneinen die sieben Verse aus Voltaires Drama ausdrücklich, dass der Wunsch nach Ruhm, das Verlangen, in das Gedächtnis der Menschheit einzutreten, die Tat angestiftet hätten; aber wer sein Land retten will, hat exakt das im

Auge. An Barbaroux schrieb Charlotte: »Alle, die mich bedauern bitte ich, sich daran zu erfreuen, wie ich meine Ruhe gefunden habe auf den Champs-Elysées mit Brutus und einigen anderen.«[43] Die Champs-Elysées sind kein geruhsamer Ort, sondern das Ruhmesarchiv schlechthin. Es ist das republikanische Paradies, das Opfer ist eine Wette auf den Ruhm. Marat hatte in seiner Selbstdarstellung, die im *Ami du peuple* vom 14. Januar erschien, gleich drei Mal betont, dass seine einzige Leidenschaft die »Liebe zum Ruhm« sei.

Bilderkult: Charlotte

In ihrem Schreiben an Barbaroux sprach sich Charlotte Corday selbst eine »lebhafte Einbildungskraft« zu.[44] Sie dachte in Szenen und Bildern. Bis ins Detail hatte sie sich ausgemalt, was mit ihr nach dem Attentat geschehen könnte.

Sie hatte damit gerechnet, dass man ihr bei der Tat oder danach vielleicht das Kleid zerreißen würde, und dafür hatte sie sich mit Fingerhut, Nadel und Faden versehen. Mehr noch war sie darauf gefasst, dass die wütenden Montagnards sie selbst zerreißen und ihr Haupt auf einer Pike durch Paris tragen würden. Aber diese Szene, so schrieb sie in der Adresse an ihre Mitbürger, sollte zum Emblem werden für die Franzosen, ein Zeichen für die Vereinigung all derer, die die Gesetze lieben. Sie wusste, dass aus solchen Bildern Vereinigungsenergien fließen können. Ursprünglich hatte sie sich ausgemalt, Marat »auf dem Gipfel seiner Montagne« zu opfern. Das wäre ein gewaltiger Theatercoup gewesen, der zugleich die Szene vom Tod Caesars zitiert hätte. Aber auch der Hieb in der Rue des cordeliers löschte das Bild der »wilden Bestie« aus. Sie war sich völlig sicher, dass Marats Leiche (und Bild) nicht ins Panthéon überführt werden würden. Mit dieser Prognose sollte sie allerdings zunächst falsch liegen, denn bereits am 14. Juli beantragte die Section du Panthéon die Pantheonisierung Marats. Nachdem Jacques-Louis David diese Forderung aus Anlass der Übergabe seines Marat-Gemäldes an den

Konvent am 14. November 1793 wiederholt hatte,[45] wurde sie am gleichen Tag durch ein Dekret verfügt.[46] Allerdings überführte man den Sarg erst am 21. September 1794 ins Panthéon, und dort blieb er nicht einmal fünf Monate. Am 8. Februar 1795 gelangte der Terror an sein Ende, und noch am gleichen Tag verließen Marats sterbliche Überreste das Panthéon. Am 9. Februar entfernte man Marats Büste und Davids Gemälde aus dem Nationalkonvent.

Caesar hatte durch den zunehmenden Bilderkult den Verdacht der Verschwörer geweckt. Jetzt hatte sich Charlotte Corday zur Nachfolgerin des Brutus gerüstet, um den Mann zu töten, der in ihren Augen die Züge des Gaius Julius Caesar annahm. Die Bilder von Lebendigen sind eine Gefahr. Vor allem dann, wenn es Bilder sind, die nichts taugen. Tatsächlich hatte sich Marat bereits zu Lebzeiten mehrfach portraitieren lassen. Sein Bild war weit verbreitet. Und die Jakobiner sollten nun gleich nach seinem Tod mit Marats Körper und seinem Portrait eine der ungeheuersten bildpolitischen Aktionen der französischen Geschichte ins Werk setzen.

Da Charlotte Corday in Bildern und Szenen dachte, trug sie auch dafür Sorge, dass ihr Bild der Nachwelt erhalten bliebe. Am 15. Juli richtet sie an den Sicherheitsausschuss die Bitte:

> Da ich nur noch wenige Augenblicke zu leben habe, darf ich der Hoffnung Ausdruck geben, Bürger, dass Ihr mir gestattet, mich malen zu lassen. Ich würde gerne dieses Zeichen als Erinnerung für meine Freunde hinterlassen. Denn so wie man das Bild der verdienstvollen Bürger pflegt, so verlangt bisweilen die Neugierde nach denjenigen der großen Verbrecher, was vielleicht dazu dient, den Abscheu vor Verbrechen zu stärken. Wenn Ihr mir diese Bitte freundlicherweise gestattet, so bitte ich darum, morgen einen Miniaturmaler zu mir zu schicken.[47]

Gemäß der Devise ihres Orakels Abbé Raynal, dass man den Tyrannen nicht die Wahrheit sagen müsse, kleidete sie ihre Bitte in eine List. Sie möchte das Miniaturbild ihren Freunden hinterlassen. Zugleich räumt sie ein, dass es eine Kippfigur sein könnte, die vielleicht das Bild einer verdienstvollen Bürgerin zeigt oder die Züge einer Verbrecherin. Die Geschichte möge entscheiden. Tatsächlich bewahrte man die Portraits der Verbrecher auf, seit die kriminologischen Physiognomiker daran gegangen waren, in den Gesichtern der Übeltäter und später auch auf ihren Schädeln die Anzeichen ihrer bösen Anlagen zu entziffern. Und es gab auch Anzeichen, dass der Henker Sanson oder seine Gehilfen den Schädel der geköpften Mörderin später verkauft haben. Um 1834 soll sich die Reliquie im Besitz des ehemaligen Jakobiners Alexander Charles Omer Rousselin de Corbeau befunden haben.[48] Aber nicht nur über den Schädel der Mörderin senkten sich die Häupter der Gelehrten; auch die Leiche der jungen Frau wurde untersucht, allerdings ist kein Protokoll der Autopsie überliefert. Nach einer Quelle aus dem Jahr 1795 hat eine ganze Corona von Ärzten den gleichen Befund erhoben, den bereits der Polizeikommissar Guellard im Verhör erfragt hatte: dass Charlotte noch jungfräulich gewesen war.[49]

Der mit der Aufstellung von Verdächtigenlisten überlastete Sicherheitsausschuss reagierte auf die Bitte der Angeklagten Charlotte Corday nach einem Miniaturmaler nicht. In ihrem Schreiben an Barbaroux kam die Gefangene noch einmal auf diesen Wunsch zurück und erklärte, dass sie ihr Portrait gerne dem Département Calvados zum Geschenk gemacht hätte. Jetzt aber sei es zu spät.[50]

Das war es aber nicht. Am 17. Juli morgens um 8 Uhr wurde der Mordprozess gegen Charlotte Corday vor dem Revolutionsgericht eröffnet. Während dieser morgendlichen Verhandlung setzte sich ein Maler in die Nähe der Angeklagten und begann, ihr Portrait zu zeichnen. Dieser Maler hieß Johann Jakob Hauer, er war Elsässer und diente als Offizier der Nationalgarde in der Sektion des Théâtre Français. Sie hat ihn offensichtlich bemerkt und ihm während des Prozesses, soweit das möglich war, ihr Gesicht zugekehrt. Im Anschluss an die Verurteilung übermittelte sie Hauer über den Gefängniswärter Richard den Wunsch, er möge das Portrait vollenden. Daraufhin suchte Hauer Charlotte Corday im Gefängnis auf. Sie saß ihm noch einmal Modell, mahnte ihn aber, sich zu beeilen, da ihre Hinrichtung bevorstünde. Anschließend bat sie ihn, eine Kopie des

Portraits ihrer Familie zukommen zu lassen. Dann trat der Henker ein, der berühmte Sanson, schnitt ihr die Haare ab, und anschließend begann die beschämende Fahrt auf dem Armesünderkarren durch die schreiende und brüllende Menge bei strömendem Regen. Auch noch in den letzten Momenten vor der Hinrichtung bewahrte Charlotte Corday jene Haltung, die sie während des gesamten Prozesses gezeigt hatte.

Charlotte Corday. Im Gerichtssaal und im Gefängnis gefertigte Kohlezeichnung von Johann Jakob Hauer.

Hauer war geschäftstüchtig genug, diese Skizze mehrfach weiterzuverarbeiten. Zunächst stellte der Kupferstecher Jean-Joseph-François Tassaert ein Schabkunstblatt nach der Zeichnung her, das bereits Ende Juli annonciert und zum Verkauf angeboten wurde. Weiter fertigte Hauer, der sich selbst als Portraitist bezeichnete, nach seiner Zeichnung ein Ölgemälde an, und später folgte noch eine größere Darstellung der Mordtat selbst.[51] Die Bilder werden im Musée Lambinet in Versailles aufbewahrt.

Damit war die dokumentarische Basis geschaffen für eine Karriere der Attentäterin in zahlreichen Bildern, Karikaturen, Gemälden, Theaterstücken, Romanen, Kinofilmen und sogar einer Oper. Das Bild, das sie hinterlassen hat, füllte sich aber erst sehr viel später mit der Semantik, die sie für sich entworfen hatte. Die Sorge für das eigene Bild, nachdem das Bild des verhassten Opfers in Stücke geschlagen wurde, teilt Charlotte Corday mit vielen ihrer Verwandten aus der Familie der Königsmörder und Attentäter. Es bietet Einblick in das ikonische Imaginäre der paranoischen Verwicklung, die den Täter und sein Opfer so ähnlich macht. Die Ähnlichkeit endet an der Stelle, wo es um die Macht und das Bild geht. Der Mächtige ist nämlich jemand, der durch sein Bild herrscht. Wie soll sich die Macht zeigen, wenn sie sich nicht auf Prozeduren, Szenen, Rituale, Bilder stützt? Ohne Bild gibt es keine Macht, die Macht verharrt in jener prekären Sichtbarkeit, die die Paranoia vor allem beunruhigt. Die Bilder der Macht und der Mächtigen schirmen, wie Pierre Legendre sagt, die Leere und den Abgrund ab.[52] Die Macht hüllt sich in die positiven Bilder, die ihre Freunde lieben und die ihre Feinde schrecken. Aber eben diese Darstellung greifen die Feinde an. Hier kommt nun wieder die Maske ins Spiel, die in der Rhetorik der Revolution wuchert. Die Maske ist in diesem modernen Verständnis ein falsches Bild. Die Maskierung provoziert die Demaskierung, und fordert die ikonoklastische Tat heraus. Der Attentäter vollzieht sie als Delegierter des kollektiven Wahns. Er zerschmettert, wie Saint-Just sagt, »die Maske auf dem Gesicht«.[53] Da ihn indessen die reinsten Motive treiben, die edelmütigste Verachtung des Trugs, die paranoische Furcht, dass unter der Maske, dem »falschen Bild« der Macht, die Leere sichtbar werden könnte, sucht der Attentäter durch sein Opfer das eigene Bild zur Geltung zu bringen. Man erinnert sich an den Gefreiten Lortie, der auf die Macht abdrücken wollte, weil er in ihr das Gesicht seines Vaters zu erkennen glaubte.[54] Sie bot das Bild eines falschen, betrügerischen, despotischen Staatsvaters. Daher ist der Angriff auf das Bild nicht nur ein Spiegelgefecht. Es ist der Versuch, die Repräsentation der Macht wiederherzustellen.

Vom 13. Juli 1793, dem Tag des Attentats, und dem 17. Juli, dem Tag der Hinrichtung, geht ein Strom von literarischen, ikonischen, theatralischen, filmischen Bildern aus. Über zwei Jahrhunderte hinweg läuft eine multimediale Gedenkshow, die Charlottes und Marats Bilder inflationiert. Das ging gleich auf den Bühnen in Paris los. Bereits am 8. August 1793 hatte das Stück von Gassier Saint-Amand *Ami du peuple ou la Mort de Marat* Premiere. Bis 1795 folgten weitere sieben Premieren. Die einschlägige Bibliografie zählt sechzig Theaterstücke zum Thema Marat-Corday, wobei die Dramatiker zumeist die Mörderin in den Mittelpunkt stellen.[55] In der bildenden Kunst hat sich außer David lange Zeit kein bedeutender Maler an das Thema herangewagt; erst im 20. Jahrhundert gibt es bemerkenswerte Darstellungen von Edvard Munch, Alfred Hrdlicka oder auch von Michael Matthias Prechtl.[56] Unvergesslich ist die Sequenz der Mordtat in dem 1927 abgeschlossenen Kino-Epos *Napoleon* von Abel Gance, worin der große Paranoiker und Verehrer des verrückten römischen Königs Heliogabal, Antonin Artaud, den Marat spielt und die Ehefrau des Regisseurs, Marguerite Gance, die Attentäterin verkörpert.

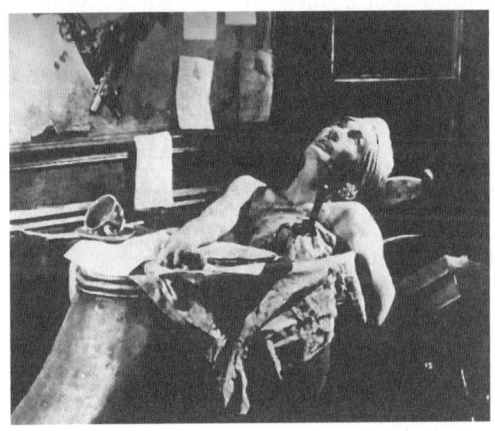

Antonin Artaud als Marat in Abel Gances Film »Napoléon« (1927)

Unter den deutschen Literaten, die über Charlotte schrieben, finden sich viele Stars der Poesie um 1800. Wieland lässt sie in einem Dialog in seinem *Neuen Teutschen Merkur* mit Brutus diskutieren, Schiller plante ein Marat-Drama, der Graf von Platen verfasste eines. Es war aber Jean Paul, der die Geschichte von einem Bilderkult um Charlotte Corday erfand. Seine Erzählung stammt aus dem

Jahre 1801 und schildert eine Gedenkfeier für Charlotte Corday, die ein deutscher regierender Graf veranstaltet. Dieser Graf »hegte eine solche Liebhaberei für sittliche Heroen, daß er einen Bildersaal ihrer Gestalten und eine Bibliothek (…) über große Menschen unterhielt«.[57] Kein Wunder, dass sein literarisches Urteil Plutarch höher einschätzte als Tacitus. Zur Gedenkfeier am 17. Juli enthüllt der Graf das Bild der »Tagheiligen«, während der Erzähler ihre Geschichte aus Berichten des *Moniteur* zusammenfasst. Der Graf entwickelt die Idee des »sittlichen Genies«, das wie das Kunstgenie nicht nach den Gesetzen handelt. Kunstgenie und Moralgenie trotzen der »fortlaufenden Verflachung« der Welt.[58] Dabei gedenkt der Erzähler auch des Deputierten der Mainzer Republik in Paris, Adam Lux, der 1793 aus Verzweiflung über den Gang der Revolution und aus Bewunderung für Charlotte Corday seine eigene Verurteilung vor dem Revolutionsgericht betrieb, jede Verteidigung abwies und endlich am 4. November unter der Guillotine starb. Auch Lux war, wie der Graf in Jean Pauls Erzählung hervorhob, ein Brutus-Verehrer, und ein moralisches Genie. Am Ende der Erzählung von Charlottes Leben und Sterben küsst der Graf ihr Bild. Den literarischen Bilderkult aber hatte Adam Lux übertroffen, der für die Freiheit und für Rousseau sterben wollte. In seinem öffentlichen Plädoyer für Marats Mörderin forderte er, dass an der Stelle ihrer Hinrichtung eine Bildsäule errichtet werden sollte, mit der Inschrift »größer als Brutus«.[59]

Bilderkult: Marat

Wie verwandelt man einen Körper in ein Bild? Es war der Abgeordnete und Maler Jacques-Louis David, der diesen Prozess dirigierte. David war am 6. September auf Vorschlag Marats zum Abgeordneten des Nationalkonvents nominiert worden. Im Juli 1793 stieg er zum Mitglied des Comités d'instruction publique de la Convention sowie zum Vorsitzenden des Jakobinerklubs auf. Gleich am 14. Juli, dem Tag nach dem Attentat, sorgte er dafür, dass Marat als Fleisch und als

Bild verehrt werden konnte. Der Leichnam wurde in der Stellung, in der ihn das Messer der Mörderin traf, dem Publikum präsentiert. Am Tag darauf aber wollte David, wie er im Konvent beantragte, diese Szene in der Église des Cordeliers den Besuchern darbieten. Die rasche Verwesung des Leichnams in den heißen Julitagen erlaubte das aber nicht. Nun bahrte man Marats Körper in liegender Stellung in einer ständig befeuchteten Draperie auf. Die Überführung des Leichnams aus Marats Wohnung in die Kirche und die anschließende Beisetzung im Garten der Cordeliers erfolgte am Nachmittag und Abend des 16. Juli in einem von David arrangierten festlichen Zug, bei dem die Reliquien des Toten, Badewanne und Schreibzeug, mitgeführt wurden. Der Zug ging durch halb Paris; auf dem Pont Neuf wurden in Minutenabständen Kanonenschüsse abgefeuert. Blumen, Musik, Gesänge und zahllose Reden begleiteten die Zeremonie. Auch das vorläufige Grab war nach Vorschlägen Davids aus einem Hügel von Steinblöcken gestaltet, und diese Blöcke bildeten eine Art Gewölbe, in dem Marats Leiche zunächst beigesetzt wurde. Später ließen die Sansculotten noch eine Holzpyramide als vorläufiges Monument auf der Place du Caroussel errichten, wo zuvor ein knappes Jahr lang die Guillotine ihr Werk verrichtet hatte. Dieser Platz war exakt der Ort, den sich auch Adam Lux für ein Denkmal Charlotte Cordays vorgestellt hatte.

Wie einst bei den Königen wurden auch Marats Innereien, Lunge und Herz, durch einen Chirurgen präpariert. Zwischen den Cordeliers und den Jakobinern brach ein kurzer Streit darüber aus, wem Marats Herz zukäme. Das Herz wurde am 28. Juli feierlich in einer Achatvase auf einem Altar im Sitzungssaal der Cordeliers aufgestellt. Am 14. November 1793 übergab David, der zuvor am 14. September zum Mitglied des berüchtigten *Comité de sûreté générale* ernannt worden war, dem Konvent in einer feierlichen Handlung sein großes Gemälde des sterbenden Marat. Der daraufhin gefasste Konvent-Beschluss sah vor, beide David-Gemälde, das Portrait des Märtyrers Peletier auf dem Totenbett sowie das Bildnis des sterbenden Marat, im Sitzungssaal des Konvents anzubringen. Weiterhin wurde beschlossen, das Marat-Portrait stechen zu lassen und tausend Abzüge an die Volksvertreter und Départements zu verteilen. In der Folge überschwemmten die Marat-Büsten ganz Frankreich. Sie wurden an allen öffentlichen Orten der Stadt Paris aufgestellt, in Behörden, Gerichtssälen, Cafés, Schulen, Theatern und in den Nischen der Häuserreihen, wo zuvor die Madonnenbilder verehrt worden waren. Mehrere tausend Marat-Gesellschaften widmeten sich dem Andenken des Toten, und der Name des Volksfreundes zierte für zwei Jahre Brücken, Plätze, Straßen, bis im Januar 1795 der Bildersturm auf Marats Denkmäler einsetzte und seine Vertreibung aus dem Panthéon erfolgte.[60]

Joseph Boze: Portrait Jean-Paul Marats (1793)

Charlotte Cordays Attentat war eine ikonoklastische Tat, die den Bilderkult und Bildersturm, den Marats Nachleben ausmacht, vorwegnahm. Aus den Resten gestürzter Bilder lassen sich aber wieder neue Kulte errichten. Mit Charlottes Cordays Schädel und Marats Herz konnte sich die politische Macht neu etablieren und legitimieren. Es ist aufschlussreich für die Kritik der Paranoia, dass sie ihre Zeichen gerne aus dem Realen von Körpern bezieht. Blut muss fließen, damit Bilder Bestand haben und auch wieder zerschlagen werden können.

DAS 19. JAHRHUNDERT: LOUIS-PHILIPPE, AUGUST VON KOTZEBUE, ABRAHAM LINCOLN, SISSI

| Das ikonoklastische Attentat im 19. Jahrhundert
| Der Anschlag Fieschis auf Louis-Philippe am 28. Juli 1835
| Der Attentäter als Schicksalsfälscher und Techniker
| Die Presse und das Bild des Königs
| Das Attentat von Karl Ludwig Sand
   auf August von Kotzebue am 23. März 1819
| ›Schutzbild dieser feilen Zeit‹
| Kotzebue der Geschichtsfälscher
| Caesar und Brutus noch einmal:
   Abraham Lincoln und John Wilkes Booth
   an den Iden des April 1865
| Anarchistische Geschichtsrevision:
   Luigi Luchenis Attentat auf die Kaiserin
   Elisabeth am 10. September 1898
| Erster Prozess gegen Lucheni: lebenslänglich
| Der zweite Prozess: Selbstmord
| Aktenraub und Schädelraub

Das ikonoklastische Attentat im 19. Jahrhundert

Der Sturm auf die Bastille am 14. Juli 1789 leitete das Jahrhundert der europäischen Revolutionen ein, die Umwälzung der Industrie, der Technik, der Institutionen, der Gesellschaft, der Politik, des Krieges. Es ist zugleich das Jahrhundert, in dem die Zahl der Attentate in Europa und in den USA dramatisch zunimmt. Was aber sind die Gründe für die anschwellende Armee der Attentäter, die sich gegen die wirklichen und vermeintlichen Tyrannen bewaffnen? Was setzt hier im 19. Jahrhundert ein? Im 20. Jahrhundert nehmen die Angriffe auf die Politiker noch weiter zu, und im 21. Jahrhundert werden Attentate auf Mächtige, Prominente, Anonyme, Gebäude, Symbole, Verkehrseinrichtungen zu einer globalen, im Zeichen von Massenvernichtungswaffen sogar strategischen Bedrohung. Das 19. Jahrhundert bringt den Aufschwung der Medien. Neue, Aufmerksamkeit heischende Kunstprodukte belagern die Augen der Leute: Schnelldruckpresse, Zeitung, Lithographie, Theater, Fotografie, politische Karikatur. Im Zuge dieser Veränderungen öffnen sich auch die Gerichte, die Parlamente, die Parteien den neugierigen Blicken des Publikums. Die Untersuchung der Attentate stößt unweigerlich auf die Frage nach dem Wert, der Gültigkeit, der Legitimität, der Gewalttätigkeit und Sichtbarkeit der Macht und ihrer Repräsentanten. Theater, Zeitungen, Parlamente, Bilder, Fotos machen auf völlig neue Weise das Politische, die Manöver und Entscheidungen der Macht, die Träger und Repräsentanten des Staates sichtbar. Alle diese Medien erzeugen triviale Dubletten von Ereignissen. Die Sichtbarkeit, die Beobachtung der Mächtigen, die tägliche Wiederholung der Worte, Taten, Beschlüsse in den Berichten der Zeitung geben der paranoischen Interpretation und dem Verdacht eine Menge zu tun. Auch die alltägliche Paranoia kann an eine trivialisierte Macht nicht glauben. Was trivial scheint, erweckt vielmehr den Verdacht: Sind das nicht nur Masken, was wir zu sehen bekommen, ist das nicht schlechtes Theater? Oder, wie später Daniel Paul Schreber mutmaßen wird: Sind die Straßen, die unsere Blicke einfangen, nicht einfach Theaterkulissen oder gar potemkinsche Dörfer?[1] Die Sichtbarkeit und Wiederholbarkeit der Worte, Gesten und Bilder, die das Politische ausmachen, reduzieren die Einzigartigkeitsqualität, die Aura der Machtkörper, die Seltenheit der Herrscherpersonen und das Hier und Jetzt des Ereignisses. Diese neue, durch Reproduktion inflationierte Sichtbarkeit setzt die Bilder, in denen sich das Politische den Blicken empfiehlt, der Verdächtigung aus. Die Versuche der Anhänger Marats, einen einzigartigen, heiligen Leichnam für das Politische und für die untrügliche Referenz der Macht zu retten, mussten misslingen.

In einer Periode staatlicher Religionsfeindschaft wirkten solche Kopien der christlichen Märtyrerfrömmigkeit platt. Eine politische Theologie lässt sich nicht aus jedem Grab stampfen. Napoleon wird der letzte französische Herrscher gewesen sein, dessen äußere Erscheinung ein echtes Geheimnis zu verbergen schien. Während seine Nachfolger für unecht gehalten wurden, weil sie vielen als Wiedergänger, Dubletten und Gespenster galten, trat Napoleon als unverkennbares Original auf. Die verschiedenen Angriffe auf seine Person galten daher keinem Bild, sondern einem lebendigen Feind. Sie kamen aus keiner paranoischen Feindschaft. Die Attentäter wollten kein Trugbild stürzen, kein »falsches Bild des mächtigsten Menschen«, sondern einen »echten Herrscher«. Es waren daher alles politische Mordversuche. Napoleons Größe, sein Charisma, sein Wille zur Darstellung der Macht – all dies trug den Kaiser ohne Schaden durch die Explosion der Medien. Doch nach Napoleons Ende büßten die gesalbten Körper der politischen Repräsentanten jedes Geheimnis ein. Und in der Folge nahm der ikonoklastische Sturm auf das Bild des Königs deutlich zu. 1817 wurden in Cherbourg gegen Louis XVIII. die folgenden Verse verbreitet:

Vom plastischen Kunstwerk hält man zu Recht
Die allergrößten Stücke.
Es zeigt charmant, wenn auch nicht echt,
vom achtzehnten Ludwig die Blicke.

Ob in Stein, Alabaster, Holz zu sehn,
Sein Bild will alle entzücken,
Der König in Gips wäre ebenso schön,
Doch am besten am Boden in Stücken.[2]

Das harmlose Gedicht hält eine verbreitete Stimmung fest: Der König ist nur ein Bild, und sein Bild in Stücke zu zerschlagen, wäre eine Lust. Im 19. Jahrhundert scheint das Bild des Königs aus Gips, seine Auftritte werden vom Publikum nicht mehr ganz ernst genommen. Längst schränken Konstitutionen die Souveränität der Monarchen ein, die königliche Gewalt wird die Fessel des Gesetzes nicht mehr los. Und mit dem Verlust der repräsentativen Aura wird die Imago flach. Das politische Image nährt sich seitdem nicht mehr von der Macht, sondern von der Popularität.

Der Anschlag Fieschis auf Louis-Philippe am 28. Juli 1835

Die Monarchen sind tot, die Präsidenten populär, aber die Attentate hören nicht auf. Nach der Französischen Revolution kamen Attentate in Mode. Nicht nur auf Napoleon legten ein paar Königsmörder an, sondern auch auf seine Nachfolger Ludwig XVIII. und Charles X. Der dicke Bürgerkönig Louis-Philippe erlebte ganze Serien von Attentaten. Laurent Louessard verzeichnet in seiner Chronik der Königsmordversuche zwischen 1814 und 1848 insgesamt 24 geplante und versuchte Anschläge, Komplotte oder Mordaufrufe.[3] Allein auf Louis-Philippe wurde sechs Mal geschossen, wenn man das berühmte Attentat Fieschis und seiner Genossen mit einer Höllenmaschine aus vierundzwanzig Gewehrrohren nur als einen Schuss rechnen will.

Die Attentäter aus den Jahren zwischen 1800 und 1848 verfolgten ganz unterschiedliche Ziele. Es gab die Vaterlandsretter wie Charlotte Corday, es gab die erbitterten Gegner Napoleons, die königstreuen Chouans, die keine andere Möglichkeit sahen, die alte Legitimität wiederherzustellen. Es gab Überzeugte, Zufallstäter, und es gab kleine Kriminelle. Der Preis der Fürsten war so tief gesunken, dass man Attentäter mit 500 Francs honorieren wollte; bisweilen ließen die Aufsässigen sogar das Los darüber entscheiden, wer auf den König schießen sollte.[4] Die politischen Antipoden der Paranoiker huldigen dem Zufall. Solche ausgewürfelten Attentäter scherzen über den Tod, den sie in Kauf nehmen. Der Arbeiter Louis Louvel, der am 13. Februar 1820 den Sohn des Königs, den Duc de Berry, mit einem Messerstich tödlich verletzte, kündigte an, dass er das Messer der Guillotine in der besten Laune begrüßen würde: Er würde das Schafott besteigen, als besuche er eine hübsche Frau.[5] Die Risikolust, die eiserne Stirn der Attentäter kamen aus der Erfahrung der jähen Umwertung von Gut und Böse seit 1789, denn jeder Wechsel an der Spitze der Macht sprengte die Kerker und brachte den Exodus der Gefängnisbevölkerung. Ein Kandidat für den Henker konnte sich im Handumdrehen in einen Volkshelden verwandeln. Die frivolen Königsmörder sind die gelehrten Schüler der Kontingenz. Nur zu häufig war nach dem 14. Juli 1789 das Recht der Brutusse betont worden, die Tyrannen zu Boden zu werfen. Herrscher kamen und gingen, Parteien gewannen und verloren, Verfassungen wurden in Kraft gesetzt und wieder abgeschafft. Als 1815 mit dem politischen Ende Napoleons auf St. Helena die Bourbonen aus dem Exil zurückströmten, dachten nicht wenige der inzwischen grauhaarigen Republikaner daran, auch den Sturm auf die Bastille zu wiederholen. Das Politische schien als Reprise des immergleichen Stücks zu laufen. Louis XVIII., der Bruder des enthaupteten Louis XVI., und sein Nachfolger Charles X., der im Jahre 1824 den Thron bestieg, waren im Wesentlichen damit befasst, das legitime Frankreich des 18. Jahrhunderts aus den Trümmern der Bastille wieder zu errichten. Aber als Charles X. am 25. Juli 1830 die fünf Ordonnanzen in Kraft setzte, die die Freiheit der Presse einschränken, ein neues Wahlsystem in Kraft setzen und auf alle Schlüsselstellen des Staates Ultraroyalisten berufen sollten, da tauchten die Wiedergänger des 14. Juli wieder auf. Die liberale Presse protestierte heftig und bestritt die Rechtmäßigkeit der königlichen Erlasse. Die Zeitungen *Le Globe*, *Le National* und *Le Temps* erschienen am 27. Juli mit der Erklärung, dass die Zeit des Gehorsams beendet sei. Der Ballhausschwur fand diesmal auf dem Papier statt. Der König setzte bald die Armee in Marsch, aber die Garde, die zum Schutz von Paris mobilisiert wurde, erwies sich als zu schwach gegen die Studenten und gegen die rasch und effektiv organisierte revolutionäre Bürgerschaft. Am 31. Juli war Charles X. am Ende, und der Herzog von Orléans stand auf Bitten der liberalen Fraktion bereit, den Thron zu besteigen. Der neue König Louis-Philippe ließ sich die Krone aufs Haupt setzen, um die radikalen Kräfte, die die Republik wiederherstellen wollten, in Schach zu halten. Die Wiederholung der Revolution von 1789 sollte nur das Jahr 1792 erreichen.

Die Julitage von 1830 lösten eine Kettenreaktion von revolutionären Bewegungen in ganz Europa aus. Die europäische bürgerliche Opposition schrieb die französische Kopie ab. In Polen, in Belgien, Italien, Spanien und Portugal gab es politische Aufstände – nur in Deutschland nicht, wo die Karlsbader Beschlüsse von 1819 die Opposition erst einmal zum Schweigen gebracht hatten. Frankreich verdankte der Julirevolution die Herrschaft des Kapitals, und es waren immer wieder Bankiers oder dem Großkapital nahe stehende Männer wie Guillaume-Pierre François Guizot, Jacques Lafitte, Casimir Périer oder Adolphe Thiers, die der neue König zu Ministern ernannte. Geld beruhigt. Übernational arbeitende Bankiers wie Rothschild, der aus der Frankfurter Judengasse kam und seit Beginn des 19. Jahrhunderts Filialen in London, Paris, Berlin, Frankfurt unterhielt, übten größere Macht aus als die bewaffneten Heere. Das Kapital schätzt liberale Verhältnisse und politische Sicherheit, und das versprach Louis-Philippe. Zwar hatte sich die Regierung bald stabilisiert, aber im Jahre 1831 gab es im Gefolge der Arbeiterunruhen in Lyon einen erneuten Versuch der Republikaner, die Dinge zu ihren Gunsten zu wenden. Einen weiteren gescheiterten republikanischen Aufstand verzeichnet das Jahr 1832. Diese Bestrebungen der radikalen Republikaner von 1792 sowie der enttäuschten Kämpfer der Julitage von 1830 bildeten auch den Hintergrund des Attentats von 1835. Muss man nicht einfach einen König töten, um die Republik wiederherzustellen? Der versuchte Königsmord Joseph Fieschis und seiner Komplizen ist das spektakulärste unter den vielen Attentaten zwischen 1800 und 1848. Es ist das Komplott dreier Männer, die aus unterschiedlichen Motiven heraus den König beseitigen wollten.

Am 28. Juli 1835 ritt der König Louis-Philippe in einer Armeeformation von mehreren tausend Mann aus Nationalgarden, Infanterie- und Kavalleriebrigaden feierlich durch Paris. Die Parade sollte an die glorreichen Tage der Julirevolution fünf Jahre zuvor erinnern. Die Gedenkfeier mit dem Herrscher an der Spitze hatte den karnevalesken Zug, dass ein König die Jahresfeier eines Königssturzes anführte. Wie oft waren in den vergangenen vier Jahrzehnten die gekrönten Häupter von der Bühne verscheucht worden! Die Parade erinnerte also daran, dass die Regenten auf schwankendem Boden stehen. Seit Wochen kursierten schon Gerüchte, dass ein Anschlag auf den König geplant sei. Dennoch wollte man die Parade nicht verlegen. Louis-Philippe selbst schien über die drohende Gefahr informiert, denn als er eine wichtige Entscheidung auf den Tag nach der Revue verlegte, kommentierte er das mit den Worten: »Sofern ich morgen nicht ermordet werde«.⁶ Der imposante Zug bog gegen 11 Uhr 30 in den Boulevard du Temple, wo dann wenig später aus dem Dachfenster eines Hauses die Attacke auf den König mit einer selbstgebauten Mitrailleuse erfolgte. Die Wirkung dieses Geschosshagels war ungeheuer. 19 Tote und 22 zum Teil schwer Verwundete lagen auf der Straße. Zu den Opfern zählten ein Marschall und ein General. Auch Pferde wurden getroffen, ein furchtbares Durcheinander war die Folge. Der König und seine Familie aber blieben unverletzt, der Monarch konnte seinen Zug wieder ordnen, um die Königssturz-Parade kaltblütig fortzusetzen. Die französische Presse stellte daher in den folgenden Tagen einmütig fest, dass mit dem König auch die konstitutionelle Monarchie fest im Sattel sitze.

Der Attentäter als Schicksalsfälscher und Techniker

Der Vordenker des Attentats und Konstrukteur der Höllenmaschine vom 28. Juli 1835 war der Korse Joseph Marie Fieschi. Er hatte Napoleons Russlandfeldzug mitgemacht und sich dabei vielfach durch seinen Mut ausgezeichnet. 1815 aus der Armee entlassen, beteiligte er sich an dem abenteuerlichen Versuch des einstigen Königs von Neapel, Joachim Murat, auf den Thron Neapels zurückzukehren. Die Sache ging schief, und während Murat auf der Stelle erschossen wurde, entging Fieschi knapp der Exekution. Er kehrte nach Korsika zurück, wurde dort aber noch im gleichen Jahr wegen Diebstahls und Urkundenfälschung zu zehn Jahren Haft verurteilt. Die Haft verbrachte er im gleichen Gefängnis, in dem auch sein Vater eine mehrjährige Strafe abgesessen hatte, bis er dort starb. Fieschi nutzte die zehn Jahre, um das Weberhandwerk zu erlernen, das er nach seiner Entlassung 1825 auch einige Jahre ausübte. Die Julirevolution zog ihn nach Paris, denn dort wurden politische Gefangene der Restauration entschädigt. Er legte gefälschte Dokumente vor, die seine Gefängnisstrafe als politische Sanktion beurkundeten, die er als Anhänger Napoleons erlitten haben wollte. So erschlich er sich eine Entschädigung. Durch Vermittlung des Ingenieurs Caunes fand Fieschi dann eine Anstellung als Aufseher der Mühlwerke an der Bièvre, gleichzeitig arbeitete er als Informant für den Polizeipräfekten Baude sowie für den Generalleutnant der Nationalgarde Ladvocat. Untergeordnete Posten in der Nationalgarde und Stellen im niederen Polizeidienst, die ihm angeboten wurden, lehnte Fieschi ab. Zeitweise übertrug ihm Baude die Leitung von Reparaturen an einer Wasserleitung, aber wegen Unterschlagungen wurde Fieschi bald wieder entlassen. Dann verlor er auch seinen Posten als Mühlenaufseher, und kurz darauf flog die Fälschung seiner Papiere auf, die ihm die Entschädigung eingebracht hatten. Fieschi wurde gerichtlich verfolgt und musste sich verstecken. Von seinen Förderern verjagt, von den Behörden gesucht, fand Fieschi im November 1834 Unterschlupf bei dem ehemaligen Revolutionär und Republikaner Pierre Morey. Auch Moreys Sympathie hatte Fieschi wohl durch sein biografisches Märchen gewonnen, dass er politisch verfolgt werde. In seiner desolaten Situation dachte Fieschi nur noch daran, sich zu rächen und ruhmvoll unterzugehen. Rachegedanken und Größenphantasien brachten ihn auf die Idee, ein Maschinengewehr zu konstruieren, das mit einem Schlag achtzig Schüsse abfeuern konnte. Morey soll gleich vorgeschlagen haben, eine solche Waffe für ein Königsattentat zu nutzen. Finanziert wurde das Unternehmen durch einen Kaufmann namens Pierre-Théodor-Florentin Pepin, der mit Morey einer Sektion der republikanischen Gesellschaft der Freunde der Menschenrechte in Paris angehörte. Die Höllenmaschine, die Fieschi dann konstruierte, bestand aus 25 miteinander verbundenen Gewehrläufen, die mit Pulver und Schrot geladen, nacheinander feuern konnten. Zunächst probierten die drei Männer die Waffe in den Weinbergen von Charonne aus. Am 28. Juli platzierte Fieschi das Maschinengewehr im Fenster einer gemieteten kleinen Wohnung am Theater-Boulevard du Temple, der später der Umgestaltung von Paris durch den Baron Haussmann zum Opfer fiel. Er lud es mit Kugeln, Blei und Schießpulver, und als Louis-Philippe gegen 12 Uhr durch diesen Boulevard ritt, löste Fieschi im 3. Stockwerk des Hauses Nr. 50 den Serienschuss aus. Aber er hatte die Laufzeit der Zündschnur nicht mit berechnet, und so trafen die Schüsse in der Hauptsache das Gefolge Louis-Philippes, den selbst nur ein Streifschuss an der Stirn verletzte. Die Maschine war aber nicht nur zu spät gezündet worden, es hatte auch einige Rohrkrepierer gegeben, die Fieschi selbst schwer verletzten. Er wurde nach kurzer Flucht verhaftet.

Während die Radikalrepublikaner Morey und Pepin das politische Motiv für das Attentat lieferten, übernahm Fieschi die technische Leitung. Pepin, ein Fabrikant von farbigem Papier, hatte offenbar versucht, Fieschi auch moralisch für die Sache der Republikaner zu gewinnen. Er gab ihm Ciceros Schrift *Über die Pflichten* sowie Werke von Saint-Just zu lesen[7] und lockte ihn mit den Worten: »Vous serez le Brutus moderne!«[8] Doch alle Zeugen stimmten im Prozess darin überein, dass Fieschi kein Brutus war und sich gegen moralische Motive immun zeigte. Er stand keiner politischen Partei nahe und hätte für Geld jeden Auftrag ausgeführt. Ein existenzieller Grund für die Aufsehen erregende Gewalttat ließ sich vielmehr darin sehen, dass Fieschi innerhalb kurzer Zeit alle seine väterlichen Förderer verloren hatte: Ladvocat, Baunes, vor allem aber Caunes. Als ihn Caunes wegen der Lohnbetrügereien entließ, sagte Fieschi: »Bei ihnen habe ich meine Ehre eingebüßt. Mir bleibt nichts übrig, als mich umzubringen.«[9] Ganz offensichtlich war Fieschi von der Leitung durch eine Vaterfigur abhängig. Sein leiblicher Vater, ursprünglich ein Schäfer, war einst Mitglied einer Gaunerbande, und als Fieschi, der 1790 geboren worden war, eben vierzehn Jahre zählte, versenkte man den Vater bis zu dessen Tod 1808 im Gefängnis. Genau in diesem Jahr 1808 ging Fieschi zur Armee Napoleons, machte unter Joachim Murat, der als brillanter Heerführer zum Schwager Napoleons und König von Neapel aufgestiegen war, mehrere Feldzüge mit und erreichte den Grad eines Sergent. Der Zusammenbruch der Herrschaft Napoleons und der Napoleoniden machte seiner Karriere ein Ende. Am 2. Mai 1815 wurde Murat bei Torentino von den Österreichern geschlagen, und bei dem abenteuerlichen Versuch, mit einer Schar von 200 Mann das Königreich Neapel zurückzuerobern, wurde der einstige König Murat erschossen. So erlebte Fieschi den Sturz gleich mehrerer Vaterfiguren.

Fieschis Förderer Caunes sagte vor Gericht über den Attentäter: »Nie habe ich einen Mann getroffen, der geschickter, durchtriebener und heuchlerischer war.« Dieser Zug seines Charakters entsprang seinem gefälschten Schicksal. Einem Schicksalsfälscher fehlt die genealogische Bindung. Er erfindet seine *fata* selbst und greift mit Gewalt in fremde Schicksale ein.[10] Als Fieschi Ende 1815 in Korsika von seiner Schwester ein Erbe im Wert einer Kuh einklagte und es nicht erhielt, da nahm er sich einfach ein Stück Vieh, fälschte Papiere und Siegel, um es als sein Eigentum auszuweisen, und verkaufte es auf dem Markt. Es war keine schwere kriminelle Tat, aber sie war charakteristisch. Und sie wiederholte sich nach 1830, als Fieschi seine frühere Straftat als politisches Vergehen ausgab und manipulierte Dokumente darüber vorlegte. Sowohl im Vorfeld des Attentats als auch kurz danach gab er sich mit falschem Namen aus, als »Bescher«, als »Gérard«, als »Alexis«. »Ich habe mich selbst getauft«, brüstete sich Fieschi vor Gericht.[11]

Die Vaterproblematik trat gleich nach der Verhaftung ans Licht. Fieschi erfand eine neues *fatum* und behauptete erst, Vater eines Sohnes, dann Vater von drei Kindern zu sein, und er beklagte lebhaft das künftige *fatum* seiner Kinder, einen solchen Vater zu haben. Er meinte: einen kriminellen Vater.[12] Er klagte damit seine eigene schicksalhafte Vaterlosigkeit an. An die Adresse seiner Richter sprach Fieschi das auch in aller Deutlichkeit aus: »Ich meinerseits, Messieurs les pairs, ich brauche einen Herrn (maître), so ist mein Charakter, nur gefällt mir das Wort ›Herr‹ nicht so recht. Ich benötige also einen Mann, von dem ich sagen kann: das ist ein vertrauter Freund.«[13] So lautete die knappe Umschreibung des Vaterideals, das Fieschi in seinem einstigen Wohltäter Gaspard Ladvocat verkörpert sah. Diesen väterlichen Einfluss Ladvocats zeigt auch eine bewegende Szene aus der ersten Zeit der Untersuchungshaft, die Ladvocat dem Gericht erzählte. Zu der Zeit beharrte Fieschi noch darauf, Gérard zu heißen und Vater von drei Kindern zu sein. Ladvocat, Chef der Königlichen Gobelinmanufaktur, Oberstleutnant der Nationalgarde und Mitglied der Deputiertenkammer, wurde gebeten, die Identität des Attentäters klären zu helfen. Als er die Zelle betrat, rief er Fieschi beim Namen, und der vermeintliche Gérard brach daraufhin in Tränen aus. Fieschi erklärte nun, dass er die Umstände der Tat und die Namen seine Komplizen nur gegenüber Ladvocat unter vier Augen preisgeben werde, der die Aussage dann dem Untersuchungsrichter weitergeben durfte.

Im Anschluss an diesen Bericht Ladvocats vor der Pairskammer betonte Fieschi erneut, er hätte die Namen seiner Mitverschwörer niemals preisgegeben, weder der Regierung, noch dem König, selbst allen Königen der Welt nicht; allein diesem väterlichen Wohltäter Ladvocat, weil der eine besondere Macht über ihn ausübe. Und erneut fügte er hinzu: »Ich brauche einen Herrn, einen Herrn, gleich welchen.[14]

Mit seiner Höllenmaschine wollte Fieschi einen untauglichen königlichen Herrn, einen Vater, der versagt hatte, beseitigen. Der Staat, seine Förderer hatten ihn abgeschrieben, das ganze Ersatzsystem der Beziehungen, das ihn tragen sollte, war zerbrochen. Als einziger Ausweg blieb, die Geschichte noch einmal von 1789 an beginnen zu lassen. Das Attentat ist eine Wette: Kommt ein neuer König, verwandeln sich die Verbrechen von gestern vielleicht in große Taten. So konnte sich Fieschi sagen: Auch die Geschichte manipuliert Dokumente und fälscht das Schicksal. Die 24 Rohre seiner Höllenmaschine waren eine Schicksalslotterie. In diese *fata* eines Königsmörders wollte das Gericht allerdings nicht hineinhorchen. Es glaubte an ein republikanisches Komplott. Gleich nach dem Attentat verhaftete die Polizei erst einmal rund 150 Personen, darunter die Chefredakteure der großen Zeitungen, des *National*, des *Figaro*, des *Réformateur* und natürlich des *Charivari*.[15] Ausgerechnet die Regierung, die ihre Macht der Presse verdankte, verdächtigte die

Zeitungen, mit dem Attentäter konspiriert zu haben. Der ehemalige Journalist Adolphe Thiers bemühte sich sogar persönlich in das Untersuchungsgefängnis, um Fieschi zu vernehmen. Und Fieschi wurde dabei gefragt, ob nicht vielleicht die Zeitungen seinen Geist verwirrt hätten, und Fieschi meinte zunächst »Nicht übermäßig«, und dann: »Ja, doch«.[16] In den ersten Verhören nach dem Anschlag bezeichnete sich Fieschi als *mécanicien*.[17] Der Mechaniker ist der Assistent des Schicksalsfälschers. Fieschi unternahm den zweiten Versuch in der französischen Geschichte, den Königsmord zu technifizieren. Die ersten Ingenieure des Attentats waren die Männer vom 24. Dezember 1800, die den Konsul Napoleon mit einer gewaltigen Sprengladung beseitigen wollten. Bis dahin hatten alle Attentäter, Brutus, Ravaillac, Charlotte Corday und später noch Friedrich Stapß und Karl Ludwig Sand, ihre Opfer mit Messern oder Stichwaffen attackiert. Das 19. Jahrhundert vollzieht die Mechanisierung des Attentats. Mit der Technisierung des Bildes, der Inflation des Königs- und Herrscherbildes, dem Aufbau von Geschichtskontingenz in den modernen Massengesellschaften geht die Verwendung von mechanisierten Tatwaffen einher: Pistolen, Gewehre etc. Fieschis Mitrailleuse, die »machine infernale«, wie sie die Zeitgenossen bezeichneten, das automatische Gewehr, gehört in den gleichen evolutionären Kontext. Die Revolvertechnik wurde von Jules Marey für seine Serienbilder mit der fotografischen Flinte verwendet.[18] Fieschis Gewehr, das in einem unkontrollierten Ablauf vierundzwanzig Schüsse abgab, ist ein Vorläufer der Filmkamera, die pro Sekunde vierundzwanzig Bilder schießt.

Fieschi und seine beiden Komplizen Morey und Pepin starben am 19. Februar 1836 unter der Guillotine. Den letzten Augenblick vor dem Tod nutzte Fieschi, um zu erklären, dass er zuletzt die Wahrheit gesagt habe. Er sterbe ohne Lüge und bitte Gott um Verzeihung. Den König erwähnte er nicht.

Die Presse und das Bild des Königs

Das Attentat vom 28. Juli 1835 hatte schwerwiegende politische Folgen. Die Regierung brachte rasch eine Reihe von neuen Gesetzen ins Parlament, die als »lois de septembre« Geschichte machten. Die neuen Regelungen setzten die Presse unter Druck, vor allem wurde die Kaution, die ein Verleger aufbringen musste, um die Lizenz für den Druck einer Zeitung zu erhalten, beträchtlich erhöht. Daraufhin ging eine ganze Reihe kleinerer Blätter ein, die folgende Konzentration der Presse auf einige große Zeitungen war die erwünschte Folge. Im Jahre 1836 wurden die ersten Aktiengesellschaften als Träger von Zeitungen gegründet, und die Blätter verdienten seither im Wesentlichen durch Inserate. Dazu zählte die von Émile de Girardin gegründete *Presse* und das von Armand Dutacq ins Leben gerufene Blatt *Le siècle*. Die Septembergesetze brachten zum ersten Mal den Tatbestand des *Attentats* ins Strafrecht. Die Beleidigung des Königs und der direkte oder indirekte Angriff auf die Regierungsform in der Presse wurden mit schweren Strafen bedroht.[19] Die Verhandlung solcher »Attentate gegen die Staatssicherheit« wurde den ordentlichen Strafkammern entzogen und fiel jetzt in die Zuständigkeit der Pairskammer, die zur gleichen Zeit über die gescheiterten Attentäter vom 28. Juli urteilte. Wie die große Zahl der verhafteten Journalisten anzeigt, schien der Regierung der Zusammenhang zwischen der kritischen Presse und den Königsmordversuchen völlig evident. Auch den Verhören Fieschis und seiner beiden republikanischen Freunde entnahm sie Hinweise darauf, dass Zeitungsartikel den Anstoß für das Komplott gegeben hatten.

Die neuen Gesetze bedrohten alle Versuche, die Person des Königs in Bild oder Wort dem Spott preiszugeben, mit Geld- und Freiheitsstrafen. So sollte das schwankende Bild des Monarchen in den Augen der Untertanen wieder Halt finden. Denn mehr als kritische Artikel setzten Karikaturen den Monarchen in der öffentlichen Wertschätzung herab. Der populäre Titel »Bürgerkönig« hatte Louis-Philippe der Sympathie der Leute empfohlen, aber gleich nach der Thronbesteigung nahm sich die politische Karikatur seiner an. So spürte er am eigenen Leibe und am eigenen Bilde die positiven und negativen

Das Bild zeigt Louis-Philippe als fetten Gargantua, in dessen Mund die Erträge der Arbeiter und Händler rechts unten wandern, während seine Verdauung unter dem Stuhl Ernennungsurkunden und Privilegien für die vornehmen Männer hervorbringt.

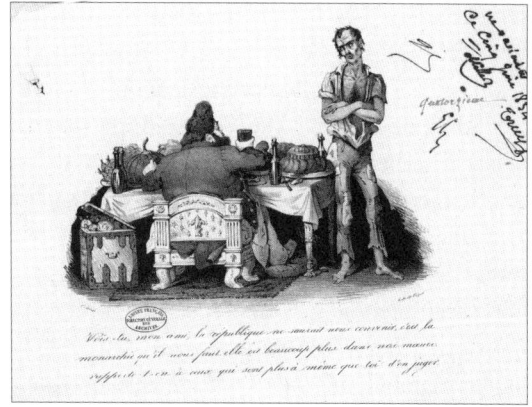

Louis-Philippe, der Völlerei ergeben und neben sich die Geldkiste, gibt dem abgerissenen Arbeiter zu verstehen, dass die Monarchie dem Wesen der Franzosen entspräche. Selbst ahnungslos, solle er sich dafür die Ansicht kompetenter Leute einholen.

Effekte der Pressemacht, die ihn trug. Die Zeitungseigentümer, die die Revolution von 1830 ausgelöst hatten, waren zu bedeutendem Einfluss in der Regierung gelangt. Adolphe Thiers, der unter Louis-Philippe eine Reihe von Ämtern bekleidete, hatte zuvor als Journalist für verschiedene Zeitungen gearbeitet, ehe er mit dem Republikaner Armand Carrel, mit dem Historiker der Französischen Revolution François-Auguste Mignet und mit dem Verleger Auguste Sautelet die einflussreiche Zeitung *Le National* gründete. Als Minister Louis-

Philippes betrieb Thiers daher eine konsequente Pressepolitik, und er scheute nicht davor zurück, wichtige Journalisten durch Geldbeträge der Regierung gefügig zu machen. Auch der im Pariser Exil lebende Heinrich Heine profitierte davon. Thiers zahlte ihm bis zu seinem Sturz 1840 eine Staatspension, die dann unter seinem Nachfolger Guizot bis 1848 weiter floss.[20]

Die Presse hatte ihn an die Macht gebracht und die Presse sollte ihn 1848 auch wieder stürzen. Zunehmend sah sich Louis-Philippe durch die Presse geschwächt, und da er auch die verschiedenen Komplotte und Mordversuche dem Einfluss der Journalisten zuschrieb, wollte er mit den Gesetzen vom September 1835 verhindern, dass sein Bild alle königliche Kontur einbüßte. Der König war 1830 immerhin schon 57 Jahre alt und von imposantem Körperumfang. Sein birnenförmiger Kopf und der runde Bauch lieferten den Zeichnern die physischen Merkmale, um seine einzigartige Karriere in der Karikatur einzuleiten. Erheblichen Anteil daran hatte die von Charles Philipon gegründeten Wochenzeitungen *La Caricature* und *Le Charaivari*, für die Honoré Daumier zeichnete. Daumier wurde bereits 1832 für seine Karikatur Louis-Philippes als Gargantua zu einer Gefängnisstrafe verurteilt.

Der Körper der Könige, der neuerdings unter der Guillotine und unter den Entstellungen der Karikatur zu leiden hatte, war seit dem Mittelalter durch Theologen und Juristen zum Bild der weltlichen Macht überhaupt ausgearbeitet worden. Vor allem beim feierlichen Begräbnis eines Monarchen spielte das von der politischen Theologie der Juristen stilisierte Königsbild eine wichtige rituelle Rolle. Wo bleibt die Macht, wenn die Könige sterben? Die Trauerfeier für einen toten König teilte das mittelalterliche Frankreich in einen Abschnitt der Tränen, die dem sterblichen Leib galten, und in eine unbeschwerte Apotheose seines Bildes, wobei dann die unsterbliche Königswürde ins Zentrum rückte: Das Ritual brachte den Unterschied von Person und Dignität zum Ausdruck. Das Bild des toten Herrschers repräsentierte die sterbliche, dem Grab geweihte Person und ihre unsterbliche Würde zugleich. Das drückte sich etwa bei der Totenehrung König Franz' I. im Jahre 1547 darin aus, dass während der Trauerzeit dem *Bild* des Toten alle Dienste erwiesen wurden, die zuvor dem Verstorbenen gegolten hatten: Ihm wurden im üblichen Zeremoniell Speisen serviert, und am Ende dieser fiktiven Mahlzeit wischte der höchste Würdenträger dem Bild des Toten den Mund ab.²¹ Die Erinnerung an diese mythische und mystische Qualität des Königsbildes, ist hilfreich, um die Gewalt zu sehen, die die Bilder und Karikaturen des ausgehenden 18. Jahrhunderts auf die imaginäre Qualität des königlichen Leibes ausübten.

Charles Benazech: Ludwig XVI. verabschiedet sich im Temple von seiner Familie (1793). Diese Szene wurde ebenso häufig von den Malern gestaltet wie der Augenblick auf dem Schafott.

Den Körper des Königs betrachtete man in dieser Doppelfunktion als sterbliche Hülle eines Menschen, zugleich jedoch als Organ, das der Macht allein zu handeln gestattete. Die Juristen formulierten: »dignitas sine persona nihil agit« (»nichts vermag die Königsmacht ohne eine lebendige Person«).²³

James Gillray: Louis XVI. verabschiedet sich von seiner Familie (1799). Die Karikatur parodiert die empfindsamen Abschiedsszenen. Auf der Zeichnung behauptet der Künstler, es handele sich um die Kopie einer französischen Zeichnung.

In dem Maße, wie bereits in vorrevolutionärer Zeit die Rechtsfiktion der in den Königsleib eingeschlossenen souveränen Macht schwach wurde, büßte auch das Bild des Königskörpers an mystischem Potenzial ein. Aber der Kult um den Königskörper erklärt die Erschütterung, die die Tode der Gesalbten auslösten, als der englische Charles I. und Frankreichs Louis XVI. auf dem Schafott endeten. Die Anteilnahme kam nicht nur aus dem politischen Schock, nicht nur aus Mitgefühl; im Innern des Schreckens zitterte die alte ikonische Frömmigkeit mit. Als die aristokratische und bürgerliche Welt die Nachricht von der Hinrichtung des Königs Louis XVI. am 21. Januar 1793 mit großer Bewegung zur Kenntnis nahm, hatten die Zeichner die Deformation und Entmythisierung des Königskörpers längst vorbereitet.

Das Attentat von Karl Ludwig Sand auf August von Kotzebue am 23. März 1819

August von Kotzebue war einer der meistgespielten Theaterschriftsteller der Goethezeit, ein erfolgreicher, öffentlich wirksamer, viel beachteter, heftig verachteter Zeitungsherausgeber und schließlich auch noch ein Staatsrat im Dienste des russischen Zaren. Als Kotzebue dann seit 1817 in seiner Zeitschrift gegen die liberalen Bestrebungen der Studenten und gegen die Pressefreiheit agitierte, verwandelte sich die Verachtung in Hass. Am 23. März 1819 fand von Kotzebue durch drei Dolchstiche des Theologiestudenten Karl Ludwig Sand den Tod. Dieser Attentäter war, wie er selbst immer wieder betonte, »nicht zum Morde geschaffen«[24], sondern ein frommer junger Mann, der aus höchst patriotischen Motiven heraus handelte.

Karl Ludwig Sand stammte wie der Dichter Jean Paul aus Wunsiedel im Fichtelgebirge, wo er 1795 geboren wurde. Sein Vater, ein in Ansbach-Bayreuth tätiger Justizrat, hatte durch Napoleons Besetzung des Landes zeitweise seine Pension verloren, und daher empfing der Knabe seine erste politische Lektion. Als Sand im Jahre 1810 in Hof zur Schule ging, zogen einige französische Truppenverbände mit dem Kaiser an der Spitze durch die Stadt. Sand kehrte aus diesem Anlass zurück zu seiner Familie nach Wunsiedel, weil er »den Erzfeind und Unterdrücker seines Vaterlandes« nicht in seiner Stadt ertragen wollte, »ohne sein Leben an ihn zu wagen«.[25] Nach Abschluss der Schule ging Sand 1814 nach Tübingen, um Theologie zu studieren. Er unterbrach sein Studium im Frühjahr 1815, als Napoleon von Elba aus wieder das Festland betrat und Europa noch einmal 100 Tage in Alarm versetzte. Sand schloss sich einem bayerischen Freiwilligencorps an, aber zu seiner tiefen Betrübnis bekam er keinen Feind zu Gesicht, sondern musste untätig zusehen, wie fern in Waterloo die letzte Schlacht gegen den Erzfeind geschlagen wurde. Nach einigen Semestern in Erlangen ging Sand dann im Jahre 1817 nach Jena, der Hochburg der liberalen Burschenschaften. Dort beteiligte er sich an ihren politischen Aktivitäten: Im Wintersemester gehörte der dem leitenden Ausschuss der Burschenschaft an, im Sommersemester darauf war er Rechnungsführer und zweiter Schreiber. Die Universität Jena lag im Großherzogtum Sachsen-Weimar, und jahrelang war der Geheime Rat Goethe für diese Universität zuständig. Der Herzog Karl August hatte seinem kleinen Fürstentum eine liberale Verfassung gegeben, dass man nachgerade von dem »Jakobinernest Jena« sprach.[26] Davon profitierten die Studenten und auch die Presse. Das spätere Attentatsopfer August von Kotzebue hatte sich im Jahre 1817 in seiner Heimatstadt Weimar niedergelassen, wo er das »Literarische Wochenblatt« herausgab, eine Zeitung, die den jungen deutschnationalen Professoren und Studenten nicht besonders wohl gesonnen war. Kotzebue war aber zugleich als russischer Staatsrat mit Berichten über Deutschland beauftragt, was ihm später den Ruf eines Spions und Verräters eintrug. Außer durch sein publizistisches Eintreten für den Zaren und für dessen Regime erregte er den Unmut der liberalen Professoren und Studenten, weil er in seinen Literaturberichten an die Adresse des russischen Regenten besonders nachdrücklich gegen die Jenaer Professoren und Studenten agitierte. Einer dieser Berichte gelangte in die Hände eines der angegriffenen Professoren, des liberalen Historikers und Schriftstellers Heinrich von Luden, der ihn im Januar 1818 widerrechtlich in seiner Zeitschrift *Nemesis*, die gleichfalls in Sachsen-Weimar erschien, veröffentlichen wollte. Die Aushängebögen wurden von den Behörden eingezogen, doch nun war es ein weiterer Jenaer Professor, der Mediziner und Naturphilosoph Lorenz Oken, der das Dokument in seiner enzyklopädischen Zeitschrift *Isis* herausbrachte, die daraufhin ebenfalls beschlagnahmt wurde. Diese 1816 gegründete Zeitschrift *Isis* hätte nach einem von Goethe für den Herzog Karl August von Sachsen-Weimar erstellten Gutachten bereits von Anfang an verboten werden müssen.[27] Mit seinem Bekanntwerden in Okens Zeitschrift erregte Kotzebues tendenziöser antiliberaler Bericht einen Sturm der Empörung. Die Wut steigerte sich noch, als Kotzebue gegen Luden erfolgreich vor Gericht zog. Wenig später gab es eine ähnliche Empörung unter den jungen liberalen Akademikern, als die Deutschland-Denkschrift Alexander Stourdzas, eines Diplomaten im russischen Dienst, bekannt wurde. Stourdzas *Mémoire* sollte die Delegierten auf dem Aachener Kongress im Herbst 1818, der eigentlich das weitere Vorgehen gegenüber Frankreich beraten wollte, über die politischen Unruhen an den Universitäten informieren. Kotzebue kommentierte die Affäre um dieses *Mémoire* im *Literarischen Wochenblatt* und wertete sie noch durch die Erklärung auf, dass es sich um eine »offizielle« Äußerung des Zaren handele. Durch die Studentenschaft loderte eine neue große Aufregung. Zwei ehemalige Offiziere und Studenten, die sich durch das *Mémoire* als Jenaer Burschenschafter geschmäht fühlten, schickten dem Grafen Stourdza eine Duellforderung, die unbeantwortet blieb. Alle diese Dinge geschahen in nächster Nähe Sands und wurden in der Universität und in den Kreisen der Burschenschaften heftig diskutiert. Diese erste politische Studentenbewegung in Deutschland wurde maßgeblich von Professoren beeinflusst, zu denen neben Luden und Lorenz Oken der Philosoph Jakob Friedrich Fries sowie seit 1818 der Jurist Karl Follen gehörten, die alle in Jena lehrten. Den Höhepunkt der studentischen Bewegung hatte das Wartburgfest am 18. Oktober 1817 gebildet. Dieses Treffen einiger hundert Burschenschafter und Jahn-Turner galt einmal der Erinnerung an den Thesenanschlag Martin Luthers dreihundert Jahre zuvor und zugleich der Völkerschlacht bei Leipzig, die 1813 die militärische Niederlage

Napoleons einleitete. Im patriotischen Bewusstseinsnebel der jungen Leute waren das zwei Ereignisse von gleicher politischer Bedeutung. Im Rahmen dieses Festes wurden auf der Wartburg eine ganze Reihe von Büchern sogenannter Volksverräter verbrannt, auch ein Werk des August von Kotzebue ging in Flammen auf, seine 1814/1815 erschienene zweibändige *Geschichte des deutschen Reiches*.[28]

Sand hatte zur Wartburgfeier eine eigene Schrift drucken lassen, die unter dem Motto »Tugend, Wissenschaft, Vaterland« die Deutschen aufforderte, »allesamt geistlich frei und gleich« zu werden. In den beiden folgenden Jahren wurde in seinem Kopf der Gedanke übermächtig, dass die deutschnationale Bewegung nur durch eine große Opfertat in Schwung gebracht werden könnte. Sein 1821 veröffentlichtes Tagebuch dokumentiert diesen Prozess.[29] Zunächst schreibt Sand darin noch eher vage: »es sollte einer muthig über sich nehmen, dem Kotzebue, oder sonst einem solchen Landesverräther das Schwert in's Gekröse zu stoßen.«[30] Zu diesem Zeitpunkt musste es noch nicht Kotzebue sein, ein beliebiger Landesverräter sollte dran glauben. Die Auswahl schien groß. Noch konnte sich dieser Hass den Feind aus einer Lostrommel vorsetzen lassen. In den Attentatsplan, den Sand dann entwarf und minutiös durchführte, mischten sich politische und religiöse Ideen. Er dachte dabei vor allem an Luther. Es sollte etwas Heilbringendes von dieser Tat ausgehen, sie sollte aus der »unseligen Lage« Deutschlands retten helfen.

Allerdings benötigte Sand beinahe ein halbes Jahr, um den Tatwillen zu mobilisieren. Die Tagebuchblätter bezeugen nicht nur, welche Gewalt sich der junge einzelgängerische Student selbst antun musste, um die Kräfte für die geplante Tat aufzubieten; das Tagebuch bildete selbst den Ort und das Medium dieser Mobilisierung. Während der Haft, in den Verhören und bei der Hinrichtung zehrte Sand weiter von diesen Überzeugungskräften.

Am 7. März 1819 machte sich der Attentäter auf den Weg von Jena nach Mannheim, wo sich Kotzebue zu jener Zeit aufhielt. Sand hatte seinen Plan für sich behalten, er hatte vor seinem Aufbruch lediglich eine Reihe von Briefen verfasst, in denen er seiner Familie und seinen Freunden die Gründe der Tat ausführlich darlegte.

Außerdem hatte er ein Manifest verfasst, *Todesstoß dem August von Kotzebue*, in dem er das deutsche Volk aufforderte, sich zu erheben. Auch auf die tödlichen Messerstiche war er gut vorbereitet, denn Sand hatte sich in der Anatomie der Universität an Leichen über die Beschaffenheit und den Sitz des menschlichen Herzens unterrichten lassen.[31]

Sand ermordet Kotzebue. Zeitgenössische Lithographie.

Tatsächlich traf Sand sein Opfer mit einem Hieb ins Gesicht und mit zwei Stößen in die Brust. Dafür hatte er sich eigens ein geeignetes Messer und ein, wie er es nannte, kleines Schwert beschafft. Nachdem er am Nachmittag des 23. März gegen 5 Uhr Kotzebue in seiner Mannheimer Wohnung aufgesucht und nach kurzem Wortwechsel erstochen hatte, versuchte er zunächst noch am Tatort sich selbst mit dem kleinen Messer zu töten. Dann verließ er das Haus, kniete auf der Straße nieder und rammte sich mit dem Worten »ich danke dir Gott für den Sieg« sein »Schwert« in die Brust. Zuvor noch hatte er einem Diener den *Todesstoß dem August von Kotzebue* in die Hand gedrückt. Sein ursprünglicher Plan sah vor, dass er dieses Manifest nach Luthers Vorbild an die Tür der Mannheimer Jesuitenkirche heften und sich anschließend mit dem Schwert das Leben nehmen würde. Wie lebhaft er diese Szene bereits vor Augen hatte, zeigt eine ungelenke Federzeichnung, die sich unter Sands Papieren fand und die der Gefangene später als sein Produkt anerkannte.

Anders als Sand es sich vorstellte, setzte sein *Todesstoß* nicht die Deutschen, sondern die deutschen Fürsten in Aktion. Die richterliche Untersuchung des Verbrechens wurde bald durch eine eigene staatliche Kommission geleitet, denn viele Äußerungen Sands deuteten ja darauf hin, dass hier eine Verschwörung junger radikaler Burschenschafter ein erstes Opfer gefunden habe, während das eigentliche Ziel die Revolution in Deutschland bilden sollte. Diese Kommission verfolgte alle nur denkbaren Spuren, rekonstruierte Sands Leben in Tübingen, Erlangen und Jena, verhörte seine Bekannten und Freunde und sammelte alle Schriften und Dokumente aus Sands Besitz ein. Die Verschwörungsvermutung bot den Fürsten des Deutschen Bundes den willkommenen Anlass zur Einschränkung der Freiheiten. Bereits im Herbst 1816 hatte Metternich in Aachen mit Hinweis auf Stourdzas *Mémoire* Maßnahmen gegen Studenten und Professoren durchsetzen wollen. Die Universitäten Heidelberg und Jena hatten die kritische Aufmerksamkeit auf sich gezogen. Damals war Metternich gescheitert. Jetzt aber wuchs der politische Druck; vor allem zeigte sich der Zar verärgert über den gewaltsamen Tod seines Staatsrates. Die Akten sprechen von seinem »besonderen gerechten Unwillen«.[32] In enger Abstimmung mit dem preußischen König bereitete Metternich die Ministerkonferenz vor, die dann im August 1819 in Karlsbad abgehalten wurde. Die dort zu Papier gebrachten Beschlüsse zur Überwachung der Universitäten und zur Kontrolle der Presse wurden dann von der Bundesversammlung in Frankfurt am 22. Oktober 1819 bestätigt. Das Protokoll der Sitzung hält die paranoische Sicht der Dinge fest:

Die in verschiedenen Bundesstaaten zu gleicher Zeit gemachten Entdeckungen haben auf die Spur einer ausgedehnten, in mehreren Theilen Deutschlands thätigen Verbindung geführt, die in mannigfachen Verzweigungen, hier mehr, dort weniger ausgebildet, zu bestehen, und deren fortdauerndes Bestreben nicht blos auf mögliche Verbreitung fanatischer, staatsgefährlicher, unbedingt revolutionärer Lehren, sondern selbst auf Beförderung und Vorbereitung der frevelhaftesten Anschläge gerichtet scheint.[33]

Das Attentat, das einem Vertreter falscher Pressemacht galt, beantwortete die Staatsmacht mit der Kontrolle und Zensur der Zeitungen.

Was aber hat Sand in seinem *Todesstoß* an die Adresse des deutschen Volkes geschrieben? Es ist ein Dokument recht wirrer Gedanken, aber Attentäter sind in der Regel keine brillanten Autoren.[34] Sand deutet die deutsche Gegenwart und die Wirkung, die er durch seine Tat erzielen will:

Halbgebildete Thoren und verkrüppelte Vielwisser verhöhnen noch immer die Wahrheit, die schlicht und einfach im menschlichen Gemüthe thront, und lähmen und verderben ihre Anwendung im Leben. Der teutschen Sitte Kraft ist gespalten an dem Wust fremder Ziererei und hält sich nimmermehr im Hausleben, – fehlt uns für den Willen die That und der Jugend das Vaterland! Hofschranzen und Gelddienst schalten statt jener ehrenvesten Rechtschaffenheit, die sich der Zeit hingegeben hat, und in ihr morsch geworden. (…)
Wo blieb in aller Welt jene Begeisterung, die uns in dem Jahre *Dreizehn* für das Höchste ermuthigte? Sie schlug durch das ganze Volk hin wie ein leerer Höhrauch – und weil sie nicht als reine Flamme in jedem Herzen loderte, so vermissen wir sie schon selbst. –
(…) Viele im großen teutschen Volke mögen es mir zuvorthun; aber auch ich *hasse nichts mehr als die Feigheit und Faulheit der*

Gesinnung dieser Tage. Ein Zeichen muss ich Euch deß geben, muss mich erklären gegen diese Schlaffheit –; weiß nichts Edleres zu tun, als den *Erzknecht* und das *Schutzbild* dieser feilen Zeit – dich *Verderber* und *Verräther* meines Volkes – *August von Kotzebue* – niederzustossen.
Du mein teutsches Volk, erhebe dich zur hohen sittlichen Würde der Menschheit. Eine Gnadengabe hat der Mensch von Gott; sie – die höchste und einzige – ist die Gottähnlichkeit, – des Menschen freier Geist und seine freie schöpferische Kraft. Mein teutsches Volk, du hast kein eignes, kein edleres Besitzthum, sie ist dein höchstes Gut. Erkenne, wahre dir diesen Glauben, diese deine Liebe zu Gott. – Lasse dein Heiligthum nicht mehr unter die Füße treten. Der Mensch, sey er auch in den traurigsten, niedrigsten Verhältnissen geboren, ist geschaffen, ein Ebenbild Gottes zu werden.

Eine noch etwas spätere Passage lautet:

Mein Teutsches Volk, gewinne Selbstvertrauen und den hohen Muth, den schon einzelne deiner Helden in sich trugen: (…)
Ein Christus kannst du werden!
So erkenne, mein Volk, die Zeit, wo nach langer Irrfahrt, Freudigkeit und Einheit ins Leben wiederkehren soll! Die Reformation, vor drei Jahrhunderten begonnen, wollte unser Volksleben nach dem Ebenbilde Gottes erneuern; – sie ist noch nicht vollbracht. (…)
Auf! Ich schaue schon den großen Tag der Freiheit! Auf! Mein Volk, besinne dich, ermanne, befreie dich! –[35]

Am Anfang steht eine Kritik des Zeitgeistes: Halbbildung und Überbildung entstellen die einfache Wahrheit, die ein Volk trägt. Damit sind die Tugenden verkümmert und jede Tatkraft geschwächt. Der Aufschwung der nationalen Begeisterung während der Befreiungskriege ist vorbei, es herrschen Feigheit und Faulheit. Sand entwickelt keine Vorstellung, welche politische Wirkung seine Tat auslösen sollte;

stattdessen fordert er das Volk auf, sich seine Gottesebenbildlichkeit zu bewahren. Kotzebue ist der Inbegriff aller Übel, als »Erzknecht« und »Verderber« trägt er religiös konnotierte Namen. Sie taufen Kotzebue auf das teuflische Gottesgegenbild der Deutschen. Gegenbild aber auch desjenigen Helden, der Sand selbst zu sein begehrt. Sand spricht im Manifest auch noch ausführlich über den Willen, und man wird vielleicht in diesem Verlangen nach einem Willen, nach dem unbedingten Willen zur Tat einen der wichtigen Antriebe erblicken können. Das Problem, den Willen zu mobilisieren, findet sich nahezu bei allen Attentätern. Sand hat nach eigener Auskunft seinen bisweilen schwankenden Willen zur Tat an den mitgenommenen Schriften, an den Gedichten Körners, des 1813 gefallenen Dichters der deutschen Freiheitskriege, und am Johannesevangelium, gestärkt. Sein Wille zog seine Kräfte ersichtlich aus der Literatur, die Tat nährte sich aus Lettern. So erklärt sich auch der Hass auf den Schriftsteller.

Durch alle weiteren Äußerungen, mit denen Sand seine Tat kommentierte, ziehen sich die gleichen polemischen Titel: Verräter, Verleumder, Verderber, Verführer. Es sind dann zwei weitere, von Sand ebenso monoton vorgebrachte Fluchworte, die das rhetorische Zentrum der Tat bilden. Einmal nennt er Kotzebue den »Verderber der deutschen Geschichte«, ein andermal ist er das »Schutzbild dieser feilen Zeit«. Kotzebue wird nicht das letzte Attentatsopfer sein, das mit dem Vorwurf, die Geschichte zu entstellen, ins Grab stürzt. Beide Wendungen artikulieren die paranoische Konstruktion, die Sands ikonoklastische Tat antreibt: Kotzebue entstellt die Geschichte, er ist ein Geschichtsfälscher, und er verkörpert ein täuschendes Bild.

›Schutzbild dieser feilen Zeit‹

Die Akten halten fest, dass bereits wenige Tage nach Kotzebues Ermordung am schwarzen Brett der Universität Jena ein entstelltes Portrait des Schriftstellers hing mitsamt einer toten Fledermaus.[36] Selbst in der winzigen Welt der Jenaer Universität hatte die Karikatur, die neue bildpolitische Waffe der Presse, Einzug gehalten. Will man die Macht mit Gewalt beseitigen, muss man ihr erst einen Körper geben, am besten einen grotesken. Schon im Karneval 1818 hatten sich die Studenten als groteske Tierkarikaturen maskiert, um Kotzebue und andere antiliberale Autoren zu verspotten. Diese Karikaturen waren nach hieroglyphenartigen, sprechenden Bildern gestaltet, die in einer später beschlagnahmten Ausgabe der Zeitschrift *Isis* von Lorenz Oken erschienen waren.[37] Die Bilder illustrierten Okens Bericht über die Bücherverbrennung beim Wartburgfest am 18. Oktober 1817.

Die Namen der »reaktionären« Autoren und ihrer Werke sind mit satirischen Insignien und hybriden Figuren versehen: So ziert eine Peitsche die 1815 anonym erschienene Polemik gegen die »neuen deutschen Freiheitsprediger«[38]; August von Kotzebue und seine *Deutsche Geschichte* werden mit einem maus- oder fledermausköpfigen Vogel karikiert; Karl Albrecht von Kamptz und seinen *Codex der Gensdarmerie*[39] von 1815 illustriert ein drohender Zeigefinger; was man von Wilhelm Reinhard und seiner Ablehnung der Landstände[40] hielt, drückt ein geflügelter Schafskopf aus; Theodor Schmalz' Polemik gegen politische Vereine[41] entstellt ein Doppelkopf; Saul Ascher und sein Traktat über die *Germanomanie*[42] bebilderte ein halber Vogelkopf;[43] und vor Zacharias Werners Luther-Stück *Die Weihe der Kraft* sowie

Ausschnitt aus der Zeitschrift Isis vom Oktober 1817[45]

*Die Söhne des Thals*⁴⁴ verneigt sich die Gestalt eines Betenden, der einen Fuchsschwanz am Hinterhaupt trägt. An der »Fastnachtsposse« von 1818, dem Karneval der Isis-Tiere auf dem Jenaer Marktplatz, nahm auch Sand teil. Er stellte den Verfassungsfeind Wilhelm Reinhard mit dem geflügelten Schafskopf dar.⁴⁶ Es gab dann noch eine zweite ikonoklastische Aktion in Jena, an der Sand beteiligt war. Am 15. Dezember 1818 kam die verwitwete Kaiserin von Russland zu Besuch nach Jena. Ihr zu Ehren wurde ein Triumphbogen errichtet, den Sand und der Student Bocholz, der sich bereits zwei Monate zuvor mit der Duellforderung gegen Stourdza hervorgetan hatte, gemeinsam einrissen.⁴⁷

Nach diesen Vorübungen nahmen Jenas Studenten an Sands ikonoklastischer Bluttat keinen Anstoß. Viele empfanden sogar Genugtuung über das Ende des ebenso prominenten wie umstrittenen Mannes. Sand war der Ansicht, dass Kotzebue durch Bilder Macht ausübe. Er verführe durch Bilder. Daher rührt die auffällige Formel im *Todesstoß*, dass Kotzebue ein »Schutzbild dieser feilen Zeit« sei. Das Schutzbild diene in seinen Augen als ein Simulakrum, hinter dem sich die politischen Mächte in Unsichtbarkeit halten. Kotzebue verfüge über eine solche Bilder- und Schriftmacht, weil er das Theater, das ästhetische Leitmedium der Epoche, beherrsche. Nicht von ungefähr findet im 19. Jahrhundert eine Reihe von Attentaten vor oder in Theatern statt: Napoleon war am 24. Dezember 1800 auf dem Weg in die Oper; der Duc de Berry empfing den tödlichen Hieb 1820 vor dem Pariser Théâtre de l'Opéra, Fieschi feuerte 1837 auf dem Theater-Boulevard. Abraham Lincoln fand 1865 im Washingtoner Ford's Theater den Tod. An diesem Theatercoup wirken freilich immer noch die Caesarmörder aus dem Palast neben dem römischen Pompeius-Theater mit.

Gegen die Bildermacht Kotzebues mussten andere Bilder aufgetürmt werden. Ein politischer Bilderstreit im Imaginären eines jungen Fanatikers. Darum wurde Sand auch nicht müde, das Bild von Jesus aufzurufen, das »höchste, schönste Bild für unsere Menschheit«, wie er an einen Bundesbruder schrieb.⁴⁸ Die Reformation war nach seiner Auskunft im *Todesstoß* der Versuch, das »Volksleben nach dem

Ebenbilde Gottes zu erneuern«. Deshalb findet sich dort der Ausruf »Ein Christus kannst du werden«. Hier zitiert Sand das *Bundeslied der Unbedingten*, das aus der Feder von Karl Follen stammte und durch Johannes Wit, genannt von Dörring, überliefert worden ist.[49] Nach diesem Zeugnis sollte das Lied zur Gründung eines revolutionären Bundes in der Kirche vorgetragen werden, um den Bund dann durch eine gemeinsame Abendmahlsfeier zu beschließen. Es ging mithin für jeden darum, selbst ein solches »schönstes Bild für unsere Menschheit« zu sein. Und um die Kraft dieses Bildes zu entfalten, erklärt Sand in seinem Abschiedsbrief, was sein »letzter Wille« sei:

[D]aß man, bei allen dergleichen Fällen, für die Zukunft, diejenigen, die die Gaben des Geistes, Klarheit der Rede, der handvesten Verwaltung besitzen, diejenigen, die in jeder Stunde des Lebens zum Tode, für die hohe gemeinsame Sache bereit seyn zu können, schon bewiesen, die etwa auch schon Ansehen beim Volke erlangt haben, dass man diese dann, so sehr sie sich auch zum Kampfe hervordrängen werden, dennoch in den Hinterhalt stelle, auf dass, wenn das Land frey werden sollte, es nicht an Bildern fehle, und auch gleich der rechte vollendete Zustand geschaffen werde, dass das teutsche Volk nicht in Halbheit verknöchere.[50]

Der Auftrag lautet, dass es möglichst viele Täter seiner Art und damit möglichst viele schöne deutsche Faszinationsbilder geben solle, Christusbilder, die die Deutschen vor jener Halbheit bewahren, mit denen der Halbheitsbildner Kotzebue Deutschland verdorben hatte. Follens Bundeslied, das balladenartig den Gang der Revolution erzählt, entwirft auch die Szene, die Sand als Wirkung seiner Tat vor Augen hatte: Die Revolutionäre werden mit dem Schwert hingerichtet, und beim Anblick, wie »das Henkerbeil durch ihre Nacken fähret«, erwacht das Volk: »da zerrinnt der Wahn in des Volkes Brust, / Wach wird es seiner Kraft und Pflicht sich bewusst.«[51] Auch in einem Brief an die Eltern von Ende Januar 1819 schreibt Sand: »[L]assen Sie uns Alle recht darauf bedacht seyn, Alt und Jung, ja vorzüglich jedes Kind recht, auf diese schönen Bilder von Volkswürde und auf die schreckbare Gefahr der drohenden Volkszerstörung aufmerksam zu machen.«[52]

Mit der ikonoklastischen Gewalttat, mit dem Mord an dem *Schutzbild*, wollte Sand die Deutschen aus der Verhexung durch das pseudoreligiöse Kotzebue-Simulacrum befreien. Die *weibisch* gewordenen Deutschen hätten ja mit Kotzebue »geweint und ihn angebetet.«[53] Die Paranoia ist auch eine Entmannungsfurcht. Unbedingt mussten andere Bilder geschaffen werden und zur Hand sein, damit die Deutschen *männlich* zu weinen und anzubeten hätten. Die Tat der Befreiung und die Szene des Opfertodes sollten dann als Bild in das Gedächtnis der Deutschen eintreten, die sich als Volk nur dann gottgleich in der Zeit halten können, wenn sie solche »schönen Bilder« anbeteten. Dies gilt für Alt und Jung, zumal für Kinder. Wenn Deutschland durch die Zerstörung der falschen Bilder und »Schutzbilder« sowie durch die Betrachtung solcher neuen Bilder selbst »schönes Bild« und »Ebenbild Gottes« geworden sein wird, dann wird dieses deutsche Vaterland in der Lage sein, selbst kontinuierlich jene Bilder hervorzubringen, die es für seine Existenz benötigt. Zugespitzt handelte es sich also bei dem Attentat um ein Bild-Duell, das Sand mit Kotzebue ausfocht, da man den Autor ja nicht »mit der Feder besiegen« konnte.[54]

Wie eindringlich und nachdrücklich Sand seine Tat als dramatisches Gegenbild konzipiert hatte, zeigt eine Zeichnung, die sich unter seinen Papieren fand. Es skizziert die Szene nach dem Todesstoß, wie sie der Attentäter zeitweise geplant hatte.

Zeichnung von Sand. Vor der Kirchentüre, an die er sein Manifest mit einem Dolch geheftet hat, kniet der Attentäter mit einem Schwert in der Brust.[55]

299

Das Bild dokumentiert das szenische Denken, die bühnenreifen Imponierszenen, die Sand dem Bildbeherrscher Kotzebue entgegenstellte. Später wollte er sein Manifest an die Haustüre des Opfers heften, kam aber nicht dazu, weil er den Dolch dafür in der Wohnung hatte liegen lassen. Aber die Idee, sich zum dramatischen Abschied von der Welt, die in der Halbheit des falschen Bilder zu versinken drohte, ein Schwert ins Herz zu stoßen, hatte ihm nicht nur seine theatralische Phantasie eingeflüstert: Er hörte damit auf einen Vers aus Theodor Körners *Aufruf*, den er vor dem letzten Gruß im Abschiedsbrief an die Eltern zitierte: »Das letzte Heil, das Höchste liegt im Schwerte, drück dir den Speer in's treue Herz hinein, der (deutschen) Freiheit eine Gasse!«[56]

Kotzebue der Geschichtsfälscher

Der zweite Vorwurf, der sich durch Sands Briefe zieht, der im Manifest erhoben wird und den die Protokolle der gerichtlichen Verhöre dokumentieren, trifft den »Geschichtsfälscher« Kotzebue. Als Sand am Abend des Mordtages, selbst tödlich verwundet und unfähig zu sprechen, nach dem Motiv seiner Tat gefragt wird, schreibt er auf einen Zettel: »Kotzebue ist der Verführer unserer Jugend, der Schänder unserer Volks-Geschichte, und der russische Spion unseres Vaterlandes.«[57] »Jugendverführer« heißt der Urheber der theatralischen Bilder, die die Deutschen *weibisch* weinen und anbeten lassen; der Titel »Spion« denunziert den russischen Untertan, der tendenziöse Berichte nach St. Petersburg schickt. Aber was hat der »Schänder« verbrochen? Wie ließe sich eine Volksgeschichte »schänden«? Die Antwort gibt eine Äußerung, auf die Sand in Kotzebues »Literarischem Wochenblatt« stieß. Dort hielt Kotzebue der deutschen liberalen Kritik am Zaren entgegen, dass die »Kosaken doch den Deutschen nach ihrer Wiedertaufe an der Beresina erst den Kerker geöffnet hätten«.[58] Danach hätten die Deutschen sich nicht selbst befreit, sondern sie wurden ausgerechnet durch die Kosaken des Zaren von der Vorherrschaft Napoleons erlöst. Eine weitere Geschichtsfälschung fand Sand in Kotzebues *Deutscher Geschichte*. In diesem seltsamen Werk ging es Kotzebue offensichtlich darum, eine populäre Geschichte zu schreiben. Gegen ähnliche Unternehmen wendet er überdies im Vorwort ein, dass sein Werk die bekannten Tatsachen der Geschichte in einer einheitlichen Perspektive beurteile: in der Perspektive des Rechts. Dieses Recht leitete er leichthändig aus der naturrechtlichen Tradition her: Das Recht ist universal. In der Vorrede zum ersten Band prophezeit Kotzebue unfreiwillig das künftige Schicksal seines Buches, wenn er schreibt:

> Aber es gibt *keine* Gerechtigkeit auf Erden oder nur *Eine*, und man darf kühn behaupten: es sey unmöglich *ohne Sophisterey* zu erweisen, dass Völkerrechte und Fürstenpflichten, oder umgekehrt, jemals im Widerspruche mit jenem ewigen, für alle Menschen ohne Ausnahme gültigen Sitten=Gesetze stehen könnten. Eine Geschichte, die solches nicht beachtet, verdient durch Henkershand den Flammen geopfert zu werden.[59]

Unter dem Maßstabe eines universalen Sittengesetzes findet nun vor dem Richterstuhl des kritischen Historikers keine Gestalt der deutschen Geschichte Gnade. Kein König oder Held vermag der Forderung der Gerechtigkeit zu genügen: Weder Karl der Große, noch König Lothar, Barbarossa oder Friedrich II. Sie alle werden mit schlechten Noten wieder ins Grab geschickt. Denn glücklich ist ein Volk nur, so schreibt der Historiker Kotzebue,»wenn es, ungehemmt im rechtlichen Gebrauch seiner Kräfte, durch Fleiß erwerben, das Erworbene besitzen und genießen kann.«[60] Das ist nicht die Perspektive des ewigen Rechts, sondern die Moralität des Kleinbürgers. Kotzebues Darstellung des Deutschen Reiches endet aber ohne nähere Begründung mit dem Mittelalter, und er vermeidet jede Frage nach dem Fortbestand, nach der Legitimität, nach der Zukunft des eben untergegangenen Reiches.

Es ist nicht erwiesen, dass Sand Kotzebues *Deutsche Geschichte* gelesen hat. Doch es mochte das Gerücht darüber genügen, um ihn wie alle jungen liberalen Studenten gegen dieses Werk einzunehmen, das keine lichte Gestalt, keine positive Figur, kein nationales Idol zu Ehren brachte. Denn die Frage des Rechts, die Kotzebue so entschieden aufgreifen wollte, bewegte auch die Gemüter der Studenten in hohem Maße.

Die Geschichte ist das große Manöverfeld der Paranoia. Dort finden die Untergänge statt, dort werden die Entscheidungen des Schicksals verlautbart, dort agieren die Gesandten der irdischen und himmlischen Verschwörungen. Vor allem die Geschichtsfälscher treiben dort ihr Unwesen. Die Paranoia lechzt nach Interpretationen, die die Dinge und Ereignisse in einem Panorama der Gefahren verortet. Die Gefahr, die Karl Ludwig Sand so beunruhigte, war das Verschwinden Deutschlands aus der Geschichte. Die Geschichte der Haupt- und Staatsaktionen spielt zugleich die Lose der Heilsgeschichte zu. Siege und Niederlagen entziffert die Paranoia als tendenziöse Gesten Gottes. Sie kommt um solches Interpretieren nicht herum. Daher auch kennt die Paranoia, wie Hegel sagt, in der Geschichte nur wenige Blätter, auf die das Glück geschrieben hätte.

Aber die Paranoia benötigt das Unglück, am besten die Auspizien des Weltuntergangs, um zur Tat angeregt zu werden. Seit 1800 blühen die Erzählungen vom letzten Menschen. Denkt man an den Senatspräsidenten Schreber, der auch zeitweise glaubte, der letzte Überlebende einer Weltkatastrophe zu sein, dann ist dies eine Phantasie, die das Format der Weltgeschichte überschreitet und ins Kosmische strebt. Der letzte Mensch, worin der Paranoiker seine ultimative Rolle findet, betritt die Bühne, wenn mit ihm die Weltgeschichte wieder von vorne beginnen kann. Der Geschichtsfälscher, dem Sand den Garaus macht, ist sein unerkannter Komplize. Die Märtyrer, schreibt Michel Serres, sind »nur kaum verkehrte Könige oder Prinzen«[61]. Ihre Beziehung ist parasitär. Brutus braucht Caesar, um seine Mission zu erfüllen.

Caesar und Brutus, noch einmal:
Abraham Lincoln und John Wilkes Booth
an den Iden des April 1865

Caesar und Brutus sind im Laufe der Jahrhunderte immer wieder aufgetreten: auf dem Theater und in der politischen Arena. Die Akteure zahlreicher blutiger Kämpfe in Europa und später in den USA nahmen ihre Namen an. Einmalig aber ist der Fall, dass ein politischer Konflikt von Caesar- und Brutusgespenstern buchstäblich als Theatermord endet. Am 14. April 1865 wurde der amerikanische Präsident Abraham Lincoln im Ford's Theater in Washington durch einen Kopfschuss tödlich verletzt, so dass er am frühen Morgen des folgenden Tages starb. Dass der Präsident in der Loge beim Besuch von Tom Taylors Trivialkomödie *Our American Cousin* starb, und dass manche Zuschauer meinten, der dramatische Zwischenfall gehöre zur Inszenierung, ist aber nicht der einzige theatralische Aspekt des Attentats. Der Attentäter, der siebenundzwanzig Jahre alte John Wilkes Booth, war von Beruf Schauspieler und stand auf dem Gipfel seines Ruhmes.[62] Sein Vater war der berühmte Schauspieler Junius Brutus, der auf den Londoner Bühnen als Konkurrent des großen Mimen Edmund Kean, mit dem er gemeinsam sogar *Othello* gespielt hatte, bewundert wurde.[63] Booth war 1821 aus England nach Amerika gegangen und hatte auch dort auf verschiedenen Bühnen beispiellose Erfolge gefeiert. Drei seiner Söhne, darunter der zweitjüngste John Wilkes, traten beruflich in seine Fußstapfen. John Wilkes, der seine Stimme allen großen Übeltätern Shakespeares geliehen hatte, ehe er dann als Haupt einer Verschwörergruppe den Präsidenten Lincoln erschoss, debütierte mit siebzehn Jahren als Richmond in *Richard III.* in einem Theater in Baltimore. Später spielte er neben Richard III. auch Macbeth, Romeo, Hamlet und Othello. Abraham Lincoln war selbst ein großer Shakespeareliebhaber, und *Richard II.* soll sein Lieblingsstück gewesen sein. Ein Schauspieler, der den Präsidenten als Darsteller verachtet, und ein Schauspielliebhaber treten am Endpunkt ihrer Karrieren als Caesar und Brutus auf und ab. Lincoln war im Jahre 1860 zum 16. Präsidenten der Vereinigten Staaten gewählt worden. Seine Wahl spaltete das Land, und seine Autorität kippte, als sich 1861 die Südstaaten von der Union lösten und ihre Konföderation ins Leben riefen.

Der dann folgende Bürgerkrieg war aber eben am 9. April 1865 durch die Kapitulation des Generals Lee siegreich beendet, und der im Jahr zuvor wiedergewählte Präsident trat seine zweite Amtszeit an. Sein ganzes Bestreben zielte darauf, die zerrissene Nation wieder zu einen. Lincolns Frau hatte den Theaterbesuch am 14. April zum Ausgleich nach den langen Jahren der Anspannung und der Aufregung arrangiert. Man dachte nicht daran, dass damit ein Risiko verbunden sein könnte, zumal der Präsident, der aus Fatalismus jeden Personenschutz ablehnte, während der Kriegsjahre unbehelligt durch Washington spaziert war.[64]

Dem Fatalismus des Präsidenten stellte sich der starke Glaube des Attentäters entgegen, dass Gottes Providenz die Südstaaten bevorzuge und dass er auserwählt sei, als bewaffneter Arm der Vorsehung den teuflischen Lincoln zu beseitigen. Zur Sklaverei schrieb Booth 1864 in dem Bekennerbrief an seinen Schwager John Sleeper Clarke: »Ich habe sie stets als eine der größten Gnadengaben betrachtet, die Gott je einem bevorzugten Volk gewährt hat«.[65] In seiner leidenschaftlichen Parteinahme für die Südstaaten, die im April 1865 am Ende waren, richtete er seinen ganzen Hass auf den Mann, den er für die Niederlage der Konföderierten verantwortlich machte. Als Lin-

Lincoln-Karikatur aus dem Jahre 1864. Sie zeigt ihn wild entschlossen, die Freiheit der Yankees zu erdolchen, während im Hintergrund die Bomben fliegen. Columbia versucht entsetzt, ihn davon abzuhalten.

coln am 4. April 1865 vor dem Capitol seine zweite *Inaugural Address* sprach, stand Booth ganz in der Nähe des Präsidenten – eine einmalige Chance, den Präsidenten zu erschießen, wie Booth später verlauten ließ.[66] Das Bild Lincolns war zu Beginn seiner Präsidentschaft gespalten wie die ganze Nation. Sogar manche Parteifreunde verachteten ihn: Der spätere Kriegsminister Edwin M. Stanton sprach privat von der »schmerzlichen Dummheit« Lincolns und nannte den Präsidenten einen »kleinen, gerissenen Clown.«[67] Eine Flut von Karikaturen überschüttete Lincoln mit Hohn und Spott.

Lincoln stand mit seiner Entscheidung, die Einheit der Nation mit allen Mitteln zu bewahren, recht einsam da; selbst einige Mitglieder seiner Regierung wollten den Bürgerkrieg auf Kosten der Einheit vermeiden. Ursprünglich hatte Booth daher mit seinen Genossen eine Entführung des Präsidenten geplant, um die gegnerische Partei zu erpressen und gefangene Südstaaten-Generäle zu befreien. Die Entführung, die mehrfach abgeblasen wurde, weil Lincoln nicht die erwartete Route fuhr, sollte auch dramatisch in Ford's Theatre erfolgen. Doch zuletzt hatte Booth nicht mehr genügend Komplizen an seiner Seite, um die riskante Aktion durchzuführen.[68] Am 14. April wollte er mit seinen drei tatbereiten Verschwörern, mit Lewis Payne, dem Deutschen George A. Atzerodt sowie David E. Herold, einen letzten verzweifelten Versuch unternehmen, die Sache der Südstaaten zu retten. Zur gleichen Stunde sollten der Präsident, sein Vize und der Außenminister ermordet werden. Ein solcher Schlag hätte das Land schwer erschüttert. Payne drang zwar in die Villa des Außenministers William Seward ein, der sich dort das Bett hütend von den Folgen eines Unfalls erholte. Aber gegen den Widerstand des Sohnes und seines Krankenpflegers gelang es ihm lediglich, den Außenminister mit einigen Messerstichen leicht zu verletzen.[69] Atzerodt ließen offenbar bereits zwei Tage vor der Tat seine Nerven im Stich, nachdem er sein auserwähltes Opfer, den Vizepräsidenten Andrew Johnson, im Kirkwood House in Washington beim Dinner mit einem schwarzen Wächter hinter seinem Stuhl erblickt hatte. Zwar nahm er am 14. April ein Zimmer im gleichen Hotel, doch der Versuch, sich in der Hotelbar Mut für die Tat anzutrinken, endete im Halbrausch.[70]

Nur Booth, der Überzeugungstäter unter den drei Verschwörern, hatte sein Ziel erreicht. Ohne Mühe war er war nach Beginn der Veranstaltung in das Theater gelangt, wo er selbst häufig aufgetreten war. Er veranlasste einen von Lincolns Bewachern, ihn zur Logentür gehen zu lassen. Dort gab er einem zweiten Wachmann seine Visitenkarte, um sich Zugang zur Loge des Präsidenten zu verschaffen. Von innen verschloss Booth wieder die Tür. Dann zielte er von hinten aus nächster Nähe auf den Kopf des Präsidenten und traf ihn hinter dem Ohr.

Lithografie des Attentats (ca. 1865); v. l. n. r.: Henry Rathbone, Clara Harris, Mary Todd Lincoln, Abraham Lincoln und John Wilkes Booth

Die Aufregung und Verwirrung konnte er nicht zur Flucht nutzen, denn Lincolns Begleiter, der Major Rathbone, versuchte ihn festzuhalten. Zwar konnte sich Booth mit zwei Dolchhieben aus dem Griff Rathbones lösen, aber dabei verhedderten sich seine Sporen in der Treasury Guard Flag, die am Platz des Präsidenten über die Brüstung hing. Als er dann aus der Loge auf die Bühne sprang, verlor er das Gleichgewicht und brach sich bei der Landung auf der Bühne das linke Bein oberhalb des Knöchels. Humpelnd verschwand er hinter den Kulissen. Alle, die sich ihm bei seiner Flucht entgegenstellten, bedrohte oder verletzte er mit seinem Dolch. Vor dem Theater konnte er unbehelligt ein bereitstehendes Pferd besteigen. Rasch ritt er aus Washington nach Anacostia, wo er sich mit dem Helfershelfer seines Komplizen Lewis Payne, David E. Herold, traf. Herold deutete an, dass Paynes Mordmission schief gegangen sein musste. Gemeinsam ritten sie durch Maryland nach Virginia. Dort fand Booth zwar bei einigen politischen Mitstreitern Zuflucht, aber zu seiner tiefen Enttäuschung wurde seine Tat sowohl im Norden wie im Süden der Vereinigten Staaten einhellig verurteilt. Er hatte vom miserablen Image des Präsidenten, das die Presse und zahlreiche Karikaturisten gezeichnet hatten, auf feste Überzeugungen geschlossen. Der Schauspieler musste erkennen, dass auch die Presse Theater spielte.

Es dauerte nicht einmal zwei Wochen, bis die meisten Täter, Hintermänner, Sympathisanten und Unterstützer festgenommen waren. Nur Booth, dem die Flucht nach Virginia gelungen war, starb in aussichtsloser Lage. Er hatte sich in einer Scheune verschanzt, die von Soldaten umzingelt und in Brand gesteckt wurde. Als er aus den Flammen hervortrat, traf ihn ein tödlicher Schuss. Jetzt nutzte die Regierung die Gunst der Stunde und ließ in der Presse die Bilder einer riesigen Mordverschwörung wuchern, an der zahllose prominente Konföderierte teilgenommen haben sollten. Da das Attentat dem Präsidenten als oberstem Befehlshaber der Armee und der Flotte gegolten hatte, entschied die Regierung, ein Militärgericht einzusetzen. Der als Präsident vereidigte Vize Andrew Johnsons ließ neun Armeeoffiziere für eine militärgerichtliche Kommission bestimmen. Den Vorsitz übernahm der Brigadegeneral Joseph Holt als Judge Advocat. Die Anklage erging nicht nur gegen die mutmaßlichen acht Teilnehmer an der Verschwörung, sondern auch gegen den Präsidenten der Konföderation, Jefferson Davis, und weitere Mitglieder seiner Regierung. Der Prozess wurde bereits am 12. Mai 1865 eröffnet, der Spruch der Richter erging am 30. Juni. Sie urteilten über das erste erfolgreiche Attentat auf einen amerikanischen Präsidenten. Gut dreißig Jahre zuvor, am 30. Januar 1835, hatte ein Anstreicher namens Richard Lawrence versucht, den damaligen Präsidenten Andrew Jackson zu töten, als dieser auf dem Wege zur Beerdigung eines verstorbenen Kongressabgeordneten war. Der Attentäter hatte sich mit zwei Pistolen bewaffnet, die beide aber versagten, weil das Schießpulver offenbar feucht geworden war. Richard Lawrence hielt sich für den abgesetzten König Richard III. und betrachtete den Präsidenten als seinen Rivalen. Aber nicht nur das Gespenst von Lawrence, der 1861 in einer Heilanstalt gestorben war, ging durch das Verfahren gegen die Mörder Lincolns, sondern die Geister aller geschichtsnotorischen Vorgänger: Der Verteidiger Paynes rief die Namen der berühmten Attentäter auf, Harmodios und Aristogeiton, Brutus, Ravaillac, Charlotte Corday und Sand, um die edlen Motive seines Mandanten zu betonen.[71] Am Ende wurden Lewis Payne, David E. Herold und George A. Atzerodt zum Tode verurteilt. Sogar die Mutter des flüchtigen Mitverschwörers John E. Suratt, Mary E. Suratt, die das Boarding House führte, wo sich die Männer mehrfach getroffen hatten, sollte gehängt werden. Ein von fünf Mitgliedern der Gerichtskommission formuliertes Gnadengesuch für Mary E. Suratt wurde vom neuen Präsidenten Johnson, der alle Urteile unterschrieb, nicht in Betracht gezogen. Die anwaltliche Berufung auf die Habeas Corpus Akte, die jedem Gefangenen das Recht auf Überprüfung der Haftgründe zugesteht, wurde mit dem Hinweis zurückgewiesen, die Verfassungsgarantie sei durch den Ausnahmezustand aufgehoben.

Durch alle Phasen und Details von Lincolns Amtszeit und des Attentats gehen die Schatten und Gespenster Caesars und seines Mörders Brutus. Eine Karikatur aus dem Frühjahr 1865 nahm das Ereignis der »Iden des

Lincoln als Caesar. Karikatur aus dem Frühjahr 1865

April« sogar vorweg. Eitelkeit soll das Motiv des Präsidenten gewesen sein, und der Mörderdolch traf daher einen Wiedergänger Caesars. Booth selbst behauptete immer wieder, dass sich Lincoln ganz wie Caesar zum König von Amerika krönen lassen wollte.[72] Nach eigenem Zeugnis will Booth vor der Tat die geflügelten Brutusworte gerufen haben: »Sic semper tyrannis« [So ergeht es allen Tyrannen].[73] Sein Tagebuch, das am Tag vor dem Attentat einsetzt, markiert das fatale Datum als Iden des April: »April 13, 14, Friday the Ides«. Auch die letzten Eintragungen in diesem Journal rufen den Namen des Caesarmörders auf:

[N]achdem ich gejagt wurde wie ein Hund durch Moore und Wälder und nachdem ich vergangene Nacht durch Kanonenboote verfolgt wurde, musste ich zurückkehren, nass, frierend und hungernd, während alle Hände gegen mich gerichtet waren. Hier bin ich nun voller Verzweiflung und wofür? Für eine Tat, die man Brutus zur Ehre anrechnete und die aus Wilhelm Tell einen Helden machte.[74]

Kein Wunder: Der historische wie theatralische Brutus diente der Booth-Familie geradezu als Hausheiliger. Es war der Großvater Richard Booth, ein wenig erfolgreicher englischer Anwalt und ein glühender Liebhaber der griechischen und römischen Klassiker, der seinem einzigen Sohn den Namen der beiden römischen Helden Junius Brutus gab. Vater Richard folgte 1822 seinem Sohn Junius Brutus in die Vereinigten Staaten, um dort seiner Passion nachzugehen, Vergils Aeneis zu übersetzen und für die Bühne einzurichten.[75] Der Name Brutus wanderte dann durch die Generationen. John Wilkes' Vater, der ältere Bruder und ein Neffe von John Wilkes trugen den Namen Brutus. Die Schwester des Lincoln-Mörders überlieferte die Kindheitsanekdote, dass der Brutus in Shakespeares Caesar-Drama die Lieblingsrolle des jungen John Wilkes gewesen sein soll. Immer wenn er Gelegenheit hatte, aus diesem Stück zu deklamieren, soll er gefragt haben: »Bin ich so gut wie Vater?« Ein halbes Jahr vor dem Attentat, am 25. November 1864, traten noch alle drei Brüder

Booth in einer Benefiz-Vorstellung des *Julius Caesar* zugunsten eines Shakespeare-Denkmals im New Yorker Winter Garden auf; Junius spielte den Cassius, Edwin den Brutus und John den Antonius. Die Idee dazu hatte Edwin Booth, der das Theater zusammen mit seinem Freund und Schwager, John Sleeper Clarke führte. Die Aufführung war eine Sensation und zog mehr als zweitausend Zuschauer an.[76]

Die drei Booth-Brüder in einer Vorstellung von Shakespeares Julius Caesar. Links John als Marc Anton, in der Mitte Edwin als Brutus und rechts Junius Brutus als Cassius

John, dessen Liebenswürdigkeit und Ausstrahlung von vielen Seiten gerühmt wurde und ihm zahlreiche weibliche Fans zutrug, machte trotz seiner Sympathie für die Südstaaten vor allem im Norden Karriere als Bühnenschauspieler, wo er jährlich mehr als 20.000 Dollar verdiente.[77]

Der Konflikt zwischen den Bürgerkriegsparteien spaltete auch die Brutus-Familie Booth.

Allein die Schwester Asia nahm wie John Partei für die Südstaaten, während alle Brüder über den fanatischen John nur lachten. Der vertrat sogar die Ansicht, dass die Taten der Konföderierten dereinst das Opfer der Spartaner bei den Thermopylen in Vergessenheit geraten lassen würden. Doch die Schwester Asia war wiederum mit John Sleeper Clarke, dem Anhänger Lincolns, verheiratet, der mit ihrem Bruder Junius Brutus das Winter Garden Theater in New York als Unternehmen leitete. Die Mutter beobachtete Johns Einsatz für die Sache des Südens mit Sorge, und in Opposition zum römischen Familienmythos der Booth schrieb sie ihm: »Ich bin keine römische Mutter. Meine Liebsten stehen mir näher als das Land und alles andere.«[78]

John aber dachte anders. In einem Brief an den Schwager betont er: »I love justice more than a country (…), more than a happy home.«[79] Natürlich liebt man die Gerechtigkeit, die die eigene Erwartung in Aussicht stellt. Den enttäuschten Erwartungen treten dann rasch die konspirativen Dämonen zur Seite. Selbst sein wohlmeinender Bruder Edwin war der Ansicht, dass John Wilkes »an diesem einen Punkt verrückt war«.[80] Denn John war der festen Ansicht, dass er in die Geschichte eingehen werde, und die Ermordung des Präsidenten gebe dafür die Garantie. Daher führte er oft die Worte aus Colley Cibbers *Richard III.* an, die auf Herostratos, den Brandstifter von Ephesus, gemünzt sind:

> Der ehrgeizige Jüngling, der den Tempel von Ephesus in Brand setzte,
> überlebte mit seinem Ruhm den frommen Dummkopf, der ihn errichtet hat.[81]

Herostratos hatte mit seinem unerhörten Verbrechen am Tempel der Artemis gegen die von den Ephesern verhängte *damnatio memoriae*, die seinen Namen ausradieren sollte, ewigen Ruhm erworben. Wer war der Dummkopf? Hatten nicht die Presse und die Federn zahlreicher Karikaturisten den Präsidenten zum unfähigen Schauspieler entstellt?

Es war ein Duell mit dem Präsidenten, dem die Geschichte jenen Beistand gewährte, den Booth für sich und den Süden erhofft hatte. Manche Kommentatoren des Attentats gaben der Vermutung Raum, dass die vielen Shakespeareschurken und Bluthelden, die John Wilkes auf der Bühne verkörpert hatte, an der Lockerung oder gar am Ruin seines Gewissens mitschuldig wären. Aber im Gegenteil: Das Gewissen gibt den Mordbefehl und diktiert das Selbstopfer.

Die Karikatur aus dem Jahr 1864 mit dem Titel ›Behind the Scene‹ zeigt den Präsidenten als Othello. Er zitiert: »O, that the slave had forty thousand lives! I am not valiant neither: – But why should honour outlive honesty? Let it go all.«

Booth hatte keinen Tempel, wohl aber ein Bild zerstört. Abraham Lincoln war der erste amerikanische Präsident, der sich häufig und gerne fotografieren ließ. Sein Konterfei hatte sich auf diese Weise durch alle Zeitungen in alle Winkel Amerikas fortgepflanzt, es war in diesem Sinne ein inflationär-massenhaft verbreitetes Bild. Der Wahn, dass der Präsident sich zum König aufschwingen könnte, scheint auch auf eine solche Verwirrung durch die Bilder hinzuweisen. Auch dieses Attentat spielt in den beiden Registern der Paranoia: Bild und Geschichte. Die Bilder Lincolns, die Kopien seines üblen Images, zeigen Booth den Wunsch des Präsidenten an, zum König aufzusteigen. Die Interpretation dieser Konstellation als Wiederkehr Caesars führt zu der Wahnidee, dass sich Gott mit der eigenen Partei verschworen habe.

Anarchistische Geschichtsrevision:
Luigi Luchenis Attentat auf die
Kaiserin Elisabeth am 10. September 1898

Am 10. September 1898 ermordete am helllichten Tage, mittags um halb zwei, der fünfundzwanzigjährige gebürtige Italiener Luigi Lucheni unmittelbar am Ufer des Genfer Sees die Kaiserin von Österreich und Königin von Ungarn Elisabeth, die unter dem Kosenamen Sissi in die europäische Gefühls- und Mediengeschichte Eingang gefunden hat. Elisabeth war zu diesem Zeitpunkt knapp einundsechzig Jahre alt. Sie war mit ihrer Hofdame, der Gräfin Irma von Sztáray, und zwei weiteren Begleitern am Vortag von ihrem Kurort Caux in den Genfer Alpen für einen Besuchstag nach Genf gekommen. In der Nähe von Genf hatte sie am Tag zuvor die Baronin von Rothschild besucht. Gegen Mittag verließ sie ihr Hotel Beau-Rivage, wo übrigens am 1. Oktober 1987 der ehemalige Schleswig-Holsteinische Ministerpräsident Uwe Barschel den Tod finden sollte, um mit dem Dampfboot zurück nach Territet bei Montreux zu reisen, von wo aus sie eine Drahtseilbahn und eine Zahnradbahn in das 1121 Meter hoch gelegene Caux bringen sollte. Im Hotel residierte sie mit einem Gefolge von 12 Personen, zu denen ein Kämmerer, ihr Sekretär, ein Vorleser, zwei Kammerdienerinnen, sechs Domestiken, zwei Lakaien und vier Zofen gehörten.

Wie ihre Hofdame später zu Protokoll gab, hatte kurz vor der Anlegestelle ein junger Mann die Kaiserin angerempelt und ihr auf die Brust geschlagen. Elisabeth war gestürzt, aber nach einem kurzen Schock erhob sie sich wieder, um dann das Dampfboot zu betreten. Auf Deck überkam sie eine Schwäche, und kurz nachdem das Schiff abgelegt hatte fiel sie in Ohnmacht. Die Kaiserin wurde in das Genfer Hotel zurücktransportiert, wo sie inkognito eine Nacht verbracht hatte. Ein Arzt kümmerte sich um sie. Bereits auf dem Dampfer war eine Stichwunde entdeckt worden, und nun sah man, dass der Rempler der Kaiserin auch das Herz durchbohrt hatte. Um 14 Uhr 40 war Elisabeth tot. Mark Twain, der zu diesem Zeitpunkt Österreich bereiste, schrieb: »nicht einmal der

Mord an Caesar vermochte die Welt so zu erschüttern wie der an Elisabeth«.[82]

Lucheni hatte zwar nach der Tat gleich die Flucht ergriffen; dies aber nur, um nicht von der Menge gelyncht zu werden. Der Polizei und dem Untersuchungsrichter Charles Léchet gegenüber bekannte sich Lucheni zu seiner Tat. Er sei Anarchist und Anhänger des französischen Anarchisten und Mitgliedes der Kommune von 1871 Paul Brousse, der die »Propaganda der Tat« gepredigt hatte. Ursprünglich hatte Lucheni den italienischen König Umberto I. ermorden wollen, um die brutale Reaktion auf den Mailänder Arbeiteraufstand, der sich wegen erhöhter Brotpreise erhoben hatte, zu rächen. Da er aber kein Geld für die Reise nach Italien hatte, wollte er einen anderen prominenten Aristokraten, den französischen Kronprätendenten, Prinz Henri d'Orléans, umbringen. Von diesem Orléans glaubte Lucheni aus der Presse zu wissen, dass er sich gerade in Evian am Genfer See aufhielt. Ihn habe er aber nicht gefunden. Als er dann in der Zeitung las, dass die österreichische Kaiserin in Genf übernachtete, habe er seine Pläne geändert. Daraufhin habe er am Vortag vor dem Hotel auf sie gewartet und ihr dann am 10. September erneut aufgelauert.

Sissi ist also ein zufälliges Opfer, obgleich die Akten eine Episode aus Luchenis Schulzeit überliefern, wonach Luigi in der Schule einmal seine Mütze so unglücklich geworfen haben soll, dass ein Portrait der Kaiserin an der Wand in Stücke ging. Lucheni behauptet in seinen Lebenserinnerungen

Titelseite ›Le Petit Parisien‹ (1898)

jedoch, dass durch den Wurf der Mütze die Glasscheibe vor dem Portrait des Königs Umberto I. zersprungen sei.[83] Beide Versionen wirken an der paranoischen Historie mit, die keinen Zufall duldet. Lucheni kam am 22. April 1873 in Paris im Armenhospital Saint-Antoine als Kind der ledigen italienischen Dienstmagd Luisa Lucchini, die vermutlich von ihrem Dienstherrn geschwängert und fortgeschickt worden war, zur Welt. Auf den 1. Mai des gleichen Jahres ist die Urkunde datiert, womit die Pariser Fürsorge bestätigt, das Kind in ihre Obhut genommen zu haben. Luigi wird aber schon ein halbes Jahr später von den Pariser Behörden nach Italien in das Findelhaus von Parma, aus dessen Provinz seine Mutter stammt, überführt. Er kommt dann mit zweieinhalb Jahren in das Haus von Pflegeeltern, die ihn aber, als er acht Jahre alt ist, dorthin zurückschicken, weil in ihrem Dorf ein weiterer Schulbesuch nicht möglich ist. Ein Jahr später findet er erneut Pflegeeltern, die von dem Pflegegeld, das ihnen die Behörden zahlen, fast ausschließlich ihren Lebensunterhalt bestreiten. In der Dorfschule ist Lucheni bei Weitem der beste Schüler, und die Auszeichnungsurkunde nutzt seine Pflegemutter, um einen Sprung im Küchenfenster abzudichten. Um zum Unterhalt der Familie beizutragen, führt er einen blinden Bettler oder dient bei einem Priester. Bald entflieht er dieser Fron und beginnt ein Wanderleben, das ihn zeitweise auch nach Ungarn führt. Im Jahre 1894 tritt er in das Kavallerieregiment von Parma ein, wo er zwei Disziplinarstrafen kassiert, aber auch eine Auszeichnung erhält. Als er 1897 nach zweieinhalb Jahren seinen Dienst quittiert, hat er eigentlich Anspruch auf einen kleinen staatlichen Angestelltenposten. Alle seine Gesuche bleiben ohne Antwort. Den Posten eines persönlichen Bediensteten bei seinem ehemaligen Militärchef quittiert er aus einem belanglosen Anlass. Im Mai 1898 findet Lucheni in Lausanne eine neue Arbeitsstelle. Hier kommt er auch in Berührung mit dem Anarchismus. Als er eine Sammlung anarchistischer Lieder verteilt, kommt er kurz in Haft. Er beschließt, die dem Koch Passenante 1887 und dem Anarchisten Pietro Acciarito 1897 misslungenen Attentate auf König Umberto I. erfolgreich zu wiederholen. Aber der Zufall, von dem bereits die Rede war, bringt ihn auf die Spur der unglücklichen Kaiserin Elisabeth.

Erster Prozess gegen Lucheni: lebenslänglich

Der Mordprozess in Genf beginnt am 10. November 1898. Lucheni bekennt sich wieder stolz zu seiner Tat. Im Verhör gibt er zu erkennen, dass er sich für seine Leiden rächen wollte. Er wollte auf dem Schafott einen triumphalen Tod vor den Augen der Welt erleiden. Lucheni lässt keine Gelegenheit aus, um zu verkünden: »Es lebe die Anarchie«. Was er darunter versteht, geht aus einer Erklärung hervor, die er während seiner Untersuchungshaft an den Chefredakteur der monarchistischen Zeitschrift *Don Marzio* in Neapel schickt:

> Ich bitte, (…) allen denen zu widersprechen, die sich beehren zu behaupten, Lucheni hätte das wegen seines Elends getan. Das wäre vollkommen falsch!
> (…) Wenn die herrschende Klasse sich nicht bemüht, ihre Gier zu zügeln, das Blut ihresgleichen zu saugen, werden sich die gerechten Schläge des Unterzeichners in kurzen Abständen wiederholen, nicht nur gegen Majestäten, Präsidenten oder Minister, sondern gegen jeden, der seine Mitmenschen zum eigenen Vergnügen zu unterdrücken sucht. Der Tag ist nicht mehr fern, wo die Menschfreunde alle gültigen Schriften löschen werden. Dann wird ein einziger Satz völlig genügen, und der lautet: WER NICHT ARBEITET, BEKOMMT NICHT ZU ESSEN.[84]

Wenn auch nur in dünnen Strichen kündigt Lucheni eine neue Geschichte an. Die neue Geschichte, die an einem nicht mehr fernen Tag einsetzen wird, sorgt für Gleichheit und Gerechtigkeit, sie hält für die Armen und Elenden eine Sinngebung bereit. Die neue Welt radiert die alte aus: Die Freunde der Menschheit sind Radierer, Revisionisten aller Schriften, die in Kraft sind.[85] In diesen Sätzen steckt die dunkle Ankündigung, dass alle mit solchen Schlägen zu rechnen hätten, die die Mitmenschen zum eigenen Wohl unterdrücken.

Das Gericht hingegen lässt sich von einem Gutachten des Kriminologen Cesare Lombroso überzeugen, der auf den Spuren des Attentäters in Frankreich und Italien recherchiert und seine Erkenntnisse in der Zeitschrift *Revue des revues* veröffentlicht hat. Er kommt zu dem Ergebnis, dass Lucheni erblich belastet ist, der Vater und die Pflegeeltern werden als Trinker bezeichnet. Wie es in Lombrosos Anthropologie des *Uomo delinquente* steht, weisen Luigis Schädel und Physiognomie eine Reihe von Degenerationsmerkmalen auf: niedrige Stirn, breites Kinn, verschleierter Blick; epileptische Anfälle krönten den kriminologischen Symptomkomplex. Die Mörderkarriere stand nach Lombroso Lucheni bereits auf die Stirn geschrieben. Die kriminologische Paranoia erspart dem Gericht die Konfrontation mit Luchenis Biografie, einer Aneinanderreihung von Elendsepisoden.

Der Angeklagte wird auf Antrag des Staatsanwaltes, der offenlassen muss, ob Lucheni nur als Arm einer Verschwörergruppe gehandelt hat, noch am Abend des gleichen Tages zu lebenslangem Zuchthaus verurteilt.

Der zweite Prozess: Selbstmord

Lucheni erwies sich nun jahrelang als mustergültiger Häftling. Er fühlte sich ersichtlich wohl in seiner Zelle, an deren Wände er unzählige Male das Wort *Mama* schrieb und wo er eine Zeit lang sogar das Portrait der Kaiserin Elisabeth aufhängte. Während der Untersuchungshaft erreichte die Genfer Behörden sogar ein diplomatischer Protest aus Wien, dass man den Mörder der Kaiserin viel zu gut behandelte. Lucheni lernt französisch, liest und exzerpiert Montesquieu, Pascal, Montaigne und Rousseau. Vor allem jedoch vertieft er sich in Dantes *Göttliche Komödie*, das Epos der himmlischen Gerechtigkeit. Nach eigener Auskunft kennt er den Text zu weiten Teilen auswendig. Aber er greift auch selbst zur Feder. Nach wenigen Jahren beginnt er damit, seine Lebensgeschichte zu schreiben. Diese Schrift ist ein überaus bemerkenswertes Dokument.

Lucheni gibt ihr den Titel *Geschichte eines Findelkindes am Ende des 19. Jahrhunderts.*[86] Seine Lebensgeschichte ist die Frucht intensiven Studiums und enthält zahlreiche Spuren seiner Lektüre von Rousseaus *Confessions*. Der Autor verspricht eine »schonungslos aufrichtige« Erzählung und setzt den Leser zum Richter über sich ein. Das ist der zweite Prozess, den Lucheni selbst gegen sich führt. Schreibend beginnt er, sich sein Leben anzueignen und zu verstehen. Das Recht und zwar das geschriebene Recht bildet das Maß seiner Erzählung. Mehrfach führt er aus: »Ach, hätte der Heimleiter doch nur die geltenden Vorschriften befolgt!«[87] Aber er gesteht auch, dass er bei der Schwester des Geistlichen, dem er diente, ein Zweifrankenstück aus ihrem unter einer Bettdecke versteckten Sparschatz gestohlen hat.

Der Anarchismus spielt in dieser Lebensgeschichte keine Rolle mehr. Er bildete ja lediglich den Ausdruck der Erkenntnis, dass dieses beflissene Kind, das er war, das den Behörden, seinen Zieheltern, seinen Herren, dem Militär, den Arbeitgebern stets ohne ein Zeichen des Protests gedient hatte, betrogen worden war. Lucheni will sein Leben nicht als Schicksal, erst recht nicht als genetisches Schicksal begreifen, wie es Lombroso behauptete, sondern als eine lange Folge von Rechtsverstößen und Pflichtverletzungen anderer. Nachdem ihm erst mit acht Jahren sein Fatum als Findelkind offenbart worden war, hatte er keine Chance mehr gesehen, seine Geschichte zu revidieren. Eine solche Geschichte ist nicht nichts. Lucheni betont sogar, dass er es seinem Verbrechen und den darauf erfolgten Recherchen der Behörden verdankt, Näheres über seine Herkunft und über seine Mutter in Erfahrung gebracht zu haben: »Hab also Dank, o Klinge, für den Dienst, den Du mir erwiesen hast; ein Dienst, den Du, o Rechtschaffenheit, die Du mein Leben lenktest, mir niemals hättest erweisen können.«[88] Im Gefängnis und mit der Niederschrift gelingt es ihm, sich mit sich selbst, mit seiner Mutter sogar zu versöhnen. Er wendet sich vertrauensvoll an den Leser und appelliert an eine imaginäre Gerechtigkeit:

> Ich verspreche Dir, verehrter Leser, daß meine Erzählung schonungslos aufrichtig ist. Im Gegenzug bin ich davon überzeugt, in Dir einen unparteiischen Richter zu finden, und deshalb möchte ich Dich um einen Gefallen bitten. Um welchen? Nun: reiß ein Blatt aus Deinem Notizbuch heraus; denke einen Augenblick da-

rüber nach, wie viele Punkte Du meinem Verbrechen gibst – hundert, zum Beispiel –, die Du dann in die Spalte SOLL einträgst. Beim Lesen machst Du Dir dann bitte die Mühe, alle Punkte in die Spalte HABEN einzutragen, die ich wegen meines Unglücks für mich verbuchen kann. Auf diese Weise verfährst Du dann mit allen meinen schlechten beziehungsweise guten Eigenschaften, die Du in die jeweilige Spalte einträgst. Überflüssig zu erwähnen, daß Du nicht die Fallhöhe meiner Gedanken zu bewerten brauchst; und das aus dem einfachen Grunde, weil es keinen Gradmesser gibt, sie zu messen. Sie hängst einzig von Deinem MASSSTAB ab. Ist er groß? (…) Wenn Du dann später zusammenzählst, wirst Du feststellen, dass die beiden Endsummen nicht besonders stark voneinander abweichen – was auch bedeuten würde, daß die Gesellschaft mitschuldig ist, und ich folglich weniger schuldig bin, als Du zuvor dachtest.[89]

Es geht also auch um die Frage der Schuld, um ein Kalkül, das Verbrechen und Unrecht in eine buchhalterische Relation bringt. Das ist der eine Sinn dieser autobiografischen Untersuchung. Ihr zweites, damit zusammenhängendes Motiv ist der Versuch, gegen Lombrosos Theorie des geborenen Verbrechers die Einzelheiten eines Schicksals in Anschlag zu bringen. Lucheni verfügt über das Kontingenzbewusstsein, das übrigens seinem Opfer nicht geschenkt war. Besser als viele andere weiß er, dass Recht und Gerechtigkeit dem Willen der Menschen entspringt. Aber die Überzeugung, dass ihm diese Gerechtigkeit gewährt werden würde, hat ihn getragen. Kein Gott konnte ihm helfen:

Du sagst, verehrter Leser, daß Du durchaus geneigt bist, an das Schicksal zu glauben, daß Du aber dennoch daran zweifelst, ob Du Dich auch als Fatalist bezeichnen kannst? Nun, Du darfst Dich glücklich schätzen, denn wenn Du Dir die Mühe machst und meine Geschichte aufmerksam liest, dürften alle Deine Zweifel verfliegen, und Dein Glaube wird unerschütterlich.

Obwohl es zahlreiche Gelegenheiten gab, bei denen schon eine Kleinigkeit genügt hätte, um mein Leben in andere Bahnen zu lenken, bin ich weit, sehr weit davon entfernt, an die Existenz dieser angeblich so weitblickenden, in Wahrheit aber blinden Macht zu glauben.[90]

Plötzlich, im März 1909 verändert sich Luchenis Verhalten. Er tobt, er wird aufsässig, er beschwert sich. Was ist der Grund? Ihm sind die fünf Hefte weggenommen worden, in die er seine Lebensgeschichte geschrieben hat. Die Aufseher behaupten, nichts von solchen Heften zu wissen, der Häftling wird für verrückt erklärt. Denn Lucheni, der immer wieder vergeblich fordert, mit seinem Anwalt zu sprechen, beginnt nächtelang in seiner Zelle zu schreien. Immer wieder wird er zur Strafe in eine Dunkelzelle verlegt. Im Mai 1909 reißt er sich einmal von seinen Wärtern los und springt aus einem Fenster in etwa 20 Metern Höhe, aber er verletzt sich nur den Knöchel. Vergeblich wendet sich der völlig verzweifelte Mann in zwei Briefen an den Polizeidirektor. Ein ärztlicher Experte ist zur Stelle und empfiehlt, Lucheni nicht ernst zu nehmen und als Geisteskranken zu behandeln. Am 19. Oktober 1910 wird der Häftling erhängt in seiner Zelle gefunden. Es kann kein Zweifel darüber bestehen, dass Lucheni seinem Leben ein Ende bereitet hat, aus Verzweiflung darüber, dass man ihm die eigenhändig geschriebene Geschichte seines Lebens, die seine Verbindung zu Welt und seiner Herkunft darstellte, geraubt hat. Die unterbrochene Verbindung zu dieser Herkunft gebiert den Wahnsinn: Er bevölkert die gekappten Verbindungen und leeren Positionen mit Gespenstern.

Aktenraub und Schädelraub

Die Geschichte der Attentate ist zugleich eine lange Folge von Akten-, Dokumenten- und Schädelräubereien. Längere Irrfahrten erlebten die Schädel und Hirne verurteilter Attentäter wie die Charlotte Cordays, Joseph Fieschis, Ernst Wagners oder Ulrike Meinhofs. Auch Luchenis Kopf wurde der zeitgenössischen Kriminologie zum Geschenk gemacht und einige Jahrzehnte lang im Institut für Gerichtsmedizin der Genfer Universität aufbewahrt. 1985 wurde das Präparat auf Wunsch Österreichs in das Wiener Bundesmuseum für Pathologie und Anatomie überführt. Angeblich sollen Luchenis Reste im Jahr 2000 auf dem Wiener Zentralfriedhof bestattet worden sein.

Zum Aktenraub werden noch reichlich Beispiele folgen: Lacans Unterschlagung der Romane seiner Patientin Marguerite, Andy Warhols Enteignung von Valerie Solanas Theaterstück. Zuletzt war von den verlorenen Verhörprotokollen im Verfahren gegen Karl Ludwig Sand die Rede. Auch im Fall Lucheni sind Schriftstücke verschwunden. Solche Akten tauchen sonst nie wieder auf, doch im Falle Lucheni ist das Sonderbare geschehen. Im September 1937 starb der ehemalige Direktor des Genfer Evêché-Gefängnisses, wo Lucheni seine Haft absaß. Und im Jahre 1938 wurde einem Genfer Bürger namens Cappon von einer Frau, die sich als Tochter des ehemaligen Oberwärters dieses Gefängnisses, Depierraz, zu erkennen gab, ein Stapel Akten zum Verkauf angeboten, die dieser erwarb, aber nicht weiter beachtete. Erst im Jahre 1991 begab sich dessen Sohn, Santo Cappon, daran, diese Papiere zu ordnen und stieß dabei auf Luchenis blaue Hefte. Sie wurden im Jahre 1998 in Paris veröffentlicht. Hatte Lucheni nicht prophezeit, dass eines Tages »alle gültigen Schriften gelöscht werden«?[91] Das apokalyptische Wort des Mörders verweist auf einen rätselhaften Zusammenhang zwischen den Attentätern, den Büchern, der Schrift und dem Schreiben, der näherer Untersuchung bedarf.

TANZEN, LESEN, SCHREIBEN: PSYCHOTECHNIKEN DER ATTENTÄTER

| RHYTHMEN: HARMODIOS UND ARISTOGEITON
| FERNSTEUERUNG: BÜCHER
| SKRIPTURALE WILLENSTECHNIK I: KARL LUDWIG SAND
| SKRIPTURALE WILLENSTECHNIK II:
   SIRHAN SIRHAN, DER MÖRDER ROBERT F. KENNEDYS
| DOCTEUR LACAN (2): SCHIZOGRAPHIE
| HÄMMERN: EIN LITERATURTRAUM DES PERFORMATIVEN

Rhythmen: Harmodios und Aristogeiton

Die Chronik der Attentate liefert viele Hinweise, dass die Täter – Einzelgänger wie terroristische Gruppen – in Kleinwelten aus Texten, Emblemen und Symbolen, bisweilen sogar in Bildergefängnissen hausen. Dort leben zwar auch viele Millionen anderer Leute; aber für die meisten geht es lediglich darum, Halt in dieser Welt aus Symbolen zu finden. Sie spinnen sich dort ein, greifen aber nicht zur Waffe.

Die Attentäter gehen, wenn sie erfolgreich sind, nicht nur in die Geschichte ein, sie treten auch aus Geschichten hervor. Bereits im 6. Jahrhundert vor unserer Zeitrechnung machten Harmodios und Aristogeiton, die weder ein politischer Wille noch ein ausgearbeiteter Wahnsinn zu ihrer Gewalttat trieb, posthum Karriere als Helden. Sie erschlugen im Jahre 514 Hipparch, den Bruder des Tyrannen Hippias, um eine Beleidigung der Schwester des Harmodios zu rächen. Da sie diese Ehrensache mit ihrem Tod bezahlten, stiegen sie wenige Jahrzehnte später zu Gründungsheroen der athenischen Demokratie empor.[1] Politische Wirkungen brachte ihre Tat sonst nicht hervor.

Im Gegenteil: Die Herrschaft des Hippias, der zur Familie der Peisistratiden gehörte, nahm noch üblere Züge an. Doch nach der Vertreibung der Peisistratiden wurden die beiden durch ein Standbild mitten in Athen auf der Agora als Tyrannenmörder geehrt, und so drängte sich ihre Tat dem politischen Gedächtnis auf. Als König Xerxes dieses Monument im Zuge der Perserkriege raubte, errichteten die Athener nach 479 ein neues Standbild, das dann auch die Römer kopierten, um die beiden Tyrannenmörder in einer langen Serie von Vasenbildern zu popularisieren.²

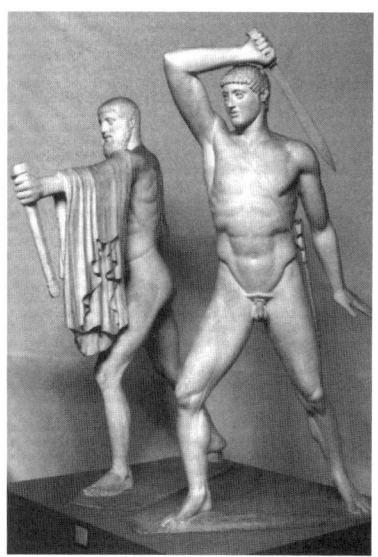

Im Uhrzeigersinn:
– Harmodios und Aristogeiton. Römische Kopie
– Tyrannentöter. Marmorrelief, 3. Jh. v. Chr.
– Tragödienchor mit Dionysos. Vasenbild um 490 v. Chr.

In der römischen Topik der Tyrannenfeindschaft zählten Harmodios und Aristogeiton zu den unablässig zitierten Leitfiguren. Die Gruppe wurde daraufhin im Laufe der Moderne selbst zu einem Bildtopos, so dass man sie noch in einer ganzen Reihe von politischen Plastiken und Bildern wiedererkennen kann. Wie Lacan sagt, bewegen sich Psychotiker ähnlich wie die »Primitiven« in einem Rhythmus aus Zeichen und Regeln, und sie wissen auch exakt, welche Bedeutung und welche Konsequenzen eine Übertretung, eine Abweichung, ein Verstoß haben kann. Die Tyrannenmörder liefern eine rhythmische Partitur für ihre Befreiungstat.[3]

Jacques-Louis David: Studie zu Triomphe du peuple français: Bayle et Beauvais[4]

Im Hintergrund unter dem Flügel: Glaube und Treu. Reichsparteitag Nürnberg 1937

Die modernen Inszenierungen theatralischer und heroischer Befreiung nehmen nun häufig ein Element der antiken Partitur auf, das die Handelnden in einem gleichen Rhythmus zeigt. Die große Tat ist ein Tanz. Die Kräfte, die solche Bilder speichern und übertragen, sollen sich als Mobilisierungspotenzial äußern und die Rekrutierungsenergie verteilen. Es sind suggestive Details wie Parallelität, Ähnlichkeit, Sequenzialität, rhythmische Abstimmung, die im plastischen oder graphischen Binnenraum als choreographische Muster, als optisch-motorische Handlungssignale wirken. Es gibt eine emblematische Eurhythmie der Befreiung.

Diese Bilder[5] illustrieren nur eine längst bekannte Seite des ikonischen Imaginären und seiner rhythmischen Formierung. Sein Bild auf ein anderes abzugleichen oder im Bild eines anderen zu erscheinen, steht in Analogie zur symbolischen oder emblematischen Abstimmung. In solchen Bildern liegt ein effektives Potenzial, das auf verschiedene Weise politisch wirksam werden kann. Eine dieser Wirkungen ist die imaginäre Mobilisierung.

Fernsteuerung: Bücher

Solche rhythmischen Mobilisierungen laufen nicht nur auf bildlicher, emblematischer, sondern auch auf literarischer oder skripturaler Ebene. Eine Reihe von Beispielen hat bereits veranschaulicht, dass politische Gewalttaten zumeist in intimem Kontakt mit Lektüren stehen. Dies gilt für Attentäter, die weder in einer gegebenen noch in einer vermuteten Konspiration zur Waffe griffen, sondern die allein handelten, wie François Ravaillac, Charlotte Corday, Karl Ludwig Sand oder John Wilkes Booth oder wie der im April 2007 weltweit berühmt gewordene Mörder von Blacksburg, Seung-hui Cho. Sie alle waren im emphatischen Sinne Leser und Schreiber. Alle mit diesen Namen verbundenen Attentate führen ins Feld der Literatur, genauer: ins Feld der literarischen Techniken Lesen und Schreiben. Nur aus Büchern lassen sich alternative Formen politischer Macht herleiten, nur Programme können eine Mordtat plausibel machen. Allerdings gibt es viele Arten des Lesens, und die Geschichte der Literatur, des Lesens und Schreibens brachte ganz unterschiedliche Lesevorschriften und Schreibtechniken hervor: Die scholastische Lektüreregel, die Hugo von Sankt Viktors *Didascalion* um 1128 lehrt, ließ die Augen an der Reihe der Buchstaben entlang wandern und führte sie auf den Seelenheilsweg der *linea vitae sacrae*.[6] Knapp siebenhundert Jahre später gab Friedrich Schleiermachers Analyse der divinatorischen Hermeneutik dem Leser auf, durch das Dickicht der Lettern hindurch das Individuelle des Autors zu erkennen.[7] In seinem frühem Essay *Le langage et l'infini* entwickelt Michel Foucault die Idee, dass die Spaltung von Signifikant und Signifikat auch eine Bruchlinie im literarischen Text markiert und dass hinter dieser Grenze der Tod lauert.[8] Lesen ist gefährlich. Ist das notwendig so? Die Paranoia, so wurde gesagt, bringt artifizielle Interpretationen hervor, verrückte Lektüren, sie ist riskanter Zeichengebrauch. Aber ihre Interpretation unterscheidet sich nicht prinzipiell von dem durch Institutionen, Schulen und Wissenschaften postulierten und legitimierten Lesen. Im Bibeltext den Heiligen Geist zu vernehmen, in der Novelle das Autorgenie, im Traktat die Macht, im Gedicht den Tod zu lesen, alle diese Lektüren wirken strukturell am gleichen artifiziellen Entzifferungswerk mit wie die philosophische Erklärung, dass in Caesars Taten die geschichtliche Vernunft aktiv sei, wie Hegel meinte, oder dass die Deutschen das Urvolk der Erde seien, wie Fichte behauptete.[9]

Die Frage, der hier nachgegangen wird, lautet aber: Wie gelingt der Übergang von dem mehr oder weniger kontemplativen, in sich selbst zurückgezogenen Akt des Schreibens/Lesens hin zur Tat, zum mörderischen Hieb? Welche Worte oder genauer: welches Lesen und Schreiben ist virtuell eine Handlung, ist tatabschüssig und leitet einen Angriff auf Könige, Präsidenten oder auf andere Prominente an? Die Frage scheint nicht originell, denn nahezu alle Kommentatoren solcher Taten beschwören die Wirkung von Büchergespenstern. Auf eine monotone Weise sprechen die Analytiker politischer Attentate den Verdacht aus, dass die Mörderhand von Lektüren bewegt worden sein könnte. Sie schwanken zwischen zwei Typen der Erklärung, die auf den ersten Blick nichts miteinander zu tun haben: Nach der einen Version sollen der Täter oder die Täterin von fern gesteuert, vielleicht sogar als Agenten einer Konspiration den Dolch geschwungen haben, weil sie ganz allein handelten, ohne dass ihre Biografie einen Hinweis auf die zukünftige Gewalttat gab. Die andere Version gibt an, dass falsche Lektüren, zu viele Lektüren oder in neuester Zeit der Missbrauch von Medien, Kino, TV oder Computerspielen den Grund zur Tat gelegt haben.

Mit der Theorie des durch Lektüren ausgelösten Täterirrsinns wurde eine traditionsreiche Attentatserklärung aufgerufen. Man erinnert sich: Shakespeare und Hobbes verbreiteten die Lesart, dass die Königsmörder die falschen Bücher und auch zu viele davon gelesen hätten.[10] Das sprechen die Königstreuen allenthalben nach. 1797 erschien in Edinburgh ein Traktat mit dem Titel: *Proofs of a Conspiracy Against All the Religions and Governments of Europe, Carried on in the Secret Meetings of Free Masons, Illuminati, and Reading Societies.*[11] Jules Michelet zufolge hatte Charlotte Corday am Vortag der Ermordung Marats, den ganzen Tag über in den *Vitae* Plutarchs gelesen.[12] Dem Mörder Abraham Lincolns, John Wilke Booth, lagen die Brutusworte seit seiner Kindheit im Ohr. Plutarchs Biografie des Caesarmörders Brutus bildete die Pflichtlektüre aller wirklichen und eingebildeten Gewalttäter. Nietzsche rief den Deutschen zu: »Sättigt eure Seelen an Plutarch.«[13] Stefan George will »seinen Plutarch 300 Mal gelesen haben.«[14] Warum wohl? Die Moderne verarbeitet ihre politische Unruhe nicht mehr durch Kultur und Verwaltung von Sinn, sondern in Lektüren und Wiederlektüren, in Wiederholungen und Rhythmen.

Die traditionelle Vorstellung erblickt in den Büchern hingegen ein Potenzial irreführender Semantik. Es gibt die falschen Ratgeber, es gibt die falschen Bücher, es gibt die die falsche Bibliothek. Daher läuft eine gleichförmige, nervöse Reaktion ab, wenn die Staatsmächte des Westens nach solchen Anschlägen, wo die Täter anscheinend als fleischerne Lektüren und als Vikare von Buchstabenpäpsten morden, eine Bibliotheksrevision vornehmen. Das Attentat gilt bis ins 19. Jahrhundert hinein als katastrophale Konfrontation zweier Bibliotheken, der falschen Bibliothek, der Ravaillac-Bibliothek, auf der einen Seite und der Bibliothek des Königsleibes auf der anderen, denn der Körper des Königs heißt nach einer ehrwürdigen Formel römischer Juristen der Schrein aller Gesetzesbücher: »omnia iura in scrinio pectoris principis«.[15] Immer hat man im Naturrecht den Krieg *bellum* als *duellum* gelesen¹⁶, und im Attentat duellieren sich ein König und ein Mörder, eine gute und eine böse Bibliothek, ein Staat aus gerechten Gesetzen und eine durch Königsmörderbücher rasend gewordene Republik. Die Pferde, die die Königsmörder Clément und Ravaillac vierteilten, zerrissen zwei mit falschen Lektüren gemästete Leiber. Die liturgische Zerstückelung des Attentäters erfolgte daher als feierliche Einäscherung einer im Mörder inkorporierten Bibliothek. Bibliotheken sind im 18. Jahrhundert noch Inbegriff schwer kontrollierbarer Macht.¹⁷ Das Duell zwischen Attentäter und König ist also ein Krieg zwischen einem virtuellen Bibliotheksstaat und dem Königsstaat. Im Bibliotheksleib des Attentäters verbirgt sich eine Republik aus falschen Büchern, und bei der Hinrichtung geht eine alexandrinische Bibliothek in Flammen auf.

Am Ende schließen sich die beiden Taterklärungen, Konspiration oder Lektüre, wieder zusammen, denn auch über die Bücher und Lektüren bilden sich konspirative Bünde aus, und Autoren wie Cicero oder Plutarch steuern über große Zeitabstände hinweg noch den regiziden Nachwuchs. Es gibt also eine Tradition der Taterklärung durch Lektüren, die bestimmten Büchern und in der Folge bestimmten Medien solche Tatpotenziale zuschrieb. Die Literaturgeschichte pflegt zugleich die Tradition der Ankündigung von Attentaten, die durch Lektüren provoziert werden. So prophezeite Johann Melchior Goeze in einer Rezension von Goethes *Werther*: »Schriften von der Art als die Leiden d. j. W. sind, können Mütter von Clements, Chatels, Ravaillacs, und d'Amiens werden.«¹⁸ Das ist der paranoische Kurzschluss von Buchstabenserien und zuckender Hand.

Skripturale Willenstechnik I: Karl Ludwig Sand

Hier wird nun die Frage anders gestellt: Welchen Anteil haben unterschiedliche skripturale Techniken bei der Überschreitung des kontemplativen Modus, des performativen Nullstadiums von Lesen/Schreiben hin zur mörderischen Tat? Die Buchfernsteuerung erfolgt dabei nicht durch republikanische Schriften, die den Tyrannenmord rechtfertigen, nicht durch die Semantik von Gerechtigkeit und Gleichheit, sondern als Anweisung, wie der Tatwille hervorgelockt und gestärkt werden kann. Wie konnte der sanfte Karl Ludwig Sand, der im Alter von vierundzwanzig Jahren August von Kotzebue tötete, die Karriere vom stillen Studenten zum entschlossenen Attentäter durchlaufen?

Karl Ludwig Sand benötigte eineinhalb Jahre, um den Gedanken, Kotzebue zu ermorden, der ihm vermutlich im Oktober 1817 im Verlaufe des Wartburgfestes kam, im März 1819 in die Tat umzusetzen. Die meisten Attentäter erarbeiten ihren Mordplan aus dem Gefühl ungeheurer moralischer Verpflichtung heraus und aus dem Zwangsgedanken, sich opfern zu müssen. Keine niederen Motive treiben sie an, sondern die allerhöchsten. Eben darum haben sie große Mühe, den Tatentschluss mit jenem Tatwillen anzufüllen, der die tödliche Aktion auch ausführt. Dieser Prozess der Selbstermächtigung lässt sich nun recht genau im Tagebuch Sands nachzeichnen, das einige Freunde kurz nach seinem Tode herausgaben.[19]

Das Journal liefert zum einen das literarische Abbild des Prozesses, der den Tatentschluss in einen Tatwillen überführt und diesen Willen immer fester und unwiderruflicher wollen lässt. Darüber hinaus bildet das Tagebuchschreiben selbst die literarische und mentale Aktivität, aus der heraus sich dieser Tatwille mit Aktionspotenzialen füllt. Den theoretischen Hintergrund dieses Willenstrainings deutet eine Bemerkung im bereits mehrfach angeführten *Todesstoß*-Manifest an, wonach der Mensch mit dem Willen eine »göttliche Schöpferkraft« empfangen habe. Aber dieser Wille, der göttliche Kern, die souveräne Seele eines jeden Menschen, ist moralisch anfällig. Sie wird von Feigheit, Schlaffheit, Ängsten heimgesucht, und daher muss der Mensch diesen Willen »üben und geltend machen«. Und weiter heißt es im *Todesstoß*:

> Dazu haben wir die ganze Macht des Willens empfangen, nicht dass wir blindlings als über ein Stück Ackers über uns entscheiden lassen, sondern daß wir uns in allen Lagen des Lebens selbst

bestimmen (...) und so nach eigener Entschließung thun, *was wir Alle wollen*, nicht was Einer aufdringt: *Löset endlich Euren Willen.*[20]

Das Willenstraining steht im Katechismus eines jeden Menschen. Er soll seinen *eigenen* Willen trainieren und nicht dem Befehl fremder Willenskräfte folgen; erst recht gilt das für ein Volk, das nicht aus der Geschichte fallen will. Denn die Geschichte ist im Auge des Theologen Sand eine Heilsgeschichte, die nur dann an ihr Ziel gelangt, wenn ihr stetig solche subjektiven Tatkräfte zugeführt werden: »Wir Teutsche – ein Reich und eine Kirche! Die Spaltung zwischen geistlich und weltlich sey vernichtet! Glaube, Lehre und That sollen sich in Eines zusammenthun (...). Die Reformation muß vollendet werden! – Brüder verlasset einander nicht im Drange der Zeiten; Trägheit und Verrat straft mit Knechtschaft die Geschichte –«[21] Da nun der Wille eine solche fundamentale politische und religiöse Größe darstellt, die dem Einzelnen die Teilhabe am Göttlichen sichert, und da zugleich die Willenskräfte für den realgeschichtlichen politischen und heilsgeschichtlichen Erfolg einer Nation maßgebend sind, macht sich Sand an dieses mentale Training seines Willens zur Tat.

Bis hierher lassen sich alle Überlegungen Sands als Lesefrüchte fremder Bücher ausweisen. Fichtes Philosophie, die Ethik des Jenaer Philosophen Johann Heinrich Fries und schließlich die Theorie der Unbedingten, die Karl Follen gepredigt hat, fließen in seine Haltung mit ein. Nicht zuletzt geht auch von Sands Mutter ein mächtiger Einfluss aus. Um die Willenskräfte ihres Sohnes zu kräftigen, schreibt sie an ihn: »Gott (...) fordert, dass du die hoffentlich tief in dein Herz geprägten Lehren (...) dein ganzes Leben wirken lassen sollst.«[22] Lesen genügt dazu nicht. Der Wille zur Tat setzt den *Aufbau* dieses Willens voraus. Dieser Prozess bildet nun den eigenen Beitrag des Attentäters. Und die Stärkung des Tatwillens erfolgt über skripturale Exerzitien. Unter dem 5. Mai 1818 liest man in Sands Tagebuch:

Herr, mitunter wandelte mich heute wieder eine so wehmüthige Bangigkeit an; aber fester Wille, feste Beschäftigung löst Alles, und hilft Alles und das Vaterland schafft Freude und Tugend; unser Gottmensch, Christus, unser Herr, er ist das Bild einer Menschlichkeit, die ewig schön und freudig seyn muß. – Wenn ich sinne, so denke ich oft, es sollte doch einer muthig über sich nehmen, dem Kotzebue, oder sonst einem solchen Landesverräther, das Schwert in's Gekröse zu stoßen.[23]

Betrachtet man die Vorbereitung einer solchen Tat als Aufbau von Tatenergie, so zieht sie offenbar ihre Kräfte aus zwei Quellen: aus den äußeren Anregungskräften eines Bildes oder Vorbildes und aus dem moralischen Pathos, die das zeitgenössische politische Verbarium pflegt: aus Mut, Opfer, Tugend. Der Attentäter wird nicht fertig geboren, sondern er geht aus einer jahrelangen moralischen, psychologischen Selbstkritik und Autosuggestion hervor. Die Stärke oder Schwäche des eigenen Willens ist das einzige moralische Problem. Denn zugleich macht der Eintrag deutlich, dass die Frage, wer nun das Opfer einer solchen Tat werden, welcher Tod das Bild einer schönen Menschlichkeit erzeugen soll, nicht von Skrupeln, Bedenken oder rechtlichen Überlegungen begleitet wird. Ob das Schwert ins Gekröse Kotzebues oder eines anderen Landesverräters fährt, ist weniger Gegenstand der Sorge; vielmehr kreist die Unruhe im Journal allein um den Wunsch der Nachfolge, um das schöne Bild einer Christusimitation und um den Willen. Das Modell zur literarischen Buchführung und skripturalen Stärkung des Willens, des Willens zum Willen, die Verfahren dieser *Selbsttechnik*, wie Foucault[24] sagt, liefert das pietistische Tagebuch. Seit dem 16. Jahrhundert bildet das Journalschreiben eine meditative Technik, die im Vokabular des ausgehenden 18. Jahrhunderts *Selbstbeobachtung* heißt. Die Selbstbeobachtung lässt ihr richterliches Auge über alle Handlungen, Leistungen und Regungen des Tages gehen, sie prüft, protokolliert und beurteilt jedes Detail. Das Ziel dieser Übung ist die Steigerung der Glaubenskräfte und der moralischen Leistungsfähigkeit.

Diese Selbsttechnik schließt auch das Training der religiösen Paranoia ein. Der Glaube an die Gotteskonspiration, an die »Fürsehung«, allein genügt nicht. Nur die stete Aufmerksamkeit und die

Bereitschaft, vorsehungsartige Zeichen zu erkennen und zu deuten, stellen den inneren Richter zufrieden. Ganz nach dieser verbreiteten Praxis notiert Sand in sein Tagebuch die Ergebnisse der Selbstbeobachtung: Messung und Bewertung der eigenen moralischen Kräfte. Der Theologiestudent protokolliert gewissenhaft den Stand seiner verschiedenen seelischen Vermögen, lange bevor er auf die Idee kommt, als Attentäter selbst ein »schönes Bild« zu werden. Um dann nach dem Tatentschluss auch den Willen zur Tat aufzubauen, verzeichnet er im Tagebuch präzise alle Momente der Schwäche und Stärke. Am 22. August 1818 stellt er fest: »Ich kenne mich als Feigling – nur du, o Gott, kannst mir zum Klaren helfen.«[25] Wenige Tage später, am 1. September, schreibt er dann:

[I]ch glaube an den endlichen Sieg des Guten, wenn ich auch im reinsten Bestreben vor meinen Besten Freunden mit Nadeln zu Tode gemartet würde – deshalb stehe mir bei, o Gott, auch in diesem und allem zukünftigen Kampf, und helfe mir gnädiglich (...), dass ich diesen Glauben unerschütterlich, wie unser Heiland, vor allen Feinden bewähre!!![26]

In einem Brief an die Mutter aus dieser Zeit lässt wieder der Wille zum Willen seine Tinte fließen:

[I]ch kenne edlere, kühnere Helden in unserem Volke und (...) da fühle ich mich zu diesen mit unsäglicher Gewalt hingezogen. Sie kennen auch (...) kein heiligeres Eigenthum des Menschen, als das Gut der höchsten, göttlichen Gnade, die Gottähnlichkeit, dass der Mensch eigenthümlich für sich Ueberzeugung und Willen habe.[27]

Endlich, am 2. November 1818, fühlt er sich beim Aufbau des Willens ein großes Stück weiter:

Sieg! Unendlicher Sieg! Aus eigner Ueberzeugung, in eigner Art leben wollen, mit unbedingtem Willen, außer welchem in der

Welt vor Gott mir nichts eigen ist, im Volke den reinen Rechtszustand, d. i. den einzig gültigen, den Gott gesetzt hat, gegen alle Menschensatzung mit Leben und Tod zu vertheidigen, die reine Menschheit in mein deutsches Volk durch Predigen und Sterben einführen zu wollen (…). Dank dir, o Gott, für diese Gnade; o, welche unendliche Kraft und Segen verspüre ich in meinem Willen; ich zittere nicht mehr! Dieß der Zustand wahrer Gottähnlichkeit! –[28]

Das Tagebuch vom 4. Dezember verzeichnet weitere Fortschritte in diesem Kampf:

Gott, eine Zeit solch reger Ergriffenheit, der innersten Kämpfe in meinem Seelenreiche, des Gottvertrauens und der Wehmuth, zweifelnder Kälte und des entschiedensten Willens zur Durchführung deines Willens, zur Erstehung der schwersten, äußersten Tugend in mir; (…) O, der gewaltigen Stunden, da ich gebrochen, in meiner bisherigen Geisterwelt, da ich mich entscheide, unbedingt meinem Volke zu leben, da ich 1000 Fäden löse und zerreiße, die mich hielten, den Opfertod für's Vaterland zu sterben. Ich erkenne Ueberzeugung und Wille und Liebe für Gott und mein Volk – für das höchste Eigenthum meines Ichs, und entscheide mich mit meinem Willen, unbedingt, o, ewiger, heiliger Gott, für dein Reich, die Freiheit![29]

Einen Tag später schreibt Sand in sein Tagebuch:

Ich will meinen Willen das höchste Geschenk Gottes, das einzige Eigenthum recht erkennen, und mit ihm mir all das Unendliche aneignen, was du um mich her zur Bewährung und Selbstschöpfung gelegt hast. Alle Gnaden verwerfe ich, die *ich* mir nicht *selbst* erwerben muß; jede Gnade *ungewollt* ist für mich keine, hebt sich in sich selbst auf! der Ueberzeugung nicht entschieden zu leben, nach Furcht und Menschensatzung sie kehren, nicht sterben wollen für sie, ist hündisch, ist die Schlechtigkeit von Millionen in Jahrtausenden! – Fliehe mit Besonnenheit das *Schleichen* des Satans. –[30]

Die Passage bietet ein getreues Bild dieser Schreibexerzitien. Noch einmal geht Sand den Katechismus seiner Willenstheologie durch, aber die Niederschrift spielt bereits zwischen Aussage und Handlung. Das Erkennen des höchsten Geschenks, das der Wille ist, erfolgt bereits als Aktion des Willens. Der Wille will durch seine eigene Aktivität erkannt sein und vermag damit eine erste Probe seines Tatpotenzials vorzulegen. Selbst die Gnade Gottes kommt als Geschenk des Willens, woraus sich die Paradoxie ergibt, dass das Geschenk des Willens auch bereits gewollt ist, dass der Wille, die Gnadengabe, bereits vom Willen erwartet und in Empfang genommen wurde. Der Wille ist das Zentralorgan der »Selbstschöpfung«, der Selbsterzeugung, des Ich-Designs. Alle diese Beobachtungen und konstativen Äußerungen sind zugleich performative im Sinne eines Exerzitiums: Das Schreiben ist die Übung des Wollens, die gewollte, beurkundete Sättigung des Tatentschlusses mit Wollen. Endlich, zum Jahresende hat sich Sands Entschluss gefestigt, die moralischen Tanks der Willenkräfte sind bis an den Rand voll, so dass danach das Tagebuch nicht mehr benötigt wird. Der letzte Eintrag vom 31. Dezember lautet dann:

> So begehe ich den letzten Tag dieses Jahres 1818 in ernster feierlicher Stimmung, und bin gefasst, der letzte Christtag wird gewesen sein, den ich eben gefeiert habe. – Soll es etwas werden mit unserem Streben, soll die Sache der Menschheit aufkommen, in unserem Vaterlande, soll in dieser wichtigen Zeit nicht Alles wieder vergessen werden, und die Begeisterung wieder auflohen im Land, so muß der Schlechte, der Verräther und Verführer der Jugend, A[ugust] v[on] K[otzebue], nieder – dieß habe ich erkannt. – Bis ich dieß ausgeführt habe, habe ich nimmer Ruhe, und was soll mich trösten, bis ich weiß, daß ich mit ehrlichem Willen mein Leben daran gesetzt habe? Gott, ich bitte dich um nichts, als um die rechte Lauterkeit und Muth

der Seele, damit ich in jener höchsten Stunde mein Leben nicht verlasse. (…) Im Gebiete meines Willens liegt Alles; wenn ich das Gute, was ich in meinem Gemüthe mit meiner Ueberzeugung erfaßt habe, mit freier Entscheidung meines schaffenden Willens erstrebe, bin ich vollendet; aber wie weit bleibe ich hinter dem idealen Zustand in meinem äußeren Leben zurück! Die Trägheit, die Gewohnheit, sinnliches Wesen, Furcht, Eitelkeit und Falschheit lagern immer um unsern thätigen Willen.[31]

Die Einträge bilden das Protokoll der Fortschritte, wie sich der Wille, der schwankende Wille zur Tat und zum Opfer aufbaut und stärkt. Alle Elemente entnimmt Sand dem pietistischen Seelenkampf, wie ihn unzählige Autobiografien und Tagebücher dokumentieren. Der Schauplatz und der Entscheidungsort dieses Kampfes ist der Wille. Der Wille ist die Gottesgabe, der Nichtwille ist des Teufels. Die Theologie des Willens ist christlich und lässt sich auf einer genealogischen Linie über Luther und Abaelard bis zu Augustinus zurückverfolgen. Der theologische Zuschnitt des Ganzen ist entscheidend: Stärke und Schwäche des Willens spalten sich in Analogie zur manichäischen Zweiteilung der Welt. Ihr Gegensatz wird auch in Sands Tagebuch auf die Ressorts Gottes und des Satans verteilt. Die Differenz von Wille und Nichtwille misst sich nicht am Leistungsgefälle moralischer Kräfte, sie ist nicht psychologisch. Sie vollzieht eine metaphysische Teilung, sie ist ein Riss in der Welt selbst.

Vor allem aber sieht man, dass der Kampf mit den Mitteln des Schreibens geführt wird. Das Tagebuch ist eine Arena. Die pietistische und calvinistische Tradition hat der Psychomachie diesen Raum erschlossen, wo die Sache ausgetragen wird. Dabei ist das Schreiben das Duell selbst. Das Duell ist aber seiner eigenen Struktur nach nicht der Kampf zwischen Gut und Böse, sondern der Kampf des Willens um sich selbst. Der Wille will, dass er die Tat will, der Wille will in sich die Kräfte zur Tat aufbauen, aber er verfügt nur über dieses theoretische Konzept. Also arbeitet dieser Wille an sich selbst, indem er eine solche dauernde literarische Buchhaltung seiner Potenziale betreibt, jedes Defizit einklagt und ständig Gott um Stärkung bittet.

Skripturale Willenstechnik II:
Sirhan Sirhan, der Mörder Robert F. Kennedys

Die Sache wäre vermutlich aufschlussreicher, wenn eine Graphie dieser Psychomachie in Sands Journal zur Verfügung stünde. Das Tagebuch gilt aber als verschwunden. Der Druck, der Sands Hervorhebungen wiedergibt, liefert lediglich Spuren für das alles Semantische übersteigende Kräftespiel. Überliefert sind aber immerhin Schriftspuren von der Hand des Palästinensers Sirhan Sirhan, der in den frühen Morgenstunden des 6. Juni 1968 Robert F. Kennedy erschoss, den Bruder des fünf Jahre zuvor getöteten Präsidenten John F. Kennedy. Obgleich es sich um ein Ereignis von gleicher Schrecklichkeit, mit gleicher Schockwirkung handelt wie die Tat des Lee Harvey Oswald, ist dieses Attentat von der Geschichtsschreibung *ad acta* gelegt worden. Robert F. Kennedy wurde von drei Kugeln getroffen, die aus allernächster Nähe auf ihn abgefeuert worden waren, und starb nach einer Notoperation am Nachmittag des 6. Juni. Gleich in den ersten Augenblicken nach der Tat erwachte die Erinnerung an den Mord in Dallas. »We don't want another Oswald« kann man noch auf den mitgelaufenen Tonbändern nach der Tat vernehmen.[32] Gleich ist man bemüht, aus dem Verbrechen keine Kopie der Ereignisse von Dallas 1963 werden zu lassen. Man wollte keine Wiederholung. Doch in einem anderen Sinne war die Tat der Effekt einer Selbstmobilisierung durch Wiederholungen.

Robert F. Kennedy hatte eben am 5. Juni 1968 die Vorwahlen um die Kandidatur der Demokraten für die Präsidentschaft in Kalifornien gewonnen. Seine Chancen, die Kandidatur zu erreichen, standen sehr gut. Als konsequenter Gegner aller Formen von Diskriminierung verfügte er bei Schwarzen, Latinos und anderen Einwanderern eigentlich über eine große Anhängerschaft. Allerdings hatte er auch die kompromisslose Unterstützung Israels angekündigt. Sirhan war mit seinen Eltern und zwei Brüdern 1957, ein Jahr nach der Suezkrise, aus Jordanien nach Kalifornien gekommen. In seinen ersten Vernehmungen nach der Tat wurde trotz seines Schweigens zur Sache bald deutlich, dass dabei auch antiisraelische Affekte eine Rolle gespielt hatten. Robert F. Kennedys Ankündigung vom Ende Januar 1968, er werde im Fall seiner Wahl Israel fünfzig Düsenjets liefern, hatte Sirhan erbittert. Diese Seite der Tat soll nicht ausgeblendet bleiben, aber es gibt viele Leute mit antiisraelischen Affekten und nur wenige von ihnen werden Attentäter. Eine wichtige Rolle bei der Vorbereitung der Tat spielt hingegen, dass Sirhan Leser war. Man fand in der Wohnung, die er mit seiner Mutter und zweien seiner Brüder teilte, eine große Menge an Büchern. Der älteste Bruder bemerkte auf die Frage von Journalisten, wer Sirhans besten Freunde gewesen seien: »Seine engsten Freunde waren sein Schlafzimmer und seine Bücher.«[33]

Sirhan verbrachte viel Zeit mit Lesen. Seine Lektüre bestritt er mit esoterischen und historischen Werken. Eine Durchsicht seiner Bücher ergab auch, dass er sich für Vorgänger interessierte, etwa für den Anarchisten Leon Czolgosz, der am 6. September 1901 den amerikanischen Präsidenten William McKinley mit zwei Pistolenschüssen tödlich verletzt hatte.[34] Aber Sirhan war auch ein Schreiber, und sein Notizbuch, eine Art Schmierbuch, das in seinem Schlafzimmer gefunden wurde, diente im Prozess gegen ihn als ein wichtiges Beweisstück. Allerdings bleibt der Einsatz dieses Dokuments bis auf den heutigen Tag unter Juristen umstritten.[35] Unbestritten ist hingegen, dass Sirhan der Schreiber dieser Blätter war, wenn er auch später behauptete, über keine Erinnerung an dieses Schreiben zu verfügen. Die Tat und die näheren Umstände waren offenbar durch Amnesie vollständig gelöscht. Unabhängig von der Frage nach Sirhans mentalem Zustand bei der Tat erlauben diese Notizbuchseiten, den Vorgang der schreibtechnischen Autosuggestion auf dem Papier zu verfolgen. In Sirhans Notizbuch ist der Satz »Robert Kennedy muss sterben« unzählige Male von eigener Hand niedergeschrieben.

Den Grund dieser Schreibübung deckte der Angeklagte später auf, als er in einem Interview mit dem Journalisten Robert Blair Kaiser erzählte, wie er auf den Gedanken kam, Kennedy zu töten.

> Eine ganze Reihe meiner Ideen verdanke ich dem Buch *The Edinburgh Lectures on Mental Science* von Thomas Troward. In diesem Buch spricht Troward von der Philosophie des Geistes, dem objektiven Geist in seiner Beziehung zum universalen Geist. Wenn du deinem persönlichen Geist einen intensiven Befehl gibst, dann wird der subjektive Geist diese Information aufnehmen, um sie dem objektiven Geist zur Ausführung zu übergeben. Als ich Robert F. Kennedy zuhörte – ich saß da und schaute im Fernsehen eine Sendung über ihn und trank Tee dabei – da sagte ich: ›Du Hurensohn. Wenn ich eine Million Dollar hätte, dann würde ich Dich ins Weiße Haus bringen.‹ Ich war für ihn. Ich wollte ihn tatsächlich. Aber am Ende, als das kurze Stück über Israel kam, da bekam ich einen Anfall. Und als dann die Nachricht kam, dass er in dem Jewish Social Club in Beverly Hills gewesen war, da hatte ich einen zweiten Anfall. Das war der Augenblick, in dem ich beschloss, mit Kennedy Schluss zu machen. (…) Ich saß vor einem Spiegel in meinem Zimmer. (…) Ich konzentrierte mich auf RFK im Spiegel. Ich musste Schluss mit ihm machen.[36]

Das also war der Auslöser für den Tatentschluss. Anschließend erst setzt das autosuggestive Manöver ein. Sirhan berichtet darüber:

> Schließlich war sein Gesicht im Spiegel statt des meinigen. Dann ging ich zu meinem Notizbuch und fing an zu schreiben. Das war Teil der Autosuggestion, um meinen subjektiven Geist dazu zu bringen, meinen objektiven Geist zur Aktion zu bringen. Ich habe in einem Rosenkreuzer-Magazin gelesen, dass du, wenn du etwas willst, es aufschreiben sollst. Das funktioniert dann automatisch.[37]

Das künftige Opfer erschien erst auf dem Bildschirm, dann im Spiegel, und schließlich erblickte sich der Täter an der Stelle seines künftigen Opfers. Das ist exakt die bildliche Logik des Attentats: das fremde Bild zerstören, um das eigene Bild an dessen Stelle zu rücken. Dann aber ging der Täter über zu seinem skripturalen Training, dessen Methode er verschiedenen Schriften entnommen hatte. Dazu zählte eine Rosenkreuzer-Zeitung vom Mai 1968, *The Rosicrucian Digest*, die in seinem Schlafzimmer gefunden wurde. Dort stand zu lesen:

> Indem du es aufschreibst, gibst du die Daten bisweilen ein wenig schärfer in dein Unbewusstes ein, und wenn du deinem mentalen System ganz genau einschärfst, wohin du gehen willst, dann gelangst du einfach noch erheblich schneller dorthin. Indem du es aufschreibst, stellst du es ganz scharf – klärst es – und nagelst dich darauf fest, was du zu tun wünschst.
> Dieses einfache Rezept des Aufschreibens und des Glaubens daran, funktioniert. Wenn du erst einmal in Bewegung bist, dann trägt dich dein Schwung über viele Hindernisse hinweg, die dich zuvor vielleicht gebremst hätten. Ich fordere von dir: schreib es auf.[38]

Diese Rosenkreuzer-Methode empfiehlt eine autosuggestive Schreibtechnik. Allerdings zieht sie das Handlungspotenzial aus dem Unbewussten und nicht aus dem Willen. Das Schreiben ist eine Inskription der Absicht ins Psychische, aus dem sich der Schwung in die Tat ergeben soll. In Sirhans Notizbuch setzt die Autosuggestion zunächst mit der rhythmischen Notation des eigenen Namens ein.

Man erkennt die Skriptur, die durch monotones, invariantes, rhythmisches Schreiben den autosuggestiven Kanal füllt. In Sirhans Notizbuch folgt auf die Seite mit den Serien seines Namens eine argumentative Passage.

Dort heißt es im zweiten Absatz: »Ich befürworte den Sturz des gegenwärtigen Präsidenten der beschissenen Vereinigten Staaten, ich habe bislang noch überhaupt keine Pläne – aber bald werde ich welche entwerfen.«

Sirhans Notizbuch:
Rhythmische Notation
des eigenen Namens

Sirhans Notizbuch:
Darauffolgende
argumentative Passage

Auf der nächsten Seite, die hier unten zu sehen ist, geht Sirhan über zur Theorie und Praxis der skripturalen Autosuggestion. Er schreibt:»Kennedy muss fallen, Kennedy muss fallen«. Und dann heißt es weiter:»Wir glauben, dass Robert F. Kennedy für die Sache des armen ausgebeuteten Volkes geopfert werden muss«. Aber wie soll das geschehen? Als Resonanz auf die autosuggestiven Anweisungen in der Rosenkreuzer-Zeitung liest sich dann die folgende Passage:

> Wir glauben, dass wir eine solche Aktion zustande bringen und diese Wirkungen erzielen können – die Hand, die schreibt, wird durch dieses Schreiben das oben erwähnte Opfer erschlagen. Man fragt sich, wie sich das anfühlt, einen Mord zu begehen, der vielleicht unrecht wäre – Ich glaube, dass ich den Tod von Bert K. Altfillish bewirken kann.

Altfillish ist der Name eines Pferdestallbesitzers, bei dem Sirhan einige Zeit gearbeitet hatte, mit dem Wunsch Jockey zu werden. Den Job verlor er nach einem schweren Unfall im Dezember 1967. Auf einer der nächsten Seiten geht er über zur Aktivierung der Tatenergie. Die Schreibhand ist die künftige Tathand, Schreiben bildet den Übergang zum Schießen, und dieser Übergang erfolgt ohne die Kräfte der Motivation und Semantik.

Auf den 18. Mai 1968 datiert Sirhan dann seinen Entschluss. Die Hand weiß, was sie zu tun hat:»Meine Entschlossenheit, R.F.K. zu beseitigen, wird immer mehr eine unerschütterliche Obsession«. Darauf folgt die Serie der Skripturen»Robert Kennedy muss ermordet werden.«

Später hat der Psychiater Dr. William Diamond, der im Auftrag des Richters Sirhans Geisteszustand untersuchte, zur Frage der Zurechenbarkeit verschiedene Tests und Experimente vorgenommen. Auch er ließ Sirhan schreiben, allerdings unter Hypnose.[39] Dabei kamen ähnliche Schriftbilder zustande; allerdings sahen sie sehr viel weniger systematisch aus.

In seinem Notizbuch füllte Sirhan lange Seiten mit dem Befehl an sich selbst, und die Reihen der Befehlssätze halten fest, wie sich die

Sirhans Notizbuch: Aktivierung der Tatenergie

Sirhans Notizbuch: Wiederholung der Schreibübung unter Hypnose durch den Gerichtsarzt Dr. Diamond.

Tathand aus der Schreibhand herausschält. Die Anweisung zu dieser Selbsttechnik, die durch rhythmische Wiederholung ein Tatpotenzial aktiviert, fand Sirhan nach eigener Aussage in den *Edinburgh Lectures on Mental Intelligence Science* von Thomas Troward aus dem Jahre 1904. Troward entwickelt dort die Idee, dass zwischen dem individuellen und dem universellen Geist Energien ausgetauscht werden, dass überhaupt der individuelle Geist nur eine Filiale des universellen Geistes sei. Trowards Theorie konzipiert diese Kommunikation aber so, dass der individuelle Wille immer nur die Kräfte des universellen Geistes modulieren kann. Da dieser Vorgang als Austausch von Energiepotenzialen zu denken ist, kann der subjektive Geist nur von den vorhandenen Kräften des Universalen Geistes Gebrauch machen. Das Training des Willens und sein Aufstieg von der unteren zur höheren Ebene bildet das Ziel der Mental Science.[40] Wenn sich Troward auch als religiöser Denker verstand, so konzipierte er seine Wissenschaft handfest als praktische Psychotechnik. So las ihn Sirhan ja auch. Es ging dabei darum, mental ein Tatpotenzial zu mobilisieren, eine Energie, die sich vor allem auf dem Wege der Konzentration dirigieren lässt. So liest man bei Troward:

> [A]nstatt unsere Kräfte zu zerstreuen, sollten wir eine kluge Technik zur Konzentration anwenden. Dieses Wort bedeutet, etwas um ein Zentrum herum zu sammeln, und das Zentrum ist der Punkt, wo alle Kräfte einer beliebigen Sache völlig im Gleichgewicht stehen. Sich zu konzentrieren, bedeutet daher zuallererst, unseren Verstand in eine Gleichgewichtslage zu bringen, die es uns erlaubt, den Fluss der geistigen Kräfte ganz bewusst auf ein als endgültig erkanntes Ziel zu richten, um dann unsere geistigen Kräfte sorgsam daran zu hindern, in die entgegengesetzte Richtung zu fließen.[41]

Sirhan nahm diese Dinge so ernst, dass er sogar glaubte, mit der Technik der Mental Science den Ausgang von Pferderennen beeinflussen zu können. Ohne Mühe lässt sich die Mental Science als paranoische Theorie verstehen: Wo solche Kräfte aktiv sind, die sonst allein der himmlische Spender der Lottozahlen in Bewegung setzt, dort gibt es keinen Zufall mehr. Entscheidend für Sirhan war aber der Einsatz der *skripturalen* Autosuggestion, die tatsächlich dazu beitrug, den Weg von der Inversion des Schreibens, vom Selbstbezug der Schrift, zur Tat zu nehmen. Der Autor der Darstellung des Falles, Robert Blair Kaiser, äußerte dann auch die Vermutung, dass Sirhans Schreibexerzitien, die Liturgie des »R.F.K. must die«, nicht der Autosuggestion gedient haben; vielmehr sei es eine Art Niederschrift der Befehle gewesen, die Sirhan von dritter Seite empfangen habe. Auch Kaiser schwankt zwischen der Variante der Verschwörung, die Sirhan als Täter einsetzt, und der Fernsteuerung durch die Bibliothek: Nach Kaisers Version kam die Steuerung aus den von Sirhan eifrig studierten Büchern Trowards, aus der theosophischen *Geheimlehre* der Helena Petrovna Blavatzky und aus Rosenkreuzerschriften.

Dass die Tat keineswegs aus einer literarischen, sondern aus einer mentalen Programmierung kam, hat die Geschichte in ihre Akten geschrieben. Sirhan trieb die Selbsttechnik bis zur Betätigung des Abzugs. Man sieht leicht, dass auch hier etwas ins Spiel kam, was nicht einfach wahnsinnig ist, sondern was in zwei unterschiedlichen Registern operiert: Es sind die beiden Register des Rhythmus und der Semantik. Der skripturale Rhythmus führt hier vom Schreiben zur Tat. Die Wiederholung bildet ein mimetisches Doppel der Schussserie, die den Tod bringen soll. Der Mörder, der mit dem Messer auf sein Opfer losgeht, benötigt eine andere Tatenergie als ein Attentäter, der die Sache mit der Pistole erledigt. Der Messerheld schreibt sich anders an die Aktion heran als der Pistolenheld. Allerdings gibt es auch Beispiele für die Umkehrung, für das skripturale Verfahren, das im Register des rhythmischen Schreibens Tatenergie abbaut, etwa in Elias Canettis *Die Fackel im Ohr*. Canetti erzählt dort, wie er auf eine Entscheidung seiner Mutter reagierte, die ihm eine kleine Summe für einen Gebirgsausflug verweigerte. Aus Wut und Machtlosigkeit beschrieb er unzählige Blätter mit dem einzigen Wort »Geld, Geld, Geld«, bis Wut und Kränkung verraucht waren.[42]

Docteur Lacan (2): Schizographie

In einer Fallgeschichte, die er Anfang der dreißiger Jahre veröffentlichte, beschrieb Jacques Lacan die Symptome einer jungen Volksschullehrerin, die er dem Komplex der klinischen Paranoia zuschrieb.[43] Neben Hass auf Männer und erotischen Wahnvorstellungen entwickelte die vierunddreißig Jahre alte Frau die Idee, als »Jeanne d'Arc« die guten Sitten in der Welt wiederherzustellen. Besonderes Interesse verwandte Lacan auf die Analyse der Schriften der jungen Frau, die sie ihrer Auskunft nach aus »Intuitionen« und »Offenbarungen« bezogen hat. Diese Schriften wiesen nun eine Reihe von verbalen und grammatischen Besonderheiten auf, die sie zu weiten Teilen »unverständlich« werden ließen. Dies räumte die Autorin selbst zwar ein, doch schrieb sie das einem besonderen esoterischen Sinn zu. Die Botschaften speisten sich aus der Überzeugung, dass hier »Wahrheiten höherer Ordnung« ausgesprochen wurden. Diese Äußerungen waren, wie Lacan es ausdrückt, auf einem sthenischen Zustand gegründet, also von besonderen Gewissheiten und Überzeugungskräften beseelt.

Dank solcher höheren Inspirationen schrieb die junge Frau zahlreiche Texte, vor allem Briefe in einem dauernden Beziehungsdelirium, die nach Lacans zutreffendem Urteil den Produkten der surrealistischen *écriture automatique* ähnelten. Ersichtlich formte sich das Syntagma dieser Texte aus rhythmischen und klanglichen Einheiten, die die semantische und syntaktische Kohärenz überlagern. Solche Sätze lauteten zum Beispiel: »Herr Präfekt von Musik von Amrik, mitgerissen vom Stil um zu peristylisieren das Konto Potato und Margolin, verbunden ohne Stunden im Protzen, Motzen.«[44]

Unüberhörbar ist der musikalische Einsatz der Rhythmen und Assonanzen, im Anschluss an eine konventionelle Briefanrede an eine anscheinend hochgestellte Person. Die Poesie dieses Schizogramms liest sich auch aus einer Passage, worin die Autorin selbst die Funktion ihres Stils zu bestimmen sucht:

Dieser Stil, den ich an die Autoritäten des Übergangs richte, ist der Stil, der erforderlich ist zur Wohlgestalt der Umhängetasche der Muschelle und ihres Grades als Kratzoffizier.
Es ist meine Verteidigung von Ordnung und Recht.
Es unterstützt das Rechtsgut.
Er unerbittlicht die dümmste Zungne und erklärt sich in Übereinstimmung mit den Rechten der Maler.
Er faulpelzt die Sungne aus Goldereiglanz, um sie, auf Führing, zur Zungne zu leiten, die sie durchquert.
Er ist Marne und Dukaten von ›auch Unrecht habt ihr begangen?‹
Das hat sich mir inspiriert durch den Siegrad in der verfluchten Versammlung Genf und Co.
Ich mache es rasch und wunderlich.
Er ist endlich der artigste, wenn er Zungne anlegt, wo es sich gehört.
Wohlsein vom Effekt zu Kratzen.
Marcel die Krabbe.[45]

Als Signatur schreibt die Autorin nicht nur einen erfundenen, sondern auch einen männlichen Namen. Da hier die Handschrift selbst, wie Lacan betont, keine Unregelmäßigkeiten aufweist und gut lesbar ist, scheint das Schizogramm also einem Gesetz zu folgen, das orthographische Varianten und abgewandelte Wortbilder hervorbringt, um sie musikalisch und rhythmisch zu arrangieren. Damit tritt ein Effekt in den Vordergrund, der sowohl das paranoische Lesen wie Schreiben charakterisiert: Es steht in einem Verkehr mit Kräften, mit Absichten und Willen, die es aufgreift, ausspricht, vernimmt oder vernehmen lässt. Allerdings legen es die Befunde nahe, an eine terminologische Variante zu denken, die Bleulers Begriff der Schizophrenie und die daran anschließende Konzeption des Schizoiden überwindet, um Lacans »Schizographie« dem Phänomenbereich des Paranoischen zuzuweisen. Die Klinik, aber auch die Literatur bieten Hinweise, dass es einen paranoischen Graphismus gibt, der ganz unterschiedliche Gestalten annehmen kann, die literarisch von den surrealistischen Experimenten mit der *écriture automatique*

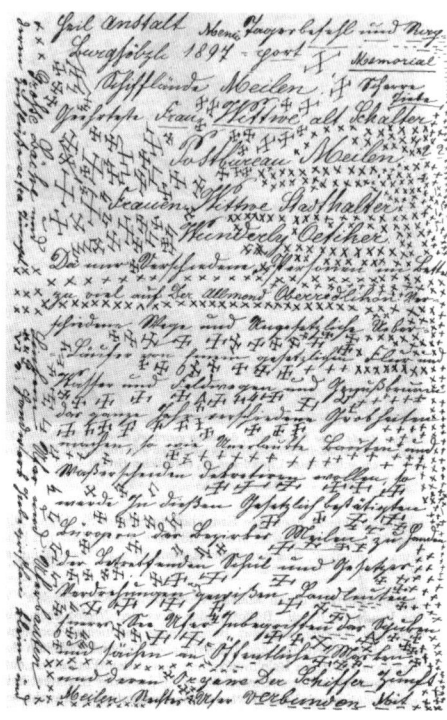

Schizographisches Dokument aus Eugen Bleulers Lehrbuch der Psychiatrie.[46]

Schizographisches Dokument aus Oskar Panizzas Pour Gambetta, zugleich ein wahnhaftes Dokument.[47]

bis hin zu den eigenwilligen Schreibweisen Antonin Artauds oder Oskar Panizzas (und Arno Schmidts) reicht; am Extrempol zählen auch klinische Formen dazu. Die Illustration auf der Seite gegenüber fügte Bleuler in das Schizophrenie-Kapitel seines Lehrbuchs ein. Es stammt von einem »leicht manischen Katatoniker«.

Die beiden Reproduktionen stehen hier als Beispiele für das paranoische Schizogramm, das schwer verständliche semantische Cluster durch auffällige Schriftbilder überformt: Der Verfasser des Blattes aus Bleulers Lehrbuch ist offensichtlich bemüht, die ganze Seite zu beherrschen und einem *horror vacui* zu wehren, der aus unbeschriebenen weißen Stellen hervorbrechen könnte. Die Einträge in Panizzas Zeichenbuch *Pour Gambetta* dokumentieren konventionellen Verkehr mit einer Institution in kontrollierter Schrift; und auf der gleichen Seite finden sich die fiktiven Graphien Kaiser Wilhelms, handgeschriebene, aber weitgehend gleichförmige Erklärungen in grotesker Schrift.

Jacques Lacan, der die Paranoia nicht als Variante der schizophrenen Formen klassifiziert, sondern ihre Dynamik verstehen möchte, betont die besondere Funktion des Rhythmus und der Stereotypien, die auch seine klinischen Fallbeispiele zeigen. Die Skala paranoischer Graphien, die auffällig abweichenden Zeicheneinsätze, die zum Einsatz kommen, bestätigt diesen Befund. Die Schrift, die repräsentiert, ist einerseits verdächtig, andererseits, vielleicht auch eben deshalb der Container von Energien. Lacan spricht in anderem Zusammenhang davon, dass der Symbolgebrauch der Paranoiker reich ist an »Phantasmen zyklischer Wiederholung, ubiquitärer Vervielfältigung, endloser periodischer Wiederkehr gleichförmiger Ereignisse, Verdopplungen und Verdreifachung gleicher Personen sowie der Halluzination, dass sich gar die Person selbst spaltet.«[48] Diese Abweichungen durchlaufen alle Register des Normalen und Pathologischen.

Hämmern: Ein Literaturtraum des Performativen

Nicholson Bakers Roman *Checkpoint* führt zum Attentat, zum Traum und Trauma des Performativen zurück.[49] Der Roman erzählt in Dialogform die Geschichte des vierzigjährigen Gelegenheitsarbeiters Jay, der seinen alten Schulfreund, den Unidozenten Ben, zu sich ins Hotel einlädt, um mit ihm bei mitlaufendem Tonband seine Gründe zu erörtern, warum er den Präsidenten George W. Bush umbringen will. Ein TV-Bericht aus dem Irak hat ihn in diese mörderische Aufregung versetzt. Im TV war gemeldet worden, dass amerikanische Soldaten aus Versehen an einem Checkpoint eine irakische Familie mit mehreren Kindern auf der Flucht erschossen hatten, weil sie die Leute für Terroristen hielten. Jay stehen die TV-Bilder, die er von den Angriffen der Army in Falludscha, in Kerbela, in Basra, in Bagdad gesehen hat, dauernd vor Augen. Alles versammelt sich im Bild von Bush, und weil Ben das offenbar ahnt, will er Jay dazu bringen, sich statt mit seiner Pistole mit einer Fotokamera auf den Weg zu machen. Jay zeigt alle Züge amerikanischer Attentäter. Er ist ein zwanghaft nervöser, depressiver, suizidgefährdeter Mann, ein Bibliotheks-Maniac, der in den Buchhandlungen auch wieder nach Büchern über Attentate sucht, über das McKinley-Attentat, das Kennedy-Attentat, über die Hitler-Attentate. Er hat das Sixth Floor Museum in Dallas besucht, die Stätte, von der aus Lee Harvey Oswald Präsident John F. Kennedy erschossen hat. All die Bilder, die dort ausgestellt sind, geistern ihm durch den Kopf. Sein Denken folgt einer repetitiven Automatik: »Ja, abends manchmal, wenn ich Gurke für den Salat schneide, dieses rhythmische *Hack, Hack, Hack*, da fällt mir manchmal eine kleine Verbindung ein, an die ich den ganzen Tag nicht gedacht habe.«[50] Offenbar spielt das im gleichen rhythmischen Register wie die Wiederholung der skripturalen Psychotechnik, die Sand und Sirhan einsetzten, um ihren Tatwillen zu stärken oder, mit Lacan gesprochen, um das sthenische Muster aufzubauen. Jay steht bereits im Jenseits des Schreibens, aber er ist nach wie vor an die Bibliothek und an das Bibliotheksphantasma angeschlossen. Mit einiger Mühe überredet Ben den aus der Bahn laufenden Jay dazu, statt zu schießen, mit einem brasilianischen Mojo-Hammer auf ein Foto des Präsidenten Bush einzuschlagen und sich so zu entlasten. Er verspricht: »Alles, was du mit diesem Hammer dem Bild eines Übeltäters zufügst, wird dem Übeltäter auch selbst zustoßen.«[51] Anschließend bringt Ben seinen Freund dazu, Washington zu verlassen. Eine Wiederholung der Attentate, die Jay aus Büchern und von Bildern kannte, ist vermieden worden. An die Stelle des Hack, Hack, Hack, des Aufbaus von Tatwillen durch Psychotechnik, tritt der Abbau der aus Wiederholungen (Lesen, Sehen, Hämmern) angesammelten sthenischen Energie. Der Attentäter agiert als Ikonoklast.

Der Mörder John Lennons, Mark David Chapman, war ein besessener Leser von J. D. Salingers *The Catcher in the Rye*. Er hielt sich zeitweise selbst für Holden Caulfield, den Ich-Erzähler des Romans, der mit dem verächtlichen Wort *phony* die verhasste Welt der Erwachsenen etikettierte. Allen Freunden legte Chapman nahe, dieses Buch zu lesen, um ihn zu verstehen. Was für eine Art von Lesen ist das? Als Chapman in das Delirium eintrat, an dessen Ende der Beatles-Star tot im Eingang des Dakota-Buildings lag, sang er in einem Dauerstaccato vor sich hin: »The phony must die, says the Catcher in the Rye.«[52]

Nicht jede Sprache erlaubt ein solches rhythmisches Spiel. Nicht jedes skripturale System erlaubt diese Selbsttechnik, die das Potenzial einer Gewalttat, einer einmaligen und am Ende vielleicht selbstmörderischen Tat mobilisiert (oder neutralisiert). Die Schrift muss in ihrer eigenen Struktur, etwa als rhythmisierte Sequenz von symbolischen Klangmustern und Assonanzen, ein Abbild von Akten, gleichsam von Hieben und Schüssen, sein. So hat ja bereits Michel Foucault in seinem frühen Essay *Le langage à l'infini* festgehalten, dass die phonetische Strukturierung des okzidentalen Sprachsystems, wo Lettern Laute bezeichnen, jene innerliche Faltung der modernen Literatur ermöglicht, die den Tod in einer unendlichen Dopplung zugleich einschließt und abwehrt.

Die alphabetische Schrift bildet in sich selbst bereits eine Art von Doppel aus, da sie ja nicht die Bedeutungen darstellt, sondern die phonetischen Elemente, die sie bezeichnen; hingegen stellt das Ideogramm unmittelbar die Bedeutung dar, und zwar unabhängig vom phonetischen System, das auf ganz andere Weise repräsentiert. Für die okzidentale Kultur heißt Schreiben daher von vornherein, sich in dem virtuellen Raum der Selbstrepräsentation und Verdopplung einzurichten; indem die Schrift nicht die Sache, sondern das Wort darstellt, besteht das Werk der Sprache allein darin, noch tiefer in diese immaterielle Dichte des Spiegels vorzudringen, das Doppel dieses Doppels der Schrift aufzurufen, eine zugleich mögliche wie unmögliche Unendlichkeit zu entdecken, dem Wort grenzenlos zu folgen und sich auch jenseits der Todesverdammnis daran zu halten und das Fließgeräusch des Murmelns freizusetzen.[53]

Das Potenzial, das sich aus der rhythmischen Folge von Lettern aufbaut, lässt die ontologische Spaltung von Leben und Tod aufklaffen. Schriftsysteme die aus Ideogrammen aufgebaut sind und die unmittelbar Signifikate darstellen, bleiben gegen diese Spaltung immun. Auf unser Thema bezogen heißt dies, dass die Selbsttechnik, die das sthenische Überzeugungswerk, das Tatpotenzial semantisch und rhythmisch aufbaut, eben nicht mit Ideogrammen operieren könnte. Einem chinesischen Attentäter stünde diese litterale Technik nicht zur Verfügung. Insofern ist das Modell des Attentats, das seine mörderische Aktivität aus dem Schreibprozess bezieht, rein westlich. *How to do things with words*, das performative Sprechen, wäre eine universale Gegebenheit. Hingegen bliebe die Doktrin *How to kill by writing* ein Privileg der Kultur, die Serien von Lautsymbolen benutzt, um sich durch wiederholtes Durchlaufen dieser Tonspur auf den Weg zu machen.

DAS 20. JAHRHUNDERT: ESKALATION DER SICHTBARKEIT UND DER GEWALT

| Die drei Dimensionen der Geschichte im 20. Jahrhundert
| Ende der Geschichtswette und schizophrene Historiologie
| Es hätte auch anders kommen können (1): 28. Juni 1914
| Es hätte auch anders kommen können (2): Die Ermordung von Jean Jaurès am 31. Juli 1914
| Aufstand gegen den Zufall (1): Friedrich Adler
| Aufstand gegen den Zufall (2): Theodor Lessing
| Es hätte auch anders kommen können (3): Denkmal für den Hitler-Attentäter Georg Elser

*Die drei Dimensionen der Geschichte
im 20. Jahrhundert*

Das 20. Jahrhundert ist das Jahrhundert der Gewalteskalation. Eric Hobsbawm erteilt auf der Mottoseite seiner *Weltgeschichte des 20. Jahrhunderts* einer Reihe prominenter Autoren das Wort, die wie aus einem Munde das Jahrhundert als Epoche der Gewalt anrufen.[1] Man fragt sich allerdings: Ist Geschichte im geläufigen Sinne der Haupt- und Staatsaktionen denn überhaupt etwas anderes als ein Epos von Eroberungen, Kriegen, Schlachten, Invasionen, Genoziden, Revolutionen, Vertreibungen, als die Erzählung von Morden der Götter, Helden, Könige, Präsidenten und Völker? Der Unterschied, den das 20. Jahrhundert als ein Gebirge der Gewalt aus der Geschichte hervorhebt, ist die technische Ausrüstung des Krieges, die sich in kaum vorstellbarer Weise fortentwickelt hat. *Hiroshima* gibt dieser Erfahrung einen Namen. Das Schicksal dieser von den Gluten der Atomwaffe versehrten Stadt steht aber darum so tief in das Gedächtnis der Menschheit gebrannt, weil das grauenhafte Ereignis in vielen Details gefilmt, fotografiert, musealisiert, erzählt und zitiert wird. Die Technik hat als gerechte Gegengewalt auch die Ausrüstung der Zeugen, Beobachter, Historiker und Chronisten verbessert.

Es ist mit Hegel an die beiden Bedeutungen von »Geschichte« zu erinnern, die *res gestae* und die *res relatae* oder die *historia rerum gestarum*.[2] Beides, das Geschehen und der Bericht davon, heißen *Geschichte*, und gehen ein in das Meer der Ereignisse. Doch längst gibt es auch die *res mediae*, die Zeugnisse der Bildarchive, die Fotos, Filme und Tonträger, die die Vergangenheit ein zweites und mehrfaches Mal sprechen lassen. Diese Dokumente sind gerade dort besonders wertvoll, wo die unmittelbaren Zeugen von den Katastrophen oder von der Zeit mit verschlungen worden sind. Bewegte und unbewegte Bilder eröffnen eine dritte Dimension der Weltgeschichte im 20. Jahrhundert. Dank ihrer Evidenz und Anziehungskraft schwindet der Abstand zwischen Ereignis und Bild.

Denkt man nicht nur an die von kleinen und großen Armeen ausgelösten Gewaltereignisse des 20. Jahrhunderts, an die Weltkriege, die Bürgerkriege, die regionalen bewaffneten Konflikte, an die Befreiungskriege, die Guerillakriege, an die großen und kleinen Genozide, sondern auch an die politischen Morde, an die terroristischen Aktionen, die Flugzeugentführungen, an die Attentate der PLO, der RAF, der italienischen, irischen, baskischen, nationalen, linken und rechten und konfessionell getriebenen Terroristen, an die *suicide bomber* und die sogenannten bewaffneten Arme irgendwelcher Unterdrückten, dann drängt sich Einsicht auf, dass die modernen Übertragungsmedien als Zeugen aller politischen Schrecken auftreten. Sie sind an der Politik und an der Eskalation der Gewalten unmittelbar beteiligt. Ohne die globale TV-Aufmerksamkeit, die der Terror der entführten Flugzeuge bis zu seinem bisherigen Endpunkt, dem Angriff auf die Twin Towers am 11. September 2001, fand, wären diese Taten nie ausgeführt worden. Die Attentäter des 18. und 19. Jahrhunderts sahen sich angewiesen, ihre Gewaltakte in Manifesten oder schriftlichen Dokumenten zu begründen. Allenfalls hinterließen sie ein Bild von sich selbst wie Charlotte Corday. Heute kann sich jeder Attentäter, der eine prominente Person angreift oder zahlreiche Tote produziert, sicher sein, dass der Videostream seiner Tat sekundenschnell um den Globus geht, und er hat auch keine Mühe, durch die Kanäle der Berichterstattung den Kommentar der Tat folgen zu lassen. Wir werden nur allzu oft Beobachter solcher TV-Attentate, Zeugen ihres Misslingens, aber auch Zeugen ihres Erfolgs. Die ganze Welt ist dabei. Terror ist ein globales TV-Programm. Die Entführung, die Explosion lässt sich nicht mehr regionalisieren, weil es die Attentäter, aber auch die Nachrichtenhändler anders wollen.

Die Mediengeschichte des Attentats im 20. Jahrhundert ist ein ungeschriebenes, zugleich unschreibbares Kapitel der politischen Historie. Denn die erzählende Historie findet keine Form mehr für die Komplexität der Zusammenhänge. Seit nicht mehr Monarchen, Generäle, Präsidenten und Regierungschefs die Macht monopolisieren, sondern seit sich Macht und Gewalt ausdrücklich dort verteilen, wo einst friedliche Untertanen schwiegen und stumme Landsknechte das Schwert schwangen, wo heute hingegen das Millionenkonzert und die statistischen Gespenster der öffentlichen Meinung oder der repräsentativen Befragung die Macht ergriffen haben, hat sich die Lage verändert. Weil die Sphäre der öffentlichen und politischen Repräsentation durch die Sichtbarkeit, durch die Berichterstattung und die öffentliche Meinung verdoppelt wird, spielt sich das Politische in der dreidimensionalen Welt von Ereignis, Bericht und Bild ab. Kein prominenter Politiker betritt einen öffentlichen Raum, ohne dass sein Auftritt beobachtet, fotografiert und gefilmt wird, ohne im Radio übertragen zu werden – von den Mikrofonen, die ihm entgegengestreckt werden, ganz zu schweigen. Die Attentäter, die im 20. Jahrhundert von den technischen Augen und Ohren Gebrauch machen, nutzen diese Aufmerksamkeit für das Bekanntwerden ihrer Tat. Dabei verhalten sie sich nicht anders als die Politiker selbst. Aber dieses Fading der exklusiven Repräsentation zugunsten einer dauernden, andauernden Verdopplung in der medialen Öffentlichkeit, ist auch einer der Gründe für die zunehmende, permanent lauernde Gewalt.

Ende der Geschichtswette und schizophrene Historiologie

Die Paranoia, die gegen die Kontingenzmacht in der Geschichte aufbegehrt, ist nicht nur in den politischen Ängsten der Attentäter tätig, sondern sie nutzt auch den Scharfsinn und den intellektuellen Spielsinn der Philosophen. Das heißt »konspirative Geschichtsmetaphysik«, wie sie hier nachgezeichnet wird. Diese Ideen zu einer Sinnkonspiration in der Tiefe oder auf der höchsten Höhe der Weltgeschichte nimmt allerdings den Weg von einer philosophischen Historiologe, die zunächst dem Zufall Rechnung trägt und ihn dann nach und nach aus theoretischen Gründen ausräumt, um am Ende zu einer Betrachtung zu gelangen, die sich definitiv zum Herrn des Zufalls aufschwingt. Diesen Weg durcheilt die deutsche idealistische Philosophie innerhalb von zwanzig Jahren. Als um die Wende zum 19. Jahrhundert diese philosophische Historiologie erfunden wurde, von den Kants, Schillers, Schlegels, Hegels, Humboldts, da ging es zunächst darum, Ereignisse nicht in Reihen, nicht in der zufälligen Folge oder Verklumpung, wodurch sie charakterisiert werden, aufzuzeichnen, sondern ihnen eine begreifbare Struktur zu geben. Aber mit welchem Recht?

Kant setzt 1784 in seiner Abhandlung *Idee zu einer allgemeinen Geschichte in weltbürgerlicher Absicht* mit folgender Bemerkung ein:

> Die Geschichte, welche sich mit der Erzählung [der menschlichen Handlungen] beschäftigt, so tief auch deren Ursachen verborgen sein mögen, läßt dennoch von sich hoffen: daß, wenn sie das Spiel der Freiheit des menschlichen Willens im g r o ß e n betrachtet, sie einen regelmäßigen Gang derselben entdecken könne; und daß auf die Art, was an einzelnen Subjekten verwickelt und regellos in die Augen fällt, an der ganzen Gattung doch als eine stetig fortgehende obgleich langsame Entwicklung der ursprünglichen Anlagen derselben werde erkannt werden können.[3]

Dass sich die Menschheit auf einem Entwicklungsweg zum Guten befinde, ist also zunächst eine Hoffnung, die die kritische Philosophie ausspricht. Sie ist sich aber keineswegs sicher. Man kann selbstverständlich einfach Gott vertrauen, der zu seinem Belieben oder um ein Experiment mit dem *animal rationale* zu beginnen, eine Lücke in die Ewigkeit riss, um eine Menschenzeit laufen zu lassen. Wie lange, darüber hat es viele Spekulationen gegeben. Die christliche Zeitrechnung Joachim von Fiores, von der bereits die Rede war, kalkulierte mit drei mal vierzig Generationen. Nach Matthäus dauerte es von Gottes Schöpfungswort bis zur Geburt des Jesus 1260 Jahre, bis zur Zeitenwende im Jahre 1260 noch einmal so lange und dann ging es höchstens noch einmal 1260 Jahre. Das waren die drei Epochen des Vaters, des Sohnes und des Heiligen Geistes. Dann würde Gott die Akten der Menschenzeit schließen und die Ewigkeit fortsetzen. Das Mittelalter lebte in der Unruhe, dass Gottes Kalender vielleicht schon jetzt seinen letzten Eintrag erhielte. Die Philosophie der Aufklärung mag das nicht mehr glauben. Doch was spricht dafür, in der konfusen, desperaten Geschichte der menschlichen Handlungen eine geheime Ordnung zu suchen? Lessing hatte noch in seiner Abhandlung von 1780 *Die Erziehung des Menschengeschlechts* gemutmaßt: »Gott hätte seine Hand bei allem im Spiele: nur bei unsern Irrtümern nicht?« Er meinte also: Gott rechnet in seinem welthistorischen Spiel mit Klugheit und Dummheit. Kant will aber diese Meinung in eine philosophische Denkform überführen, und auf der Suche nach vernünftigen Gründen dafür stößt er auf die Statistik. In den Zahlenkolonnen der neu erfundenen politischen Arithmetik entziffert er eine geheime Absicht der Natur:

> So scheinen die Ehen, die daher kommenden Geburten, und das Sterben, da der freie Wille der Menschen auf sie so großen Einfluss hat, keiner Regel unterworfen zu sein, nach welcher man die Zahl derselben zum voraus durch Rechnung bestimmen könne; und doch beweisen die jährlichen Tafeln derselben in großen Ländern, daß sie eben so wohl nach beständigen Naturgesetzen geschehen, als die so unbeständigen Witterungen, deren Erzäugnis man einzeln nicht vorher bestimmen kann, die aber im ganzen nicht ermangeln, den Wachstum der Pflan-

zen, den Lauf der Ströme, und andere Naturanstalten in einem gleichförmigen ununterbrochenen Gange zu erhalten. Einzelne Menschen und selbst ganze Völker denken wenig daran, daß, indem sie, ein jedes nach seinem Sinne und einer oft wider den andern, ihre eigene Absicht verfolgen, sie unbemerkt an der Naturabsicht, die ihnen selbst unbekannt ist, als an einem Leitfaden fortgehen, und an derselben Beförderung arbeiten, an welcher, selbst wenn sie ihnen bekannt würde, ihnen doch wenig gelegen sein würde.[4]

Statistische Regelmäßigkeiten machen eine völlig neue Betrachtung der alten Vorsehung möglich: In der Tiefe der Zahlenreihen schlummert eine Ordnung, die daran denken lässt, dass ja auch die Natur durch alle Wechselfälle von Sturm, Regen, Sonne hindurch ihren gleichmäßigen Gang nimmt. Mit den zuerst 1741 veröffentlichten Zahlen des preußischen Oberkonsistorialrates und Statistikers Johann Peter Süßmilch *Die göttliche Ordnung in den Veränderungen des menschlichen Geschlechts aus der Geburt, dem Tode und der Fortpflanzung desselben* in der Hand musste man eine solche Ordnung nicht mehr glauben, sondern konnte sie lesen. Gewiss, sagt der neue statistische Optimismus, es gibt Irrtümer und es gibt Abweichler von den Plänen der Vorsehung; es gibt Leute, die nicht heiraten, und es gibt verheiratete Leute, die keine Kinder haben oder keine wollen, es gibt Mörder und Selbstmörder, es gibt Kriege und Naturkatastrophen; dennoch läuft das Menschentreiben in einer vorsehungsgemäßen Regelmäßigkeit.

Man kann nun den Gedanken eines vernünftigen Ganges der Geschichte auch als eine Wette betrachten. Das liegt nahe, weil die aus der Statistik erwachsene Wahrscheinlichkeitsrechnung ein Produkt der Chancenberechnung beim Glücksspiel ist.[5] Kann man auf die Vorsehung setzen? Gott hat doch offensichtlich Pläne. Aber welche? Wie können wir sie erkennen oder berechnen? Wir sind jedenfalls durch die Geburts- und Sterbetafeln darauf gestoßen, dass es im Chaos der Zufälle und Einzelfälle eine Ordnung gibt. Es werden stets gleich viel Mädchen und Knaben geboren. Also wollen wir doch sehen, ob es nicht im Chaos der Geschichte, der Handlungen, der Schlachten und Verträge am Ende so etwas gibt wie eine Ordnung. Oder besser noch: Wir wollen es einfach annehmen. So wird Kant argumentieren. In seiner *Idee zu einer allgemeinen Geschichte* behauptet er, dass er die Geschichtsschreibung nicht verdrängen will, sondern dass er lediglich eine philosophische Idee vorträgt. Aber das stimmt nicht. Kant belässt es nämlich nicht bei der Interpretation. Er möchte die Historiker in das Komplott seiner teleologischen Geschichtsinterpretation einbeziehen. Man muss der Interpretation ein wenig nachhelfen, meint Kant mit einem Anflug von List. *Corriger la fortune*, sagt die Bühnenfigur Riccaut de la Marliniere in der Komödie *Minna von Barnhelm* von Gotthold Ephraim Lessing, der selbst sein Glück in der Lotterie versuchte. Überhaupt ist das 18. Jahrhundert vom Lottofieber erfasst.⁶ Im Glücksspiel der Weltgeschichte muss man auch dem Erfolg ein wenig nachhelfen. Wie aber soll das gehen? Wie lässt sich die Geschichtsschreibung in die vernünftige Konspiration einbeziehen? Kants listiger Plan geht so: Die Geschichtsschreiber sollen künftig diese konspirative Idee zum Auswahlprinzip für Daten, Taten und Schriften erheben, indem sie die Urkunden der Weltgeschichte vor allem unter dem Gesichtspunkt auslegen, »was Völker und Regierungen in weltbürgerlicher Absicht geleistet oder geschadet haben«. Durch eine solche Praxis der Historiographen würde in der Folge auch die entsprechende Politik gefördert, weil es die »Ehrbegierde der Staatsoberhäupter so wohl, als ihrer Diener (…) auf das einzige Mittel [richtet], das ihr rühmliches Andenken auf die späteste Zeit bringen kann«.⁷

Die konspirative Idee besagt nun: Wenn man die Geschichte parteilich schreibt, indem an alle Personen und Ereignisse der kritische Maßstab angelegt wird, ob sie den Bestrebungen für eine vernünftige weltbürgerliche Ordnung dienen, dann wird es auch wahrscheinlicher, dass sich diese Idee durchsetzt. Die Aschenputtelmethode, die Guten ins Gedächtnis, die Bösen ins Vergessen, wird alle Staatsmänner auf diese Leitlinie bringen, weil es ihre Eitelkeit ja in die Geschichtsbücher zieht. Das ganze ist ein Spiel. Diese neue Geschichtsphilosophie ist tatsächlich eine Wette. Denn es ist im Kern eine Frage der Wahrscheinlichkeit, die zu beantworten ist. Geht es in der Geschichte um die republikanische Verbesserung der Welt? Das wäre ein vernünftiger Plan der Vorsehung. Aber wird das Spiel mit Sicherheit von der Vorsehung gewonnen? Was kann ich auf einen glücklichen Ausgang in der Geschichte wetten? Und kann ich meine Chancen durch geschickten Einsatz von Theorie verbessern? Eine ähnliche Wette hatte bereits Blaise Pascal empfohlen. Er antwortete auf die Frage: Warum soll ich an die Wahrheit der Offenbarung glauben und meine christlichen Pflichten erfüllen, wenn das doch nicht gewiss ist? Pascals Tipp lautet vereinfacht: Man soll auf Gott wetten, denn man hat die Chance 50:50, dass man gewinnt. Entweder gibt es Gott oder nicht. Setze ich auf die 50 Prozent Unwahrscheinlichkeit Gottes, dann habe ich nichts gewonnen. Setze ich auf die 50 Prozent Wahrscheinlichkeit Gottes, dann habe ich auf jeden Fall gewonnen.

Am Ende des 18. Jahrhunderts spielen viele ein solches Spiel. Einer von ihnen ist Schiller, der schon seinen ersten Bühnenhelden Karl Moor angesichts der schlimmen Zufälle, die ihn heimsuchen, von einem »Lotto des Lebens« sprechen lässt. Aber Schiller wird bald darauf Leser Kants und ein Mann, der mit Kant der Weltgeschichte eine teleologische Ordnung geben will. Im Jahre 1789 hält Schiller als unbesoldeter Professor für Geschichte an der Universität Jena seine erste Vorlesung »Einführung in die Universalgeschichte«. Berühmt ist nun das Skript seiner Jenaer Antrittsvorlesung vom 26./27. Mai 1789 *Was heißt und zu welchem Ende studiert man Universalgeschichte?* Hier setzt er im Anschluss an Kant dazu an, die Philosophie der Geschichte von der alten *theologischen* Vorsehung, die sich aus biblischen Zahlen errechnen lässt, auf *theoretische* Vorsehung einzustimmen. Erneut stellt er die Frage: Wie kann ein vernünftiger Gang der Dinge in der Zeit an den Daten der Geschichte plausibel gemacht werden? Schiller beruft sich nicht auf die Statistik wie Kant. Er präsentiert sich als Philosoph und spielt ein anderes Spiel. Dem Philosophen, sagt Schiller, verwandelt sich beim Studium der Geschichte das Verhältnis von Ursache und Wirkung der Ereignisse sogleich in das Zusammenspiel von Mittel und Absicht. Jedes Ereignis hat für ihn einen vorbedachten Sinn. Der Philosoph kann einfach nicht anders. Die philosophische Paranoia liest überall Vernunft. Er erblickt allenthalben eine lenkende Hand, denn die Erkenntnis vernünftiger Zwecke ist seine Profession. Er sieht überall Teleologie. Aber er vergisst nicht die skeptische Frage: Hält meine professionelle, amtliche Vernunft auch den harten Fakten stand? Welches Ergebnis kommt dabei heraus, wenn ich mit meiner teleologischen Brille noch einmal die Ereignisse der Weltgeschichte durchgehe und die Vernunft mit den Einzeldaten in Einklang zu bringen suche?

[Der philosophische Geist] bringt ein teleologisches Prinzip in die Weltgeschichte. Mit diesem durchwandert er sie noch einmal und hält es prüfend gegen jede Erscheinung, welche dieser große Schauplatz ihm darbietet. Er sieht es durch tausend bestimmende Fakta bestätigt und durch ebenso viele andre widerlegt; aber solange in der Reihe der Weltveränderungen noch wichtige Bindungsglieder fehlen, solange das Schicksal über so viele Begebenheiten den letzten Aufschluß noch zurückhält, erklärt er die Frage für unentschieden, und diejenige Meinung siegt, welche dem Verstande die höhere Befriedigung und dem Herzen die größre Glückseligkeit anzubieten hat.[8]

Beim Versuch, die in der Zeit anfallenden Ereignisse, Reden, Handlungen, Schlachten, Revolutionen als Anzeichen eines vernünftigen Ganges der Welthistorie zu entziffern, findet der Philosoph sowohl Bestätigung als auch Widerspruch. Das Spiel von Vernunft und Unvernunft in der Geschichte endet damit unentschieden. In der Philosophie der Geschichte kann die Entscheidung aber nicht durch Elfmeterschießen erzwungen werden. Daher schließt der Philosoph eine Wette ab. Dabei befolgt er nur Kants Rat (»Der gewöhnliche Probierstein: ob etwas (...) festes Glauben sei, was jemand behauptet, ist das Wetten.«[9]), und Pascals Kalkül (»Sofern Sie auf Gott setzen, bedenken Sie die zwei Möglichkeiten: Wenn Sie gewinnen, gewinnen Sie alles; wenn sie verlieren, verlieren Sie nichts.«[10]). Der konspirativ denkende Philosoph setzt auf Gottes Vernunft, nämlich auf das teleologische Konzept, weil es ihn intellektuell und emotional mehr befriedigt. Jetzt wartet er geduldig darauf, dass ihm die Geschichte sagt, ob er gewonnen hat. Schiller lässt das Ergebnis durchaus offen, wenn er in seiner Vorlesung zugleich vor der paranoischen Eindimensionalität warnt: »Eine vorschnelle Anwendung dieses großen Maßes könnte den Geschichtsforscher leicht in Versuchung führen, den Begebenheiten Gewalt anzutun.«[11] Die Geschichte ist die Krise, die über den Erfolg der Wette auf die Vernunft entscheidet.

Die Wette auf die Vorsehung kommt in Mode. Etwa zum gleichen Zeitpunkt, da Schiller auf seine Vermittlung hin in Jena als Dozent auftritt, überarbeitet in Weimar der spätere Freund Schillers und zeitweilige Lottospieler Johann Wolfgang von Goethe sein Drama *Faust*. Auch Goethe, der mit seinem Lotterielos gleich ein ganzes Rittergut gewinnen wollte, stellte damit an den Zufall, wie er schrieb, »gleich übertriebene Forderungen«.[12] Und so lässt er auch seine Helden Wetten abschließen. Schiller wettet nach Pascals Modell auf Gottes Vernunft. Auch Goethes Gott wettet mit dem Teufel auf die Vernunft des Menschen namens Faust:

> MEPHISTOPHELES   Was wettet ihr? den sollt Ihr
>   noch verlieren,
>   Wenn Ihr mir die Erlaubnis gebt,
>   Ihn meine Straße sacht zu führen!
>   (…)
> DER HERR Zieh diesen Geist von seinem Urquell ab,
>   (…)
>   Und steh beschämt, wenn du bekennen mußt:
>   Ein guter Mensch in seinem dunklen Drange
>   Ist sich des rechten Weges wohl bewußt.[13]

Hier wettet der Herr, dass der Mensch Faust wie ein *homme moyen* handelt. Trotz aller dunklen Triebe bleibt er auf dem rechten Weg. Die Hypothese des Goetheschen Gottes lautet: Selbst wenn man den Menschen aus seiner platonischen Heimat in die Zufälle des Realen und der Wahrscheinlichkeiten wirft, wird er Irrtümer und Fehler begehen, aber er wird dennoch seine gute Natur unerschütterlich unter

Beweis stellen. Jedenfalls zu mehr als fünfzig Prozent. Doch die poetische Version Goethes und der Sieg Gottes in der Teufelswette machen für sich nicht klar, was hier tatsächlich geschehen ist. Es wird in der Lotterie der Philosophie nicht mehr darauf gewettet, ob es Gott gibt oder ob Gott im Losverfahren der Gewinnkugel einen kleinen himmlischen Stoß versetzt. Es wird vielmehr auf die Menschen gewettet. Die Wette lautet: Die Menschen können machen, was sie wollen. Am Ende kommt doch etwas Gutes heraus.

Es dauert keine zwanzig Jahre, bis aus der Wette eine Überzeugung wird. Es ist doch ganz klar, was Geschichte ist, sagt August Wilhelm Schlegel 1801 in seinen *Vorlesungen über schöne Litteratur und Kunst*. Die mechanischen Tätigkeiten des Alltags, erklärt er, verdiente keinen Platz in der Geschichte. Die Geschichte benötigte eine Idee, sonst wäre sie »etwas trostloses und eines denkenden Geistes ganz unwürdiges«.[14] Wilhelm von Humboldt denkt ganz gleich: Da niemand die »Plane der Weltregierung« einsehen könne, sei das »Geschäft des Geschichtsschreibers in seiner letzten, aber einfachsten Auflösung (…) Darstellung des Strebens einer Idee, Daseyn in der Wirklichkeit zu gewinnen«.[15] Hegel, der Meister der Vernunftkonspiration, kennt hingegen die Pläne der Weltregierung. Er erklärt in seinen *Vorlesungen zur Geschichte der Philosophie*: »Gott regiert die Welt, der Inhalt seiner Regierung, die Vollführung seines Plans ist die Weltgeschichte. Diesen will die Philosophie erfassen; denn nur was aus ihm vollführt ist, hat Wirklichkeit, was ihm nicht gemäß ist, ist nur faule Existenz.«[16] Das ist das Ende der Wette, und mit der Schließung der theoretischen Lotterie setzt auch die Verkümmerung des Kontingenzbewusstseins ein. Wenn es bei Schiller lediglich 50:50 für die Vernunft stand, so lässt sie Hegel haushoch gewinnen. Im Rauschen der Ereignisse vernimmt die Philosophie nur noch die Marschmelodie der fortschreitenden Vernunft. Zwar wissen sie, dass sie epistemologisch mit Unsicherheiten rechnen, dass die Idee ein intellektuelles Experiment darstellt, aber sie blenden es aus: Das nennen wir die *historiologische Schizophrenie*.

Die historiologische Schizophrenie führt zwar ein Kontingenzbewusstsein weiter mit, spaltet es aber ab. Das führte in der Folge dazu, dass die Leser von Hegel und Humboldt, die Musterschüler der idealistischen Philosophen, glaubten, diese Idee, die lediglich von den Chancen der Wahrscheinlichkeit lebte, sei auf die Dauer der sichere Gewinner. Sie wurden Handlanger der Theorie-Konspiration, indem sie dieser Idee Pistolen und Bomben an die Hand gaben, um ihr ohne Zeitverluste zum Durchbruch zu verhelfen. Das ist die Denkweise, die Kant als das »Dialektischwerden der Idee«, nämlich als paranoisches Risiko beschrieben hatte. Die Vernunft kontrolliert sich nur so lange selbst, wie sie diese Antinomie auch als Risiko ihrer Wette einkalkuliert. Wenn sie aber die Chancen der Gegenmöglichkeit zu niedrig ansetzt, dann geht ihr Spiel über in das »Rasen der Vernunft«, dann überlässt sie sich dem Enthusiasmus, der »eben diese Vernunft vermittelst ihrer Ideen natürlicher Weise dialektisch« werden lässt.[17] Konsequent spielte Kant das Lotto von Wahrscheinlichkeit und Unwahrscheinlichkeit weiter und empfahl den Historiographen und Staatsmännern das politische »als ob«. Sie sollen so handeln, als ob es der Wille der verborgenen Konspiration sei, den Weltbürgerstaat zu etablieren. Darin liegt auch bei ihm die strukturelle Schizophrenie, aber immerhin hält sie ihr Kontingenzbewusstsein stabil. In den konspirativen Ideen der philosophischen Revolutionäre schlägt die Schizophrenie um zur Paranoia: Nach Kant ist es die Natur der Vernunft, zu schwärmen und ihren enthusiastischen Ideen zur Realisierung zu verhelfen, obwohl sie weiß, dass es Ideen oder neue philosophische Sprachen sind, die sie spricht. Kant und Schiller sagen noch: Wir wetten darauf, dass unsere konspirative Vernunft recht hat. Hegel schafft die Wette ab und bringt die Theorie um die Kontingenz, indem er das Zufällige sein lässt, aber die »List der Vernunft« einführt, die die Leidenschaften der Helden benutzt, um die Geschichte ihren vernünftigen Gang einschlagen zu lassen. Kants List arbeitet mit kleinen Tricks, um die Chancen zu verbessern. Hegels List schließt Geschäfte ab: »Die Idee bezahlt den Tribut des Daseins und der Vergänglichkeit nicht aus sich, sondern aus den Leidenschaften der Individuen.«[18] Aber die bange Frage des Politikers lautet: Muss ich warten, bis mich die Idee ergreift, oder ergreife ich die Idee?

Viele der Ereignisse, die dem 20. Jahrhundert ihr politisches Gesicht gaben, waren solche den Dingen gewaltsam auferlegten Ideen von den geheimen Plänen der Geschichte: die russische Revolution, Hitlers Holocaust, Maos langer Marsch, die RAF. Wer die Geschichte vernünftig ansieht, sagt Hegel, den sieht sie auch vernünftig an. Doch wer sie nüchtern ansieht, auf den schaut sie betrunken zurück. Er erblickt allenthalben bewaffnete Vernünfte, die seinen Blick kreuzen.

Die paranoische Interpretation glaubt an die eine, einzige Lesart, die sie den Dingen gibt. Diese Unfähigkeit, die Vielfalt von Möglichkeiten mit zu denken, hat Richard Rorty als Einsatz von neuen Sprachen beschrieben. Es war die Folge der schlagartigen Einsicht der Romantik, von Kant bis Hegel, dass durch Neubildung von Vokabularen auch neue Welten erschaffen werden können. Als ihre Erben drängen Marx, Nietzsche oder auch Heidegger mit ihren Neubenennungen der Dinge auf eine totale Revolution.[19] Zwar verfügten sie alle über das romantische Wissen, über das ironische Wissen, dass ihre Vokabulare künstlich sind. Wenn auch die Philosophen nach Kant und Hegel nicht mehr wetten, so bewahren sie sich aber doch das Kontingenzbewusstsein.

Die *schizophrene Historiologie* schreibt im Wissen, dass sie nur eine von verschiedenen möglichen Beschreibungen der Welt liefert. Sie weiß aber auch von der Macht dieser Beschreibung. Sie weiß, dass eine Beschreibung die Macht ergreifen kann. Daher ihre fatale Neigung zur Politik. Weil sich Politik nicht mehr durch *sichere Interpretation* der Welt, sondern nur noch durch *machtvolle Interpretation* begründen ließ, erhoben sie sich selbst zu Agenten des Weltlaufs. Die schizophrene Historiologie spricht wie Karl Marx in der elften *Feuerbach-These*: »Die Philosophen haben die Welt nur verschieden *interpretiert*; es kömmt darauf an sie zu *verändern*«.[20] Alle die

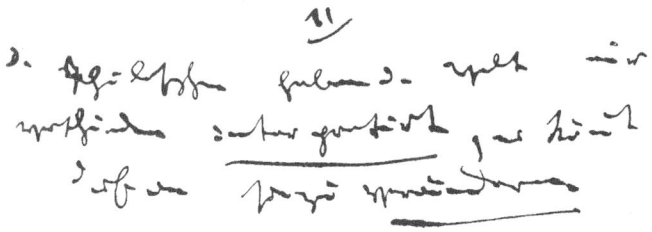

Die 11. Feuerbach-These

Philosophen der Tat, die Nietzsches, Moses Hess', Bakunins, wie anders können sie den Dingen die Faust zeigen als durch Neuinterpretation? Als Deuter, die die Neuinterpretation zu Taten aufrufen, werden sie zu Stichwortgebern der *paranoischen Historiologen*, der Akteure in der Geschichte, die ohne ironisches Wissen von der Kontingenz handeln, der Napoleons, Bismarcks, Lenins, Hitlers. Der paranoische Geschichtsheld ist unironisch und denkt eindimensional. Die Schlegels und Hegels, die *schizophrenen Historiologen*, bleiben ihrer eigenen Natur treu und begnügen sich mit Lesen und Schreiben. Sie sind die Art von Leser, die die Attentäter nicht sind. Sie lesen die gefährlichen Bücher der Vergangenheit und schreiben selbst welche. Die Attentäter lesen hingegen die Zeichen der Gefahr, dass sich eine Gestalt, eine Macht, eine falsche Interpretation ihrer Welt bemächtigt und dass sie daher untergeht.

Die idealistische Lesart der Geschichte, die konspirative Metaphysik, die die Theorien und Bewegungen der hegelschen, marxistischen, leninistischen, faschistischen Bewegungen in die Welt brachten und hohe Tribute für nichts entrichteten, mästeten den Wahn, dass eine reine Notwendigkeit in der Geschichte wirksam sei. Wie Pilze aus dem Boden des politischen Wahns schossen daraufhin die Führer, die sich von der Vorsehung, der Wissenschaft und der konspirativen Notwendigkeit ermächtigt wähnten. Als ihre Widersacher traten nun ausgerechnet die Attentäter auf, die sich gleichfalls von der Vorsehung gerufen fühlten und unfreiwillig den Beweis führten, dass eben nicht Notwendigkeit, sondern Kontingenz das Spiel der Dinge bestimmt. War es Gott, der die fünf Kugeln des Ferdinand Cohen-Blind an Bismarcks Brust abprallen ließ? Hat die Vorsehung dem Geschoss des serbischen Attentäters Gavrilo Princip den Weg in die Halsschlagader des Thronfolgers Franz Ferdinand gewiesen? Ließ die List der Vernunft den Grafen von Stauffenberg als Helden der Geschichte scheitern? Was hatte Gott mit Mussolini vor? Warum schenkte er dem Diktator Stalin die Paranoia und ließ ihn mit Millionen Untertanen den Tribut begleichen?

Viele der Attentäter, die sich im 20. Jahrhundert einen Namen machten und die hier auftreten, zählen nicht zu den paranoischen Interpreten. Sie gehören gleichwohl in die Gesellschaft der paranoischen Einzeltäter, weil sie mit besonderem Nachdruck den Beweis führen, dass die Geschichte des 20. Jahrhunderts an vielen Wendepunkten von Zufälligkeiten gelenkt wurde. Die Beispiele sind bekannt: Da ist einmal das Attentat auf den Österreichischen Thronfolger Franz Ferdinand am 28. Juni 1914 in Sarajewo. Der Erste Weltkrieg, der fünf Wochen später ausbrach, hatte auf ein solches Ereignis gewartet. Gut einen Monat nach den Schüssen in Sarajewo und acht Tage nach dem Ultimatum Österreichs an die Adresse Serbiens wurde am 31. Juli 1914 im Pariser Café du Croissant der sozialistische Politiker und Gründer der Zeitung *L'Humanité* Jean Jaurès erschossen. »Das bedeutet Krieg«[21], lautete die Reaktion vieler Beobachter an diesem Tag, denn Jaurès kämpfte noch mit allen diplomatischen und politischen Mitteln darum, den Krieg zu vermeiden. Auf das von der Regierung Österreichs kaltblütig zum Kriegsgrund erhobene Attentat in Sarajewo folgte im Jahre 1916 eine weitere politische Bluttat, die wie eine regionale österreichische Affäre wirkte, aber von ungeheurer Bedeutung war: Die tödlichen Schüsse des radikalen Sozialisten Friedrich Adler auf den österreichischen Ministerpräsidenten Graf Stürgkh am 21. Oktober 1916. Und weiter: Das emblematische Opfer, das einem politischen Mord im 20. Jahrhundert zum Opfer fiel, ist der Philosoph und Publizist Theodor Lessing, der im Auftrag des SA-Führers Ernst Röhm am 30. August 1933 umgebracht wurde. Lessing war der einzige bekannte Philosoph im ersten Drittel des 20. Jahrhunderts, der die Kontingenzmacht der Geschichte zu denken versucht hatte. Die Nazi-Paranoia musste ihn hassen. Und dann soll noch eines der vielen misslungene Attentate auf Adolf Hitler Erwähnung finden: Der Versuch des schwäbischen Schreiners Georg Elser, Hitler am 8. November 1939 durch eine Zeitzünderbombe im Münchner Bürgerbräukeller zu töten. Welche Ereignisse hätten die beiden folgenden Drittel des 20. Jahrhunderts gefüllt, wenn dieser Anschlag gelungen wäre?

Die Frage scheint müßig. Es lässt sich keine Parallelgeschichte schreiben. Aber genau die Unfähigkeit in allen Ereignissen auch die Möglichkeit des Gegenteils mitzudenken, bildet den Kern des paranoischen Einsatzes. Auch der Attentäter wettet.

Es hätte auch anders kommen können (1):
28. Juni 1914

Das Attentat auf den österreichischen Thronfolger Franz Ferdinand und seine Frau, die damals 46-jährige Herzogin Sophie von Hohenberg, am 28. Juni 1914 in der bosnischen Hauptstadt Sarajewo wurde von jungen serbischen Anarchisten und Nationalisten begangen. Hier handelte tatsächlich eine kleine Verschwörergruppe. Bosnien zählte 1914 ebenso wie die Herzegowina zum Kaiserreich Österreich. Beide Länder hatten mehr als fünfhundert Jahre lang unter osmanischer Herrschaft gestanden, ehe ihre Verwaltung 1878 Österreich übertragen worden war, wobei der türkische Sultan nominell nach wie vor als Staatschef firmierte. 1908 hatte Österreich Bosnien und Herzegowina mit russischer Duldung annektiert und damit eine schwere europäische Krise ausgelöst. Gleich erhob Serbien Protest gegen die schlechte Behandlung der serbischen Mehrheit in Bosnien und förderte dort mehr oder minder heimlich auch großserbische Bestrebungen. Der Besuch des Thronfolgers galt daher einer unruhigen Provinz des großen Reiches, das überall Verfallserscheinungen zeigte. Der Verfall ging ja durch das kaiserlich-königliche Haus selbst. Drei der vier Kinder von Kaiser Franz Joseph und seiner Gemahlin Elisabeth, waren Töchter. Der einzige Sohn und direkte Thronfolger, Kronprinz Rudolf, hatte sich am 30. Januar 1889 mit seiner Geliebten, der Baronesse Mary Vetsera, im Jagdschloss Mayerling erschossen. Vergeblich hatte er zuvor durch ein telegraphisches Gesuch bei Papst Leo XIII. seine Ehe mit der belgischen Prinzessin Stephanie zu annullieren versucht, weil sie keinen Thronfolger zur Welt gebracht hatte. Der Papst überließ die Sache dem Kaiser, der seinen Sohn zur Rechenschaft zog und im Anschluss an dieses Gespräch in Ohnmacht fiel. Knapp zehn Jahre später verlor der Kaiser seine Gemahlin Sissi durch das Attentat in Genf. Regelmäßig soll Franz Joseph auf diese fatalen Nachrichten mit dem Seufzer »Mir bleibt auch nichts erspart« reagiert haben. Bisweilen spart die Weltgeschichte nicht mit gekrönten Häuptern. Die gleichen Worte sprach Franz Joseph wohl auch, als er erfuhr, dass sein Neffe Franz Ferdinand, der erst fünf Jahre nach dem Tod des Kronprinzen Rudolf zum präsumptiven und noch zwei Jahre später zum wirklichen Nachfolger des regierenden Kaisers ernannt worden war, von jungen Serben erschossen worden war. Der Onkel hielt wie auch die führenden Kreise am Hof und in der Regierung nicht viel von Franz Ferdinand, und die Nachricht von seinem gewaltsamen Tod hat den Wiener Hof nicht sonderlich erschüttert. Man begann vielmehr, ermuntert vom kriegslüsternen deutschen Kaiser Wilhelm II., die sich bietenden Möglichkeiten auszuloten. Das Attentat war ein Geschenk für den deutsch-österreichischen Kriegsdurst. Österreich nutzte auch die Tatsache, dass es sich um eine Verschwörung handelte, deren Hintermänner man in Serbien vermutete, um die Sache zu einer großen außenpolitischen Affäre hochzuspielen, die die Kettenreaktionen der Mobilisierungen und Kriegserklärungen auslöste. Die Einzelheiten des Attentats sind freilich so merkwürdig, dass man auch sie als eine Serie von grotesken Zufällen beschreiben muss.

Der Erzherzog kam mit seiner Gemahlin nach Sarajewo, nachdem er zuvor in seiner Funktion als Generaltruppeninspektor des österreichisch-ungarischen Heeres zwei Tage lang die Manöver bosnischer und dalmatinischer Verbände unter dem Kommando des Generals Oskar Potiorek, der auch ziviler Landesbefehlshaber in Bosnien war, beobachtet hatte. Der 28. Juni 1914 war ein Sonntag. Potiorek hatte trotz Warnungen von verschiedenen Seiten, einschließlich des Leiters der politischen Sektion des Landes und des für die Polizei zuständigen Beamten, darauf bestanden, den Erzherzog in einem Autocorso durch die Stadt zu geleiten. Die Bevölkerung war minutengenau über die Route, die die Hohen Gäste nehmen würden, ins Bild gesetzt worden, denn sie sollten dem Thronfolger zujubeln. Ein Halt im Rathaus war vorgesehen, und am Ende der Fahrt sollte der Erzherzog das neue Museum der Stadt eröffnen. Die wenigen Sicherheitskräfte, die am Rande der Wegstrecke postiert waren, sahen sich zuvor eindringlich instruiert, den Gästen korrekt zu salutieren. Die Verschwörer hatten sich entlang der bekannt gemachten Route aufgestellt. Es waren insgesamt sieben. Alle bis auf den Anführer

Danilo Ilić trugen Bomben und Pistolen bei sich, um im geeigneten Augenblick loszuschlagen. Vom Bahnhof aus, wo die Gäste mit dem Zug eingetroffen waren, fuhr die Wagenkolonne einen halben Kilometer über Appel-Kai entlang des Flusses Miljacka, wo die Attentäter in kurzen Abständen auf einer Strecke von 350 Metern postiert waren.[22] Der erste Verschwörer, an dem die Kolonne vorbeifuhr, war der knapp dreißigjährige Tischler Muhamed Mehmedbašić, der aber die Bombe, die er bei sich trug, nicht zündete. Man passierte ahnungslos den nächsten Attentäter, den siebzehnjährigen Schüler Vaso Čubrilović, der auch nicht schoss, weil ihm die Herzogin leid tat, wie er später vor Gericht erklärte.[23] Doch der dritte Attentäter, der neunzehnjährige Drucker Nedeljko Čabrinović, zündete seine Bombe und warf sie auf den Wagen des Thronfolgers. Weil er aber die Dauer des Zündvorgangs nicht einberechnet hatte und weil der Chauffeur Leopold Lojka den sechssitzigen Doppel-Phaeton der Marke Gräf & Stift mit den Gästen geistesgegenwärtig beschleunigte, als er das Objekt heranfliegen sah. So fiel der Sprengkörper zunächst auf das hinten heruntergeschlagene Stoffdach des Fahrzeugs, rollte dann auf die Straße und explodierte erst unter der Vorderachse des folgenden Autos, worin dann mehrere Insassen Verletzungen erlitten. Trotz dieses Zwischenfalls blieb das erzherzogliche Paar gelassen. Nach kurzem Halt setzte der Corso die Fahrt auf Befehl Franz Ferdinands mit einem Wagen weniger fort. Der Bombenwerfer Čabrinović hatte inzwischen das mitgeführte Zyankali geschluckt und gleich wieder erbrochen und war in den Fluss gesprungen. Aber am anderen Ufer konnte man ihn verhaften und erst einmal kräftig verprügeln. Die Gefahr schien damit vorbei, und weitere Sicherheitsmaßnahmen hielt man nicht für erforderlich. Dabei wartete wenige fünfzig Meter weiter der nächste Attentäter, der siebzehnjährige Gymnasiast Cvetko Popović. Aber den Jungen verließ der Mut.[24] Popović und Čubrilović machten sich in Panik aus dem Staub. Der fünfte im Bunde, der Lehrer Danilo Ilić, der die Schüler Čubrilović und Popović angeworben, die Waffen und das Gift versteckt und dann verteilt hatte, obwohl er zuletzt den Anschlag verhindern wollte, war selbst unbewaffnet und verschwand.[25] Der Zug passierte die nächste Brücke, an der der

Attentäter Gavrilo Princip wartete, der sich aber durch eine Gruppe von Zuschauern daran gehindert sah, zum Auto vorzustoßen. Auch der letzte bewaffnete Verschwörer, der Student Trifko Grabež, war in einer Menschengruppe untergetaucht und schritt nicht zur Aktion. Schließlich kam der Zug am Rathaus an, wo der Bürgermeister zur Begrüßung eine Ansprache hielt, die der Erzherzog mit der Bemerkung unterbrach: »Da kommt man zu Besuch in die Stadt und wird mit Bomben begrüßt.« Man beriet erneut, ob die Fahrt wie geplant fortgesetzt werden sollte. Sicherheitsbedenken hatte man nicht. Es wurde lediglich entschieden, die Route zu ändern und auf dem Weg zum Museum die Innenstadt zu meiden. Allerdings versäumten es die zuständigen Beamten, die Änderung der Route auch den Fahrern mitzuteilen. Lediglich ein Graf Harrach, der seinen Phaeton für den Corso zur Verfügung gestellt hatte, postierte sich zum Schutze der Hoheiten auf dem linken Trittbrett des Wagens. Auch jetzt fuhr die Kolonne den Appel-Kai entlang, an der ersten Brücke wartete immer noch Grabež, der wieder keinen Finger rührte. Hundert Meter bevor die Kolonne erneut die Kaiserbrücke passieren sollte, bog das erste Fahrzeug rechts ab, statt geradeaus weiterzufahren, wie es der geänderte Plan eigentlich vorsah. Der Phaeton mit den Gästen folgte einfach. Princip hatte inzwischen die Straßenseite gewechselt und stand an der Ecke vor dem Delikatessgeschäft Schiller. Erst nach einigen Metern bemerkte der Landesbefehlshaber Oskar Potiorek, dass man den falschen Weg eingeschlagen hatte. Genau diesen Augenblick, da der Fahrer auf Potioreks Zuruf hin stoppte und den Rückwärtsgang einlegte, nutzte Princip, sprang ein paar Schritte vor und schoss zwei oder drei Mal auf das erzherzogliche Paar. Princip hätte keine Chance zum Angriff gehabt, wenn man sich an die vorgesehene Änderung der Route gehalten hätte. So fanden die Schüsse ihr Ziel, der Erzherzog wurde am Hals getroffen, seine Gemahlin in den Unterleib. Der Wagen fuhr dann rasch in den nahe gelegenen Sitz des Landeschefs. Aber dort war Franz Ferdinand bereits in tiefe Ohnmacht gefallen. Herzogin Sophie war tot. Am Tatort selbst entstand ein ungeheures Durcheinander, als Sicherheitsbeamte auf Polizeibeamte einprügelten. Zunächst entging den diensthabenden

Männern auch, dass Princip noch die Bombe bei sich trug, die dann im Handgemenge zu Boden fiel. Als sie später dem Untersuchungsrichter vorgelegt wurde, fiel der Mann des Gesetzes vor Schrecken beinahe in Ohnmacht.

28. Juni 1914: Gavrilo Princip, der den österreichischen Thronfolger und dessen Gemahlin erschossen hat, wird verhaftet

Die Einzelheiten dieses Attentats beleben ein altes Österreichklischee, weil so viel Torheit und Schlamperei das Unglück begünstigte. Vor allem Oskar Potiorek in Sarajewo hatte das Risiko ignoriert, die Sicherheitsbeamten waren nicht instruiert, ein Schutz der Besucher war nicht vorgesehen. Selbst Čabrinovićs Bombe, der man um ein Haar zum Opfer gefallen war, weckte keine Vorsicht. Die Attentäter jedoch hatten die Sache nahezu sicher geplant; selbst ihr eigenes Versagen kalkulierten sie ein. Die Beamten, die den ersten Bombenwerfer Čabrinović während des Corsos verhaftet hatten, versäumten es, ihn gleich zu vernehmen. Als man das Verhör dann nach dem Tod der Gäste nachholte, erwies sich der Attentäter als derart gesprächig, oder zur Gesprächigkeit geprügelt, dass man offenbar sogar Princip noch rechtzeitig aus dem Verkehr hätte ziehen können.

Čabrinović und Princip waren in der Gruppe der sieben Attentäter die treibenden Kräfte und am Tag der Tat die einzigen, die fest zu ihrem Entschluss standen. Sie hatten gleich nach der Tat Selbstmord begehen wollen, aber das Zyankali, das ihnen mit den Bomben ausgehändigt worden war, verfehlte seine Wirkung. Sie hatten wie so viele Attentäter den Mord und ihr eigenes Opfer gewollt. Čabrinović bekannte sich als Anhänger Giuseppe Mazzinis und seiner Ideen zur Selbständigkeit der europäischen Völker.[26] Er wollte Bosnien von der Herrschaft Österreichs lösen und eine Republik Jugoslawien begründen.[27] Als Kosmopolit, so sagte er, verabscheute er auch Gewalt.[28] Princip hingegen bekannte sich als Nationalist, er wollte die Südslawen durch Terror befreien und alle Jugoslawen vereinen, gleichgültig in welcher Staatsform.[29] Zwar waren beide Täter in Verbindung mit der serbischen Geheimorganisation »Schwarze Hand« getreten, aber eigentlich nur, weil sie sich auf anderem Wege keine Waffen zu beschaffen wussten. Sie verfügten über geringe politische Urteilskraft und konnten nicht erkennen, dass Franz Ferdinand das falsche Ziel für ihre Aktion sein würde. Das hatte man wohl auch in der Belgrader »Schwarzen Hand« erkannt. Einige Tage vor dem 28. Juni kam von dort die Aufforderung an Ilić, das Attentat abzublasen, und Ilić bemühte sich sogar noch im letzten Augenblick, als er die Waffen und Gift ausgab, seine Freunde von ihrem Entschluss abzubringen.[30] Čabrinović und Princip erwiesen sich als genuine Abkömmlinge der großen Attentäterfamilie. Sie waren beide »fanatische Leser«.[31] Während über Princips Lektüre wenig bekannt ist, hat Čabrinović nach eigener Aussage französische, russische und anarchistische Literatur gekauft: Zola, Tolstoi, Kropotkin.[32] Vor Gericht fügte er noch einige Erzählungen Maupassants hinzu.[33] Wie andere opferwillige Attentäter auch hatte sich Čabrinović am Sonntagmorgen des Attentats in seinen besten Anzug geworfen, um sich vor seinem möglichen Ende noch fotografieren zu lassen.[34]

Die österreichischen Behörden hatten keine Mühe, innerhalb kurzer Zeit alle Attentäter und ihre Hintermänner, die bis in den serbischen Geheimdienst zu reichen schienen, namentlich ausfindig zu machen. Der Chef des militärischen Nachrichtendienstes in Belgrad, Dragutin Dimitijević, war auch Mitglied des Zentralkomitees der »Schwarzen Hand«. Dass die Attentäter ihre Waffen und die geringen Geldmittel von dieser radikalen Fraktion der *Narodna odbrana* erhalten hatten, ist erwiesen. Princip hatte zusammen mit Čabrinović und Grabež bei zwei führenden Männern der »Schwarzen Hand«, nämlich Vojin Tankosić und Milan Ciganović, um die Waffen gebeten. Tankosić und Ciganović hielten die radikalen Schüler vermutlich für nützliche Idioten. In der berüchtigten Note Österreichs an Serbien vom 23. Juli 1914 wurde auch die Auslieferung dieser beiden Männer verlangt. Der Prozess gegen die Verschwörer und Helfer wurde in Sarajewo in serbokroatischer Sprache geführt, da alle Hauptangeklagten Serben waren. Das Urteil für die beiden Haupttäter, Čabrinović und Princip, das am 28. Oktober verkündet wurde, lautete auf zwanzig Jahre verschärften Kerkers. Wie Grabež entgingen sie dem Galgen wegen ihres jugendlichen Alters. Čubrilović und Popović erhielten sechzehn bzw. dreizehn Jahre Kerker. Ilić, Mitglied der »Schwarzen Hand«, wurde zum Tode verurteilt, obwohl er um die eigene Haut zu retten die Namen einiger Attentäter und Hintermänner preisgegeben hatte. Auch zwei weitere Helfer endeten am Galgen. Princip, Čabrinović und Grabež wurden in die Festung Theresienstadt gesteckt, wo sie unter den übelsten Haftbedingungen nacheinander an Tuberkulose starben.

Es war das vielleicht folgenreichste Attentat der Weltgeschichte. Diesmal war die paranoische Vernunft nicht beteiligt. Aber der Anschlag von Sarajewo bildete den Auftakt zum Ersten Weltkrieg, er gab den beiden Mittelmächten Deutschland und Österreich einen Anlass, um in den Krieg zu ziehen. Wiens politische Analyse, die fest davon ausging, dass die Regierung Serbiens das Attentat begünstigt hatte, war in einem Maße falsch, dass man von einem der größten welthistorischen Irrtümer sprechen kann. Das Ereignis von Sarajewo wurde aber darum zum Lehrbeispiel für die Zufallslaune der Geschichte, weil die Sache an einem Haar hing. Hätte man die Fahrer der beiden Wagen korrekt darüber instruiert, dass die Rückfahrt über eine andere Route gehen sollte, wären die Attentäter unverrichteter Dinge nach Hause gegangen. Es hätte also nicht sein müssen. Es hätte alles auch anders kommen können.

Es hätte auch anders kommen können (2): Die Ermordung von Jean Jaurès am 31. Juli 1914

Wenige Tage nach dem Ultimatum Österreichs an die serbische Regierung und im Zeichen des drohenden Krieges, den bereits die Regierungen Russlands, Deutschlands und Frankreichs durch Teilmobilisierungen vorbereiteten, am 31. Juli 1914 gegen 21 Uhr 40, tötete der 19-jährige Student Raoul-Marie-Alexandre Villain den 55-jährigen Führer der sozialistischen Partei Frankreichs Jean Jaurès mit zwei Schüssen aus einem Smith & Wesson-Revolver. Jaurès saß in diesem Augenblick an einem der Hitze wegen geöffneten Fenster des Café du Croissant an der Rue Montmartre in Paris. Er wollte nach dem Dîner in die Redaktion der von ihm mitbegründeten Zeitung l'Humanité zurückkehren und trotz geringer Erfolgsaussichten weiter gegen die Kriegsentschlossenheit der französischen Regierung anzuschreiben.

Titelblatt der Zeitung l'Humanite *vom 1. August 1914*

Wenige Stunden zuvor hatte er noch einmal beim Präsidenten des Ministerrates René Viviani vorgesprochen, um auf die Haltung der Regierung einzuwirken. Aber in Vivianis Amtsräumen saß eben der deutsche Botschafter mit einer Note aus Berlin, und Jaurès konnte nur mit dem Staatssekretär im Außenministerium, Abel Ferry, sprechen. Vermutlich war Jaurès der letzte französische Politiker, der gleichermaßen über die Entschlossenheit und den Willen verfügte, das Unheil vielleicht noch abzuwenden. Die vergangenen Tage hatte er sich unermüdlich darum bemüht, die Sozialistische Internationale dazu zu bewegen, in allen europäischen Ländern den Generalstreik auszurufen. In Brüssel hatten sich am 28. Juli die führenden sozialistischen Politiker aus 14 Ländern, die dem *Bureau Socialiste International* angehörten, versammelt. In Ihrer Resolution forderten sie die deutschen Sozialisten auf, Druck auf ihre Regierung auszuüben, damit diese moderierend auf Österreich einwirke. Auch die französischen Sozialisten sollten ihre eigene Regierung dazu zwingen, Russland zur Zurückhaltung zu mahnen. Man hatte in Brüssel zudem beschlossen, am 9. August eine gewaltige Manifestation der französischen Arbeiterschaft in Paris zu veranstalten, um auf diese Weise gegen den kommenden Krieg zu demonstrieren.

Obwohl man ahnte, dass bereits alles zu spät sei, plante die Führung der französischen Sozialisten noch am 31. Juli, die Demonstration vom 9. auf den 2. August vorzuverlegen. Dazu sollte es nun nicht mehr kommen. Mit Jaurès war die Friedenshartnäckigkeit der gesamten europäischen Linken dahin. Nach dem Angriff Deutschlands stimmte die große Mehrheit von Jaurès' Parteifreunden dem Verteidigungskrieg zu und bewilligte am 4. August 1914 die Kriegskredite.

Hatte der junge Mörder Hintermänner? Villain bekannte sich gleich nach der Mordtat zu seiner politischen Einstellung. Er war Anhänger einer nationalistischen Jugendgruppe, der Ligue des Jeunes Amis de l'Alsace-Lorraine. Die Gruppe wollte die Erinnerung an das französische Elsass wachhalten, aber sie trat im Jahre 1913 bereits in Paris öffentlich mit Schmähungen gegen Jean Jaurès auf, als dieser sich vehement gegen eine Verlängerung der militärischen Dienstpflicht von 2 auf 3 Jahre aussprach. Der Liga gehörte auch

Maurice Barrès an, der Schriftsteller und rechtsnationale Antipode von Jaurès im französischen Parlament. Barrès und Jaurès waren bereits während der Dreyfus-Affäre heftig aneinander geraten, und Barrès war nach wie vor sein heftigster Gegner. Aber vermutlich hatte Villain doch allein gehandelt, denn er benötigte keinen Auftrag. Die französische nationalistische Presse war sich einig in ihrem Hass auf den wortmächtigen charismatischen Führer der Sozialisten. Wegen seines Interesses für deutsche Philosophie und wegen seiner Beschwichtigung und seiner Bemühung um Ausgleich gegenüber Deutschland wurde der zeitweilige Philosophieprofessor in der französischen Öffentlichkeit nur noch deutsch als »Herr Jaurès« angesprochen. In der Zeitung *La Liberté* konnte man zu dieser Anrede lesen: »Dieser zivile Titel reicht nicht. Man muss Generalmajor sagen. Er hat in der deutschen Armee einen hohen Dienstgrad verdient, denn ihr hat kein Deutscher in den vergangenen zehn Jahren besser gedient (...). Soll doch der Deutsche aufstehen und sich bekannt machen, der für Deutschland noch mehr als Jaurès getan hat und das Eiserne Kreuz mit Diamantadler verdient hätte.«[35] Kaskaden von Schmähungen und Drohungen gingen auf den »Verräter« Jaurès nieder. Ein dichtes Geflecht von Verdächtigungen, wonach Jaurès im Dienste der deutschen Regierung stehe und mit Geld bestochen sei, legte sich um seinen Namen. In der rechtsradikalen Zeitung *Action Française*, die auch Villain las, stand am 23. Juli 1914 die Drohung: »Wir wollen niemanden zum politischen Mord bewegen, aber Herr Jaurès sollte zittern.« Am gleichen Tag schrieb die Zeitung *Paris-Midi*: »Wo ist der General, der drei Männern und einem Caporal den Befehl erteilt, den Bürger Jaurès an die Wand zu stellen und ihm das Blei, das ihm noch fehlt, aus nächster Nähe ins Gehirn zu befördern.«[36]

Bereits im Jahre 1902, noch bevor er für eine Wiederaufnahme des Prozesses gegen Dreyfus eintrat, zog sich Jaurès den Hass der französischen Nationalisten zu, als sein Brief an die italienischen Sozialisten bekannt wurde. Darin forderte er sie nämlich auf, die gegen den französischen Chauvinismus gerichtete Dreierallianz Italiens, Österreichs und Deutschlands zu unterstützen. Vergessen wurde in

Karikatur, die Jaurès mit dem deutschen Kaiser zeigt, der sagt: »– Très pien! très pien! mein Herr Chaurès – Les latriotes allemands fous félicitent« Charivari, 26. September 1902

den folgenden Hasstiraden allerdings, dass er auch von den Genossen in Italien verlangte, die Tripelallianz auf eine Friedenspolitik zu verpflichten. Alle diese verzerrten Nachrichten und Bilder machten großen Eindruck auf Raoul Villain, der im Verhör angab, eine Jaurès-Karikatur habe den endgültigen Mordentschluss ausgelöst.

Raoul Villain war der Sohn eines hohen Gerichtsbeamten in Rennes; seine Mutter litt an psychischen Störungen und wurde zwei Jahre nach Raouls Geburt mit psychotischen Symptomen in die Heilanstalt der Stadt eingewiesen. Das war die Katastrophe seines Lebens, wie Villain immer wieder betonte.[37] So führte bereits seine Schulkarriere nicht zum Ziel. Vor dem Abitur verließ er das Gymnasium, um eine Landwirtschaftsschule zu besuchen. Nachdem er sich von einer schweren Typhuserkrankung erholt hatte, wurde er zum Militär eingezogen, wo er aber nur ein Jahr blieb, um anschließend sein Agrikulturdiplom zu machen. Aber es kam zu keiner Berufstätigkeit. Villain ließ sich treiben, unternahm Reisen, und äußerte bereits als Sechzehnjähriger den Wunsch, den deutschen Kaiser umzubringen. Im Juni 1914 schrieb er sich als Kunststudent an der

École du Louvre ein. Zuvor hat er sich der nationalistischen Liga der Freunde von Elsass-Lothringen angeschlossen. Ganz im Banne des ungeheuren Hasses, der sich in der nationalistischen Presse unter der Spannung der Kriegsbedrohung noch steigerte, schritt Villain zur Tat. Auch danach zeigte er keinerlei Bedauern. An seinen Bruder schrieb Villain aus dem Gefängnis:

> [D]er Augenblick war gut gewählt (...), der große Professor der Feigheit hatte tausendmal den Tod verdient. (...) Ich habe nämlich den großen Fahnenträger erledigt, den großen Verräter aus der Zeit des Dreijahresgesetzes, das Großmaul, das alle Hilferufe des Elsass erstickte, ich habe ihn gestraft und das war ein Symbol der neuen Epoche sowohl für die Franzosen als auch für das Ausland.[38]

Hier spricht die Fatumsgewissheit, ein klares geschichtliches Zeichen gesetzt zu haben. Villains ganze Paranoia war auf die beiden Größen fixiert: auf das Gesetz über den dreijährigen Waffendienst, das gegen den Widerstand von Jaurès ja in Kraft getreten war, und auf das Elsass. Das waren die Schicksalszeichen, die ihm aus den Seiten der Zeitungen entgegensprangen. Aber was für ein Leser war Villain? In den Taschen des Mörders fand man einen Auszug aus Maurice Maeterlincks Fin-de-siècle Bühnenstück *Der blaue Vogel*. Es ist ein Buch eines zutiefst von der deutschen Romantik beeinflussten französischsprachigen Autors. Maeterlinck erzählt die Geschichte zweier Kinder einer kranken Mutter, die in das Märchenland magischer Wunscherfüllungen gelangen.

Der Prozess gegen Villain wurde erst nach dem Ende des Krieges, vom 24. bis zum 29. März 1919 geführt. Die gesamte Prominenz der Sozialistischen Partei trat auf und sang das Loblied auf den Politiker Jaurès. Doch auf Antrag des Staatsanwaltes sprachen die Geschworenen den Mörder frei, da er fünf Jahre zuvor unter der Wirkung äußerer Kräfte gehandelt habe, denen er nicht habe widerstehen können. Der Freispruch berücksichtigte auch die lange Haft und die Tatsache, dass Frankreich aus dem Krieg als Sieger hervorgegangen war. Man konnte aus dem Urteil auch die Ansicht der Geschworenen herauslesen, dass Villain durch das Attentat zum Kriegserfolg Frankreichs beigetragen habe. Sogar die Witwe von Jaurès scheiterte mit ihrer Zivilklage gegen den Attentäter. Nach seinem Freispruch begab sich Villain auf die Insel Ibiza. Als 1936 der Bürgerkrieg in Spanien ausbrach, wurde er eines Tages am Meeresufer mit einer Kugel in der Brust tot aufgefunden. Sein Ende blieb rätselhaft. Jean Jaurès hingegen erlebte einen postumen Triumph, als seine sterblichen Überreste am 23. November 1924 ins Panthéon überführt wurden.

Aufstand gegen den Zufall (1): Friedrich Adler

Während in Paris 1914 mit Jaurès ein Pazifist das Opfer des Attentats wurde, war es in Wien gut zwei Jahre später ein Pazifist, der die Mordwaffe auf das Haupt eines Mächtigen richtete. Die Tat hat noch eine andere Verbindung mit Paris. Der österreichische Vertreter auf der Brüsseler Konferenz des sozialistischen Büros Ende Juli 1914 war der Sozialist Victor Adler. Adler hatte in Paris die Kriegsgefahr noch verharmlost und die Handlungsmöglichkeiten der österreichischen Sozialisten kleingeredet. Gut zwei Jahre später, am 21. Oktober 1916, tötete sein Sohn, der 37-jährige Physiker Dr. Friedrich Adler, im Speisesaal des Wiener Hotels Meißl & Schadn den österreichischen Ministerpräsidenten Karl Graf Stürgkh durch vier Pistolenschüsse. Zu den Verzweiflungen des Täters zählte, dass »das Proletariat, das in der gegenwärtigen historischen Periode der Träger des Gedankens der Menschheit hätte sein sollen, (…) zu einem Mitläufer der Regierungen geworden« war.[39] Seine Pistole war auch mit Ideen von Karl Marx geladen.

Den Kriegseintritt hatte die österreichische Regierung unter dem Ministerpräsidenten Graf Stürghk genutzt, um eine Reihe von Notstandsverordnungen in Kraft zu setzen, die zu einer Art Kriegsabsolutismus führten, wie man damals sagte. Wie in Deutschland und Frankreich wagten auch in Österreich die oppositionellen Sozialdemokraten nicht, entschieden gegen die Kriegspolitik Stellung zu nehmen. Friedrich Adler war seit seiner Jugend ein Bewunderer seines Vaters, der sich im politischen Kampf für den Sozialismus unbeugsam gezeigt und auch Gefängnisstrafen auf sich genommen hatte. Wie er vor Gericht bekannte, war er in seiner Jugend geradezu glücklich, wenn er den Vater im Gefängnis besuchen durfte.[40] 1909 hatte Friedrich Adler zugunsten seines Freundes und Mitbewerbers Albert Einstein auf die Position eines Extraordinarius für Physik an der Universität Zürich verzichtet, um sich der Politik zu widmen. Er schreibt dann später aus dem Gefängnis an seine Mutter, dass die faszinierenden wissenschaftlichen Entdeckungen, an denen er hätte mitwirken könnten, erst in einer »späteren, glücklicheren Gesellschaft« gemacht werden sollten. Daher habe er sich für die Politik opfern wollen.[41] Zur Zeit des Attentats lebte er bei seinen Eltern in Wien. Trotz der radikaleren Einstellung des Sohnes zur Parteihaltung im Krieg war das Verhältnis zum Vater nach Aussage Victor Adlers vor Gericht nie getrübt.[42] Psychologisch gesprochen hatte der junge Adler ein gespaltenes Vaterbild: Als er nach Ausbruch des Krieges erst das Amt des Sekretärs der Sozialdemokratischen Partei und dann die Leitung der Zeitung *Der Kampf* übernahm, setzte er sich zwar gegen die Kriegsziele Österreichs ein. Doch in erster Linie richteten sich seine Aktivitäten gegen die eigene, vom Vater geführte Partei, die er des österreichischen Internationalismus beschuldigte, weil sie den Erhalt der Staatlichkeit Österreich-Ungarns anstrebte.

Das Gerichtsverfahren gegen Friedrich Adler fand am 18. und 19. Mai 1917 statt. Die Lage in Österreich und auf den Kriegsschauplätzen hatte sich seit dem Attentat grundlegend geändert. Der alte Kaiser Franz Joseph war im November 1916 gestorben. Sein Nachfolger Karl schlug eine gemäßigte Richtung ein, der neue Ministerpräsident Koerber bemühte sich auf geheimen diplomatischen Wegen um den Austritt Österreichs aus dem Bündnis mit Deutschland, denn die Lage auf den Kriegsschauplätzen ernüchterte alle Siegeszuversicht. In Russland hatte Zar Alexander II. nach der Märzrevolution auf den Thron verzichtet. Der Prozess wurde vor einem Ausnahmegericht geführt. Die eigentlich zuständigen Schwurkammern waren durch eine kaiserliche Verordnung vom Juli 1914 aufgehoben. Adler bezeichnete dies in seiner ersten Verteidigungsrede als Staatsstreich. Denn die kaiserliche Verordnung erging genau am Tag des Ultimatums an Serbien, das den Krieg provozierte. Da im Mai 1917 die ersten Schatten der Niederlage auf das Reich fielen, gewährte das Gericht Friedrich Adler viel Raum, um die Motive seiner Tat darzulegen. Adler verteidigte sich zunächst mit rechtlichen Erwägungen. Stürgkh war für die Suspendierung des Parlamentes mitverantwortlich. Mit dem Parlament hatte er zugleich die Anklagebehörde des Staatsgerichtshofes beseitigt, die allein das Recht hatte, ihn zur Verantwortung zu ziehen. Die Ministerverantwortlichkeit, ein Grundsatz der modernen Verfassung seit der Revolution in Deutschland und Österreich 1848, wurde mit der Suspendierung des Parlamentes außer Kraft gesetzt. Graf Stürgkh hatte aber auch alle übrigen Ministerien entmachtet, und mit dem alten und zunehmend verwirrten Kaiser im Rücken war tatsächlich beinahe die gesamte Macht über Österreich in seinen Händen versammelt. Das Attentat bezeichnete Friedrich Adler mithin als Demonstration für die verfassungsgemäße Ordnung. Aber weiter sagte er:

Und endlich viertens habe ich für die revolutionäre Taktik demonstriert. *Ich bin zeit meines Lebens ein Revolutionär gewesen und habe immer die Tagespolitik als ein Mittel der Revolution aufgefasst und niemals die Revolution als eine Phrase der Tagespolitik.* Wenn ich Ihnen vor sieben Monaten [im Oktober 1916] von der Revolution gesprochen hätte, hätte man in der großen Öffentlichkeit über mich gelacht als einen Menschen, der so töricht ist, während eines Krieges an eine Revolution zu denken. Und das hätte damals stark für den Herrn Verteidiger mit seiner Psychiatrie gesprochen, während ich heute wieder in der angenehmen Lage bin, das leicht klarmachen zu können, weil die russische Revolution nicht nur in der *Arbeiter-Zeitung* gefeiert wird, sondern sich auch bis zum *Fremdenblatt* [dem offiziellen Organ des Außenministeriums] hinab der größten Sympathie erfreut. Allerdings, wie das immer in Österreich gewesen ist,

schon lange vor dem Kriege: Man ist begeistert für die Freiheit
– im Auslande. Für Demokratie, für Freiheit, für Menschenrechte in Frankreich oder wo immer sonst im Auslande war die *Neue Freie Presse* und jedes liberale Organ stets zu haben.[43]

Weiter erklärte der Angeklagte zur Frage der Gewalt und der Revolution:

Ich habe natürlich nicht die kindische Vorstellung gehabt, daß ich durch meine Tat etwa den Absolutismus in Österreich beseitige oder den Frieden in die Welt bringe. Das ist mir nicht im geringsten eingefallen. Ich bin *kein Anarchist geworden*. Der Anarchismus glaubt, daß die individuelle Aktion eine solche Rolle in der Welt spielen kann. Ich habe das nie geglaubt (…), sondern ich stehe auf dem Standpunkt des Massenkampfes, der ›mit allen zweckdienlichen Mitteln‹ zu führen ist. (…)
Ich habe natürlich nicht einen Moment daran gedacht, eine Massenaktion in diesem Moment auszulösen, sondern das, was ich wollte, war, die *psychologische Voraussetzung künftiger Massenaktionen in Österreich zu schaffen*, die Disposition zu ihnen wieder herzustellen. Ich wollte nicht durch meine Tat Revolution machen, davon war gar keine Rede, sondern ich wollte die *Möglichkeit einer Revolution erzielen*, die *Voraussetzungen schaffen*, daß auch diese Leute doch einmal Stellung nehmen müssen zu diesem Gedanken.[44]

Es sind die Überlegungen eines konsequent theoretisch denkenden Menschen, der viele Bücher gelesen hat. Der Vater, der im Prozess als Zeuge auftrat, beschrieb ihn als einen unbedingten, zutiefst ernsten und hochethischen Menschen, den die Verzweiflung über die politischen Zustände in eine ungeheure dauerhafte Erregung versetzt hätte. Die theoretisch motivierte Tat bezeichnete der Vater als »Exzess des Mathematischen«.[45] Man sieht auch, dass Friedrich Adler – ganz wie der Attentäter von 1819, Karl Ludwig Sand – die Rückkehr seines Volkes in die Geschichte verlangte. In seinen Augen spielte sich auf den Schlachtfeldern zwar ein furchtbares historisches Drama ab, aber eigentlich ohne Beteiligung des Volkes oder des Proletariates, an dessen geschichtliche Mission er unbedingt glaubte. Graf Stürgkh musste sterben, weil er gegen die Theorie das Subjekt der Geschichte kaltgestellt hatte. Friedrich Adler wurde durch Urteil des Ausnahmegerichts vom 19. Mai 1917 zum Tode verurteilt. Die Regierung wagte es aber nicht, das Urteil zu vollstrecken, und so wurde die Strafe am 12. Oktober 1917 in zwanzig Jahre schweren Kerkers umgewandelt. Und weil Adler sich weigerte, ein Gnadengesuch einzureichen, erließ die ihrem Ende entgegentaumelnde Regierung am 2. November 1918 eine Amnestie, und Adler konnte die Strafanstalt verlassen. Die Sozialistische Arbeiter-Internationale, die eben 1914 auf ganzer Linie versagt hatte, wählte ihn von 1923 bis 1940 zu ihrem Sekretär. Adler lebte in Brüssel und London und starb 1960 in Zürich.

Aus genauer Kenntnis der Familie heraus, aber auch mit genauem Blick für die Person hat Wiens bedeutendster Kriegsgegner dieser Jahre, Karl Kraus, die Motive Adlers erkannt und benannt.

Wo ich inzwischen die große Zeit angepackt habe, war sie interessant, und ihre schauerliche Kontrasthaftigkeit verbrannte den Märtyrern an den Fronten mehr das Herz als alle Flammenwerfer. Aber daß sie es in einem vermocht hat, einen Menschen wie Friedrich Adler, dessen Edelmut ausgereicht hätte, ein schuldiges Zeitalter zu begnadigen, zum Mörder und einen Menschen wie Moriz Benedikt zum Pair zu machen, das hätte selbst ich ihr nicht zugetraut. Nein, Waffentaten von heute, ob aus Pflicht oder aus Idee vollbracht, eben noch geeignet, in dem von jenem Unglücklichen verleugneten Sinn Schrecken zu erregen, sind nicht mehr imstande, in dem von ihm bejahten Sinn die ›psychologische Voraussetzung einer künftigen Massenaktion‹ zu bilden. Denn der Mangel an Phantasie war die psychologische Voraussetzung der gegenwärtigen Massenaktion, deren fortwirkendem Kommando kein Gegenruf der Menschenwürde mehr antwortet, um die in Einzelschicksale aufgelöste Masse wieder zu sammeln. Es gibt keine Armbrust und keinen Tyrannen; es gibt Technik und Bürokraten. Es gibt nur den Knopf, auf den das Plutokratische drückt. Aber da ist kein verantwortliches Gesicht. Die Problemstellung: Demokratie-Autokratie trifft ins Leere, in das Vacuum der Zeit, das hier nur fühlbarer wird als im anderen Europa. Autokratie als ein technischer Begriff: das könnte es sein. Ein Ding, das nicht selbst, sondern von selbst gebietet. Und alle treibt das hohle Wort des Herrschers Zufall, der die Quantität regiert.[46]

Die *Fackel* selbst ist ein literarisches Attentatsorgan, das im ersten Heft von 1899 gleich mit dem Programm auftrat: »kein tönendes ›Was wir bringen‹, aber ein ehrliches ›Was wir umbringen‹«.[47] Im Laufe der Jahre gibt Kraus einer monomanen Interpretation der Moderne Raum: dass die Pressesprache und in der Folge alles öffentliche Sprechen die zerstörenden Kräfte des 20. Jahrhunderts hervorgebracht haben: Technik, Medien, Korruption, Bürokratie, schlechte Literatur und Sexualunterdrückung. Seit den Anfängen der *Fackel* klagt Kraus die Presse an, sie habe den Lesern alle Vorstellungskräfte abgetötet, weil die Zeitungsschreiber die Grenzen zwischen Wirklichkeit und Kunst, zwischen Tatsachen und Poesie verwischten. Das ist für ihn die Feuilletonisierung des Alltags. Im Zeichen des von ihm angekündigten Untergangs der Welt durch die schwarze Magie der Zeitungslettern schreibt Kraus 1912:

> Nur eine infame Meinungspresse, wie wir sie haben, nur die Vertretung jenes schamlosen Anspruchs, daß ein meldender Bote Geist und eine Plakatsäule Gemüt habe, ist auch bereit, die Grenze zu verschieben. Die Korruption, die zwischen Text und Annonce Schiebungen macht, ist völlig belanglos neben der Schweinerei, die in allen Rubriken dichtet.[48]

Das durch die Presse verödete Vorstellungsvermögen der Leser macht er auch für den Ersten Weltkrieg verantwortlich. Der Paranoiker Kraus, der alle Menetekel präzise abliest, glaubt zu sehen, dass allein die Zeitungsleser den drohenden Untergang nicht mehr sehen. Indem Kraus Adlers Attentat und die neue Pairswürde des Herausgebers der Neuen Freien Presse, Moriz Benedikt, in einem Atemzug nennt, stellt er den Zusammenhang von Katastrophe und Presse erneut her. Es ist seine einzige Erklärung. Die Tat entspringt der entstellten Welt und den in Bewegung gesetzten blinden Mächten. Der Staat ist ein Automat. Alles geschieht von selbst. Es gibt keine Verantwortlichen mehr. Es gibt kein *verantwortliches Gesicht* mehr. So deutet Kraus Adlers Schüsse als bilderstürmerischen Akt: Der Attentäter wollte die Gesichtslosigkeit und den Zufall umbringen. Da der Staat nur noch vom »hohlen Wort«, von der Parole, von einer nichtssagenden Pressesprache getrieben wird, ist seine Aktionsweise der Zufall. Friedrich Adler gehört also zu den wenigen Einzeltätern in der Attentatsgeschichte, die mit ihrer Tat nicht restlos gescheitert sind. Aber vielleicht verdankt auch er es dem Zufall, dass sein Versuch, die Herrschaft der Gesichtslosigkeit und dem Zufall zu entreißen, in die Periode der absehbaren Kriegsniederlage fiel.

Aufstand gegen den Zufall (2): Theodor Lessing

Theodor Lessing, der am 30. August 1933 von zwei SA-Killern in seinem Arbeitszimmer in Prag ermordet wurde, ist zugleich ein Nachfolger und Antipode der konspirativen Historiologie. Er wollte im Sinne von Nietzsches Zarathustra den Zufall erlösen, die Idee einer von der Vorsehung geleiteten Geschichte zertrümmern. Das bezahlte er mit dem Tod. Lessing stammt aus einer alteingesessenen jüdischen Familie in Hannover, die sich aus Verehrung für den Dichter des *Nathan des Weisen* den Namen Lessing gegeben hatte. Er wurde 1862 geboren, studierte Medizin und promovierte 1895 zum Dr. med. Anschließend wandte er sich der Philosophie zu und promovierte vier Jahre später auch in diesem Fach. Im Jahre 1904 ging er als Lehrer in das Landerziehungsheim Haubinda. Doch nach kurzer Zeit bereits geriet Lessing dort in Schwierigkeiten, als er gegen antisemitische Schulbücher protestierte. In diesem Konflikt suchte er vergeblich Unterstützung bei den Eltern jüdischer Schüler. Nach seiner Entlassung versuchte er, sich zunächst in Dresden zu habilitieren. Das wurde abgelehnt. Mit einer Empfehlung kam er nach Göttingen zu Edmund Husserl, der seinerseits Lessing weiter nach Hannover empfahl, wo die Habilitation zwar erfolgte, aber Lessing lehrte dort achtzehn Jahre, ohne je eine Besoldung zu empfangen.

Lessing hält sich in jener Zeit durch journalistische Arbeiten über Wasser, durch Vorträge, und als er sich daran macht, ein philosophisches Werk über Schopenhauer-Nietzsche-Wagner zu schreiben, bricht der Erste Weltkrieg aus. Kurze Zeit dient Lessing als Militärarzt, ehe er erneut in Hannover eine Lehrerstelle annimmt. In diesen Kriegsjahren schreibt er das Buch, das ihn berühmt machen und das später sein Schicksal besiegeln sollte: *Geschichte als Sinngebung des Sinnlosen*. Dieses Werk ist eine ausufernde und detailüberfrachtete Polemik gegen Geschichtsphilosophie und Geschichtswissenschaft, gegen die von Vico über Kant, Hegel, Marx, ja auch Darwin gehende Geschichtsmetaphysik. Geschichte, so erklärt er, existiert nicht als Tatsachenwissenschaft, so wie andere Wissenschaften Tatsachen, Daten und Sachverhalte verarbeiten, sondern allein als Mythos, als Erzählung oder Poesie. Er liefert den Befund, den die Geschichtsphilosophie selbst bereits erhob, aber nach und nach verdrängte.

Wer sich so wie er den Sinn für Kontingenz bewahrt, taugt im Urteil der akademischen Philosophie nicht zum Amtsträger. Lessing verfügte über einen untrüglichen Instinkt für die metaphysischen Gespenster, die noch durch Husserls phänomenologisches Pathos der Dinge und des Sehens geistern. Ganz ähnlich ging es ihm mit einem anderen großen Mann, dem er begegnete: Stefan George. Im Rückblick seiner Autobiografie resümiert er solche Begegnungen, dass diese Männer ihm ihr Urteil signalisiert hätten: »gewogen und zu leicht befunden«.[49] Es war aber nicht Leichtigkeit, weshalb Lessing diesen Männern fremd blieb, sondern sein seltsames Weltverhältnis. Seine Biografie lässt sich als Serie der Zerwürfnisse resümieren. Im kritischen Blick auf sich selbst beschreibt es Lessing auf charakteristische Weise: »[I]ch suchte etwas Unpersönliches, Sachliches, wofür sich verlohnte Bomben zu werfen und das Schafott zu besteigen.«⁵⁰ Lessing beantwortet seine Frage, wieso Historiker an den Universitäten Amerikas und Europas »die eigentlichen Feinde von Geschichte«⁵¹ wurden, auf theoretischer Ebene. Die Geschichtsschreiber und Denker lebten in der Nacht, in der professionellen Verkennung ihrer epistemologischen Voraussetzungen. Das menschliche Bewusstsein verwandle alles, was es aufnehme, in Sinnformeln, und das gelte erst recht für das Material, das die »Geschichte« ihm zutrage. Aber ohne das zu reflektieren, würden die Historiker einfach vergangene Welten konstruieren. Das gibt Lessing die pointierte Formel ein: »Sie lügen und lügen unbewusst«.⁵² Zwar erkennt er auch das theoretische Bedürfnis an, den Zufall in Sinn umzudeuten. Aber die Historiographie ist für ihn an dem Verhängnis beteiligt, das er die »Mechanisierung« des Lebens nennt. Im Zuge dieser Mechanisierung ersetze die Moderne »Ausdruckssymbole« durch Kalkül, das »symbolische Lebensgefühl« durch Analogien. So mache die »moderne Kultur« die Natur todesreif und das Menschengeschlecht reif zum Untergang.⁵³ Das darf man schon eine kleine Apokalypse nennen. Und da es um das ganze Menschengeschlecht geht, scheut Lessing nicht vor hochfahrenden Urteilen: Das »Weltgericht« Schillers nennt er »ruchlos«⁵⁴, Kants Erkenntniskritik beruhe auf seinem Missverstehen Humes.⁵⁵ Hegel, Husserl, Hartmann und Spengler versammelt er in einer theoretischen Terrorgruppe, die er die »klitterungswütigen Begriffler« nennt.⁵⁶ Es ein Wüten gegen den Weltuntergang, das an Karl Kraus erinnert. Im Anschluss an Nietzsches unzeitgemäße Betrachtung *Vom Nutzen und Nachteil der Historie für das Leben* schreibt Lessing:

> Welcher bewußte Geist aber kann noch an gegen die unsinnige Barbarei der nicht mehr zu entwirkenden Reize: dieses Massenaufgebot täglicher Druckware, Zeitungen, Briefpost, Lichtbild, Kino, Film, Radio, Parlograph? Seitdem die Belanglosigkeiten jeder Minute aufgewahrt werden können, ist das historische Material so barbarisch gewachsen, daß das Studium der Geschichte ebenso unerquicklich ist wie eine Wanderung durch

überstopfte Leichenkammern (...). Wie rettet sich das Leben vor seiner Entartung zu Geschichte?[57]

Hier spricht eine tiefe Sorge um das Leben: »Kann das wirklich Wesentliche unseres Lebens je zu Geschichte werden? Ist es nicht zu zart, zu einmalig, zu unverständlich?«[58] Lessing verspielt diese starke theoretische Position dadurch, dass er der Welt eine andere Metaphysik verschreibt, eine an Schopenhauer angelehnt Kritik des Lebens, da er den Stein für lebendiger hält als die Blume und die Blume für lebendiger als das Tier. So durchzieht dieses Buch ein zweifaches paranoisches Phantasma: dass einmal die Philosophie im Verbund mit den Medien und Technik das Leben vernichtet und dass sich Medien und Technik zu einer gegen das Urelementare der »natura naturans«[59] gerichteten Verschwörung verbinden. Zum anderen ist er in dem alten Wunsch gefangen, alles Leben, alles Bewusstsein zum Schweigen zu bringen. Auch dies war ihm ernst, und als einer der ersten vielleicht schrieb er eine Kampfschrift gegen den Lärm.[60] So träumt er vom Ende der Geschichte, die das Leben wiederherstellt.[61]

Lessing war gewiss kein bedeutender, erst recht kein systematischer Philosoph, sondern ein Unzeitgemäßer, der immer wieder am falschen Ort das Richtige in falscher Form sagte. Sein Aufbegehren gegen die philosophische Elimination des Zufalls aus der Welt war ein großer Zug. Aber er spielt diesen Trumpf mit so viel hochfahrender Polemik aus, dass ihm kaum jemand zuhören mochte.

Als Theodor Lessing nach dem Ersten Weltkrieg an der Universität Hannover Vorlesungen hielt, setzte im Jahre 1925, als Hindenburg zum Nachfolger Friedrich Eberts ins Amt des Reichspräsidenten gewählt wurde, die Kampagne gegen ihn ein, die nicht mehr enden sollte. Lessing hatte im *Prager Tageblatt* vom März 1925 vor der Wahl des Generals zum neuen Reichspräsidenten gewarnt. Er bezeichnete Hindenburg als eine Null, als *Zero*, aber im Schlusssatz fügte er hinzu: »Leider zeigt die Geschichte, dass hinter einem Zero immer ein künftiger Nero verborgen steht.« Nie war eine historische Decodierung so richtig; nie war sie so verhängnisvoll. Hindenburg war Ehrenbürger Hannovers, Ehrendoktor der Technischen Universität und das Idol der Konservativen und aller frühgetauften Nazis. Daraufhin werden die nationalistischen Dozenten und Studenten aktiv, sogar die Professoren verlangen, dass Lessing die Lehrerlaubnis entzogen wird. Banden von Studenten versammeln sich vor seinem Haus und werfen mit Steinen: Der Versuch, gegen den Privatdozenten ein Disziplinarverfahren beim Ministerium einzuleiten, schlägt allerdings fehl. Nach einem von mehreren hundert Studenten veranstalteten Sturm auf den Vorlesungssaal, in dem Lessing unterrichtet, muss der Gelehrte fliehen; er begibt sich zum Rektor, der ihn mit einem Wagen nach Hause fahren lassen will; aber die Studenten verhindern das. Als der Rektor mit Relegationen der Rädelführer reagiert, drohen 2000 Studenten an die Technische Hochschule Braunschweig abzuwandern. Aus allen deutschen Studentenvereinigungen treffen Solidaritätsbekundungen ein. Dabei kann der bislang wenig einflussreiche Nationalsozialistische Studentenbund seine ersten Erfolge bei der Denunziation jüdischer Gelehrter feiern.[62] Im Zusammenspiel mit solchen Aktionen macht sich die rechte Presse daran, Lessing zu verleumden, bis sich der Provinzeklat tatsächlich zu einem nationalen Skandal ausweitet. An nahezu allen Hochschulen in Deutschland befassen sich Fakultäten mit der Angelegenheit und bedauern fast unisono, dass Lessings Lehrbefugnis nicht aufgehoben werde. Es gibt kaum Versuche deutscher Professoren, die liberale Haltung Preußens, die Lessings Lehrfreiheit zu sichern bemüht ist, ausdrücklich zu unterstützen.[63] Das preußische Kulturministerium ersucht vier namhafte Gelehrte, darunter Eduard Spranger, Edmund Husserl und Max Scheler, um Gutachten über den Gelehrten Lessing. Husserl und Scheler äußern sich beide negativ über die Persönlichkeit des Mannes, Spranger räumt zwar »unzweifelhafte Qualitäten« seiner Schriften ein, sieht aber vor allem »Ressentiments« wirken.[64]

Lessing unterbricht seine Lehrtätigkeit für ein Jahr, doch als er sie 1926 wieder aufnehmen will, sind am ersten Tag bereits wieder 120 Studenten zur Stelle und besetzen den Hörsaal. Lessing beschließt, sein Kolleg ausfallen zu lassen, er wird jedoch von einer Gruppe Knüppel schwingender Studenten verfolgt und flüchtet sich in ein Gartencafé. Dort bedroht man ihn weiter und fordert ihn auf, schleunigst nach Jerusalem abzuhauen. Lessing versucht zu fliehen, man verhindert, dass er eine Straßenbahn besteigt. Schließlich begibt sich Lessing mit einigen wenigen treuen Studenten, die ihn begleiten, zur Universität zurück. Lessing wird zwar nicht, wie viele Kollegen und Studenten es verlangen, die Lehrbefugnis entzogen, doch seine Rehabilitierung, die ihm statt des besoldeten Lehrauftrags ein kleines Forschungsstipendium gewährt, kann er nicht mehr genießen. Er verzichtet fortan darauf, seine Lehrtätigkeit in Hannover auszuüben. Längst hat eine antisemitische Kampagne der NSDAP Lessing im Visier. In einer Broschüre *Der Ewige Jude* vom Anfang der dreißiger Jahre denunziert man ihn gemeinsam mit verschiedenen jüdischen Gelehrten und Schriftstellern. Außerdem vertreibt der Nazi-Studentenbund karikierende Postkarten von verhassten jüdischen Gelehrten, zu denen Lessing zählt.[65] Im Juni 1933, ein halbes Jahr nach der Machtergreifung Hitlers, kann man in einer sudentendeutschen Zeitung lesen, dass auf Lessings Kopf eine Fangprämie von vierzigtausend Reichsmark ausgesetzt worden ist.[66] Lessing ist zu diesem Zeitpunkt bereits in die Tschechoslowakei ausgewandert. Angebote, die ihm die Ausreise nach China, nach Belgien, nach England ermöglichen würden, lehnt er ab. Im August 1933 beteiligt er sich an dem Zionistenkongress in Prag. Lessing wohnt in einer Villa in Marienbad außerhalb der Stadt, wo er die Eröffnung eines Landerziehungsheims plant. Seine Mörder steigen in der Nacht zum 30. August über eine Leiter auf die Höhe seines Arbeitszimmers und töten ihn mit zwei Pistolenschüssen durch die Fenster. Die Täter, ein Max Rudolf Eckert aus Schanz, einem Dorf in der Nähe von Marienbad, und ein Rudolf Zischka aus Süddeutschland, können der tschechischen Polizei trotz einer rasch eingeleiteten Fahndung entkommen. Sie werden an der Grenze von der SA in Empfang genommen und mit Geld und einer neuen Identität bezahlt. Es war eine von langer Hand gesteuerte Mordtat. Eckert gab später an, dass die Ermordung Lessings durch den Stabschef der SA, Ernst Röhm, veranlasst worden sei. Der Täter Eckert kehrte 1937 nach Marienbad zurück, nahm seinen alten Namen wieder an und wurde im Juni 1945 verhaftet. Da man ihm die Mordtat selbst nicht nachweisen konnte, wurde er zu achtzehn Jahren Gefängnis verurteilt. 1958 schob man ihn im Rahmen einer Amnestie in die Bundesrepublik ab. Zischka lebte unbescholten in der DDR bis zu seinem Tode 1978.[67] Lessing ist nicht nur wegen seines Hauptwerkes *Geschichte als Sinngebung des Sinnlosen* ermordet worden. Aber dieses Buch war am stärksten mit seinem Namen verbunden und fand Eingang in alle Denunziationen, zu denen dann auch die Fama gehörte, dass er sich vor dem Kriegsdienst gedrückt habe, um dieses defätistische Buch zu verfassen. Aber dieser seltene und seltsame Mann verdient in der Geschichte des Attentats eine ausführliche Erwähnung, weil er in seinem Buch zur Sprache brachte, was so viele Attentäter zum Grund ihres Handelns machen: das Sinnloswerden der Geschichte, das Verlangen nach einem vollkommenen Bild des Herrschers, die Entstellung der Welt durch das Übermaß von Bildern und Symbolen, das Unwahrwerden der Erfahrung durch Medien. Lessing hatte durch seine Polemik gegen Hindenburg die Identifizierung der nationalen Kreise mit einem idealen, vollkommenen Repräsentanten gestört. Nun war Hindenburg zweifellos nichts weniger als ein großartiger Repräsentant, aber er war eine symbolträchtige Gestalt, ein Figur des Ersten Weltkrieges, ein General. Im Auftreten Lessings, der mit Gewalt den Zufall rehabilitieren und damit den Untergang der Welt aufhalten wollte, spürten die Nazi-Mörder eine Gegenmacht gegen Adolf Hitler, den ihnen eben die Vorsehung geschickt hatte, um mit ihm unterzugehen. Wie bei allen paranoischen Denkern war Lessings Verlangen, die Welt zu retten von einem zerstörerischen Willen angetrieben: »[I]ch suchte etwas Unpersönliches, Sachliches, wofür sich verlohnte Bomben zu werfen und das Schafott zu besteigen.«[68] Man könnte meinen, er habe sein Ziel nur knapp verfehlt.

Es hätte auch anders kommen können (3):
Denkmal für den Hitler-Attentäter Georg Elser

Welchen Platz hätte Hegel einem Zeitgenossen Hitler im großen dialektischen Drama der Vernunft zugewiesen? Dass Hegels List der Vernunft mit der paranoischen Vernunft kooperiert, ist unvermeidlich, denn die Leidenschaften, mit denen Hegels Vernunft ihren unerschütterlichen Weg bezahlt, sind in der Politik zumeist von dieser Art. Aber einen Mann wie Hitler mit vermeintlichem Vorsehungsglück so lange zu mästen, bis er seinen Wahn in globalem Maße zu Geschichte macht, das lässt sich keiner Menschenvernunft begreiflich machen. Oder konnten die Deutschen, denen ihre Denker so lange soufflierten, sie hätten eine Mission in der Welt zu erfüllen, nur durch eine Katastrophe von diesem Wahn kuriert werden? Warum verbreitete diese Vorsehung Nebel über München, so dass der deutsche Führer am 8. November des Jahres 1939 vorzeitig die Stadt verlassen musste und auf diese Weise dem Tode durch die Explosion einer Zeitzünderbombe im Bürgerbräukeller entging? Es war der 16. Jahrestag von Hitlers aberwitzigem Putschversuch vom 9. November 1923. Statt mit dem Flugzeug nach Berlin zurückzukehren, reiste Hitler am 8. November 1939 in einem Sonderzug der Reichsbahn, der aus Gründen, den auch die Vorsehung zu verantworten hat, bereits um 21 Uhr 30 den Münchner Bahnhof verlassen musste. Anders als sonst bei dem alljährlichen Erinnerungsritual im Bürgerbräukeller verließ der groteske Held von 1923 den Ort bereits früher. Er musste Krieg führen. Der Zeitzünder war auf 21 Uhr 20 eingestellt, eine Zeit, zu der der Führer gewöhnlich noch redete.

Der Mann, der in einem Pfeiler, der hinter Hitlers Rednerpult die Saaldecke trug, die Zeitzünderbombe versteckt hatte, war der 36-jährige Georg Elser. Elser war kein Geschichtstheoretiker, sondern ein Handwerker. Bodenständig und mit einer nüchternen Vernunft ausgestattet, teilte er den Heilswahn seiner Landsleute im Dritten Reich nicht. Er ließ später in einem Verhör offen, ob sich Gott »bei meiner Tat auch dreingemischt hat und den Führer früher weggehen ließ.«[69] Aus den ohnmächtigen Gegnern Hitlers ragt Elser allerdings dadurch heraus, dass er in einer einsamen, penibel geplanten und vorbereiteten Aktion die Katastrophe des Zweiten Weltkriegs, der zwei Monate vor seinem gescheiterten Attentat vom Zaun gebrochen worden war, aufhalten wollte. Das wurde ihm nach 1945 kaum gedankt, denn die große Geschichtsschreibung über das Dritte Reich würdigte ihn bis in die achtziger Jahre hinein kaum eines Wortes. Das hat sich indessen längst geändert. Es gibt ein Elser-Drama von Peter-Paul Zahl und ein Theaterstück von Gerhard Majer, zwei Elser-Filme von Reiner Erler und Klaus-Maria Brandauer und drei Biografien Elsers, die letzte von Helmut G. Haasis.[70] Dokumente und Zeugenaussagen sind gesichert, eine Gedenktafel wurde an der Stelle des ehemaligen Bürgerbräukellers angebracht, in Berlin soll ein Denkmal errichtet werden. Elser, der im April 1945 im KZ Dachau erschossen wurde, wird im historischen Gedächtnis der Deutschen zunehmend lebendig.

Georg Elser kam 1903 in einem kleinen schwäbischen Dorf mit Namen Hermatingen zur Welt. Er wuchs dann in Königsbronn auf, wo der Vater ein Fuhrunternehmen betrieb; eine kleine Landwirtschaft besaßen die Eltern auch, aber die Felder wurden nicht vom Vater, sondern von seiner Frau und den Kindern beackert. So ging Georg in die Schule der Tyrannei und der falschen Demut: Der Vater wird als jähzornig, als Schläger und Trinker beschrieben, die Mutter, die das aushielt, als entsprechend still und ergeben. 1917 kam Georg in eine Lehre als Eisendreher. Die Lehre musste er aber aus Gesundheitsgründen abbrechen, und so wurde er Schreiner. Nach der Lehre arbeitete Elser dann in den zwanziger Jahren in verschiedenen Betrieben als Möbelschreiner. 1925 verließ er Königsbronn und gelangte über eine Zwischenstation nach Friedrichshafen, wo er eine Anstellung in der Flugzeugbaufirma Dornier fand. Dann wechselte er in eine Uhrenfabrik, erst in Konstanz, später in Meersburg. Beim Bankrott dieser Fabrik erhielt er statt des ausstehenden Lohnes einige Uhrwerke, die Elser später beim Bau der Zeitbombe 1938 verwendete. 1932 kehrt er auf Bitten der Mutter erst einmal nach Königsbronn zurück. Er richtet sich eine kleine Werkstatt ein und fertigt auf Bestellung Küchenmöbel. In diese Zeit fällt die

Freundschaft mit dem Kommunisten Josef Schnurr, der im Frühjahr 1933 wie viele andere Kommunisten verhaftet wird. Als Schnurr wieder freikommt, erhält er in dem Heidenheimer Rüstungsbetrieb Waldenmeier Arbeit, wo Elser 1937 ebenfalls eine Stelle antritt und sich weitere Materialien für seine Zeitbombe besorgt: Zünder und Sprengstoff. Den Entschluss, Hitler und die Nazi-Führung zu beseitigen, fasst Elser nach den im Verhör protokollierten Angaben im Herbst 1938, vermutlich nach der Septemberkrise. Dabei gibt er an, dass ihn vor allem die Unzufriedenheit der Arbeiter und der voraussehbare Krieg dazu veranlassten.[71] Und weiter erklärt Elser:

> Ich war bereits voriges Jahr [1938] um diese Zeit der Überzeugung, daß es bei dem Münchener Abkommen nicht bleibt, daß Deutschland anderen Ländern gegenüber noch weitere Forderungen stellen und sich andere Länder einverleiben wird und daß deshalb ein Krieg unvermeidlich ist.[72]

Am 8. November 1938 kommt Elser zum ersten Mal nach München und beobachtet dort die Feierlichkeiten zum Gedenktag im Bürgerbräukeller. Bald nach diesem Besuch fasst er den Entschluss, Hitler im nächsten Jahr bei der gleichen Veranstaltung zu töten. Er will in einer Säule des Festsaales, und zwar oberhalb eines Galerieabsatzes, eine Zeitbombe einbauen, die bei der Explosion die Saaldecke genau über dem Rednerpult zum Einsturz bringen würde. Er schafft bei der Firma Waldenmeier immer mehr Sprengstoff beiseite und arbeitet unablässig an der Zeitzündermechanik. Im April 1939 kündigt er, fährt erneut nach München und nimmt Maß an dem holzverkleideten Pfeiler auf der Galerie im Bürgerbräukeller. Er benötigt noch mehr Sprengstoff. Also verdingt er sich nach seiner Rückkehr bei einem Steinbruchbetrieb im Nachbardorf und versorgt sich mit dem bei Sprengarbeiten benötigten Dynamit. Den Garten seines Vaters nutzt er für die ersten Sprengversuche. Im August zieht Elser nach München. Zu seinem Gepäck zählt ein riesiger Koffer mit dem Sprengstoff und allen weiteren Utensilien. Nachdem er eine Unterkunft gefunden hat, begibt er sich an die Arbeit. Nacht für Nacht lässt er sich im Bürgerbräukeller einschließen, indem er zuvor unauffällig in einer Rumpelkammer verschwindet. Wenn alles ruhig ist, begibt er sich an die Arbeit. Zunächst fertigt er aus der Holzverschalung am Sockel der Säule eine Tür, die es ihm erlaubt, jedes Mal rasch an das Innere des Saalträgers heranzukommen. Er benötigt Wochen, nur um einige Ziegelsteine herauszumeißeln und eine ausreichend große Öffnung für seine Uhren, Zünder und Sprengstoff zu schaffen. Erst Ende Oktober hat er die benötigte 70 auf 90 cm große Öffnung geschlagen. Am 1. und 2. November füllt Elser diesen Leerraum in der Säule mit Sprengstoff. Am 3. November will er die Uhren mit dem Zeitzünder montieren.[73] Die Öffnung erweist sich jedoch als zu klein. Erneut muss an den Holzkanten der Säulenverschalung etwas gesägt werden. Am 5. November endlich ist alles fertig montiert. Elser kehrt kurz nach Königsbronn zurück, fährt aber am nächsten Tag wieder nach München und überprüft am 7. November nachts noch einmal seine Uhrwerke. 35 Nächte hat er auf diese Vorbereitung verwendet. Am nächsten Morgen begibt er sich zum Bahnhof und fährt von München nach Ulm und von dort aus Richtung Bodensee. Er plant, abends heimlich über die Grenze in die Schweiz zu gehen.

Hitler betritt am Abend des 8. November gegen 20 Uhr den Bürgerbräukeller. Früher fand diese Veranstaltung exakt um 20 Uhr 30 statt. Jetzt nach Kriegsbeginn läuft die Veranstaltung verkürzt, den traditionellen Marsch zur Feldherrnhalle am Tag darauf hat man bereits abgesagt. Hitler will noch am Abend des 8. November nach Berlin zurück. Doch die Wetterlage scheint ungünstig, sein Pilot rechnet mit Nebel. Hitler muss mit einem Sonderzug nach Berlin zurückreisen, und die Reichsbahn sieht keine andere Möglichkeit, als diesen Zug bereits um 21 Uhr 31 in München losfahren zu lassen. Daher beendet Hitler seine Gedächtnisrede um 21 Uhr 07 und verlässt mit seinem Gefolge kurz darauf das Lokal. Mit ihm gehen auch weitere Besucher. Elsers Uhren sind auf 21 Uhr 20 gestellt. Pünktlich geht die Bombe hoch. Sie legt das Lokal in Schutt und Asche. Über dem Rednerpult fällt die Saaldecke mit tonnenschweren Eisenträgern zu Boden. Hitler hätte das nicht überlebt. Es gibt eine ganze Reihe von Opfern. Acht Tote, 63 Verletzte.

Der zerstörte Bürgerbräukeller nach dem Attentat.

Als die Bombe in München explodiert, ist Georg Elser beim Versuch, die Grenze bei Konstanz zu überschreiten, bereits verhaftet worden. Er trägt verdächtige Dinge bei sich, Stücke eines Zünders, Aufzeichnungen, Pläne, eine Zange. Gilt bereits der Grenzübertritt in Kriegszeiten als schweres Vergehen, so macht der Tascheninhalt Elser erst recht verdächtig. Er wird nach München überführt, wo inzwischen die Kripo, die Gestapo und natürlich die SS in die Ermittlungen eingetreten sind. Vorsichtshalber verhaftet man gleich die gesamte Belegschaft des Bürgerbräukellers. Aber noch mehr als hundert weitere Personen, die als politisch unzuverlässig gelten, nimmt man in Haft. Die Polizei hat keine Mühe, die Explosion technisch zu rekonstruieren. Man findet Uhrenteile, die zu Elsers früherem Arbeitgeber führen. Es dauert wohl nur zwei Tage, bis man zwischen den Aussagen der Bedienung im Bürgerbräukeller, die einen schwäbischen Dauergast erwähnen, und dem schwäbischen Untersuchungshäftling einen Zusammenhang herstellt. Der Reichskriminalchef Nebe und Himmler persönlich vernehmen Elser, der zwischendurch brutal misshandelt wird. Nach zwei oder drei Tagen gesteht er die Tat.

Hitler, der bereits auf der Rückreise nach Berlin von den Ereignissen in München informiert worden war, fühlte sich von der Vorsehung gerettet. Er gab gleich die Sprachregelung aus, dass das Attentat von England aus organisiert worden sei. Elser wurde so schwer gefoltert, bis er die Frage nach Hintermännern bejahte. Seine gesamte Familie wurde inhaftiert. Nach den Verhören in München und nach dem dort erpressten Geständnis brachte man Elser am 18. November nach Berlin. Die Vernehmungen dort dauerten vom 19. bis 23. November und wurden sorgsam protokolliert.[74] Elser sah sich auch mit seiner Mutter, den Geschwistern und der zeitweiligen Verlobten Elsa Härlen konfrontiert. Ja, Hitler selbst vernahm Elsa Härlen einen ganzen Nachmittag lang. In Berlin nahm sich die Gestapo den Attentäter erneut vor. Hitler gab sogar Befehl, Elser mit Drogen und Hypnose zu traktieren. Die Ärzte spritzten vor den Verhören Pervertin, aber Hintermänner oder Namen von Verschwörern, die Hitler in England vermutete, kamen nicht über seine Lippen. Schließlich versetzten nacheinander vier Hypnotiseure den Häftling in Trance; auch das brachte keine Verschwörung an den Tag. Elser blieb bis Anfang 1941 im Berliner Gestapogefängnis. Hitler hatte angeordnet, den Mann bis zum Ende des Kriegs am Leben zu lassen, um dann einen Schauprozess zu veranstalten, in dem der Attentäter und zwei gefangene britische Spione vor der Weltöffentlichkeit aussagen sollten. Anfang 1941 kam Elser zunächst in das KZ Sachsenhausen, wo er als persönlicher Gefangener Adolf Hitlers gehalten wurde und allerlei Privilegien genoss.[75] Alle Insassen des KZ Sachsenhausen wurden Anfang Februar ins KZ Dachau umquartiert. Dort wurde Johann Georg Elser am 9. April 1945 auf Befehl Himmlers durch einen SS-Mann erschossen.

Die Deutschen waren nach dem Ende der Naziherrschaft nicht in der Lage, einen Mann wie Georg Elser zu würdigen. Abgestürzt in den Abgrund der moralischen Katastrophe, konnten sie das Opfer dieses unscheinbaren Mannes nicht annehmen. Eine chamäleonartige Figur wie der U-Boot-Kapitän, Nazi-Pfarrer, KZ-Insasse, Kirchenpräsident und Nachkriegspazifist Martin Niemöller, der Georg

Elser in den KZ Sachsenhausen und Dachau begegnet war, scheute sich nicht, den einsamen Attentäter einfach dem Hörensagen nach als Handlanger der Nazis zu denunzieren.[76] Die hätten den Anschlag inszeniert. Elser war nicht nur ein problematischer Mann für die Nachwelt, sondern auch für sein auserwähltes Opfer. Hitler ließ die Ausforschung der Tatumstände, die Verhöre, die Versuche, Elsers Willen durch Folter und Psychoterror zu brechen, mit allem Nachdruck betreiben und verfolgte persönlich alle Einzelheiten der Untersuchung. Allein vor solchen Leuten hat er sich gefürchtet. Seine eigenen Knechte, die Militärs eingeschlossen, verachtete er, weil sie sich von ihm verächtlich behandeln ließen. Hingegen bedeutete der Attentäter eine Art Dublette seiner selbst, ein Mann, der sich eben nicht scheute, große Risiken einzugehen, der einen eisernen Willen zeigte und für das politische Ziel viele Opfer in Kauf nahm.

BILDERSTURM DER FRAUEN: MARGUERITE ANZIEU UND VALERIE SOLANAS

| Das Attentat von Marguerite Anzieu auf
  Mme Huguette ex-Duflos am 18. April 1931
| Entwendete Namen, entwendete Lettern
| Docteur Lacan (3): Aimée und ihr Sohn, das Nachspiel
| Das Attentat von Valerie Solanas auf Andy Warhol
  am 3. Juni 1968
| Sturm auf das Y-Chromosom und Traum einer
  männerlosen Welt

Das Attentat von Marguerite Anzieu auf Mme Huguette ex-Duflos am 18. April 1931

Die Schar der weiblichen Attentäter ist klein. Das heißt keineswegs, dass die Paranoia das Privileg einer männlichen Vernunft wäre. Frauen halten sich aber seltener für Gott. Umso kostbarer sind die wenigen Fälle der Nachfolgerinnen von Charlotte Corday. Auch sie zählen alle zu den verrückten Leserinnen. Aber ihre von Lektüren und Fehllektüren begleiteten Taten führen sie nicht unbedingt auf die Höhe der Weltgeschichte. Ihre Mission heißt sie zumeist weder für Herrschaft noch für Anarchie zu sterben, sondern für Frieden. Deutlicher als bei den Söhnen des Brutus gehen die politischen Anschläge seiner Töchter aus lebensgeschichtlichen Dramen hervor, und die sind für die Operationsweisen der paranoischen Vernunft nicht weniger aufschlussreich als die heroischen Entschlüsse der Jünglinge.

Die neununddreißig Jahre alte Marguerite Anzieu versuchte am 18. April 1931 die aus Film und Theater bekannte Schauspielerin

Huguette ex-Duflos vor dem Künstlereingang des Pariser Theaters St. Georges mit einem Dolch zu erstechen. Es flossen nur wenige Tropfen Blut. Das Opfer konnte die Waffe noch mit der Hand abwehren, während die Attentäterin von Umstehenden gepackt und der Polizei übergeben wurde. Das Stück, in dem Mme Huguette ex-Duflos auftreten sollte, und das die Attentäterin am Abend zuvor auch einmal gesehen hatte, war eine alberne Vierecksgeschichte von Henri Jeanson und trug den für diesen Abend irreführenden Titel *Tout va bien*.[1] Das lebendige Drama, in dem der Star für diesmal seinen ungeprobten Auftritt hatte, bildete zugleich die Schlussszene eines akuten Deliriums, aus dem die Täterin aus eigener Kraft nicht mehr herausfand. Marguerite Anzieu wurde nach einer ersten Polizeiuntersuchung in das Frauengefängnis Saint-Lazare überstellt, wo sie zwanzig Tage in ihrem Delirium weiter dahindämmerte. Der Wahn hatte ihre ganze Existenz ergriffen, nachdem sie über Monate hinweg das Doppelleben einer normalen Bediensteten und einer nächtlichen Künstlerin und Rächerin hatte führen können. Denn genau in diese Zeit, da sie im Gefängnis saß, fiel ihre Beförderung als Angestellte der Post. Dort hatte man sie als sachkundige und zuverlässige Angestellte geschätzt und nichts von ihrem zweiten Leben im Wahn geahnt. Erst auf das Gutachten eines Docteur Truelle hin wurde Marguerite Anzieu am 3. Juni 1931 in das Hospital Saint-Anne überwiesen, wo der eben dreißig Jahre alte Psychiater Jacques Lacan ihre Behandlung übernahm. Diese Behandlung dauerte etwa ein Jahr. An ihrem Ende stand keine Heilung der Patientin, die noch weitere zehn Jahre in Saint-Anne und in anderen Anstalten festgehalten wurde, wohl aber der Abschluss von Lacans Dissertation mit dem Titel *De la psychose paranoïaque dans ses rapports avec la personnalité*. Darin beschreibt und analysiert er den Fall der Marguerite Anzieu unter dem Namen Aimée.[2] Lacans Buch, eine großartige Fallstudie, ist eine wichtige Quelle der folgenden biografischen Daten.

Marguerite Anzieu stammte aus dem kleinen Ort Mauriac im Département Cantal in der Auvergne. Sie wurde dort am 4. Juli 1892 geboren. Ihre Geburt brachte sie in eine fatale genealogische Position, denn sie war in der Familie die zweite Tochter dieses Namens. Was war geschehen? Eine ältere Schwester Marguerite war bereits sieben Jahre vor dieser jüngeren Marguerite zur Welt gekommen. Doch im Dezember 1890 hatte der Zufall dieses Kind, als es in seinem Organdykleid dem Kaminfeuer zu nahe kam, bei lebendigem Leibe verbrennen lassen. Nach der Erzählung, die Marguerite Anzieu ihrem Arzt Lacan in die Feder diktierte, war die Schwester vor den Augen einer weiteren dreijährigen Schwester, die ihr nicht helfen konnte, gestorben. Das Unglück wollten die Eltern jedoch nicht gelten lassen. Im August des folgenden Jahres, also 1891, brachte die Mutter aber zunächst eine Totgeburt zur Welt. Das Mädchen, das wieder ein Jahr später geboren wurde, tauften die Eltern auf den Namen der toten Marguerite und übertrugen ihr die Mission, die unglücklich ums Leben gekommene Schwester des gleichen Namens und die weitere totgeborene Schwester zu ersetzen. Ihre Familienmission war es von Anfang an, zugleich eine andere zu sein. Die Mission scheint sie angenommen und auf ganz eigene Weise interpretiert zu haben.

Als Kind fand man die zweite Marguerite introvertiert und träumerisch, im Rückblick will man in ihrem Verhalten bereits früh Anzeichen von Eigensinn und Normabweichung bemerkt haben. Sie galt als schwer erziehbar, doch zeigte Marguerite in der Schule Anpassungswillen und gute Leistungen, so dass sie nach dem Abschluss der Grundschule, anders als ihre Schwestern, auf die höhere Schule geschickt wurde. Danach bewarb sie sich für das Lehrerstudium, bestand aber die Prüfung nicht. So begann Marguerite eine Ausbildung bei der Post. Dazu verließ sie das Elternhaus und wohnte bei einer Schwester, die wiederum mit einem Onkel der väterlichen Linie verheiratet war. Sie erlebt dort die erste Liebesgeschichte mit einem lokal prominenten Verführer und Dichter. Als Marguerite dienstlich nach Melun versetzt wird, verliebt sie sich in eine Kollegin adliger Herkunft, der Lacan das Kryptogramm Mlle C. de la N. verleiht, mit der sie auch nach ihrer Trennung mehrere Jahre lang in brieflichem Kontakt stehen wird. In seiner Dissertation nennt Lacan Mlle C. de la N. aus verschiedenen Gründen eine »raffinierte Intrigantin«.[3]

Marguerite heiratet 1917 einen Postkollegen namens René Anzieu, obwohl ihr die eigene Familie attestiert, dass sie wegen ihrer Neigung zur Träumerei und wegen ihrer unstillbaren Lesesucht für eine Ehe ungeeignet sei. Dies scheint sich rasch zu bewahrheiten. Monsieur Anzieu zeigt wenig Verständnis für die ausgedehnten Lektüren seiner Frau und beklagt ihre Nachlässigkeit im Haushalt. 1918 tritt Marguerites Schwester, deren Mann an den Folgen einer Kriegsverletzung gestorben ist, in den Haushalt ein. Diese Schwester erweist sich nun in den praktischen Tätigkeiten als das volle Gegenbild Marguerites und macht sich tatkräftig daran, den Haushalt zu ordnen und der Schwester das Zepter aus der Hand zu winden. Mit den daraus entstehenden Konflikten ziehen die ersten dunklen Zeichen am Horizont auf. 1921 bringt Marguerite ein Mädchen zur Welt, das bei der Geburt von der eigenen Nabelschnur erdrosselt wird. Schon während der Schwangerschaft melden sich die Vorboten einer Paranoia, und die Symptome nehmen nach dem Unglück noch zu. Als Marguerite kurz nach dieser Totgeburt ihre ehemalige Kollegin Mlle C. de la N., Lacans »raffinierte Intrigantin«, am Telefon spricht, beschuldigt sie die weit entfernt wohnende Frau, den Tod ihres Kindes verschuldet zu haben. Den zwei Jahre später gesund zur Welt gekommenen Sohn umgibt Marguerite mit einer solchen Ängstlichkeit und Fürsorge, dass der Junge unter den vielen Decken, die ihn selbst im Hochsommer vor Kälte schützen, beinahe erstickt. Niemand darf das Kind berühren, und mit dieser Tagundnacht-Sorge, worin das Unglück der ersten Marguerite nachwirkt, bildet die Mutter die Vorstellung aus, dass verschiedene Menschen ihrem Kind nach dem Leben trachten. Dann gibt es auch Momente der Vernachlässigung, etwa wenn der Junge unbehelligt den Dreck von den Rädern seines Kinderwagens ableckt. Nach einigen Zwischenfällen dieser Art übernimmt die ältere Schwester auch hier das Regiment und bringt das Kind unter ihre Obhut. Ihre Absetzung als Mutter beantwortet Marguerite mit einem Befreiungsversuch. Sie lässt sich vom Postdienst freistellen und beantragt mit einer gefälschten Unterschrift ihres Mannes bei der zuständigen Behörde einen Pass, um nach Amerika auszuwandern. Dort will sie als Romanautorin leben. Das nimmt die Familie zum Anlass, Marguerite zur Untersuchung in eine psychiatrische Klinik einzuweisen. Kaum hat sie die Anstalt sechs Monate später wieder verlassen, fasst sie im Sommer 1925 den Entschluss, nach Paris zu gehen, um dort wieder eine Stelle bei der Post anzunehmen und allein und unabhängig zu leben. Mit ungeheurem Kräfteaufwand führt sie dann in Paris ein Doppelleben. Tagsüber verrichtet sie ihren Dienst präzise und gewissenhaft, doch abends und in der Nacht besucht sie Cafés, nimmt Privatunterricht, schreibt und versucht mehrfach vergeblich, das Abitur nachzumachen. Auch eine Prüfung im Postdienst, die sie in eine höhere Position bringen soll, gelingt zunächst nicht. Während dieser Jahre in Paris erdichtet sie die wahnhafte Beziehung zu der Schauspielerin Huguette ex-Duflos, die zufällig in ihren Gesichtskreis getreten war. Die Postkollegen hatten einst den Namen des Stars erwähnt. In Paris erlebt Marguerite die Huguette auch im Theater und im Kino. Aber die Schauspielerin ist in ihren Augen eine unmoralische Person. Zum gleichen Typ der unmoralischen Personen zählt sie außerdem die Schriftstellerin Colette und die 1923 bereits verstorbene Schauspielerin Sarah Bernhardt. Alle diese Frauen sind prominent, begütert, umschwärmt, unabhängig, intellektuell und verkörpern Marguerites Lebensideal. Ihr Wahn aber flüstert ihr zu, dass diese Frauen nach dem Leben ihres Sohnes trachten. Doch die Verfolgte tritt selbst als Verfolgerin auf. Marguerite stellt in dieser Zeit dem Schriftsteller Pierre Benoit nach, der sich als erfolgreicher Verfasser von Trivialromanen einen Namen gemacht hat. Anfang der zwanziger Jahre hatte Benoit einen Roman *Alberte* veröffentlicht, der eine Dreiecksgeschichte erzählt: Eine Frau macht ihren angehenden Schwiegersohn zu ihrem Liebhaber, und der tötet ihre Tochter im Verlauf eines Attentats.

Gegenüber ihrem Psychiater Lacan wird Marguerite erklären, dass sie in ihrer Phantasie zugleich die Mutter und die Tochter dieser Geschichte gewesen sei. Früher schon hatte Marguerite einer weitläufigen Freundin den Roman *Alberte* zu lesen gegeben und sie auf die Parallelen zu ihrem Leben hingewiesen. Als die Freundin jedoch keine dieser Ähnlichkeiten entdecken will, gibt ihr Marguerite zu bedenken: »Stiehlt man der Heldin denn nicht immer ihre Briefe?

Ganz so, wie man mir Briefe gestohlen hat.«[4] Sie vermutet eine Verschwörung: Pierre Benoit weiß Details aus ihrem Leben durch seine besondere Beziehung zu Huguette ex-Duflos, und die wiederum verfügte über ihre intimen Kenntnisse dank ihrer Nachbarschaft zur Tante der »raffinierten Intrigantin«, der Marguerite jahrelang Briefe geschrieben hat. Jetzt nimmt der Schriftsteller, ein prominentes Mitglied der Académie Française, in ihrer Phantasie die Züge eines gefährlichen Helden an. Sie nennt ihn »Robespierre«, ein für sie verhasster Name.[5] Die Verbindung zwischen Huguette und Benoit war indessen nicht rein erfunden, denn Huguette trat 1923 in *Koenigsmark* auf, der Verfilmung eines Romans von Benoit. Und auch die »Beziehung« zwischen Huguette und der »raffinierten Intrigantin« bestand ja: Die adlige Freundin hatte in der Post in Melun als erste von Huguette erzählt. An anderer Stelle von Marguerites imaginärem Universum taucht nun eine positive Figur auf. Es ist der Prinz von

Huguette Duflos
(ca. 1920)
Fotograf: R. Sobol

Wales, den sie in Briefen um Protektion gegen ihre vielen Feinde bittet und den sie zugleich bestürmt, sich vor Verschwörungen in Acht zu nehmen. Im Jahre 1930 gibt sie ihre regelmäßigen Wochenend- und Ferienbesuche bei der Familie und bei ihrem Kind vorerst auf, um in Windeseile zwei Romane zu schreiben. Den ersten der beiden Romane, aus denen Lacan in seiner Dissertation ausführlich zitiert, widmet sie dem verehrten Prinzen von Wales.[6] Der Roman trägt den Titel *Le detracteur* (»Der Verleumder«) und schildert idyllische Szenen auf dem Land, wo eine junge Aimée von einem David geliebt wird. Doch tauchen eines Sommertages eine Kurtisane und ein Unbekannter in dem Dorf auf und verbreiten Zwietracht und Unheil. Die beiden Liebenden entfremden sich, Aimées Mutter erkrankt, die Kinder werden ängstlich. Am Ende stirbt die junge Aimée, nachdem sie sich vor dem Spott und den üblen Nachreden in ihre Träume geflüchtet hat. Der zweite Roman trägt den Titel *Sauf votre respect* (»Mit Verlaub gesagt«). Diesmal begibt sich eine bäuerliche Heldin auf die Reise in die böse Stadt. Dort trifft sie auf eine Gestalt, die sie »Cul en bas, l'incorruptible« (»Der unverderbliche Holzarsch«) nennt. Cul en bas trinkt nicht, hält sich von Frauen fern, soll dafür aber mit der Guillotine Tausende von Menschen getötet haben. Es ist eine Figur aus dem Holz des erbarmungslosen Robespierre und wohl ein zweiter Pierre Benoit. Eine Weile irrt die Heldin durch die von Kommunisten und Guillotineuren bevölkerte Stadt, ehe sie aufs Land zurückkehrt. So tauchen in diesen Romanen all jene Gestalten auf, von denen sich Marguerite bedroht fühlt: der gefährliche, robespierreartige Mann und die kurtisanenhafte, selbständige Frau. Beide Romane schickt Marguerite an den Verlag Flammarion. Als sie eine Absage erhält, folgt eine erste Gewalttat. Sie begibt sich ins Verlagshaus, wo sie den Lektor zur Rede stellen will, und da er nicht greifbar ist, wirft sie die Sekretärin zu Boden und geht ihr an die Gurgel. Der Angriff hat aber weiter keine Folgen.

Über die Kränkung ihres literarischen Ehrgeizes beklagt sich Marguerite dann wieder beim Prinzen von Wales, dem sie die Manuskripte ihrer beiden Romane zuschickt. Inzwischen zeigt der Kalender das Ende des Jahres 1930 an, die Enttäuschungen geben

Marguerites Wahn weitere Nahrung. Jetzt fährt sie wieder täglich nach Hause, um ihr Kind vor einem Attentat zu schützen. Als nun Huguette ex-Duflos erneut in Marguerites Gesichtskreis tritt und in dem Boulevardstück *Tout va bien* auftritt, da sind alle zerstörerischen Kräfte und imaginären Bilder für das Attentat zusammen.

Mit dem Anschlag auf Huguette versucht die Attentäterin aus ihren furchtbaren Ängsten herauszutreten, indem sie gleichsam ihr eigenes Idealbild zerschlägt. Aber von ferne treten auch bei dieser Tat die Schatten der alten Attentatsgeschichten, Caesar, Cicero, Brutus, auf den Plan. Denn der Mordversuch hätte auch dem Schriftsteller Pierre Benoit gelten können, den Marguerite für einen feindlichen Robespierre, für einen Attentäter und Sympathisanten von Brutus hält. Im zweiten Roman *Sauf votre respect* liest man nämlich den erstaunlichen Satz:

Titelseite mit einer Darstellung des Attentats auf Huguette Duflos

»Les poètes sont l'inverse des rois«. Die Dichter sind das Gegenteil der Könige. Die Könige lieben das Volk, die anderen lieben den Ruhm, und sie sind die Feinde des Menschheitsglücks:

> [U]nd da gibt es auch noch Cicero, Komplize der Caesarmörder wie Shakespeare, die doch den Mörder auf die Höhe des großen Mannes heben. Im XVIII. Jahrhundert bekämpfen die hinterhältigen Philosophen die Souveräne und den Adel, die sie doch schützen und denen sie Zuflucht bieten.[7]

Das Attentat ist ein Angriff auf die Attentäter. Marguerite möchte das Bild der Souveräne, das Bild des großen Anderen, retten. Zugleich gibt sie aber auch zu erkennen, dass der Dichter in ihrer Imagination ein nach innen gestülpter König ist.

Entwendete Namen, entwendete Lettern

Nach der Verhaftung erläutert Marguerite ihre Tat und erklärt, dass der Schriftsteller Benoit sie in allen seinen Romanen *unter verschiedenen Namen* vor dem Publikum bloßgestellt und lächerlich gemacht habe.[8] Dazu sei er von der Schauspielerin Huguette ex-Duflos angestiftet worden, denn im Kino und auf der Bühne mache der Star nichts anderes, als sie nachzuäffen. Sie wähnt eine Verschwörung gegen ihren Namen. Bereits die zeitgenössische Presse glaubt zu wissen, dass Mme. Anzieu zu viel gelesen habe,[9] und diagnostiziert Verfolgungswahn. Jacques Lacan hingegen wird die Gewalttat in der akuten Psychose Marguerites als eine Selbstbestrafungshandlung analysieren.[10] Dafür gibt es gute Gründe, denn das Opfer, Huguette ex-Duflos, war auch Marguerites weibliches Ideal. Allerdings besetzt sie dieses Ideal zugleich positiv und negativ, und diese ambivalente Einstellung wirkt an der wirren Affektlage mit, die sie zum Messer greifen lässt. Unausweichlich muss die Ehefrau und Mutter Marguerite, die sich von ihrem Mann und von ihrem Kind abwandte und allerlei Vorwürfe zu erdulden hat, Schuldgefühle ausbilden, die sie dann auf die von ihr zum Idol erhobene Schauspielerin richtet. Ihr unterstellt sie, dass sie nach dem Leben ihres Sohnes trachte. Denn durch Marguerites Lebensgeschichte wandern die Gespenster mehrerer toter Kinder: ihre ältere Schwester Marguerite, die folgende totgeborene Schwester und ihre eigene bei der Geburt zu Tode strangulierte Tochter.

Dem Befund Lacans soll hinzugefügt werden, dass hier ein Konflikt sichtbar wird, in dem die Frau ein Bild zerschlägt: Ihre Attacke gilt einem überall sichtbaren Kino-, Illustrierten- und Theaterbild, worin sie ihr eigenes Idealbild erblickt. In dem Roman *Sauf vortre respect* beschuldigt die in Ich-Form sprechende Autorin/Heldin alle Schriftsteller und Journalisten, das Unglück der Welt herbeigeschrieben zu haben, und sie fügt hinzu, dass alle versuchten, sie »in effigie« zu töten.[11] Daher möchte sie ihr eigenes, imaginäres Bild retten und stützen. In dieser Phase zunehmender Angst um ihr Bild und um das Bild ihres Sohnes deuten ihre Leseraugen jeden Zeitungssatz als Bedrohung und als ein Verfolgungssignal. Marguerite gibt später an, sie habe zu einem präzisen Zeitpunkt in der Zeitung *Le Journal* gelesen, dass man ihren kleinen Sohn töten werde, weil dessen Mutter ein Lästermaul und eine Schlampe sei. Neben diesem Artikel sei ein Foto abgedruckt gewesen, auf dem der Giebel ihres Elternhauses zu sehen gewesen sei, wo ihr Sohn, den man im Hintergrund der Fotografie auch erkennen konnte, gerade seine Ferien verbrachte.[12]

Die Fehlinterpretationen zeigen, dass sich Marguerite als Gegenentwurf zum Bild der erfolgreichen und begehrten Frauen stilisiert. Doch im Hintergrund dieses negativen Bildes wuchern die Größenvorstellungen. Marguerite wäre zu gerne eine große Romanautorin. Die erfolgreiche Schriftstellerin Colette, die sie zu ihren Feindinnen zählt, war eines ihrer Vorbilder. Und hinter den Masken der Bedrohung und Verfolgung, mit denen sie Huguette unkenntlich machte, verbarg sie ihr Verlangen nach materieller, sexueller und intellektueller Souveränität. Ganz so beschrieb auch Freud den erotischen Mechanismus der Paranoia, der Marguerite gleichsam sagen lässt: »Ich liebe sie nicht – ich hasse sie ja – weil sie mich verfolgt.«[13] Aber nicht alles war Wahn. Ihre aus vielen Enttäuschungen erwachsene Vorstellung, dass man ihr die *lettres,* ihre Briefe und Buchstaben, entwendet hatte, die dann angeblich über die drei Instanzen der Intrigantin, der Schauspielerin und des Autors in die Öffentlichkeit gelangt seien, nimmt die vielen Entwendungen in ihrem Leben auf.

Die eingebildete *Entwendung* der Lettern verbindet sich mit der Entwendung ihres Namens. Ein *eigener* Name wurde ihr von allem Anfang an verweigert, denn sie trägt den Namen der toten Schwester. Sie hat keinen eigenen Namen und muss sich einen machen. Den erfindet sie gleich mehrfach. Den Pass, der ihr die Reise nach Amerika eröffnen soll, beantragt sie unter dem Namen Marguerite Peyrols.[14] Später reicht sie ihren ersten Roman *Le détracteur* unter dem Namen Jeanne Pantaine ein[15], der Verbindung ihres zweiten *eigenen* Vornamens und des Vaternamens. Dass Marguerites Wunsch, eine namhafte Schriftstellerin zu werden, die Idee der Macht eines prominenten Namens aufgreift, geht aus einem Brief hervor, den sie Ende 1924, nach ihrer ersten Einweisung in eine psychiatrische Klinik, schrieb. Einem Schriftsteller, dessen Name Lacan ungenannt lässt, gibt sie diese verzweifelten Zeilen zu lesen:»Obgleich ich Sie nicht kenne, richte ich an Sie eine flehentliche Bitte, um sie zu ersuchen, die Macht ihres Namens mit dem Ziel einzusetzen, mich bei meinem Protest gegen die Einweisung in das Spital von ... zu unterstützen.«[16] In diesem Namenskampf überwältigt sie weiter die Vorstellung, dass auch der Schriftsteller Benoit ihren Namen entwendet, indem er Marguerite in seinen Romanen unter fremden Namen auftreten lässt. Daher ist es nichts als literarische Politik, wenn sie später in ihrem zweiten Roman den Schriftsteller Benoit unter dem Namen »Cul en bois, l'incorruptible« auftreten lässt. Schließlich spielt noch eine weitere Affäre in ihre Namenskämpfe hinein. Das Opfer ihres Attentats, Mme Huguette ex-Duflos, war unter dem Namen Duflos ein Star geworden, doch nach der Scheidung ließ der einstige Ehemann ihr gerichtlich das Tragen seines Namens untersagen. Für kurze Zeit erstritt sich die Schauspielerin das Recht, als ex-Duflos weiter auf den Kinoplakaten zu erscheinen. Diese Affäre ging durch die Presse, und Marguerite Anzieu las mit großer Aufmerksamkeit, dass ihrer Heldin/Feindin ganz wie ihr selbst der Name entwendet werden sollte.

Ihre Mission, eine zweite Marguerite zu sein, legte Marguerite schließlich als welthistorische Sendung aus. Als sie von ihrem Psychiater einmal gefragt wurde, warum sie denn so intensiv um das Leben ihres Sohnes bangte, gab sie zur Antwort:»Weil sich meine Feinde durch meine Mission bedroht fühlten.«[17] Der Psychiater hakte nach:»Aber welches Ziel hatte diese Mission?« Auf diese Frage hin, die sie nur ungern beantwortete, stellte sie eine Bedingung. Sie wollte das Geheimnis ihrer Mission nur dann preisgeben, wenn ihr Arzt sie dabei nicht anschaute. Als Lacan den Blick abwandte, antwortete sie:

> Das sollte das Reich der Kinder und der Frauen werden. Sie sollten ganz in weiß gekleidet sein. Von der Erde verschwände die Herrschaft der Bosheit. Krieg sollte es dort nicht mehr geben. Alle Völker wären vereint.[18]

Von wem empfängt man eine solche Mission? Die Paranoia richtet sich ein als Exekution des Willens einer Weltregierung.

Docteur Lacan (3): Aimée und ihr Sohn, das Nachspiel

In seiner Darstellung des Falles, tauscht Lacan gleichfalls Marguerites Namen gegen den einer ihrer Heldinnen aus und nennt sie Aimée. Der Name zeigt aber auch eine Übertragung und Gegenübertragung an, von der Lacan in seinem Buch einige Momente festhält. Es gibt auf seiner Seite spürbare Ergriffenheit. Die Szene, in der Marguerite das Geheimnis ihrer Mission nur unter der Bedingung preisgibt, dass ihr Arzt sie dabei nicht anschaut, macht ihm zu schaffen. Es ist eine psychoanalytische Szene, aus der sich später Lacans Wissen um die Konstitutionsmacht des Anderen mit dem großen A und des anderen mit dem kleinen a speisen wird. Warum wohl kann Aimée das Geheimnis nicht verraten, während noch der Blick dieses Anderen auf ihr ruht? Es ist ja sein Geheimnis. Wenn auch nicht ausdrücklich erwähnt, so findet sich Aimées Kampf mit ihren Idealbildern doch als ein Erfahrungsgrund in Lacans berühmten Vortrag von 1936/1949 über das *Spiegelstadium* wieder.[19] Das Spiegelstadium ist der beobachtbare Augenblick, worin das kleine Kind, das noch nicht Herr seiner Gliedmaßen und des aufrechten Gangs ist, vor dem Spiegel das Bild seiner künftigen autonomen Gestalt vorwegnimmt. Das aus dem Spiegel heraus lächelnde imaginäre Ich bildet die Lockspeise für das weitere Werden des Kindes. Diese Beobachtung ergänzt Lacan mit der Bemerkung, dass sich diese »ontologische Struktur der menschlichen Welt, in unsere Überlegungen über das Wissen der Paranoia (connaissance paranoïaque) einfügt.«[20] Aber wie setzen sich Marguerites Bilder zusammen? Am Aufbau eines solchen *Je* wirken eben nicht nur Spiegelbilder mit. Es beteiligen sich auch die Bilder, die das Imaginäre in frühester Zeit in sich aufgenommen hat. Wie soll Marguerite ihr imaginäres Bild nicht mit den Bildern der brennenden Schwester, von der ihr erzählt worden ist, montiert haben? Und wie soll sie sich nicht die Mission erträumt haben, ein Reich der Frauen und Kinder zu gründen, wo keine Feuer mehr brennen?

So ergreift der junge Lacan die Chance, aus Aimées Schicksal einen theoretischen Gehalt zu ziehen, der Geschichte machen sollte. Wenn er auch im Gefolge seiner Lehrer Henri Claude und Gaëtan Clérambault die erlernten Diagnosen »Erotomanie« und »Verfolgungswahn« stellt, so löst er sich zugleich von der Autorität dieser Lehrer, indem er Aimées Delirium bis in alle Einzelheiten zu vernehmen und nachzuzeichnen versucht. Der theoretische Gewinn, der bis heute nicht aufgezehrt ist, besagt zudem, dass die Paranoia eine Interpretation ist, die aus realistischen wie aus delirösen Wahrnehmungen eine kohärente Lesart erstellt. Bereits Freud erkannte in Schrebers Delirium den Heilungsversuch. Das Delirium verkündet das Heil und die Heilung.[21] Kants philosophischer Seufzer, dass der Scharfsinn der Paranoiker eigentlich Bewunderung verdiene, wenn ihre Data nur korrekt wären, erweist sich in Freuds und in Lacans Lesart erneut als zutreffend. Lacan zitiert ganz in diesem Sinne ein Diktum seines Lehrers Édouard Pichon: »Der Verrückte hat keineswegs seine Vernunft verloren; er hat alles außer seiner Vernunft verloren.«[22]

Marguerite war für Lacan, was für Freud Anna Hammerschlag-Lichtheim war, die Irma der *Traumdeutung*, die Heldin in Freuds Mustertraum. Bekanntlich kamen alle wichtigen Patientinnen in Freuds Pionierzeit aus dem näheren und ferneren Bekanntenkreis. Auch Lacan wird seine Marguerite über lange Zeit hinweg im Auge behalten, obwohl er sich kaum für ihre Entlassung einsetzte. Die Freiheit erreichte Marguerite 1943 dank ihrer Hartnäckigkeit, indem sie immer wieder die Überprüfung ihres Falles durch eine Expertenkommission verlangte.²³ Nach ihrer Entlassung fand sie bis 1951 eine Anstellung als Köchin und Gouvernante bei einer amerikanisch-französischen Familie. Dann gelangte sie auf ungeklärtem Wege in das Haus von Lacans Vater Alfred, der nach dem Tod seiner Frau eine Köchin suchte. Dort kreuzte auch ihr einstiger Psychiater ihren Weg. Bei jeder dieser Begegnungen verlangte Marguerite die Manuskripte ihrer beiden Romane zurück, ohne dass Lacan je darauf eingegangen wäre. In Saint-Anne hatte Lacan ihr nicht nur ihre Briefe, die beiden Romane, sondern auch ihre Bilder entwendet. Die Unterlagen sind nie wieder aufgetaucht. Lacans Biografin Elisabeth Roudinesco berichtet sogar, dass sie nach dem Tod des Meisters den Nachlassverwalter Jacques-Alain Miller gebeten hat, nach den Manuskripten zu suchen. Auch das Ersuchen blieb ohne Antwort.²⁴

Lacans Raub an diesen Dokumenten ist nicht nur ein unverzeihliches Vergehen, eine der zahllosen Enteignungen, die psychiatrische Patienten erdulden müssen, sondern es ist vor allem ein Akt, der sein Deutungsmonopol in diesem Fall sicherte. Alle Interpretationen des Falles fußen auf den Materialien, die Lacan zur Verfügung stellte. Aber noch eine Episode ist zu berichten, die zu diesen Verwirrungen gehört. Es folgt ein Nachspiel. In ihrer Geschichte der Psychoanalyse in Frankreich bezeichnet Elisabeth Roudinesco dieses Nachspiel als *Roman*.²⁵

1949 kommt ein junger Mann in die Lehranalyse bei Jacques Lacan, der inzwischen eine Berühmtheit und Autorität in der französischen Psychoanalyse geworden ist. Der junge Mann, der den Namen Didier Anzieu trägt, hat zuvor die École Nationale Supérieure absolviert. Er ist der Sohn Marguerites. Das Schicksal seiner Mutter, die von der Familie, in der er nun groß geworden ist, mit aller Macht auf Distanz gehalten wurde, weckte sein Interesse für Psychologie. Didier hat keine Ahnung, dass er von dem Psychiater seiner Mutter analysiert wird, und angeblich hat auch Lacan keine Ahnung, wer da die für die psychoanalytische Karriere notwendige Analyse bei ihm macht. Und der junge Mann auf Lacans Couch weiß auch weiter nichts mehr von seiner Mutter. Erst Didier Anzieus Frau Annie

Péghaire, die er 1947 geheiratet hat, bringt, vom Zufall unterstützt, Mutter und Sohn wieder zusammen. Bald kommen die beiden bei einer Begegnung auf Jacques Lacan zu sprechen. Der hilfreiche und für Romanerfindungen unersetzliche Zufall hat Marguerite in die Dienste von Alfred Lacan treten lassen, während der Sohn bei dessen Sohn in die Analyse geht. Marguerite berichtet, dass Sohn Jacques bisweilen seinen Vater in Boulogne besucht und dass die beiden sich nichts zu sagen haben. Um das Schweigen zwischen Vater und Sohn nicht zu qualvoll werden zu lassen, nimmt Jacques bisweilen Zuflucht zu Albernheiten. Wie die Welthistorie ist auch die Familienhistorie aus Klatsch und unmöglichen Beziehungen gewoben. Und so erfährt Didier Anzieu Anfang der fünfziger Jahre,[26] dass seine Mutter die Patientin seines Vateranalytikers ist und dass ihre Geschichte als Quelle einer grundlegenden Neuorientierung in der Theorie der Psychosen gedient hat. Nachdem er Lacans Dissertation gelesen und seinen Analytiker zur Rede gestellt hat, bricht der junge Mann die Lehranalyse ab.

Didier Anzieu wurde im Übrigen ein prominenter Psychoanalytiker und Intellektueller in Frankreich. Er hat sich persönlich und theoretisch als Gegenspieler Lacans postiert. Sein wichtiges Buch über das *Moi-peau*[27], das Haut-Ich, hält von ferne die Erinnerung an die mütterliche Hyperprotektion fest, die ihn selbst im Sommer in Fellen und Wolle vor Verfolgungen zu schützen suchte.

Das Attentat von Valerie Solanas auf Andy Warhol am 3. Juni 1968

Valerie Solanas, die am 3. Juni 1968 auf Andy Warhol schoss und ihn schwer verletzte, wurde am 9. April 1936 in Atlantic City geboren. Ihr Vater arbeitete als Barkeeper, die geschiedene Mutter als Kinderschwester. In der Kindheit des Mädchens soll es neben den elterlichen Konflikten auch sexuellen Missbrauch durch den Vater gegeben haben. Nach Aussagen ihrer Schwester soll sie mit 15 Jahren ein Kind geboren haben, das ihr weggenommen wurde und verschwunden ist. Valerie kommt mit 14 Jahren auf eine Boarding School, mit achtzehn auf ein College und vier Jahre später auf die Universität. Auf der University of Maryland studiert Valerie Psychologie. Sie wird dann in Forschungsprojekten beschäftigt. Ihre Professoren und Kollegen bestätigen ihre Intelligenz und ihren Humor. Sie wissen auch davon, dass sie eine schwere Kindheit hinter sich hatte und wegen psychischer Verletzungen sehr misstrauisch ist. Einem Freund gesteht sie, dass sie seit frühester Zeit ihre Geldprobleme durch Prostitution gelöst hat. Einen Abschluss ihrer Studien macht sie nicht. Mary Harron, Drehbuchautorin und Regisseurin des Film *I shot Andy Warhol*, ist der Meinung, dass Valerie eine medienbekannte Figur wie Camille Paglia oder wie andere feministische Prominente hätte werden können, wenn sie nur ein wenig später geboren worden wäre. Anfang der sechziger Jahre verliert sich die Spur ihrer Biografie. 1965 soll sie in Greenwich Village in New York aufgetaucht sein, wo sie von Betteln und Prostitution lebt. Dort lernt sie Candy Darling, alias James Lawrence Slattery, kennen, der später bei Andy Warhol eine Karriere als *drag queen* beginnt. In dieser Zeit setzt ihre literarische Tätigkeit ein. Zunächst sind es kleinere Artikel, die Szenen aus ihrem Bettlerleben beschreiben, wie *A young girl's primer* (»Anfängerkurs für junge Mädchen, die zur leisure class aufsteigen wollen«). Darin berichtet sie auch von ihren Erlebnissen als Gelegenheitsprostituierte. Sie führt zeitweilig ein Leben am Rande des Pennertums und lebt von Essensresten in Fastfood-Restaurants. Vermutlich im Jahre 1966 verfasst sie das berühmt-berüchtigte Manifest, das ihr bleibenden Ruhm bescheren sollte, das Gründungsdokument der SCUM, der *Society for cutting up men*. Valerie wurde dann durch den Fotografen Nat Finkelstein in Andy Warhols Factory eingeführt, wo die verrückten Avantgardefilme gedreht wurden. Der ernste Wahnsinn interessiert sich lebhaft auch für seine künstliche Verwandtschaft. Valerie verfasste bereits vor dieser Zeit ein Theaterstück mit dem Titel *Up your ass*, das sie Warhol gab, der das Manuskript aber im Chaos der Factory verschwinden ließ. Jedenfalls wurde für Valerie der Verdacht, dass Warhol das Stück gestohlen habe, zur Zeitbombe in ihrem kriegerischen Delirium.

Das war auch keineswegs abwegig. Das Stück ist ausgerechnet im Andy-Warhol-Museum wieder aufgetaucht und im Januar 2000 in San Francisco aufgeführt worden. *Up your ass* ist die Geschichte einer vulgären, spitzzüngigen, misanthropischen Lesbe mit Namen Bongi Perez. In der Eingangsszene trifft Bongi auf das »Cosmo Girl«, eine aufgepeppte Frau in Minirock, die eine Einkaufstüte und ein Paar Essstäbchen in der Hand trägt und sie danach fragt, ob sie nicht einen kleinen gelben Scheißhaufen gesehen habe, den sie verloren habe. Auf Bongis Frage, was sie damit denn wollte, antwortet die Frau, dass sie es verzehren möchte: »Jeder weiß doch, wie sehr es Männern imponiert, wenn Frauen gut Scheiße auflecken können.«[28] Bongis Mundwerk arbeitet dann als Valeries Sprachrohr, um den Geschlechterkrieg mit dem Ziel zu führen, dass nur noch die Frauen übrig bleiben.

James M. Harding preist Valeries Literatur und ihre Schüsse auf Warhol als Avantgardekunst. Er erinnert an die Dada-Bewegung, an Raoul Hausmann und die Collage-Ästhetik.[29] Aber all die Schüsse der Jahre von 1965 bis 1968 auf Malcolm X., Robert Kennedy und auf Martin Luther King waren kein Dada, sondern die definitive Etablierung einer politischen Sprache, die jedem den Zutritt zur Weltgeschichte eröffnete.

Kein Wunder, dass Valerie Solanas in der Factory mit Warhol keinen rechten Kontakt bekam. Als Schauspielerin hat sie nur einen kurzen Auftritt in Warhols Film *I, a Man*. Sonst hinterlässt sie keine Spuren in der Factory. Dafür entsteht eine neue Verbindung mit dem französischen Verleger der Olympia Press, Maurice Girodias.[30] Nach einigen verlegerischen Pleiten in Paris sucht Girodias Mitte der sechziger Jahre nach jungen amerikanischen Autoren. Sein anarchistischer Instinkt und sein Sendungsbewusstsein, »das weltweite Establishment mit allen zur Verfügung stehenden Mitteln zu attackieren«, finden Gefallen an Valerie Solanas. Er zahlt ihr einen Vorschuss für einen Roman, in dem sie wie in *A young girl's primer* ihre stories als Bettlerin und Gelegenheitshure erzählen sollte. Doch Valerie schreibt nichts mehr. Vielmehr bedrängt sie Girodias, ihr SCUM-Manifest zu drucken. Das wird Girodias später, nach dem

Warhol-Attentat auch tun, was dann die Verfasserin umso mehr ärgern sollte. In diese Zeit der ersten Kontakte mit Girodias fällt auch der Bruch mit der Factory, die aus einer alten aufgelassenen Fabrik in ein neues Quartier zieht, wo sich der ganze Stil allmählich ändert. Valerie wird aus dem Factory-Kreis herausgemobbt, während sie immer wieder vergeblich die Herausgabe ihres Manuskriptes fordert. Persönliche Schwierigkeiten, Enttäuschungen und ein psychotischer Schub führen dazu, dass sie am 3. Juni den Entschluss fasst, Girodias zu erschießen. Doch sie trifft den Verleger nicht in seinem Büro an. So sucht sie Warhol in dessen neuem Quartier auf und schießt auf ihn und den zufällig anwesenden Kunstkritiker Mario Amaya. Sie wird nach einiger Zeit in eine Klinik eingewiesen, und die Ärzte haben keine Schwierigkeit, die Diagnose eines akuten wahnhaften, paranoischen Schubs zu stellen.

Die medizinisch-psychiatrische Seite der Schüsse ist hier nicht weiter interessant. Viele Beobachter waren der Meinung, dass Warhol ganz ähnliche Züge aufwies wie seine Attentäterin. Warhol schreibt in seinen Erinnerungen an Valerie Solanas und das Attentat, dass er sie für einen Polizeispitzel hielt, die mit dem pornographischen Text von *Up your Ass* einen Straftatbestand fingieren wollte.[31] Den Unterschied macht der Erfolg. Warhol war 1968 ein Star, und seine Meister-Allüren mussten die junge Frau provozieren, die selbst den Traum träumte, mit ihren Texten berühmt zu werden. Ihre Schüsse trafen die Warhol-Ikone, den Erfinder der Pop-Art, der graphischen Verfremdung oder Multiplikation von medialen Ikonen wie Marilyn Monroe, Mao Tse-tung, Elvis Presley. Warhols berühmte Siebdrucke von solchen medialen Leitfiguren fixierten die Stars ein zweites Mal als entstellte Ikonen. So wurde der Pop-Art-Star Warhol zum ikonoklastischen Künstler par excellence, der der Welt zu denken gab, dass die mediale Bildproduktion eine subtile oder vielleicht sogar gewalttätige Form des Bildersturms ist.

Daneben produzierte Warhol auch Fotografien von Unfällen und elektrischen Stühlen. Er zeigte das typische Interesse für alle Phänomene, die die paranoische Vernunft zu bearbeiten sucht, für Unfälle, Zufälle, für Gewalt und Bilder.

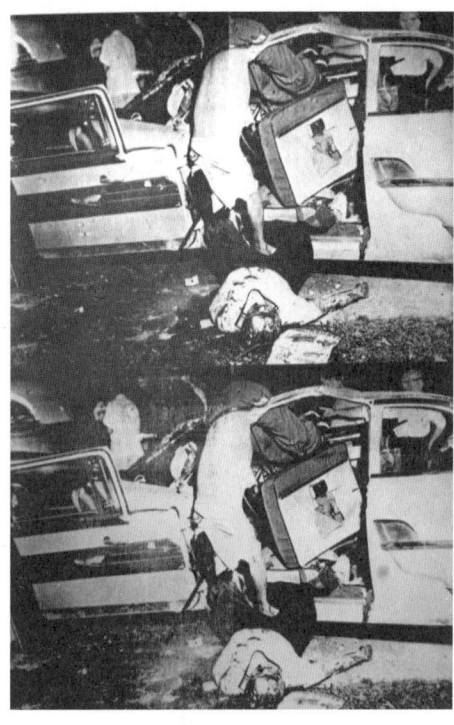

Andy Warhol:
»Saturday Disaster« (1964)

Valerie Solanas war auf ihre Weise auch ein bilderstürmerisches Ereignis. Den Geschlechter-Krieg, den sie ausruft, der totale Krieg, der alle Männer auslöscht oder ganz und gar im Dienst der SCUM-Politik versklavt, mögen andere als individualpsychologisches Dokument lesen. Das vermutlich vom eigenen Vater oder Stiefvater sexuell missbrauchte Mädchen, die Kind-Mutter, die auf der Universität in vielen sozialen Beziehungen gescheiterte junge Frau, die Bettlerin, die Hure, muss so viele Kränkungen erlitten haben, dass ihr Manifest auch als Rachephantasie zu lesen ist. Aber es ist zu großartig, um es dabei bewenden zu lassen. Es ist Literatur und das Zeugnis eines gnadenlos scharfen Blicks. Zugleich erlaubt es das Studium des weiblichen Attentat-Traums, der ein ikonoklastischer Traum ist, ein hochdramatischer und bisweilen mörderischer Welterlösungstraum.

Das Manifest vertritt die Überzeugung, dass für eine friedliche, kommunikative Gesellschaft alle Männer ausgelöscht werden müssten:

> Der Mann ist völlig egozentrisch, in sich selber eingekerkert und unfähig, sich in andere hineinzuversetzen oder sich mit ihnen zu identifizieren, unfähig zu Liebe, Freundschaft, Zuneigung oder Zärtlichkeit. (…) Seine Reaktionen kommen aus den Eingeweiden, nicht aus dem Gehirn; seine Intelligenz ist lediglich Werkzeug seiner Triebe und Bedürfnisse; er ist unfähig zu geistiger Leidenschaft, geistigem Kontakt. Für ihn gibt es nichts außer seinen eigenen physischen Sensationen. Er ist ein halbtoter, reaktionsloser Klotz. (…) Der Mann ist irgendwo im Niemandsland zwischen Mensch und Affe stehengeblieben, wobei er schlechter dran ist als die Affen, denn im Gegensatz zu diesen verfügt er über ein großes Arsenal von negativen Gefühlen – Hass, Eifersucht, Verachtung, Ekel, Schuld, Scham, Zweifel.[32]

Die Männer stehen als störende Kotzbrocken in Raum und Zeit und blockieren die Heraufkunft einer schöneren Welt. Die Leitformeln, die Valeries Abscheu tragen, sind ästhetisch; auch ihre moralisch getönten Begriffe kommen aus einer hoch reizbaren Wahrnehmung. Ihre Polemik spricht nicht allein in Anklageform, sondern als ein gewaltiger Ekel. Die Paranoia läuft häufig als Reinheitswahn. Die SCUM-Bewegung ruft eine Frauen-Initiative ins Leben, die dem Wüten des Mannes ein Ende bereitet. Sie tritt als feministische Guerilla auf: »Nur eine Handvoll von SCUM würde genügen, um das Land durch systematische Zerstörung [fuck up] des Systems, durch selektive Vernichtung von Eigentum und durch Mord innerhalb eines Jahres zu übernehmen.«[33]

Valeries Guerilla-Imagination arbeitet nun alle Bereiche der Gesellschaft durch, wo Verweigerung und Sabotage wirksam werden können: Telefonistinnen, Verkäuferinnen, Busfahrer, Taxifahrer werden nicht mehr mittun. Die Medien gehen über in die Hände der SCUM-Aktivistinnen. Und die bringen alle Männer um, die sich nicht der Hilfstruppe von SCUM anschließen. Was die zu tun haben, sagt das Manifest unumwunden:

> Beispiele für Angehörige der Männerhilfstruppe sind: Männer, die Männer töten; Biologen, die an konstruktiven Forschungsprogrammen gegen die biologische Kriegsführung arbeiten; Journalisten, Schriftsteller, Lektoren, Verleger und Produzenten Publizisten und Produzenten, die Ideen im Sinn der Ziele von SCUM propagieren; Schwule, die durch ihr leuchtendes Beispiel andere Männer ermuntern, sich selbst zu entmannen (...), Männer, die permanent Sachwerte verschenken – Geld, Gegenstände, Dienstleistungen; Männer, die die Dinge beim Namen nennen (...), die Frauen ihr Recht geben, die Wahrheit über sich selbst zu enthüllen, bewusstlosen und maskulinen Frauen die richtigen Sätze zum Nachplappern vorsprechen, und ihnen beibringen, daß es der wichtigste Lebensinhalt einer Frau sein sollte, das männliche Geschlecht zu vernichten.[34]

Ein grimmiger Humor reiht diese Sätze aneinander, und leicht liest sich, dass hier nicht nur eine politische, sondern auch eine literarische Vorstellung die Welt durchfegt. Witzig und konsequent ist dann die Warnung, dass die Beteiligung an den Männerhilfstruppen nicht davor schützt, am Ende doch von den Messern der SCUM gekitzelt zu werden. Jedenfalls sollen sie den Schutz der Gesellschaft vor den vielen Prototypen männlichen Unheils selbst in die Hand nehmen:

> Einige Beispiele für die widerlichsten, schädlichsten Typen sind: Frauenschänder, Politiker und alle in ihrem Dienst stehenden (Wahlhelfer, Parteimitglieder); miese Schlagerstars und Musiker; Aufsichtsratsvorsitzende; Familienernährer, Hausbesitzer, Besitzer von Kantinen und Restaurants, wo Muzak gespielt wird; ›große Künstler‹,(...) Polizisten, Industriemagnaten, Wissenschaftler, die im Dienst der privaten Industrie Kriegsforschung treiben (also praktisch alle Wissenschaftler); Lügner und Vieltelephonierer, Discjockeys, Männer, die sich nur in

irgendeiner Form einer fremden Frauen aufdrängen; Grundstücks- und Börsenmakler, Männer, die den Mund aufmachen, wo sie nichts zu sagen haben; Männer, die faul auf der Strasse herumlungern und die Landschaft mit ihrer Anwesenheit verschandeln; Heuchler, (...) Straßengaffer, Plagiatoren, Männer, die den geringsten Versuch machen, eine Frau zu belästigen; alle Männer in der Werbebrache, unehrliche Schriftsteller, Journalisten, Lektoren, Verleger.[35]

Es sind Männer in Bildern und Funktionen, und auf sie geht eine grandiose ikonoklastische Wut nieder. Die Zerstörung von großer Kunst und von großen Künstlern kommt aus dem gleichen Impuls. Wie man weiß, ist der Hass eine der Kehrseiten der Liebe.

Sturm auf das Y-Chromosom und Traum einer männerlosen Welt

Es gibt das weibliche Äquivalent zum paranoischen Männertraum einer menschenfreien Welt, wie ihn Schreber oder Ernst Wagner und so viele Götterherrscher von Nero bis zu Ludwig II. entwarfen: Das ist die männerfreie Welt. Marguerite Anzieu sah sich berufen, ein helles freundliches Paradies zu erschaffen, wo nur weißgekleidete Kinder und Frauen wandeln. Das war ihre geheime Mission, über die sie unter einem Männerblick nicht sprechen mochte. Ob sie die Beseitigung der Männer plante oder nur ein männerfreies Friedensland einrichten wollte, das sagte sie nicht. Valerie Solanas rief auf zum Kampf für eine Welt ohne Männer oder für eine Frauenwelt, in der Männer allenfalls die Beseitigung aller Männer einschließlich ihrer selbst übernehmen. Während für das männliche Paranoikerauge ein jeder Menschenblick ein Gefahrensignal aussendet, hält sich die weibliche Paranoia offen für den Blick des eigenen Geschlechts, sofern es nicht lächerliche, paarungssüchtige Weibchenaugen sind, aus denen die Blicke kommen. Kann man diesem

Projekt seine Bewunderung verwehren? Norman Mailer vergleicht Valerie mit Robespierre, aber literarisch und terroristisch ist sie sogar ein noch größeres Kaliber.[36] Valerie Solanas' Utopie errichtet ja kein Biotop, wo sich die Frauen in eine von aller Geschlechterpolarität erlöste Natur zurückverwandeln. In ihrem Projekt kündigt sie ein gut organisiertes System an, das die Dienste der einst hochgezüchteten Männerfäuste durch triebfreie Maschinen erledigt. Es ist ein Reich perfekter Freiheit, wo sich das neue Leben durch einen hypermodernen Maschinenpark entlastet. Valerie rechnet bereits Ende der sechziger Jahre mit superschnellen Computern, die nicht nur Krankheiten wie Krebs ausrechnen und besiegen, sondern auch alle unvermeidlichen vitalen und sexuellen Funktionen übernehmen. Sie hat genau erkannt, dass der (paranoische) Mann Angst davor hat, durch Maschinen ersetzt zu werden.[37] Und tatsächlich hallt die Angst vor der Mechanisierung der Welt durch die männerbündischen Diskurse des 20. Jahrhunderts, vor allem durch die Welterlösungstexte paranoisch talentierter Großdenker wie Georg Friedrich Jünger, Carl Schmitt oder Martin Heidegger.[38]

Die Segnungen der Biotechnologie, die SCUM nutzen wird, sollen nicht nur psychische Defekte und Erbkrankheiten aus dem genetischen Gedächtnis räumen, sondern auch das erbbiologische Leiden, das Mannsein heißt. Die eugenisch optimierte, sexuell vereinfachte und technisch automatisierte Gesellschaft richtet sich auf eine männerfreie Zukunft ein und erfreut sich daran, dass alle Einrichtungen der patriarchalischen Vergangenheit wie »Gesetz und Regierung« nur noch in Geschichtsbüchern vor sich hin faulen. Die über Technikeinsatz laufende Frauenmacht ruft auf zu Vatermord und Männersturm, zum Abräumkommando, das sich des Y-Chromosoms annimmt.

So plant die SCUM-Bewegung ihren Kriegszug wie die Wirkung einer sexparteilichen Neutronenbombe, die zwar alle Männer beseitigt, aber die materielle und logistische Infrastruktur der modernen Welt erhält:

> Die Zerstörung wird niemals darin bestehen, die Transportwege für Nahrungsmittel und andere lebenswichtige Güter lahm-

zulegen, die Wasserversorgung zu verunreinigen oder zu unterbrechen, Straßen und Verkehrsmittel so zu blockieren, dass Ambulanzen nicht mehr durchkommen oder dass die Krankenhäuser nicht mehr arbeiten können.[39]

Das verhasste Geld-Arbeitsystem, überhaupt die ganze Männerrationalität, die dem Sturm auf die Y-Chromosomen zum Opfer fällt, ersetzt die SCUM-Bewegung durch »vollkommene Automation«. Es versteht sich, dass die Bewegung auch den damals regierenden Präsidenten Lyndon B. Johnson, Nachfolger des ermordeten Präsidenten John F. Kennedy, ausradieren soll, da die SCUM-Frauen über seine »dumme beleidigende Visage marschieren« werden.[40] Die starke Formel deutet erneut an, dass Valeries Bildersturm seine Kräfte aus ästhetischem Dégoût bezieht. Das ist beinahe eine Nietzsche-Geste. Wie den Autor der *Genealogie der Moral* das Haustier der jüdisch-christlichen Zivilisation, die vom »schlechten Gewissen« zerfressene Sklavennatur, anwiderte, so würgt auch Valerie Solanas' Ekel an den Geld- und Machtmenschen ihrer Zeit und ebenso an den weiblichen Stiefelleckern und Fußabstreifern. Was soll mit diesem unbrauchbaren Menschenmaterial, mit den Weibchen und Männchen, geschehen? Die Männer, die nicht den Mumm haben, sich im »Selbstmordcenter« um die Ecke unauffällig, schnell und schmerzlos vergasen zu lassen, mögen an den Wabbelbrüsten ihrer Mütter Schutz suchen, sie mögen sich in Frauenkleider werfen oder als Transvestiten zuschauen, wie die »superdynamischen Frauen in voller Aktion« den Globus in einen neuen Takt zwingen. Wie sich die Neuordnung der Welt nun im Einzelnen abspielt, bleibt unerklärt. Doch über die letzten Seiten des Manifests geht das Staccato der frohen Erwartung, dass das Leben demnächst in »vollkommener Automation« fortläuft: Maschinen ersetzen die Männer, »automatische« Zusammenbrüche bringen die Regierung zum Verschwinden, die Reste an Politik erledigen »elektronische Wählmaschinen«. Die Regulierung durch Automaten erlaubt es den nur noch aus zweiter Hand lebenden Männern und den schwulen Tunten, die noch ein wenig weiter atmen, »elektronisch (...)

die Aktionen jeder beliebigen Frau« zu beobachten und ihren Bewegungen zu folgen. Sie werden über den Fernsehbildschirm »die Schau genießen und fröhlich ihrem Ende entgegenschaukeln.«[41]

Eine Comic-Book Serie mit dem Titel *Y: The Last Man*, die zwischen 2002 und 2008 erschien, lässt eine Welt vor den Augen des Lesers vorüberziehen, in der nur noch ein einziger Mann überlebt hat und in der die Frauen, zum großen Teil Witwen, die Macht in den USA übernehmen.

Der letzte Mann ist nicht gar so fröhlich, wie es Valerie Solanas in Aussicht gestellt hat. Vielleicht liegt es auch daran, dass ihn seine Mutter unter Einsatz politischer Machtmittel zu schützen versucht. Der letzte Mann des Comics ist zwar als Sexualpartner allenthalben gefragt; die Geschichte will aber aber, dass er seiner Verlobten treu bleibt. Vor allem trifft er nicht viele Frauen, die sein Bedauern über das Verschwinden seines Geschlechts teilen wollen.

Szene aus The Last Man *(2002-2008)*

So fern sie einander sind, Marguerite Anzieu und Valerie Solanas, sie grüßen sich doch über die Jahrzehnte hinweg in diesem Wunsch nach einer Welt ohne Männer und Männerblicke. Aber sie grüßen sich auch in ihrer Feindschaft gegen den angepassten Frauentypus, gegen die Brutmaschine, gegen die Daddy-Töchter, die »ihr Los mit den Schweinen teilen.« Diese Weibchen müssen mit den Robespierres, mit den Schriftstellern, Holzärschen und »dummen Visagen« abtreten und die Welt frei machen für die »dominierenden, sicheren, selbstvertrauenden, widerlichen, gewalttätigen, eigensüchtigen, unabhängigen, stolzen, sensationshungrigen, frei rotierenden, arroganten Frauen, die sich imstande fühlen, das Universum zu regieren.«[42] Die Töchter des Brutus träumen wie die Schwestern der Caligulas, Neros, Schrebers und Ernst Wagners, ehe sie zur Waffe greifen.

DAS ATTENTAT AUF JOHN F. KENNEDY AM 22. NOVEMBER 1963

| Unmögliche Erinnerung, totales Gedächtnis
| Ereignisse, Daten, Wege, Schussbahnen
| Lee Harvey Oswald: Biografie eines Lesers
| Verrückte, Nasenschatten, Abgründe und Spuren
| Mailer, DeLillo: die Literatur, die Interpretation,
der amerikanische Talmud

Unmögliche Erinnerung, totales Gedächtnis

In den ersten Wochen nach den tödlichen Schüssen auf John F. Kennedy am 22. November 1963 und nach dem Ende seines Mörders Lee Harvey Oswald zwei Tage später glaubten nach einer Gallup-Umfrage rund 30 Prozent der Amerikaner an die rasch verbreitete Lesart, dass das Attentat von einem Einzeltäter begangen worden sei. Eine CBS-Umfrage im Jahre 1998 ergab dagegen, dass noch 10 Prozent der US-Bürger von der Einzeltäterschaft Oswalds und seines Todesengels, des Nachtclubbesitzers Jack Ruby, überzeugt waren. Der Grund der Tatsachen, auf dem die Aufklärung dieser beiden Ereignisse beruhte, wollte nicht aufhören zu erodieren, und man fragt sich, wann es soweit sein wird, dass überhaupt niemand mehr die amtliche Tatversion glaubt. Bis auf den heutigen Tag sind etwa 80 Prozent der Amerikaner der Ansicht, dass Kennedy das Opfer einer Konspiration geworden ist: Als Kandidaten für die Verschwörer treten auf: das FBI, der CIA, die Exilkubaner, der Ku-Klux-Klan, Fidel Castro, die Mafia, Kennedys Nachfolger Lyndon B. Johnson, der sowjetische KGB, ja selbst die Nazis kamen in Frage. Alle Aufklärung, die inzwischen vier verschiedene staatliche Kommissionen angehäuft haben, konnte diesen kollektiven Verdacht, der zugleich eine fortwährende kollektive Beunruhigung ist, nicht erschüttern.

Dieser Unglaube der Amerikaner an die eigene Geschichte, dieses tiefe Misstrauen in die von mehreren Regierungen zusammengetragenen historischen Tatsachen, lässt auch die Flut von Büchern, Artikeln, TV-Dokumentationen und Internet-Foren-Meinungen zu diesem Attentat nicht abebben.[1] Anders als bei physikalischen Erschütterungen scheint der politische Schock des Ereignisses mit dem zeitlichen Abstand eher noch zu wachsen. Es gibt immer wieder neue Tatversionen und aus der dunklen Vergangenheit auftauchende überraschende Zeugen oder Dokumente.[2] Ihre Dauerbeunruhigung haben die Amerikaner längst zum metaphysischen Verdacht ausgearbeitet.

Das Attentat auf John F. Kennedy unterscheidet sich im Kern nicht von anderen Attentaten im an Attentaten reichen 20. Jahrhundert. Woraus aber speist sich die Zähigkeit des Verdachts, der sich im Jenseits des Staates, der Gerichte, der Wissenschaft, im Jenseits aller Wahrscheinlichkeit zu einem nationalen Konspirationsmythos aufgebläht hat? An der Auslegung der Ereignisse und ihrer Zeichen ist inzwischen eine Generation beteiligt, die 1963 noch gar nicht geboren war. Zwischen dem Ereignis und den Resten seiner Unerkennbarkeit, zwischen der vielleicht zu rasch abgeschlossenen Aufklärung sowie dem hartnäckig fortwuchernden Glauben an die Verschwörung lässt sich kein Zusammenhang erkennen. Beide Morde, der Mord an Kennedy wie der Mord an seinem Mörder Lee Harvey Oswald, fanden vor den Augen und Ohren zahlloser Zeugen statt. Und die Zeugen, die zum großen Teil bereits gestorben sind, standen von Anfang an auf Bergen von Bild-, Film- und Tondokumenten. Die Ereignisse vom 22. und 24. November 1963 sind in allen Schwingungsbereichen, in die technisch armierte Menschensinne vordringen können, aufgezeichnet. Dennoch trägt diese einzigartige Sättigung der Ereignisse durch Zeugen und Dokumente nicht zur Erschöpfung des Verdachts bei: Weder die Kriminalistik noch die Sektionsbefunde, weder die Berichte noch die Tonspuren, weder Zeugenaussagen noch Experten, weder Fotografien und Film-Bilder noch computeranimierte Rekonstruktionen entwickeln eine Gegenkraft zum Glauben an die Verschwörung. Im Gegenteil, gerade das überreiche Testat, die Aktenberge und das optische, akustische Multimedia der Zeugenschaft steigern die Beunruhigung. Alle Bilddokumente zum Kennedy-Attentat zeigen Akteure und Vorgänge in einer unvermeidlich mangelhaften Form. Genau betrachtet, erteilen diese Bilder eine peinliche Lehre über das Reale, über die beunruhigende, unruhestiftende Schreibbarkeit und Unschreibbarkeit des Realen. Denn das Lichtgeschriebene (Fotografische) hält immer nur den Tanz weniger Teilchen fest, und allein der Herr des Universums kennt das Geheimnis aller seiner Atome. Der Verdacht glaubt lieber an das Unwahrscheinlichste, als sich mit den wahrscheinlichsten Wahrscheinlichkeiten zufrieden zu geben. Der Verdacht beruhigt sich erst, wenn er im Auge Gottes Platz nehmen darf. Als ewige Unruhe scheint der Verdacht ein Bruder des Traumas zu sein. Das Trauma wiederholt zwar unablässig den Satz: Das darf sich nicht wiederholen; doch es glaubt nicht daran. Das Trauma befiehlt tausend technischen Augen, wachsam zu sein, aber sieht die Welt vom Unsichtbaren regiert. Dazu nur ein aufschlussreiches Detail. Das Gebäude an der Dealey Plaza in Dallas, aus dessen sechstem Stockwerk die tödlichen Schüsse auf den Präsidenten fielen, das ehemalige Texas School Book Depository, beherbergt heute ein Museum, das alle greifbaren Erinnerungen an die Ereignisse des 22. November 1963 festhält. Wer die Website dieses Museums aufruft,[3] den führt das Menü zu einem Live-Bild der Elm-Street in Dallas, die Tag und Nacht von einer Videokamera beobachtet wird: Die Kamera ist exakt an dem Fenster postiert, dem *sniper's nest*, von dem aus Lee Harvey Oswald die Schüsse auf den Präsidenten abgegeben hat. Tag und Nacht tastet eine Kamera den Ort des Attentats ab, als ob dort das Undenkbare noch einmal geschehen könnte.[4] Dieses technische Auge, das kalte, auf Befehl der Paranoia blickende Auge, appelliert an den Wahn der vielen Millionen Internet-Beobachter. Zugleich verwandelt es die Elm-Street, die Strecke des Verbrechens, in einen virtuellen Gedächtnisort. Alle Fahrzeuge auf dieser Straße rollen über ein unsichtbares Denkmal. Die moderne Kultur der Erinnerung bringt unablässig solche Gedächtnisorte hervor. Der französische Historiker Pierre Nora[5] beschreibt diese *lieux de mémoire* als Gedächtnis zweiter Ordnung: Es sind Orte, die nicht nur an das Vergangene erinnern, das sich sonst vielleicht dem kollektiven Gedächtnis entzieht. Die *lieux de mémoire* erinnern vielmehr an das vergangene Erinnern und damit an das längst verlorene Behaustsein in der Erinnerung. Die Erinnerung, das Zuhausesein der Leute in einer gemeinsamen Vergangenheit, ist mit der Medienwelt verschwunden. Das moderne Gedächtnis kann auf die Vergangenheit der Räume, in denen es lebt, nicht zugreifen. Gedächtnis und Welt sind nicht mehr kongruent. Das hypermoderne Subjekt, das wir zu sein gezwungen sind, findet sich allenfalls noch in dem Bewusstsein wieder, dass es solcher Appelle an die Aufmerksamkeit bedarf, um an seine Vergangenheit und an sein Gedächtnis erinnert zu werden. Aber worin besteht diese Vergangenheit? Nach Nora hat sich die zeitgenössische Geschichtsschreibung als eine Wissenschaft etabliert, die unablässig im Namen des Erkenntnisfortschritts die vergangene Historiographie in Frage stellt. Indem im Dienste der Wissenschaft die Geschichte immer wieder neu geschrieben werden muss, weil sich das Wissen verändert, ergänzt, verschiebt oder einfach, weil es nur nach einer neuen Art des Geschriebenseins verlangt, hat sich die Substanz des Vergangenen verflüchtigt. Oder vielmehr hat die Wissenschaft die Prämie der Wahrheit an ihre Zukunft vergeben, indem sie verspricht, dass wir eines Tages alles wissen werden. Aber wie der Horizont entzieht sich das wahre und endgültigere Wissen auch mit jedem Schritt voran. Der Exodus des Gedächtnisses in diese dauernd revisionsbedürftige Historie brachte die moderne Sorge hervor, dass die Vergessenheit alles Geschehen mit sich reißt. Daher fragt die Sorge: Haben wir die Vergangenheit richtig dargestellt? Muss sie nicht genauer, umfassender, detaillierter, gerechter, parteilicher, dokumentarischer, dichter, großartiger, weiblicher, verständlicher, politischer oder gar wahrer sein? In unstillbarer Unruhe lassen wir Gedächtnisorte aller Art, Museen, Archive, Denkmäler, Bibliotheken, Friedhöfe, für uns mit der Zeit ringen.

Eine solche Sorge des Vergessens stellt daher die Videokamera im einstigen Texas School Book Depository auf und lässt sie für uns auf den Gedächtnisort blicken. Da der lebendige Bezug zu dem Ereignis in Dallas von 1963 in einem Meer von Bildern, Filmen, Büchern und Meinungen untergetaucht ist, muss die Erinnerung als Kennedy-Verschwörungs-Aufdeckung gespielt werden. Wir benötigen nicht die Erinnerung, sondern die Gründe für die Erinnerung. Denn in der Hypermoderne wendet sich das gute Gewissen der Zukunft zu, das schlechte hingegen der Vergangenheit, und die Kamera ruft das Vergangene als ein Ereignis herauf, das es in der Zukunft nicht geben darf. Aber wie will man das zukünftige Komplott verhindern, wenn man die Konspiration damals doch nicht richtig verstanden hat? Der Verdacht der Amerikaner, dass die Ergebnisse der vielen amtlichen Untersuchungen falsch sein könnten, spiegelt die allgemeine Unruhe, dass die Geschichte verloren geht, weil sie keine Substanz mehr hat.

Ereignisse, Daten, Wege, Schussbahnen

Obgleich die weltpolitischen Folgen der Gewalttat von Dallas keineswegs so schwerwiegend waren wie etwa die des Attentats in Sarajewo 1914, wurde die Ermordung John F. Kennedys 1963 mitten im Kalten Krieg, kurze Zeit nach der Kuba-Krise als dramatische Kriegsgefahr erlebt. Der Tod ihres Präsidenten erschütterte die Amerikaner »stärker als jedes andere Ereignis seit dem Angriff auf Pearl Harbour«.[6] Im Sommer 1914 warteten die Großmächte auf einen solchen Zwischenfall, weil sie den Krieg unbedingt wollten. Die Verschwörung der serbischen Nationalisten war für die europäischen Mächte ein Himmelsgeschenk. 1963 hingegen »schien der plötzliche und gewaltsame Tod Kennedys das Land und die Welt um eine bessere Zukunft zu bringen«.[7] Mit dem Attentat ging die Frage um die Erde: Wer hat ein Interesse an der Fortführung des Kalten Krieges? Die Hoffnungen auf eine neue politische Epoche beruhten auf der Jugend, dem Charisma und den ehrgeizigen Plänen Kennedys. Sein Vorgänger Dwight D. Eisenhower war einer der führenden

Generäle der USA im Zweiten Weltkrieg gewesen, die Erinnerung an diesen Krieg schien mit Kennedy auch für die Deutschen langsam zu verblassen. Eisenhower hatte zeitweilig den Oberbefehl über die amerikanischen und alliierten Verbände auf dem europäischen Kriegsschauplatz. Er leitete die Landung der verbündeten Truppen in der Normandie und nahm die deutsche Kapitulation entgegen. Mit Kennedys Wahlsieg 1960 endete die Herrschaft der Republikaner, denn Kennedy besiegte den Vizepräsidenten Eisenhowers, Richard Nixon. Nixon gewann dann die Wahlen im Jahr 1968 vielleicht nur darum, weil der aussichtsreichste demokratische Bewerber, Robert Kennedy, am 6. Juni von Sirhan Sirhan erschossen worden war. Tatsächlich hatte 1960 das erste Fernsehduell, das je zwischen zwei Bewerbern um das höchste Amt in den USA geführt wurde, den Ausschlag zugunsten Kennedys gegeben, nachdem Nixon zuvor in den Meinungsumfragen deutlich geführt hatte. Nixons Fernseh-Bild war – wie später der Medientheoretiker Marshall McLuhan analysierte – viel zu scharf konturiert für das kalte, detailarme Medium Fernsehen. Das Image John F. Kennedys mit seiner verfließenden Haartolle und den lockeren sportlichen Bewegungen sei wie gemacht für das zeilenarme Medium jener Tage.[8] Kennedy nutzte währen der rund 1000 Tage seiner Präsidentschaft das Fernsehen immer wieder, um sich an die amerikanische Bevölkerung zu wenden. Sein charismatisches Fernseh-Bild schien den neuen Attentäter hervorgebracht zu haben, der sein eigenes Idealbild angriff.

Die gesicherten Fakten lassen sich wie folgt zusammenfassen: Präsident Kennedy war auf einer Reise durch den Süden der USA am 22. November morgens gegen 11 Uhr 40 aus dem texanischen Fort Worth kommend auf dem Love Field-Flughafen in Dallas gelandet. Der Präsident wollte bei einem Mittagessen vor texanischen Unternehmern und Politikern sprechen und für seine Wiederwahl werben. Vizepräsident Johnson und seine Frau waren kurz zuvor eingetroffen, sie begrüßten in Love Field das Ehepaar Kennedy und den Gouverneur von Texas John Connally, der gleichfalls mit seiner Gattin aus Fort Worth kam. Vom Flugplatz aus bewegte sich die Wagenkolonne langsam durch die Innenstadt. Kurz nachdem die Limousine des Präsidenten, in der auch das Ehepaar Connally auf Notsitzen Platz gefunden hatte, in einer scharfen Kurve aus der Huston Street in die Elm Street eingebogen war, fielen gegen 12 Uhr 30 innerhalb von gut acht Sekunden drei Schüsse, die alle dem mächtigsten Mann des Westens galten. Der erste Schuss ging offenbar fehl, der zweite durchschlug von hinten den Hals des Präsidenten, trat an der Kehle wieder aus und fügte auch noch dem vor Kennedy sitzenden Gouverneur Connally schwere Verletzungen zu. Erst durchdrang das Geschoss Connallys Schulter, dann seinen Unterarm, um zuletzt auch noch eine etwa 1 cm tiefe Wunde im Oberschenkel zu verursachen. Reste dieser Kugel, die auf ihrem Weg einige Splitter hinterlassen hatte, fanden sich dann später auf der Bahre, mit der man den verletzten Gouverneur ins Krankenhaus gebracht hatte.[9] Dieses durch die Warren-Kommission erhobene Ergebnis der ballistischen Untersuchung[10] wurde von den vielen Verschwörungstheoretikern, vor allem von dem durch Oliver Stones JFK-Film berühmt gewordenen Staatsanwalt von New Orleans, Jim Garrison, für undenkbar erklärt. Sie meinten, dass nur eine »magische« Kugel den unglaublichen Weg vom sechsten Stockwerk des Schulbuchhauses durch den Hals des Präsidenten, durch Schulter, Unterarm und Schenkel des Gouverneurs bis auf die Bahre genommen haben könnte.

Tödlich aber war der dritte Schuss, der Kennedys Hinterhaupt an der rechten Seite traf und ganze Teile des Schädelknochens und des Hirngewebes wegfegte. Der Vorgang ist auf dem berühmten Film des Kaufmanns Abraham Zapruder in einem Farbwirbel festgehalten und damit zugleich unerkennbar geblieben.[11] Auf unabsehbare Zeit bleiben die Tatsachen das Geheimnis des Realen, und die Philosophen können weiter darüber nachdenken, was ein Ereignis ist. Ist es die Biografie aller Moleküle?

Was dann folgte, ist seltsam unbestritten, obgleich es von den gleichen Zeugen berichtet wird wie die Momente davor. Innerhalb von wenigen Minuten erreichte die Wagenkolonne mit dem sterbenden Präsidenten und dem schwer verletzten Gouverneur Connally das Parkland Hospital in Dallas. Dort blieben alle Anstrengungen vergeblich, den Präsidenten am Leben zu erhalten. Der Gouverneur wurde durch eine Notoperation gerettet. Gegen 13 Uhr stellten die Ärzte im Operationsraum des Hospitals den Tod Kennedys fest. Um 14 Uhr 38 leistete der Vizepräsident Lyndon B. Johnson auf Anweisung des Justizministers Robert Kennedy im Flugzeug des Präsidenten in Anwesenheit von rund 25 Personen, darunter Kennedys Witwe, den Amtseid.[12]

Dallas, 22. November 1963 um 12 Uhr 30. Der Moment nach dem ersten Schuss. Die Begleiter auf dem rechten Trittbrett des Wagens hinter der Limousine Kennedys blicken zurück in die Richtung, aus der das Schussgeräusch kam. Das Foto wurde auch als Beweismittel in den Warren-Report aufgenommen.[13]
Foto: James Altgens

Es war rasch klar, dass die Schüsse aus einem Lagerhaus, dem *Texas School Book Depository*, gekommen sein mussten. Zwar glaubten viele Leute, die am Rand der Straße dem Präsidenten und seiner Frau zugewinkt hatten, dass der Schütze von der rechten Seite der Elm Street, von dem sogenannten *grassy knoll*, gefeuert habe, doch alle Bemühungen, auf Fotos und auf dem von der linken Seite her gedrehten Film von Orville Nix[14] einen Schützen ausfindig zu machen, blieben ohne Ergebnis. Das hindert bis heute die Konspirationisten nicht daran, an dieser Stelle mindestens einen zweiten Schützen zu vermuten. Die Suche der Polizei konzentrierte sich hingegen gleich auf das Book Depository. In dessen 6. Stock stieß man am Fenster zur Elm-Street auf ein Arrangement von Kisten, die sich der Schütze dort aufgestellt hatte, um sicher zielen zu können.

Daneben lagen drei Patronenhülsen, und wenig später fand man auch die Schusswaffe mit dem Zielfernrohr, die Mannlicher-Carcano-Flinte, ein italienisches Fabrikat. Beim sogleich vorgenommenen Abgleich der Mitarbeiterliste mit den anwesenden Angestellten fehlte ein Mann, der sogleich zur Fahndung ausgerufen wurde. Kaum eine Stunde nach dem Tode Kennedys wurde dieser Verdächtige in einem Kino verhaftet. Sein Name war Lee Harvey Oswald. Oswald hatte das Schulbuch-Gebäude, in dem er seit einigen Wochen beschäftigt war, kurz nach den Schüssen verlassen und war in der Nähe in einen Autobus gestiegen, um nach Hause zu fahren. Als der Busverkehr in der Innenstadt durch die vielen Polizeiautos ins Stocken geriet, nahm sich Oswald an einer Greyhound Busstation ein Taxi. Gegen 13 Uhr erreichte er das Haus, wo er ein winziges Zimmer gemietet hatte. Dort zog er sich um und ging anschließend in die Stadt. Unterwegs sprach ihn der Streifenpolizist J. D. Tippit aufgrund der bereits über Funk verbreiteten Personenfahndung an. Doch als der Beamte gegen 13 Uhr 12 Oswald kontrollieren wollte, feuerte dieser aus einer Pistole mehrere Schüsse ab und verletzte Tippit tödlich. Die Schüsse und der fliehende Täter, der im Laufen das Magazin seiner Pistole zu leeren versuchte und seine Jacke wegwarf, waren von einigen Zeugen beobachtet worden. Wenig später verfolgte ihn dann der Inhaber eines Schuhladens, in dessen Vorraum Oswald sich kurz versteckt hatte, als mehrere Polizeiautos vorbeifuhren. Der Schuhverkäufer hatte eben vom Kennedy-Attentat im Radio gehört. Er sah, wie dieser auffällige Mann in das Texas-Theater-Kino ging. Dort ließ sich Oswald, ohne ein Ticket zu kaufen, in einer hinteren Reihe nieder. Als die alarmierte Polizei kurz darauf eintraf, wollte sich Oswald erneut den Weg freischießen, doch nach einem kurzen heftigen Gerangel nahm ihn die Polizei in Gewahrsam. Als die Beamten Oswald gegen 14 Uhr auf die Polizeistation brachten, saß dort der Vorarbeiter des Book Depository, Bill Shelley, um eine Aussage zu machen. Er konnte den in Handschellen vorgeführten Mann identifizieren, der im Verdacht stand, den Präsidenten erschossen zu haben und der als mutmaßlicher Tippit-Mörder soeben verhaftet worden war. In allen Verhören, die von Freitagnachmittag bis Sonntagvormittag liefen, bestritt Oswald hartnäckig alle gegen ihn erhobenen Vorwürfe. Da die Befragung weder aufgezeichnet noch protokolliert wurde, weiß man nicht viel darüber. Oswald behauptete, Mitglied der American Civil Liberties Union zu sein und wollte von ihr auch anwaltlich vertreten werden. Als der Häftling dann am Sonntag, dem 24. November mittags gegen 11 Uhr 20, von der städtischen Polizeistation in das County-Gefängnis unmittelbar neben dem Schoolbook Depository überführt werden sollte, stürzte sich im unteren Garagenteil des Polizeigebäudes aus der Menge der Beamten und Journalisten der Nachtclubbesitzer Jack Ruby auf Oswald und schoss ihm in die Magengegend.

Wenig später starb Oswald in der gleichen Klinik wie zwei Tage zuvor Kennedy. Es waren die bizarren Biografien Oswalds und Rubys, die nach und nach bekannt wurden, aus denen sich dann die Spekulationen über ein konspiratives Komplott nährten.

Jack Ruby schießt Lee Harvey Oswald in die Magengegend

Lee Harvey Oswald: Biographie eines Lesers

Lee Harvey Oswald wurde als Waise am 18. Oktober 1939 in New Orleans geboren. Sein Vater, Robert Edward Lee Oswald, war zwei Monate vor der Geburt des Knaben an einem Herzinfarkt gestorben. Dieser Robert Edward Lee war der zweite Ehemann von Lee Harveys Mutter Marguerite. Aus erster Ehe hatte sie einen Sohn, John Pic, und aus der Verbindung mit dem Versicherungsvertreter Oswald stammte noch ein weiterer, fünf Jahre vor Lee Harvey geborener Bruder namens Robert. In die Kindheit Lee Harveys fiel schließlich eine dritte Verbindung seiner Mutter, nämlich die Ehe mit einem Mann namens Ekdahl, die aber auch nach wenigen Jahren in die Brüche ging. Mit Ekdahl verlor Lee einen Vater, seitdem lebte er nur noch mit seiner unsteten Mutter. 1952 ging Marguerite von Fort Worth in Texas mit Lee Harvey nach New York, wo der älteste Bruder John bei der Küstenwache stationiert und inzwischen verheiratet war. Als Marguerite mit dem dreizehn Jahre alten Lee in diesen Haushalt kam, sorgte sie dort gleich für Spannung und Unruhe, bis beide aus dem Haus geworfen wurden, nachdem Lee Harvey einmal seine Schwägerin mit einem Taschenmesser bedroht hatte. Marguerite zieht nun mit ihren Sohn in die Bronx, wo sie zwar Arbeit findet, aber wo Lee ein zunehmend asoziales Verhalten an den Tag legt. Durch Schulschwänzen auffällig geworden, kommt er in ein Erziehungsheim. Dort wird er trotz der Proteste der Mutter ausgiebig untersucht. Eine Reihe ausführlicher Gutachten auf der Grundlage von psychologischen Tests gelangen zu dem Ergebnis: Lee ist intelligent, aber kontaktarm und verschlossen. Er habe zwar das Gefühl, dass ihn eine Art Schleier von der Umwelt trenne, aber er wünsche auch, dass es so bleibe. Statt mit Gleichaltrigen zu sprechen, lese er nämlich alles, was er in die Hände bekomme.[15] Zu Hause sei er meistens allein, lese oder sitze vor dem Fernseher. Weder mit Eltern, noch mit Freunden kann er seine aus Lektüren geschöpften Ideen einmal abgleichen. Der vierzehn Jahre alte Junge beklagt sich bei der Sozialarbeiterin Evelyn Strickman über seine Mutter, die sich nicht um ihn kümmere. Der Halbbruder John Pic wird später aussagen, dass die Mutter den Sohn an ihrer Seite schlafen ließ.[16] In ihrer Expertise konstatiert die Sozialarbeiterin eine Persönlichkeitsstörung bei Lee, er habe lebhafte Machtphantasien und träume davon, Leute umzubringen, doch wolle er darüber nicht sprechen.[17] Kontakte mit anderen jungen Leuten lehnt er konsequent ab. Auf die Frage, ob er lieber mit Mädchen oder Jungen zu tun habe, antwortet der junge Mann: »Ich kann niemanden leiden.«[18] Die Sozialarbeiterin spricht auch ausführlich mit Marguerite Oswald. Den dringenden Rat des Psychiaters, Dr. Renatus Hartogs, Lee Harvey durch einen männlichen Kinderpsychiater behandeln zu lassen, schlägt die Mutter aus. Ebenso ignoriert sie den Hinweis, selbst psychotherapeutische Hilfe in Anspruch zu nehmen.[19] Bald darauf zieht Marguerite Oswald mit ihrem Sohn wieder zurück nach New Orleans, wo sie zunächst bei ihrer Schwester unterkommen. In dieser Zeit beginnt Lee Harvey marxistische Literatur zu lesen. Im Alter von sechzehn Jahren versucht er mit Hilfe einer gefälschten Geburtsurkunde, in das Marine Corps aufgenommen zu werden, wo auch seine beiden älteren Brüder dienen. Doch gelingt ihm das erst ein Jahr später 1956. Die Mutter ist inzwischen wieder nach Fort Worth gezogen.

Lee Harvey bleibt auch in der Armee ein Einzelgänger. Er absolviert seine Ausbildung in San Diego in Kalifornien. Später wird er nach Florida versetzt und landet schließlich auf einer Radarschule in Biloxi, Mississippi. Die Militärkarriere läuft nicht glatt, Lee hat Probleme, sich anzupassen, obwohl er im Dienst bis auf zwei Zwischenfälle nicht weiter negativ auffällt. 1957 wird er mit seiner Einheit auf der Militärbasis Yokosuka in Japan stationiert. Es ist die *Marine Air Control Squadron 1*, die mit der Luftüberwachung der fernen Pazifikregion beauftragt ist. Die Einheit wird mehrfach verlegt, unter anderem nach Borneo und Formosa. Dort hat Lee Harvey auch mit der Überwachung von Spionageflügen zu tun, die 1960 zum Abschuss des amerikanischen Aufklärungspiloten Gary Powers mit einer U2 über der Sowjetunion führt. Eine erste militärgerichtliche Bestrafung erhält er, als er sich mit seiner Pistole, die sich angeblich versehentlich entlud, in den Ellbogen schießt. Neben der Geldstrafe sieht sich Lee Harvey in die Militärküche strafversetzt. Als er daraufhin den

Vorgesetzten, der die Sanktion aussprach, beleidigt und mit seinem Getränk übergießt, kommt er erneut vors Kriegsgericht. Diesmal muss er für vier Wochen ins Gefängnis.[20] Die Misshandlungen, die er dort zu erdulden hatte, bildeten den entscheidenden Knick in seiner Karriere beim Militär.[21] Offenbar schmiedet der 20-jährige längst andere Pläne. Sein Kamerad Kerry Thornley berichtet, dass Oswald, der Leser, in dieser Zeit davon träumte, einen Platz in der Geschichte einzunehmen. Er wollte vor einem Gericht, das in 10.000 Jahren ein Urteil über die Vergangenheit fällen würde, als Teil der siegreichen Partei auftreten.[22] Einen solchen Sieg traute er dem Marxismus zu. Thornley schrieb bereits vor dem 22. November 1963 einen Oswald-Roman mit dem Titel *The Idle Warriors*, der allerdings erst 1991 herauskam. Vor dem Untersuchungsausschuss der Warren Kommission erwähnt Thornley noch eine Episode, die andeutet, wie ernst es Oswald mit der Revolution war. Als die beiden einmal zu einem lästigen Dienst abkommandiert werden, scherzt Thornley gegenüber Oswald: »Gut, wenn aber erst einmal die Revolution kommt, dann wirst du alles ändern.« Daraufhin habe ihn Oswald wie der getäuschte Caesar angeschaut und geschrieen: »Nicht auch du, Thornley.«[23]

Ausführlich wurden Oswalds Kameraden von der Warren Kommission auch zu den Lektüren des Einzelgängers befragt. Dabei kam heraus, dass Oswald in dieser Zeit *The Age of Reason Begins* von Will und Ariel Durant las.[24] Erstaunlicherweise bot die Navy-Bibliothek auch Edward Gibbons *History of The Decline and Fall of the Roman Empire*. Außerdem wurden Walt Whitmans *Leaves of Grass* genannt, George Orwells *Animal Farm* und *1984*.[25]

Nach der gut einjährigen Dienstzeit im Pazifik wird Oswald wieder in Kalifornien stationiert. Um seine Tätigkeit in Japan ranken sich Gerüchte, dass er gegen Geld geheime Informationen an die Japaner verraten haben soll. Dafür sprach sein Umgang mit einer Edelprostituierten, die für einfache Soldaten eigentlich viel zu teuer war. Und dafür sprach, dass Oswald bei seiner kurz nach der Entlassung unternommenen Reise erst nach Europa und dann in die UdSSR über Geldmittel verfügt haben muss, die seine Einkünfte bei der Navy nicht gedeckt haben können. Sein Gesuch um vorzeitige Entlassung im September 1959 begründet Lee Harvey mit familiären Schwierigkeiten, da seine Mutter einen Arbeitsunfall hatte. Noch während er beim Militär dient, bewirbt er sich für das Albert Schweitzer College im Graubündner Churwalden. In seiner Bewerbung erklärt er sich als Leser von Jack London, Charles Darwin, Norman V. Peal, des Autors von *The Power of Positive Thinking*, eines Bestsellers jener Jahre. Außerdem gibt er an, Wissenschaft und Philosophie zu studieren.[26] Beinahe wäre Oswald Philosoph geworden. Doch er will Politiker werden. Anfang Oktober landet er nach einer Schiffsreise über den Atlantik in Le Havre. Von Frankreich aus nimmt er den Zug und kommt, ausgestattet mit einem gültigen Visum, am 16. Oktober in Moskau an. Dort tritt er zunächst als Tourist auf, aber bald gesteht er seiner Intourist-Begleiterin, dass er sich in der damaligen Sowjetunion einbürgern lassen will.

In dieser Zeit in der Sowjetunion beginnt Oswald nun mit der Niederschrift von täglichen Aufzeichnungen, und das Heft, in das er seine Erlebnisse einträgt, nennt der das »Historic Diary«. Es liegt auch bei den Akten der Warren-Kommission. Das »Historische Tagebuch« ist nicht das erste Dokument, in das Oswalds seine Vorstellung notiert, dass er eine wichtige historische Persönlichkeit ist.

Nach weiteren Zeugen aus der Marinezeit führt er seinen Vornamen Lee auf den berühmten Südstaatengeneral Robert Edward Lee zurück. Zugleich waren es ja die Vornamen seines verstorbenen Vaters.[27] Oswald hielt General Lee für den größten Mann der Geschichte.[28] In seinem Tagebuch vermerkt Oswald auch einen Selbstmordversuch, als sein Antrag, in der Sowjetunion eingebürgert zu werden, im Oktober zunächst abschlägig beschieden wird. Der Schnitt, der den Pulsadern galt, ging aber nicht so tief, dass eine wirkliche Gefahr für sein Leben bestand. Dennoch räumt man nach einer Entscheidung auf höchster politischer Ebene Oswald das Recht ein, sich in der Sowjetunion aufzuhalten.[29] Allerdings darf er nicht in Moskau bleiben, sondern wird nach Minsk geschickt, wo er eine Stelle in einer Radiofabrik erhält. In Minsk lernt er seine Frau Marina kennen, die er am 30. April 1961 heiratet. Doch da sind Oswalds Träume vom kommunistischen Paradies längst ausgeträumt, denn bereits im Februar 1961, noch ehe er Marina kennenlernt, hat er bei der amerikanischen Botschaft in Moskau die Rückgabe seines Passes beantragt. Im Februar 1962 kommt die Tochter June zur Welt. Drei Monate später sind die Formalitäten für die Ausreise der drei geregelt. Die Reisekosten legt das amerikanische Außenministerium vor, und Oswald wird in der Folge große Mühe haben, diese Summe zurückzuerstatten. Zeitweise stottert er die Schulden in 10 Dollar-Raten ab.[30] Am 13. Juni trifft die kleine Familie, aus Rotterdam kommend, in New York ein. Vorsorglich hat das FBI bereits am 31. Mai eine neue Akte Oswald angelegt. Man muss prüfen, ob die Oswalds nun für den sowjetischen Geheimdienst arbeiten. An diesem Tag setzt die Überwachung in den USA ein. Oswalds Gefühl, verfolgt zu werden, das bereits seine Kameraden in der Army beobachteten, ist jetzt durch die Tatsachen gedeckt. Er wurde in der UdSSR Tag und Nacht überwacht, so dass Norman Mailer in seinem Oswald-Buch aus den

Eines der Fotos aus dem Hinterhof der Wohnung in Dallas, das Oswald nach seiner Verhaftung und in der Folge viele Konspirationisten als Fälschung bezeichneten. Besonders verdächtig erschien ihnen der Schatten unter Oswalds Nase. Das Foto wurde von Marina Oswald am 31. März 1962 aufgenommen.

nach 1989 zugänglich gemachten Akten detailliert zitieren kann.³¹ Anschließend wird Oswald vom FBI befragt und überwacht. Zunächst wohnt die kleine Familie bei Lee Harveys Bruder Robert in Fort Worth, dann findet sie eine eigene Wohnung. Oswalds Biografie verzeichnet in der Folge verschiedene Arbeitsstätten, wechselnde Wohnsitze und widersprüchliche politische Tätigkeiten. Er sucht Kontakt zu kubafreundlichen Organisationen, aber er gründet in New Orleans zugleich eine Ortsgruppe des *Fair Play for Cuba* Komitees, deren einziges Mitglied er selbst ist. Er möchte sich vor allem der kommunistischen Partei empfehlen. Daher lässt er sich von Marina im Garten mit einem Gewehr und einer Pistole, die er sich unter dem Namen A. J. Hidell per Post bestellt hatte, fotografieren.

Auf diesem berühmt gewordenen Foto hält er zwei Zeitungen in der Hand, den sozialistischen *The Militant* und das Organ der kommunistischen Partei *The Worker*. Er hat sich früher bei dieser Zeitung beworben, um für sie zu schreiben, und in dem Exemplar vom 11. März, das er auf dem Foto in der Hand hält, ist ein Leserbrief von seiner Hand mit dem Autorzeichen L.O. abgedruckt. Jetzt will er mit diesem Foto der Zeitung signalisieren, dass er »zu allem bereit« sei.³² Diese Bereitschaft zur Militanz unterstreicht Oswald, als er am 10. April 1963 einen ersten Attentatsversuch unternimmt. Mit dem gleichen Gewehr, das er auch auf John F. Kennedy richten wird, schießt er auf den General Edwin Walker, der ein prominenter Vertreter der Rechten ist. Der Schuss verfehlt das ausgewählte Opfer knapp, der Täter bleibt unentdeckt. Zuvor hat Oswald eine Art politisches Manifest zu Papier gebracht und auch seiner Frau einen Abschiedsbrief zurückgelassen.³³ Später im April 1963 sucht Oswald einen neuen Job in New Orleans. Dort wohnt er allein bei seiner Tante Lillian Murret. Bei der Gelegenheit begibt er sich auch auf die Suche nach der Familie seines Vaters und findet die Witwe eines Onkels, die ihm ein Foto seines Vaters schenkt.³⁴ Nachdem er für ein paar Wochen eine Stelle bei der Reily Coffee Company gefunden hat, setzt eine Periode hektischer politischer Tätigkeit ein. Im Juni 1963 wiederum plant Oswald ernsthaft, mit Marina in die Sowjetunion zurückzukehren. Als er im August 1963 auf der Straße in New Orleans Flugblätter seines Fair-Play-for-Cuba-Komittees verteilt, beobachtet ihn der Chef einer exilkubanischen Organisation, der sich Oswald kurz zuvor anschließen wollte. Es gibt ein Handgemenge auf der Straße, Oswald wird verhaftet. Die Kaution für die Freilassung bezahlt dann ein Bekannter seiner Tante. Am Ende muss er nur 10 Dollar Strafe wegen öffentlicher Ruhestörung bezahlen. Oswald leiht sich in der Bücherei Robert Paynes Biografie Mao Tse-tungs aus und liest dann Hermann Bacher Deutschs Darstellung des Attentats auf den Politiker Huey Pierce Long, der am 8. Juni 1935 tödlich verletzt worden war.[35] Er nimmt erneut Kontakt mit der Zentrale der amerikanischen kommunistischen Partei in New York auf, er abonniert ihre Zeitschriften. Wegen seines öffentlichen Eintretens für Castros Kuba wird Oswald zweimal zu einer Radiodiskussion eingeladen, in der er sich zum Marxismus bekennt. Im September 1963 unternimmt Oswald den Versuch, über Mexiko City nach Kuba einzureisen. Auch dieses Unternehmen misslingt. Aber im Oktober dieses Jahres nimmt er sich erneut Hitlers *Mein Kampf* vor und William L. Shirers *Rise and Fall of the Third Reich*. Nach eigener Auskunft will er bereits als Knabe philosophische Literatur des 18. Jahrhunderts studiert haben. Am 20. Oktober, zwei Tage nach Oswalds 24. Geburtstag, bringt Marina ein zweites Mädchen zur Welt. Das Kind wird Audrey Marina Rachel genannt. Es sind noch fünf Wochen bis zum Besuch Präsident Kennedys in Dallas. Marina und die Kinder wohnen in Irving bei einem Ehepaar namens Paine. Lee Harvey mietet ein Zimmer in einer Pension in Dallas, wo er auf der Suche nach Arbeit ist. Er findet schließlich durch Vermittlung eine Arbeit im Book Depository, wo er Buchsendungen nach Bestellzetteln zusammenstellen muss. Ein Nachbar und Arbeitskollege nimmt ihn von Irving dorthin mit, und am Freitag dem 22. November soll Oswald einen in braunes Papier gepackten länglichen Gegenstand bei sich getragen haben, als er mit dem Kollegen nach Dallas fährt.

Im Sommer 1963 liest Oswald William Manchesters Kennedy-Buch *Portrait of a President*, außerdem vertieft er sich in Kennedys *Profiles in Courage*. In dieser Zeit äußert er seine Überzeugung, dass er in zwanzig Jahren Präsident sein werde.[36] Er ist von Kennedy fasziniert und stellt zwischen sich und dem Präsidenten lauter Parallelen fest: Beide sind Bücherliebhaber, beide haben im Pazifik gedient, beide leiden an Dyslexie, beide haben einen Bruder namens Robert, beide haben kleine Kinder. Als er erfährt, dass Kennedy Alan Mooreheads *The White Nile* gelesen hat, versucht er das Buch in der Leihbibliothek zu bekommen; es ist nicht zur Hand. So leiht er sich Mooreheads *The Blue Nile* aus.[37]

Was für ein Leser oder Schreiber war Lee Harvey? Nach Oswalds Tod trat die Dyslexie, die alle seine Schriftstücke zeigen, in den Blickpunkt. Solche Leseschwäche geht nicht selten mit weiteren Einschränkungen der Wahrnehmung einher. Funktionell gesehen, können Störungen der Wahrnehmung im mentalen System auch die korrekte Interpretation von Sinnesdaten einschränken. Ob und wie sich die Dyslexie auf Oswalds Lektüren selbst auswirkte, bleibt offen.

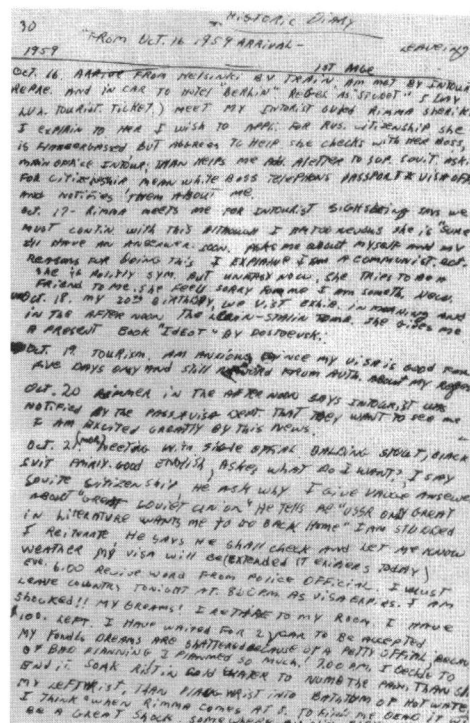

Die erste Seite aus Oswalds »Historic Diary«, das seine Dyslexie dokumentiert.[38]

Vincent Bugliosi vertritt die Ansicht, dass eben diese Dyslexie Oswalds Bitternis, sein Gefühl des Ungenügens und den Mordplan hervorgebracht habe.³⁹ Norman Mailer hingegen hält Oswald für einen Mann, der ein guter Autor polemischer Schriften hätte werden können, für den die Dyslexie eine »ebenso existenzielle Verkrüppelung wie arthritische Finger für einen Geiger« bedeutet habe.⁴⁰ Jedenfalls hat Oswald die Leseschwäche zeit seines Lebens nicht daran gehindert, Unmengen zu lesen, was bereits die Sozialarbeiter und Psychologen im New Yorker Jugendheim in ihr Protokoll schrieben. Gemeinhin wird Dyslexie als ererbte Dysfunktion verstanden. Die Neuropsychologen glauben natürlich die Verarbeitungsschwäche im Gehirn lokalisieren zu können, die Genetiker kennen die zuständigen Gene. Tatsächlich lässt sich Dyslexie mit den üblichen Intelligenztests nicht korrelieren, sofern man sie nicht selbst als einschränkenden Intelligenzfaktor einbezieht. Allgemeine Intelligenzleistungen werden durch Dyslexie sonst nicht unbedingt reduziert.

Was heißt es zu lesen? Was heißt es, sich als Leser zu bekennen? Sich als Leser zu bekennen und tatsächlich zu lesen, sind zweierlei Aspekte. Und was heißt es, die gleichen Bücher lesen zu wollen wie der Präsident? Marina Oswald berichtet, dass sich Oswald stets mit den Männern identifiziert hat, über die er las.⁴¹ Über Oswalds Lesen im Sinne der Verarbeitung geschriebener Informationen gibt es doch einen womöglich aussagekräftigen Hinweis, den Michael Payne beisteuert. Payne und seine Frau Ruth, die auch kleine Kinder hatte und Russisch lernen wollte, waren zeitweilig mit der Familie Oswald befreundet. Wie die Autorin des Buches *Marina and Lee* berichtet, bemühte sich Michael Payne vergeblich, Lee Harvey von seinen radikalen politischen Ansichten abzubringen. So nahm er ihn einmal zu einer Versammlung der American Civil Liberties Union mit. Doch Oswald zeigte ihm kurz darauf ein Exemplar des kommunistischen Parteiorgans *The Worker* und erläuterte, dass man nur »zwischen den Zeilen zu lesen brauche«, um zu wissen, was die Partei von einem zu tun verlange.⁴² Oswald wollte gerne Mitglied der Partei werden. Selbst im Polizeiverhör nach dem Attentat behauptete er, Mitglied der amerikanischen kommunistischen Partei zu sein. Dass sich die substanzielle Botschaft eines Textes zwischen den Zeilen finde, das könnte ein feinsinniger Interpret gesagt haben. Aus dem Munde Oswalds kommt es als Indiz für eine Tendenz zur paranoischen Lektüre: Denn es geht nicht allein darum, in der semantischen Tiefe des Textes etwas zu lesen, was die Buchstaben und Wörter nicht explizit aussagen. Der Leser Oswald vernimmt zwischen den Zeilen eine Anweisung, die es auszuführen gilt. Die Dyslexie lässt ihn einen Befehl lesen, wo nicht befohlen wird. Über das Vernehmen von ungeschriebenen Befehlen gewinnt er seinen hermeneutischen Zugang zum Universum der geschrieben Zeichen. Wie so viele Paranoiker verlangte auch Oswald nach einer von allen Kontingenzen gereinigten Welt. Diese Seite verbindet sich mit dem von Lacan analysierten Symbolgebrauch der paranoischen Skriptur. Die ist nun keineswegs paranoisch im Sinne auffälliger Abweichungen von kohärenten semantischen Mustern. Sie ist indessen auffällig in der sthenischen Investition, die die Kraft der Überzeugung ausmacht.[43]

Dies spricht auch aus einer Reihe von Bemerkungen in seinem »historischen Tagebuch«. Dort hält sich Oswald zugute, dass er sowohl das kommunistische als auch das kapitalistische System durchlebt habe und darin jeweils seine Erfahrungen gemacht habe. Es gebe für ihn keine Vermittlung zwischen den beiden. Und dann folgt der Eintrag: »Er muss ein Gegner ihrer Grundlagen und ihrer *Repräsentanten* sein.« Und wenig später heißt es erneut: »Ich *verachte die Repräsentanten* beider Systeme.«[44]

Was heißt das, die Repräsentanten zu verachten? Es wurde nun schon mehrfach darauf hingewiesen, dass der Attentäter als Bilderstürmer versagende Repräsentanten angreift. Es ist ihm nicht gegeben, diesen oder jenen Repräsentanten als zufällige Gestalt zu erkennen, die sofort wieder durch einen anderen ersetzt wird: Der Nachfolger steht ja immer schon bereit. Doch für den Attentäter repräsentiert der Repräsentant nicht richtig, oder vielmehr: Er repräsentiert das falsche Repräsentieren. Lee H. Oswalds auf die politische Welt gemünzten Bemerkungen geben zu lesen, dass das gesamte Spiel der Repräsentation für ihn gestört lief. Die Zeichen repräsentieren nicht richtig, denn hinter ihnen verbirgt sich etwas ganz anderes, so dass man zwischen den Zeilen lesen muss. Die Repräsentation repräsentiert nicht richtig. Auch das eigene Schreiben repräsentiert nicht richtig. Alles paranoische Schreiben und Lesen leidet unter diesen Mängeln. Eine Lösung zeichnet sich allenfalls ab, wenn der Paranoiker selbst in die Funktion des Repräsentanten eintritt. Die Präsidenten sind so verächtlich wie die Welt, die sie repräsentieren. Das gleiche gilt für die Buchstaben, die schlechte Nachrichten übermitteln: Sie sind von ihrer Botschaft kontaminiert. Die Dyslexie sucht alles Lesen heim, sofern es darum geht, dass die Zeichen auf die Welt selbst verweisen sollen.

Verrückte, Nasenschatten, Abgründe und Spuren

Es sind vor allem drei Bücher, auf die sich der amerikanische Glaube an eine Verschwörung im Hintergrund der beiden Morde in Dallas stützt. Der erste Kritiker des Warren-Reports und der darin gegebenen Darstellung der Ereignisse war Harold Weisberg, der 1965 den ersten Band seiner *Whitewash*-Reihe herausbrachte.[45] 1980 erschien David Liftons *Best Evidence*.[46] Große Verbreitung fand zuletzt Jim Garrisons *On the Trail of the Assassins* von 1988, das die Grundlage für Oliver Stones Film *JFK* aus dem Jahr 1991 liefert.

Dieser Film kam heraus, als Garrison seinen eigenen Worten nach in der Öffentlichkeit bereits als »fool or a madman« galt.[47] Der Glaube der Amerikaner an eine konspirative Aktion der Regierung, ja an einen Staatsstreich der Geheimdienste, wie Garrison behauptet[48], hängt neben all diesen Büchern an Stones hervorragend gemachtem Film. Jim Garrison, der von Kevin Costner als unbeirrbarer Held der Gerechtigkeit verkörperte Staatsanwalt von New Orleans, war allerdings eine so bizarre Erscheinung, dass sein Versuch, die Konspiration des Kennedymordes gerichtlich zu beweisen, ein eigenes Kapitel in einer Fallgeschichte der Paranoia verdient hätte.[49] Selbst David Lifton, der nach den Worten Vincent Bugliosis seinerseits eine »einsame Reise in den Irrsinn«[50] unternahm, als er seinen Konspirations-Bestseller *Best*

Szene aus Oliver Stones Hollywoodfilm »JFK – Tatort Dallas« mit Kevin Costner in der Hauptrolle als Jim Garrison

Evidence schrieb, war von Garrisons absurder Beweisführung so abgestoßen, dass er ihn als »paranoiden Demagogen« bezeichnete.[51] Und das ist sicher kein überzogenes Urteil. Es gibt auch klinische Indizien. Kurz vor dem Koreakrieg 1951 war Jim Garrison nämlich aus der Army entlassen worden, weil ihn eine »schwerwiegende Psychoneurose dienstunfähig« machte.[52] Aus diesem klinischen Bericht von 1951 geht auch hervor, dass Garrison seinen Vater bis dahin nur ein einziges Mal gesehen hatte. Dieser Vater, dem Garrison in seinem Kennedy-Buch den Beruf eines Anwalts andichtet[53], hatte tatsächlich eine kriminelle Karriere durchlaufen. Wegen Postbetrugs, Diebstahls, Fälschung von Papieren, Trunksucht saß er sieben Mal im Gefängnis. Garrison, der später die Army als seine Ersatz-Familie bezeichnete, erklärte in seiner Bewerbung für den Eintritt ins FBI seinen Vater für tot; seine Schwester, die wegen einer chronischen schizophrenen Erkrankung im Mississippi State Mental Hospital lebte, verleugnete er einfach. Garrison wurde aber Jurist und machte nach einigen Fehlschlägen Karriere. 1962 wurde er zum Bezirksstaatsanwalt von New Orleans gewählt. Ähnlich wie John F. Kennedy verdankte er den Wahlerfolg einem glänzenden Auftritt im Fernsehen. Dann aber verdarb er sich durch seine auffällige Praxis, Anklagen auf dünner Beweisgrundlage zu erheben, seinen guten Namen. Vor allem Schwule und Prostituierte hatten seinen Eifer zu fürchten. Garrison tendierte zur artifiziellen Interpretation von Indizien, wenn er einmal einen Verdacht gefasst hatte. Im Zuge seiner Untersuchung zu Kennedys Ermordung entwickelte der Staatsanwalt von New Orleans unzählige Tatversionen.[54] Eine davon lautete, dass der Mörder aus einem Gully geschossen habe. Am Ende waren es rund 16 verschiedene Personen, die Garrison als mögliche Täter betrachtete.[55] Zu ihnen zählte auch ein Mann, der bereits 1962 gestorben war. Die Verfolgten sind die intensivsten Verfolger. Nachdem er mit dem Beweis gescheitert war, dass das Kennedy-Attentat nichts anderes war als ein Staatstreich, rechnete sich Garrison selbst zu den regierungsamtlich Verfolgten. Er bezeichnete den Umgang der amerikanischen Regierung mit Kennedys Ermordung, als »den größten Betrug, den es je in der Geschichte der Menschheit gegeben hat«.[56] »Menschheitsgeschichte« heißt die Faltung der Ewigkeit, in der die Paranoia zu Hause ist.

Den Ausgangspunkt von Garrisons Untersuchung bildete die Tatsache, dass Oswald einige seiner Fair-Play-for-Cuba-Flugblätter mit der Adresse »544 Camp St.« versehen hatte. Unter dieser Adresse aber führte ein FBI-Agent namens Guy Banister sein Büro, und dort tauchte wiederum das Mitglied einer radikalen Anti-Cuba-Gruppe namens David Ferrie des Öfteren auf. Wie Patricia Lambert nachweist, galt für Garrison die »propinquity theory« des Verdachts: Personen, die in die Nähe einer verdächtigen Person gerieten, wurden dadurch selbst verdächtig.[57] Diese Verdachtinfektionstheorie stiftete noch weitere Zusammenhänge. In Oswalds und Rubys Notizbüchern fand man die gleiche Telefonnummer. Das erhob Garrison zum Beweis einer konspirativen Verbindung, aber es handelte sich um den Telefon-Anschluss des TV-Senders von Fort Worth.[58]

Im Zuge seiner Untersuchungen stieß Garrison schließlich auf einen Zeugen namens Perry Raymund Russo, der auf einer Party gehört haben wollte, wie Oswald, Ferrie und ein dritter Mann namens Clay Shaw über Kennedys Ermordung sprachen. Russos Erinnerung an diese Party war aber, wie sich dann herausstellte, unter Hypnose zustande gekommen, nachdem er außerdem mit Erinnerungsdrogen behandelt worden war.[59] Die wertlosen Beweise hinderten Garrison aber nicht, diesen Shaw in Untersuchungshaft zu nehmen und wegen Verschwörung anzuklagen. Garrisons zweiter Zeuge für die Verbindung zwischen Shaw und Oswald war ein heroinabhängiger Schwarzer namens Vernon Bundy, der behauptete, im Juni oder Juli 1963 an einem See gesessen zu haben, um sich einen Heroinschuss zu setzen, als in seiner Nähe Shaw und Oswald aufgetaucht seien. Shaw habe Oswald eine Geldrolle in die Hand gedrückt. Als Oswald das Geld eingesteckt habe, will Bundy gesehen haben, dass Oswald in der Tasche etwas mit sich führte, was wie »Pamphlete« aussah. Als er später sein Heroinbesteck in ein Stück Papier, das er dort gefunden hatte, einwickeln wollte, stellte er fest, dass auf dem Papier »irgendetwas über Kuba« geschrieben stand.[60] Der dritte Zeuge der Anklage hieß Charles I. Spiesel. Spiesel wollte auf einer anderen Party Shaw und Ferrie dabei belauscht haben, wie sie Kennedys Ermordung planten. Spiesel bezeugte aber nicht nur diese eine Verschwörung. Auf Befragen musste er einräumen, dass er zwei Jahre zuvor eine 16 Millionen Dollar-Klage gegen einen Psychiater, ein Detektiv-Büro und eine Pferderennen-Gesellschaft angestrengt hatte, die angeblich sein Sexualleben beeinträchtigt hatten.[61] Nach zwei Jahren in Untersuchungshaft wurde Clay Shaw von den Geschworenen nach kaum einstündiger Beratung freigesprochen. Am Tag nach dem Freispruch erhob Garrison erneut Anklage gegen Shaw wegen Meineids, was ihm dann aber vom United District Court untersagt wurde. Doch Garrison gab nicht auf, bis im Jahre 1971 der Oberste Gerichtshof die Sache beendete. Das hinderte Garrison nicht daran zu behaupten, dass der CIA Kennedy ermordet habe, und dass die Entscheidung des Obersten Gerichtshofs den letzten Nagel in den Sarg des toten Präsidenten geschlagen habe.[62] Das war 1971. Trotzdem konnte zwanzig Jahre später Oliver Stones Kino-Epos über den heldenhaften Staatsanwalt Jim Garrison die Köpfe der halben Welt verwirren. Auch den Autor David E. Scheim, der wiederum Garrison vorwirft, Regierung, FBI und CIA des Komplotts bezichtigt zu haben, um die Mafia, der Jim Garrison vermutlich selbst angehörte, und ihren Boss Carlos Marcello abzuschirmen und aus dem Spiel zu lassen.[63]

Die Stimmung unter den Anhängern und Gegnern der Konspirationstheorie ist gespannt. Der Verdacht des Wahns geht durch alle Bücher. Der Autor Bugliosi bezeichnet nicht nur Garrison mit einigem Grund als Paranoiker, sondern auch Harold Weisberg, den ersten und heftigsten Kritiker des Warren Reports. Weisberg, der sich 35 Jahre lang mit der Ermordung John F. Kennedys beschäftigte und acht Bücher darüber schrieb, verfügt vermutlich über das umfangreichste Archiv zum Thema. Es umfasst sechzig Aktenschränke mit rund einer viertel Million Seiten regierungsamtlicher Schriftstücke und weitere viele Millionen beschriebener Seiten. Seine Bibliothek wurde zum Mekka aller Forscher zum Thema.[64] Weisberg hatte einen großen Auftritt als Experte in Garrisons Verschwörungs-Prozess von 1969, doch am Ende seines langen Konspirationsforscherlebens räumte er ein, nicht den geringsten Beweis dafür gefunden zu haben, dass Oswald im Auftrag von irgendwem gehandelt habe. Weisberg hatte sich auch am Aufbau der Lügengeschichte beteiligt, die Oswald gleich kurz nach seiner Verhaftung in die Welt setzte, dass nämlich die von Marina aufgenommenen Fotos, die ihn mit Gewehr, Pistole und den linksgerichteten Zeitungen zeigen, eine Fälschung seien.[65] Weisberg behauptete in Gemeinschaft mit zahlreichen weiteren Verschwörungsforschern, dass der spitze Schatten unter Oswalds Nase auf diesen Fotos nicht mit der Richtung der übrigen Schatten konsistent sei. Um diese These zu entkräften, wurde später durch das House Select Committee on Assassinations von 1978 ein Foto-Experte damit beauftragt, solche Nasenschatten zu untersuchen.[66]

Fünfzehn Jahre verbrachte David S. Lifton mit der »Reise in den Wahnsinn«[67] einer ganz großartigen Verschwörungskonstruktion, die er dann auf gut 700 Seiten ausbreitete. Lifton vertrat auch die

Ansicht, dass es wenigstens einen weiteren Schützen gegeben haben müsse, der von der Seite des Grassy Knoll gezielt hat und dass vermutlich das FBI das Attentat in Auftrag gegeben haben. Um seine These zu erhärten, musste Lifton die Sektionsbefunde in Frage stellen. Und so kam er auf die folgende Idee: Um Oswald als Alleintäter inkriminieren zu können, haben die Agenten (des FBI?) den Sarg mit Kennedys Leiche heimlich aus dem Regierungsflugzeug *Air Force One* entwendet. Dann manipulierten sie die Schusswunden. Nur dank dieser Eingriffe konnte der spätere Sektionsbericht zu dem Ergebnis kommen, dass beide Geschosse Kennedy von hinten getroffen hätten. Die Konspirateure hatten nach Liftons Recherche Kennedys Originalleiche rechtzeitig in das Bethesda Navy Hospital geschmuggelt, wo dann die Autopsie vorgenommen wurde. Skeptischen Einwänden gegenüber erklärte Lifton stets: »Eure Frage lautet eigentlich: Warum war das kein perfektes Verbrechen?« Es war eben etwas schief gelaufen, meinte Lifton.[68]

Genug des Aberwitzes. Der Verdacht, den die Not des Mörderschweigens hervorgebracht hat, türmt sich zum Himmel. Oswalds Lügen und sein Tod hinterließen zahlreiche offene Fragen, vor allem aber die große Rätselfrage: Warum? Es ist dieses Warum, das wir als eine Last mit uns herumschleppen und an alles Menschentun richten. Dieses Warum, das uns die Vernunft, die oberste Behörde aller Gründe und Abgründe souffliert, ist exakt die Frage, die die Fotos, Filme, Protokolle, Spuren, Aussagen, Laborbefunde nicht beantworten. Sie beantworten die Frage nicht, wenn nicht auch geglaubt wird. Man könnte sagen, dass dieses Warum der bösen Tat den epistemologischen Vorbehalt anzeigt, der die transzendentale Bedingung der Kriminologie ist. Diese kriminologische Wissenschaft setzt voraus, dass kein Mensch ohne Grund handelt. Das Warum, die Frage nach dem Grund oder Motiv, ist daher die Lastfrage, die Ballastfrage, das axiomatische Kreuz, die Frage nach der Bedingung der Möglichkeit menschlichen Handelns. Dagegen ist zu sagen: Es ist die falsche Frage, die verfehlte Frage, es ist die Frage der Paranoia, die Frage der Beunruhigung, es ist die Frage des metaphysischen Verdachts.

Die Suche nach dem Grund oder nach dem Tatmotiv ist modern. Die Antike, das Mittelalter, selbst die Gerichtspraxis des 18. Jahrhunderts sind auf diese Frage noch nicht gestoßen. Wir feiern die Fortschritte der forensischen Psychologie seit der Aufklärung. Wir erkennen aber nicht den Nachteil, nämlich die Last, die uns diese Psychologie mit der Frage nach den Gründen und Motiven aufbürdet. Danach gibt es keine Tat ohne Grund, keine Tat ohne Motiv. Es gibt keine Kontingenz. Jedes Ereignis, jedes Wort, jede Handlung wurzelt in einem Grund, in einer Absicht. Dabei ist die Geschichte der Kriminalistik voller Fallgeschichten, die zeigen, dass Täter ohne Motiv gehandelt haben. Die Anthropologie, die alle Menschen auf solchen Gründen wohnen lässt, bezeichnet Täter ohne nachvollziehbares Motiv daher gerne als »unmenschlich«. Die menschlichen Menschen hingegen haben Motive und eine gute oder böse Seele. Aber was ist der Grund dieses anthropologischen Verlangens nach dem Grund? Die forensische Frage nach dem Grund ist exakt zu dem Zeitpunkt aufgetaucht, da sich die Moderne anschickte, immer mehr Fragen über den Menschen an die Medien weiterzuleiten. Solche Befunde entreißt die moderne Inquisition der Stimme des Lügners, dem Gesicht des Verbrechers, den Zügen des Wahnsinnigen, der Schrift des Genies. Alle Befunde sollen über Medien erhärtet werden. Bereits Elias Canetti beschrieb in seiner Darstellung des Falles Schreber sehr genau den Begründungszwang der Paranoia.[69] Es ist ein Merkmal der modernen Hyperrationalität, unserer alltäglichen Vernunft.

Wir wissen nicht, warum Oswald Kennedy ermordet hat; wir wissen nicht, warum Ruby Oswald ermordet hat. Diese Befunde sind der Grund, oder aber eben der Abgrund, aus dem all die Theorien über Verschwörungen aufsteigen. Die Medien und Bilder stellen nun dem Mangel an Gründen üppige Zeichenmengen zu Verfügung, um das Manko auszugleichen. Genauer müsste man sagen, dass diese Zeichenmengen wiederum nur dadurch in diese kriminalistischen und paranoischen Interpretationen gleiten, weil die medialen Zeugnisse der Realvorgänge vor allem aus Lücken, Mängeln, Undichten, Spuren bestehen. Das gespeicherte, das gefilmte, fotografierte, auf Tonkonserven gebrachte Reale ist mit keinem Mittel dazu zu bringen, die Dichte der Vergangenheit oder die Dichte einer originären Wahrnehmung selbst wiederherzustellen. So erteilen diese Dokumente eine triviale Lehre: Wenn die Zeitdichte nicht mehr zu haben oder zu halluzinieren ist (wie es die Literatur kann), dann verschiebt sich die Aufmerksamkeit auf die Metonymien des Geschehnisses: Das sind die Spuren. Und Spuren, nämlich zu Zeichen verwertbare, metonymisierbare Reste, enthalten die Dokumente des Warren-Reports und der anderen Untersuchungsmaterialien in reichem Maße. Aus den zu Spuren geadelten Zeichen erheben sich Bücher und Aktenberge. Auf solchen Bücher- und Aktenbergen, den Kalvarienhügeln der Moderne, ruht unsere Religion des Grundes.

Mailer, DeLillo: die Literatur, die Interpretation, der amerikanische Talmud

Die Bibliotheken, die Archive, die Museen, in denen das Material zum Kennedy-Attentat gesammelt liegt, sind randvoll. Das ungeheure Datenmaterial lässt sich nicht mehr ergänzen oder erweitern. Was heute noch geschieht, sind Interpretationen. Vincent Bugliosi vergleicht die ungeheure Anstrengung, die er in seiner gut 2.700 Seiten umfassenden Revision des Warren-Reports und so vieler weiterer Quellen unternommen hat, mit der immer erneuerten Lektüre der Bibel.[70] Seinem Buch gibt er das selbstverfügte Motto mit, wonach nichts in der Gegenwart ohne die Vaterschaft der Historie zur Existenz gelange. Und daher sei die Geschichte heilig.[71] An anderer Stelle zitiert Bugliosi den Journalisten Dan Rather, der behauptet, dass die Leute noch in hundert oder tausend Jahren über den Mordfall von Dallas sprechen würden, ganz wie über Homers *Ilias*.[72] Und auch der Krieg um Troja werde von unterschiedlichen Lesern unterschiedlich interpretiert.

Der amerikanische Schriftsteller Norman Mailer, der ein ausufernd recherchiertes Buch über Lee Harvey Oswald geschrieben hat, deutet seinerseits an, dass das große Dokument über den Fall

Kennedy, der sechsundzwanzig Bände umfassende Warren-Report, eine unendliche Lese- und Interpretationsaufgabe sei. Er bezeichnet den Report als das talmudische Werk Amerikas:

> Für zwei Generationen von Amerikanern sind die sechsundzwanzig Bände der Warren-Kommission eine Art talmudischer Text geworden, der Kommentar und weitere Erläuterung heischt. Für die Inspiration der Romanciers und Historiker, die in den nächsten hundert Jahren darüber schreiben werden, werden die sechsundzwanzig Bände auch einer Goldmine vergleichbar dem Vatikanischen Index sein, kaum brauchbar, um ein Geheimnis zu lösen – so wenigem ist bis auf den Grund nachgegangen worden! –, aber zweifellos des Schweißes der Edelsten wert in ihren Kurzgeschichten, historischen Vignetten und dem riesigen Aufgebot an Darstellern nebst der methodischen Darstellung bürokratischer Befragungen und Berichte, die immerhin den Versuch unternehmen, eine Schneise durch die Wildnis zu schlagen, die Oswalds Motive mit einschließt.[73]

Mailer brachte in seinem Buch alle diese Dokumente zum Sprechen und verfasste damit ein episches Oswald-Drama. Der Übergang in Literatur scheint unvermeidlich. Was aber besagt die Literaturwerdung der Ereignisse vom 22. November über die ganze Geschichte? Einer der Autoren, die aus den Beteiligten an der Kennedy-Saga das Personal für einen Roman gezogen haben, ist der amerikanische Schriftsteller Don DeLillo, der im Jahre 1988 den Roman *Libra*, zu deutsch »7 Sekunden«, veröffentlichte.

Libra ist eine Erzählversion der tatsächlichen und möglichen Ereignisse, die sich in den sieben Sekunden auf der Elm-Street am 22. November 1963 verdichtet haben. Vielleicht erlaubt der Roman inzwischen die einzige adäquate Präsentation dieser längst undarstellbaren Ereignisse. Ihre Undarstellbarkeit resultiert nicht nur aus der Unübersichtlichkeit der Archive und aus den ins Talmudische umgeschriebenen Umständen, aus denen Rätsel hervorgehen. Die definitive Undarstellbarkeit des Attentats hängt damit zusammen, dass die Filmbilder, die Verhöre, die Spuren, Archivmaterialien, dass die gewaltigen Buchstabenmassen, die das Ereignis ausgeworfen hat, niemals die Gestalt eines Gerichtsverfahrens angenommen haben. Es hat eine Reihe von fiktiven Prozessen gegeben, aber der Schlussstein eines amtlichen Richterwortes fehlt. Die Tradition des Abendlandes, die in der Neuen Welt in radikaler Form weitgeführt wird, lässt ja nur ein Verfahren zu, das »Wirklichkeit« und »Tatsächlichkeit« verbürgt, nämlich das Verfahren vor Gericht. Zweifel nagen auch an Gerichtsentscheidungen, aber der Paranoia ist damit ein ritueller Weg gewiesen. Auf der anderen Seite ist jene Welt, an die wir zu glauben gezwungen sind, eine stabile, mythische Konstruktion, an der zahllose Dichter und Autoren mitgebaut haben.

DeLillo lässt seine Geschichte in New Orleans spielen. Er stellt zwei historische Figuren in den Vordergrund, die aus den Kreisen des FBI kommen und die auch die Paranoia des Bezirksstaatsanwaltes Jim Garrison besonders beflügelt haben. Beide sind Vertreter der extremen Rechten, wie übrigens auch der General Walker, den Oswald zu töten versuchte. Da ist einmal der pensionierte FBI-Beamte Guy Banister, der zur Zeit des Attentats in New Orleans als Privatdetektiv arbeitete. Und da ist weiter Banisters Partner David Ferrie, der unter anderem für den Mafia-Boss Marcello tätig wurde, als Marcello aus den USA ausgewiesen werden sollte. Ferrie war außerdem ein ausgezeichneter Pilot. Er arbeitete zeitweilig als Chef der Civil Air Patrol in New Orleans, bei der Oswald als Jugendlicher Mitglied war. Wegen unerlaubter politischer Indoktrination der Jugendlichen wurde Ferrie von diesem Amt suspendiert. Außerdem versorgte Ferrie die Anti-Castro-Bewegung in Texas mit Informationen und diente ihr als flugtechnischer Berater. DeLillo lässt Banister und Ferrie – aber auch nicht nur sie – einen Attentatsplan aushecken. In einem Gespräch, das die beiden führen, sagt Banister:

> Es ist nicht nur Kennedy selber (…). Es ist das Bild, das die Leute von ihm haben, dieses strahlende Bild, das uns ständig präsentiert wird. Er strahlt fast wirklich auf fast allen seinen Fotos. Wir sollen glauben, er sei der Held unserer Zeit. Hast du je ei-

nen Mann gesehen, der es so eilig hatte, bedeutend zu werden? Er glaubt, er kann unsere Gesellschaft verändern. Er will alles umkrempeln. Wir sind ihm nicht klug genug. Wir sind keine reifen und tatkräftigen Harvard-Absolventen, keine Glückspilze, welterfahren, reich, gutaussehend, geistreich. Perfekte weiße Zähne. Mir kommt die Galle hoch, wenn ich ihn bloß sehe. Soll ich dir mal sagen, was für mich Charisma bedeutet? Es bedeutet, daß er die Geheimnisse kennt. Früher existierten die gefährlichen Geheimnisse außerhalb der Regierung. Komplotte, Verschwörungen, Geheimnisse vom Umsturz, Geheimnisse vom Ende der Gesellschaftsordnung. Jetzt sitzt die Regierung auf den entscheidenden Geheimnissen. Die ganze Gefahr geht vom Weißen Haus aus, angefangen bei den Atomwaffen. Was heckt er mit Castro zusammen aus? Über welchen geheimen Kanal arbeitet er mit den Sowjets zusammen? Er greift zum Telefon, und Welten wanken.[74]

Die Passage legt Banister das vertraute ikonoklastische Motiv in den Mund, wie es von politischen Verschwörern geäußert worden sein könnte: Ein untaugliches Bild der Macht muss zerschlagen werden. Im Unterschied zur Mafia, die sich zu Beginn der sechziger Jahre der intensiven Verfolgung durch den Justizminister Robert Kennedy ausgesetzt sah und daher wohl ein Motiv hatte, den Präsidenten zu beseitigen, trägt Banister politische oder imaginär-politische Motive vor. Die Romanhandlung lässt viele mögliche Täter auftreten, und so rückt sie auch ein Komplott in den Bereich der Möglichkeiten. Ferrie, der vermutlich schwule Freund des ganz jungen Oswald, versucht Jahre später den Hilfsarbeiter aus dem School Book Depository zur Tat zu überreden. Während Ferries Homosexualität offenbar erwiesen ist, ranken sich allerlei Spekulationen um mögliche homosexuelle Kontakte von Oswald.[75] Selbst seine Frau wurde danach befragt, und sie wusste nur zu erwähnen, dass es bisweilen Geschlechtsverkehr *a tergo* gegeben hat, den man damals für eine bevorzugt homosexuelle Praktik hielt. Natürlich wurden dazu Oswalds Kameraden bei der Army befragt, die aber auch nur Vermutungen äußerten. Ein Außenseiter und gewiss seltsamer junger Mann wie Lee Harvey wird schnell für homosexuell gehalten. Welche Beziehung einmal zwischen Ferrie und Oswald bestanden hatte, ließ auch die Warren Kommission ungeklärt. Wie bringt DeLillo seinen Oswald zur Tat? Am Tag vor dem 22. November trifft Ferrie Oswald auf der Straße und nimmt ihn in seinem Auto zum Schulgebäude mit. Er sagt:

›In letzter Zeit Zeitung gelesen?‹, fragte Ferrie. (…)
›Die Zeitung von gestern hab ich gar nicht gesehen, um ehrlich zu sein.‹
›*Natürlich* haben Sie sie gesehen. Da stand drin, dass der Präsident direkt unter Ihrem Scheißfenster vorbeifährt. Das Scheißdepot steht doch an der Elm Street, stimmt's? Und sie verbringen die meiste Zeit im sechsten Stock, stimmt's? Sein Wagen kommt aus der Huston Street direkt auf Sie zu. Dann geht's auf der Elm Street in die kleine Senke. Langsam und würdevoll wird er daherkommen. Genau auf das Haus zu, in dem Lee Oswald arbeitet. Genau zu der Tageszeit, wo er allein an einem Fenster sitzt und sein Mittagsbrot ißt. Es gibt keinen Zufall. Wir wissen nicht, wie wir's nennen sollen, also nennen wir's Zufall. Es geschieht, weil du *willst*, daß es geschieht.‹
Ferries Gesicht war rosarot angelaufen, und er schrie fast. Lee gab die Anweisung zum Linksabbiegen. Ferrie umklammerte das Lenkrad mit aller Kraft.
›Sie sehen bestimmt, was das bedeutet. Wie damit deutlich wird, was Sie zu tun haben. Wir haben Ihnen weder den Job in diesem Gebäude besorgt noch die Route für den Autocorso festgelegt. Soviel Einfluß oder Macht haben wir nicht. Etwas anderes bestimmt den Gang der Dinge. Gesetzmäßigkeiten, die außerhalb unserer Erfahrung liegen. Etwas, das Sie aus dem Kreislauf der Geschichte *herausreißt*. Ich glaube, Sie haben das die ganze Zeit verkehrt rum gesehen. Sie wollen in die Geschichte eingehen, Leon, aber das ist der falsche Weg. In Wirklichkeit nämlich wollen Sie raus. Springen Sie ab. Finden Sie Ihren Platz und Ihren Namen auf einer anderen Ebene.‹[76]

DeLillos Technik ist so raffiniert, dass aus der folgenden Erzählung auch nicht hervorgeht, ob Oswald tatsächlich von Ferrie zu der Tat angestiftet wird. Er bringt klassische Attentatsmotive ins Spiel: den Wunsch Oswalds, in die Geschichte einzugehen. Bereits in seiner frühen Jugend las Oswald historische Bücher. Neben den erwähnten Werken von Marx, Hitler und Shirer studierte DeLillos Oswald auch die geschichtstheoretische Studie *The Outline of History* von Herbert George Wells, dem Autor von *The Time Machine* und *The first Man in the Moon*. An anderer Stelle nennt DeLillo einen weiteren Zug von Oswalds Paranoia: die Spiegelbildlichkeit zwischen Opfer und Attentäter:

> Die First Lady war schwanger, genau wie Marina. Er las irgendwo, daß der Präsident James-Bond-Romane mochte. Er ging in die Nebenstelle der Bücherei in der Napoleon Avenue, einen kleinen eingeschossigen Backsteinbau, und holte sich einige Bond-Romane. Er las, daß sich der Präsident mit Werken von Mao Tse-tung und Che Guevara beschäftigt hatte. Er ging in die Bücherei und holte sich eine Biographie von Mao. Er holte sich eine Biographie des Präsidenten, in der stand, daß Kennedy *The White Nile* gelesen hatte. Er ging in die Bibliothek, um sich das Buch zu holen, aber es war ausgeliehen, und er nahm dafür *The Blue Nile*.[77]

Sowohl Mailer als auch DeLillo liefern mit unterschiedlichen Mitteln eine Erzählung der Tat als Persönlichkeitsstudie Oswalds. Um diese Person herum, über die nun so viel bekannt ist, bauen sie mit modernen literarischen Mitteln einen Möglichkeitsraum auf. Rechtsradikale Kreise von Texas, die Mafia und sogar Gewerkschaftskreise sollen Morddrohungen gegen den Präsidenten geäußert haben. Dass in der Mafia Morddrohungen – auch gegen hochrangige Politiker – alle paar Minuten ausgestoßen werden, ist leicht zu denken. Und die Erfahrung sagt, dass radikale Gruppen, ob sie nun faschistisch oder linksradikal sind, auch den Krieg gegen die Staatsspitze, gegen die Repräsentanten führen wollen. Aus diesem

Gespinst von Beziehungen, von Plänen, von Drohungen, von Interessen, von Feindschaften und Wahnsinn lassen diese beiden Autoren ein Spiel möglicher Verbindungen laufen. Wie es die Mittel der Literatur fordern, montieren sie Tatsachen und Erfindungen: Mailer ist selbst nach Russland gereist und hat die Bekannten Oswalds dort, vor allem die KGB-Offiziere und Oswalds Intourist-Begleiterin, aber auch viele andere, persönlich gesprochen. Zuletzt aber liefert Mailer eine seltsame Erklärung für die amerikanische Paranoia:

> Dennoch bedarf die Behauptung, daß die Amerikaner ihre Paranoia hätscheln, einer gewissen Auslegung: unser Land wuchs aus dem Expansionsdrang von Menschen, deren ewiger Traum der Zug nach dem Westen war – viele Amerikaner zogen mit nicht mehr Besitz als ihrer Einbildungskraft in die Wildnis. Als sich die Grenze schließlich nicht mehr weiter verlegen ließ, verwandelte sich die Einbildungskraft unausbleiblich in Paranoia (die, wenn man so will, als die erzwungene Eingrenzung der Einbildungskraft interpretiert werden kann – ihre künstlerische Form ist ein Drehbuch), und – siehe da! – dort, wo der Drang nach dem Westen durch die Küsten des Pazifik gestoppt wurde, entstand Hollywood. Es schickte seine Filmrollen retour an den Rest Amerikas, dessen Einbildungskraft, inzwischen an die Scholle gefesselt, Bedarf an Szenarien hatte.[78]

Wenn dies gilt, dann ganz besonders für Oliver Stones Film *JFK*. Mit diesem Film hat die amerikanische Einbildungskraft dem Wilden Westen nachgegeben. Gültig hingegen bleibt Mailers Wort vom talmudischen Warren-Report.[79] In diesen sechzehn Bänden liegt die ganze Wahrheit Amerikas begraben. Nicht nur die Geschichten Kennedys, Oswalds, Jack Rubys, Tippits, Zapruders und wie die Helden der *Kennedy-Saga* alle heißen. Es ist auch die Geschichte einer unendlichen Auslegung, wie sie Texte erleben, denen ein besonderer Geist innewohnt. Zu den eigenartigen Kräften, die die Paranoia mobilisieren kann, zählt der Glaube, der Wahn, die Inspiration, dass die Zeichen, die sie entziffert, von einem Willen, von einem göttlichen

Willen, einem bösen Willen, von einem erlösungswilligen Willen geschrieben sind. Der Warren-Report, der Tausende Kommentare in Buchform und unendlich viele mehr in Artikeln, Zeitungen, Websites hervorgebracht hat, die amerikanische Ilias, ist durch die Schriften, die ihn auslegen, geadelt. Es steckt immer etwas dahinter.

HEILIGE ZEITEN:
DER AUGENBLICK DES ATTENTATS

| Heilige Zeiten
| 6. April 1252 kurz nach Mittag:
   Das Attentat auf Petrus von Verona
| 13. Juli 1793, 19 Uhr 30: Das Attentat auf Jean-Paul Marat
| 22. November 1963, 12 Uhr 30 in Dallas
| 11. September 2001, 09 Uhr 15: Angriff auf die Twin Towers

Heilige Zeiten

Der Senatspräsident Daniel Paul Schreber, unbestrittener Star im Reiche der paranoischen Vernunft, erlebte in der Leipziger Nervenklinik des Professors Flechsig von Mitte März bis Ende Mai 1894 nach eigener Auskunft seine »Heilige Zeit«.[1] Die Krankenblätter der Klinik verzeichnen in diesen Wochen bei ihrem Patienten mehrere Selbstmordversuche, wiederholtes Verlangen nach Gift und intensive Gehörs- und Geruchshalluzinationen.[2] Die Heilige Zeit ist kein Vergnügen. In Schrebers Erinnerung war diese »grausigste Zeit« seines Lebens zugleich erfüllt von großartigen religiösen Erfahrungen, die ihm einen ersten Geschmack der Ewigkeit schenkten. Bei der Niederschrift seiner *Denkwürdigkeiten* ist er unsicher, ob diese drei bis vier Monate nicht in Wirklichkeit alles Menschenmaß überstiegen und einen ungeheuer langen Zeitraum umspannt hätten. In dieser Heiligen Zeit erschien ihm alles »als ob nicht«. Ihm war, als ob nicht die Sonnenzeit herrschte, sondern dass »einzelne Nächte die Dauer von Jahrhunderten gehabt hätten«.[3] Er nahm seine Umgebung so wahr, »als ob« außer ihm kein Mensch mehr auf Erden lebte. Einmal empfing er die Vision, »als ob« sich die Welt nicht mehr in der astronomischen Zeit drehte, ein anderes Mal musste er annehmen, dass kein Stern mehr in der Nacht leuchtete, doch bisweilen zählte er zwei Sonnen am Himmel. Er erhielt Auskünfte, wonach das Menschenwerk von 14.000 Jahren beendet sei. Nicht nur für die Menschheit brach das kosmische Finale an, sondern für das gesamte Sonnensystem. Der Erde sollte nur noch eine Epoche von 200 Jahren gewährt sein.

Seine Heilige Zeit erlebt Schreber also als Restzeit, als letzte Epoche vor dem Ende. Biblisch-apokalyptische Großvisionen und theologische Vorstellungen laufen durch seinen Wahn. Man kann dabei an die Prophezeiung des mittelalterlichen Theologen Joachim von Fiore denken, dass die Endzeit des Heiligen Geistes durch den Auftritt eines neuen Führers eingeleitet werden würde.[4] Als einziger Überlebender hielt sich Schreber für einen Berufenen, wenn auch ohne Berufung. Das ist vielleicht nicht biblisch, aber möglich. Die Auslegungstradition des ersten Korintherbriefes und des ersten Thessalonicherbriefes begriff die messianische Zeit als eine Übergangszeit, die sich zwischen die Weltzeit seit der Schöpfung und das Ende dieser Zeit schiebt, also zwischen das erste Schöpfungswort und den Anbruch der ewigen Herrschaft Gottes. Dieser Lesart der paulinischen Restzeit widerspricht Giorgio Agamben,[5] indem er die messianische Zeit aus der profanen chronologischen Zeit löst und sie in die Verdichtung eines Jetzt fasst, das keine temporäre Erstreckung hat, sondern aus der Teilung hervorgeht. Es ist die Zeit, die bleibt, um die Zeit zu Ende gehen zu lassen, in der Agamben die Struktur, die Reststruktur der heiligen, messianischen Zeit findet.

Diese messianische Zeit, die als $καιρός$ in der Zeit des $χρόνος$, der profanen Zeit, ergriffen wird oder die ergreift, ist nun durch die radikale Verwandlung bestimmt. In dieser Zeit vollzieht sich einmal das, was in den Paulus-Kommentaren immer schon lang und breit diskutiert wurde: Es ist das $ὡς μὴ$, das *als ob nicht*, das sich als der technische Ausdruck der Berufung, der Berufung in das Heilige Apostelamt, der $κλῆσις$, verstehen lässt. Ihr Sinn und ihre Wirkung bestehen darin, dass in der $καιρός$-Zeit nach dem 1. Korintherbrief 7, 29 alle sozialen und psychologischen Gegebenheiten ungültig geworden sind, dass der Verheiratete ist, als ob er nicht verheiratet sei, der Weinende, als ob er nicht weinend sei, der die Welt Nutzende, als ob er die Welt nicht nutzend sei. Zu diesem »als ob nicht«, das die Zeit des καιρός strukturiert und paradox werden lässt, gehört die Feststellung nach 1. Kor. 7, 31, wonach »die Gestalt der ganzen Welt vergeht«.[6] Damit ist zugleich das ausgesprochen, was auch im Zentrum aller Paulus-Lektüren und Paulus-Kommentare steht, dass die κλῆσις, die Berufung, kein Rechtsverhältnis begründet, sondern Rechtsverhältnisse gerade ignoriert. Das ὁς μὴ, das *als ob nicht*, erfasst eben auch juristische Beziehungen wie das Verhältnis des Sklaven zu seinem Herrn, »Sklave, als ob nicht Sklave«. Dieses »als ob nicht« bedeutet indessen nicht die Befreiung von Sklaventum; vielmehr wird das Gesetz, das dieser Beziehung zugrunde liegt, in der messianischen Beziehung unwirksam. Das zweite wichtige Moment betrifft die Außerkraftsetzung des Gesetzes im Glauben, des *νόμος* in der *πίστις*. Aber auch dieser *νόμος*, das weist Agamben in einer minuziösen Analyse nach, entstammt wie die *πίστις* einer vorjuristischen Sphäre, wo der Glaube eine archaische Form der wirksamen Beziehung darstellte. Der *πίστις*-Glaube konnte danach lange vor allen Rechtsinstitutionen die Verbindlichkeit einer Absprache sichern. Heinrich Heines Witz aus seinen *Memoiren*, wonach er in der Schule auf die Frage des Lehrers hin, was denn der Glaube auf Französisch heiße, geantwortet haben will: »Das heißt le crédit«[7], fußt ganz entsprechend auf der semantischen Gleichwertigkeit von Glaube und Verbindlichkeit im archaischen Rechtssystem. In der Paulinischen Umarbeitung dieser *πίστις* verwandelt sich nach Agamben nicht nur das »technische Vokabular« des Paulus, sondern der Glaube verwandelt das Sprechen und Hören selbst. Hier schließt der Kommentar an die Begriffe der linguistischen Pragmatik an – mit der Pointe, dass im performativen Sprechen die Denotation, der Bezug zu den Dingen, aufgehoben wird, um die Verbindung zu den Dingen zu *begründen*. Allerdings unterscheidet Agamben mit Paulus zwischen dem Performativ, das das Gesetz, der *νόμος*, verlangt, und dem Performativ des Glaubens, der *πίστις*. Wer nach Römer 10, 6-10 seinen Glauben bekennt, bestätigt in einer quasijuristischen Erklärung etwas bereits Zugesagtes. Hier liegt die Analogie von *νόμος* und *πίστις*. Allerdings ist es die Funktion des *νόμος*, ein solches Sprechen zu begrenzen, zu regulieren.[8] Die Heilige Zeit ist also auch in der theologischen Konzeption des Paulus eine Epoche der Verwandlung der Menschenwelt und des Kosmos. Nur vollzieht sich das nicht in dieser oder jener Stunde, vielmehr in einer nichtempirischen Kairos-Zeit, die Sekunden oder auch Jahrtausende währen kann.

Das war ja auch Schrebers Erfahrung. Aus ihr bezog er die Vorstellung seiner Berufung als Retter, der allerdings das Ende möglicherweise übersteht. Seine Berufung kommt freilich nicht von Gott, denn Schrebers Gott ist machtlos. Sie ist vielmehr der Umkehrung gedankt, die sich aus Gottes Attentat auf ihn und auf die Welt ergibt. Für die Psychoanalyse ist der Psychotiker ein »Märtyrer des Unbewussten«[9]. Als ein solcher Blutzeuge bietet er das zuverlässige Testat, dass es im Unbewussten keine Uhren gibt. Die seltsame Zeit, die Heilige Zeit, die Zeit also, in der Schreber in seiner Welt alles erlebt, als ob es nicht wäre, den Arzt, als ob er nicht Arzt, Gott, als ob er nicht Gott, Mann, als ob er nicht Mann sei, ist aber nicht nur eine religiöse Erfahrung. Diese Heilige Zeit füllt auch die Räume in verschiedenen Darstellungen und Bildern aus der Attentatschronik. Der Attentäter, der sich und sein Opfer in eine Zeit versetzt, die aus den Fugen ist, agiert als religiöser Extremist.

6. April 1252, kurz nach Mittag: Das Attentat auf Petrus von Verona

Alles Institutionelle in der Menschenwelt ist nur auf die beiden Dimensionen von Zeit und Raum ausgelegt. Den Raum verwaltet die Politik, die Zeit ist hingegen die Religion. Die Religion ist zuständig für den Kalender, für das Endliche und Ewige, in ihre Administration fallen die profane und die messianische Zeit. Sie weiß von der Zeit vor der Welt und von der Zeit danach. Es ist nicht nötig, genauer zu erläutern, inwiefern die Politik für den Raum zuständig ist: Die Politik sichert die Macht eines Territoriums, seit gut einem Jahrhundert auch den Luftraum. Alle Bewegung im Raum, die Logistik des Fahrens, Verschickens, Sendens, Fliegens etc. ist Sache der

Politik. Auf Bildern treten die beiden Administrationen zusammen. *Zeit* ist im *Raum* eines Bildes auf Dauer gestellt. Alle Bildproblematik, aller Bilderhype unserer Tage hat mit dieser prinzipiell religiösen Dimension des Bildes zu tun.

Wie aber werden Attentatsaugenblicke festgehalten und wie wird diese Zeit, wie werden diese wenigen Sekunden in eine Heilige Zeit verwandelt, aus der Botschaften hervortreten können? Auch nach Roger Caillois, der in *Der Mensch und das Heilige* das Sakrale an Dingen, Personen, Räumen und Zeiten erörtert, ist das Heilige im Kern ein Innehalten, die Sistierung von Zeit.[10] Von den durch wunderbare Zeitlosigkeit geheiligten Momenten oder Bewegungen geht diese Kraft aus, die das Heilige auszeichnet. Der Heilige wird durch eine privilegierte Zeit zu dem, was er ist. Heilige Augenblicke bilden künstliche oder fiktive Einschnitte, Intarsien in die profane Zeit, aus denen ungeheure Kräfte fließen. So weit aber diese Heilige Zeit als Umkehrung der Dinge und als Anschauung des paulinischen »als ob nicht« dargeboten wird, scheint es eine von messianischer Kraft durchdrungene Zeit und ein absoluter Raum zu sein.

Domenichino: Martyrium des Heiligen Petrus (um 1620)

Auf der Seite zuvor sieht man das Bild eines Attentats, das die himmlischen Geister offenbar jubelnd begrüßen. Das Opfer, das gleich die Wucht des Schwertes treffen wird, ist der Generalinquisitor und spätere Heilige Petrus von Verona. Petrus wurde um 1200 in eine häretische Familie hineingeboren. Er studierte in Bologna, wo er dem Heiligen Dominikus, dem Gründer des Predigerordens, begegnete. Er tat sich als Missionar und Kämpfer gegen die Ketzer seiner Zeit hervor und machte sich in ganz Italien einen Namen als brillanter Prediger. In seiner Biografie wird auch von Wunderheilungen berichtet. Bald nachdem er das Amt eines Klosterpriors in Como übernommen hatte, ernannte ihn Papst Innozenz IV. im September 1251 zum Generalinquisitor in der Lombardei und Romagna. In dieser Funktion verfolgte Petrus mit großem Eifer die damals verbreiteten Sekten der Manichäer und Katharer und zog sich deren Hass zu. Am 6. April 1252 auf dem Weg von Como nach Mailand lauerte ihm und seinem Begleiter der Agent der manichäischen Konspiration, Carino de Balsamo, auf. Er schlug Petrus mit fünf Hieben den Schädel ein und stieß ihm zuletzt eine Art Sichelschwert in die Seite. Das sind die bezeugten Tatsachen.[11]

Und nun setzt der legendenartige Text ein: Trotz seiner furchtbaren Wunden blieb der Heilige Petrus stehen und sprach noch einmal die letzten Worte des Herrn: »In Deine Hände, Herr, befehle ich meinen Geist«.[12] Selbst als er dann auf die Knie gesunken war, tauchte er einen Finger in das eigene Blut und schrieb auf den Boden Worte, die er zuvor auch gesprochen hatte: »Credo in Deum«. Mehr kann man von einem Heiligen nicht erwarten: Papst Innozenz IV. erhob Petrus 1253 zum Märtyrer und Heiligen.

Rechts sieht man den Märtyrer in einem Gemälde Vittore Carpaccios. Mit einem Schwert im Schädel und mit dem Dolch im Herzen greift er noch einmal zur Feder. Es ist der messianische Augenblick, als ob der Tote nicht tot sei.

Dem Sterbenden wird in den Legenden und auf den Bildern eine zusätzliche, ersichtlich unmögliche Zeit gewährt. Niemand kann sagen, wie lange sie dauern wird. Es ist eine Zeit, in der es so scheint, als ob der Tod keine Macht über die Gottesgetreuen hätte.

Vittore Carpaccio: Der Heilige Petrus (1520)

Die Gnadenzeit wird Petrus eingeräumt, um seinen Glauben zu bezeugen und damit auch den universalen Anspruch dieses Glaubens zu erheben. Auf den Bildern, die den Chef der Inquisition auf dem Weg in die Heiligkeit zeigen, wird ein künstliches Intervall ins Sichtbare gespielt, das sich zwischen das Attentat und den Tod schiebt. Es ist Stillstand im Bild, das selbst die Zeit sistiert. Diese vom Wunder durchwirkte Sonderzeit, der in die profane Weltzeit eingeschobene Augenblick, verkündet die messianische Botschaft. Diese Heilige Zeit, das Intervall Ewigkeit, nutzt der klinisch Tote zum Sprechen und Schreiben. Dem Todesaugenblick wird das Wort erteilt, um noch einmal die volle dogmatische Wahrheit zu bekunden. Natürlich spricht der Tod in jedem Bild, das einen Verstorbenen lebendig zeigt. Das ist die religiöse Zeit eines jeden Bildes. Carpaccios Gemälde hingegen zeigt einen Toten, der noch lebt, da er tot ist, der mit ungebrochenem Blick dem Betrachter eine Schrift entgegenhält, die das Leben über den Tod hinaus verkündet. Das eben verleiht dieser Darstellung ihre einzigartige Kraft.

Das Attentat auf Petrus war aber nicht einfach ein Meuchelmord, sondern ein Angriff auf die oberste juristische Exekutive, den pontifikalen Generalinquisitor. Petrus repräsentierte damit die einzigartige Entschlossenheit der Kirche, ihre religiöse Einheit mit vollem Einsatz ihrer gerichtlichen Machtmittel zu sichern. Seine Karriere hatte Petrus unter dem gleichen Papst Gregor IX. begonnen, der im Streit mit dem römischen Kaiser Friedrich II. die konsequenteste Politik betrieben hat. Alle mit Gregors Namen verbundenen Maßnahmen, die Einrichtung der Inquisition, die Kreuzzüge, die Gründung der Franziskaner- und Dominikanerorden, der im Investiturstreit erhobene Anspruch, der legitime Stellvertreter Gottes auf Erden zu sein, all das steht auf der gleichen Linie des pontifikalen Willens zur universalen Macht, zur globalen Missionierung, zur Durchdringung aller Zeiten und aller Räume mit dem Vikariat Gottes. Während Schreber glaubte, dass er zu allen Seelen Kontakt aufgenommen hatte und dass »das Himmelsgewölbe im ganzen Umkreise mit – wohl aus meinem Körper entnommenen – Nerven überspannt« war,[13] dehnt der Papst die Körperschaft der Kirche über alle Kontinente aus.

Der Gegensatz zwischen dem universalen, dem universalspatialen und universaltemporären Machtanspruch des Papstes und der kleinen Gruppe der Manichäer spielte allerdings auch auf der Ebene des Medialen. Denn der Widerstand der manichäischen Radikalen in der Kirche galt besonders dem ikonischen Aufwand der Repräsentation. Die Manichäer bestanden auf dem Bilderverbot und damit auf dem Dogma undarstellbarer göttlicher Macht. Die Hiebe, die Petrus von Verona trafen, galten auch den »falschen Bildern der Mächtigen«. Daher setzen alle abendländischen Revolutionen mit Bildzerstörung und Bilderverbot ein. Bilder sind nicht nur Wandschmuck. Bilder sind Knotenpunkte der Raum-Zeit-Administration. Die ikonische Gegenpropaganda, die dann in vielen spanischen Darstellungen des Heiligen Peter einsetzte, nachdem der Märtyrer zum Schutzheiligen der Inquisition erhoben wurde, zeigen diesen unaussprechlichen Augenblick, da ein Toter spricht, da das metaphysische Geheimnis aus der Unsichtbarkeit hervortritt und spricht und schreibt: »Credo in Deum«. Was wir also vor uns haben, ist ein Propagandabild von der Macht über die Zeit, die dieser Glaube hier ergreift.

Jacques-Louis David:
Marat à son dernier
soupir (1793)

13. Juli 1793, 19 Uhr 30: Das Attentat auf Jean-Paul Marat

Ein ganz ähnliches Bild wie Carpaccios Darstellung des Heiligen Petrus von Verona fertigte Jacques-Louis David von dem am 13. Juli 1793 ermordeten Jean-Paul Marat an. Als David am 14. Oktober 1793 im Nationalkonvent die Ausstellung seines Gemäldes ankündigte, gab er ihm den Titel »Marat à son dernier soupir« (Marats letzter Atemzug). Das Bild zählt zu den bekanntesten Kunstwerken der Französischen Revolution. Auch hier stirbt ein Märtyrer in einem auf Dauer gestellten Heiligen Augenblick. Wie Carpaccio seinem Petrus so drückt auch David seinem Sterbenden noch eine Schreibfeder in die Hand. Nach seinem Bericht am 15. Juli 1793 vor dem Konvent will der Künstler den Freund des Volkes Marat genau in dieser Haltung am Tage nach seiner Ermordung angetroffen haben: »[U]nd seine Hand, die aus der Wanne hing, schrieb die letzten Gedanken zum Heil des französischen Volkes nieder.«[14] Wie Petrus äußert der Sterbende Worte des Heils. Hier stehen sie freilich bereits auf ein Blatt geschrieben, das der Maler gegen die historischen Tatsachen ins Bild montiert hat.[15] Marat kann bei seinem letzten Atemzug zwar nicht mehr schreiben, aber was nicht mehr den Weg aufs Papier findet, hat der Künstler auf den bei der Wanne stehenden Holzblock geschrieben. Der letzte Atemzug sagt: »N'ayant pu me corrompre ils m'ont assassiné« (»Da sie mich nicht korrumpieren konnten, haben sie mich ermordet«). Der letzte Atemzug spricht das eigene Epitaph.

Es wurde schon gezeigt, dass zwischen der Attentäterin und ihrem Opfer ein Wettlauf um die Glorie der Martyriums stattfand. Charlotte Corday hatte in ihrem Abschiedsmanifest die Rettung ihres Vaterlandes mit ihrem Blut zu schreiben begehrt: »[I]ch möchte, (…) dass mein Haupt, wenn man es durch Paris trägt, ein Zeichen sei für den Zusammenschluss aller Freunde der Gesetzlichkeit, und dass die ins Wanken geratene Montagne ihren Sturz mit meinem Blut geschrieben sieht; dass ich ihr letztes Opfer sein möge, und dass das gerächte Universum erklären möge, dass ich mich um die Menschheit verdient gemacht habe.«[16]

Auch Charlotte Corday hatte ihren letzten Atemzug dem Wohl der Franzosen gewidmet, und wollte ihr Blut sprechen lassen. Davids Gemälde ließ stattdessen Marats Blut sprechen und schreiben, und damit siegte zunächst sein Bild in diesem ikonischen Krieg, denn das Gemälde überführt die Mörderin des Betrugs. In der linken Hand hält der tote Marat ein Schreiben der Attentäterin, worin sie um seinen Schutz bittet. Das Schreiben soll den Betrug dokumentieren, dem der heilige Mann zum Opfer gefallen ist. Auf der Schreibunterlage liegt ein weiteres Schriftstück, das soeben mit der zu Boden gesunkenen Feder geschrieben worden ist. Das Schriftstück enthält die Anweisung, die beiliegende Assignate, eine der vom revolutionären Staat ausgegebenen Obligationen auf beschlagnahmten Grundbesitz, der Witwe eines im Freiheitskrieg gefallenen Soldaten zukommen zu lassen. Die Bildpropaganda sagt: Der Revolutionsmärtyrer ist eben bei einer guten Tat erstochen worden. In diesem Moment des Bildes lebt er aber noch. Das hat jedenfalls der

Künstler so bestimmt. Die letzte Atemzugszeit ist in die Länge gezogen und bildlich auf Dauer gestellt. Zwar gibt es keinen Bericht und auch keine Legende, wonach der tote Marat wie Petrus von Verona weiter geschrieben hätte. Aber die Botschaft des Gemäldes lautet: Bis zum letzten Atemzug hat sich dieser Mann der Revolution und den Bedürftigen verschrieben. Während des letzten Seufzers ist die Schreibhand zu Boden gesunken, und die Feder bildet dort mit der Tatwaffe der Mörderin ein pathoshaltiges Paar.

Auch auf diesem Gemälde gewährt der Maler dem Opfer eine Zwischenzeit, einen heiligen Augenblick, eine ikonische Zeitlupe, die den Sterbenden in ein der profanen Zeit entrissenes Intervall taucht. Es ist, als ob er nicht tot sei, noch ist die Feder seiner Hand nicht entfallen. Der Tote darf über seinen Tod hinweg sprechen. Der martyrologische Bezug springt in die Augen. Bei der festlichen Anbringung des Bildes zusammen mit dem gleichfalls von David angefertigten Gemälde des ermordeten Peletier an den Wänden des Nationalkonvents am 14. November 1793 forderte David die Betrachter auf, das Bild als Heilige Schrift, als Testament und Sakrament zu lesen und erklärte: »Euch, meine Genossen, bringe ich die Huldigung meines Pinsels dar; indem Eure Blicke über die fahlen und blutbefleckten Züge Marats hinweggehen, werden sie Euch seine Tugenden ins Gedächtnis rufen, die niemals aufhören dürfen, auch die Euren zu sein.«[17] Dieser Körper ist als verletzter und totenfarbener Leib eine Schrift (traits) geworden, die eine dauerhafte Zeit der Erinnerung und Mahnung niederlegen.

Die Ähnlichkeit der Körperhaltung mit der des toten Christus, wie sie unter anderem Michelangelos berühmte Pietà zeigt, ist auffällig.[18] Tatsächlich rufen mehrere Elemente die ikonographische Tradition der heiligen Toten auf. Dass die Sprache der Martyrologie und der Christusbildnisse für die Darstellung des toten Marat in Anspruch genommen wurde, darf nicht überraschen. Es geht keineswegs darum, den Toten mit Elementen des christlichen Bildrepertoires zu schmücken, wohl aber soll sich das Auge des Betrachters mit Erinnerungen an die Raum- und Zeiterfahrung des Heiligen füllen. Auch hier wirkt das Geheimnis des ὁ νῦν καιρός. Im Raum des

Bildes breitet sich messianische Zeit aus, die Zeit, die den Gedanken und seine Übersetzung auf dem Holzblock teilt, die den Seufzer von der Prosopopoia des Toten trennt. Zur martyrologischen Demonstration gehörte im Juli 1793 auch die Aufbahrung der Leiche in Marats Haus und die anschließend geplante, aber nicht realisierte Aufbahrung in der Église des Cordeliers.

Michelangelo: Pietà (1499)

David hatte dafür gesorgt, dass Marats toter Körper in der Wanne ausgestellt wurde und dort genau die Haltung einnahm, in der er nach dem Attentat gefunden wurde. Dem verhassten Zufall sollte nichts überlassen bleiben. Auch die Beerdigungsfeier und die anschließenden Ehrungen plante und organisierte David. Der Maler gehörte zu den wichtigsten Männern der Bergpartei und war der Kunst- und Festdesigner der französischen Revolution. Er sorgte auch dafür, dass über ganz Frankreich ein einzigartiger Marat-Bilderkult hinwegfegte. Auf seine Veranlassung hin ließ der Konvent 1000 Kopien von Nachstichen des Gemäldes anfertigen, jeder Abgeordnete und jedes Département erhielten ein Exemplar. So arbeitet die Verwaltung. Sie trägt die im Bild erzeugte Heilige Zeit in alle Winkel des Landes. David hatte genau kalkuliert, dass nicht ein idealisierendes Portrait, sondern ein Märtyrerbild die größte Wirkung auslösen würde. Ein Bild, das die Zeit stillstellt. Aus diesem Grund lässt auch Peter Weiss in seinem Marat-Drama die Szene der Ermordung durch Charlotte Corday in einem Bild gefrieren:

Alle umstehen die Wanne in einem heroischen Tableau. Die Komposition hat folgendes Aussehen: Marat hängt, wie auf Davids klassischem Bild, mit dem rechten Arm über der Wannenkante. In der rechten Hand hält er die Schreibfeder, in der linken Hand seine Papiere. Corday hält den Dolch noch umfaßt.[19]

Nachdem die Akteure aus dieser Starre wieder aufgetaut sind, ergreifen sie das Wort, das ihnen in dieser künstlichen Zeit gewährt wird. Auch Peter Weiss füllt diesen Moment mit einer messianischen Botschaft: das Versprechen der Gleichheit und der Gütergemeinschaft. Sein Marat erklärt hellsichtig, dass er als Leiche »wenig wert« sei, und er wünscht sich einen Nachfolger, der seine Mission vollenden wird: »bis einmal jeder im gleichen Maß ein Hüter / sein wird aller gemeinsamen Güter«. Alle Märtyrerbilder widmen sich der Fortschreibung einer Genealogie von Heiligen: Sie sollen Nachfolger hervorbringen.

22. November 1963, 12 Uhr 30 in Dallas

Die Bilder der Attentate auf den Heiligen Petrus und auf den Heiligen Marat dienen hier als Vorspiel zur Erörterung zweier weiterer Attentate, zweier Heiliger Augenblicke, deren politische Wirkung uns heute noch vor Augen steht. Wir treten damit ein in die technische Moderne und ihre Verfahren, eine unmögliche Heilige Zeit auszuhorchen. Dass das Reale das Unmögliche ist[20], hat erst eine Moderne sagen können, die diese Erfahrung machen musste, dass alle technischen Aufzeichnungen aus dem unendlichen Punktkontinuum der Welt nur winzigste Partikel schneiden. Und sie begriff dabei, dass die automatische Aufzeichnung nicht nur zu sehen gibt, sondern vor allem die restliche Welt verdeckt. Dieses Wissen bewaffnet sich wieder mit neuen Techniken, um Bilder der Realität zu generieren, um Augenblicke zum Sprechen zu bringen, als ob sie alles sagten. Die Moderne huldigt dem Glauben, dass technische Bilder die Realität kopieren.

Die Bilder, die zur Ereignisfolge bei der Ermordung John F. Kennedys überliefert sind, stellen in dieser Hinsicht Lehrstücke dar. Es sind Hunderte von Fotos und Filmbildern. Alle Diskussion über den Mord an Präsident Kennedy stützt sich auf diese Bilder. Der Streit zwischen den Anhängern der Verschwörungstheorie und den Anhängern einer Rekonstruktion des Tathergangs, wie sie der Warren-Report von 1964 gab, konzentriert sich seit vielen Jahren auf die Frage nach einem Schützen auf dem sogenannten Grashügel auf der Nordseite der Elm-Street, an dem Kennedys Limousine im Augenblick der tödlichen Schüsse vorbeifuhr. Man hat abwechselnd einen FBI-Agenten, der angeblich dort postiert war, als weiteren Schützen benannt oder den Grauhundmann, ein Blow-up-Phantom.

Die acht Sekunden des Attentats in Dallas am 22. November 1963 wurden von dem Kaufmann Abraham Zapruder mit einer V8-Kamera aufgenommen. Der Film ist längst Eigentum des amerikanischen Staates und wird im Nationalarchiv gehütet. Das Sixth Floor Museum in Dallas, das Museum des Attentats, bietet jede Menge Reliquienkopien an, unter anderem eine DVD, die die acht Sekunden des Attentats in Zeitlupe und in vier verschiedenen Quadrierungen zeigt. Diese doppelte Hochauflösung in Zeit und Raum bietet das technische Äquivalent jener Heiligen Zeit, die bis dato Künstlerbilder und legendäre Überlieferungen bereitstellten. Die technische Erzeugung von Heiliger Zeit zerstückelt den Körper des Mächtigen. Aber wir wissen, dass die Zerstückelung das Bild des Herrschers der profanen Welt entreißt und an der Errichtung seiner sakralen Imago mitwirkt.

Die eigenartige Macht dieser Kennedy-Bilder kommt auch von ihrer globalen Bekanntheit. Jeder hat sie schon einmal gesehen. Was sich auf diese zähe und unwiderrufliche Weise im visuellen Gedächtnis der Menschheit, im Bildmuseum der Weltgeschichte, einnistet, hat sich eine Aura erarbeitet, die nicht mehr vom »Hier und Jetzt« bestimmt ist, von der Einmaligkeit eines Kunstwerks oder eines gelebten Augenblicks, sondern vom Überall eines gefilmten oder fotografierten Augenblicks, wie Benjamin mit Verweis auf Paul Valéry bemerkt hat.[21] Das Vielgesehene zu sehen, entspricht der Heiligenvision, der hysterischen Augentäuschung, aus der die Wunder gemacht sind.

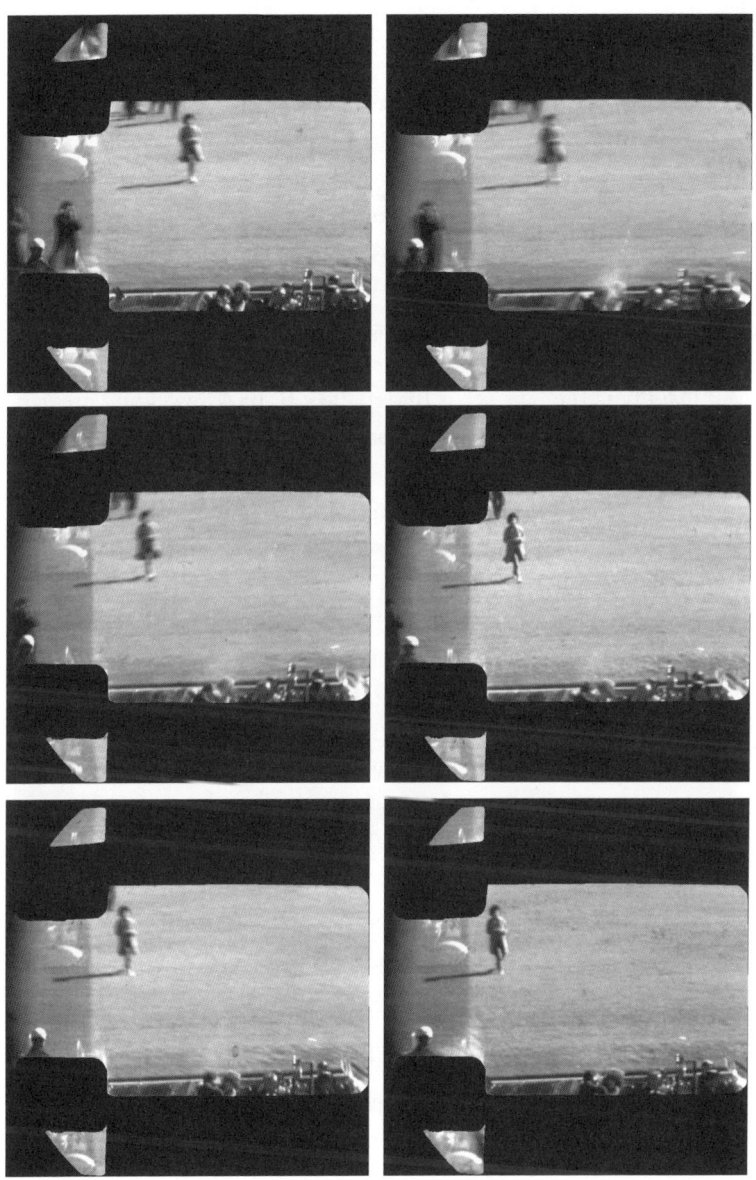

Zapruder Film, von links oben in Leserichtung nach rechts unten:
Frames 312 bis 317

Die einzelnen Bilder des Zapruder-Films zerlegen die Zeit der zweiten tödlichen Verletzung in Augenblicksfragmente. Kennedy war wenige Sekunden zuvor bereits durch den ersten Schuss, der ihn in den Nacken traf, schwer verwundet worden. Er sank in die Arme seiner Frau Jacqueline. Jetzt riss der zweite Treffer Teile seines Schädels weg. Kennedy wird nur noch wenige Minuten zu leben haben, ohne noch einmal das Bewusstsein zu erlangen. Diese durch die Filmtechnik gedehnte Sekunde erscheint daher nur seiner Nachwelt als Heilige Zeit. Die so allen Blicken dargebotene Zeit von Kennedys Sterben unterscheidet sich nicht von den Momenten, die Carpaccio und David malten. Die sechs Bilder, die Zeit und Bewegung im visuellen Raum auseinanderziehen, lassen das Auge in das unmögliche Intervall einer Viertelsekunde eintauchen. Technik heißt Kunst. Es ist, als ob es die Zeit und Bewegung gar nicht gäbe.

Außer diesem Wunder, dass sich längst vergangene Sekundenbruchteile im Allerweltsraum und in der Allerweltszeit einnisten, scheinen die Bilder keine Botschaft zu enthalten. Damit aber begnügen sich weder die Gläubigen noch die Ungläubigen. An der Entschlüsselung geheimer Botschaften in Zapruders Filmbildern haben sich unzählige paranoische Augenpaare beteiligt: Politiker, Kriminalisten, Mathematiker, Chirurgen, Medienspezialisten, Ballistiker, Schriftsteller, Kinoleute und eine weitere Gemeinde artifizieller Deuter, die heute noch auf diversen Websites ihre Gespenster hausen lassen. Erteilen wir der paranoischen Medienvernunft das Wort! Als Beispiel dafür steht eine Bildsequenz, die das Verlangen nach einer verborgenen Botschaft im Realen der Bildzeugnisse auf aberwitzige Weise befriedigt. Der Verdacht zu den Ereignissen in Dallas besagt ja: Es muss einen weiteren Attentäter geben, dessen Schüsse nicht vom Schoolbook Depository abgefeuert wurden, sondern aus einem Versteck hinter einer Mauer an der Elm Street. Da Kennedys Oberkörper in dem Augenblick, in dem er getroffen wird, eine ruckartige Bewegung nach hinten macht, fühlt sich die Vermutung gestärkt, dass ihn der letzte Schuss von vorne traf. Zwei Täter wären die Minimalbesetzung für eine Konspiration, nach der es die Paranoia verlangt. Aber die Paranoia ist nicht dumm, sondern scharfsinnig und süchtig nach Beweisen. In diesem Falle führt sie den Beweis über das Blowup eines Fotos, das ein Fotograf namens Philip Willis kurz vor den tödlichen Schüssen von der anderen Seite der Elm Street her aufgenommen hat. Das Foto zeigt auf dem Grashügel eine vorspringende Mauer, hinter der man den anderen oder den wahren Schützen zu sehen glaubt. Dem Verdacht gibt das Foto, das Kennedys Limousine an der Spitze zeigt, eigentlich keine weitere Nahrung:

Elm Street, Sekunden vor Oswalds Schüssen (Philip Willis)

Detail aus der Fotografie von Philip Willis

Aber der Verdacht durchdringt jede Oberfläche. Die Bilder rechts stammen aus einem vom ZDF 1993 ausgestrahlten Dokumentarfilm zum 30. Jahrestag des Attentats.[22] Der Film erteilt dem amerikanischen Konspirationsvertreter Robert Groden das Wort, der den Schatten und flimmernden Punkten auf Fotos, V8-Filmbildern und Polaroids des Kennedy-Attentats die Botschaft zu entreißen versucht, dass es außer Oswald noch einen weiteren Schützen gegeben hat. Dahinter steht die paranoische moderne Lesart der Welt, dass nur die Unsichtbarkeit die Wahrheit enthalten kann. Die Bilddeutung Grodens will gegen die staatskirchliche Version der amerikanische Regierung, wonach Oswald als Einzeltäter gehandelt hat, zur Evidenz bringen, dass hinter der Mauer, die das Willis-Foto und andere Bilder zeigen, ein Schütze steht, der eben darum als Täter in Frage kommt, weil er in allen amtlichen Untersuchungsberichten nicht erwähnt wird. Diese Blow-up-Beweise sind darum so kennzeichnend für das Denken der Paranoia, weil sie flimmernde Zufallszeichen zu Indizien erheben, von denen niemand sagen kann, ob sie der abgebildeten Welt oder dem Foto selbst entspringen. Der gleiche Versuch, einem Foto durch Blow-up Spuren eines bislang unbekannten Schützen zu entlocken, wurde bereits von Nigel Turner in einer Dokumentation von 1988 unternommen, den die BBC ausgestrahlt hat. Dort war die abenteuerliche These entwickelt worden, dass einer von drei französischen Killern als CIA-Mann verkleidet hinter der Mauer gestanden und auf Kennedy geschossen habe. Obwohl die französische Regierung gleich erklärte, dass zwei dieser drei Killer am 22. November 1963 in französischen Gefängnissen saßen, wurde der Film auch in Deutschland ausgestrahlt.[23]

Der Foto-Beweis, den Groden in der ZDF-Dokumentation führt, bietet die artifizielle Deutung des Blow-ups von Bildern aus dem Film von Orville Nix, der die entscheidenden Sekunden der Schüsse auf Kennedy von der anderen Seite der Elm-Street her gefilmt hatte. Eine winzige, bewegte Lichtspur hinter der Mauer soll die Täter aus der Unerkennbarkeit herausreißen. Die Spur ist dadurch allein geadelt, dass sie von anderen bislang nicht beachtet wurde.

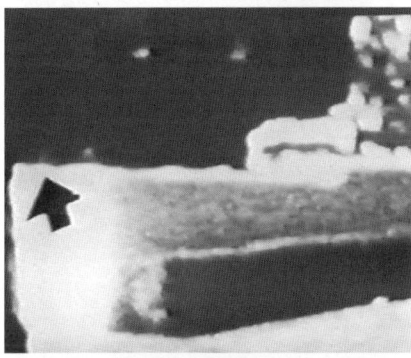

Mauerbilder 1 bis 3 (von oben nach unten) aus der ZDF-Dokumentation »John F. Kennedy: Der Jahrhundertmord – Vier Tage im November« (1993)

So lässt sich vielleicht dem Heiligen Augenblick eine eigene Wahrheit abpressen. Denn es zählt zur Natur des Bösen, dass es sich verbirgt. Die Interpretation der Paranoia traut keiner Evidenz, dafür aber adelt sie jedes tanzende Staubkörnchen und lauscht ihm eine Bedeutung ab. Diese Paranoia ersetzt den *Glauben* an die Heiligen Schriften und ihre Bilder durch die *Gewissheit* verborgener Tatsachen in Realitätsmarken, die sie als Unendlichkeitspunkte identifiziert. Statt der Talmudisten der Heiligen Texte übernehmen Talmudisten des technisch gespeicherten Realen die Auslegung. Grodens Bildanalyse arbeitet an der Talmudisierung des Heiligen Augenblicks. Jeder Pixel ist hundertmal ausgelegt. Dabei schreibt die Filmkamera, die in kontingenten Weltausschnitten das Toben der Quanten abzeichnet, absichtslos auf. Im Auge des Paranoikers aber beseelt diesen Apparat, dessen Eingeweide ein durch Zeit und Raum mitlaufendes Gedächtnis sind, der Wille, das Unsichtbare sichtbar zu machen. Das im Film erfasste flimmernde Pünktchen des Universums bleibt nicht das Ergebnis einer gleichgültigen physikalischen Ereignisfolge; sondern die Kopie gibt in diesem gedehnten Raum-Zeit-Format endlich das Ding an sich zu sehen: Der Film ist das Medium dieser Paranoia. Im Selbstschreibverfahren des Lichts, dem das Medium zu Diensten ist, spricht jedes Molekül im All und lässt sich jedem Pixelkorn eines Bildes die Beichte abnehmen.

Was bei Carpaccio oder auch bei David ein Einbruch messianischer oder mythischer Zeit war, die den Todesaugenblick den profanen Uhrwerkern entreißt, das sind beim Kennedy-Attentat die in optische Bruchteile aufgelösten Sekunden und der in die Tiefe aufgerissene Raum der technischen Aufzeichnung, die die Dinge hinter den Phänomenen von ihrem Schweigen erlöst.

11. September 2001, 9 Uhr 15: *Angriff auf die Twin Towers*

Auch die beiden über 400 Meter hohen *Twin Towers* von Manhattan, die unter so furchtbaren und dramatischen Umständen zusammenbrachen, begannen im Augenblick ihrer Zerstörung laut zu sprechen. Was vorher in ihnen schlummerte, wurde nun in einer Fülle von Reden erklärt: dass sie repräsentative Türme waren, emblematische Zeichen der westlichen Zivilisation und ihrer Religion des Kapitalismus.[24]

Aber die vollkommene Emblematisierung dieses Ereignisses vom 11. September 2001 ruht auf den Bildern, die vermutlich alle Menschen des Globus, die von Medien erreicht werden, gesehen haben. Diese Bilder haben das Ereignis und seine Zeit, die Zeit vom Einschlag der Flugzeuge bis zu ihrem endgültigen Crash, in eine Unmenge von Teilzeiten zerlegt. Diese Teilzeiten, diese irreale Zeit, im Zeichen des Todes vieler Tausend Menschen, bilden die eine Kraft der Transformation, der Verwandlung der profanen Zeit in eine Heilige Zeit. Nicht nur die unendliche Visibilisierung des Ereignisses aus den verschiedensten Perspektiven hat dazu beigetragen, nicht nur die Slow Motion des Zusammenbruchs, sondern auch jene Teilzeiten, jene letzten, in eine Länge des Sturzes gezogenen Zeiten der Menschen, die sich aus den brennenden Büros der Türme warfen. Diese Bilder der Stürzenden sind auf den von allen TV-Stationen verbreiteten Videos und Bildern geschwärzt. Warum? Warum bleiben die Gesten und letzten Botschaften dieser Stürzenden der Welt vorenthalten? Sie haben uns doch noch etwas mitgeteilt. Diese Bilder sind zugunsten der unmissverständlichen Botschaft des Bösen zensiert. Den manichäischen Riss aber benötigt die Erfahrung des Heiligen, denn das Heilige und das Profane sind dem Gegensatz von Gut und Böse analog.

Falling man.
11. September 2001
Fotografie:
John Drew

Wie lange dauert die Heilige Zeit dieses Sturzes? Wie viele Atemzüge? Welche Gedanken? All das geht über jede Vorstellung. Aus diesem Unvorstellbaren löst sich die Idee, dass in solchen letzten Sekunden vor einem gewaltsamen Ende noch einmal die ganze Lebenszeit vorüberläuft. Wie viele tausend Mal sind an diesem 11. September an verschiedenen Orten der USA letzte Gedanken gedacht, letzte Worte gesprochen worden. Vielleicht dringt nur die Literatur in diese Zeit ein. Aus seiner Kriegserfahrung kennt Ernst Jünger diese Augenblicke: »Vor ihnen allen bäumte sich der Tod gierig auf. Sie standen vorm Letzten und mußten in der kurzen Zeit noch einen Abschluß finden. Noch einmal drängte sich Allereigenstes in ihnen zusammen, noch einmal rollte die bunte Welt in sausendem Film durchs Hirn.«[25]

Die ganze Fülle zieht sich ins Unvorstellbare zurück, und das Bild oder das Foto, das den unmöglichen Augenblick festhält, öffnet eine Tür zur Heiligen Zeit des Attentats. Der amerikanische Autor Don DeLillo hat diesem Foto einen ganzen Roman gewidmet: *Falling Man* erzählt die Geschichte des Immobilienmaklers Keith Neudecker, dem am 11. September 2001 die Flucht aus den brennenden Türmen gelang. Nicht nur Neudecker erlebt in den Tagen danach den Crash der Twin Towers immer wieder, seine Familie, alle Figuren des Romans scheinen unentrinnbar in die Zeit und die Bilder des Sturzes eingeschlossen. Alle Menschen, die mit dem Ereignis in Berührung gekommen sind, zählen zu den *falling men*. Neudeckers Frau Lianne muss immer wieder an das Foto des fallenden Mannes denken:

> Als sie es das erste Mal gesehen hatte, am Tag danach in der Zeitung, traf es sie mit voller Wucht. Der Mann kopfüber, die Türme hinter ihm. Die Masse der Türme füllte den Bildausschnitt aus. Der fallende Mann, die aneinandergrenzenden Türme, dachte sie, hinter ihm. Die gewaltigen emporschwingenden Linien, die vertikalen Streifen der Säulen. Der Mann mit Blut auf dem Hemd, dachte sie, oder Brandflecken, und die Wirkung der Säulen hinter ihm, die Komposition, dachte sie, dunklere

Streifen am näher gelegenen nördlichen Turm, hellere am anderen, und die Masse, das Immense der Masse, und der Mann, fast präzise zwischen die Reihen dunklerer und hellerer Streifen platziert. Kopfüber freier Fall, dachte sie, und dieses Bild brannte ein Loch in ihren Geist und ihr Herz, lieber Gott, er war ein fallender Engel, und seine Schönheit war entsetzlich.[26]

Die heilige Zeit eines fallenden Engels. Das Bild verfügt über ungeheure Anziehungskraft. In DeLillos Roman taucht mehrfach ein Performancekünstler auf, der sich an verschiedenen Orten New Yorks in einem Sicherungsgeschirr von erhabenen Punkten herabstürzt. Wenn er dann eine Zeit lang kopfüber an dem Stahlseil hängt, nimmt er die Haltung des Mannes mit dem angewinkelten Bein auf dem Foto von John Drew ein. Solche spektakulären Stürze inszenierte er von Fabrikdächern, Kirchtürmen, einmal sogar während eines Konzertes in der Carnegie Hall. Lianne beobachtet auch einen solchen Auftritt des Künstlers, der David Naniak heißt:

Da schauten die Leute zu ihm hoch, empört über das Spektakel, das Puppentheater menschlicher Verzweiflung, den letzten flüchtigen Atemzug eines Körpers und das, was er festhielt. Den Blick der Welt, dachte sie. Das war von einer furchtbaren Offenheit, etwas nie Gesehenes, die einzelne fallende Gestalt, die eine kollektive Angst hinter sich herzieht, und der Körper kommen zwischen uns allen herunter.[27]

Auf den ersten Blick macht Naniak einfach das gleiche wie Carpaccio oder wie Jacques-Louis David oder wie auch Peter Weiss in seinem Marat-Drama: einen letzten Seufzer erstarren lassen und die Zeit, die den Momenten nicht gegeben ist, künstlich nachtragen. Aber Naniak muss das Schauspiel unablässig wiederholen, immer wieder, er stürzt sich von Fußgängerbrücken, von Dachgärten, vom Glockenturm einer Kirche, von der Queensboro Bridge über dem East River, von den Wartungsplattformen der Hochbahn. Er macht es ohne kommerzielle Absichten. Der Performancekünstler lässt sich nicht für Events engagieren, er lehnt es beispielsweise ab, sich im Laufe von drei Wochen zu bestimmten Zeiten von der Höhe des Guggenheim-Museums in das spiralförmige Treppenhaus fallen zu lassen. Es ist Naniak so ernst, dass er es nicht bei der künstlichen Imitation bewenden lassen will. Wie der Bruder nach dem plötzlichen Tod des Künstlers mitteilte, hatte Janiak Pläne für einen finalen Sprung ohne Sicherungsgeschirr.

Vermutlich hatte die Obsession des Performancekünstlers noch ein weiteres Motiv: Ist nicht die Moderne von abgrundtiefem Misstrauen Bildern gegenüber erfüllt? Der Verdacht hat in den USA alle Bilder und Daten zum 11. September in Frage gestellt. An den Toten ist nicht zu zweifeln, wohl an den Bildern. Naniak wollte die Wahrheit des Bildes vom *falling man*, an dem täglich die Erosionskräfte des Verdachts nagten, sichern. Auch das vermag Paranoia.

POP IKONOKLASMUS.
ATTENTATE AUF JOHN LENNON
UND RONALD REAGAN

| Die Ermordung John Lennons am 8. Dezember 1980
| Mark David Chapman als Leser
| Die Botschaft des Bildes
| C.G. Jung als Komplize
| Attentat auf Ronald Reagan: Vatermordversuch live
| Liebesgeschichte eines Ungeliebten
| Hinckley, Leser und Autor
| Das Tagebuch des Wallace-Attentäters Arthur Bremer

Die Ermordung John Lennons am 8. Dezember 1980

Am 8. Dezember 1980, gegen 23 Uhr feuerte der fünfundzwanzig Jahre alte Mark David Chapman im Torbogen des Dakota Building am Central Park von New York City fünf Schüsse auf John Lennon ab und verwundete den weltberühmten Beatles-Sänger tödlich. In den Wochen und Tagen zuvor hatten sich in Chapmans Wahn zahllose Hinweise gezeigt, die ihm selbst seine Tat ankündigten. So glaubte sich der Attentäter in tiefem Einklang mit einem schicksalhaften Willen. Der Augur seiner eigenen Tat hatte es zuletzt als zustimmendes Zeichen gelesen, dass Mia Farrow mit ihren Kindern aus dem Dakota Building kam und gegenüber im Central Park verschwand. Der Kinostar verdankte seinen ersten Ruhm Roman Polanskis Horrorfilm *Rosemary's Baby* von 1968, in dem sie eine Mutter gespielt hatte, die im Wahn lebt, einen Satanssohn zur Welt zu bringen. Schauplatz des Films war eben dieses düstere neogotische Dakota Building, das sie jetzt mit einer ganzen Reihe weiterer Prominenter bewohnte und vor dem Chapman mit der geladenen Waffe in der Tasche seines Trenchcoats auf Lennon wartete. Eine Nebenrolle in dem Film hatte Polanski seiner Ehefrau Sharon Tate gegeben, die am 9. August 1969 von einigen Mitgliedern der sogenannten *Manson Family* ermordet worden war. Charles Manson hatte diese grauenhafte Aktion als Teil eines endzeitlichen Szenarios geplant, das er auf den Beatles-Song *Helter Skelter* aus dem berühmten *White Album* getauft hatte.

Solche zufälligen Koinzidenzen bezeichnete der Beatles-Fan Chapman mit einem Begriff aus C.G. Jungs tiefenpsychologischem Astromärchenlabor als *Synchronizität*[1], d.h. als nicht zufälliges, sondern schicksalhaftes Zeichen. Immer mehr solcher Zeichen kreuzten Chapmans Weg, nachdem er den lang gehegten Gedanken zum Attentat auf John Lennon im Oktober 1980 mit allen negativen Kräften seiner Depression und suizidalen Imagination aufgerüstet hatte. Dann gab es kein Halten mehr. Am 23. Oktober quittierte Chapman seinen Job als Hausmeister in einem Luxusapartmenthaus in Honolulu; auf dem Namensschild seiner Uniform hatte er da bereits seinen eigenen Namen mit »John Lennon« überschrieben. Am 27. Oktober erwarb er in einem Geschäft in Honolulu die Tatwaffe. Der Verkäufer, der ihm eine Pistole mit Kaliber .38 empfahl, trug den gleichen Familiennamen wie Lennons Frau: Ono. Chapmans Synchronitätswahn nahm dieses Zeichen gierig auf. Zwei Tage später flog er nach New York, wo Lennon lebte. Die Stadt hatte er bereits einmal mit seiner Schulklasse besucht; vor allem aber glaubte er sie aus seiner heimlichen Bibel, J.D. Salingers *The Catcher in the Rye*, genau zu kennen. Er mietete sich für zwei Tage im Waldorf Astoria Hotel ein und begab sich gleich zum Dakota-Building, wo er sich als Beatles-Fan ausgab und nach Lennon fragte. Da er aber von den Hauswächtern keine klaren Auskünfte erhielt, lungerte er ein paar Tage am Central Park herum, lud mehrere Frauen, die er zufällig traf, ins Theater ein und zu Kutschenfahrten, aber sie gaben ihm ihre Adresse und Telefonnummer nicht. Da es seinem literarischen Alter Ego Holden Caulfield aus *The Catcher in the Rye*, in den er sich verwandeln wollte, bei seinen Kontakten mit Frauen und Mädchen nicht viel besser erging, sah er darin erneut eine *Synchronizität*. Für seine Waffe hatte er aus Hawaii noch keine Munition mitgebracht, da er bei der Flughafenkontrolle Schwierigkeiten befürchtete. Ein Waffenhändler in New York, den er am Telefon nach Patronen für seine Pistole fragte, weigerte sich aber, die gewünschte Munition zu verkaufen. Kurzerhand entschloss sich Chapman daher, am 5. November nach Atlanta, Georgia, zu fliegen, wo sein alter Schulfreund Dana Reeves als Stellvertreter des Sheriffs arbeitete. Von Reeves ließ er sich Schießunterricht geben und am Ende fünf Triggerpatronen aushändigen, die er angeblich für seinen eigenen Schutz benötigte. Auf dem Rückflug von Atlanta nach New York vier Tage später empfing Chapman das nächste Zeichen, das seine Tatabsicht bestärkte. Die neue Ausgabe von *Esquire*, die John Lennon auf dem Titelblatt zeigte, fiel ihm in die Hand. Zurück in New York am 9. November quartierte er sich im YMCA-Hotel ein, um gleich am nächsten Tag wieder um das Dakota-Building zu streifen. Aber die ungewisse Aussicht, sein Opfer bald zu treffen, verstärkte Chapmans Depression, und er entschließt sich, nach Honolulu zurückzufliegen. Der Gedanke an die Tat lässt ihn aber nicht los.

Am 6. Dezember kehrt er nach New York zurück. Zunächst bucht er sich im gleichen Hotel ein und begibt sich daraufhin erneut zum Dakota-Haus, die geladene Waffe in der Tasche seines Trenchcoats. Er ist darauf eingestellt, viele Stunden auf sein Opfer warten zu müssen. Chapman leidet an beträchtlichem Übergewicht, und um nicht nach längerem Stehen wegen Rückenbeschwerden aufgeben zu müssen, trägt er orthopädische Schuhe. Vor dem Eingang, wo immer Neugierige oder Fans stehen, trifft er zwei junge Frauen, die sich als Beatles-Fans zu erkennen geben. Eine von ihnen heißt Jude, und Chapman begrüßt sie mit den Wortes des Beatles-Songs »Hey, Jude, don't make it bad« und bekennt sich als Beatles-Fan seit seiner Kindheit. Die beiden Frauen bringen ihn auf die Idee, sich in einem Plattenladen John Lennons neuestes Album *Double Fantasy* zu besorgen und bei günstiger Gelegenheit von dem Star signieren zu lassen. Nach der vergeblichen Wache während des ganzen Tages geht Chapman ins Hotel zurück. Dort fühlt er sich aber gestört und wechselt in den frühen Morgenstunden ins Sheraton Hotel. Um 9 Uhr 30 steht er wieder vor dem Dakota-Building, Lennons letztes Album unter dem Arm. Am

Nachmittag lässt er sich zu einem Buchladen fahren, wo er ein weiteres Exemplar seines Lieblingsbuches *The Catcher in the Rye* erwirbt. Zufällig fällt ihm das Werbeplakat für die Januarausgabe des *Playboy* in Auge, das ein ausführliches Interview mit dem Rockstar und seiner Frau Yoko Ono ankündigt. Wieder ein Wink des Schicksals. Die *Playboy*-Lektüre bringt ihn auf die Idee, sich telefonisch eine Prostituierte ins Hotel zu bestellen. Sie trifft rasch ein und trägt zu seiner großen Befriedigung die gleichen Farben wie die Prostituierte im grünen Kleid, die der Fänger im Roggen Holden Caulfield ins Hotel kommen lässt.² Nachdem er die Frau, mit der er nur einfache Zärtlichkeiten austauschte, bezahlt und wieder weggeschickt hat, ruft Chapman seine Frau in Honolulu an. Ehe er sich dann zum Schlafen legt, holt er seine kleine Bibel aus dem Koffer und ergänzt dort die Überschrift des *Johannes*-Evangeliums, indem er zu »The Gospel According to John« den Namen Lennon schreibt.

Am frühen Montagmorgen, dem 8. Dezember, arrangiert er auf der Kommode des Hotelzimmers in einem Halbkreis seine persönlichen Dinge: seinen Pass, das aufgeschlagene John-Lennon-Evangelium, eine Tonkassette mit Liedern von Todd Rundgren, den Brief seines Vorgesetzten bei der YMCA in Fort Chaffee, Arkansas, wo er fünf Jahre zuvor mit Vietnam-Flüchtlingen gearbeitet hatte; außerdem zwei Fotos, die ihn mit vietnamesischen Kindern zeigen, und ein Plakat mit den vier Hauptfiguren aus der Verfilmung des von Chapman geliebten Jugendbuches *The Wizard of Oz*.

Filmplakat »*The Wizard of Oz*« (1939)

Ein dunkles Gefühl sagte ihm, dass er nicht ins Hotel zurückkehren werde. Und dieses Gefühl trog ihn nicht. Später wird er dazu sagen: »Nichts hätte mich davon abhalten können, das zu tun, was ich tat«.³

Mark David Chapman als Leser

Einen letzten langen Tag verbringt Chapman an diesem 8. Dezember vor dem Dakota Building. Während der leeren Wartestunden vertieft er sich erneut in die Lektüre des am Morgen neu gekauften Exemplars des *Catcher in the Rye*. Was hat er darin gelesen? Wie hat er darin gelesen? Inzwischen kennt er den Portier des Hauses, kurz kommt auch Jude vorbei. Andere Bekannte, die er hier wieder sieht, sind der Fotograf Paul Goresh und Lennons Sekretär Frederic Seaman. Gegen Abend taucht plötzlich Lennon höchstpersönlich auf, Chapman hält ihm das *Double Fantasy*-Album entgegen und der Rockstar schreibt seinen Namen auf den Umschlag. Chapman ist von der Freundlichkeit des Stars, der noch nach weiteren Wünschen fragt, so überrascht, dass er seine Mordabsicht vergisst. Die Szene hält Goresh in einem berühmt gewordenen Foto fest.

Paul Goreshs Schnappschuss von der ersten Begegnung zwischen dem Attentäter und seinem Opfer am 8. Dezember 1980.

Wenig später ist Lennon wieder verschwunden. Doch als er gegen 23 Uhr mit Yoko Ono aus einem Studio zurückkehrt, haben die dunklen Gewalten endgültig die Macht über Chapman ergriffen, und er feuert fünf Mal auf den Mann, den er so verehrt hat. Lennon verblutet im Eingang des Dakota-Buildings. Und während sich nach dem Schüssen der Schrecken um den Tatort herum wellenförmig ausbreitet, zieht Chapman sein Buch aus der Tasche, wirft Mantel und seine Mütze ab und schlägt eine Seite auf, um darin zu lesen.

Was ist das für ein Lesen? Vermutlich sucht Mark Chapman nach einer Passage in diesem Buch, wo seine Tat bereits geschrieben steht. Robert Rosen, Biograf von John Lennons letzten Tagen, meint, dass Chapman nach Kapitel 27 gesucht habe, das von unbekannter Hand den 26 Kapiteln des Romans hinzugefügt sein müsste.⁴ Als Minuten später die Polizei eintrifft und den Täter nach Waffen untersucht, fällt das Buch zu Boden.

Der Umschlag von Salingers Roman

Während Chapman in das Polizeiauto geschoben wird, bittet er den Polizeioffizier inständig darum, das rote Taschenbuch mit den goldenen Buchstaben von der Straße aufzuheben und ihm zurückzugeben. Der Wunsch wird erfüllt, und nun bringt ihn das Polizeiauto in das Twentieth Precinct Detective Unit Office in Manhattan. Nach einer ersten Befragung verfasst der Täter dort eine Erklärung, die auf 1 Uhr 05 am 9. Dezember 1980 datiert ist. Unter anderem beschreibt er darin, wie er am Morgen Salingers *The Catcher in the*

Rye gekauft hat, und er fügt hinzu: »Ich bin mir sicher, dass ein großer Teil von mir Holden Caulfield ist, die Hauptperson dieses Buchs. Der kleinere Teil von mir muss der Teufel sein.«[5] Ist das das Ergebnis der vielen Lektüren? Gleich darauf bringt man Chapman unter strengsten Sicherheitsvorkehrungen in das New York City Jail.

In den nächsten Tagen wird der Mörder von der psychiatrischen Fachärztin Dr. Naomi Goldstein im Bellevue Hospital untersucht. Ihr erster Eindruck ist nicht der eines verwirrten Gewalttäters: Chapman ist kooperativ, er spricht sinnvoll, kohärent und klar. Zwar ist er übermüdet und erregt, er hyperventiliert, aber er sucht den Kontakt mit der Ärztin. Als Erklärung für die Tat gibt er an: »Ich wollte jemanden töten, damit mein Denken aufhört.«[6] Und er wollte auch seinem Leben ein Ende setzen. Gegen John Lennon konnte er nur in der Sprache Holden Caulfieds vorbringen, dass der Star ein *phony* war, ein unechter Mensch. Wie er darauf gekommen sei? Es sei Anthony Fawcetts Buch über Lennon[7] gewesen, das Chapmans Liebe zu dem Beatles-Sänger in Verachtung umschlagen ließ. Text und Bilder zeigten einen ganz anderen Menschen, als den John Lennon, den er einst verehrte. Fawcett verwandle den *phony stuff* so, dass es irgendwie gut klinge. Weiter erzählt Chapman von seinem Wunsch, dass über ihn ein Buch geschrieben werde.[8] Im Gang des Gesprächs stößt Dr. Goldstein auf die verschiedenen zur klinischen Paranoia zählenden Antriebe: den Wunsch, gesehen zu werden, sie entdeckt Größenbilder, Depressionen, Selbstmordgedanken, Stimmungsschwankungen und wahnhafte Deutungen. Aber ein nachvollziehbares Mordmotiv findet sie nicht. In die Gerichtsakten wandern in den folgenden Monaten noch weitere Gutachten, die Chapmans Verteidiger in Auftrag geben. Aber der Attentäter will gar nicht verteidigt werden. Gegen den Rat seines Anwaltes übernimmt Chapman vor Gericht die Schuld für sein Verbrechen und wird als Mörder 2. Grades zu 20 Jahren Zuchthaus verurteilt. Später erklärt er, dass Gott zu ihm gesprochen habe und dass er sich auf dessen Rat zu seiner Tat bekannt habe.[9] Es ist ein Augenblick der Klarheit. Doch während der Verkündigung des Urteils am 24. August 1981 schlüpft Chapman wieder in seine wahnhafte Caulfield-

Rolle. So lange er in keinem anderen Buch lesen kann, wer er ist, wird Chapman sich für Caulfield halten. Das Buch über sich selbst, das Chapman sich wünschte, schrieb dann zu Beginn der neunziger Jahre der Journalist Jack Jones. Die Grundlage der Veröffentlichung bilden rund 200 Stunden Gespräch, die der Autor mit dem Täter im Gefängnis von Attica führte, wo Chapman inzwischen seit 30 Jahren einsitzt. Jones erzählt die Geschichte eines jungen Mannes, der niemals im Leben richtig Fuß fasste. Sich selbst sah Chapman als überaus sensitiven Menschen, mit Überempfindlichkeit für Leid und Ungerechtigkeit. Aber er sollte in diesem Interview bereits derjenige sein, den die Psychiater aus ihm gemacht haben: Nicht der Vater, dessen Namen Chapman immer wieder verwarf, um Kapitän Nemo, John Lennon, Dorothy Gale oder zuletzt Holden Caulfield zu heißen, sondern die Psychiater schenkten ihm eine Verwurzelung in einem eigenen Namen. So erzählt dann Chapman seine Lebensgeschichte als »Suche nach Identität«, während es tatsächlich eine Suche nach Zeichen war, die ihm hätten Halt in der Welt geben können. Chapmans Vater, ein überaus ordentlicher, zwanghaft gewissenhafter Angestellter bei der Air Force, verfügte in den Augen des Sohnes über keine emotionalen Zugänge zur Welt und zu den Menschen. Dies im Unterschied zur Mutter, die David als warmherzige Person beschreibt. Es ging in der Ehe und in der Familie etwas dramatisch schief. Chapman will als Kind mehrfach seiner Mutter beigestanden haben, als diese ihn um Hilfe rief, weil der Vater gewalttätig gegen sie wurde. Mark David will sich zwischen die streitenden Eltern in die Mitte des Ehebetts gelegt haben. Dem Psychiater Lee Salk, der ihn 1981 im Gefängnis interviewte, gestand Chapman seine Mordphantasien gegenüber dem Vater: »In Gedanken habe ich ihn schon umgebracht.«[10] Oedipus hat mitgeschossen. So wuchs der junge Mark David, der 1955 in Fort Worth, unfern der Präsidentenmordstadt Dallas, zur Welt kam, in einer konfliktreichen Elternbeziehung auf. Da er die ödipale Position nie verlassen konnte, verleugnete er den Vater. 1962 kam noch eine Schwester zur Welt, zu der Chapman auch keine enge Beziehung hatte. Die Bevorzugung durch die Mutter, die ihn sogar zum Beschützer gegen den Vater erhob, ließ im Kopf des Knaben allerlei Größenbilder entstehen. Dass der Sohn zu Größe und Ruhm gelangen werde, war auch die Überzeugung der Mutter. Da aber das Leben nicht auf das mütterliche Orakel hörte, erlitt das Kind immer wieder gewaltige Wutanfälle, gegen die es keine Mittel fand. Da die Familie durch Versetzungen des Vaters öfters den Wohnsitz wechselte, entwickelte der Junge auch keine dauerhaften Freundschaften. In der Schule als Außenseiter betrachtet, verhielt er sich tatsächlich als Freak. Mit vierzehn machte er seine ersten Erfahrungen mit Drogen. Er fand Gefallen an der Hippiekultur, begeisterte sich für die Beatles und wollte sein Leben dem Frieden und der Liebe weihen.

Zu dieser Zeit besuchte er die Columbia High School in Decatur, Georgia. Er wurde Mitglied der Wiedergeborenen, betätigte sich beim YMCA als Feriencampaufseher, dann als Assistent des Programmdirektors und ließ sich von den Kindern, die ihn offenbar sehr mochten, Captain Nemo nennen. Später arbeitete Chapman erfolgreich in einem YMCA-Camp in Fort Chaffee, Arkansas, wo vietnamesische Flüchtlinge auf ihre Eingliederung vorbereitet wurden. Mit einer Freundin trat er dann in das streng presbyterianische Covenant College in Lookout Mountain, Georgia, ein. Als die Beziehung zu dem Mädchen zerbricht, verlässt Chapman das College, kehrt in das YMCA-Camp in Fort Chaffee zurück, geht aber nach einem Streit auch von dort wieder weg. Sein Leben gleitet ihm aus den Händen. Heimgesucht von Stimmen und Depressionen, beschließt er, nach Hawaii zu reisen, um dort Selbstmord zu begehen. Der Versuch schlägt fehl, und Chapman kommt in eine psychiatrische Klinik im Castle Memorial Hospital von Hawaii, wo er im Anschluss an die Behandlung auch zeitweise arbeitet. Im Jahr 1978 unternimmt er eine Weltreise, die ihn u.a. nach Tokyo, Bangkok, Singapur, Delhi, Israel, Paris und London führt. Nach Hawaii zurückgekehrt, heiratet er im Juni 1979 seine japanisch-amerikanische Reisebegleiterin. Er erhält erneut eine Anstellung im Castle Memorial Hospital, verliert den Job allerdings wieder und arbeitet anschließend als Hausmeister in einer Luxusapartment-Anlage. In dieser Zeit, da seine geschiedene Mutter auch nach Honolulu zieht, beginnt er heftig zu trinken, er hält sich mal für John Lennon, mal für Holden Caulfield. Seit einigen Jahren schon lebt in seiner wahnhaften Phantasie eine Gruppe von »little people«, die ihn als ihren König verehren. Mit diesen aus seinen Tagträumen hervorwimmelnden kleinen Leuten, denen er auch Beatles-Musik vorspielt, verbindet sich immer häufiger Stimmenhören, und in diese Phase zunehmend borderlineartiger Zustände fällt das Erlebnis mit dem John Lennon-Buch von Anthony Fawcett.

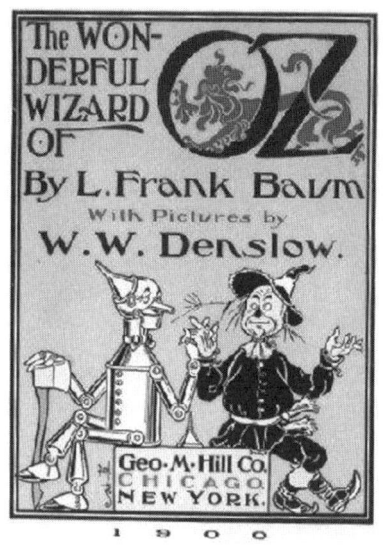

Titelbild der Erstausgabe (1900)

Zwei Bücher also hatten schicksalhafte Macht über den Attentäter: *The Catcher in the Rye* und Fawcetts *One Day at a Time*. Noch ein drittes Buch ist zu erwähnen, das klassische Kinderbuch der Amerikaner, Lyman Frank Baums *The Wizard of Oz*, das Chapman noch als Erwachsenen faszinierte.

Jedes Jahr schaute er sich die Sendung des Films mit Judy Garland aus dem Jahr 1939 im Fernsehen an. Er hielt sich abwechselnd für eine der vier Hauptfiguren, für Dorothy, für die Vogelscheuche, den Blechmann oder den feigen Löwen.[11] Und zu seinen letzten Botschaften vor dem Attentat auf Lennon zählte auch das Plakat dieses Films, das er in seinem Hotelzimmer hinterließ.

Dieses Chapmansche Lesen fügt dem Bild der paranoischen Lektüre noch ein Detail hinzu. Auch Leserinnen und Leser wie Marguerite Anzieu oder wie Lee Harvey Oswald finden auf jeder Seite, die sie lesen, ihre eigene Geschichte. Mark David sucht bei diesem Lesen nach Zeichen, die ihm die Gewissheit geben, in irgendeiner symbolischen Umgebung zu Hause zu sein. Wie Lacan im Anschluss an Freud gezeigt hat, zieht das paranoische Delirium durch die

Buchstabenwüsten der Lektüren, weil der Delirierende jeden Halt im Vaternamen eingebüßt haben.[12] Die vielen Namen, von denen sie sich adoptieren lässt, bilden zugleich das Register der immer wieder scheiternden Versuche, in solchen symbolischen Welten eine Heimstatt, eine Vaterstatt zu finden. Chapmans Verwerfung des Vaternamens erfolgte ja im Zuge des kindlichen Urteils, das an den Namen des Vaters, des Vergewaltigers der Mutter, das Böse heftete. Freilich ist dieses Böse als Name, nicht aber als *Reales* zu tilgen, und so wurde der junge Chapman von seinem Sex wie von einer väterlichen Macht heimgesucht. Dagegen vertieft er sich in seine Lektüren, um dort nach Heimatbotschaften, nach Einladungen, nach Rufen zu fahnden, wo er sich in einem verlässlich Guten ansiedeln könnte. Auch der Ruhm, der bekannte paranoische Wunsch, folgt ganz gleich dem Verlangen nach einem Namen. So heißt lesen auch, einer Antwort auf die Frage nachzujagen: Wo steht mein Name geschrieben? Daher nennt Chapman *The Catcher in the Rye* auch »den imaginären Anker im Herzen eines Wirbelsturms«.[13] Bei einer erneuten Lektüre des *Catchers* im Gefängnis, wo er ein völlig neues Buch zu lesen glaubt, stellt Chapman eine Liste der Koinzidenzen auf, die er zwischen der Romanerzählung und seiner eigenen Erfahrung in New York gefunden hat. Er sammelt mehr als 50 solcher Übereinstimmungen: angefangen von der erzählten Zeit des Romans, die genau dem Zeitrahmen seines Aufenthaltes in New York von Samstag bis Montag entspricht, bis hin zu den Zitaten aus dem Buch, die Chapman-Caulfield selbst wörtlich wiederholt. So fragt Holden Caulfield im 9. Kapitel einen Taxifahrer, wohin wohl die Enten im Winter gehen, wenn der Lagoon Teich im Central Park zugefroren ist.[14] Die identische Frage stellt Chapman an gleicher Stelle einem Polizisten. Das ist eine Kinderfrage, aber eben eine Frage. Außerdem stieß Chapman bei seiner wiederholten Lektüre des *Catchers* auf weitere Hinweise, dass das Schicksal den Mord an Lennon gewollt habe: »[A]lle diese Koinzidenzen fand ich nicht nur bestätigt, sondern tausendfach vergrößert und erhellt durch neue Winkel und Nuancen und die ganze Absicht war mir jetzt zu verstehen gegeben.«[15] Wie will er einem solchen ihn überall adressierenden Zeichensturm widerstehen?

Daher lässt sich weder in Salingers Roman noch in irgendeinem anderen Buch der Ursprung der Tat wiederfinden. Man kann vielmehr fragen, wodurch *The Catcher in the Rye* in den Rang einer solchen privaten Offenbarung aufsteigen konnte. Woher kam dieses Buch? Wer hat es ihm geschickt? Wer hat die vielen Botschaften darin niedergelegt? Chapman erzählt, dass er in das dritte oder vierte Exemplar des Romans, das er bei Lennons Ermordung bei sich trug, für sich selbst die Widmung geschrieben habe: »From Holden Caulfield to Holden Caulfield.«[16] Gerade weil Holden Caulfieds Geschichte die *message* in sich trug, dass die Welt der Erwachsenen falsch, nämlich *phony*, sei und dass die Empörung dagegen nur aus einem kindlichen Gemüt kommen könne, gab es Chapman, der in seiner infantilen imaginären Welt hängen geblieben war, ein starkes Zeichen, dass es an ihn adressiert sei. Oder vielmehr dass es ihm vom Helden des Romans, der er selbst war, selbst überreicht worden sei: »From Holden Caulfield to Holden Caulfield.«

Die Botschaft des Bildes

Ganz andere Kräfte zieht er aus Bildern. Die Bilder John Lennons, die nach Chapmans Auskunft die Mordidee entstehen ließen, zählen zu dem negativen Erfahrungsschatz, der in dem Kindergemüt Mark Davids darum so wüste Gedanken aufrührte, weil er mit dem Widerspruch zwischen den Worten und Taten des Stars nicht zurecht kam. Dieser John Lennon, von dem das Evangelium des Johannes stammen könnte, hielt sich nicht an die Versprechen seiner Songtexte. Im Rückblick auf die Vorgeschichte der Tat, auf die Zeit, da er die mörderischen Kräfte in sich allmählich sammelte, erzählt Chapman, dass er in seiner Kindheit und Jugend aus den Songs der Beatles einen Vorrat an Worten und Bildern genommen hatte, der ihm im Chaos seiner eigenen Geschichte Halt zu geben schien. Es ist ja auch die Geschichte eines tief religiösen Menschen, den John Lennons frivoles Wort, wonach die Beatles populärer seien als Jesus, sehr erbittert hatte.[17] Dann aber kam der Augenblick, da er in Fawcetts Buch die Bilder Lennons auf dem Dach des Dakota-Hauses betrachtete, und das war der entscheidende Augenblick: »[A]ls ich diese Bilder anschaute, da wurde ich wütend auf ihn.«[18] Was waren das für Bilder?

John Lennon auf dem Dach des Dakota-Buildings. Aus einer Fotoserie, die Chapmans Hass auf den Star auslöste.

Wie genau auch immer die Erinnerung des Mörders gewesen sein mag, die fatale Wirkung dieser Lennon-Bilder scheint unbezweifelbar. Das hochbesetzte, idealisierte Bild des Stars zerbrach in tausend Stücke, weil der kleine Mark David alle Beatles-Songs einfach als aufrichtige Botschaften gehört hatte, die allein ihm galten.

Vor seinen Augen verwandelte sich sein Idol Lennon in einen dekadenten Multimillionär, in einen Angeber, der die Kinder angelogen und mit seinen Liedern eine ganze Generation in die Irre geführt hatte: seine Generation, die einfach an die Liebe glaubte und die in einer von Kriegslärm erfüllten Welt verzweifelt auf Frieden hoffte. Lennon hatte doch aus Liverpool die Botschaft verbreitet, dass man ohne Geld leben könne, während er selbst als Geldsack Yachten und Immobilien sammelte und über die Leute lachte, die seine Lügen glaubten, die seine Platten hörten und ihr Leben aus dieser Musik hervorgehen ließen.

Wenige Tage, nachdem diese ersten Fotos allen Glauben in Chapman zerstört hatten, las er in einer Zeitung ein Interview, das Lennon nach fünf Jahren öffentlichen Schweigens gegeben hatte. Chapman erinnert sich:

> Der Artikel sprach von den Aufnahmen zu dem neuen Album, das natürlich *Double Fantasy* werden sollte und berichtete von Lennons Vergangenheit, von all den Dingen, die er gedacht, getan und gesprochen hatte. Und mit eigenen Worten, so lautet der Artikel, habe Lennon gesagt, dass die bed-ins für Frieden, die Konzerte für Frieden und die ganze Werbekampagne, die er und Yoko veranstaltet hatten, eigentlich nur aufgesetzt gewesen seien, dass es Angeberei war, dass sie Fake waren, dass sie das rein wegen der Publicity gemacht hätten. Und ich erinnere mich, das waren seine Worte. Sie wurden als seine Worte zitiert. Das war nicht die Sprache des Reporters.[19]

So erhielt der edle Held der populären Schlagerwelt, der Subkultur, des Anti-Establishments, der Mönch der Öffentlichkeit das Gesicht eines gottlosen Wichtigtuers, und was übrig blieb von ihm, war die millionenschwere, von der Welt der kleinen Fans abgelöste Verkörperung der Scheinheiligkeit und *phonyness*. Wenige Tage später nimmt Chapman das Beatles-Album *Sgt. Pepper* in die Hand und betrachtet das Foto der Beatles im Inneren, das sie mit ihren Fantasieuniformen zeigt.

Ausschnitt des Covers des Beatles-Album Sgt. Pepper: Als Chapman dieses Foto sah, wusste er, dass er Lennon töten würde.

Die Bilder lösen jenen Zyklus von Hass und ikonoklastischer Wut aus, die die Dynamik so vieler Attentate bestimmt. Aus dem, was die Augen zu sehen geben, springt den Betrachter das untrügliche Gefühl an, dass Bild und Person nicht übereinstimmen, dass das Bildgesicht in allen seinen Falten betrügt. Lennons Fotos kommen nun aber aus der Welt der Pop-Bilder, die vielen Jugendlichen die Versprechen einer authentischen Kultur geben. Natürlich war das vom ersten Augenblick an eine Täuschung, denn selbst die wildeste subkulturelle Geste kann in der großen popindustriellen Maschinerie zu Geld gemacht werden. Solche Täuschung und Enttäuschung ist das Schicksal jeder Idealisierung, wenn ihr Zeit gegeben wird. Doch das Gewissheitsverlangen der Paranoia hält eine Enttäuschung nicht lange aus. Die ruinierte Gewissheit bringt gleich eine andere Gestalt der Gewissheit hervor. Chapman war es aufgegeben, es war seine Mission, dieses falsche Bild zu zerschlagen. Und nichts konnte ihn aufhalten.

C. G. Jung als Komplize

Für Chapman waren es *Synchronizitäten*, die ihn auf seinem Weg zum Angriff auf John Lennon begleiteten. Begriff und Theorie der Synchronizität stammen von dem Schweizer Psychiater Carl Gustav Jung. Der Paranoia lässt sich kein schöneres Geschenk machen, als diese Hochzeit der *artifiziellen Interpretation* mit der Tiefenpsychologie. Jung entwickelte sein Konzept der grundlosen Gründe in einem Aufsatz aus dem Jahre 1952 *Synchronizität als ein Prinzip akausaler Zusammenhänge*. Er versteht unter *Synchronizität* die zeitliche »Koinzidenz zweier oder mehrerer nicht kausal aufeinander bezogener Ereignisse, welche von gleichem oder ähnlichem Sinngehalt sind.«[20] Die *Synchronizitäten* müssen nicht unbedingt gleichzeitig erfolgen, Jung hält auch nachträgliche oder gar mantische, nämlich prophetische Koinzidenzen für denkbar. Wie nicht anders zu erwarten, machen das die allgegenwärtigen Archetypen möglich. Der talentierte Mantiker unterhält nach Jung solche von Archetypen gesteuerten Beziehungen mit der Zukunft, und das keineswegs nur mit der eigenen Zukunft. Jungs allgemeines theoretisches Konzept beruht auf der Annahme, dass Psychisches und Materielles durch ihr Gegebensein in der gleichen Welt sowie durch reale und transzendental begründete Kontakte aufeinander einwirken können. Man weiß, diese Tiefenpsychologie ist schwer kontaminiert von parapsychologischen Theorien. Jungs parapsychologische Wissenschaftsreligion erlebte ihr Osterwunder während der dreißiger Jahre in den Labors der Duke University in Durham (North Carolina). Dort entwickelte das amerikanische Psychologenpaar Joseph Banks Rhine und Louisa E. Rhine eine raffinierte Testanordnung, die es erlaubte, telepathische Fähigkeiten experimentell zu erforschen. Auf diese Idee waren die beiden durch keinen geringeren als Sir Arthur Conan Doyle gekommen, der nicht nur Sherlock Holmes erfunden hat, sondern sich auch mit Spiritismus befasste. Die Rhines waren von den Ergebnissen ihrer Experimente felsenfest überzeugt: Mehrere Millionen Tests hätten den unwiderleglichen Beweis für Telepathie und Hellsehen erbracht. Allerdings sind Telepathen und Hellseher keine singulären

Orakel, die auf Anruf die Zeitung des nächsten Jahres schreiben können. Vielmehr sind ihre Fähigkeiten und Leistungen von komplexen Innen- und Außenbedingungen abhängig. Wie findet man diese Leute? Der Standardtest wird mit 25 Spielkarten durchgeführt, die von dem Psychologen Karl Zener entworfen wurden: Der Kartensatz besteht aus 5 Gruppen mit fünf verschiedenen Markierungen. Die Versuchsperson muss eine durch Zufallsmischung arrangierte Folge dieser 25 Karten erraten. Der Versuchsleiter sitzt ihr entweder gegenüber oder in bestimmter Entfernung und hat selbst das Kartenbild vor Augen. Sofern das Ergebnis die erwartbare Quote von einem Fünftel richtig erratener Karten übersteigt, errechnet diese Wissenschaft in Prozenten ein telepathisches Potenzial.

Auf dem Wege zu einer experimentellen Paranoia. J.B. Rhine bei einem seiner famosen Tests auf telepathische Fähigkeiten.

Bei seinen Experimenten entdeckte Rhine telepathische Stars. Ein Wirtschaftsstudent namens Linzmayer erreichte bei einem Versuch mit diesen Zener-cards ein Ergebnis von 21 richtig geratenen Karten. Bei einer Serie mit 600 Durchgängen erzielte Linzmayer 238 Treffer und lag damit um 118 über dem erwartbaren Durchschnitt von 120.[21] Zwar zeigte Linzmayer bei weiteren Tests keine so eindrucksvollen hellseherischen Fähigkeiten mehr, aber das erklärte Rhine mit Ermüdungserscheinungen oder anderen Umständen. Bisweilen schläft Teiresias. Das Kinderwissen, dass die Wahrscheinlichkeit ihre Gerechtigkeit nur auf lange Sicht durchsetzt, spielte bei diesen Experimenten keine Rolle. Die positiven Ausschläge zeigten den Rhines und ihren Anhängern tatsächliches Hellsehen an, die negativen hingegen ermüdetes Hellsehen. Seit diesem Karfreitag des Hellsehens an der Duke University hat sich das Kürzel ESP (Extrasensory Perception) in der Welt eingerichtet und viele treue Anhänger gewonnen. Zu ihnen zählen Rhine-Fans wie Upton Sinclair oder Arthur Koestler.[22] Gott hat auch die Paranoia gerecht verteilt.

Auf diese Rhine-Experimente verweist Jung in seinem Aufsatz und zitiert sie als evidente Zeugnisse für die Wirksamkeit jener Kräfte, die er als Archetypen bezeichnete. Aus eigener Erfahrung bietet Jung eine Patientengeschichte an, die ihm ESP-haltig erscheint:

> Eine junge Patientin hatte in einem entscheidenden Augenblick ihrer Behandlung einen Traum, in welchem sie einen goldenen Skarabäus zum Geschenk erhielt. Ich saß, während sie mir den Traum erzählte, mit dem Rücken gegen das geschlossene Fenster. Plötzlich hörte ich hinter mir ein Geräusch, wie wenn etwa an das Fenster klopfte. Ich drehte mich um und sah, daß ein fliegendes Insekt von außen gegen das Fenster stieß. Ich öffnete das Fenster und fing das Tier im Fluge. Es war die nächste Analogie zu einem Skarabäus, welche unsere Breiten aufzubringen vermochten, nämlich ein *Skarabaeide* (Blatthornkäfer), *Cetonia aurata*, der ›gemeine Rosenkäfer‹, der sich offenbar veranlaßt gefühlt hatte, entgegen seinen sonstigen Gewohnheiten in ein dunkles Zimmer gerade in diesem Moment einzudringen. Ich muß schon sagen, daß mir ein solcher Fall weder vorher noch nachher je vorgekommen ist.[23]

Daniel Paul Schreber hätte hierzu zu sagen gewusst, dass der Blatthornkäfer an das Fenster des Tiefenpsychologen *gewundert* worden sei. Der Tiefenpsychologe Jung selbst erlebte nach eigener Mitteilung eine solche Koinzidenz zwar zum ersten und letzten Mal, aber er arbeitete bereits seit vielen Jahren an einer Theorie, die solche Phänomene von allen näher liegenden Erklärungen abschirmte. Es ging einzig und allein darum, der paranoischen Interpretation ein wissenschaftliches Ansehen zu geben. Die Koinzidenz der Traumerzählung und des an die Scheibe pochenden Käfers ist für die Paranoia eben kein Zufall. Ihre artifizielle Deutung trägt der Wille zur Verheiratung akausaler Ereignisgruppen. Einen analogen Fall erzählt Jung in einer zweiten Fenstergeschichte. Die Frau eines Patienten berichtet, dass sich beim Tod ihrer Mutter und ihrer Großmutter eine größere Zahl von Vögeln vor den Fenstern der jeweiligen Sterbezimmer versammelt hätte. Nun geschah es, dass dieser Patient von Jung wegen Herzbeschwerden zu einer Arztkonsultation geschickt wurde. Auf dem Rückweg von der Untersuchung, die ohne Befund blieb, brach er plötzlich auf der Straße zusammen und starb. Als man den Toten nach Hause trug, war die Frau bereits in großer Unruhe, weil sich wieder ein ganzer Vogelschwarm vor dem Haus niedergelassen hatte. Der Vogelschwarm, so erklärt Jung unter Anspielung auf Schillers *Kraniche des Ibykus*, verfüge über die Bedeutung der scharenweise fliegenden Todesbotschafter, und die vielen geflügelten Todesboten der griechischen Mythologie gesellten sich hinzu. Aber sind alle Vogelschwärme mit einer solchen mantischen Botschaft betraut? Sollte man Vogelschwärme meiden? Versammeln sich alle Vogelschwärme als Träger fataler Nachrichten, oder nur dann, wenn sich, wie Jung es denkt, aus dem Unbewussten einer besorgten Person ein transzendentes Energiefeld bildet? Die Interpretation macht aus dem Zufallsereignis ein bedeutungsvolles Zeichen. Wenn Chapman seine Mordpistole von einem Waffenhändler erwirbt, der den gleichen Namen wie die Frau seines Opfers trägt, dann ist dieser Mann nicht einfach einer von Millionen Japanern, die Ono heißen, sondern ein Gottesdelegierter. Nicht im schuldhaften Sinne, wohl aber als Anreger der paranoischen Interpretation von Zufällen ist C.G. Jung ein Komplize des Lennon-Mörders.

Attentat auf Ronald Reagan: Vatermordversuch live

John W. Hinckley, der am 30. März 1981 vor dem Hilton Hotel in Washington sechs Mal auf Ronald Reagan, den zwei Monate zuvor ins Amt gelangten Präsidenten der USA, schoss, war wie Chapman ein Beatles-Fan seit seiner Kindheit. Sein Vater konnte diesen Sohn, der tagelang in seinem Zimmer saß, laute Rockmusik hörte und sich mit Mamas Cookies mästete, nicht ertragen.[24] Wie sollte andererseits John diesen Vater lieben? Und waren die Beatles nicht auch Vaterhasser? Als ihn die Nachricht von John Lennons Ermordung erreichte, flog Hinckley am 9. Dezember 1980 nach New York, um an der Totenwache für den geliebten Sänger im Central Park teilzunehmen. In seiner abgrundtiefen Trauer über den Tod seines Idols verfasste Hinckley ein Gedicht mit dem Titel *I Read The News Today, O No!*, das seine Mutter später in seinem Bett entdeckte. Die letzten Zeilen lauten: »The dream died. I died. You died. Everyone died. America died. The world died. The universe died«.[25] Diese Klimax des Sterbens war nicht nur Poesie. Als zwei Monate später die Depressionen immer schwerer auf ihm lasteten, begab sich Hinckley am Valentinstag erneut nach New York, um sich vor dem Dakota-Haus an der Stelle, an der auch Lennon starb und zur selben Zeit, um 10 Uhr 50, zu erschießen. Allerdings blieb diese Trauerszene unvollendet.

Zu den Verzweiflungen und wirren Gedanken, die Hinckleys Attentatsplan bis zur Tat trieben, gehörte die Hoffnung, die Aufmerksamkeit der jungen Filmschauspielerin Jodie Foster, in die er sich heillos verliebt hatte, auf sich zu ziehen. Es war eine Kinoliebe. Bereits im Sommer 1976 hatte er mehrere Wochen in Hollywood verbracht und dort im Egyptian Theater mindestens fünfzehn Mal den Film *Taxi Driver* von Martin Scorsese gesehen, in dem Foster die Rolle der jungen Iris spielte. Auch der Taxi Driver des Films, Travis Bickle, plant ein Attentat – nicht auf den amerikanischen Präsidenten, wohl aber auf den Senatskandidaten Charles Palantine, in dessen Wahlkampfbüro die junge Betsy arbeitet. In Betsy ist Travis verliebt, und Hinckley wollte so ein Travis sein. Wie er seinem Psychiater erzählte, tauchte er in diese Kinostory ein, und die Szene, die den tiefsten Eindruck hinterließ, ist der Moment, wo Travis gegen Ende in die Kamera wie in einen Spiegel blickt und fragt: »Du sprichst mit mir? Du sprichst mit mir? Gut, aber ich sehe hier niemanden.« Hinckley glaubte, dass Travis mit ihm sprach.[26]

Und jetzt trug John eine Militärjacke, trank wie Travis Pfirsichschnaps, besorgte sich Waffen, suchte den Umgang mit kindlichen Prostituierten und begann, ein Tagebuch zu schreiben. Die heillose Liebe für Jodie Foster sollte auch Jahre nach der Tat nicht weichen.[27] Als die Schauspielerin im Rahmen des Gerichtsverfahrens 1982 ihre Zeugenaussage machte und dabei auf die Frage nach ihrer Beziehung zu Hinckley aus ihrer Sicht zutreffend aussagte, es gebe keine Beziehung zu Hinckley, geriet der Angeklagte, der dem Verfahren sonst eher teilnahmslos folgte, in blanke Wut. Er warf seinen Kugelschreiber nach der Zeugin und kündigte ihre Ermordung an.[28] Als Jodie Fosters Aussage, die unter Ausschluss der Öffentlichkeit erfolgte, im eigentlichen Verfahren als Video den Geschworenen vorgeführt wurde, schaute Hinckley gebannt auf den Bildschirm und lächelte sogar bei manchen Worten seines Idols.

Dem paranoischen Gewissheitsverlangen antwortet, wie man jetzt schon mehrfach sehen konnte, das Gewissheitsverlangen der Richter. Aber vergeblich sucht die Gerechtigkeit auf dem Gesicht der Täter den Abdruck der Bosheit. Wie schön wäre es, wenn jede kriminelle Handlung einen Grund hätte, den der Richter erkennen kann. Selbst die heroischen Taten sind aus Zeichen, Bildern und artifiziellen Deutungen gewoben. Erst recht die verrückten. War es eine »Synchronie«, dass Jodie nicht nur der Name der von Hinckley geliebten und verfolgten Iris-Darstellerin aus *Taxi Driver* war, sondern auch der Spitzname, den die Familie und die Freunde Hinckleys Mutter Jo Ann gegeben hatten? Mutter Jodie war nahezu die einzige Person, mit der der erwachsene Hinckley eine engere Beziehung hatte. Dass sie Anfang März 1981 dem Rat eines Psychiaters zugestimmt hatte, ihren inzwischen fünfundzwanzigjährigen Sohn zur Selbständigkeit zu zwingen und aus dem Haus zu verweisen, bereute Jo Ann nach dem Unglück zutiefst. John hing da noch fest an den Nabelschnüren mütterlicher Protektion und väterlicher Dollars. Mutter und Schwester waren seine einzigen Vertrauten. Er hatte keine Freunde, es gab keine Mädchen. Der Attentäter steckte in einer Sklerose aller Kontakte, und er erlebte sich als einen aus der Sichtbarkeit und Hörbarkeit gefallenen *Eigenbrötler*. Mit einem Mordpaukenschlag, mit den Schüssen auf das Bild des mächtigsten Mannes der Welt, wollte er diesen Zustand ändern, und Hinckley erreichte, was er wollte: Sein Name und sein Bild gingen um den Erdball, Millionen Augen- und Ohrenpaare hingen an den Nachrichten aus dem Gericht, das über den Mordversuch urteilen sollte. Aber das war nicht der einzige *Antrieb*. Im Grunde konnte er gar nicht mehr anders. Die Tat stand am Ende eines unaufhaltsamen Laufs; erst wenn die Schüsse gefallen sind, fühlt sich der Täter entlastet und beruhigt. Mit dem Attentat löste er das Eintrittsbillett in die Familie der Präsidentenattentäter, mit deren prominenten Mitgliedern von Booth bis Sirhan Hinckley so vertraut war. Die Tat schrieb seinen Namen in die Geschichtsbücher und rückte sein Bild vor die Augen der neuen Jodie. Er versetzte einer Vaterfigur einen tödlichen Hieb. Und dennoch mussten zahlreiche Zufälle zur Hilfe kommen, damit die »geschichtliche Tat« zur Ausführung gelangte. Auch negative Heldentaten sind aus Zufällen montiert. Doch dieses Helden-Leben schwelgt nicht unbedingt in höchster Lust. Nachdem die Jury entschieden hatte, dass Hinckley wegen Geisteskrankheit nicht schuldfähig war und nach seiner Einlieferung in das St. Elizabeth's Mental Hospital in Washington, D.C., gab der Häftling dem Erotikmagazin *Penthouse* ein Interview. Wie andere Medienprominenz beklagte sich Hinckley dabei über die Unannehmlichkeiten, die ihm sein Ruhm eintrug.[29]

Das Attentat auf Reagan wurde live im Fernsehen übertragen. Die Aufnahme lief den ganzen Tag in endlosen Schleifen über die Bildschirme und lieferte das Ornament zum Schrecken und zur Ratlosigkeit der Öffentlichkeit. Hinckley hingegen fragte gleich nach seiner Verhaftung die FBI-Beamten und Polizisten, ob seine Tat von den Fernseh-Reportern auch festgehalten worden sei. Als man dies bejahte, scherzte er mit den Beamten, dass diese Bilder vielleicht am Abend bei der Oscar-Verleihung einen Preis bekommen würden.[30] Er wollte wie seine diversen Vorgänger, die auf Präsidenten geschossen hatten, in die Sehgruben von Millionen eindringen. Wenige Monate zuvor hatte er noch geplant, auf Reagans Vorgänger Jimmy Carter zu schießen, aber als sich die Gelegenheit dazu bot, versagten seine Hände. Ein Versuch, mit seiner Pistole in die Nähe des Büros von Edward Kennedy zu gelangen, scheiterte an der elektronischen Überwachung. Zeitweise dachte er auch daran, ein Blutbad im Senat anzurichten. Lauter bilderstürmerische Gewalttakte ohne politisches Motiv, wenn man davon absieht, dass der Junge Vatermordgedanken pflegte: John war kein Sohn nach dem Geschmack von Jack Hinckley. Dieser überaus erfolgreiche Ölkaufmann war leibhaftig der amerikanischen Tüchtigkeits-Saga entstiegen, und er versäumte keine Gelegenheit, seinen drei Kindern daraus zu rezitieren. Doch Johns Ohren waren nicht erst vom Dröhnen der Beatles-Musik moralisch taub. Als der Vater im Mordprozess gegen seinen jüngsten Sohn als Zeuge der Verteidigung einräumte, dass er sich kein einziges Wort der Anerkennung und keine Geste der Zärtlichkeit für John abgerungen habe, da verfluchte er sich selbst, aber er meinte auch, dass es seine beiden anderen Kinder zu etwas gebracht hätten, ohne durch Zuwendungsdoping aufgeputscht worden zu sein. Der Alte war unendlich genervt vom Verhalten des Muttersöhnchens John, der sich ausschließlich für Literatur und Musik interessierte. Zur Kur dieser Schwäche hatte Vater Jack bestimmt, dass John nach dem Abschluss der High School 1973 am Texas Tech in Lubbock Business studieren sollte. Zum gleichen Zeitpunkt waren die Eltern von Dallas nach Evergreen in Colorado, einem Vorort von Denver gezogen. Ganz auf sich allein gestellt, ohne seine Mutter, verlor der junge Hinckley die Kontrolle. John ging nur ganz selten zu seinen Kursen, aber er wagte es auch lange Zeit nicht, das Studium aufzugeben. Bisweilen besuchte er die Eltern in Colorado. Aber nur, wenn der Vater abwesend war, verließ John sein Zimmer, um sich in den väterlichen Sessel zu setzen, den er *Thron* nannte.[31] Eine der literarischen Erzählungen, die der Student Hinckley verfasste, trug den Titel *Son of a Gun Collector*. Es ist eine Showdown-Story zwischen Vater und Sohn. Gegen das väterliche Verbot nimmt der Sohn die teure Waffe des alten Herrn in die Hand. Nachdem der Vater deswegen eine Strafe ausspricht, übertritt der Sohn erneut das Verbot. Als daraufhin der Vater in Wut gerät, greift der Sohn nach der Waffe, erschießt den Alten und tröstet seine Mutter mit den Worten: »Sei nicht traurig, Mama, von jetzt an werde ich der Mann im Hause sein.«[32] Johns Phantasie, die junge Schauspielerin mit dem Namen seiner Mutter Jodie durch einen Präsidentenmord für sich zu gewinnen, ist ein ödipales Phantasma: Der Anschlag auf den Präsidenten ist ein versuchter Vatermord. Hinckleys wankende Stellung in der Welt bildet die Struktur der Beziehung zum Vater ab. Es geht aber nicht darum, mit der Mama im Bett zu liegen, sondern Anschluss an die Väter- und Mütter-Reihe zu finden. Nachdem der Präsidentenvatermord misslungen ist, richtet Hinckley daher aus dem Gefängnis ein Schreiben an seinen Vater, er möge aus seinem Leben verschwinden.[33] Wie sehr die Dinge schief gelaufen sind, hat der Vater irgendwann begriffen. Jack Hinckley berichtet in dem gemeinsam mit seiner Frau verfassten Buch über die Geschichte ihres Sohnes *Breaking Points*, dass er erst lange nach dem Attentat zum ersten Mal überhaupt einen Blick aus dem Auge seines Sohnes empfangen hat. Das geschah, als John seinen Eltern im Gefängnis einige seiner Lieder vorspielte. Das hatten sie noch nie erlebt. Und nun spielte sich mit vielleicht zwei Jahrzehnten Verspätung eine Szene ab, über die der Vater in tiefer Rührung berichtet:

> Es war das erste Mal, dass wir unseren Sohn Gitarre spielen sahen. Als er fertig war, setzte er das Instrument ab und fragte schüchtern: ›Gefällt euch die Melodie?‹ Für mich klang es wie ein Engelchor – aber das war nicht alles. Als er die Frage stellte, hielt er seinen Blick nicht starr zum Boden gesenkt, sondern er schaute mir direkt in die Augen.[34]

Es ist eine Wiedergründungsszene. Der Sohn sucht den anerkennenden Blick seines Vaters, den er ein Leben lang vermisst hat. Das aber wird erst nach der Beendigung des Prozesses möglich sein. Im Frühjahr 1980 träumt John noch davon, mit Jodie Foster im Weißen Haus zu wohnen. Auf eine an Jodie adressierte, aber nicht aufgegebene Ansichtskarte, die Ronald und Nancy Reagan vor dem Weißen Haus zeigt, schreibt er die Worte: »Sind sie nicht ein liebreizendes Paar? Nancy ist ganz einfach sexy. Eines Tages wirst du mit mir im Weißen Haus wohnen und die Spaziergänger werden vor Neid erblassen.«[35] Noch ein anderes politisches Traumpaar wollte er kopieren. Irgendwann hatte John eine Reproduktion von Antoine-Jean Gros' Gemälde »Napoleon sur le pont d'Arcole« aus einer Zeitschrift gerissen. Diesem Bild hatte er mit eigener Hand die Unterschrift gegeben: »Napoleon and Josephine, John and Jodie«. Aber nicht Jodie Foster, sondern Jodie Hinckley sah die oscarverdächtigen Bilder des Attentats beim Bügeln im Fernsehen.[36]

Liebesgeschichte eines Ungeliebten

Die Geschichte von Hinckleys Attentat ist so voller popmedialer Momente, dass sie kaum vollständig aufzuzählen sind. Die Geschworenen, die später über die Schuld des Täters zu urteilen hatten, verbrachten viele Stunden damit, Videoaufnahmen des Attentats und von anderen Auftritten Hinckleys bei Carters Kundgebungen anzusehen, außerdem Mitschnitte von Zeugenaussagen und Telefongesprächen. Auch den Film *Taxi Driver* mussten sie sich anschauen. Dazu kamen von Hinckley selbst besprochene und mit Musik bespielte Tonbänder sowie Lyriktexte. Hinckley wollte ein berühmter Schlagersänger werden. Bereits 1976 begab er sich, ohne seine Eltern zu informieren, von Lubbock nach Hollywood, um sich dort als Songdichter einen Namen zu machen. Später berichtet er nach Hause mehrfach von einer Freundin namens Lynn Collins, die er freilich erfunden und nach dem Bilde der Film-Betsy in *Taxi Driver* ausgestattet hat. Um den väterlichen Geldfluss nicht versiegen zu lassen, erfindet er ein zweites Leben, in dem er erfolgreich ist. Angeblich interessieren sich die *United Artists* für seine Songs, und er dichtet den Eltern weiter, dass Lynns Eltern steinreich seien. Aber da es diesen Erfolg doch nicht gibt, erfindet er einige Unglücksgeschichten, um seine Rückkehr aus Hollywood zu begründen. Er leide an Stichen im Auge, schreibt John, daher habe er seinen Job bei den *United Artists* verloren, und auch Lynn wolle nichts mehr von ihm wissen. Am besten bringe er sich um.[37] Die Eltern sind alarmiert und holen ihn zurück nach Evergreen. Doch nun setzt ihn der Vater unter Druck, einen Job anzunehmen. John wird Hilfskellner in einem Restaurant. Nach fünf Monaten Flurfegen und Tellerwaschen bricht er die vom Vater verordnete Kur ab. Erneut fliegt er nach Hollywood, um dort sein Glück als Songwriter zu versuchen. Zwei Wochen später bittet er aus Los Angeles um Geld für den Rückflug. Jetzt will er wieder an die Texas Tech Universität, um es im Master-Studiengang zu versuchen. Aber aus der Literatur, die ihn interessiert, zieht er bereits die Ideen für die großen Pläne. Neben Darstellungen und Dokumenten zu Präsidentenattentaten besorgt er sich in der Bibliothek von Evergreen Bücher über Flugzeugentführer und Serienmörder.[38] Er kauft sich die ersten Waffen und sucht Kontakte zu den amerikanischen Neonazis. Im Frühjahr 1980 geben die Hinckleys ihren Sohn in ärztliche Behandlung, da er sich zunehmend über Depressionen, Schwindelanfälle und Schlaflosigkeit beklagt. Da die Ärzte aber keine körperlichen Ursachen finden, wird ein Psychologe aus dem väterlichen Betrieb zu Rate gezogen. Das Ergebnis ist ein neuer Versuch, den Sohn auf eigene Beine zu stellen. Doch in den nächsten Monaten irrlichtert Hinckley kreuz und quer durch die USA. Im August 1980 erbittet er neuerlich Geld von seinen Eltern, um in Yale an einem Schriftstellerkurs teilzunehmen; aber dies eigentlich nur, weil Jodie Foster ebenfalls in Yale studiert. Dort versuchte er dann mehrfach, brieflich und telefonisch Kontakt mit ihr herzustellen; ein Telefongespräch mit Jodie Foster schneidet er selbst auf Tonband mit, das später vor Gericht abgespielt werden wird. Aber es kommt kein Treffen zustande. Enttäuscht von diesen erfolglosen Versuchen, entwickelt Hinckley Pläne, den damaligen Präsidenten Carter zu erschießen. Er kauft sich erneut zwei Pistolen. Jetzt umfasst sein Arsenal fünf Schusswaffen: drei Pistolen und zwei Gewehre. Aber bei allen Gelegenheiten, Carter zu treffen, lässt er die Waffen zu Hause. In Dayton, Ohio, schüttelt er am 30. September 1980 Carter nur die Hand. Anschließend nimmt er eine Maschine nach Nebraska, um dort mit dem Führer der amerikanischen Nazipartei Kontakt aufzunehmen. Da es aber zu keiner Begegnung kommt, fliegt er nach einem Zwischenstopp in New Haven nach Nashville, Tennessee, wo er am 9.

Oktober erneut Carter sieht; aber auch dort lässt er seine Pistolen im Hotel. Doch beim Einchecken zum Rückflug nach New York erwischt ihn die Flughafenkontrolle mit seinen Waffen. Er kommt mit einer Geldstrafe davon, aber seine Pistolen und das Gewehr werden beschlagnahmt. Erneut begibt er sich nach New Haven, um Kontakt mit Jodie Foster aufzunehmen. Wieder ohne Erfolg. Zwei Tage später, am 11. Oktober fliegt Hinckley zu seiner Schwester nach Dallas und kauft dort zwei neue Pistolen. Anschließend taucht er in Washington auf, wo er es offenbar erneut auf Präsident Carter abgesehen hat. Akuter Geldmangel zwingt ihn dann aber, wieder zu Hause vorbeizuschauen, wo man über seinen Geisteszustand zunehmend besorgt ist. Nach einem misslungenen oder fingierten Selbstmordversuch kommt John Anfang November in die Behandlung des Psychiaters Dr. Hopper, für den er zwar einen kurzen Lebenslauf verfasst, dem er aber nichts von seinen Mordplänen oder von der Faszination durch *Taxi Driver* berichtet; nur den Namen von Jodie Foster erwähnt er. Während dieser Behandlungszeit ist John aber weiter unterwegs. Eine Zeit lang hält er sich in Washington auf, wo er sich vor dem Weißen Haus fotografieren lässt. Ein weiteres Foto macht er selbst vor dem Ford's Theater, wo Präsident Lincoln am 14. April 1865 die Mörderkugel des Schauspielers John Wilkes Booth traf.

John Hinckley vor dem Weißen Haus, in dem er mit Jodie Foster leben wollte.

Nach Hinckleys kurzer Trauerreise nach New York zur Totenwache für John Lennon kauft er sich im Januar in Denver eine Pistole desselben Kalibers .38, wie sie Chapman benutzte. Auch besorgt er sich ein Exemplar von *The Catcher in the Rye*. Wenn er nicht unterwegs oder bei seinem Psychiater ist, macht er Schießübungen. Zwischendurch fliegt er immer wieder einmal kurz nach New Haven. Im Februar lässt er dort Jodie Foster einige Gedichte, Geschenke und Botschaften zum Valentinstag zukommen. Der Selbstmordplan am 14. Februar vor dem Dakota-Haus war ernst gemeint, denn an Jodie Foster adressiert er eine Nachricht, in der steht: »Jodie, wenn dieser Abend zu Ende geht, werden John Lennon und ich eine Menge gemeinsam haben. Alles nur deinetwegen.« Dann kehrt er wieder zu den Eltern zurück. Dort stiehlt er einige Goldmünzen und verkauft sie für zweihundert Dollars. Langsam läuft ein elterliches Ultimatum ab. Er hatte sich schriftlich verpflichtet, bis Ende Februar einen Job zu finden und das Herumvagabundieren zu beenden. Als er Anfang März 1981 alle Mittel aufgebraucht hat, wendet er sich wieder an die Eltern. Sein Vater zahlt die Heimreise nach Denver, eröffnet ihm aber am Flughafen, dass er das elterliche Haus nicht betreten darf. Nun wohnt Hinckley drei Wochen erst im YMCA und dann in einem Motel. Als er wegen seines abgerissenen Aussehens einmal von der Polizei kontrolliert wird, mietet er sich unter dem Taxi Driver-Namen J. Travis in einem anderen Motel ein. Während einer kurzen Abwesenheit des Vaters kommt er ins Haus der Eltern und holt seine Sachen. Aus Geldnot verkauft er einige Waffen, seine Schreibmaschine und seine Gitarre. Die Mutter erklärt ihm ihrerseits, dass er zu Hause unerwünscht ist. Sie bringt ihn zum Flughafen, dunkel ahnend, dass ihr Sohn am Rande des Selbstmordes steht. Er will erneut versuchen, in Hollywood seine Songs zu verkaufen. Aber nach einem Tag kehrt Hinckley mit einem Greyhound-Bus nach Washington zurück. Es ist der 29. März. Er checkt im Park Central Hotel, nicht weit vom Weißen Haus, ein. Am nächsten Morgen macht er einen kurzen Spaziergang und streift durch Buchläden. Ins Hotel zurückgekehrt, liest er in der Zeitung, dass der Präsident an diesem Tag im Hilton-Hotel vor Gewerkschaftlern sprechen wird. Nun überlegt er, ob er dort vorbeischauen oder wieder nach New Haven reisen soll. Unter der Dusche entscheidet er sich, zum Hilton zu fahren und auf den Präsidenten zu schießen. Anschließend schreibt einen Brief an Jodie Foster, auf dem er das Datum und die Stunde festhält:

Liebe Jodie, hier ist es nun definitiv möglich, dass ich bei meinem Versuch, Präsident Reagan zu erwischen, getötet werde. Genau aus diesem Grunde schreibe ich Dir jetzt diesen Brief. Wie Du längst weißt, liebe ich Dich sehr. In den vergangenen sieben Monaten habe ich Dir Dutzende von Gedichten, Briefen und Liebeszeichen zukommen lassen, in der schwachen Hoffnung, Du könntest irgendein Interesse an mir nehmen. Obwohl wir ja einige Male am Telefon miteinander gesprochen haben, hatte ich niemals den Mut, Dich einfach anzusprechen und mich vorzustellen. Außer meiner Schüchternheit hinderte mich ganz ehrlich der Wunsch, nicht durch mein dauerndes Auftauchen aufdringlich zu sein. Ich weiß, dass die vielen Nachrichten, die ich an Deiner Tür und in Deinem Briefkasten ablegte, eine Belästigung waren, aber meinem Gefühl nach war es der am wenigsten unangenehme Weg für mich, Dir meine Liebe zu erklären. Dass Du nun wenigstens meinen Namen kennst und dass Du weißt, was ich für Dich empfinde, gibt mir ein sehr gutes Gefühl. (…)
Jodie, ich würde in einer Sekunde von dem Gedanken ablassen, Reagan zu erwischen, wenn ich nur Dein Herz gewinnen könnte und den Rest meines Lebens mit Dir zusammen leben könnte, sei es in völliger Unbekanntheit oder wie auch immer. Ich will Dir nur sagen, dass ich nun diesen Versuch wagen werde, weil ich nicht länger damit warten kann, auf Dich Eindruck zu machen. Ich muss jetzt etwas unternehmen, was Dir zu verstehen gibt, dass ich für Dich allein alles tun würde! Indem ich meine Freiheit und vielleicht auch mein Leben opfere, hoffe ich Deine Meinung von mir zu ändern. Diesen Brief schreibe ich eben eine Stunde, bevor ich zum Hilton-Hotel gehe.
Jodie, ich bitte Dich, schau in Dein Herz und gib mir am Ende

doch die Chance, mit dieser geschichtlichen Tat Deine Achtung und Deine Liebe zu gewinnen.
In ewiger Liebe, John Hinckley – nicht Travis Bickle.[39]

Was Hinckley um 12 Uhr 45 unterschreibt, ist ein Liebesbrief von abgründigem Realismus. Er will, dass die junge Frau, die er liebt, sein Bild sieht. Er unternimmt diesen Mordversuch und kündigt eine geschichtliche Tat an, um das Unmaß seiner Liebe zum Ausdruck zu bringen. Keine Rhetorik, keine Poesie reichten hin, um das zu sagen. Jetzt taugt als Hyperbel des Gefühls nur noch eine Mordtat. Beinahe ein Jahr lang hat er sich mit Plänen gequält, Edward Kennedy oder Jimmy Carter zu töten, ein Flugzeug zu entführen, ein Massaker in Yale zu veranstalten oder vielleicht im Senat auf einen prominenten Politiker zu zielen. Er hat auch mit dem Gedanken gespielt, erst Jodie Foster und anschließend sich selbst umzubringen. All diese Mord- und Selbstmordpläne in die Tat umzusetzen, brachte er bislang nicht die Energie auf, vermutlich weil er den äußersten Punkt der Hoffnungslosigkeit, und das heißt: den äußersten Punkt der Liebe noch nicht erreicht hatte. Jetzt, am 30. März in Washington, haben Schlaflosigkeit, Depression, Verzweiflung, Liebe, Geldnot, Hass und Hoffnung genügend Tatwillen angesammelt, der den Showdown wahrscheinlich macht. Seine Person ist in Auflösung begriffen, nur Beruhigungs- und Schmerzmittel wie Valium und Tylenol sowie das Antidepressivum Surmontil halten ihn auf den Beinen. Obwohl er in dieser Zeit mächtig an Körpervolumen zugelegt hat, glaubt er zu fühlen, wie er sich langsam körperlich auflöst. Gefangen in einem John Lennon-Film und in einem Travis Bickle-Film, weiß er nicht mehr, wer Regie über die nächsten Augenblicke seiner Lebens führt. Es wird die aus wilden Wünschen und schrecklichen Enttäuschungen montierte alte Idee sein: den mächtigen, vielgesehenen, in tausend Bildern gegenwärtigen Präsidenten zu töten, den völligen Gegensatz zu ihm selbst, zu seinem in Staub zerfallenen Bild. Hinderte ihn nicht dieser Mann daran, mit Jodie Foster ins Weiße Haus einzuziehen? Alle mentale Aktivität in Hinckleys Kopf ist überschwemmt vom Imaginären seiner Liebe und verwirrt durch das Theatralische der Macht.

Und dennoch ist der Gedanke, auf Reagan zu schießen, nur einer von mehreren Plänen, die durch seinen Kopf wirbeln. Als Song, den Hinckley einige Zeit zuvor zu Papier gebracht hatte, lautet er so:

> Diese Flinte gibt mir schweinische Macht.
> Wenn ich will, stirbt der Präsident,
> Und die Welt wird mich ungläubig anstarren.[40]

Keine Politik, keine Konspiration, keine Bosheit. Die Welt wird ihn anstarren und es nicht glauben wollen. Das wird später auch der Psychiater Dr. William Carpenter, Jr. vor Gericht ausführen: Der Attentäter weiß nicht, ob er einen prominenten Politiker oder sich selbst töten soll. Er wusste jeweils nicht, was sein Wille wollte.[41]

Nachdem er nun am 30. März den Brief an Jodie Foster geschrieben hat, lädt Hinckley seine Pistole mit devastator bullets, der brutalsten Munition, die ihm zur Verfügung steht, steckt sie in die Tasche seiner Regenjacke und nimmt ein Taxi Richtung Hilton. Unterwegs lässt er anhalten, um rasch noch auf die Toilette eines anderen Hotels zu gehen. Nun kommen Zufälle ins Spiel.

Kaum hat er nämlich wieder die Straße betreten, bemerkt er die Menschenmenge und die Fernseh-Teams vor dem Hinterausgang des Hilton-Hotels, denen er sich beigesellt. Wenig später trifft die Präsidentenlimousine ein. Hinckley ist sich sicher, dass der Präsident ihm zuwinkt, er ist davon überzeugt, dass ihn Reagans Lächeln und sein Blick gestreift haben.[42] Das Bild des lächelnden Präsidenten wirkt auf den potenziellen Täter wie eine ikonische Falle. Lächeln und Blicke geben dem Paranoiker Signale, die er falsch deutet.

Gerade diese Fehlinterpretation hält ihn am Tatort. Hinckley wartet dann in der Lobby des Hotels, bis der Präsident wieder erscheint. Es dauert, und langsam wird es ihm langweilig. Er setzt sich noch eine Frist von fünf Minuten. Das ist wie eine Wette mit sich selbst. Doch kurz darauf bemerkt Hinckley eine Bewegung in der Lobby, und gleich steht er wieder draußen in einer eigens abgesperrten Zone; es kommt zu einer Rangelei mit den Kameraleuten der TV-Sender. Dann erscheint der Präsident. Es ist 14 Uhr 25. Die Schicksalswürfel sind gefallen. Sobald Hinckley sieht, wie Reagan grüßt und winkt, beginnt er zu feuern. Professionell hält er seinen Revolver mit zwei Händen und bewegt die Waffe von rechts nach links. Innerhalb von drei Sekunden schießt er sechs Mal. Der Pressesprecher des Präsidenten, James S. Brady, erhält einen lebensgefährlichen Kopfschuss, der Leibwächter Timothy J. McCarthy wird in die Leber getroffen; der Polizist Thomas K. Delahanty wird im Nacken verletzt. Gleich bei den ersten Schüssen schiebt der Chef der präsidialen Leibgarde, Jerry S. Parr, seinen Präsidenten in die gepanzerte Limousine.

Der Augenblick, in dem Hinckley sich von Reagan begrüßt fühlt. Paradoxer Anlass, auf ihn zu schießen.

Zunächst sieht es so aus, als sei Reagan unverletzt, wenig später sickert Blut aus seinem Mund. Nach kurzer Fahrt in das George-Washington-Krankenhaus wird eine Wunde entdeckt. Ein Querschläger, der von seiner Limousine abgeprallt ist, hat die Achsel des winkenden Präsidenten getroffen. Nachdem sich Reagan noch aus dem Auto ins Hospital geschleppt hat, hustet er Blut und sein Zustand wird immer bedenklicher. Dennoch hört Reagan nicht auf, nach seiner Art unablässig Witze zu machen. Als seine rasch herbeigeeilte Gattin Nancy sich über ihren Mann beugt, der eben in den Operationssaal gefahren wird, flüstert Reagan:»Süße, ich habe vergessen, mich zu ducken.«[43] Der Schauspieler, der in unzähligen Western den Cowboyhelden gespielt hat, kommt nun von den Gedanken nicht los, dass er in einem Film steckt, und er witzelt mit den Chirurgen, die ihn auf die Narkose vorbereiten:»Bitte sagt mir, dass ihr Republikaner seid.«[44] Kaum ist der Präsident nach einer dreistündigen Operation wieder bei Bewusstsein, verlangt er nach Papier und Schreibzeug. Obwohl er noch einen Drainageschlauch in der Kehle hat, schreibt er:»Ich würde die Szene gerne noch einmal spielen – am besten vom Hotel aus.« Wenig später fügt er hinzu: »Winston Churchill sagte, nichts könne einen heiterer stimmen, als wenn jemand vergeblich auf einen geschossen hat.«

Und so geht es weiter. Noch ein paar Stunden später schreibt der Ex-Schauspieler und eben zwei Monate zuvor ins Amt gelangte Präsidentendarsteller:»Wenn ich gewusst hätte, dass ich dafür so ein Talent habe, dann hätte ich es schon einmal früher versucht.« Am nächsten Abend verfolgen mehrere hundert Gäste vor dem Music-Center in Los Angeles, wo die Oscars vergeben werden sollen, eine Videoadresse, die der Präsident wenige Tage vor dem Attentat für diese Veranstaltung aufgenommen hat, und in der er den Hollywood-Leuten sagt:»Leider kann ich heute bei der Preisverleihung nicht dabei sein, denn jetzt bis an mein Lebensende bin ich in einem Film gefangen.«

Hinckley, Leser und Autor

Taxi Driver ist ein Kinomonolog. Im Wesentlichen vernimmt man die Stimme von Travis aus dem Off. Was man hört, sind die Eintragungen in sein Tagebuch, für die der Drehbuchautor Paul Schrader das Tagebuch des Wallace-Attentäters Arthur Bremer[45], das auch in Hinckleys Besitz war, als Vorlage verwendete. Die Bibliothek des Attentäters ist genau zu den Akten genommen worden. Im Washingtoner Hotelzimmer fand man Chapmans Bibel *The Catcher in the Rye*, Shakespeares *Romeo und Julia*, die Autobiographie *A Twist of Lennon* von Lennons erster Ehefrau Cynthia Lennon, Vic Garbarinis *Strawberry Fields Forever*. *John Lennon Remembered*, Joan Baez' *Daybreak*, eine Paperbackausgabe von Paul Schraders *Taxi Driver* und Steven Winns Buch über den 1989 hingerichteten Serienmörder Ted Bundy *The Killer next Door*. Mit Bundy wie auch mit Charles Manson versuchte Hinckley aus dem Gefängnis heraus in den späteren achtziger Jahren brieflich Kontakt aufzunehmen. Weitere Bücher, die offenbar seinen Bedarf an Thrill und Blutvergießen befriedigten, waren Eliot Asinofs *The Fox is Crazy, too*, die Geschichte des Flugzeugentführers Garrett Trapnell, und Nathaniel Benchleys *Welcome to Xanadu*. Außerdem führte Hinckley noch das Handbuch *Songwriters Market* von 1979 mit sich. Das war lediglich seine Reisebibliothek.[46] Aus dem Bücherschrank im elterlichen Haus in Colorado holten die Leute vom FBI dann eine Reihe weiterer Titel, die sein intensives Studium der Attentatsgeschichte und sein Interesse, in diese Geschichte einzutreten, dokumentieren. Dazu zählen *J.F.K.-Assassination File*, ein Buch über Edward Kennedy *Ted and the Kennedy Legend*, zwei Bücher über Ronald Reagan, der Bericht der Vertrauten von Marina Oswald, Priscilla McMillan, *Marina and Lee*[47], Robert Blair Kaisers *R.F.K. must die*[48] sowie das Tagebuch von Arthur Bremer.[49]

In der Selbstdarstellung, die er für seinen Psychiater Dr. Hopper verfasste, bekannte Hinckley: »In meinem Leben gibt es jetzt zwei Obsessionen: Schreiben und die Person, über die wir am 4. November sprachen. Sonst interessiert mich nichts.«[50] Die Person, deren Name hier umschrieben wird, ist natürlich Jodie Foster. Schreiben und Liebe sind keine ganz ungewöhnlichen Leidenschaften. Die Schreibobsession scheint einmal von Hinckleys nie aufgegebener Hoffnung zu zehren, dass er als Songwriter bekannt werden könnte. Zugleich hält ihn sein Schreiben auch in Verbindung mit seiner Familie, weil Hinckley über viele Themen mit seinen Eltern überhaupt nur schriftlich kommuniziert. Das Elternpaar hat dazu in seinem

Buch *Breaking Points* bewegende Belege zusammengetragen. Die Notizen und Botschaften, die John seinen Eltern vor und nach dem Attentat aushändigte, durften die Adressaten nie in seiner Gegenwart lesen.

Hinckleys Gedichte und Lieder zeigen indessen, dass er keineswegs talentlos war. Aber seine Buchstaben und Töne kommen aus einem sonst radikal abgeschotteten Raum. Niemand wollte sie hören. Erst das Verbrechen öffnete der Welt die Ohren. Zu dieser traurigen Geschichte zählt dann auch die Anekdote, dass der ABC-Reporter Tim O'Brien gegenüber Hinckleys Mutter Johns Songs lobte. Die selbst aufgenommenen Lieder, die man als Beweismaterial vor Gericht abgespielt hatte, fand er gut: »He's good, Mrs. Hinckley! Really good.«[51] Andere Zeugen dieser Demonstration waren von der Kindlichkeit dieser Stimme bewegt. Dem Vater klingen sie später wie ein Engelschor.

Der Ruhm, der Hinckleys Namen nach seiner Tat in alle Welt trug, war die Prämie, nach der es ihn verlangte. Ruhmsucht zählt zu den niedrigen Tatmotiven, aber sie ist in der Tiefe der Person gegründet, dort wo sie ihre soziale Gestalt erhält. In dieser Tiefe einen Halt zu haben, nämlich erblickt worden zu sein, ist ein elementareres Bedürfnis als Freiheit, ja elementarer noch als Leben. Es gibt ein Gedicht von Hinckley mit dem Titel »Regardless«. Natürlich bedeutet das Wort so viel wie »ungeachtet«, »egal«, »trotzdem«. Es schleppt aber in diesem Kontext auch die Bedeutung von »blicklos« und »unerblickt« mit sich. Nur ein paar Verse daraus:

Ungeachtet deines reizenden Lebens
Bin ich noch hier und schreibe in Schmerz,
Ächze ich unter der Wahrheit
Ungeachtet der Sonne draußen.
Ich bleibe am fernen Rand der Verrücktheit
Ich bleibe der tödliche Feind des Menschen
Ungeachtet der Millionen, die lächeln.
(…)
Ich taumle von Tag zu Tag,

Ich taumle der Zukunft entgegen
Ungeachtet der lachenden Kinder,
Ich kann nicht weiter so tun als ob,
Ich kann nicht weiter leben.[52]

In leisen Tönen spricht hier die Paranoia, die sich trotz allen Leidens von den freundlichen Zeichen abkoppelt, um ihrem Flimmern nicht ausgesetzt zu sein. Alles Lächeln, sogar das Kinderlachen fällt diesem »egal« der Depression, des Unerblicktheitsunglücks zum Opfer und wird nur von ferne registriert. Auf der anderen Seite reckt sich in dem Täter das Gefühl der Grandiosität empor, das Hinckley 1982 in einem Schreiben an die *New York Times* zum Ausdruck brachte:

> Die Schüsse vor dem Washington Hilton waren die größte Liebestat in der Weltgeschichte. Ich habe mich selbst geopfert und vollbrachte das äußerste Verbrechen in der Hoffnung, das Herz eines Mädchens zu gewinnen. Es war ein Liebesbeweis wie es ihn noch nie gegeben hat. Aber vermag die amerikanische Öffentlichkeit auch zu schätzen, was ich tat? (…)
> Einst war Miss Foster ein Star und ich war der unbedeutende Fan. Jetzt hat sich alles geändert. Ich bin Napoleon, und sie ist Josephine. Ich bin Romeo, und sie ist Julia. Ich bin John Hinckley, Jr., und sie ist Jodie Foster. Mag ich auch im Gefängnis sitzen und mag sie einen Film in Paris oder Hollywood drehen, so werden Jodie und ich doch immer zusammen sein, im Leben wie im Tod.[53]

So spricht der Wahnsinn, so spricht die Liebe, so spricht die Poesie, die an dieser aus Unglück und Zufall gewobenen Tragödie mitgewirkt hat. Weltgeschichte, Weltliteratur, der Kinoraum zwischen Paris und Hollywood reißen die Bühne auf, wo ein Schauspiel stattgefunden hat, das die Welt einfach verabscheut. Warum eigentlich? Die Frage kommt keineswegs aus einem völlig verwirrten Geist; sie kommt aus der Erfahrung, dass – mit Kant zu sprechen – der Zufall entscheidet, ob ein Enthusiast auf den Thron oder aufs Schafott gelangt.[54]

Das Tagebuch des Wallace-Attentäters Arthur Bremer

Hinckley hat wie sein imaginäres Ich, der Taxidriver Travis Bickle, Tagebuch geführt. Er hat das Journal aber vernichtet, nachdem er am Flughafen in Nashville kontrolliert worden war. Die Einträge über seine Attentatspläne darin sollte niemand vorzeitig lesen. Erhalten hat sich dagegen das Tagebuch des Mannes, der einige seiner biografischen Züge an Travis Bickle abgetreten hat: Arthur H. Bremer. Bremer trat aus seiner Isolation und Depression heraus, als er am 15. Mai 1972 bei einer Kundgebung im Laurel Shopping Center in Laurel, Maryland, auf den Gouverneur von Alabama, George Wallace, fünf Schüsse abgab und den Mann schwer verletzte. Wallace war als Wahlkämpfer in den Primaries unterwegs, weil er sich als Kandidat der Demokraten für das Amt des Präsidenten der USA bewerben wollte. Bremers Tagebuch wurde gleich ein Jahr nach dem Attentat veröffentlicht, obwohl bei der Durchsuchung seiner Wohnung nur die zweite Hälfte der Einträge aufgetaucht war. Erst im Jahr 1980 gab Bremer dann den Hinweis, wo er den ersten Teil des Tagebuchs vergraben hatte, der dann keinen Verlag mehr fand.

Der veröffentlichte Teil berichtet von Bremers Reisen nach Kanada und kreuz und quer durch die USA, um auf Nixon oder später auf Wallace zu schießen. Die Ausführung seiner Pläne wird stets durch Security Service-Leute oder andere Störungen verhindert; nie aber sind es moralische oder politische Bedenken. Es ist eine Obsession, angetrieben von tiefem Elend und Todeswünschen. Nichts konnte den Täter aufhalten, sein allmählich schmelzendes Budget erhöhte vielmehr den Druck. Die wahngetriebene Maschinerie hat ihren Lauf. Auch Hinckley sollte später seinen Eltern im Gefängnis anvertrauen, dass er zuletzt durch nichts mehr von der Ausführung der Tat hätte abgehalten werden können. Am wenigsten durch das Todesrisiko. Allenfalls bürokratische Schwierigkeiten: Hätte er für den Erwerb der Waffen umfängliche Fragebögen ausfüllen müssen – das allein hätte ihn gestoppt.

Während es Hinckley nicht im Geringsten berührte, dass er Reagans Pressemann James Brady eine schwere Hirnverletzung zugefügt hatte, bewahrt sich Bremer einen Rest von Mitgefühl. Bei einer günstigen Gelegenheit in Dearborn verzichtet er auf die Tatausführung, weil er befürchtete, dass zwei etwa fünfzehnjährige Mädchen durch das splitternde Sicherheitsglas, das Wallace schützen sollte, verletzt werden könnten.[55] Die Jagd auf das Attentatsopfer wurde so restlos zum Lebensinhalt, dass Bremer jedes Mal, wenn er Nixon oder Wallace verpasste, tiefe Niedergeschlagenheit empfand. Zu seinen Lektüren zählt auch Robert Blair Kaisers *R.F.K. must die* über das Verfahren gegen Sirhan.[56] Booth und Oswald sind ihm liebe Brüder. Auch das Attentat von Sarajewo, das den Ersten Weltkrieg auslöste, hat er vor Augen. Die Kinofigur, mit der er sich identifiziert, ist der junge Alek aus Stanley Kubricks *Clockwork Orange*. Er stellt sich vor, selbst auf der Leinwand zum Leben zu erwachen und Wallace durch die Bilder hindurch zu erwischen.[57] Mit grimmigem Humor betrachtet er sein Tagebuch, das die Vorgeschichte seines Mordes enthalten soll, als einen Roman, bei dem der Autor noch nicht weiß, wie der endet. Schlimm wäre es aber, wenn er nicht in der Lage wäre, diese Geschichte tatsächlich auch zu Ende zu bringen, damit sie in hundert Jahren die Leser fasziniert:

> Wie ein Romanautor, der noch nicht weiß, wie sein Buch ausgeht – habe ich dieses Tagebuch geschrieben – aber was für eine schockierende Überraschung, wenn mein innerer Charakter die Steigerung klauen und den Autor ruinieren und den Anti-Helden vor seiner Ermordung bewahren sollte!! In hundert Jahren mag das für Leser ebenso aufregend und faszinierend klingen wie für uns heute die Booth-Verschwörung.[58]

Er hält sich einstweilen selbst für einen Hamlet. So ist auch dieser Mordversuch eine reine Paranoiageschichte, die aus Bildern, Lektüren und Todesvorstellungen montiert ist. Alles ist durchdacht, in jeder Einzelheit gedanklich durchgespielt. Ein fatales Müssen treibt ihn über Wochen hinter dem Todeskandidaten her. Der Wahn nimmt ihn in seine Arme: Bremer bildet sich ein, vom Hauptquartier des Kandidaten das Signal für die Tat erhalten zu haben: »Habe ein Zeichen vom Hauptquartier hier erhalten. Auf den Schussbefehl warten. Ist da noch irgendetwas zu sagen? Wenn ich feuere, dann werde ich rufen: ›Ein Penny für eure Gedanken‹«.[59] Bremer hat auch bereits die Einzelheiten der Tat und die Fragen der ersten Verhöre durchdacht: »Frag mich nur, warum ich das tat & ich würde sagen ›Weiß ich nicht‹ oder ›Sonst gab's nichts zu tun‹ oder ›Warum denn nicht?‹ oder ›Ich musste irgendwen umbringen‹«.[60]

Die Tat hat keinen anderen Grund als den Wunsch, mit den Nachrichten im Bild und aus dem Nichts aufzutauchen. Dass eine Art politischer Vaterfigur das Opfer sein soll, hat nur schwach den Tatentschluss befördert. Das Kind der Arbeiterklasse hegt sicher keine Sympathien für die Vertreter der konservativen Parteiströmungen bei den Republikanern oder Demokraten, und das Tagebuch enthält auch kritische Bemerkungen über den Imperialismus der USA. Doch alle innere Energie konzentriert sich in dem Wunsch, mit einer mächtigen Figur unterzugehen und gleich wieder als Bild aufzuerstehen. Der Attentäter ist ein Parasit des Herrscherbildes. Bremer quält nur die eine Frage: Wird der Tod des Gouverneurs von Alabama wirklich die ganze Welt aufregen und einen zentralen Platz im Fernsehen und in den Zeitungen erhalten?

> Scheiße! Ich werde nicht einmal eine Fernsehunterbrechung in Russland oder Europa erreichen, wenn die Nachricht kommt. Sofern irgendwas Wichtiges in Vietnam passiert, dann komme ich ans Ende von Seite 1 in Amerika. Die Herausgeber werden sagen – ›Wallace tot? Wen interessiert das?‹ Wir werden nicht mehr als 3 Minuten in den Fernsehnachrichten bekommen. Ich erwarte nicht, dass irgendwer von der Nachricht eine mordsmäßige Erektion kriegt (…). Ich hoffe, mein Tod macht mehr Sinn als mein Leben.[61]

Es ist klar: Wenn Bremer *wir* sagt, dann meint er Wallace und sich selbst. Gemeinsam werden sie das Thema der Abendnachrichten sein; aber nicht mehr als drei Minuten. Und wenn zuvor in

Vietnam etwas Wichtiges passiert, dann landen sie am Ende von Seite 1. Aber drei Minuten im Bild und tot, das verleiht dem Wahn mehr Sinn als das ganze restliche Leben. Der Wahn ist ein Sinngebungsverfahren.

IKONOKLASMUS DER TÜRME:
DER 11. SEPTEMBER 2001

| Was ist ein Turm?
| Celebrare nomen
| Die Botschaft der Türme
| Autoikonoklasmus
| Anthropologie des Bildes
| Thomas Pynchon: The Crying of Lot 49
| Loose Change: Das flimmernde Ding (1)

Was ist ein Turm?

Als am 11. September 2001 die Türme des World Trade Centers zusammenbrachen und die Bilder dieses Zusammenbruchs um den Erdball liefen, wankten alle Türme der westlichen Welt. Der Gebäudekomplex der Twin Towers schien bis dahin nur ein nichtssagendes Ding gewesen zu sein, das weder Städtebauer noch Architekten sonderlich faszinierte. Die Zwillingstürme machten allein die technischen Möglichkeiten sichtbar, die ihnen ihre Gestalt gaben, aber man hätte noch höher, schöner, größer bauen können. Die Wolkenkratzer, das Riesenspielzeug der Architekten, erreichen heute längst 700 Meter Höhe und mehr. Doch die damals unübertroffene Größe der Twin Towers hatte die Geschäftsleute dazu veranlasst, die Büros und das Prestige des WTC zu mieten. Aber kaum hatten Hass und Hitze die Türme in Schrott, Schutt und Menschenasche zerlegt, begannen diese Reste laut zu sprechen. Das nichtssagende Monumentalding verwandelte sich in ein beredtes Riesengrab und in einen geständigen Trümmerhaufen.

Nun gaben die Ruinen das Geheimnis preis, dass sie repräsentative Zeichen waren, Embleme, aufdringliche Botschaften der westlichen Zivilisation und Religion. Sie ragten in den Himmel als kühne Überbietungen aller jener erhabenen architektonischen Monumente, die einst das Mittelalter mit seinen gewaltigen Kathedralen zustande gebracht hatte und die bis zum letzten Drittel des 19. Jahrhunderts auch die höchsten baulichen Erhebungen der Welt waren. Die christliche Religion hat diese Theologie, diese Emblematik und dieses Schweigen der Türme geschaffen. In keiner Kultur außer der christlichen richten sich Blicke, Worte, Körper, Wünsche in kollektiver Geste empor zum Himmel. Nach einem Wort des mittelalterlichen Theologen Rupert von Deutz war auch Jesus ein Turm.[1] Aber ist auch jeder Turm ein Jesus? Rupert sagte nicht, was ein Turm ist. Die Türme des Westens, die nach dem gewaltigsten ikonoklastischen Attentat der Weltgeschichte am 11. September 2001 allesamt schwankten, hatten das Geheimnis ihrer Bedeutung einige Jahrhunderte lang für sich behalten.

Was ist ein Turm? In einem zum Frühjahr 1945 verfassten »erdachten Gespräch« mit dem Titel *Der Lehrer trifft den Türmer an der Tür zum Turmaufgang* wollte Martin Heidegger »das Seltsame des Turmes deuten«.[2] Der Turm gilt in dieser Deutung nicht als steinerne Himmelsnähe und privilegierte Fernsicht, sondern als seinsgeschichtlicher und jederzeit weltpolitischer Seismograph. Als Sprachrohr des Philosophen sagt der Türmer: »Wer in der Höhe einer Turmstube wohnt, spürt das Erzittern der Welt eher und in weiter auslangenden Schwingungen.«[3] Aber welches »Erzittern der Welt« spürte der Türmer im Frühjahr 1945? Nach Heideggers Wort in der *Einführung in die Metaphysik* war dieses Erzittern die Folge einer »trostlose(n) Raserei der entfesselten Technik«[4], die von Amerika und Russland ausging. Daher auch legt der Türmer seinem Gesprächspartner nahe, den Turm nicht als technischen und damit als metaphysischen Gegenstand zu bedenken, sondern als ein Ding, dessen Seltsamkeit überhaupt erst aus der Ferne erblickt werden kann. Der Türmer versteht sich meisterlich auf Heideggers Tautologien und sagt: »Der Turm ragt gen Himmel und ist eingelassen in die Erde«.[5] Gleich anschließend erfährt der Leser, dass dieser turmtheoretische Satz einen Ausspruch des Heraklit aufnimmt, den die beiden Gesprächspartner zitieren und ausführlich kommentieren. Das Heraklit-Fragment lautet: »Der Weg hinauf herab ist einer und das heißt: derselbe«.[6]

Alle Türmer des Westens spürten im September 2001 die Welterschütterungen. Aber warum entwanden die Täter den Türmen die Seismographie und machte sie selbst zum Ort des Bebens? Waren sie vielleicht auch Ausdruck und Zeichen einer trostlos rasenden Vernunft und einer entfesselten Technik?

Aus den Trümmern der Twin Towers heraus sagte nicht zum ersten Mal eine Ruine, was ihr in unzerstörtem Zustand lediglich zu sein und zu zeigen aufgegeben war. Dass Steine sprechen, »saxa loquuntur«, schrieben hunderte von Rombesuchern in ihren Reiseberichten, seit in der Renaissance die steinernen Reste der alten Stadt nicht mehr für Neubauten genutzt, sondern besichtigt und bewundert wurden. Goethes *Römische Elegien* aus den Jahren 1788 bis 1790 beginnen mit den Worten: »Saget, Steine, mir an, o sprecht, ihr hohen Paläste«. Offenbar gilt auch für solche Ruinenpoesie das psychoanalytische Diktum des Docteur Lacan, dass der Mensch nur über den Verlust oder über die Drohung der Kastration den Zugang zur symbolischen Welt gewinnt.[7] Was sonst ist ein gestürzter Turm? Es ist nicht überraschend, dass sich gerade die Dichter der Aufgabe verschrieben, die Ruinen und eingebrochenen Türme zum Sprechen zu bringen. Solche Protokolle der Reden, die die Römischen Trümmer halten, lassen sich in ganzen Bibliotheken zitieren. Ruinen sprechen gedankenreiche Sprachen. Diese Erfahrung führte in einem gewiss extremen Beispiel dazu, dass bereits in die Pläne der stummen Monumentalarchitektur die spätere Beredsamkeit der Trümmer eingespeist wurde. Der Baumeister Adolf Hitlers, Albert Speer, entwickelte hierzu die »Theorie vom Ruinenwert«.[8] Danach sollte in die Konstruktion der Tribüne auf dem riesigen Zeppelinfeld in Nürnberg ein Ruinenwert eingerechnet werden, damit dieses Bauwerk nach hunderten oder tausend Jahren wie die römischen Denkmäler heute aussehen würde. Speer fertigte entsprechende Zeichnungen an, die die geplanten Gebäude bereits als Ruinen zeigten, und fand damit Hitlers Zustimmung. Den gleichen Gedanken hatten bereits verschiedene Künstler des 18. und 19. Jahrhunderts wie Hubert Robert, der den Louvre als Ruine malte oder Joseph Michael Gandy.

Joseph Michael Gandy: Die Bank von England als vorweggenommene Ruine aus dem Jahr 1830. Allegorie des Bankencrashs von 2009

Es waren also die römischen Ruinen, literarische und bildkünstlerische Pathoszeichen einer von der Geschichte verschlungenen Weltmacht, die Hitlers Baumeister auf die verrückte Idee der Ruinenwerte brachte. Immerhin begannen Hitler und Speer damit, das Turmgeheimnis zu lüften. Das Unbewusste der Türme sind ihre wartenden Trümmer und damit die Zeitlichkeit aller Macht.

Celebrare nomen

Martin Heideggers Satz, dass ein Turm kein metaphysisches Ding sei, sondern ein »Hinauf, herab, das gen Himmel ragt und eingelassen ist in die Erde«, klingt seltsam, aber zuletzt spricht es gerade als nichtssagende Tautologie die okzidentale Turmwahrheit aus.[9] Der Turm des Westens bleibt ein stummes »Hinauf, herab« und sagt nicht, was er ist. Als Emblem, als Bauwerk, als Zeichen, als Botschaft ist der Turm nämlich errichtet, um zu täuschen. Diese Täuschung ist aber vielleicht gerade das Geheimnis der guten Nachricht (des εὐαγγέλιον), die der Westen, die ins Werk gesetzte frohe Botschaft, zu sein behauptet. Die Antike kannte keine Hochhäuser. Sie liebte Prachtarchitektur und Machtdarstellung, Tempel, Theater, Triumphbögen, Leuchttürme, Standbilder; aber die antike Baukunst strebte nicht in den Himmel. Überhaupt war die Höhe in Athen und in Rom keine erstrebenswerte, ins Positive weisende Dimension. Unsere griechischen und lateinischen Lexika bezeugen, dass diese alten Sprachen das Gute und Schlechte nicht über Höhenunterschiede oder Niveaudifferenzen auseinanderhielten. Das Hoch und das Tief trugen nicht zur Evidenz von Werten bei. Uns Kindern der Neuzeit gehören alle Erhebungen aus der Ebene, aus der Flachheit einer Rhetorik und Topographie der Wahrheit, der großen und guten Nachrichten an. Bekanntlich fanden alle heilsgeschichtlich wichtigen, einschneidenden Ereignisse der jüdisch-christlichen Tradition auf natürlichen Erhebungen statt: Abrahams Opferung seines Sohnes Isaak und der daraufhin geschlossene Pakt zwischen Jahwe und Abraham; die Berufung von Moses auf dem Berg Horeb; die Übergabe der Tafeln mit den Zehn Gebote auf dem Berg Sinai; die Bergpredigt nach Matthäus 5 bis 7; die Verklärung von Jesus vollzog sich auf einem Berg und auch sein Tod: Golgatha ist ein Hügel; der auferstandene Jesus präsentierte sich den Jüngern auf dem Berg Galiläa. Christliches Heil und Metaphysik tendieren zum Höhenrausch. Die westliche Wahrheit und Überzeugungspolitik operiert fahrstuhlgleich auf der Achse zwischen Erde und Himmel. Und dieser imaginäre Bezug zum unendlichen Raum, zur ewigen Zeit spielt eine entscheidende Rolle in der Architektur des Turmes im christlichen Kirchenbau seit dem Mittelalter. Die römische Basilika kannte keine hochragenden Türme, die gesamte antike Architektur benötigte zur Armierung der Privathäuser, Städte und Festungen keine Türme. Den Hochturm erfand das Spätmittelalter. Damals wuchsen beinahe zeitgleich die Türme der christlichen Kathedralen und die der weltlichen Autoritäten in den Himmel. Doch man findet nur selten eine Entzifferung, eine Theorie dieser Türme. Stets – und das gilt vor allem für die sakralen Bauten – wurden der Wille zur Repräsentation, erst recht die Absicht der Machtdemonstration geleugnet.

Der Abt Suger, der im 12. Jahrhundert mit der Erweiterung und Vergrößerung der Abteikirche Saint-Denis in Paris zur Kathedrale die Blüte der gotischen Baukunst einleitete, versicherte, dass »keinerlei Begierde nach eitlem Ruhm« seinen Bauherreneifer angetrieben habe.[10] Solche Beschönigungen schmückten alle Baupläne des Mittelalters, obwohl die französischen und englischen Könige für die Kathedralenbauten große Mittel aufbrachten und auch gegenüber den kirchlichen Unternehmern auf ihre bauherrliche Souveränität pochten. Ersichtlich kam die Lizenz zur Eroberung des Himmels durch die Türme aus dieser Mystifikation, wonach Pracht und Herrlichkeit nicht die weltlichen Unternehmer, sondern allein den himmlischen Schöpfer preisen sollten. Doch durchblättert man Sugers Abhandlungen zur Erweiterung der Kathedrale von Saint-Denis, dieser bedeutenden Grabstätte des Märtyrers Dionysius und der fränkischen Könige, dann stößt man auf keine einzige Bemerkung über die Funktion der Türme.[11]

Die Türme sollten hoch und edel aussehen, schreibt Suger[12], aber über die mit ihnen errichtete Botschaft fällt kein Satz. Während Suger sonst nicht mit Worten spart, um die Bedeutung aller architektonischen Details theologisch zu begründen, sagt er in den kurzen Passagen, die er den Türmen widmet, nichts über ihre Botschaft. Dabei zählten diese Türme von Saint-Denis zu den höchsten ihrer Art im Sakralbau des 12. Jahrhunderts. Und die gute Nachricht schien aus allen Fenstern zu quellen: In seinen Arbeiten zu Sugers Lichttheologie erwähnt Erwin Panofsky die Anagoge, die Erhebung, den seelischen Aufstieg.[13] Dieses seelische »Hinauf« bringt Panofsky zwar mit dem Lichtthema in Beziehung, nicht aber mit den Türmen, die doch im Raume zum höchsten Lichtpunkt streben. In der frühchristlichen Theologie, etwa bei Gregor von Nyssa, stehen immerhin Leuchttürme metaphorisch für Heil und Gnade. Auf der Altartafel Ambrogio Lorenzettis im Rathaus von Massa Marittima erscheint der Leuchtturm als Attribut der *Spes*, der Tugend der Hoffnung.

Ambrogio Lorenzetti: Maestà (um 1330). Die Allegorie der Hoffnung mit dem Leuchtturm auf den Knien sitzt auf der grün bespannten zweiten Stufe. Darunter in weiß die Allegorie des Glaubens. Unmittelbar zu Füßen der Madonna die Caritas.

Daher kam die Vermutung auf, dass die Leuchttürme von Pharos oder Ostia das Vorbild für die mittelalterlichen Kirchtürme abgaben. Wahrscheinlich aber ist das Minarett, das »Leuchtturm« heißt, das Vorbild, und die Türme der christlichen Welt schweigen schamhaft darüber, dass sie die muslimische Sakralarchitektur kopieren.

Das Schweigen, das die symbolische, politische Botschaft der Türme umgibt, steht ersichtlich im Bann der Erzählung vom babylonischen Turmbau in Genesis 11.[14] Dort heißt es: »Lasst uns einen Turm errichten, dessen Spitze den Himmel berührt« (»cuius culmen pertingat ad caelum«). Zugleich hatten die Planer des babylonischen Turmes eine repräsentative Botschaft im Auge. Die *Vulgata* zitiert sie mit den Worten: »Lasst uns unseren Namen verherrlichen« (»celebremus nomen nostrum«). Der historische Referenzbau, der hinter dem in den Himmel ragenden »Hinauf, Hinab« dieser biblischen Erzählung steht, ist mit einiger Gewissheit das Prachtgebäude, das im 7. und 6. Jahrhundert v. Chr. Nabopolassar und Nebukadnezar II. wieder errichten ließen, und das auf quadratischer Basis von 90 mal 90 Metern in sieben oder acht Stufen die Höhe von beinahe 100 Metern erreicht haben soll. Wider die geschichtlichen Tatsachen berichtet die biblische Erzählung von einem Abbruch des Turmbaus, weil die linguistische Katastrophe der Sprachverwirrung die Fortsetzung des babylonischen Wolkenkratzers verhinderte. Stets wurde die Provokation, die Gottesherausforderung dieses Bauplans auf das Eindringen in den Himmel bezogen; als viel schwerwiegender noch erwies sich die Absicht des *celebrare nomen,* die Botschaft des Namens in einem Sakralbau zu übertragen. Trotz einer unendlichen, ja, geradezu dröhnenden Kommentierung dieser Ursprungserzählung in der christlichen Überlieferung wie in der Literatur,[15] ist dieser Aspekt des *celebrare nomen* stets wenig beachtet geblieben. Es scheint, dass das biblische Anathema über dem *celebrare nomen* dazu beiträgt, das auffällige Schweigen über die Bedeutung der Türme zu sichern.

Welche Botschaft könnte es gewesen sein? Was sagen denn die Architekten über die Türme? Hier eine Bemerkung zum armierten Turm aus dem Werk des römischen Militärtechnikers und Architekten Vitruv über die Baukunst. Das Kaiser Augustus gewidmete Werk Vitruvs *De architectura libri decem* hat bis tief in die Renaissance hinein gewirkt, und noch Leon Alberti folgt ihm weitgehend. Vitruv schreibt den Monumentalbauten der Antike, den Tempeln und Theatern vor, dass sie die Regel der *firmitas* zu beachten hätten. Was ist *firmitas* (Festigkeit, Stabilität)? *Firmitas,* sagt Vitruv, ist nicht ausschließlich ein technisches Prinzip; gewiss dürfen ein Tempel oder ein Theater nicht schwanken, nicht instabil sein. Aber vor allem ist nach Vitruv diese *firmitas* ein semiotisches Prinzip, die *firmitas* soll sich machtvoll zeigen, sie soll dem Betrachter ein steinernes Gesicht zuwenden, sie soll ihn aus der unerschütterlichen Gestalt des Gebäudes, aus dem tiefen Eingelassensein in die Erde heraus ansprechen.[16] Sagen wir dazu: Es soll nicht betrügen und paranoiaresistent sein. Ganz offensichtlich folgt die antike Architektur diesem Prinzip durchweg. Von einem bestimmten Augenblick an wird Vitruvs architektonische und ästhetische Devise der zweifachen *firmitas,* der physikalischen und der semiotischen Festigkeit, vom Wunsch nach Überbietung und Täuschung verdrängt. Diese Wende setzt ein mit den eleganten Türmen des Mittelalters, mit den hochstrebenden, sich materiell verflüchtigenden gotischen Kathedralen, mit den eleganten und überraschenden Geschlechtertürmen in Italien, und diese Täuschung reicht bis zu den modernen, die Gotik imitierenden und unter sich lassenden Wolkenkratzern. Sie überfordern die Sinne und sollen das auch. Hier ist die *firmitas* nicht mehr das Prinzip des Baus; vielmehr täuscht das Bauwerk. Das rein aus Stahl errichtete Faszinosum nimmt den Stein nur als Betrug der Augen in die Konstruktion auf. Der ästhetisch und zugleich religiös-politisch angestrebte Effekt ist die Überwältigung der Sinne, die in der Sprache der modernen Ästhetik *erhaben* heißt. Das Erhabene entzieht sich gerade der zweifachen Codierung der physikalischen und semiotischen Festigkeit des Vitruv. Kant analysiert in der *Kritik der Urteilskraft* das Erhabene als Überforderung der beiden Erkenntnisvermögen unterhalb der Vernunft. Die Algorithmen der Sinne und des Verstandes können mit dem Sublimen nicht mehr rechnen. Das Erhabene nach Kant provoziert den Zusammenbruch der Vorstellung und der Begriffe. Nur noch die Vernunft mit ihrem Vermögen der Ideen kann den Sinnen und dem Verstand beispringen.[17] Aber welche Idee soll sich die Vernunft von den unfassbaren Höhen und der unbegreiflichen Stabilität machen? Das Erhabene der Architektur bringt zwar gewaltige Beispiele für technische *firmitas* hervor, aber diese *firmitas* zeigt sich nicht mehr dem Auge. Diese *firmitas* benötigt Zeit. Wir müssen an die Wolkenkratzer und ihre Stabilität *glauben*; unsere Sinne, unser Auge, das visuelle Scanning dieser Objekte gibt uns für den Augenblick keine überzeugende Nachricht mehr von der Stabilität der Türme, die den Himmel begehbar machen. Das ist ein großer Unterschied. Dieser Unterschied schreibt mit an der theologischen Botschaft der Politik, an jener Message, die auf Glauben oder Überzeugung angewiesen ist.

Die Botschaft der Türme

Auf dem Weg von den Kathedralen des Mittelalters bis zu den Monumentalbauten unserer Zeit wurden unablässig Versuche unternommen, das von der babylonischen Stimmkonfusion erzeugte Schweigen der Türme zu brechen. Aber eben diese Bemühungen zeigten, dass hinter diesem Schweigen etwas steckt, was nur in religiösen Formeln oder in Ruinen auszudrücken ist. Das zeigt Michelinos (Domenico di Francescos) Fresko *Dante und die Göttliche Komödie* in Santa Maria del Fiore in Florenz.

Michelino: Dante und die Göttliche Komödie vor dem Läuterungsberg (1960)

Der Läuterungsberg, der Übergang ins Paradies, der genau bis zur Mondsphäre reicht, ist ganz wie die gestuften Rundpyramiden der babylonischen Turmkonstruktion gestaltet, die man von Bildern Pieter Bruegels des Älteren oder von den Brüdern Valckenborch kennt und die auf Nachrichten Herodots zurückgehen.

Maerten van Valckenborch: Der Turmbau von Babel (1595)

Vom babylonischen Turm zitiert Valckenborch den Spiralgang für das metaphysische *Hinauf* ins Paradies. So setzte bereits in der Renaissance die vorsichtige Säkularisierung und rationale Verarbeitung des babylonischen Unternehmens ein. Während die Kirchenväter das Projekt des Babelturms gerne als Ausdruck von Wahnsinn bezeichneten, betrachtete ihn Hugo Grotius hingegen als ein hochambitiöses Unternehmen.[18] Der Künstler Leon Alberti fand die gotischen Kirchtürme geschmacklos und empfahl seinerseits die von Herodot beschriebene Konstruktion des Turms in Babel, der sich in Stufen in den Himmel schrauben sollte. Nach Alberti ist dieser Turm nur aus technischen Gründen gescheitert.[19] Herodot gab als Maß eine Höhe und Breite von 4000 Passus an, das wären gut 3000 Meter. Im Anschluss an Alberti erbrachte der jesuitische Gelehrte Athanasius Kircher den mathematischen Nachweis, dass für einen bis zum Mond reichenden Turm 374 Trillionen Ziegel benötigt worden wären. Damit hätte der Turm ein größeres Gewicht gehabt als die Erde und die Konstruktion wäre allein darum unmöglich gewesen. Die von Gott herbeigeführte Zerstörung des Bauwerks war daher keine Hybrissanktion, sondern eine welterhaltende Maßnahme.[20]

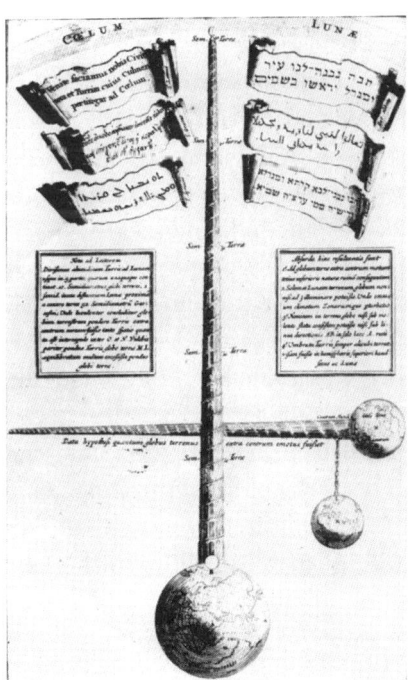

Athanasius Kircher: Demonstration der Unmöglichkeit eines bis zum Mond reichenden Turmes (1679)

Kircher war nicht nur Physiker, sondern er lehrte am Collegio Romano auch orientalische Sprachen. Er entwickelte aus dem berechenbaren Scheitern des babylonischen Bauwerks das jesuitische weltpolitische Projekt, alle Sprachen und Kulturen im Zeichen von Jesus zu vereinen.[22] Damit wurde dem Turm dann nach und nach eine rationale Sprache geschenkt, und er begann als Emblem der Moderne und ihrer technischen Verheißungen zu dienen. Kant bezeichnete die *Kritik der reinen Vernunft* als Projekt eines Turmes, der bis an den Himmel reichen sollte, um die babylonische Sprachverwirrung der Philosophie zu beenden.[23] Das Unternehmen Diderots und d'Alemberts, die dickleibigen Bände der *Encyclopédie*, die das naturwissenschaftliche und technische Wissen der Zeit zusammenfassten, wurden im 18. Jahrhundert auch als »Türme der Aufklärung« bezeichnet.[24] Die Türme der Aufklärung rücken an die Stelle der Kathedralen und Dome.

Aber der Betrug der Sinne, die an die *firmitas* nicht glauben können, besteht fort: Technik und Funktionalismus sprechen eine trügerische Sprache oder gar zwei trügerische Sprachen: Trug der Funktion und Trug der *firmitas*. Die Funktionstürme bleiben Jesustürme, weil sie die Wiedervereinigung aller Menschen im Zeichen der technischen Aufklärung verheißen. In ihnen lauert das Projekt des Athanasius Kircher. Die Botschaft der alle Welt versöhnenden und vereinenden Technik ging bereits im 19. Jahrhundert von den Weltausstellungen aus. Der Eiffelturm, den 1889 eine pure Demonstration technischer Möglichkeit in die Höhe trieb und der zugleich als erster Turm der Neuzeit die Höhenrekorde der Kathedralen überbot, wollte und sollte das der Welt mitteilen. Eiffels moderne Welt ebenso wie die hypermoderne Welt der Globalisierung, der Echtzeitkommunikation rund um den Erdball, ist die technische und ökonomische Einrichtung der religiösen Verheißung, eine pfingstliche Bankiersutopie, die als Ende der Sprachenvielfalt den Frieden der Welt sicherstellen will. Aber es ist eine westliche Verständigungsutopie. Jesus, der *turris corporis Christi*, war der erste Name des okzidentalen Verständnistraums, heute sind es die *turres corporis dollari*, die diese westliche Utopie an den Himmel klopfen lassen. Der Dollar, die Leitwährung der Welt, ist eine Sprache und zwar eine pfingstliche Einheitssprache, über die alle Kommunikationen der ökonomischen Agenturen laufen. Aber niemand kann den realen wie allegorischen Türmen das austreiben, was ihr Schweigen kundgibt: Sie sind Demonstrationen der Macht. Die Frage von Heideggers Türmer: *Was ist die Seltsamkeit des Turms?* erfährt damit eine Antwort: Der Turm ist das religiöse Machtemblem des Westens; der Turm ist die Frohe Botschaft des aufgeklärten Liberalismus; der Turm ist die auf Dauer gestellte okzidentale Selbstüberzeugung. Das ist es, was die stumme Dinghaftigkeit der Türme verschwieg. Erst ihre Zerstörung legte diese Antwort frei. Der Angriff auf die *Twin Towers* am 11. September 2001 wurde von der westlichen Welt daher auch *unisono* als Angriff auf die Zivilisation aufgefasst. Damit hatte der Trug ein Ende: Die Türme sind keine Türme, sondern sie sind Macht- und Pathoszeichen der westlichen Korporation. Ihre Botschaft ist nicht die *firmitas,* sondern der Glaube an das ökonomische Heil. Der Westen legt alle seine Kräfte des Glaubens in die Technik und in die ökonomische Vernunft. Wie an die *firmitas* der Wolkenkratzer muss man an die Technik *glauben.* Technik kann uns durch Schönheit und Design nicht mitteilen, dass sie funktioniert. Es gibt keine Semiotik der *technitas* wie der *firmitas.* Allein das Erhabene stellt eine Art von Äquivalent des Glaubens selbst dar.

Die Moderne hat das Prinzip der Erhabenheit vielfach der eigenen Kunst zugrunde gelegt, wenn man auch an die Kunst eines Barnett Newman denkt. Es ist unübersehbar, dass diese Kunst des Erhabenen einem religiösen Willen entspringt. Denn es gibt kein rein ökonomisches Motiv, Wolkenkratzer zu errichten. Sie verbrauchen einen derart großen Teil ihres Volumens zur schieren Sicherung ihrer Großartigkeit, dass es eigentlich keine größere Fehlinvestition als Wolkenkratzer gibt. Bereits der New Yorker Architekt Theodore Starret, der 1906 den Entwurf eines hundert Geschosse messenden Gebäudes veröffentlichte, erklärte zu dieser Zeit: »Wir haben die Woolworth-, Singer- und Metropolitan-Türme auf extreme Höhe gebracht, um das Prestige dieser Unternehmen sich in diesen Türmen reflektieren zu lassen; aber die oberen Geschosse sind nicht dazu geeignet, einen Gewinn aus der Investition zu ziehen.«[25] Die Wolkenkratzer bilden die stählerne Lob- und Prunkrede des westlichen Kapitalismus. In dem weltweiten Wettbewerb, den die *Chicago Tribune* 1922 ausschrieb, um ein neues Verwaltungsgebäude zu errichten, ging es darum,»das schönste und einzigartigste Bürogebäude in der Welt zu errichten.«[26]

Wolkenkratzer sind kulturelle, technische, ökonomische Machtzeichen, die mit ihrer ästhetischen Überwältigung der Sinne die religiöse Botschaft zumeist stumm halten. Mit wenigen Ausnahmen. Ende des 19. Jahrhunderts, als die ersten Hochhäuser in Chicago und New York in den Himmel getrieben wurden, wählte man zu ihrer Beschreibung religiöse Hyperbeln. Ernest Flagg, der Architekt des Singer Building in New York von 1908 wünschte sich eine Skyline wie »eine Tiara aus stolzen Türmen.«[27] Der Architekturhistoriker Paul Goldberger spricht auch davon, dass New York für den Kapitalismus das wurde,»was Rom für die Kirche darstellte«[28]. Nur eine naive Vorstellung von Religion könnte annehmen, die westliche Gesellschaft

links: Emery Roth: *San Remo Apartment, New York*
rechts: Kenzo Tange: *City Hall, Tokyo*

sei säkularisiert. Ökonomismus und Liberalismus, erst recht das Effizienz-Credo, sind religiöse Dogmen.[29] Unmittelbar evident wird die religiöse Dimension des Bauens an den vielen domähnlichen Doppeltürmen wie an dem San Remo Apartment von Emery Roth oder der Kenzo Tanges Tokyoter City Hall. Tanges City Hall ist mit den beiden 243 Meter hohen Türmen ersichtlich Notre Dame de Paris nachempfunden. Jeder Turm kostete etwa eine halbe Milliarde Dollar. Augenscheinlich sind die Türme nicht funktionell, sondern rhetorisch, sie sind Beispiele für ein architektonisches Pathos, explizite Beispiele für die ins Optische übertragene religiöse autosuggestive Message des westlichen Liberalismus.

Das ist also die Metaphysik des Turmes, der entweder schweigt oder – mit wenigen Ausnahmen – nicht das sagt, was er ist und was er will. Heideggers Versuch, den Turm lediglich als ein »Hinauf, Herab« zu bestimmen, als ein Ding, das »gen Himmel ragt und eingelassen ist in die Erde«, schließt so tatsächlich an die Geschichte eines Schweigens und Verschweigens an, wo der Turm nicht sagen konnte und durfte, was er ist. Zugleich aber rührte Heidegger an das Geheimnis dieser Stummheit, dass nämlich in der westlichen Tradition die Macht schweigt, es sei denn, sie trägt einen Namen, an den blind geglaubt werden kann.

Autoikonoklasmus

Die Ereignisse in Manhattan am 11. September 2001, der Crash der *Twin Towers* und dann die Erschütterung aller Türme des Westens, sie führten vor die Augen der Welt, dass das Bilddrama des Attentats in drei Dimensionen spielt: 1. Der Angriff gilt einem Bild, dem Inbegriff einer bösen oder unzulänglichen Macht. 2. Das Attentat zerstört dieses Bild. 3. Der Attentäter steigt aus den Trümmern des Bildes, aus der Asche des Toten, selbst als Bild empor. Er ist ein Parasit der Zerstörung. In allen drei Dimensionen der ikonoklastischen Aktion findet sich eine spezifische Qualität des Bildlichen.

Im Unterschied zu den gewaltigen baulichen Emblemen hat die Moderne die sichtbare Seite der Macht und des Staates, seinen Aufwand an Repräsentation und Ritual, entschieden reduziert. Die aufwändige Inszenierung des Staates und der Staatsmacht, die etwa dem sterblichen Leib des französischen Königs Ludwig XIV. oblag, gibt es nicht mehr.

Einer Nachwelt, der die Geschichtsbücher die Endlichkeit des absoluten Königtums verbrieft haben, erscheint dieses allegorische Theater am königlichen Morgen und Abend nur noch komisch. Wer wollte heute dem Präsidenten allmorgendlich beim Zähneputzen zuschauen? Dieses Desinteresse ist auch ein Effekt blind gewordener Rationalität. Der Staat soll funktionieren und nicht schön aussehen! Der Staat eine nie verlöschende Sonne? Das Bild wäre heute unmöglich. Dennoch ist die moderne Rationalität für den Gedanken, dass der Staat nicht vergeht, aufgeschlossen. Trotz Pathosempfindlichkeit und Ritualidiosynkrasie rechnen alle Bürger, Bankiers, Unternehmer, Rentenempfänger, Aktionäre und Verfassungsrichter mit einer unabsehbaren Dauerhaftigkeit des Staates. Und damit erwarten sie das Unwahrscheinliche, entgegen der historischen Lektion, die uns die vergangenen 200 Jahre erteilt haben. Aber warum erzeugt der moderne Staat keine sichtbaren Zeichen, keine emblematischen Siegel seiner entschlossen angestrebten Dauer? Warum sorgt er nicht für bildhafte Zertifikate seiner von (fast) allen gewollten Unsterblichkeit?

Der moderne Staat ist aus einem entschlossenen Autoikonoklasmus hervorgegangen. Ein ästhetischer oder antiästhetischer Wille beschnitt seine bildhaften, rituellen, repräsentativen Selbstdarstellungsrepertoires. Heute ist er versenkt in das Grau in Grau stilistischer Indifferenz. In diesem Ikonoklasmus der Macht wirkte einmal ein revolutionärer Impuls. Der Sturm auf die Bastille oder der Sturm auf das Winterpalais, der Brand des Reichstages, die in Trümmer gelegten Monumente der Diktatoren, die geschleiften Stalin-Monumente nach 1989 – alles dies waren bilderstürmerische Gewaltakte, die das Verschwinden der Macht darstellen sollten. Die großen europäischen Revolutionen brachten aber nicht nur die Embleme und Bühnenwerke der alten Mächte zum Verschwinden, sondern die von ihnen gegründeten Staaten verharren noch heute in der selbst geschaffenen ikonoklastischen Wüste.

Was könnten die Gründe dafür sein, dass die modernen Staaten in solcher Armut ihres repräsentativen Repertoires verharren? Drei Erklärungen bieten sich dafür an. 1. Die Krise der Repräsentation, die nach Michel Foucault um 1800 einsetzt. 2. Die Evolution einer Kunst in der Moderne, die alle Ähnlichkeits- und Abbildfunktionen für obsolet erklärte. 3. Die Umstellung in den Medien der Repräsentation von bildhafter zu personaler Repräsentation.

1. Die Krise der Repräsentation, die Michel Foucault in seiner Untersuchung *Les mots et les choses* beschreibt,[30] erfasst die Darstellungen von Wissen, das gemeinsame epistemologische Modell der drei von ihm untersuchten Wissenschaften Ökonomie, Zoologie und allgemeine Grammatik. Die alte, über Jahrhunderte hinweg unbefragte Arbeitsweise der Repräsentation stürzt um 1800 in eine Krise, weil die neuen Wissenschaften das aussagbare Wesen der Dinge nicht mehr an ihrer Oberfläche suchen, an klaren Markierungen der lebenden Wesen, an den Bezeichnungskräften der Sprache, die sie zur Repräsentation befähigt, oder an den Arten der Reichtümer. Das neue Wesentliche, die neuen systemfähigen Züge, die Foucault analysiert, haben sich um 1800 in das Innere der Dinge zurückgezogen. Für die neue Ökonomie treten die Objekte des Tauschs durch die in ihnen kondensierte Arbeit miteinander in Verbindung; für die neue Zoologie begründen die Lebewesen ihre Familiarität durch feine, dem Blick entzogene Merkmale ihrer Organisation; für die neue Linguistik organisieren die Sprachen ihre Verwandtschaft durch Ähnlichkeiten in den indoeuropäischen Flexionssystemen.[31] Die Beispiele Foucaults reichen nicht direkt bis in die Formen und Theorien der politischen Repräsentation; aber die sind durchaus mit im Spiel. *Repräsentation* ist das semiotische Milieu, in dem sich die klassische Epoche die Doppel ihrer selbst anfertigt und worin sie sich erkennt. Eine Theorie der politischen Repräsentation arbeitet das 1651 veröffentlichte staatsphilosophische Werk *Leviathan* von Thomas Hobbes aus. So ungewöhnlich das Werk auch ist, es folgt ganz dem klassischen Muster, wie es Foucault beschrieb. Hobbes lässt die

sprachliche Repräsentation von Gedanken nach den gleichen Prinzipien funktionieren wie die juristische oder politische Repräsentation von Macht. Die Darstellung der Macht wird nicht einem Begriff oder einem Bild, sondern einer *Person,* und das heißt wörtlich: einem Schauspieler oder einem Maskenträger, übertragen.[32] *Repräsentation* heißt nach dem Verständnis der klassischen Epoche die strategische, gewollte Visualisierung von etwas Unsichtbarem wie etwa der sozialen Stellung.[33] Amtshierarchien, Kleiderordnungen, Titel, Ehrenzeichen dienten diesem Zweck der Distinktion für alle Augen. Nur wenige Reste dieser Repräsentationskultur retteten sich bis ins 20. Jahrhundert. Noch im Jahre 1861 umfasste das Programm der Krönungsfeier König Wilhelms von Preußen fünfzehn eng bedruckte Seiten, wo u.a. die Ordnung des Festzuges, die Reihenfolge der Herolde, Pagen, Marschälle, Kammerdiener, Würdenträger, Behördenchefs etc., in genauer Rangabstufung festgelegt war.[34]

Diese ganz nach außen gekehrte vordemokratische Repräsentation lässt sich mit Foucault als Ausdruck eines prinzipiellen Zeitverhältnisses verstehen. Der alte Staat, der sich noch nach dem Vorbild des Römischen Reiches verstand, hielt sich in temporärer Unanfechtbarkeit und stellte sich selbst als zeitlos vor. Staat und Macht waren ohne Anfang und Ende. Kaiser Justinian gab diese Idee der Staatlichkeit aller Welt vor. In der *confirmatio* seines *Codex Justinianus* von 630 erklärte er, dass der römische Staat immer schon über alle Völker geherrscht habe und dass er dies mit Gottes Hilfe auch in alle Ewigkeit tun werde.[35] Nach Foucault ist das Ereignis, das um 1800 diese zeitlose Repräsentation zu ruinieren beginnt, der Eintritt der Geschichte in die Ordnung des Wissens. Zeitlichkeit ist das neue Sein der Dinge. Und es ist die gleiche korrosive oder evolutionäre Zeitmacht, die um 1800 in die politische Repräsentation einsickert. Dort führt sie die gleiche Wende herbei wie in der Ordnung des Wissens: das Unsichtbarwerden, die Inversion der repräsentationsfähigen politischen Zeichen, Bilder und Szenen. Dass der Staat aus dem Blick der Bürger verschwinde und dass sich auch der Bürger dem Staat nur als eine Gestalt aus zweiter Hand repräsentiere, beklagt bereits Schiller in seinen *Briefen über die ästhetische Erziehung*.[36] Der Staat ist nicht mehr nach außen gekehrte sonnenartige Macht, Fülle und Größe. Er ist vielmehr nach innen gekehrte undarstellbare Freiheit, Gleichheit und allgemeiner Wille. Und seit 1800, seit dem Beginn der symbolischen Abrüstung und mit dem Einsetzen des Autoikonoklasmus, feiern die Staaten in ihren festlichen Selbstdarstellungen nicht mehr die justinianische Ewigkeit des Römischen Reiches, sondern ihren Anfang, ihre Gründungsakte, die *Declaration of Independence*, den *Sturm auf die Bastille*, die errungene Selbständigkeit oder die Inkraftsetzung der Verfassung etc. Diese Gedenktage sind daher keine Feiern der Macht und ihrer prachtvollen Hegung, sondern Erinnerungen an den geschichtlichen Augenblick der Beseitigung von (fremder) Macht.

2. Der Staatsikonoklasmus geht im 19. Jahrhundert Hand in Hand mit der ästhetischen Revolution, die die Ähnlichkeitsrelationen zwischen Kunst und Welt nach und nach aufgibt. »Der Moderne verachtet die Einbildung«, verkündet Mallarmé im Anschluss an Richard Wagner.[37] Die Welt kehrt im Imaginären nicht wieder, sondern hüllt sich ins Dunkel. Thema der Kunst wird eine prinzipielle Undarstellbarkeit der Welt. Der Künstler bildet nicht mehr die Dinge ab, sondern gestaltet ihr undarstellbares Geheimnis. 1912 erlässt Wassily Kandinsky die neue Charta, indem er den Künstler zum Nachfolger der *Person* bei Hobbes, des Repräsentanten und Stellvertreters ernennt. Er wird sogar »König«, schreibt Kandinsky; und dies nicht nur, weil er »die große Macht hat, sondern auch in dem Sinne, dass seine Pflicht groß ist.«[38] Die Kunst, die sonst aus allen Ähnlichkeiten und Abbildern ausgewandert ist, bleibt in ihrer Machtfülle dem Staat dennoch ähnlich. Beide regeln von Gesetzes wegen ihre Undarstellbarkeit. Das wertet sie keineswegs ab; ganz im Gegenteil: Sie erzielen einen Prestigegewinn. Der Auszug der Staatsmacht aus der sichtbaren Welt und ihr Einzug in die Unsichtbarkeit vollziehen sich in Analogie zur Kunst, deren radikale Ikonoklasten das Bild ins Extrem treiben, ins Extrem des Formats und des Geheimnisses. Dort etwa ist im 20. Jahrhundert Barnett Newman angelangt. Auch der moderne Staat gibt den Anspruch auf Größe und Macht keineswegs auf; er zeigt sie nur nicht mehr. Ganz so in Barnett Newmans Malerei, die

hier als Beispiel taugt, weil Newman den Begriff des *sublime* in der Kunst rehabilitiert hat. Kunst und Macht spekulieren beide auf die Wirkkräfte des Erhabenen. Kant, der Theoretiker dieser Moderne, lieferte die klassische Formulierung für die Erfahrung des Erhabenen. Es ist die Darstellung des Undarstellbaren. Das Undarstellbare ist erhaben, weil es alle Vermögen der Vorstellung und der Begriffe überfordert. Als Beispiel der Beispiele dafür zitiert Kant in § 29 der *Kritik der Urteilskraft* das Bilderverbot Jahwes. Und er kommentiert: »Vielleicht gibt es keine erhabenere Stelle im Gesetzbuche der Juden als das Gebot: Du sollst Dir kein Bildnis machen.«[39] Das Konzept machte in der Theorie und Bildästhetik der Moderne Epoche. Baudelaire fragt in seinem Nachruf auf Eugène Delacroix 1863: »Was ist nun das geheimnisvolle Etwas, das Delacroix (...) besser wiedergegeben hat als irgendein anderer? Es ist das Unsichtbare, es ist das Ungreifbare, es ist der Traum, es ist der Nerv, es ist die *Seele*.«[40] Kein Bild der Welt mehr, sondern Bilder, die Darstellungen des Undarstellbaren sind. Ein halbes Jahrhundert später wuchert der Spott über die abbildende *retinale Malerei,* also über die vermeintliche Idiotie, Welt- und Leinwandoberflächen miteinander abzugleichen, auf den Lippen aller Avantgardemaler.[41] Denn Kant betrachtet das Darstellungsverbot, das der jüdische Gott über sein Bild verhängte, als ein Gesetz, das den besonderen Enthusiasmus der Juden für ihre Religion erklärt, weil es die Einbildungskraft in Schwung versetzt. Ganz gleiche Effekte brächten die Unerforschlichkeit und Undarstellbarkeit der Idee der Freiheit hervor.[42] Der Enthusiasmus ist jene moderne Kraft, die auch die Paranoia ernährt. Die ikonoklastische Unanschaulichkeit, in die sich die Macht des Staates neuerdings hüllt, gäbe ihr einen besonderen ideellen Wert. Der Staat hat sich damit auf eine abstrakte Repräsentation eingelassen, so wie die moderne Kunst nur noch die Kunst darstellt und nichts anderes mehr.

3. Eine dritte Lesart für den Autoikonoklasmus des Staates besagt, dass eine grundsätzliche Umstellung von bildlicher, zeremonieller, architektonischer Repräsentation auf die personale stattgefunden hat. Ist nicht die Öffentlichkeit das Medium, worin sich der Staat sichtbar macht und wo die Macht in schönster, humaner, rationaler

Dressur daherkommt? Ist die Macht nicht ein allein von legitimierten Personen und ihren Diskursen ausgehender Effekt? Wir haben jede Menge Repräsentation; allerdings keine, die gesehen, sondern eine, die beobachtet wird. Presse, Kino, TV etc. erschließen den Alltag des Politischen zur Beobachtung. Die viel beschworene »Bilderflut« unserer Tage trat an die Stelle der alten *statischen* Repräsentation, die das Herrscherbild leistete, das ja noch in den Foto-Ikonen des jeweils amtierenden Präsidenten in Amtsstuben und in Räumen weiterlebt, wo hoheitliche Funktionen ausgeübt werden. Diese mediale Präsenz der Politiker und des Staates ist selbstverständlich etwas völlig anderes als die bildlich geformte, stilisierte Repräsentation. Die mediale Darstellung des Politischen wird heute vom Fluss der Zeit selbst erfasst. Während die traditionellen Formen staatlicher Repräsentation den Anspruch auf Zeitlosigkeit erheben, ist die massenmediale Darstellung (Übertragung) des Politischen vorwiegend in Echtzeit nicht repräsentativ, sondern erlebnisförmig und besteht lediglich in kontinuierlicher Sichtbarkeit. Ein fundamentaler Wandel des Politischen ging damit einher. Weniger die Entscheidung und die zu entscheidenden Probleme bilden den Inhalt des erlebnisförmig dargebotenen Politischen als vielmehr diese mediale Darstellung, an die sich Debatten über die zulässige oder unzulässige Theatralität der politischen Prozesse anschließt. Im Unterschied zu Rousseaus ikonoklastischem Konzept der unrepräsentierbaren *volonté générale*[43] könnte man von einer Dauerdarstellung des nicht-generalisierbaren Wollens im Fernsehen sprechen. Der Wandel spielte in der Diskussion zu Beginn des vergangenen Jahrhunderts bereits eine Rolle. Um 1910 beklagte der Philosoph und Kulturkritiker Rudolf Kassner das Einsickern privater Kaiserbilder in die Öffentlichkeit: »Ein Kaiser ist groß als Kaiser, seine kaiserlichen Handlungen zählen, und nicht die seines privaten Lebens, das heißt historisch und politisch sehen.«[44] Das Historische und Politische wollte Kassner auf solche Repräsentationen beschränkt wissen, in denen sich nur der Staat und seine Handlungen abbilden. Politik sollte sich immer schon das Design des Transaktuellen anlegen. Das scheint vorbei. Das Prinzip der Aktualität, dessen einziges Ziel die Live-Übertragung, die Live-Präsenz der wichtigen Politiker im Fernsehen ist, hat inzwischen das Politische und damit die Macht personalisiert. Das Interesse an den *Personen* überwiegt das Interesse an der Politik, die sie vertreten. Da die Macht nach wie vor als undarstellbar gilt, wird das Innen der Akteure und Personen mit den Entscheidungen, die sie zu treffen haben, abgeglichen. Dieses Intime bildet heute die Allegorie des Politischen. Beim Amtseid des amerikanischen Präsidenten umringen Frau und Kind den Schwörenden und verwandeln den Akt in eine Familienszene. Der Präsident soll uns nicht repräsentieren, sondern er soll sein wie wir. Hier stehen wir beinahe an der gleichen Stelle, wo im 17. Jahrhundert die Besucher beim Lever und Coucher Ludwigs XIV. standen: als Beobachter einer Intimsphäre, die allegorisch das Politische bezeichnet. Vielleicht wundern sich in 250 Jahren auch einmal die Historiker über unsere öffentliche Anteilnahme am Intimen der Politiker.

Anthropologie des Bildes

Die Unbildlichkeit, das reduzierte repräsentative Pathos des modernen Staates scheint von jedermann akzeptiert. Die Mehrheit der Leute ist heute der Ansicht, dass Macht und Gewalt, die *pudenda* des demokratischen Staates, verhüllt bleiben sollen. Herfried Münkler bringt die politischen Unterschiede der Machtrepräsentation auf die Formel, dass demokratische Staaten die Prozesse der Entscheidungen (z.B. das Parlament) sichtbar machen, während sie die Mächte der Ordnungsstiftung (Polizei, Militär) lieber im Unsichtbaren lassen. Autoritär-herrschaftliche Systeme hingegen verfahren genau umgekehrt.[45]

Die Paranoiker haben es mit einer Macht, die sich als Autorität zeigt, gewiss einfacher. Das Obszönwerden der Macht beunruhigt eben jene Wenigen, für die gerade die Verborgenheit den Anlass für Verdacht bildet. Aber ein kurzer Blick zurück in die protestantischen Gründungsakten des modernen Staates kann deutlich machen, dass die Unbildlichkeit des Staates, die Unrepräsentierbarkeit der *volonté générale* selbst das Produkt einer Paranoia ist, die in vielerlei Hinsicht das Leben und Denken von Jean-Jacques Rousseau beherrscht hat.

Das aufschlussreiche Dokument hierzu ist Rousseaus berühmter *Brief an d'Alembert über das Theater*, der in erster Auflage 1758 erschien und einen großen Publikumserfolg erzielte. Rousseau trug damals Überlegungen vor, die sich gegen das von d'Alembert für die Republik Genf vorgeschlagene Theater richteten. D'Alemberts Theater sollte ein Forum bürgerlicher Selbstdarstellung eröffnen, aber in Rousseaus Augen ist das Theater ein falsches Spiel.

Aber soll es in einer Republik denn überhaupt keine Schauspiele geben?, fragt Rousseau gegen Ende seiner Abhandlung. Doch, antwortet er. Es soll Feste geben als Schauspiele, und dieses Schauspiel wird das Volk selbst sein. Aus diesem Ansatz heraus entwickelt Rousseau die Idee einer repräsentationslosen, aller Theatralität entkleideten Gesellschaft, die nur sich selbst bei festlichen Gelegenheiten in Szene setzt.

Was werden aber schließlich die Gegenstände dieses Schauspiels sein? Was wird es zeigen? Nichts, wenn man will. Mit der Freiheit herrscht überall, wo viele Menschen zusammenkommen, auch die Freude. Pflanzt in der Mitte eines Platzes einen mit Blumen bekränzten Baum auf, versammelt dort das Volk, und ihr werdet ein Fest haben. Oder besser noch: Stellt die Zuschauer zur Schau, macht sie selbst zu Darstellern, sorgt dafür, dass ein jeder sich im andern erkennt und liebt, dass alle besser miteinander verbunden sind.[46]

Das Fest zeigt nichts als einen in die Zeit geschnittenen Augenblick theatralischer *tabula rasa*. Das republikanische Fest feiert das Ende des Zeigens und die Erlösung vom Theater. Dieser vom allgemeinen, verallgemeinerten Willen getragene revolutionäre Staat saugt Theater und Theatralität in seine Natürlichkeit auf. Von der Repräsentation bleibt nur noch der Name.

Das ist der calvinistische Traum eines Lebens ohne Trug. Das Fest verwandelt alle Zuschauer in Akteure, es beendet die Trennung zwischen Repräsentanten und Repräsentierten, zwischen Theater und Zuschauer, zwischen Beobachteten und Beobachtern und vereint alle Akteure des Politischen und des Staates in einer Dauerparty der Selbsterkenntnis. Das Politische und die Macht ziehen sich in das natürliche Wollen oder die zwanglose Kommunikation zurück. Aber wer mag das glauben? Vermutlich Rousseau selbst am allerwenigsten. Sein gegen die Theater gerichteter Entwurf eines repräsentationslosen politischen Seins ist vom gleichen Zuschnitt wie die Traumgesellschaften der Paranoia, der Marguerite Anzieu oder der Valerie Solanas: eine restlos transparente Welt ohne Falsch und ohne irgendeinen Anhalt für Verdacht. Im Grunde hat sich der moderne Staat nach diesem Modell eingerichtet: Jeder kann Repräsentant werden, jeder kann zum Präsident gewählt werden; Beobachter und Beobachtete wechseln ständig die Plätze. Aber es funktioniert nicht. In jedem Fall nicht für den ständigen Verdacht der Paranoia.

Die Paranoia kommt mit der bildlich abgerüsteten Welt nicht zurecht. Ihr Verdachtsinstinkt lässt sie sowohl gegen die Bilderflut aufbegehren als auch gegen die erhabene Abschirmung der Macht im Unbildlichen. Gerade die monumentalen Gemälde Barnett Newmans wurden zu Zielen ikonoklastischer Gewalttäter. Die neuere Bildanthropologie hat sich mit dieser Seite des Bildlichen bislang wenig befasst. Mit Ausnahme der »dogmatischen Anthropologie« des Rechtshistorikers und Lacan-Schülers Pierre Legendre. Legendre zeigt in seinen Büchern, zuletzt in *Dieu au miroir. Étude sur l'institution des images*, wie zur juristischen, theologischen und das heißt: zur politischen Investitur des Mittelalters auch eine Dogmatik des Bildes (der Emblematik) gehörte.[47] Es gab im Mittelalter ein *ius imaginum*. Heute sind Bilder, zumal die Bilder der Macht und des Staates, »rechtlos« (im Sinne dieses obsoleten *ius*) geworden. Zum anderen ist auch bestimmten Sektionen des Staates und der Verwaltung das Recht auf ein Bild, das Recht, im Bild zu erscheinen, entzogen worden. Geregelt ist nicht das Bild, sondern die Bildlosigkeit.

Dabei kehrt das Bild, das von der modernen Rationalität exorziert worden ist und seit 200 Jahren aus wissenschaftlichen und juristischen Traktaten vertrieben wurde, heute mit der Macht des Verdrängten wieder zurück. Ein neuer Fundamentalismus des Bildes geht durch die aufgeklärte Welt. Die Frage »Was ist ein Bild?«, die Philosophen wie Michael Polyani, Literaturhistoriker wie William J. T. Mitchell oder Kunsthistoriker wie Gottfried Boehm in den vergangenen Jahren aufgeworfen haben,[48] wurde im Mittelalter und in der frühen Neuzeit dogmatisch beantwortet. Der einflussreiche Jurist und Emblematiker Andreas Alciatus stellte und beantwortete die Frage im 16. Jahrhundert: »Quid est pictura? Veritas falsa.«[49] Das Bild ist eine gefälschte Wahrheit, ein Trug. Alciats juristische Normierung diente aber nicht dem Versuch, diese Art von Trug aus der Welt zu schaffen; der Trug wurde vielmehr verwaltet. Seit es Bilder gibt, haben die Juristen zu tun. Und das wird vorerst auch nicht enden. Obwohl die Frage nach dem Bild heute von Kunstspezialisten bearbeitet wird, befinden im Streitfall immer wieder Richter darüber. Das große Buch von Dario Gamboni über *The Destruction of Art* gibt dafür bemerkenswerte Beispiele: In einem Kapitel über moderne Varianten des alten Trugs »Wenn Kunst mit Müll verwechselt wird« erzählt der Verfasser, wie Werke von Joseph Beuys arglosen Bilderstürmern zum Opfer fielen.[50] Ein übereifriger Hausmeister der Düsseldorfer Kunstakademie hatte 1986 im ehemaligen Atelier des Künstlers, wo der Meister in fünf Meter Höhe eine seiner berühmten Fettecken angebracht hatte, nicht nur Spinnen verjagt, sondern auch das angebliche, vermeintliche, wirkliche Kunstwerk zerstört. Natürlich erhielt er reichlich Beifall aus der Kollektivseele des gesunden Volksempfindens. Ist eine Fettecke von Beuys, die nicht signiert und nicht ausdrücklich ausgestellt ist, ein Bild? Und wem gehört es? Ein ehemaliger Mitarbeiter, dem Beuys das Kunstwerk zum Geschenk gemacht hatte, verklagte das Land Nordrhein-Westfalen auf 50.000 DM Schadenersatz. Die Richter entschieden, dass es ein Kunstwerk gewesen ist. Alciat könnte heute nicht mehr urteilen, dass sich eine »veritas falsa« im Winkel des Ateliers eingenistet hätte. Ein Bild oder eine Plastik von Beuys ist selbst ein Prototyp und die aktive Umgehung der Alciat-Sentenz. Die Wahrheit des Bildes steht heute mehr denn je fest.

Die vulgäre Liberalität und Rationalität hat das *Bild* zu einem Wissensspeicher minderen Wertes herabgesetzt, und damit verbindet sich die naive Vorstellung, dass Bilder lediglich bemalte oder technische manipulierte Oberflächen sind. Mit Legendre gesprochen, ist jeder Mensch eine *persona*, Träger einer eigenen Maske und lebt im Einklang oder im Konflikt mit seinem Bild als einem konstitutiven Accessoire seines Seins. Aber nicht nur von sich selbst, sondern von der gesamten Welt erzeugen die Menschen Doppel, um sich darin zu orientieren. Und es ist das (von Hobbes ausdrücklich anerkannte) Bestreben eines jeden, dieses eigene Bild, die eigene Maske ins Auge aller zu befördern. In einem Zeitalter, in dem jeder berühmt sein kann, in dem jeder in eine allgemeine Sichtbarkeit eintauchen und über eine Reklametafel der Medien huschen kann, ist die Frage der Repräsentation noch dringlicher, noch kritischer, noch dogmatisch relevanter geworden. Legendre weist in seinen Büchern immer wieder auf den anthropologischen Universalismus hin, wonach jede Kultur, mithin Religion, Recht, Macht, Politik, auf geregelte, codierte Sichtbarkeit angewiesen ist. Recht und Macht zeigen sich überall in einem jeweils fundamentalen Repertoire von Bildern, Emblemen, Szenen und Inszenierungen. Die Welt der Menschen offenbart sich nicht, sondern sie zeigt sich. Man könnte sagen: Alle jene Wahrheit, jene grundlegende Gegebenheit, die Heidegger einer ontologischen (Un-)Verborgenheit überstellte, führt Legendres Denken in ihrer codierten Sichtbarkeit vor. Er erklärt: »Das Studium des Dritten, der dem instituierten Subjekt die Trennung garantiert, des Dritten, der das Spiegelbild sichert, legt die Feststellung nahe, dass alle Normativität, in welcher Gesellschaft auch immer, an die Menschendinge gebunden bleibt, an die Logik der Repräsentation, an die Theatralisierung des Vernunftprinzips in der Kultur.«[51]

Das Zeigen ist der Modus des Menschenlebens, sobald es sich der Naturkontingenz entzieht und die Gitter der Kultur (des Institutionellen) um sich errichtet. Aber dieses Zeigen, an das wir Bewohner des Institutionenzoos gewöhnt sind, sehen wir nicht mehr ohne weiteres. Wir verwechseln Sichtbarwerden mit Zeigen. Screens sind freilich keine Embleme.

Thomas Pynchon: The Crying of Lot 49

In Thomas Pynchons frühem Roman *The Crying of Lot 49* findet sich ein eindrucksvolles Beispiel für die Beziehung einer paranoischen Vernunft zum Bild. Pynchon lässt seine Protagonistin Oedipa Maas auf die Spuren einer offenbar bereits seit Jahrhunderten in den USA aktiven Geheimgesellschaft stoßen, die über ein eigenes Postsystem kommuniziert. Ein verflossener Liebhaber hatte Oedipa zur Vollstreckerin seines Testaments bestimmt, und mit der Realisierung des riesigen Immobilienvermögens und anderer Werte stößt sie auf immer mehr Anzeichen, dass dieses konspirative Postsystem mit dem seltsamen Namen Tristero oder WASTE bereits im 17. Jahrhundert in England eingerichtet worden ist. Obgleich Oedipa außer den kleinen Komplikationen, die vielleicht ihr Name anzeigt, keinen Hang zu paranoischen Interpretationen kennt, treiben sie die vielen Posthorn-Zeichen, die ihr als Hinweis auf WASTE dann überall begegnen, und ihre hartnäckigen Aufklärungsversuche, was diesen Erblasser namens Inverarity mit dem konspirativen Tristero-System verbindet, in tiefe Verwirrung. War diese ganze Erbgeschichte vielleicht nur ein gegen sie gerichtetes Komplott? Zu ihrer Verwirrung trägt bei, dass nicht nur ihr Ehemann, der Mucho heißt, von zahllosen Ängsten heimgesucht wird. Ausgerechnet ihr Psychoanalytiker Dr. Hilarius trachtet in einem Anfall von Verfolgungswahn nach dem Leben einiger Mitarbeiter seiner Klinik. Hilarius hat während der Nazizeit im KZ Buchenwald an Menschenversuchen teilgenommen und fürchtet jetzt die Rache ehemaliger Häftlinge. Oedipas Weg kreuzen noch mehr seltsame Namen und Gestalten, die sich gemeinsam mit anderen geheimnisvollen Zeichen und Ereignissen dazu verschworen haben, sie in einem Delirium einzufangen. Oedipas Erkundungen machen es nach und nach wahrscheinlich, dass es fanatische Puritaner waren, die im 17. Jahrhundert den Tristero-Versandweg als postalisches Untergrundsystem gegen das Monopol der Thurn und Taxis' in Europa errichteten, weil ihre Skrupel und ihr Zeichenwahn dem staatlichen Postsystem nicht trauten. Hatte nicht der puritanische Geistliche Thomas Goodwin gewarnt: »Der Teufel kann die Texte auf den Blättern unserer Herzen, wo vielleicht unsere Gnade oder anderer Trost aufgeschrieben wurde, umschreiben oder einfach nur umblättern und unsere Augen so einstellen, dass sie nicht mehr lesen können oder dass sie doch nur das lesen, worin unsere Sünden und Irrtümer geschrieben sind.«[52] Und wenn der Teufel die Post in die Hände bekommt, dann wird jeder Brief ein Gnadenvernichtungsbrief. Irgendwann ist dieses System dann auch in den USA aufgetaucht und möglicherweise nutzen es die Amerikaner, um »aufrichtig miteinander [zu] kommunizieren«, während sie das routinemäßige Geschwätz dem »offiziellen Verteilersystem der Regierung anvertrauen«.[53] Sogar in einem Theaterstück des obskuren Dramatikers Richard Wharfinger aus dem 17. Jahrhundert, das den Titel *The Courier's Tragedy* trägt, stößt Oedipa auf eine seltene Textvariante, in der der Name Trystero erwähnt wird. Ein Gespräch mit dem Regisseur, der bei einer Aufführung den Vers mit der Trystero-Anspielung sprechen lässt, kommt nicht zustande, weil der offenbar Selbstmord begangen hat. Die Nachfrage bei einem der Herausgeber des Dichterwerks bringt auch keine definitive Klärung. Das konspirative Postsystem erreicht Oedipa dann direkt, als sie einen Brief ihres Mannes Mucho empfängt. Auf dem Umschlag liest sie die eigenartige Aufforderung, »melden Sie jede obszöne Post ihrem Potsmeister«, und gleich darauf entdeckt sie, dass in dieser Mitteilung auch zwei Buchstaben vertauscht sind, ganz wie auf anderen Briefmarken, auf denen »U.S.-Potstage« steht.[54] Und solche fehlerhaft gefälschte Marken finden sich in großer Zahl in der Briefmarkensammlung des verschiedenen Erblassers Inverarity.

Was steckt dahinter? Oedipa fühlt sich durch die Ereignisse, Zeichen, durch die Selbstmorde und andere Unglücksfälle dazu berufen, das Trystero-Rätsel zu lösen. Ihr Name versorgt sie eigentlich auch mit der erforderlichen investigativen Energie, aber da sie nicht in der Epoche der Tragödien lebt, die stets den Ursprung der schicksalhaften Konspiration offenlegen, bleibt zuletzt das Rätsel doch ungelöst. In Zusammenarbeit mit einem Anwalt will Oedipa die gefälschten Briefmarken, die einen großen Wert darstellen, versteigern lassen. Und ein Interessent, der seinen Namen aber nicht preisgeben wollte, hatte sich bereits gemeldet. Würde dieser geheimnisvolle Mann das Rätsel doch zu lösen helfen? Der Roman endet damit, dass das Versteigerungsstück Lot Nr. 49 ausgerufen wird. Wenn die Geschichte auch kein Ende hat, so doch einen Anfang. Oedipa erinnert sich an ein solches Schlüsselerlebnis. Als sie vor Jahren mit dem einstigen Liebhaber Inverarity in einer Ausstellung in Mexico City das Gemälde des Exilspaniers Remedios Varo betrachtete, da empfing sie eine traurig stimmende Vorstellung ihres Lebenszustandes. Das Gemälde war ein Turmgemälde, das diesen Turm wie eine Offenbarung sprechen ließ. Der Erzähler beschreibt dieses Gemälde ausführlich:

Remedios Varo: Bordando el Manto Terrestre (1961)

Auf dem Mittelstück eines Triptychons mit dem Titel ›Bordando el Manto Terrestre‹ sah man eine Anzahl zerbrechlicher Mädchen mit herzförmigen Gesichtern, riesigen Augen, Haaren aus gesponnenem Gold, die im obersten Raum eines runden Turmes offenbar gefangengehalten wurden, wo sie an einer Art Tapisserie stickten, die sich in breiten Bändern durch die schlitzschmalen Fenster in eine Leere ergoß, die so ungeheuerlich war, daß jeder Versuch, sie zu füllen, hoffnungslos scheitern mußte: denn alle anderen Bauwerke und Geschöpfe, alle Wellen und Schiffe und Wälder waren in dieser Tapisserie enthalten, und umgekehrt, die Tapisserie war die Welt. Oedipa hatte in perversem Staunen vor dem Bild gestanden und geweint.[55]

Ein Turm, in dessen Spitze nicht die Seismographen der Welterschütterungen zu Hause sind, sondern die fleißigen Parzenfinger, die das Gewebe der Welt überhaupt hervorbringen. In der Mitte des höchsten Turmzimmers steht offenbar der Meister der Stickerei, der die Partitur dieser schwingenden Tapisserien in Händen hält und der zugleich in einem Gefäß, das zwei auf einer Achse stehenden Eiern ähnelt, die Ursuppe dieses Weltwebstücks rührt. Die gestickten Wohnstätten, die dieser Weltmantel zeigt, sind auch Türme, so dass unter den Händen der eingeschlossenen Frauen eine Welt aus Türmen entsteht.

Oedipas Tränen beweinen dieses Frauenleben, das ihr eigenes abbildet. Der Zwang, in dem sie sich wiedererkennt, entfaltet das Grundthema der Paranoia, nämlich das furchtbare Schwanken zwischen dem Schrecken, den der Gedanke an den Zufall erregt, und dem Entsetzen, das die Idee einer Verschwörung von Göttern oder Toten hervorruft, weil die ja stets ein Testament oder ein Fatum hinterlassen, das alle Winkel der eigenen Existenz erfasst. Die Turmwelten scheinen eben die Festungen der Paranoiaideen zu umschließen. In ihnen wohnt das Grauen absoluter Sicherheit und unerschütterlichen Wahns. Wo Türme einstürzen, winkt vielleicht die Freiheit, aber zugleich erfassen Wahn und Angst die Kinder der Freiheit.

Loose Change: *das flimmernde Ding (1)*

Zeugnis für einen solchen Wahn, der die Kinder der Freiheit schüttelt, ist der Dokumentarfilm *Loose Change* einer Gruppe amerikanischer Filmemacher. Die Idee stammt von dem sonst unbekannten Regisseur Dylan Avery, weitere Produzenten sind Korey Rowe und Jason Bermas. Dieser Film, der zunächst 2006 herauskam und seit 2007 als *Loose Change Final Cut* über das Internet völlig legal herunterzuladen ist, ist daher bemerkenswert, weil er mehrfach überarbeitet worden ist und neben einigen Sequenzen, die wegen Klagen der Rechteinhaber herausgenommen werden mussten, auch viele substanzielle Veränderungen erfahren hat. Inzwischen ist der Film von anfänglich 90 Minuten Länge auf mehr als 120 Minuten angewachsen. Die Obsession des Films ist der Verdacht, dass die verschiedenen Ereignisse vom 11. September 2001 von der amerikanischen Regierung selbst geplant und durchgeführt worden sind. Alle Argumente stützen sich auf Bildmaterial und zugleich auf von der Regierung zurückgehaltene Dokumente. Allzu viele Ungereimtheiten nähren diesen Verdacht. Ist es zum Beispiel plausibel, dass das ins Pentagon geschlagene Loch von eben fünf Metern Durchmesser, die Spur einer Boeing 757 gewesen ist, wie es der Untersuchungsbericht der Regierung behauptet? Auch die Trümmer dieses Unglücks, die auf verschiedenen Bildern und Videoaufnahmen des Ereignisses zu sehen sind, zeigten für den Blick der Filmemacher keine Reste eines solchen Flugzeugs. Die konspirative Vermutung geht dahin, dass es ein viel kleineres Fluggerät gewesen sein müsse, vermutlich eine Douglas A-3, die allein die US-Luftwaffe benutze. Der Hauptteil des Films befasst sich mit dem Crash der drei Hauptgebäude des World Trade Centers (WTC 1-3) und gibt mit verschiedenen Argumenten der Vermutung Rückhalt, dass die Türme unmöglich durch die Wirkung der von den Flugzeugen hervorgerufenen Explosionen und Feuer zusammengebrochen sein könnten. Vielmehr soll durch genaue Beobachtung und durch Blow-up der Videobilder nachgewiesen werden, dass die Türme erst dann einstürzten, als in ihrem Inneren Serien von Explosionen ausgelöst wurden, die sich dem genauen Blick erschließen. Experten, die Theologen unserer Zeit, bestätigen dann auch, dass ein solcher Crash, bei dem die Gebäude im eigenen Geviert zusammensinken, nur durch eine kontrollierte Sprengaktion ausgelöst werden kann. Am Ende wird auch noch die Vibration der Videokamera selbst als Beweis für eine Erschütterung genannt, die nur durch eine Explosion herbeigeführt worden sein konnte.

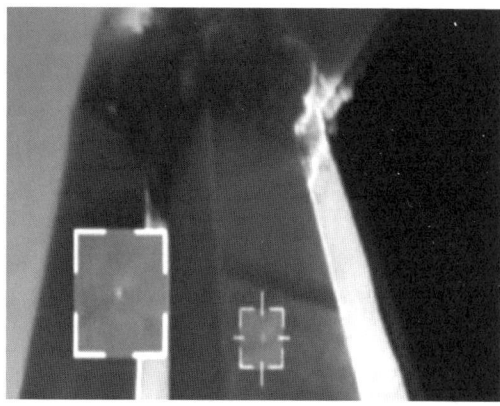

Bild aus dem Dokumentarfilm Loose Change, der auf flimmernde Stellen an den zusammenbrechenden Twin Towers hinweist, die eine Synchronie von Flugzeugcrash und absichtlich herbeigeführten Explosionen beweist.

Wieder stellen Beobachter die Frage: welches Geheimnis geben die Trümmer des Turmes vielleicht preis? Was die Augen in den Bildern finden, die flimmernden Zeichen des Komplotts, sind ja keineswegs Beispiele für Dummheit oder Wahnsinn, sondern für eine medientechnisch aufgerüstete Intelligenz. Die Intelligenz und der konspirative Verdacht erblicken hier das Wirken unsichtbarer Hände, die trotz aller teuflischen Tricks aus dem Nebel hervortreten und als Flimmern das paranoische Auge erreichen.

Ein ähnliches Flimmern hatte auch die Kritiker des Warren-Reports erregt, die die offizielle Alleintäterthese nicht glauben wollten und hinter der berühmten Mauer auf dem Grashügel an der Elm Street ein Täterphantom entdeckten, das auf den Namen Black Dog Man getauft wurde.

Auch dort hatte man dem Bildmaterial durch Deixis ein flimmerndes Geheimnis entrissen, durch das hindurch schlagartig der

Blick auf Täter aus den höchsten Rängen der staatlichen Administration freigelegt wurde.

Ein anderes flimmerndes Ding, das die konspirative Imagination anregte. Verbirgt sich nicht hinter der Mauer ein Schütze und sieht man nicht daneben gleich das Mündungsfeuer aus der Waffe eines zweiten Täters?

Das flimmernde Ding zieht das Auge der Paranoia an, wie bereits Emil Kraepelin in seinem Psychiatrie-Lehrbuch von 1913 zu wissen glaubte. Dort erwähnt er, dass sich seine Patienten besonders vom »Blinken der Sterne« angesprochen fühlten und aus diesem Blinken die seltsamsten Botschaften empfingen.[56]

Auch Daniel Paul Schreber erkennt gemäß dem Zeugnis seiner *Denkwürdigkeiten eines Nervenkranken* von 1903 seine Ausnahmestellung in Zeit und Raum im Wesentlichen daran, dass er dauernd mit Lichterscheinungen zu tun hat. Die unablässig auf ihn einwirkenden Strahlen verbinden ihn einmal direkt mit Gott, sie lassen ihn auch gottähnlich mit entfernten Zeiten und entfernten Orten kommunizieren. Im Zentrum dieses kosmisch-welthistorischen Flimmerns steht freilich nicht irgendein Stern, sondern die Sonne selbst, die sich Schrebers Augen in beständigem Formwandel zeigt und zuletzt eine der Gestalten Gottes selbst ist. Diese Strahlen bilden einerseits eine dauernde Belästigung; zugleich sitzt Schreber wiederum im Zentrum eines alle Zeiten und Räume umfassenden Nachrichtennetzwerks, und in dieser Stellung bildet er selbst das Gegenüber des blinkenden Sonnengottdingsansich.

Die Regisseure von *Loose Change* stehen mithin in einer gut beleumdeten Deutungstradition paranoischen Flimmerns, als dessen Grundstruktur sich nichts anderes als die Zweideutigkeit eines Blicks zu erkennen gibt. Das Flimmern eines Turms, so lässt sich der Bogen zum Anfang dieses Kapitels führen, bildet das optische Korrelat zu jener seismischen Feinerschütterung, die Heideggers Türmer in seiner welthistorischen Sensibilität verspürt. Das seismische und das optische Flimmern führt dennoch stets zu jenen metaphysischen Mächten, die sich zwar alltäglich als Diener eines Staats zu erkennen geben, die aber für die paranoische Wahrnehmung die furchtbaren metaphysischen Mächte aller Zeiten verkörpern.

LITERATUR:
BLINZLER UND METAPHYSIKER

| Der Traum von einer menschenleeren Welt:
Jean Paul, Cousin de Grainville, Mary Shelley,
Schreber, Wells, Arno Schmidt, Margaret
Atwood, Maurice Blanchot, Popkultur
| Nicholson Bakers Jay meets Nietzsches Zarathustra
| Don DeLillo: *Falling Man* und
Thomas Glavinic *Die Arbeit der Nacht*

Der Traum von einer menschenleeren Welt: Jean Paul, Cousin De Grainville, Mary Shelley, Schreber, Wells, Arno Schmidt, Margaret Atwood, Maurice Blanchot, Popkultur

Seit 1800 kommt die Literatur nicht mehr von dem Gedanken los, dass es einmal wieder eine menschenleere Welt geben könnte. Es ist ein Traum der paranoischen Moderne. König Ludwig II. träumte ihn, Daniel Paul Schreber träumte ihn, Ernst Wagner träumte ihn, auch Adolf Hitler war er vermutlich nicht fremd. Dieser Traum, als einsamer Überlebender die entleerte Zivilisation zu bewohnen, schickt seine Protagonisten zunächst in die Literatur. Ein frühes Beispiel dafür ist die Erzählung des Dichters Jean Paul *Die wunderbare Gesellschaft einer Neujahrsnacht* aus dem Jahre 1801. In der Neujahrsnacht, die das 18. Jahrhundert schließt, also in der Nacht vom 31. Dezember 1800 zum 1. Januar 1801 sitzt der Erzähler in seinem Schreibzimmer. Der Jahrhundertwechsel versenkt ihn in verschiedene Zeitmeditationen, als plötzlich vor seinem imaginären Auge »drei Propheten der Zeit« auftreten. Zu ihnen zählt ein Jüngling, der folgendes sagt:

Es gibt einmal einen letzten Menschen – er wird auf einem Berg unter dem Äquator stehen und herabschauen auf die Wasser, welche die weite Erde überziehen – festes Eis glänzet an den Polen herauf – der Mond und die Sonne hängen ausgebreitet und tief und nur blutig über der kleinen Erde, wie zwei trübe feindliche Augen oder Kometen – das aufgetürmte Gewölke strömet eilig durch den Himmel und stürzet sich ins Meer und fährt wieder empor, und nur der Blitz schwebt mit glühenden Flügeln zwischen Himmel und Meer und scheidet sie – Schau auf zum Himmel, letzter Mensch! Auf deiner Erde ist schon alles vergangen – deine großen Ströme ruhen aufgelöset im Meere. – Die alten Menschen, in welchen die frühern Alten lebten, wie Versteinerungen in Ruinen, zergehen unter dem Meere – nur die Welle klinget noch, und alles schweigt, und das Geläute der Uhren, womit deine Brüder die Jahrhunderte wie einen Bienenschwarm verfolgten, regt sich nicht im Meeressand – Bald flattert das noch von dir bewohnte Sonnenstäubchen hinauf, und die größern blinkenden Staubkörner auch; (…) Dann ist Gott noch; er steht licht in der Nacht, seine Sonne zog die Sonnen-Wolken auf, seine Sonne zerteilt sie wieder – und dann ist wieder Tag. – – Und nun sprich nicht mehr von der kleinen Vergangenheit der kleinen Erde. – Gott hat den Donner und den Sturm in der Hand und den Schmerz, und ordnet die Ewigkeit – und das weiche Würmchen pflanzet sich doch fort durch die stürmischen Jahrtausende; – aber der Mensch, die Parze der Erde, die auf Würmchen auftrat, und die überall Opfer foderte und machte, klagte über die höhern für das Höchste. – – (…) Letzter Mensch, denke nicht nach über die lange Welt vor und nach dir; im Universum gibt's kein Alter – die Ewigkeit ist jung – sinke in die Welle, wenn sie kommt, sie versiegt, und nicht du![1]

Das ist Zeitpoesie von erstaunlicher Modernität. So meditiert ein künftiger letzter Mensch, der irgendwann in die Zeitlosigkeit der astronomischen Ewigkeit eintauchen wird. Er blinzelt dem letzten Licht zu. Der Autor hat seine Erzählung noch mit einer Reihe von astrophysikalischen Anmerkungen versehen und darauf verwiesen, dass die Energie der Sonne, aber auch die Bewegungsenergie der Planeten endlich sind und sich in irgendeiner Zukunft erschöpft haben werden. Ein postmetaphysischer Weltendegedanke taucht hier auf und bedrängt die Denker und Dichter immer heftiger, ehe ihn das Kino und die Popkultur mit dem Übel der Trivialisierung verderben.

Zur gleichen Zeit wie Jean Pauls Neujahrserzählung, zu Beginn des 19. Jahrhunderts, erscheint der erste Roman, der dem letzten Menschen sowie der Weltkatastrophe, die ihn zum einsamen Überlebenden macht, eine längere Erzählung widmet. Es ist der fantastische Roman *Le Dernier Homme* aus der Feder des französischen Schriftstellers Jean-Baptiste François Xavier Cousin De Grainville, der 1805 postum erschien.[2] Der Roman spielt in der Umgebung der Ruinen von Palmyra, einer Stadt der Antike, die im 3. Jahrhundert römische Provinz wurde.

In einer Höhle begegnet der Ich-Erzähler seinem Gott, dem himmlischen Chef aller Zukünfte, der eben einen konkurrierenden Genius, den Herrn der Zeit, in Ketten geworfen hat. Dieses Oberhaupt der Welt und der Ewigkeit lässt den Erzähler die Geschichte des letzten Menschen in einem magischen Spiegel, dem romantischen Kino, erleben, ehe er die Welt und die Zeit definitiv zum Verschwinden bringt. Aber der Erzähler erhält die Sondervorstellung nicht nur zum Vergnügen, er soll dieses zukünftige Endspiel schon jetzt aufschreiben. Denn der letzte Auftritt des Menschen liegt aus der Sicht des Erzählers noch in ferner Zukunft, aber der Herr der Zukünfte möchte doch, dass bereits zuvor das Ende einen Zeugen und Protokollanten habe. Dieser letzte Mensch heißt sinnreich Omegare, und der Erzähler wird Zeuge, wie dieser Träger des letzten Buchstabens in einer bereits vom Untergang gezeichneten düsteren Welt auf den Vater der Menschen, nämlich auf Adam, trifft. Der letzte Mensch erzählt dem ersten seine Geschichte. Omegare wurde geboren, als auf Erden seit vielen Jahren bereits keine Kinder mehr zur Welt kamen. Man hoffte dann aber, dass er zum Vater eines neuen Geschlechts würde. Die zwei Bände des Romans berichten nun von vielen Begegnungen Omegares mit anderen vorletzten Menschen. Der letzte Mensch findet sogar eine junge Frau, und eigentlich könnten sie ein neues Menschengeschichtskapitel schreiben. Das ist auch der Plan des Geistes der Erde, des *génie de la terre*. Dieser Geist möchte aus eigenem Interesse den Untergang der Erde verhindern, und er will Omegare dazu bringen, ein Geschlecht von Halbmenschen in die Welt zu setzen. Der Erzähler erlebt dann, dass Omegare den Tod einem solchen Weiterleben vorziehen wird. Und er sieht auch, wie der Geist der Erde vom Tod, der auch als Person erscheint, bedroht wird. Auf die Bedrohung durch den Tod antwortet der Geist der Erde mit einer furchtbaren Vulkaneruption, so dass die Erde auf ihrer Planetenbahn rückwärts taumelt und die Alpen und die Pyrenäen ins All katapultiert werden. Dennoch wird der Geist der Erde erschlagen, und der Beobachter erblickt auf dem Zukunftsspiegel am Horizont, wie es heißt, die Morgenröte der Ewigkeit:

> Eine Helligkeit, zarter als die Lichter der Nacht und strahlender als der Glanz der Sonne, erleuchtete golden das Gewölbe des Firmamentes, ohne dass irgendein Stern dazu beitrug: Das war die Morgenröte der Ewigkeit.[3]

Ein letztes Blinzeln, ein letztes Flimmern, und die Zeit versinkt mit der Welt in der Ewigkeit. Der Autor ruft die erhabenen Bilder auf, und gibt zu erkennen, dass das Katastrophengefühl, das diese endzeitlichen Szenen begleitet, mit sublimer ästhetischer Lust verbunden ist. Das Bild von John Martin ist zwar keine Illustration zu Grainvilles Roman, aber ein Gemälde aus dem Endzeitimaginarium des 19. Jahrhunderts.

Auch Mary Shelley, die Gattin des englischen romantischen Dichters Percy Shelley und Erfinderin des Frankensteinmonsters, veröffentlichte 1826 einen Roman mit dem Titel *The Last Man*. Ihre Geschichte vom Letzten Menschen unterscheidet sich nun von Cousin de Grainvilles *Le dernier homme* dadurch, dass sie eine rein innerweltliche Katastrophe erzählt. Mit ihrem Ende versinkt die Menschheit im Nichts. Kein Gott, kein Geist erhebt Anspruch auf die Urheber-

John Martin: *The Last Man* (1849)

schaft des Massensterbens auf Erden. Der letzte Mensch, den Mary Shelley auch eine letzte Botschaft in Menschensprache niederlegen lässt, meldet sich unter dem Namen Lionel Verney im Jahr 2100 aus Rom. Auf allen Kontinenten der Erde werden dann die Bewohner durch Pest und Naturkatastrophen dahingerafft sein, nur Lionel, der einzige Überlebende, ein Robinson des Universums, bringt noch zu Papier, was nach ihm niemand mehr lesen wird. Dass dieses letzte Menschenwort aus dem zweiundzwanzigsten Jahrhundert bereits den Lesern von 1826 und ihren Kindern unter die Augen kommt, verdankt sich der Erzählfiktion, dass alle Ereignisse der Weltgeschichte bereits im Archiv der sibyllinischen Prophetien niedergelegt sind. Die Herausgeberin will diese Blätter in der cumäischen Höhle bei Neapel im Jahre 1819 entdeckt haben. Mühsam entzifferte sie die ungeordneten und in verschiedenen Sprachen beschrifteten Blätter und fügte sie zu einer kohärenten Erzählung zusammen. Wie bei Cousin de Grainville liefert der Roman also ein episches Finale der Menschheit.

Lionel Verneys Biografie führt zunächst nach England. Als die Erzählung im Jahre 2073 einsetzt, ist in England eben die Republik ausgerufen worden, an deren Spitze ein Protector gewählt werden soll. Um dieses Amt wetteifern der Sohn des letzten Königs Adrian sowie ein anderer herausragender Mann, Lord Raymond, der soeben die Unabhängigkeit der »freien Staaten« von Griechenland erkämpft hat. Lionel, Adrian und ihre jeweiligen Schwestern, die sie über Kreuz heiraten, sowie Lord Raymond bilden eine romantische Familie, die Mut und Tapferkeit zeigen, während die Weltkatastrophe ihren unaufhaltsamen Lauf nimmt.

Nach dieser Familiengeschichte wendet sich die Erzählung ganz den Wirkungen zu, die der verheerende Auftritt der Pest in England auslöst. Das Sterben der Millionen begleitet eine Reihe von Naturkatastrophen. Die romantische Imagination liefert dazu ahnungsvolle Bilder des Klimawandels. Wellen von Migranten, zum Teil aus Amerika, suchen plündernd und mordend die britische Insel heim. Die politischen Autoritäten verfügen über kein Mittel, diese brutale Invasion aufzuhalten, und die englische Gesellschaft sieht sich in den Naturzustand zurückgeworfen. Da Bauer und Fürst in gleicher Weise um ihr Leben kämpfen müssen, ist der republikanische Traum von der Egalité in eine katastrophale Gleichmacherei entartet. Wilde, verrückte Endzeitpropheten ergreifen die Macht über die Gemüter, nur Adrian steht zu seinen Prinzipien der Menschliebe und bemüht sich, den Schrecken zu mildern. Endlich beschließen Adrian und Lionel Anfang 2098, da London nur noch wenige hundert Einwohner zählt, mit ihren Familien und weiteren 1400 Freunden auf den Kontinent überzusetzen. Über Paris, Versailles, Dijon zieht die Armee der Überlebenden durch das entvölkerte Kontinentaleuropa, aber der Tod wütet auch unter den Exilanten weiter, und als die Schweiz erreicht ist, leben nur noch vier: Lionel, Adrian und zwei Kinder. Schließlich gerät die Gruppe beim Versuch, nach Griechenland überzusetzen, in einen Sturm, der allein Lionel lebend an Land spült. Er erreicht dann das menschenleere Rom, dessen Ruinen und Prachtbauten die Kulisse für seine letzten Mitteilungen bilden.

Während eines meiner Streifzüge durch die Häuser von Rom entdeckte ich auf dem Pult eines Schriftstellers Schreibmaterial.

Verstreut lagen Teile eines Manuskripts herum. Es war eine gelehrte Abhandlung über die italienische Sprache; auf der einen Seite war eine unvollendete Widmung an die Nachwelt, zu deren Wohl der Autor die schönen Idiome dieser harmonischen Sprache ausgewählt und dargestellt hatte, und der er seine Mühen widmete.
Ich will auch ein Buch schreiben! rief ich (doch wer sollte es lesen? Wem sollte ich es widmen?) (...)
Doch wird denn diese Welt nicht noch einmal aufs neue bevölkert werden, von den Kindern irgendeines geretteten Paares Liebender, die irgendwo an einem mir verborgenen, unbekannten Ort umherirrten und einmal bei ihrer Wanderschaft auch auf die üppigen Überreste der Menschheit vor der Pest stoßen werden? Werden sie sich nicht wundern, wie Wesen, die solches hatten vollbringen können, mitsamt ihrer unendlichen Vorstellungskraft und ihrer gottgleichen Macht untergehen konnten?
Ich will in dieser uralten Stadt das ›einzige Monument der Welt‹ schreiben und hinterlassen, einen Bericht über diese Vorgänge; ich werde das Monument des Lebens von Verney hinterlassen, des Letzten Menschen.[4]

In Rom also errichtet diese romantische Paranoia die Ruinenkulissen, vor denen sich die letzten Dinge abspielen. Das Ende der Welt bietet erhabene Landschaften und der Literatur eine neue Mission. Dafür gibt sie alle religiöse Endzeitvorstellung auf und schwelgt in Bildern einer absoluten Weltdämmerung, die auch die Idee eines Endes der Zeit selbst aufruft. Weiter schreibt Mary Shelley ihren Roman als ein Menschheitsexperiment. Sie fragt sich, wie 120 Jahre später der französische Autor Albert Camus in seinem Roman *Die Pest*, was die Menschen in der extremen Lage der Katastrophe tun werden. Über diese Literatur hat sich die Weltgeschichte bekanntlich lustig gemacht und das schier Unausdenkliche geschehen lassen. Bis zu einer völligen Entleerung des Kosmos hat sie es freilich noch nicht gebracht. Die paranoische Imagination wollte sich darauf aber einstellen. Grainvilles *Dernier homme* erfuhr bereits im 19. Jahrhundert eine ganze Reihe von Nachahmern[5], ehe er sich im Wahn prominenter Paranoiker einnistete.

Dieser Wahn der Schrebers, Wagners und Hitlers ist ein Produkt der romantischen Literatur. Schreber, der als letzter Mensch und vielleicht als neuer Adam oder gar als neue Eva die Menschheit wieder gebären wollte, erklärt den Untergang der Menschheit als Wirkung sittlicher »Fäulnis«, als syphilitische Katastrophe. Aber auch ihm beschert das Unglück großartige Impressionen:

> Die mit der Vorstellung eines Weltuntergangs im Zusammenhang stehenden Visionen, deren ich (...) unzählige hatte, waren zum Theil grausiger Natur, zum Theil aber wiederum von unbeschreiblicher Großartigkeit. Ich will nur einiger weniger gedenken. In einer derselben fuhr ich gleichsam in einem Eisenbahnwagen oder einem Fahrstuhl sitzend, in die Tiefen der Erde hinab und machte dabei sozusagen die ganze Geschichte der Menschheit oder der Erde rückwärts durch, in den oberen Regionen gab es noch Laubwälder; in den unteren Regionen wurde es immer dunkeler und schwärzer. Beim zeitweiligen Verlassen des Gefährtes wandelte ich wie auf einen großen Friedhof, wobei ich u. A. die Stätten, wo die Bewohnerschaft Leipzigs lag, auch das Grab meiner eigenen Frau kreuzte. Ich drang, wieder in dem Gefährt sitzend, nur bis zu einem Punkte 3 vor; den Punkt 1, der den Uranfang der Menschheit bezeichnen sollte, scheute ich mich zu betreten. Beim Rückwärtsfahren stürzte der Schacht hinter mir ein, unter steter Gefährdung eines gleichzeitig darin befindlichen ›Sonnengottes‹. (...) Ein anderes Mal durchquerte ich die Erde vom Ladogasee bis Brasilien und baute dort in einem schloßartigen Gebäude in Gemeinschaft mit einem Wärter eine Mauer zum Schutz der Gottesreiche gegen eine sich heranwälzende gelbliche Meeresfluth – ich bezog es auf die Gefahr syphilitischer Verseuchung.[6]

Die romantische Imagination und ihre paranoischen Abkömmlinge spielen wie Kinder mit dem Zeitstrahl und der Unendlichkeit des Weltalls. Schrebers wunderbare Reise durch die Menschheits- und Sittengeschichte ließe sich leicht zum Plot eines Science Fiction-Romans ausbauen. Eine solche Geschichte erzählt Herbert George Wells in dem Roman *Die Zeitmaschine*, der kurz vor Schrebers *Denkwürdigkeiten* im Jahre 1895 erschien.

Die Reise mit der Zeitmaschine beginnt an einem Donnerstagmorgen. Der Zeitreisende besteigt den Protoypen des Apparates, der ihn durch die Dichte und Gefährlichkeit der Zukunft führen wird, und am Abend des gleichen Tages gegen 20 Uhr ist er wieder zurück. Die Rückkehr aus dem Nebel der Zukunft erfolgt damit so pünktlich, dass der Zeitreisende gleich an dem für seine Gäste zubereiteten Diner teilnehmen kann. Ein paar Gläser Wein und ein Stück Braten erquicken Erinnerung und Zunge so nachhaltig, dass er von seinem Blick in die humane und posthumane Zukunft ausführlich erzählen kann.

Allerdings sind es mehrere Tage, die der Zeitreisende in diesen zehn Stunden des gleichen Donnerstags verlebt hat. Vielfach erhob man Wells daher zum Ahnherrn der speziellen Relativitätstheorie. Der Romancier interessierte sich indessen weniger für Zeitparadoxien und Raum-Zeit-Kontinua als für die Geschichte und Zukunft der Menschheit. Sein Studium bei dem darwinistischen Biologen Thomas Henry Huxley (dem Großvater des Autors von *Brave New World*) weckte sein Interesse für die Evolutionstheorie. Den Hauptteil der *Time Machine* bildet daher die Beschreibung der beiden Menschenarten in der fernen Zukunft, der schönen, degenerierten, porzellanpuppenartigen Elois und der hässlichen fischäugigen Morlocks. Die Morlocks leben in unterirdischen Höhlen und Gängen, während die Elois eine von riesigen verfallenen Gebäuden und Statuen aufgelockerte sonnige Parklandschaft besiedeln.

Wie aber sieht danach die menschenleere Zukunft aus? Es scheint kein Zufall zu sein, dass in das Erscheinungsjahr 1895 der *Time Machine* auch die Geburt des Kinos fällt. Das Kino hat nicht nur durch technische Tricks unzählige Science-Fiction-Zeitreisen ermöglicht, das Kino, das eine Handlung rückwärts laufen lassen kann, bildet die Voraussetzung für den Gedanken einer Zeitpfeilmanipulation. Es sind dann auch stroboskopische Kino-Effekte, die alle flimmernden Lichter in Wells' Zeitreise hervorbringen. Als zum ersten Mal ein kleines Modell der Zeitmaschine vor den Augen des Erzählers verschwindet, heißt es: »[D]ie kleine Maschine drehte sich plötzlich, wurde undeutlich, war vielleicht eine Sekunde lang wie ein Geist zu sehen, wie ein Wirbel schwach glitzernden Messings und Elfenbeins.«[7] Und von seiner rasenden Fahrt in die Zukunft berichtet der Zeitreisende, dass sich die leuchtenden Planeten in stroboskopische Bänder auflösten, wenn in immer kürzeren Abständen Sonne und Mond am Himmel erschienen: »Die springende Sonne wurde ein Feuerstreif, ein glänzender Bogen im Raum; der Mond ein schwächeres, fluktuierendes Band.«[8] Vor seiner Rückkehr ins 19. Jahrhundert unternimmt der Zeitreisende noch einen Ausflug in die Äonen nach dreißig Millionen Jahren, und er erlebt dabei, wie die Erde stillsteht. Nur noch ungeheure Krebse halten die Erinnerung an das Lebendige fest:

Ich kann die Empfindung scheußlicher Öde nicht schildern, die über der Welt hing. Der rote Himmel im Osten, die nördliche Schwärze, das tote Salzmeer, der steinige Strand, auf dem diese ekelhaften, langsamen Ungeheuer krochen, das gleichmäßige Giftgrün der flechtenartigen Pflanzen, die dünne Luft, die die Lungen bedrängte: all das brachte eine schauerliche Wirkung hervor. Ich fuhr etwa hundert Jahre weiter, und ich sah dieselbe rote Sonne – ein wenig größer, ein wenig stumpfer – dasselbe sterbende Meer, dieselbe eisige Luft und dieselbe Schar irdischer Krustazeen, die zwischen den grünen Pflanzen und roten Felsen ein und aus krochen. Und am westlichen Himmel sah ich eine blasse Kurve wie einen gewaltigen neuen Mond.[9]

Nach 30 Millionen Jahren, so kann der Zeitreisende berichten, ist alles Leben auf der Erde erloschen; der alte Stern des Lebens bildet nur noch den Rand eines kosmischen Lichtdramas, das die Sonne durch einen vorüberziehenden neuen Planeten verdüstert.

In einer Welt nach einem Atomkrieg zwischen den USA und der UdSSR, der wohl die Menschheit, nicht aber Tiere und Dinge beseitigt hat, bewegt sich ein letzter Mensch in Arno Schmidts Erzählung *Schwarze Spiegel* aus dem Jahr 1951. Die Katastrophe ereignete sich im Jahr 1955, fünf Jahre später, im Mai 1960, zieht der Erzähler durch Deutschland und trifft dort keine lebende Seele mehr. Er sieht sich durchaus als neuen Robinson auf der Weltinsel, aber die Menscheneinsamkeit ist ganz nach seinem Geschmack. Ein alter Conti-Atlas leitet ihn durch Norddeutschland, wo er sich in verlassenen Häusern, Geschäften und Lagern versorgt. Im Vertrauen auf seine tadellos funktionierenden kleinbürgerlichen Träume baut er sich ein Haus, plündert die Bibliotheken und versucht vergeblich mit einem Funkgerät irgendeinen Fernkontakt herzustellen. In den knapp sechzehn Monaten, die die als Journal angelegte Erzählung mit Ereignissen füllt, trifft er auch eine letzte Frau, aber beide sind klug genug, keine neue Menschheit zu begründen. Als typischer Arno-Schmidt-Held erschließt sich der Protagonist mit Karten, Kompass und Winkelspiegel seine Umgebung, er denkt über Fermats Vermutung nach und spricht seine einsamen Dialoge mit toten Dichtern und lebenden Bäumen, mit seinen kosmischen Gefährten Sonne, Mond und Sterne.

Das ist das Schönste im Leben: Nachttief und Mond. Waldsäume, ein stillglänzendes Gewässer fern in bescheidener Wieseneinsamkeit – so hockte ich lange und müßig mit rechtsgeneigtem Kopf; manchmal fiel ein Sternfunken stundenweit hinter Stellichte.
Ich erwachte: so stierte der Mond durchs Seitenfenster in mein taubes Gesicht. Unermüdlich kamen sie: Tag und Nacht. Einmal würde ich keuchend irgendwo liegen (hoffentlich gings schnell; und ein Schuß als Freikarte für die Fahrt ins Blaue mußte immer im Colt bleiben). – Ich lehnte mich an die Wand, die Knie angehockt, und sah denkend mit Eulenaugen in den langsamen Lichtwechsel.[10]

Im literarischen Zeitraffer verwandelt sich auch hier der Lichtwechsel in einen stroboskopischen Streifen. Anders als in Jean Pauls Erzählung holt dieser Mond- und Sternenblinzler seine kosmischen

Gefühle aus dem romantischen Bildervorrat. Dieser letzte Mensch ist völlig heimisch im posthominiden Paradies, aber hinter dem Nichts bedrängen ihn immer noch intellektuelle Feinde. Es ist ihm wichtig, in dieser recht- und menschenleeren Welt unter allen Umständen Recht zu behalten. Daher entwirft er einen Brief an einen amerikanischen Wissenschaftler, um dessen Reader's Digest-Artikel über die »Autobiographie der Menschheit« zu widerlegen. Ihn überfällt vielmehr der Gedanke, »die Biographie jedes Körnchens« zu schreiben.[11] Arno Schmidts letzter Mensch hat sich den Traum erfüllt, der Welt Gerechtigkeit zu bringen und die Deutungshoheit über Zeichen, Dinge, Geschichte, Literatur, Mathematik zu gewinnen.

Auch ein 2003 erschienener Science-Fiction-Roman lässt einen letzten Menschen durch eine postkatastrophale menschenleere Welt geistern. Der Roman *Oryx and Crake* der kanadischen Schriftstellerin Margaret Atwood, trägt daher auch den französischen Titel *Le dernier homme*.[12] In *Oryx and Crake* bewohnt dieser letzte Mensch namens Snowman ein durch verunglückte gentechnologische Experimente verwüstetes Biotop. Seit vielen Monaten ist die Menschheit durch eine gezielt verbreitete Lifestyledroge und infolge von Ökokatastrophen ausgestorben. Außer Jimmy Snowman bevölkert nur noch eine transgene Hominidenart das durch Erdbeben und Tsunamis fast ausgelöschte Amerika. Der Bioingenieur Crake, ein Jugendfreund von Jimmy Snowman, hat diese posthumanen Wesen Crakers getauft und sie mit der nötigen Robustheit ausgestattet, um in der katastrophalen Umwelt zu überleben. Anders als Arno Schmidts Held kann sich der überlebende Jimmy nicht glücklich fühlen. Zwar verehren ihn die Crakers wie einen Gott, aber verschiedene mutierte Tierarten, aggressive Hunderassen und Organersatzschweine sind den Biolabors entsprungen und bedrohen den letzten Menschen, der sich nachts auf Bäume zurückziehen muss, um den Bestien zu entgehen. Crake hatte die neue Menschenart konzipiert, um das absehbare Ende der Welt aufzuhalten. Gentechnologie als Katechon. Das alte menschliche Umweltungeheuer sollte verschwinden, die Crakers könnten als naive und von allen Gewalt- und Ehrgeiztrieben gereinigte Art für ein Fortbestehen des irdischen Ökosystems sorgen.

Der Roman erzählt die Geschichte von Jimmy Snowman in Serien von Rückblenden, während dieser sich in der zerstörten Welt einzurichten beginnt. Er war von Crake gegen die Seuche immunisiert worden, daher muss er dem Grund seiner Ausnahmestellung nicht nachgrübeln. Und so blickt er nach Art der letzten Menschen in die aufgehende Sonne:

> Am östlichen Horizont zeigt sich ein grauer Dunst, jetzt erhellt von einem rosigen, tödlichen Glühen. Wie merkwürdig, dass diese Farbe immer noch zart wirkt. Er schaut hingerissen hin; es gibt kein besseres Wort dafür. *Hinreißend*. Das Herz ergriffen, davongetragen, wie von einem großen Raubvogel. Nach allem, was geschehen ist, wie kann die Welt immer noch so schön sein? Weil sie es ist. Von den Türmen vor der Küste kommen Vogelschreie und -rufe, die nicht menschlich klingen.[13]

Science Fiction verflucht den Zufall, das ist ihr Beitrag zur Paranoia. Stets sind es die Fehler oder Überheblichkeiten der Wissenschaftler und Ingenieure, die die Katastrophe auslösen. Die Mad Scientists wirken in der Tiefe der Welt wie die antiken und judeochristlichen Götter und überziehen die Welt mit Plagen. Doch mit wenigen Ausnahmen lassen sich die neuen Storys vom letzten Menschen als Remakes der Erfindung erkennen, die das Dichterhirn des 19. Jahrhunderts hervorbrachte.

Eine Ausnahme bildet Maurice Blanchots Erzählung *Le dernier homme*, die in einer neueren Version 1977 erschienen ist. Dieser letzte Mensch scheint eher der *Gedanke* eines letzten Menschen als eine *Person* zu sein. Das Sprechen, das Blanchots Erzählung füllt, lässt sich nur vermutungsweise einem Subjekt zuordnen. Vielleicht ist es dieser Gedanke selbst, der den Gedanken vom letzten Menschen umkreist. Eine solche Lesart machte einige Rätsel der Geschichte zugänglich, etwa die Seltsamkeit, dass die erzählende Stimme vom Tod des letzten Menschen sprechen kann. Oder auch davon, dass er nicht sterben kann:

Die beängstigende Vorstellung: er kann nicht sterben, da er keine Zukunft hat. Eine Idee, von der ich alsbald erkannte, dass sie mich direkt betraf, dass ich dafür verantwortlich war und dass ich ihr in einem gewissen Augenblick ein Schicksal bereiten müsse, das mir aber ebenso verfrüht schien. Dennoch vergaß ich sie nicht. Sie blieb unbenützt da, die Spitze immer auf mich gerichtet. Seine Einsamkeit; die von jemandem, der keinen Spielraum mehr hat, sich über sich selbst zu täuschen. Es bleibt ihm nichts anderes übrige, als mit sich selber auskommen zu lernen, für ihn allerdings ein Auskommen, das er nicht ausstehen konnte. Und das war vielleicht der Grund, warum er es in uns, in unserem Denken auszuhalten versuchte (...). Warum also drängte er sich bis zu dem Grad auf? Wie war er bei uns präsent, mit dieser einfachen, evidenten Gegenwart, wie aber ohne uns, ohne unsere Welt, vielleicht ohne jede Welt?[14]

In der alle Sätze durchlaufenden Ungewissheit, wie sich die verschiedenen Pronomina (»ich«, »sie« und »er«) möglicherweise zuordnen lassen, scheint sich eine radikal antiparanoische Haltung Ausdruck zu verschaffen, denn die Paranoia verlangt nach Eindeutigkeit. Zugleich tauchen in Serien Motive auf, die zu den verschiedenen Registern der Paranoia zu zählen sind: der Blick (»– aber blickt er? Und wenn er blickt, wohin geht sein Blick?«[15]), das Flimmern, die Zeitparadoxien, die Austauschbarkeit von Subjekt und Objekt.

Die Struktur des Textes wechselt. Im ersten Teil spricht die Stimme vom letzten Menschen oder vom Gedanken an den letzten Menschen in einer Dreierkonstellation: Neben der Stimme des Erzählers, dem rätselhaften Ich, tritt eine Frau auf, die auch in Beziehung zu dem letzten Menschen tritt. Im zweiten Teil ist es eine Art Dialog, aus dem die Dritte ausgeschieden ist. Entscheidend jedoch ist die Grundidee der Erzählung, dass die Erzählstimme in die Tiefe dieses Gedankens vom letzten Menschen einzudringen sucht und gleichsam immer weiter vordringt, während der Gedanke selbst nicht mehr zu folgen vermag. Das klingt dann so:

Warum willst du mich nicht denken? Ist es Unfähigkeit, Gleichgültigkeit, blindes Wollen? Stehst du auf dieser Seite von mir oder auf der anderen? Sind wir beide derselbe Gedanke, gleich ernsthaft, einsam und bewegungslos, den diese getrennte Identität auf ewig gegenseitig abstößt, einander fremd, um nicht verwechselt zu werden und um die Ebenmässigkeit des Gleichgewichts aufrechtzuerhalten? Bist du der Gedanke in der Nacht, der ich in der anderen Nacht bin? Sprichst du allein, der du mir alle Fragen stellst, worauf ich nur mit einem nicht antwortenden Schweigen antworte? Bist du noch immer der ernsthafte Gedanke von früher, dem ich zuvorgekommen bin? Bist du am Ende noch dort hinten?[16]

Längst hat die Popkultur das Thema vom letzten Menschen trivialisiert. 2007 kam der Science Fiction-Film *I am Legend* von Francis Lawrence heraus, der auf Richard Mathesons Roman gleichen Titels beruht. Mathesons *I am Legend* erschien im Jahre 1954, spielt aber im Jahre 1974. Der gleiche Stoff wurde bereits 1964 unter dem Titel *The Last Man on Earth* von Sidney Salkow verfilmt. Es ist die Geschichte eines letzten menschlichen Originals, eines Mannes, der eine Bakterienepidemie überlebt hat und der seine leere Zeit damit füllt, die als Vampir-Zombies wieder auferstandenen Menschen zu töten, bis er zuletzt selbst das Opfer dieser Ungeheuer wird. Die Geschichte ist in den Grundzügen von Grainville abgekupfert. Dort allerdings hat sich der Held geweigert, die Zeugung von Menschenmonstern zu verantworten. Es ist daher auch kein Zufall, dass Mathesons Roman 1971 unter dem Titel *The Omega Man*, von Boris Sagal zum zweiten Mal verfilmt wurde. Der Name Omega ist gleichfalls von Grainville adaptiert, dessen Held ja Omegar hieß. Dass der letzte Mensch, den Matheson auf den Namen Robert Neville tauft, von einem Hund begleitet wird, ist wieder bei Mary Shelley abgeschrieben. Von 2002 bis 2008 lief auch eine Comic-Serie unter dem Titel *Y: The last Man*. Die Serie erzählt von einem letzten Mann, der eine rätselhafte Seuche überlebt, die sonst alle männlichen Bewohner des Planeten dahingerafft hat. Die Geschichten spielen in den USA und geben der Fantasie von Valerie Solanas alle Freiheit, wie die Dinge nun laufen, wenn nur noch Frauen die Welt verwalten. Jedenfalls muss sich der letzte Mann sagen lassen, dass die männerleere Welt ein Glück ist.

Der letzte Mann bei einer seiner vielen ungemütlichen Begegnungen mit den Vertreterinnen der weiblichen Monokultur in den USA.

Diese popkulturelle Ausbeutung der Erzählung vom letzten Menschen deutet an, dass wir uns in diesem paranoischen Traum, den Blanchot noch als undurchdringlichen Gedankenraum aufgebaut hat, behaglich lächelnd eingerichtet haben. Den Kern dieses Mythos der Moderne bildet ja nicht die Vorstellung vom Ende der Welt und der Zeit, sondern der Auftritt des absoluten Subjekts, dem das Gedächtnis aller Zeiten übertragen ist. Das absolute Subjekt will überleben, und dies nicht im Verein mit anderen, sondern allein. Es trägt Verantwortung nur für sich selbst. Jahrhundertelang haben die moralischen Sekretäre der Weltverbesserung, Priester, Theologen, Dichter, Philosophen, die Leute mit sittlicher Ertüchtigung schikaniert. Seit Rousseau ging es dann darum, die Welt so umzubauen, dass die Menschen ihre genetischen Ureigenschaften ausleben können. Man gab sie der Natur zurück oder man wollte der Welt das

Kapital und den Kapitalismus entziehen, um das Böse aus der Geschichte zu verbannen. Nietzsche unternahm den vergeblichen Versuch, seine Leser auf ein Ende aller Träume vom Glück und Unglück auf Erden einzustimmen. Wenn er nicht als letzter Mann sein Leben fristet, hat der letzte Mensch keine Sorgen mehr.

In der Epoche der postromantischen Paranoia lassen sich keine festen Bezugsgrößen mehr für mögliche Katastrophen ausmachen: keine Geister der Zeit, keine Herren der Welt, keine ersten oder letzten Menschen, keine Götter oder Antigötter. Wo Weltanfang oder Weltende im Nebel oder Flimmerlicht verschwinden, wechselt die große Gefahr dauernd ihren Namen. Das Böse scheint eine ortlose und identitätslose Drohung zu sein, die hinter jeder Maske und hinter jeder Macht stecken kann. Daher reagieren die Protagonisten unserer Zeit auch mit auffälliger Empfindlichkeit auf alle flimmernden Dinge.

Nicholson Bakers Jay meets Nietzsches Zarathustra

Was hat die Literatur mit dieser Art von Paranoia zu tun? Hat sie diese Bilder des Wahns selbst hervorgebracht? Geht von der Literatur eine mentale Infektion aus? Was heißt es, dass der Menschheitsretter und ehemalige Senatspräsident Schreber der Literatur entstiegen ist? Das Wenigste, was sich darüber sagen lässt, ist die Beobachtung, dass diese Literatur seit Beginn des 19. Jahrhunderts, seit Jean Paul, Cousin de Grainville, Mary Shelley und ihren Nachahmern, einer Unruhe Ausdruck verleiht, die auf unterschiedliche Weise auch schon beschrieben worden ist. Die Worte, die Zeichen, die Dinge, die Bilder, die Menschen hüllen sich in Vieldeutigkeit und Geheimnis und wollen nicht mehr eindeutig sagen, was ihnen mitzuteilen aufgegeben ist. Wenn sie eine Krankheit ist, dann betätigt sich die Paranoia als Deutungskrankheit. Es ist die Krankheit zum Weltende. Zugleich träumt sie davon, dieses Deuten endlich zu beenden, alle Kontingenz der künftigen Zeit zu entreißen, einen Gott, einen Dichter, einen letzten Menschen oder einen Übermenschen mit der äußersten Autorität zu belehnen, damit er dem Ungewissheitsspiel ein Ende bereiten kann. Das ist der Traum, der viele Formen von Gewalt ersinnt, Seuchen, Katastrophen, Kriege, Endzeiten, um die Gewalt, die stets eine Deutungsgewalt ist, aus der Welt zu räumen.

Nicholson Bakers 2004 erschienener kleiner Dialogroman *Checkpoint*, der in diesem Buch bereits einmal erwähnt wurde,[17] ist eine eindrucksvolle Studie über die unstete, fluktuierende Paranoia des 21. Jahrhunderts. Dabei zeichnet Baker das Profil eines Mannes, der offenbar biografisch prädestiniert ist, um einem Wahn anheimzufallen. Der entlassene Lehrer und Gelegenheitsarbeiter Jay hat seinen Schulfreund, den Universitätsdozenten Ben, im Mai 2004 in ein Hotel in Washington gebeten. Da ihn Jay sehr dringlich angesprochen hatte, kommt Ben mit der Vermutung, dass Jay die Trennung von seiner Freundin nicht verkraftet habe. Doch der alte Schulfreund hat ein anderes Problem: Er ist fest entschlossen, den Präsidenten George W. Bush umzubringen. Das möchte er Ben mitteilen, und um die Nachricht in die Welt zu bringen, zeichnet er ihr Gespräch auf. Jay ist ohne Job, ohne Frau, ohne Kinder, ohne Geld. Ihm blieb nur das empfindliche moralische Sensorium, das ihn zur dauernden Seelenwanderung verleitet: Er versetzt sich in jedes unglückliche Opfer hinein, das unter Amerikas scheiternder Kriegspolitik im Irak zu leiden hat. Alle Hinterbliebenen, alle Toten, Verstümmelten und Zerfetzten sprechen in ihm und mieten seine Zunge, um sich zu beklagen. Die Streugeschosse zerrissen auch seine Eingeweide, die Napalmbomben verbrannten auch seine Haut, die Folterer in Abu Ghraib hetzten ihre Hunde auch auf ihn. Jesusgleich nimmt Jay alles Leid auf seine Schultern, und mit einem großen Schlag will er dem Unglück ein Ende bereiten. Der Größenwahn bringt die Paranoiker mit allen Helden in Verbindung, der Mitleidswahn verbrüdert ihn mit allen Leidenden. Irgendetwas muss also geschehen: Jay konstruiert in Gedanken ferngesteuerte fliegende Sägen oder einen riesigen Klotz mit einem gigantischen Kugellager, der alle diese Ungestalten im Weißen Haus zerquetschen könnte.

In seiner Wut auf den von der Regierung angezettelten Irakkrieg hatte Jay kurz zuvor an einer Demonstration teilgenommen. Mit einem Schild, auf dem »Mörder« stand, marschierte er zum Weißen Haus und sah sich bald von berittener Polizei in eine Seitenstraße abgedrängt. Die Demonstration verlief im Sande. »Wir schrien, bis wir nicht mehr schreien konnten, und dann gingen wir alle nach Hause und zogen den Schlafanzug an oder was eben sonst, und wir gingen schlafen und wachten am nächsten Morgen auf, und nun?«[18] Weiter erzählt Jay, wie er am Tag nach der Demonstration im Bett lag und wie ihn vor der Vergeblichkeit dieser Aktion schauderte. Da erblickt er ein flimmerndes Ding:

Und da passierte es. An der Wand neben dem Bett hing eine *National Geographic*-Karte des Sonnensystems, und gerade als die Sonne in einem bestimmten Winkel ins Zimmer schien, sodass sie eine der Pinnwandnadeln traf, die eine untere Ecke an der Wand festheilt, da gab es einen Moment, da leuchtete diese gelbe Nadel auf. Es war, als wäre diese Nadel in dem Moment ein Himmelskörper. Und da dachte ich: Das Sonnensystem, tja, das ist doch neutral, das ist ewig, das kannst du nicht politisch sehen, das ist auf einer anderen Sphäre oder Ebene, und das war eine ganz tröstliche Vorstellung. Die Ferne der Planeten. Die Tatsache, dass das Sonnenlicht 150 Millionen Kilometer durch das All gekommen ist, nur um den Kopf einer Pinnwandnadel zu erleuchten.[19]

Jay ist zwar kein letzter Mensch, aber ihm gibt ein kosmisches Einsamkeitsgefühl die Kraft zur Tat. Ihn treibt die Fatumsgewissheit, eine Mission zu haben. Ein letztes Blinzeln, ein letzter Blick auf einen flimmernden Punkt, und er ist bis an den Rand mit Tatwillen angefüllt. Das Blinzeln ist seit Nietzsche die Augenbewegung, das REM des letzten Menschen. Jean Pauls Held der Silvesternacht, Cousin de Grainvilles Omegare, Schreber, aber auch Arno Schmidts Überlebender sind solche Blinzler und Raum-Zeit-Metaphysiker. Wenn auch in ihrer imaginären Welt alle Feinde beseitigt sind, gibt es keinen Frieden. Die Literatur kennt einen vehementen Feind dieser letzten Blinzler und Metaphysiker. Friedrich Nietzsche lässt seinen Zarathustra genau dies über den letzten Menschen sagen:

> Seht! Ich zeige euch den letzten Menschen.
> ›Was ist Liebe? Was ist Schöpfung? Was ist Sehnsucht? Was ist Stern?‹ – so fragt der letzte Mensch und blinzelt.
> Die Erde ist dann klein geworden, und auf ihr hüpft der letzte Mensch, der Alles klein macht. Sein Geschlecht ist unaustilgbar, wie der Erdfloh; der letzte Mensch lebt am längsten.
> ›Wir haben das Glück erfunden‹ – sagen die letzten Menschen und blinzeln.
> Sie haben die Gegenden verlassen, wo es hart war zu leben: denn man braucht Wärme. Man liebt noch den Nachbar und reibt sich an ihm: denn man braucht Wärme.[20]

Gewiss ist auch Zarathustras Blinzler und Metaphysiker keiner von den letzten Menschen, die aus romantischen Romanen und modernen Psychosen hervorgegangen sind. Der letzte Mensch, den Nietzsches Zarathustra hier karikiert, ist ein philosophischer Krüppel und ein Idiot der Mitgefühle. Er ist das Letzte. Adler und Paranoiker können mit offenem Auge in die Sonne blicken, der Blinzler eben nicht. Zarathustra, heißt es in der Vorrede, »trat vor die Sonne hin und sprach zu ihr also.«[21] Philosophiegeschichtlich kommt Zarathustras blinzelnder letzter Mensch aus dem Dunkel, in das Platons Höhlengleichnis die Versuchspersonen gesperrt hat.[22] Das philosophische Gedankenexperiment des Höhlengleichnisses steht aus gutem Grund in einer staatstheoretischen Schrift. Platons Staatsmänner sind sonnenkundige Denker und jagen keinen Schatten hinterher. Das Experiment sieht bekanntlich vor, dass einer der Menschen, die stets gefesselt im Dunkeln saßen und nur die Schatten der Dinge gesehen hatten, von seinen Banden befreit wird. Als erste Stufe der Erkenntnis darf er die Lichtquelle sehen:

Wenn einer entfesselt würde und gezwungen würde, sogleich aufzustehen, den Hals herumzudrehen, zu gehen und gegen das Licht zu sehen und, indem er das täte, immer Schmerzen hätte und wegen des flimmernden Glanzes nicht recht vermöchte, jene Dinge zu erkennen, wovon er vorher die Schatten sah.[23]

In Platons Höhle läuft ein philosophiepädagogisches Gedankenexperiment für alle. Denn die Gefesselten und Schattenglotzer sind du und ich. Langsam sollen wir uns von den Schatten, die wir Idioten für das »Ding an sich« halten, lösen und Einblick in die Vermittlungen nehmen, über die uns die Dinge gezeigt werden. Der Blick in die künstliche Lichtquelle bildet den ersten Schritt auf dem Weg zur vollständigen Erkenntnis. Aber der Blick ins Licht beschert den Schattengläubigen nur Flimmern ($\mu\alpha\rho\mu\alpha\rho\upsilon\gamma\acute{\alpha}\varsigma$).[24] Am Ende geht es bei Platon darum, dass die Höhlenmenschen ohne Blinzeln die Sonne als Ursprung alles Sichtbaren und aller Erkenntnis sehen können.

Platons Höhlengleichnis in einem Stich von Jan Saenredam (1604) nach einem Gemälde von Cornelisz Van Haarlem: Flimmerndes Licht als erste Erkenntnisstufe

Zarathustra, der Sonnenäugige, ist nun ein Attentäter besonderer Art. Er will alle diese letzten Menschenblinzler abschaffen. Verächtlich sind die letzten Menschen, die Nietzsche in »einem abgelegenen Winkel des in zahllosen Sonnensystemen flimmernd ausgegossenen Weltalls«[25] sieht, weil sie nicht dem Leben dienen, sondern der Wahrheit. Platons Staatspädagogik und metaphysische Sehschule überschüttet Nietzsche mit Spott. Die Blinzler sind Metaphysiker, und trotz aller Freigeisterei kehren sie immer wieder zu den flimmernden Sternen zurück. So heißt es in *Menschliches, Allzumenschliches* über diesen Metaphysiker:

> [A]lle Sterne scheinen um ihn zu flimmern und die Erde immer tiefer hinabzusinken. – Wird er sich dieses Zustandes bewusst, so fühlt er wohl einen tiefen Stich im Herzen und seufzt nach dem Menschen, welcher ihm die verlorene Geliebte, nenne man sie nun Religion oder Metaphysik, zurückführe.[26]

Im Sonnenauge Zarathustras erschiene Jay daher als ein letzter Mensch, dessen Typ endlich zu Grabe getragen werden müsste. Er lebt in einer von moralischen Gefühlen verwüsteten Welt und blinzelt als untätiger Metaphysiker, als Ding-an-sich-Phantast ins flimmernde Licht der Sterne. Jay will ja aus moralischen Gründen einen moralisch innengeleiteten Politiker umbringen. Das ist das vertraute Duell: Eine Moralmaske starrt feindselig eine Moralmaske an. Und Jay ahnt auch, dass er an der gleichen Verrücktheit laboriert wie seine Feinde: »Ja, ich glaube, Wolfowitz ist echt verrückt, aber auf eine untergründige Art, sodass man es nicht gleich merkt. Wohingegen man mich, wie du weißt, für nicht ganz dicht hält, aber eigentlich bin ich doch weitgehend im Lot.«[27]

Jays Geschichte geht gut aus. Ben kann ihn von seinem Attentatsplan abbringen, nachdem er Jay veranlasst hat, mit einem brasilianischen Mojo-Hammer auf das Konterfei des Präsidenten einzuschlagen. Hinterher geht es dem verhinderten Attentäter offenbar besser, aber auch bei dem gespielten Mord bleibt er in seiner Mitleidsfalle stecken: »Einen Moment lang dachte ich tatsächlich, ich bringe ihn um. Wirklich, und er tat mir sogar Leid, als ich ihn umbrachte, das ist doch krank.«[28]

Don DeLillo: Falling Man und Thomas Glavinic: Die Arbeit der Nacht

Dass der Attentäter und sein Opfer häufig in einer Spiegelbeziehung zueinander stehen, ist eine Beobachtung, die auch Don DeLillo in seinem Roman *Falling Man* durchspielt. Es ist eine Spielergeschichte in zweifachem Sinne: Schicksal und Poker sind die Themen. Der Roman setzt einen kleinen Personenkreis aus New York dem Wahn und den Traumata der ersten Tage nach dem Angriff auf die Twin Towers aus, und er kontrastiert diese Bilder mit Nahaufnahmen aus der inneren Welt der Attentäter. Die Rechnung geht nicht auf, aber das Spiel ist bestechend.

Der Roman hat seinen Titel von dem bereits erwähnten[29] Performancekünstler, der sich immer wieder in einer Hotelhalle oder in einem Konzertsaal oder mitten in New York an einem Seil in die Tiefe fallen lässt und dabei die Haltung des Mannes mit dem angewinkelten Bein einnimmt, dessen Foto vom Sturz aus dem Nordturm der Twin Towers zum Gedenkbild dieses Unglücks geworden ist. Die Wiederholung gehört zum Ritual dieses Künstlers mit Namen David Janiak, dem Maniak des Fallens, der in hundert Stürzen die Energien und traumatischen Kräfte des Ereignisses und des Bildes zu erhalten sucht:

Er arbeitete ohne Flaschenzug, Kabel oder Drähte. Nur mit Sicherungsgeschirr. Und ohne Bungee-Seil, das die Erschütterung eines längeren Falls abfedern würde. Nur eine Kombination von Gurten unter Hemd und blauem Anzug, von denen ein Strang aus einem Hosenbein kam und mit einer Sicherungsvorrichtung oben am Ausgangspunkt verbunden war.[30]

Aber nach dem 11. September scheinen alle Figuren in einem solchen Sturzflug erstarrt zu sein. Der Falling Man fällt emblematisch für die kleine Gruppe der Romanfiguren. Zwar hatte sich Keith Neudecker, der in einem der beiden Türme in einer Immobilienfirma arbeitete, mit leichten Verletzungen retten können. Mit einer langen Schlange von Flüchtenden wand er sich über die Treppe hinab ins Freie. Vorher hatte er mitansehen müssen, wie sein Kollege Rumsey in einem Nachbarbüro sein Leben verlor, als ihm ein Trümmerteil den Schädel zerschmetterte. Rumsey war einer seiner Mitspieler beim wöchentlichen Poker. Keith gelangte mit der schreienden Menge aus dem Turm, ehe das Gebäude kollabierte. In der ungeheuren Verwirrung, die die Schmerzen, die panische Flucht, der Ascheregen und die Bilder der einstürzenden Türme in ihm auslösten, lässt er sich von einem Autofahrer zurück in die Wohnung seiner Frau und seines Sohnes fahren, die er vor Monaten bereits verlassen hatte.

Der Roman verfolgt die Energiewirkungen der Katastrophe bis in die Kapillaren aller Figuren hinein. Keith' Frau Lianne arbeitet als freie Lektorin, sie lebt aber unter den dunklen Vorzeichen eines genetischen Risikos, das sie von ihrem Vater geerbt hat. Dieser Mann, ein Architekt, hatte sich, als er die Vorboten einer schleichenden Altersdemenz bei sich wahrnahm, mit einer Flinte erschossen. Um ihre Angst vor einem gleichen Schicksal in Tätigkeit zu übersetzen, arbeitet Lianne freiwillig mit einer Gruppe von Alzheimer-Patienten, die sich selbstverfasste Texte über den 11. September und andere Themen vorlesen. Bewegt und betroffen beobachtet sie den Kampf der alten Leute um die Erinnerung. Sie selbst lässt ihre Hirnfunktionen dauernd medizinisch kontrollieren und prüft ihre mentale Leistungskraft penibel und unaufhörlich. Auf diese Weise spielt der Autor das Thema des Gedächtnisses und der Erinnerung von einer ganz anderen Seite her ein. Für Keith, Lianne und ihren Sohn Justin ist alle Erfahrung nach dem Crash in zwei Hälften zerborsten. Justin sitzt mit seinen Freunden Tag für Tag am Fenster, und sie suchen von dort mit einem Fernglas den Himmel ab, ob nicht irgendwo neue Flugzeuge auftauchen.

Die Spiegelbeziehung zwischen Attentätern und den Opfern und Überlebenden konstruiert DeLillo über Martin Mann, den Freund, der mit Liannes Mutter Lina verbunden ist. Mann ist ein deutscher Kunsthändler, der dreißig Jahre zuvor offenbar Mitglied einer terroristischen Vereinigung in Deutschland gewesen war. Er hat daher seinen Namen gewechselt. Jetzt erkennt er in den muslimischen Attentätern von 2001 Verwandte: »Er glaubt, diese Leute, diese Dschihadisten, er glaubt, sie haben etwas gemeinsam mit den Radikalen der Sechziger und Siebziger. Er glaubt, sie gehören alle zum selben klassischen Muster. Sie haben ihre Theoretiker. Sie haben ihre Visionen von einer weltumspannenden Bruderschaft.«[31] Und die große globale Spannung wird auch im Haus von Keith' Familie spürbar. Lianne fühlt sich von der unablässig durch die Wohnungswände schallenden arabischen Musik einer Nachbarin terrorisiert, bis sie eines Tages an der Tür dieser Nachbarin klingelt und aus Wut handgreiflich wird.

Aber nicht nur aus dem Terrorismusthema erwachsen die Spiegelverwandtschaften zwischen all diesen im Flug erstarrten *falling men*. Sie verbindet auch ihr gemeinsamer Glaube an die schicksalhafte Aussagekraft von Zeichen. Jeanne lebt nicht nur in begreiflicher Sorge, dass sich auch bei ihr Anzeichen der Demenz einstellen könnten, alles trifft sie: »[S]ie suchte nach Zeichen. Selbst wenn sie einen Vorfall kaum bemerkte, fiel er ihr später wieder ein, bedeutungsschwanger, in Phasen der Schlaflosigkeit, die Minuten dauerten oder Stunden, sie war sich nicht sicher.«[32] Keith hingegen folgt einem Fatalismus der Dinge und Worte. Bei der Flucht aus dem brennenden Turm war ihm eine fremde Aktentasche in die Hände geraten, die er dann mit nach Hause brachte. Nach wenigen Tagen macht er die Eigentümerin ausfindig, eine Frau, die im gleichen Gebäude gearbeitet hatte wie er und die er auf sein Alter, Ende dreißig, schätzt. Er bringt ihr das Fundstück persönlich zurück, und die beiden beginnen eine kurze Affäre. Er weiß nicht recht, warum er ihr die Tasche gebracht hat, sie aber erklärt es bündig: »Damit wir uns begegnen können. Darum hast du sie genommen, und darum hast du sie hergebracht, um mich am Leben zu halten.«[33] Die Sprache der Liebe ist paranoisch durchwirkt. Keith dachte zwar nicht, dass ihm die Tasche von einer Schicksalscaritas in die Hände gespielt wurde, aber er glaubt ihr. Auf die Sprache des sieben- oder achtjährigen Justin wirkt sich das Unglück in anderer Weise aus. Er spricht mit Freunden und Eltern nur noch in einsilbigen Wörtern, weil er glaubt, dass Osama bin Laden, den die Kinder Bill Lawton nennen, auch nur in Einsilbern gesprochen hat.

Und schließlich die Vorsehung. Für die Attentäter des 11. September, die in einigen Kapiteln auftreten, ist einfach alles durch Gottes Entschlüsse geregelt. Sie unterwerfen sich willig der Vorsehung und geben ihr Leben diesem Spiel Gottes frei. Nicht viel anders Keith. Nach dem Untergang seiner Firma sucht er sich keinen neuen Job. Er wird professioneller Pokerspieler, der quer durch die USA von Turnier zu Turnier reist und so sein Geld verdient. Er füllt nun alle seine Tage mit dieser Passion, die er früher nur einmal wöchentlich an einem jour fixe mit seinem Kollegen und Freund Rumsey ausgelebt hatte. Rumsey ist tot, und der Überlebende Spieler bleibt mit der Frage allein, warum ihn das Schicksal verschont hat. Wo wird das entschieden? Ein anderer Mitspieler der Pokerrunde hatte sich früher bereits gegenüber dem lebenden Kollegen den Witz erlaubt, dass Rumsey, wenn sein Name Ramsey geschrieben worden wäre, ein anderes Schicksal erlebt hätte. Für Keith kann das nicht gelten. Jetzt ist er Pokerspieler geworden, und das ist sein Glaube. Der Spieler glaubt an sein Glück, er wähnt sich vom Schicksal privilegiert. Er kann ganz nach Art der Paranoiker nicht an den Zufall glauben:

> Das jeweilige Blatt war Zufall, ohne nachvollziehbare Ursache, aber er blieb der Herr seines freien Willens. Glück, glücklicher Zufall, kein Mensch wusste doch, was das war. Diese Dinge waren nur Mutmaßungen, um Ereignisse zu beeinflussen. Er hatte ein Erinnerungs- und Urteilsvermögen, hatte die Fähigkeit zu entscheiden, was wahr war und angeblich wahr, wann es zu handeln und wann zu warten galt. (…) Aber das Spiel hatte Struktur, Leitlinien, glückliche und einfache Intermezzi der Traumlogik, wenn der Spieler weiß, dass die Karte, die er braucht, auch die Karte ist, die er ganz bestimmt bekommen wird.[34]

Die Gottesvorsehung und die Spielkartenvorsehung folgen dem gleichen Denkmuster. Keith ist ein Dschihadist des Royal Flash. Die Attentäter mutierten zu Automaten, Keith verwandelt sich in eine Pokermaschine, und er bemerkt es selbst:

> Er fragte sich, ob aus ihm ein selbstlaufender Mechanismus zu werden drohte, ein humanoider Roboter, der zweihundert Befehle per Sprachsteuerung versteht, weit sehen kann und berührungsempfindlich ist, aber absolut und strengstens kontrollierbar.[35]

Seine Erfahrungswelt schrumpft von Tag zu Tag, seine Gedanken laufen im abfallenden Zirkel der Treppenspirale, die er am 11. September hinuntergestolpert und -gefallen war. Er ist dauernd unterwegs, kehrt für drei Tage nach Hause zurück, zu Liebe, Sex, Vaterschaft und hausgemachtem Essen, aber er ist nicht in der Lage, Lianne oder Justin zu sagen, was er treibt. Wer das Fatum sprechen lässt, begreift sein Schicksal nicht mehr in Worten. Eine ihm unbekannte, vermeintlich wohlwollende Macht drängt ihn wieder zum Flughafen, um den nächsten Spielort anzusteuern. Eine solche Geistesverfassung verfällt der Metaphysik und dem Blinzeln. Dieses REM der letzten Menschen zeigt sich zunächst nicht an den Augen von Keith, wohl aber an denen einer Spielerin, die er immer wieder trifft und beobachtet. Vermutlich aus Las Vegas stammen diese Eindrücke:

> Die Hitze drückte sich in Metall und Glas hinein, brachte die Straßen zum Flimmern. Am Tisch studierte er die Spieler nicht nach verräterischen Anzeichen, ihm war egal, ob sie husteten oder gelangweilt dreinschauten oder sich am Unterarm kratzten. Er studierte die Karten, kannte die Tendenzen. All das und die blinzelnde Frau. Er erinnerte sich vom Kasino downtown an sie, wo sie unsichtbar war bis auf die unruhigen Augen. Das Blinzeln war kein verräterisches Anzeichen. Sie war einfach so, Mutter eines erwachsenen Mannes, die Chips in den Pot feuerte und blinzelte, wie die Natur sie geschaffen hatte, als wäre sie ein Glühwürmchen auf dem Feld.[36]

In diesem Kleinsystem der Spiegelbeziehungen teilt eine von der Gewalt des Zufalls erzeugte Menge den gleichen Wahn, die gleiche Mechanik, die gleiche Gleichgültigkeit, Sprachnot, Gewalt und Mordbereitschaft. Da sie in diesem symbolischen Raum eben die Heimstatt eines gemeinsamen Gedankens bewohnen, ist jeder auch der andere, ist jeder auch der Gedanke und die Geste des anderen. In Keith' reduzierter Wahrnehmung taucht das Blinzeln dieser Frau nicht darum aus dem Meer der Zeichen und Gesten auf, weil es etwas bedeutet. Alle seine Deutungen haben nur einen Tenor: »Ich bin vom Glück getragen«. Das ist seine Metaphysik. Das Blinzeln wird bedeutungsvoll, weil es sich wiederholt. Immer wieder stößt Keith auf diese Frau. Das Spiel, gleich ob Poker oder Schicksal, läuft durch Wiederholungen, die der Blinzler zu deuten versucht. Auch am Spieltisch ist der Blinzler als Metaphysiker ein letzter Mensch.

Ein letztes Beispiel[37] in dieser Serie der Geschichten vom letzten Menschen und blinzelnden Metaphysiker erzählt der junge Autor Thomas Glavinic in seinem 2006 erschienenen Roman *Die Arbeit der Nacht*. Dieser letzte Mensch heißt Jonas, er lebt in Wien und erwacht eines Morgens in einer menschenleeren Welt. Als Kind unserer Zeit bearbeitet er diese völlige Menschenleere um sich herum mit Hilfe technischer Medien: Er befragt Radio, Mobiltelefon, Fernsehen, Internet nach dem Verbleib der anderen. Doch alle Interfaces, die er nach Signalen absucht, antworten mit Flimmern oder Rauschen: »Er schaltete den Fernseher ein. Flimmern. Er schaltete den Computer ein. Server error. Er schaltete das Radio ein: Rauschen.«[38] Am Flughafen funktionieren die Lifts zwar noch, sonst aber nichts: »Er versuchte herauszufinden, wann das letztemal ein Flugzeug gestartet oder gelandet war. Doch entweder ging er ohne Sachverstand an das Problem heran, oder der Computer war defekt. Auf dem Bildschirm flimmerten nutzlose Tabellen.«[39] Es gibt offenbar auch keine Tiere mehr, keine Ochsen, Vögel, Fliegen. In welche Tiefe hinein der große Andere das Leben ausgeknipst hat, bleibt unerzählt. Jedenfalls scheint es die Bäume nicht getroffen zu haben. Aber diese tote Welt spricht nicht mehr mit ihm. Es gibt keinen Hinweis darauf, warum Tier und Mensch spurlos verschwunden sind. Und ob es auf dem ganzen Erdenrund keine Seele mehr gibt, und ob vielleicht in der Tiefe des Meeres noch etwas lebt, bleibt auch ungewiss. Jonas durchsucht die Wohnung seiner Eltern, er macht sich auf den Weg in die Umgebung Wiens, schließlich fährt er auch noch, entlang den vielen freien Tankstellen nach England, um eine Spur seiner Freundin aufzunehmen. Alles vergeblich. Er eilt durch eine informationslose Welt voll Flimmern, Rauschen, Flackern, Sirren. Doch kommt dieser Jonas ohne Menschheit ganz gut zurecht. Unbekümmert und lustvoll wie in einem Kindertraum bedient er sich der vielen unbenutzten Junggesellenmaschinen. Neben den Videorecordern, Mobiltelefonen, Computern und flimmernden Fernsehbildschirmen bemächtigt er sich technischer Spielzeuge: Autos, Fahrstühle, Pumpguns, Fastfood-Automaten. Als Kind einer langen Romantradition, in denen die letzten Menschen blinzelnd das Flimmern der untergehenden Welt beobachten, antwortet auch Jonas auf das Flimmern und Flirren mit Zwinkern und Blinzeln. Um seine Einsamkeit unterhaltsamer zu machen, schaltet er nachts die Videokamera ein und betrachtet am nächsten Tag den Film seines Schlafs. Aber die einzelnen Kassetten ähneln sich. Wenn er sich nach den Unterschieden fragt, dann fällt ihm dreierlei auf: »Erstens: Der Blick des Schläfers. Zweitens, Er zwinkerte. Drittens: Die Stimme. Der Blick des Schläfers war so stechend, wie es Jonas nie an sich erlebt hatte, weder im Spiegel noch auf Videos oder Fotografien. Weiter erinnerte er sich genau, daß er in der ersten Nacht keinesfalls in die Kamera gezwinkert hatte.«[40] Diese nächtliche Aktivität seines Unbewussten spielt ihm so manchen Streich und stört die Souveränität seines Junggesellentums. Der zwinkernde Jonas geht durch die Wochen seiner absoluten Einsamkeit als letzter metaphysischer Held, denn er überlebt eine Katastrophe, die nur ein literarischer Weltuntergangsversuch ist. Als Metaphysiker und paranoischer Prototyp besteigt er am Ende auch den Stephansdom, um sich von der Spitze des Turms herab in die Abwesenheit alles Lebendigen zu stürzen.

DER BETRIEB DER PARANOISCHEN VERNUNFT II

| Vorbemerkung
| Mapping (1): Hirnforschung
| Mapping (2): Die alltägliche Paranoia
| Mapping (3): Carl Schmitt
| Mapping (4): *Gravity's Rainbow*
| Mapping (5): Das flimmernde Ding (2)
| Mapping (6): Genealogien
| Postscriptum

Vorbemerkung

Die Wahrnehmungsorgane der paranoischen Vernunft erleben die Welten, Räume und Dinge, die sie beunruhigen, vornehmlich als Flächen. Gegen diese Beunruhigung bietet sie eigene Flächenbilder auf. Von daher rührt die zweideutige Faszination, die für sie von Bildern, Fotos, Karten und Schriftstücken ausgeht und die zu artifiziellen Interpretationen einladen. Auch die stärkste Vernunft vermag keine *Räume* zu interpretieren, sondern nur *Oberflächen* und die auf diesen Oberflächen auftauchenden Zeichen. Dabei lässt es die paranoische Deutung aber nicht bewenden: Sie stößt durch diese Oberflächen hindurch. Sie ist davon überzeugt, dass die Oberflächen Diaphragmen sind, hinter denen der Blick die wahren Träger der Macht und der Wahrheit ausblinzeln könnte.

Unter *Mapping* verstehen wir hier eine Betriebsweise der paranoischen Vernunft, die drei- oder mehrdimensionale Räume auf eine zweidimensionale Fläche projiziert. Freilich ist das Mapping eine alte Kulturtechnik, die mit der Malerei und antiken Kartographie einsetzt und die mit den zahllosen technischen Displays, die heute der Unendlichkeit der Welt in Myriaden von Bildern trotzen, nicht aufhören wird. Dieses Mapping ist fundamental und setzt sich auch in den dreidimensionalen Darstellungen fort, die leistungsfähige Programme nach wie vor auf das Geviert der modernen Rechnerbildschirme bringen. Wenn uns auch Märchen und Science Fiction den Sprung in die Bilder hinein versprechen, lassen sich die künstlichen Welten aus diesen Darstellungen niemals begehen: Dreidimensionale Darstellungen der Erde in Programmen wie Google Earth oder auch in bildgebenden Verfahren, die in das organische Innere von Tieren und Menschen eindringen, erlauben es allenfalls, im virtuellen Raum der Bilder zu navigieren. Die Bildräume bleiben Flächen und lassen sich nicht transzendieren. Zeichen erscheinen immer nur auf Flächen. Und für Raumdenker oder Tiefenhermeneutiker gilt gleichermaßen: Über alles kann man (Unsinn) reden, aber nur das Flächige ist interpretierbar.

Dieses Mapping ist ebenso alt wie alltäglich. Doch die Augen der paranoischen Vernunft und die Blicke ihrer mörderischen Delegierten, der Attentäter oder Kriegsherren, kleben an diesen Karten und Raumprojektionen. Auf solchen Bildern, die sowohl Erkenntniskräfte wie Ängste und Hoffnungen mobilisieren, scheint sich gleichzeitig etwas zu verbergen und zu offenbaren. Ganz unterschiedliche Verfahren des Mapping – Landkarten, Filme, Computertomographien, regionale Topographien, Charts, genealogische Tafeln und metaphysische Heilswege – geben nun ein gleiches Rätsel auf. Auf ihnen flimmern für das paranoische Auge die verborgenen Geheimnisse der Dinge; bisweilen scheint es das Ding an sich zu sein, das sich dort in winzigen Lichtemanationen abschuppt. Der Raum wird auf die Fläche projiziert, um dann im Jenseits dieser Fläche sein Geheimnis zu entschlüsseln. Diese Betriebsart der paranoischen Vernunft lässt sich auf ganz ähnliche Weise in der Neuropsychologie, der Psychiatrie, der Staatsrechtswissenschaft, der Literatur und Theologie beobachten.

Mapping (1): Hirnforschung

Was sehen die Hirnforscher auf ihren Screens? Was geschieht im Informationsaustausch des zentralen Nervensystems, wenn der Paranoiker mit Gott spricht, wenn er Stimmen hört oder die Welt zu retten unternimmt? Manche Neurophysiologen sehen jedenfalls etwas, und das sieht so aus:

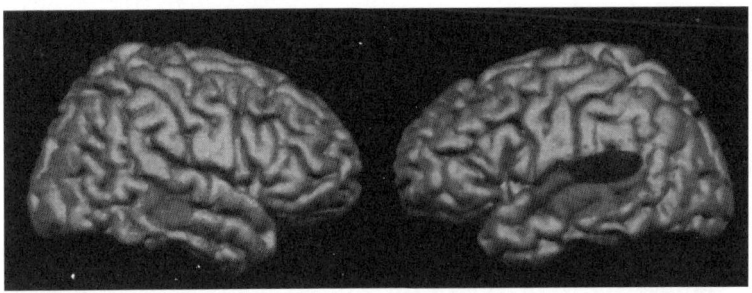

Schematische Darstellung der Signaländerung während akustischer Halluzinationen bei schizophrenen Patienten mit Sprachstörung. Schwarz: Verminderte Aktivierung während gestörten Sprechens (verglichen mit ungestörtem Sprechen). Dunkelgrau: Aktivierung bei akustischer Halluzinationen (Stimmenhören verglichen mit Nicht-Stimmenhören).

Halluzinationen oder Stimmenhören sind Aktivitäten bestimmter Nervenzellen, und sie erzeugen unterschiedliche Erregungsmuster. Die Frage danach, was die Neurophysiologen sehen, wenn Schizophrene halluzinieren, ist heute noch eine Nebenfrage der seit beinahe vierzig Jahren rasant voranschreitenden Forschung zur Wirkung von Psychopharmaka sowie zur Funktionsweise des Gehirns auf der Grundlage der Kommunikation, die Neuronen über Botenstoffe betreiben. Als einer der ersten untersuchte der schwedische Pharmakologe Arvid Carlsson die Wirkung von Neuroleptika wie Reserpin, Chlorpromazin und Haloperidol auf den Dopamin-Haushalt im Gehirn. Dopamin ist ein wichtiger Neurotransmitter, also einer jener Botenstoffe, die für die Übertragung von Informationen zwischen Zellen des zentralen Nervensystems sorgen. Zunächst hatte man beobachtet, dass bei Parkinson-Kranken die Dopaminneuronen im motorischen Kontrollzentrum des *Corpus striatum*, des Streifenkörpers im Gehirn, zerstört sind.[2] Carlsson ging der Frage nach, worauf die positive Wirkung der Psychopharmaka bei Schizophrenen beruhte. Die von ihm aufgestellte »Dopamintheorie« besagte, dass die Neuroleptika nicht die Aktivität von Dopaminneuronen beeinflussen, sondern dass sie die Dopaminrezeptoren in den Zellen, die informiert werden sollen, blockieren. Die These ist nach wie vor gültig. Inzwischen weiß man aber auch, dass es mehrere Typen von Dopaminrezeptoren gibt, so dass gleiche Substanzen dort durchaus unterschiedliche Wirkungen auslösen können. Weiter hat man erkannt, dass Zellkörper in ganz unterschiedlichen Regionen des Gehirns den Rezeptortyp enthalten, der durch Blockade der Dopaminaufnahme die antischizophrene (antiparanoische) Wirkung von Neuroleptika bewirken kann. Damit blieb lange Zeit offen, ob die Neuroleptika nicht mehrere Hirnregionen zugleich beeinflussen. Neben dem so genannten »dopaminergenen« System sind inzwischen weitere Neurotransmitter-Systeme untersucht worden, und die Forschung arbeitet sich durch immer komplexere Modelle voran.[3]

Allerdings bieten diese eindrucksvollen und scharfsinnigen Forschungen und die immer besseren Auflösungen, die durch bildgebende Verfahren erzielt werden, keinen Anhaltspunkt dafür, welche Störungen im inneren Informationsprozess des Gehirns die fehlerhafte oder hyperintensive psychotische und paranoische Datenverarbeitung, die *Fatumsgewissheit* und die *artifiziellen Deutungen*, auslösen. Sind Fehlinterpretationen stets Fehladressierungen von Neurotransmittern? Lässt sich der Übergang von einer Hypothese zum Wahn neurologisch darstellen? Ist eine chiliastische Sekte eine Gemeinschaft von Dopaminrezeptorenkrüppeln? Die Annahme, dass eben ein Zuviel an Dopamin für bestimmte sensorische Überfunktionen verantwortlich ist, die die Betreffenden dann als Halluzinationen verarbeiten, und die sie vor allem aber zu wahnhaften Interpretationen ihrer Wahrnehmungen veranlasst, führt wenig über die bisher durchgeführten psychiatrischen Beobachtungen solcher Delirien hinaus. Allerdings bleibt die Paradoxie, dass gerade in den

Hirnregionen, wo schizophrene und paranoische Störungen besonders dramatisch ausfallen, nämlich im zerebralen Kortex, die für die Verarbeitung der antipsychotischen Pharmaka zuständigen Rezeptoren eher spärlich vorhanden sind. Vor diesem Hintergrund können wir auf eine Debatte der klinischen Differenz von Schizophrenie und Paranoia verzichten.

Längst hat sich die Hirnforschung durch eine Reihe von bildgebenden Verfahren aufrüsten können. Der Maschinenpark umfasst die Positronen-Emissions-Tomographen (PET) und die Magnetresonanztomographen (MRT), die kontinuierlich und mit hoher Auflösung Zustandsveränderungen in zuvor festgelegten Schichten des Gehirns aufzeichnen und darstellen können. Das Signal des PET wie das des MRT reagiert auf Blutflussveränderungen, die auf neuronale Aktivität zurückgehen. Mit Hilfe solcher Bilder konnten Hypothesen zur Erklärung bestimmter feinmotorischer und kognitiver Störungen bei Schizophrenen aufgestellt werden. Durch MRT ließ sich der Befund erheben, dass mit dem Neuroleptikum Clozapin behandelte Patienten in beiden Hemisphären des sensomotorischen Kortex eine geringere Perfusion aufwiesen.[4] Inzwischen ist die Forschung dazu übergegangen, mit Hilfe der funktionellen MRT das Gehirn Schizophrener bei solchen Aufgaben zu beobachten, von denen anzunehmen ist, dass es dabei weniger gut operiert als das Gehirn sogenannter Normalpersonen.

Neuere Forschungen verlassen das feste Terrain der zerebralen Landkarten und untersuchen eine funktionelle Seite der Datenverarbeitung, die komplexere Auskünfte zu geben scheint. Ausgehend von der Frage, wie es dem Gehirn gelingt, aus dem Rauschen der Welt einzelne Elemente auszuwählen und mit Aufmerksamkeitsenergie zu versehen, ist man darauf gestoßen, dass es womöglich eine höhere Koordination für verschiedene Sinnesleistungen gibt, die nach rhythmischen Parametern arbeitet. Denn an der Wahrnehmung etwa eines fliegenden Objekts sind ganz unterschiedliche Bereiche des visuellen Kortex beteiligt, die in eigener »Zuständigkeit« Farbe, Bewegung, Richtung, Lokalisierung etc. analysieren. Die Koordination dieser jeweiligen Funktionen wird vermutlich dadurch gewährleistet, dass die verschiedenen neuronalen Zonen im gleichen Rhythmus aktiv sind, die Frequenz dieses koordinierten Feuerns ist das Gamma-Band, ein Frequenzspektrum zwischen 40 und 70 Hertz. So glaubt man zu sehen, dass solche neuronale oszillatorische Gleichrichtung durch den Top-down-Effekt ausgelöst werden kann. Das heißt, dass über die Wahrnehmung von Sinnesreizen im visuellen oder akustischen Raum, die ihrerseits im Gammaband moduliert sind, wie beispielsweise Flimmern, eine entsprechende neuronale Aktivität ausgelöst werden und gemessen werden kann.

Die für die Kritik der paranoischen Vernunft relevante Hypothese besagt nun, dass diese Koordination verschiedener neuronaler Systeme bei bestimmten Wahrnehmungsleistungen der Schizophrenen weniger gut funktioniert. Entsprechende Versuche scheinen zu bestätigen, dass sich die alte Theorie der Schizophrenie als eine »Spaltung« von mentalen Aktivitäten bewährt, da sich diese »Spaltung« auf der Ebene der neuronalen Verarbeitung abbildet. Die Karte schizophrener Datenverarbeitung zeigt beispielsweise an, dass Personen, die nach dem internationalen Standard ICD10 der WHO als Schizophrene diagnostiziert sind, geringere Amplituden der Kurven im Gammafrequenzbereich aufweisen.[5] Im Rahmen eines Versuchs, über den der Neuropsychologe Albert R. Haig und seine Kollegen berichten, maß man die Hirntätigkeit von zwei Gruppen, von Normalpersonen und Schizophreniepatienten, die jeweils bestimmte akustische Signale als relevante und irrelevante zu erkennen und zu differenzieren hatten. Die gleichlaufenden Messungen ergaben, dass sich die Leistungen der beiden Gruppen in einer Hinsicht signifikant unterschieden: Zwar bestimmte die Gruppe der Schizophrenen im Durchschnitt die relevanten Signale ganz gleich wie die Gesunden; die weniger relevanten Hintergrundgeräusche jedoch verarbeiteten sie nach den Parametern von Amplitude und Zeitdauer nicht so effektiv. Welcher Schluss lässt sich daraus ziehen? Ist also Schizophrenie eine Störung, bei der die Wahrnehmungen und Zeichen von ihrem Kontext (Hintergrundrauschen) gelöst werden, wodurch die artifiziellen Interpretationen der »falsch dichtenden Einbildungskraft« (Kant) entstehen?

Es ist den Psychiatern und Hirnforschern nicht zu verdenken, dass sie im Dunkel der verschiedenen zentralen Nervenfunktionen nach dem Urgrund der Psychose und der Paranoia tasten. Die Landkarten des Gehirns stehen inzwischen in beeindruckender Feinauflösung zur Verfügung.[6] Das technische Produkt verführt bisweilen zu der Annahme, dass die Bilder, die die Neuropsychologen auf ihren hochauflösenden Bildschirmen sehen, das Ding an sich zeigten. Auch in dieser Forschung ist nach wie vor eine epistemologische Verwirrung zu spüren, die dem Delirium, nach dessen physiologischen Wurzeln sie graben, ein wenig ähnelt. Nichts lieben Paranoiker mehr als das Mapping, das ihnen im Raum einen festen Punkt zuweist. Zu Beginn dieses Jahrtausends meldeten Hirnforscher der University of California in Los Angeles, sie hätten durch bildgebende Verfahren eine Karte erstellen können, die die Verluste an Gehirnsubstanz bei juvenilen Schizophrenen sichtbar machten. Was darf man davon halten? Wenn überhaupt, dann bilden die Befunde über Schizophrenie in solchen Fällen lediglich Begleitsymptome von anderen Erkrankungen. Weder durch Halluzinationen, Wahn oder gestörte Assoziation, erst recht nicht durch artifizielle Interpretationen geht Hirnsubstanz verloren. Oder wird durch Psychopharmaka, die bestimmte Dysfunktionen regulieren, wieder Gehirnsubstanz aufgebaut? Das Mapping dieser Verluste durch aufwändige Computerisierung von Aufnahmen mit MRT wirft tatsächlich die Frage auf, ob auf Seiten der Patienten oder der Forscher diese Verluste eingetreten sind. Aber auch hier darf man Entwarnung geben: Irrwege der Forschung führen zu keiner Abwanderung von Gehirnzellen. Links sieht man eines der Bilder, die auf der Website *schizophrenia.com* zur Verfügung gestellt werden.

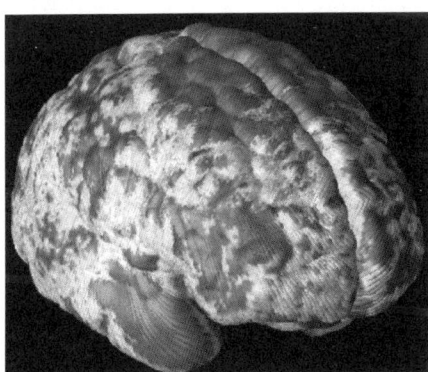

Mapping (dunkelgrau) von Hirnsubstanzverlusten bei Schizophrenie im Teenageralter.

Diese mit großer Überzeugung in die Welt gebrachten Erkenntnisse bilden die Wiederkehr des zerebralen Mythos, den das 19. Jahrhundert kultivierte, von Franz Joseph Gall bis zu Cesare Lombroso, die Tausende von Schädeln vermaßen und Hirne wogen, mit denen einst Genies ihre Ideen ersannen und Verbrecher ihre Morde begangen: Diese Väter und Pioniere der Neurophysiologie waren davon durchdrungen, dass Hirnfunktionen, das heißt moralische wie intellektuelle Leistungen in Mengen und Größen der Hirnsubstanz messbar seien.

Dass alle motorischen und nervösen Funktionen im neuronalen Stoffwechsel repräsentiert werden und dass die Datenverarbeitung, die das zentrale Nervensystem steuert, auf Karten abgebildet werden kann, ist eigentlich wissenschaftliches Kleingeld. Das gilt auch für die Hypothese, dass funktionelle Defizite im organischen, mentalen oder psychischen System in irgendeiner Form mit Störungen der Hirnaktivität korrelieren. Aber bildet das Gehirn alle intellektuellen und sensomotorischen Aktivitäten des höheren Lebens ab? Ließe sich das legendäre Phantom, der Menschengeist, der sich als Landmarke meldet, endlich in eine Flasche einschließen? Können wir demnächst die Evolution des *animal rationale* auf Karten nachlesen? Die alte Staatsutopie und der Philosophentraum, dass sich die Menschen bessern ließen, scheinen heute in die Wissenschaft abgewandert. Die Aussicht, dass sich mentale Betriebsstörungen, Ausfälle und Anpassungsdefizite, in nichts auflösen, wenn die gestörten Hirnfunktionen durch geeignete Intervention »normalisiert« werden könnten, ist der Wissenschaftswahn unseres Jahrtausends. Werden wir das psychische Trauma heilen können, indem wir die gestörten Neuronenkommunikationen im Kortex beheben wie eine geflickte Telefonleitung? Oder wird man gar demnächst an der DNS herumschnipseln, weil man die Gene verschiedener Rezeptoren oder gar das Fehlsteuerungsgen auf den Chromosomen identifiziert hat?[7] Wie bescheiden sind diese Erkenntnisse, verglichen mit den Befunden, die die Beobachtung und die lebensgeschichtliche Analyse von psychotischen Patienten zutage fördern kann. Einstweilen werden die Attentäter noch nicht an ihrem genetischen Code erkannt werden.

Mapping (2): Die alltägliche Paranoia

Wir verdanken zeitgenössischen Psychiatern ein ganz neues Verständnis der Paranoia als Inbegriff fehlerbehafteter Interpretationen der umgebenden Welt. Um die Ergebnisse dieser Forschungen auf eine Formel zu bringen, könnte man sagen: Die Paranoia schlummert in milden und in dramatischen Formen in allen Köpfen.

Es war zunächst der amerikanische Psychiater und Schizophrenieforscher John S. Strauss, der 1969 in den *Archives of General Psychiatry* den Vorschlag machte, Halluzinationen und Wahn nicht mehr als eindeutige Symptome zu klassifizieren, die eine Psychose anzeigen, sondern zu einer flexiblen Bewertung überzugehen, die den unterschiedlichen Formen, Intensitäten und Kontexten solcher Symptome Rechnung trägt. Strauss stützte sich auf eine Befragung von 119 Patienten aus psychiatrischen Kliniken, die zu dem Ergebnis kam, dass viele dieser psychotischen Erfahrungen, die berichtet wurden, durchaus fraglich und nicht völlig eindeutig waren. Manche Patienten, die unter wahnhaften Ideen litten, waren dann nach einiger Zeit von diesen Belästigungen wieder befreit. Strauss wies außerdem darauf hin, dass die pathologische Qualität einer Wahnvorstellung durchaus vom kulturellen oder religiösen Kontext abhängig sei, in dem der Patient lebt. Die Vorstellung, vom Teufel verfolgt zu werden, wäre als ein Punkt auf einer flexiblen Karte bei einem stark religiös geprägten Menschen anders zu bewerten als bei einer Person, die ohne religiöse Bindung lebt.

Für die Kritik der paranoischen Vernunft ist Strauss' Feststellung wichtig, dass Schizophrenie und die charakteristischen Merkmale, die sie mit der Paranoia teilt, allesamt verstehbar seien als »Übertreibungen von normalen Funktionen und nicht als exotische Symptome, die über die Persönlichkeit gestülpt worden sind«.[8]

Im Anschluss an Strauss machten sich einige Psychiater daran, die Karten der Normalen und der Kranken miteinander zu vergleichen. Sie gingen dazu über, nicht nur die Kranken, sondern auch sogenannte Normalpersonen zu befragen, ob sie Halluzinationen und Wahnvorstellungen gehabt hätten. Eine vom *US National Co-*

morbidity Survey Anfang der neunziger Jahre in Auftrag gegebene epidemiologische Studie ergab, dass 28% der Befragten mindestens einmal einen Typ von Erfahrungen gemacht hatten, der dem Symptomenkanon der Schizophrenie zuzurechnen ist; diesem Ergebnis steht nun die klinisch erhobene Zahl von 0,7% Psychotikern in der Bevölkerung gegenüber.[9] Diese beiden Größen kann nur eine Untersuchung miteinander in Beziehung setzen, die die Verteilung psychotischer Erfahrungen oder Symptome in der gesamten Bevölkerung ermittelt. Auf diese Weise übertrüge man die Epidemiologie der Psychose auf ein Kontinuitätsmodell, das nur noch graduelle Unterschiede zwischen Normalen und Kranken einrechnet. Hierzu noch ein paar Befunde. Im Rahmen einer Befragung von 60.000 Erwachsenen in Großbritannien bekannten sich 50% von ihnen zur Möglichkeit der Gedankenübertragung; 25% glaubten an Geister, ebenso viele an Reinkarnation. Insgesamt berichteten 2% der Befragten über bizarre Wahnvorstellungen; zwischen 4% und 8% gaben zu Protokoll, dass sie paranoide Wahnformen kannten oder in der Vorstellung lebten, übernatürliche Kräfte zu haben. Auch Interviews, die andere Methoden anwandten, erbrachten ähnliche Ergebnisse. Paralleluntersuchungen zwischen Normalen und Psychotikern machten es plausibel, dass die »Psychotiker« zwar intensivere Halluzinationen und Wahnerscheinungen erlebten als Normalpersonen. Doch die *Menge* solcher Erfahrungen erwies sich in beiden Gruppen als gleich.[10]

Im Jahr 2008 veröffentlichten die Psychologen Daniel Freeman und Katherine Pugh die Ergebnisse einer Studie, in der sie auf originelle Weise die Disposition zu paranoischen Deutungen in der Allgemeinbevölkerung erkundeten. Um dafür eine Grundlage zu schaffen, konfrontierten sie hundert Frauen und hundert Männer mit einer virtuellen Bildsequenz, die sie im Hinblick auf angstauslösende Wahrnehmungen interpretieren sollten. Die Bilder empfingen sie über einen stereoskopischen Cyberhelm, der sie in die virtuelle Umgebung einer Fahrt in der Londoner U-Bahn versetzte. Die vier Minuten dauernde Fahrt zwischen zwei Haltestellen brachte sie in optischen und teilweise akustischen Kontakt mit einer Reihe von computergenerierten, sehr echt wirkenden Personen. Jede dieser virtuellen Figuren war so programmiert, dass sie auf Bewegungen, zumal Augenbewegungen der Versuchspersonen reagierte. So konnte ihr Atemgeräusch vernehmbar werden, und ihr Auge war zum Teil mit dem Blick der Versuchsperson koordiniert. Eine dieser Figuren lächelte sogar, wenn sie von dem Teilnehmer angeschaut wurde. Das Ergebnis zeigte zwar, dass die große Mehrheit der Versuchspersonen die virtuellen Figuren als neutral einstufte und das »Erlebnis« als das betrachtete, was es war. Doch 40% der Teilnehmer gaben an, dass sie bei der Beobachtung der U-Bahn-Bilder doch paranoide Gedanken hatten, wie »jemand starrte mich an, um mich zu provozieren«, »jemand wollte mich isolieren«, »jemand will mich unglücklich machen«.[11]

Gibt es nun genetische Dispositionen zu Gewissheiten aus artifiziellen Beweisen? Die Voruntersuchungen zu den Versuchspersonen ergaben den Zusammenhang, dass Neigung zu Ängstlichkeit, Sorgen, dass Wahrnehmungsstörungen oder gedankliche Unbeweglichkeit solche paranoiden Interpretationen wahrscheinlicher machten.[12]

Auch dieses Experiment trägt dazu bei, die festen Krankheitsbilder der Paranoia und der Schizophrenie ins Wanken geraten zu lassen. Damit werden nicht Kranke einfach wieder gesund. Aber es gilt gewiss auch für andere Krankheiten und für Konzepte von »Normalität«, dass die Grenzen fließend sind.[13] So zeigen andere Untersuchungen, dass neurotische Patienten durchaus schizophrenieähnliche Symptome kennen, wie umgekehrt etwa die Hälfte der schizophrenen Patienten auch neurotische Züge aufweisen. Das macht es bisweilen schwierig, zwischen beiden Typen von Erkrankungen scharf zu unterscheiden.[14] Andere Untersuchungen weisen nach, dass Normalpersonen manifeste schizophrene Züge entwickeln können, wenn sie bestimmten Formen von Stress ausgesetzt werden: Als Geiseln, durch Schlafentzug, Isolation oder *sensory deprivation* beginnen sie Stimmen zu hören oder von anderen Halluzinationen heimgesucht zu werden. Mit Befunden und Beobachtungen dieser Art wandelt sich die wissenschaftliche Theorie über die

Ursachen solcher Krankheiten. Denn es gilt, dass zumeist mehrere Faktoren zusammenwirken, wenn sich eine manifeste psychotische Erkrankung einstellt. Wann muss der Arzt gerufen werden, wann ist die Einlieferung in eine Klinik angezeigt? Für die Behandlungsbedürftigkeit solcher Symptome möchte Strauss flexible Kriterien festlegen. Das wären: 1. Das Maß der Überzeugtheit von der objektiven Wirklichkeit der seltsamen Erfahrung, 2. der Anteil religiöser Überzeugungen an einem Wahn, 3. das Maß an Zeit, die die Betreffenden für die Beschäftigung mit ihren Symptomen aufwenden, 4. das Maß der Absurdität der Wahnvorstellung.[15] Die *Interpretation* von Sinnestäuschungen und nicht die Sinnestäuschungen selbst machen den Wahn aus.[16] Zwar meinte Freud in seinem Beitrag zu Daniel Paul Schreber, dass der Wahn funktionell als Heilung angesehen werden kann. Der Wahn integriert die Halluzinationen und intellektuellen Störungen in ein kohärentes System und lässt die intellektuelle Leistungskraft intakt.[17] Damit bestätigt Freud aber nur die Struktur des Wahns als artifizieller Deutung von Sinnesdaten und Zeichen. Bei weniger dramatischen Fällen lässt sich daher eine Heilung oder ein *modus vivendi* mit den Symptomen dadurch erreichen, dass der Patient seine Sinnestäuschungen als das anerkennt, was sie sind.

Das Mapping von beliebigen Personen, die etwa Stimmen hören, führt dann nicht zu der Unterscheidung zwischen Kranken und Gesunden oder gar zwischen Normalen und Verrückten. Die Karte des Epidemiologen unterscheidet dann einfach zwischen denjenigen, die mit ihren Stimmen gut zurechtkommen und den anderen, die mit diesen Halluzinationen nur schwer umgehen können.

Entscheidend ist also sowohl bei Normalmenschen, die psychotische Halluzinationen kennen, als auch bei Kranken mit den gleichen Symptomen, wie solche Sinnesdaten *interpretiert* werden. Dies führt auch noch einmal zurück zu Immanuel Kants Bemerkung über die Paranoiker, dass man ihrem Verstande alle Ehre widerfahren lassen müsste,»wenn die Data nur wahr wären«.[19] Das festzustellen fällt – noch einmal – in das Ressort der Kritik der paranoischen Vernunft.

Table 1. Differences between "good coping" and "bad coping" individuals		Group A good coping (%)	Group B bad coping (%)
Nature of the voices			
Mostly friendly		24	18
Friendly, aggressive, or giving commands		25	17
Mostly negative		39	15
Who is stronger?			
He		85	50
The voices		15	50
How do you cope with the voices?			
Selecting	Yes	50	15
	No	50	85
Draw limits	Yes	50	33
	No	50	67
Distraction	Yes	25	40
	No	75	60
Do you have to obey the voices?	Yes or sometimes	40	75
	No	60	25
Can you ignore the voices?	Yes	58	28
	Sometimes	6	34
	No	35	37
Are the voices disturbing the contact with others?	Yes	32	75
	No	68	25
Do the voices take over your thoughts?	Yes	33	47
	No	67	53
Did you learn to cope with them on your own strength?	Yes	80	30
	No	20	70
How do you interpret the voices?			
As gods or spirits	Yes	50	40
	No	50	60
As a good guide	Yes	25	14
	No	75	86
As people you know	Yes	15	35
	No	85	65
As a special gift	Yes	46	22
	No	54	78

Karte, die das Ergebnis einer Befragung anzeigt und unterscheidet zwischen Versuchspersonen, die gut oder schlecht mit Stimmenhören umgehen.[18]

Mapping (3): Carl Schmitt

Diese psychiatrischen Forschungen zeigen, dass die Paranoia eine Rationalitätsform ist und kein Wahnsinn. Sie kennt unterschiedliche Intensitäten und Abwege ihres Verdachts, ihrer Überzeugung, ihrer Deutung, ihrer Selbsteinschätzung. Aber ihre Methode führt immer zum Versuch einer kohärenten Deutung dessen, was ihr die Umgebung, die Bücher, die Karten zuspielen. Die Paranoia ist eine nicht selten gefährliche artifizielle Deutung. Sie wird zum Fluch, wenn sie mit ihren Interpretationen das Ohr der Machthaber erreicht.

Dies ist einigen Bemerkungen über einen Intellektuellen und Verschwörungsdenker des 20. Jahrhunderts vorauszuschicken, der zu einem Lieblingsautor von Geisteswissenschaftlern und Rechtstheoretikern avanciert ist. Carl Schmitt war ein Rechtsdenker, den Gedankenschärfe und theoretische Leidenschaft auszeichneten. Seine Rolle als Jurist des Faschismus, seine Berufung in den von Hermann

Göring eingerichteten preußischen Staatsrat, seine Bücher sind vielfach untersucht worden.[20] Schmitt wurde völlig zu Recht nach dem Zweiten Weltkrieg seiner akademischen Ämter enthoben, und das Lamento, das er später darüber erhob, klingt in manchen der Würdigungen fort, die ihm seine Bewunderer nachschicken. Vergeblich führte der Mann, der das Recht im völkischen Bodennomos verankert sah, der Nemesis, die auf dem blutigen Terrain des Dritten Reiches erschien, um ihn zu richten, ein Unschuldstänzchen vor. Doch das Recht, das ihn aus dem Amt entfernte, kam gottlob nicht aus dem Boden, sondern aus Köpfen und urteilte über die Niedertracht seiner Beiträge zur Rechtstheorie des Faschismus. Es stellte in Rechnung, dass Schmitt als Merkur des Nazi-Rechts wesentlich dazu beigetragen hatte, die Totschläger der SS mit dem metaphysischen Wohlgefühl auszustatten, dass ein Weltwille an ihrem Blutgeschäft Gefallen fände. Daher steht er als einer der großen intellektuellen Betrüger der Rechtsgeschichte in der Chronik des 20. Jahrhunderts. Auch wenn man von seinen Beiträgen zur juristischen Begründung des Nazi-Staates absieht, muss man ihn als rechts- und geschichtsblinden christlichen Utopisten des totalen wie totalitären Staates in den Akten führen.

Dass sich an Schmitt die Geister scheiden, liest sich an der Bibliothek der Kommentare ab, die seinen Schriften gelten. Es geht hier darum zu sehen, dass die Einheit von Carl Schmitts Denken in seinem paranoischen intellektuellen Weltbezug gegeben ist: Schmitt findet keinen Zugang zur Kontingenz, seine Geschichtsmetaphysik ist reine Verschwörung (der Juden etc.), er fühlt sich verfolgt (und verfolgt selbst), er denkt in welthistorischen Kategorien, es gibt nur Freund oder Feind, er verspürt in sich den Zwang, alle Zeichen, die ihn erreichen, zu deuten, er verwechselt Landkarten mit Metaphysik.[21] Das Wesen der Angst, schreibt Schmitt in seinem *Glossarium*, bestehe darin, einen »unbestimmten Feind zu wittern«; Sache der Vernunft hingegen sei es, den »Feind zu bestimmen«.[22] So spricht die denkende Paranoia. Schmitt hinterließ genügend lebensgeschichtliche Zeugnisse, aus denen seine paranoiden Erfahrungen sprechen. Seine Tagebücher aus den Jahren 1912-1915 bieten viele Belege dafür, dass er zu dieser Zeit unter Angstanfällen litt. Der junge Jurist fühlte sich allen Eindrücken der Außenwelt hilflos preisgegeben.[23] Die Paranoia reicht bis in seine letzten Lebenstage. Er fühlt sich »verstärkt von Strahlungen verfolgt, spricht mit unsichtbaren Feinden. Sein Wahn personifiziert sich ›einen starken Kerl mit brüllendem Organ, der den Terror organisiert, selbst aber nur ausführendes Organ mächtiger Dunkelmänner ist.‹«[24] Der überzeugende Befund Helmut Lethens[25], dass der Schmitt des *Glossariums* (also nach 1945) vornehmlich in einer Hörwelt lebte und rein phonomanisch reagierte, stellt sich als Reaktion auf die frühe Wehrlosigkeit gegen optische Eindrücke dar. Die Hörwelt schließt sich gegen die Macht der Dinge und der Zeichenwelt ab. Sie dekontextualisiert. Im frühen Tagebuch liest man, wie Schmitt immer wieder gegen die Gewalt der Dinge im visuellen Raum ankämpfte. So steht unter dem 8. November 1914: »Ich sehe einen Schuh und erschrecke. Leider soziologisch bestimmt. Ein Affekt erwacht, der mit der zufälligen Veranlassung seines Aufflammens nicht das geringste zu tun hat. (...) Immer handelte es sich um Irrtümer; mir war nicht dadurch zu helfen, dass ich hinter der zufälligen Aufregung herlief, sondern durch vernünftige Einsicht.«[26] Diese Angst hat seine paranoische Vernunft als irrtümlich erkannt und erfolgreich bearbeitet: Schmitt fühlte sich später weniger den lebensweltlichen Zeichen und Eindrücken ausgeliefert, sondern hörte auf seine intellektuellen Ressentiments. Das paranoische Diktat wurde Schmitts Verbalinspiration. Notorisch wird dies erstens an Schmitts Antisemitismus (der jüdischen Verschwörung), zweitens an seinem Glauben, dass sich das Ding an sich, nämlich das metaphysisch gegründete Recht, auf Weltkarten ablesen ließe (Schmitts Mapping) und drittens an seinen Bemerkungen zum Recht des Attentäters.

1. Wir wissen, dass die Paranoia in Verschwörungen denkt, dass sie Sinnesdaten und andere Informationen gerne als Konspiration interpretiert. Solche Verschwörung kann metaphysisch ausgelegt sein und zum Heil ausschlagen. Sie kann aber auch verhängnisvoll wirken. Schmitt lebt und denkt lebenslang in Verhängnissen. Seinen Fatalismus erklärt er 1912 seiner späteren Ehefrau Cari: »Was Du morgen tust, hat vielleicht vor 500 Jahren einer aufgeschrieben,

mit allen Kleinigkeiten. Es gibt keinen Zufall und gibt kein Entrinnen vor der Schuld.«[27] 1946 lüftet er seiner Tochter Anima Louise das Geheimnis seines Lebens in Versen des Dichters Konrad Weiß: »Vollbringe, was du mußt, es ist schon / Immer vollbracht und du tust nur Antwort.«[28]

Ein solcher Fatalismus beherrscht auch Schmitts Geschichtsverständnis: Die Weltgeschichte ist längst aufgezeichnet, ihren Gang und ihr Ende schrieben inspirierte Federn in die biblischen Bücher. Allenfalls lässt sich das Ende noch ein wenig aufhalten. Schmitts Doktrin von den Katechonten, von den Aufhaltern der eschatologischen Katastrophe, arbeitet die geschichtstheoretische Frage aus: Wer hat im Gang der Jahrhunderte dafür gesorgt, dass die Frist der Menschheit in einem dem Ende entgegenlaufenden christlichen Äon verlängert werden konnte?[29] Die Lehre vom Katechon aus dem zweiten Brief an die Thessalonicher des Apostels Paulus, die eine lange theologische Auslegungsgeschichte erfuhr[30], spitzt Schmitt historisch-politisch zu. Das Katechon verzögert den Auftritt des Antichristen, der nach Paulus mit allerlei lügenhaften Mitteln die Geister derjenigen verwirrt, die die Lehre von Christus nicht angenommen haben. Es ist ein Spiel zwischen Juden und Christen, und die paulinischen Worte über das Katechon zählen zu den wichtigen Referenzstellen der theologischen Judenfeindschaft. An Paulus knüpft Schmitt in seiner politischen Theologie an, die von Judenfeindschaft getragen ist. Das Katechon gilt ihm überhaupt als das Geheimnis des mittelalterlichen Kaisertums. Jeder große Kaiser des Mittelalters, so glaubt Schmitt, hat sich »mit vollem Glauben und Bewußtsein für den Katechon gehalten, und er war es auch.«[31] Diese eschatologische Lesart der Geschichte kommt aus einer theologischen und keineswegs politischen Gewissheit, auch wenn Schmitt eben in dieser eschatologischen Not den Ursprung von Politik erblickt. Der Grund für das Erfordernis, solche Aufhalterpolitik zu betreiben, sind die Juden, die den Gottessohn gekreuzigt haben.[32]

Aufgehalten werden muss nach Schmitt das Erscheinen des assimilierten jüdischen Betrügers. Inzwischen gibt es sorgfältig ausgearbeitete Darstellungen, die Schmitts lebenslang aktiven Antisemitismus dokumentieren.³³ Seine bereits 1914 dem Tagebuch anvertraute Ansicht, die Juden seien »Münzfälscher, die alles echte Wachstum verfälschen und die Begriffe der Menschen verbiegen, die Mittler und flinken Affen«³⁴, hält sich bis in die Zeit seiner Haft, wo er in seinen Aufzeichnungen den Staatsrechtler und einstigen Kollegen Hans Kelsen beschimpft, den die Nazis 1933 ins Exil trieben. Kelsen war vor 1933 Schmitts theoretischer Antipode, aber seiner jüdischen Herkunft wegen titulierte ihn Schmitt auch noch 1948 in einem Atemzug mit Spinoza als »Vernichter, Ausrotter, Ausradierer und Zertreter«.³⁵ Diese Judenfeindschaft war keine private Paranoia, erst recht entsprang sie keiner opportunistischen Haltung. Sie beruhte auf eigenster Gewissheit. Als der Antisemitismus unter Hitler Staatsdoktrin wurde, erhob ihn auch Schmitt zu einem Grunddogma seiner Schriften und zur Richtschnur vieler Aktivitäten. Seine Argumente waren dabei keineswegs originell. Die beinahe universale Beobachtbarkeit von Antisemitismus könnte daher die Vermutung stärken, dass Schmitt nur einer von vielen Judenfeinden war. Denn bereits in den 1920er Jahren verfügte der explizit antisemitische Deutsche Hochschulring bei den Studenten über eine Zweidrittelmehrheit.

Die originäre paranoische Struktur seines Antisemitismus zeigt sich aber daran, dass Schmitt die größte Bedrohung von der *Verborgenheit* der Juden ausgehen sieht: Sie sind verborgen und maskiert wie der Satan. Sie betrügen. Diese Angst begründet Schmitt nicht vorderhand mit dem großen Einfluss mancher Juden: ihrem Reichtum, ihrer ökonomischen Stärke, ihrer politischen Macht, ihrer kulturellen Bedeutung. All dies steht vor jedermanns Augen, all dies bildet aber für Schmitt nur eine Filiale der Gefahr. Das Evidente braucht niemand zu fürchten, wohl aber das Unsichtbare. Woran erkennt man diese Feinde? Schmitt betont: Man weiß häufig nicht, ob sie Juden sind oder nicht; ihre Namen sagen es nicht, ihre Gesichter sagen es nicht, ihre Sprache sagt es nicht. Es bedarf also einer doppelten Strategie: Die Gefahr, die für ihn *zweifellos* von den Juden ausgeht, muss dramatisiert und sogar zur einer eschatologischen Not hochgerechnet werden, und die Juden müssen sichtbar gemacht werden.

Schmitt verzichtet nicht auf rassistische Klischees, aber er argumentiert zunächst aus seiner Disziplin heraus. In seine wissenschaftlichen Auseinandersetzungen mit prominenten Juristen jüdischer Herkunft, wie etwa mit Hans Kelsen in den dreißiger Jahren, flicht Schmitt stets den Hinweis ein, dass die bekämpfte Position von einem Juden vertreten wird. In seinen Augen macht das Jüdische die gegnerische Ansicht metaphysisch verdächtig. Der Jude ist ein ontologisch anders konzipierter Mensch, dem der Zugang zu jeder substanziellen Erkenntnis verwehrt ist. Alle antisemitischen Äußerungen dieser Art durchläuft der Widerspruch, wonach das jüdische Denken einerseits rein jüdisch sei, dieses Jüdische sich andererseits aber dauernd maskiere. Mit Feuereifer beteiligt sich Schmitt an der Kampagne so vieler deutscher Hochschullehrer, die jüdische Kollegen denunzieren und aus dem Dienst drängen. Über den Bonner Kollegen Erich Kaufmann schreibt er an das zuständige Ministerium, dass die Assimilation der Juden, nämlich ihre »auf Verschweigen der Abstammung und auf Tarnung angelegte Existenz«, zu seelischen Schäden bei den Studierenden führen müsse.[36] Hier bricht sich eine Überzeugung Bahn, die aus dem paranoischen Willen zur Eindeutigkeit kommt. Bereits in seiner frühen Schrift von 1916 über Theodor Däublers *Nordlicht* gibt Schmitt dem Zweifel Ausdruck, »ob Christus und der Antichrist überhaupt noch zu unterscheiden sind.«[37] Um zu unterscheiden, kündigt Schmitt auf dem von ihm im Jahr 1936 veranstalteten Kongress »Das Judentum in der Rechtswissenschaft« an, dass man die Juden beim Namen nennen und alle jüdischen Juristen auf einer Liste proskribieren werde. »Die Beifügung des Wortes und der Bezeichnung ›jüdisch‹ ist keine Äußerlichkeit, sondern etwas Wesentliches.« Und Schmitt verspricht an gleicher Stelle: »Schon von der bloßen Nennung des Wortes ›jüdisch‹ wird ein heilsamer Exorzismus ausgehen.«[38]

Schmitt hat sich selbst als Aufhalter stilisiert und sich als den letzten Menschen gesehen, der noch bewusst das jus publicum Europaeum vertritt.[39] Ebenso bezeichnet er sich als den einzigen Rechtslehrer dieser Erde, der »das Problem des gerechten Krieges, einschließlich leider des Bürgerkrieges, in allen seinen Tiefen und Gründen erfaßt und erfahren hat.«[40] In der Rolle des weltgeschichtlich Einzigen und Letzten seiner Disziplin, als letzter Aufhalter, sieht er sich aufgerufen, sowohl jüdische Kollegen zu denunzieren als auch die jüdische Konspiration gegen die Einheit und Kraft des Leviathan-Staates mit Namen zu versehen. Die Liste der Namen, an denen er das Verhängnis abzählt, reicht von Spinoza über Moses Mendelssohn bis hin zu Karl Marx. An jedes ihrer Worte hätte er gerne den Judenstern genagelt. Ans Ende dieser Reihe setzt Schmitt noch den Namen des Staatsrechtlers Friedrich Stahl, den er nach der Devise seines Schlusswortes von 1936 auch noch 1982 ausdrücklich als Stahl-Jolson anführt. Ihm wirft er vor, dass er auf der »Gesamtlinie seines Volkes, in dem Doppelwesen einer Maskenexistenz (…) einen lebenskräftigen Leviathan« verschnitten habe.[41] Dieses Unglück, die Kastration des Leviathans, sah Schmitt zwar bereits bei Hobbes angelegt, weil dieser die Spaltung von *veritas* und *auctoritas* ins Staatsleben eingeführt habe.[42] Dabei muss man wissen, dass die *veritas* für Schmitt nur die biblische Wahrheit sein kann. Aber es waren dann nach Schmitts Aufdeckung der welthistorischen Konspiration die nur allzu bekannten Agenten der Paranoia, die die Erosion des Aufhalter-Staates oder vielmehr des Aufhalter-Reiches vollendet haben sollen:

> Geheimbünde und Geheimorden, Rosenkreuzer, Illuminaten, Mystiker und Pietisten, Sektierer aller Art, die vielen ›Stillen im Lande‹ und vor allem der auch hier wieder rastlose Geist des Juden, der die Situation am bestimmtesten auszuwerten wußte, bis das Verhältnis von Öffentlich und Privat, Haltung und Gesinnung, auf den Kopf gestellt war.[43]

Der Aufhalter Schmitt war also bemüht, diese Spaltung von Innen und Außen im Staat wieder rückgängig zu machen, und kein System schien dafür geeigneter als der totale, totalitäre Staat, der, wie Schmitt 1933 schrieb, »von oben bis unten und in jedem Atom seiner Existenz von dem Gedanken des Führertums beherrscht und durchdrungen ist.«[44] Dieser Staat allein hätte das jüdische Verhängnis zurücknehmen können.

2. Eine welthistorische Katastrophe aufzuhalten, das ist die liebste Betätigung der Paranoia. Sie benötigt die Katastrophe wie die Feuerwehr das Flammenmeer. Ihre Erregung im Angesicht großer geschichtlicher Begebenheiten resultiert aus dieser Löschobsession. Man mag es als Charakterstärke ansehen oder als intellektuellen Stumpfsinn: Schmitt hat seine Grundhaltung nicht geändert. Noch in den Aufzeichnungen von 1947 heißt es: »Gerade der assimilierte Jude ist der wahre Feind.«[45] Das Gespenst, das hinter Schmitts Feindbild aus der Abhandlung über den *Begriff des Politischen* lauert, ist der Jude. Aus der jüdisch-christlichen Spaltung entfaltet Schmitt seine Geschichtserzählung, die nicht nur politisch die Welt in Freund und Feind teilt, sondern überall einen metaphysischen Weltstreit im Gange sieht. Die politische Geschichte ist ein Kampf, und die Monostruktur dieses Kampfes ist so tief in das Menschensein eingelassen, dass Staat, Recht und Gesellschaft erst daraus hervorgehen. Alle schneidenden Sätze dieses Traktats sind in ihrer Tiefensemantik Antijudensätze. Denn die Juden sind nicht nur Feinde in diesem fundamentalpolitischen Sinne, Feinde par excellence, sondern sie sind Feinde, weil sie gerade diese metaphysische Struktur des Politischen, nämlich den jüdisch-christlichen Gegensatz, in Frage stellen und bestreiten. Sie führen den eschatologischen Krieg, indem sie die Tatsache dieses Kriegs durch Ränke, Tricks, Maskierung, Betrug leugnen.

Der vielgerühmte Scharfsinn des Juristen Schmitt stößt darin auf seine Grenze, dass er *nur* in der paranoischen Freund-Feind-Antinomie denken kann. Die Einsicht in diese Struktur der Welt fällt seinem Denken nicht als Frucht langer theoretischer Meditation zu. Die Antinomie bestimmt jeden Satz, ganz wie Schmitts Theorie des Politischen selbst. Die Antinomie ist seine Grammatik. Es geht daher gar nicht darum, hiergegen Einwände zu erheben. Man kann auch nicht den Konjunktiv widerlegen. Nach Schmitts diabolischer Dialektik hat sich der Einwendende bereits durch den Einwand als Gegner und damit als unfreiwilliger Anhänger seiner Konzeption ausgewiesen. Jasager und Neinsager geben ihm Recht. So beteiligt sich die Theorie an dem Spiel, die Welt in einer totalitären Struktur zu erhalten, die aus dem Gegensatz von Freund und Feind besteht.

Der Gegensatz von Kain und Abel⁴⁶, Freund und Feind, von Christ und Jude, ist strukturell dem Gegensatz von Recht und Gesetz analog. Schmitt lebenslanges Wüten gegen den Gesetzespositivismus seiner juristischen Kollegen, aber ebenso gegen »Neutralisierungen«, gegen Gleichgewicht, ja auch gegen Kompromisse in der Politik gründet auf dieser gleichen Oppositionsmetaphysik. Jüdisches Gesetz und christliche Gnade bilden allerdings ein altes dogmatisches Gegensatzpaar, das nicht erst Schmitt entdeckt hat. Dass die Gesetze vergessen werden (sollen), ist ein rechtstheoretischer Topos.⁴⁷ Das positivistische Gesetz, das sich nach Schmitt im 19. Jahrhundert der Juristenköpfe bemächtigte, ist seiner Denkform nach jüdisch, weil es universalistisch, mithin wurzellos ist. Dies desavouiert nach Schmitt vor allem das Völkerrecht: Dem jüdischen Denken fehlte nämlich »aus der Besonderheit der jüdischen Existenz heraus – jede natürliche Beziehung zum konkreten Boden«.⁴⁸ Hingegen ist das Gesetz, dem Schmitt den griechischen Namen Nomos gibt, substanzerfüllt, volksgeistgeführt, verwurzelt, um nicht zu sagen: Es kommt aus der Erde. Der erste, der auf einem Stück Land eine Markierung anbrachte und sagte: »Das gehört mir«, ist nach Schmitt ein Rechtsschöpfer, ein Heger des Nomos. In solchen Täuschungen schwelgt das paranoische Mapping. Die Augen des Rechtsdenkers laufen über die politische Karte und sehen das Recht darunter flimmern. Woher aber kommt der Nomos, der griechisch sowohl »Gesetz« wie auch »Weideland« bedeutet? In seiner Abhandlung über den *Nomos der Erde* greift Schmitt die beiden Aspekte des griechischen Wortes auf, bestreitet aber vehement, dass das Wort auch die Bedeutung des, wie er es nennt, »Unglückswortes« *Gesetz* habe.⁴⁹ Er will unter Nomos »Sitte, Gewohnheit, Vertrag« verstanden wissen. Um den Nomos in der Erde zu verankern, verweist er auf die lange Geschichte der Landnahmen und territorialen Eroberungen, auf königliche und fürstliche Landteilungen und Landzuweisungen, auf die Eroberung Amerikas und auf die Kolonialisierung der Welt, die allesamt fundamentale Rechte und Verbindlichkeiten schufen. Von dem sprachhistorischen Befund, von der Metonymie des Nomos, ist es allerdings ein gewaltiger Sprung hin zu der These, dass der Nomos auch im modernen Sinne »stets eine bodenbezogene Ortung und Ordnung« enthalte.[50] Im Jahre 1933 holt sich Schmitt aus dem Naziverbarium dazu die passenden Begriffe: »Der Nationalsozialismus (…) sichert und pflegt jede echte Volkssubstanz, wo er sie trifft, in Landschaft, Stamm oder Stand.«[51] Daher liefern Landschaft, Stamm, Stand auch die Substanz des Rechts, das der Naziführer erlässt. In seinem Artikel *Der Führer schützt das Recht* vom 13. Juli 1934 macht Schmitt klar: »Alles Recht stammt aus dem *Lebensrecht* des Volkes«.[52] Recht und Machtpolitik spielen daher in seinem Denken stets Hase und Igel. Wo immer die politische Gewalt zuschlägt, war das Recht schon da. Justitia hat außer dem Schwert einen Spaten. So sichert Schmitt mit seiner Lehre von der *Völkerrechtlichen Großraumordnung* Hitlers Eroberungsfeldzügen die Zustimmung des Nomos. »Wir denken heute planetarisch und in Großräumen«, tönt der Staatsrat, während Hitlers Wehrmacht in die Sowjetunion einfällt.[53] Dass aber aus den riesigen Friedhöfen der anderen Länder gleich ein neuer Nomos wächst, bleibt nur einem in Gewissheit versteinerten Kopf plausibel. Die völkerrechtlichen Artikel, die Schmitt anführt, um seiner Nomostheorie Rückhalt zu geben, bilden aber selbst nur jenen Rechtspositivismus ab, den er zum Todfeind erklärt hat. Landnahmen sollen Rechtsverhältnisse begründen. Das ist historisch so, aber aus solchen Veränderungen ergeben sich keine substanziellen Rechtsformen, sondern gerade sie zeigen die Kontingenz der politischen Machtverhältnisse. Mit der Formulierung »un méridien décide de la vérité«[54] zitiert Schmitt dazu ausgerechnet Pascal, zustimmend, wie er meint. Dabei hatte Pascal das mit einem wahrhaft metaphysischen Hohngelächter gesagt, und dieses Lachen hallt auch in Pascals Feststellung nach, dass diesseits der Pyrenäen die Wahrheit herrsche, während jenseits die Unwahrheit zu Hause sei. Mit der Lehre vom Nomos der Erde, dem Nomos, der als Ding an sich unter der Oberfläche von Landkarten liegt, setzte Schmitt sein Programm fort, nur mit substanziellen Begriffen zu operieren. Aber die Ironie, zu der sich auch die Metaphysik gerne herablässt, mutet den Substanzdenkern zu, dass sich alle diese Dinge allein auf Landkarten zeigen. Gottes Huld lächelt von Dierckes Schulatlas. Die Substanz war hinzugedacht, so wie die Hirnphysiologen die Substanz wegdenken, wenn sie das Gehirnding an sich zu packen glauben. Das Ius Europaeum, das Schmitt als Letzter der Juristen zu vertreten meinte, stand ebenfalls immer nur auf dem Papier. Und auf diesem Papier allein, in Graphien aus Grenzen, Meridianen und Freundschaftslinien, reckt dieser mythische Nomos sein Haupt. Wer hat ihn gerufen? Schmitt zitiert selbst den Kardinal Richelieu, der allen Piloten, Hydrographen, Karten-Gravierern und Globus-Verfertigern untersagte, irgendetwas an den alten Meridianen zu ändern. Nicht unter den Meridianen schlummert das Recht, sondern es kommt aus den Kabinetten der Kriegsherren.

3. Wo erscheint in Schmitts Denken der Attentäter? Für den Machtpositivisten Schmitt ist der Attentäter ein Bruder des Partisanen und des Terroristen. Alle drei sind bodenlos haben kein Recht, aber sie maßen es sich an. Sie nehmen die bekannte Position des Feindes ein, aber können doch auf das Elementarrecht, auf den fundamentalontologischen Titel dieses Feindes keinen Anspruch erheben. Warum aber nicht? In einer Passage des *Glossariums* findet sich eine Notiz, die an einige bittere Bemerkungen über die Nürnberger Prozesse anknüpft:

Maxima non curat praetor. Die Griechen haben Sokrates, die Juden haben Jesus Christus justizförmig getötet. Die Römer, das Volk des Rechts, haben ihren größten Mann, Julius Caesar, nicht justizförmig getötet. Das ist ihr Ruhm.[55]

Die Parodie des römischen Spruchs »Minima non curat praetor« (der Richter kümmert sich nicht um Kleinigkeiten) leitet hier die Serie der Richterverbrechen ein, wo sich der Praetor nicht um die *Größe* dieser Männer geschert hat. Der politische Mord an den Großen ist Schmitt lieber als die ungerechte Verurteilung. Die Bemerkung lässt daran denken, dass der Staatsrat Schmitt eben im Jahre 1934 die von Hitler befohlenen Morde an den SA-Führern für rechtens erklärt hat. »Der Führer schützt das Recht«, schrieb Schmitt da, weil nämlich alles Recht angeblich aus dem »Lebensrecht« des Volkes stammt.[56] Ein wunderbarer Führermund! Er sagt: Erschießt die Leute, und schon ist Iustitias Waage im Gleichgewicht. Auf diese von den Göttern gestifteten Tafeln des völkischen Lebensrechts schreibt Staatsrat Schmitt sein Ermächtigungsrecht, denn was tat der Führer nicht alles für das »Lebensrecht« seines Volkes! Nach dem Zweiten Weltkrieg belustigt sich Schmitt darüber, dass die Kammerherren der Staatskanzlei sogar Hitlers »Wutausbrüche, hingeworfene Redensarten« als »Verfügung« einer Strafgerechtigkeit auffassten.⁵⁷ Aber er selbst hatte den Dictator in den Götterstand gehoben und ihm die Lippen vergoldet, ganz wie Caesar, der von sich sagte, dass jedes seiner Worte unmittelbar Gesetzeskraft habe.⁵⁸

In der scharfen Entgegensetzung von Legitimität und Legalität erblickte Schmitt das Siegel der Moderne. Woher aber kommt die Idee der Legitimität? Wenn man mit Carl Schmitt den Ursprung des Rechts in die metaphysischen Tiefengründe versenkt, kriecht das Recht aus allen Löchern und Führermündern, die eben Volksgeister oder Weltgeister diplomiert haben. Seine lebenslange Polemik gegen das Naturrecht umgab diese Löcher mit den tollsten Ideen. In einer Bemerkung des *Glossariums* leitet er das Naturrecht nicht aus der Natur und ihrem vernünftigen Willen her, sondern aus der konspirativen Historie (Heilsgeschichte oder Menschengeschichte).⁵⁹ Daher konnte er über seine Haltung im Faschismus sagen: »Das war in Wahrheit nicht Willensfreiheit; es war blindes Vorgebot. Das ist das Wort und damit auch die Sache und die Situation: das blinde Vorgebot.«⁶⁰

Es war daher nur folgerichtig, dass sich Schmitt nach 1945 nicht prinzipiell zur Haltung seines Freundes Johannes Popitz geäußert hat, der Hitler seit 1933 als Finanzminister diente, dann allerdings dem deutschen Widerstand beitrat, vor dem Volksgerichtshof zum Tode verurteilt und 1945 hingerichtet wurde. Dafür aber setzte Schmitt sich im April 1949 einmal mehr mit der Frage des Herrschermordes auseinander. Und was sagte er dazu? »Der verbrecherische Machthaber zerstört das Haus des Rechts von oben, aber der Mörder des Machthabers zerstört das Haus des Rechts in seiner Grundlage.«⁶¹ So muss ein Jurist denken, der das Recht aus der Erde gräbt oder es dem Tyrannen an die Zunge heftet. Die Bemerkung vom »Haus des Rechts« nimmt ja Heideggers Wort vom Haus der Sprache auf. So verschieden die Wege waren, auf denen die beiden Männer zu ihrem Faschismus gekommen sind, am Ziel stecken sie im gleichen *qui pro quo*: Sie wohnen nicht im Haus der Sprache, sondern im Haus der Befehle. Verzweifelt graben sie in der Asche der griechischen Wörter, um aus dem νόμος, dem πόλεμος, der ἀλήθεια die deutschen Substanzen zu kehren. Warum gibt Schmitt dem Tyrannen gegenüber dem Tyrannenmörder den Vorzug? Es ist der pure Fatalismus, der ihn durch die Welt trägt und ihm sagt, dass der Mächtige, und sei er der Satan, in Gottes Nähe steht. Das Bild des Tyrannen ist daher das Revers des Attentäters. Im gleichen Zusammenhang fragt sich Schmitt, der doch die Geheimtüre des Heiligtums entdeckt haben will, wo jene Dinge spielen, für die Themis keine Waage hat,[62] wie der Attentäter »den höchsten Machthaber formalgültig erreichen« kann. Er kann es nicht, sagt der letzte Vertreter des Ius Europaeum. Dahin führt die politische Theologie. Den Gedanken schließt Schmitt ab, indem er den Attentäter nur dann für legitimiert erklärt, wenn er »a deo excitatus« ist, von Gott angestachelt. Wer entscheidet darüber? Der letzte Vertreter des Ius Europaeum, und der weiß: »Das war Stauffenberg nicht.«[63]

Auch die Geschichte ist für Schmitts Leseaugen eine Landkarte, auf der Gottes Vorsehung seine Landmarken niederlegt. Man weiß nicht im Voraus, aber im Nachhinein immer, was diese Hand geschrieben hat. Diese Hand, wenn sie denn schreibt, hat Carl Schmitt und allen anderen reaktionären Aufhaltern, wie dem Aberwitzling und Menschenhasser Donoso Cortés, die Rolle verweigert, die sie sich selbst zudachten. Sie wurden keine Retter, ihnen gelang kein Attentat auf die Idee einer universalen Gerechtigkeit, sie verstummten endlich als lokale Flurdämonen. Ohnmächtig musste der sauerländische Druide Carl Schmitt mit ansehen, dass der Westen einen Frieden schloss, der auf seiner Landkarte nicht gedacht und nicht gewollt war.

Irren ist bekanntlich menschlich. Es gibt aber das Irren der Götterversuchung. Bereits der Verfasser des staatstheoretischen »Trostbuches«, das Schmitt sein Leben lang las, Thomas Hobbes, warnte vor den Leuten, die von sich sagten, sie seien Gott: Die seien verrückt. Die paranoische Verrücktheit der Gottesanmaßung spricht nicht nur diesen verräterischen Satz. Sie verrät und offenbart sich immer in totalisierenden Sätzen, in der Leidenschaft für die Totalisierung. Ein schlagendes Beispiel dafür findet sich in Nietzsches späten Notizbüchern. Dort versieht seine Schreibfeder die geplante Abhandlung über den »Willen zur Macht« stets mit dem Untertitel: »Versuch einer neuen Auslegung alles Geschehens.«[64] Alles was geschieht, lässt sich als Äußerung dieses Willens zur Macht verstehen. In dieser tollen Anmaßung, alles Geschehen auf eine Formel bringen zu können, spricht ein Göttermund, der gleiche, der irgendwann sagen wird: »Ich bin Dionysos«. Er behauptet auch: »Alles, was mein Mund sagt, ist Gesetz.«

Mapping (4): Gravity's Rainbow

Die furchtbare, dämonische Seite des Nazireichs, das so viele Gestalten des Wahnsinns ausheckte, ist vermutlich nirgendwo so tiefgründig und rätselhaft erzählt worden wie in Thomas Pynchons Roman *Gravity's Rainbow* aus dem Jahr 1973. Es ist ein Werk, das wie keines sonst alle Weltreiche des Menschenhirns literarisch verzeichnet: Politik, Krieg, Wissenschaft, Perversion, Wahnsinn, Liebe, Drogen, Delirien, Träume, Experimente, Theorien, Technik, Philosophie, Mathematik, Geschichte, Anfang und Ende der Welt. Zahllose Experten treten in diesem Roman auf, Geheimdienstler, Techniker, Militärs, Psychologen, Ärzte, Künstler, aber keine Juristen. Die Welt am Ende des Zweiten Weltkriegs ist ein Universum von Gesetzen, Naturgesetzen, Regeln, Maschinen, Kybernetik, die Schmitt so gehasst hat. Doch weil es eine Welt des Kriegs und der Angst ist, leben in ihr unendliche Formen und Dämonen des Wahns. *Gravity's Rainbow* ist der größte Roman der Paranoia, der sich in der Weltliteratur neben Melvilles *Moby Dick* finden lässt.

Der erste Teil des Romans spielt in London im Dezember 1944. Längst sind die alliierten Truppen auf dem Kontinent gelandet, aber nach den Bombardements der Jahre zuvor schießen die Deutschen jetzt von ihren Basen in Holland aus V2-Raketen auf die Londoner City. Anders als die Bomben lösen die Raketenprojektile Panik aus. Der Held des Romans, der Angehörige der US-Army, Lieutenant Tyrone Slothrop, dient in einer nachgeordneten geheimdienstlichen Clearing-Stelle der Alliierten, der ACHTUNG. Er muss die jeweiligen Raketentreffer und die zerstörten Gebäude untersuchen. Dabei stellt sich nach und nach ein seltsames Zusammenspiel von Liebe und Tod heraus: Slothrop genießt regelmäßig genau in den Bezirken Londons die Zärtlichkeiten dort ansässiger Mädchen, wo kurz darauf eine von den Deutschen geschickte V2-Rakete niedergeht und ihre Opfer fordert. Diese eigenartige Koinzidenz wird auch dadurch ruchbar, dass Slothrop in seinem Büro eine Karte von London an die Wand gepinnt hat, auf der er mit Sternchen die Orte und Namen seiner Liebesabenteuer festhält. Es ist zunächst nur ein erotisches Girly Mapping, aber die Karte steigt dann zu einem welthistorischen Orakel auf, zu einer kriegsentscheidenden Vögelschau, da es in einem die künftigen V2-Abstürze kartographiert und vorhersagt. Einer der zahlreichen amerikanischen Militärgeheimdienste, die in London Filialen unterhalten, beauftragt ihren Agenten Teddy Bloat, die Karte in Slothrops Büro im Allied Clearing House zu fotografieren:

> Geheftet an die Wand neben Slothrops Schreibtisch ist ein Plan von London. Den photographiert jetzt eifrig Bloat mit seiner winzigen Kamera. (…) Die Sternchen, die auf Slothrops Stadtplan geklebt sind, schillern in allen Farben des Regenbogens, beginnend mit Silber (beschriftet: ›Darlene‹) in Konjunktion mit Gladys, grün, und Katherine, golden, und wie das Auge weiterschweift Alice, Delores, Shirley, einige Sallys – das alles größtenteils rot und blau –, ein Sternenhaufen bei Tower Hill, eine violette Verdichtung rund um Covent Garden, eine Nebula, die nach Maylair hineinfließt, nach Soho, hinüber bis Wembley und hinauf nach Hampstead Heath – in alle Richtungen strömt dieses glänzende, vielfarbene, hie und da abblätternde Firmament, Carolines, Marias, Annes, Susans, Elizabeths.[65]

617

Es ist eine Art Himmelskarte mit flimmernden Sternchen, die das Bild dieser Koinzidenz zwischen erfolgreicher Mädchenjagd und Untersuchung von Todesstätten erstellen. Die paranoische Doppelstruktur ist evident. Die Sternchen bezeichnen nicht mehr persönliche, gleichgültig über Londons Stadtviertel verteilte Sexerlebnisse, die der Kontingenz aller Geschlechtertreffs gehorchen, sondern das Flimmern verkündet Ereignissequenzen, die die allerhöchste Gefahr in dem Luftkrieg des letzten Kriegsjahres signalisieren. Inwieweit Gott hinter dieser phallischen Koinzidenz von Slothrops Erektionen und Raketeneinschlägen steckt, das lässt der Erzähler selbst offen – aber nicht ganz, denn von der Seite der Slothrop-Familie gibt es einen in Stein gegrabenen Glauben an die unsichtbar lenkende Hand Gottes:

> Es war genau 6 Uhr, 43 Minuten, 16 Sekunden Doppelte Britische Sommerzeit: der Himmel, geschlagen wie die Trommel des Todes, dröhnte noch immer, und Slothrops Schwanz – was sagt man dazu? Ja, schaut nur rein in seine GI-Unterhose, da zuckt ein *Ständer*, bereit zu springen – du großer Gott, woher kommt *das*?
> In Slothrops Geschichte und wahrscheinlich, Gott helfe ihm, auch in seinem Dossier findet sich eine eigentümliche Empfindlichkeit für alles, was sich am Himmel zeigt. (Aber ein *Ständer*?)
> Auf der alten Schieferplatte eines Grabsteins auf dem Gemeindefriedhof daheim in Mingeborough, Massachusetts, taucht aus einer Wolke die Hand Gottes auf, ihre Konturen hier und da verwittert.[66]

Als die verschiedenen Militär- und Abwehrdienste dahinterkommen, dass sich in Slothrops Erektionen vielleicht Gottes unsichtbare Hand meldet und dass aus den flimmernden Sternchen auf seinem Mapping der Sexgeschichten ein Auge auf künftige Kriegsereignisse blickt, wird er intensiven Tests unterzogen. Ein wissenschaftlicher Deutungskrieg hebt an. Psychologen, Parapsychologen,

Statistiker, Pawlowianer entwickeln ihre Theorien zu diesem Fall und versuchen Slothrops Hirn und Körper das Geheimnis zu entreißen. Was seine eigene Erinnerung dazu hergibt, ist ein Lichtereignis, ein brennendes Hotel seiner Kindheit. Das Bild des Funkenregens aus dem brennenden Haus, der flimmernden Sternschnuppen ähnelte, erneuert sich nun jedes Mal, wenn die Raketen ihre Feuer am Einfallort entfachen. Es kann aber auch sein, dass Slothrops rätselhafte Divination mit einer Konditionierung zu tun hat, die ein Schüler von Pawlow, Dr. Lazlo Jamf, an kleinen Jungen durchgeführt hat, für die er die Knabenerektion als Zielreflex wählte.[67]

Nicht viel anders ergeht es einer anderen Person des Romans, dem Captain Geoffrey »Pirat« Prentice. Er verfügt über die seltsame Fähigkeit, in die Gedanken anderer einzutreten, ja sogar fremde Tagträume abzuwickeln. Daher ist er beim Geheimdienst gelandet. Auch er steht in einer rätselhaften Verbindung mit den einschlagenden Raketen. Denn die Projektile enthalten in einem Graphitzylinder Botschaften eines holländischen Doppelagenten, die offenbar an Prentice adressiert sind. Die verschlüsselten Nachrichten sind mit einer von der I.G. Farben entwickelten Geheimtinte geschrieben, die »Kryptosam« heißt. Um lesbar zu werden, muss die Kryptosamschrift mit einem Ejakulat bestrichen werden. Dass die Mitteilung des Doppelagenten an Prentice gehen sollen, wird daran ersichtlich, dass ihr jeweils eine sogleich lesbare erotische Zeichnung beigegeben ist, die eine ehemalige Geliebte von Prentice zeigt. Sie liegt da in einer Haltung, die er sich nur in seinen geheimsten Tagträumen (oder sind es fremde Träume?) vorgestellt hat und die gleich die heftigste Lust in ihm weckt, sodass er noch in der Hose ejakuliert und eben nur noch einen Rest seines Samens auf das Papier leiten kann. Wer aber weiß von seinen geheimen Träumen? Wie kann jemand die Szene einer erotischen Imagination, das genaue Bild seiner Phantasie, auf eine militärische Geheimnachricht bringen? Von unbekannter Hand gerahmtes Mapping auch hier.

Pynchon gibt keine definitive Erklärung für die bizarren Koinzidenzen, denn die Welt der letzten Kriegsmonate ist bevölkert von unendlich vielen Gestalten und Halbwesen, von Theorien und Spekulationen, von Geheimdiensten und Medien, sodass es kein Durchkommen für jene Vernunft, die Ursachen benötigt, mehr gibt. Hier kann nur noch die Paranoia über Gründe, Verbindungen, Konspirationen spekulieren. Die Ereignisse bilden ein aus tausend Unerklärbarkeiten und Interpretationszwängen gewobenes Rätsel. Umso verzweifelter und brutaler fallen dann die Versuche der Geheimdienstler aus, diesen Zusammenhängen auf die Spur zu kommen.[68] In den Abteilungen der *Weißen Visitation*, einer wissenschaftlichen Abteilung der alliierten Geheimdienste, arbeiten »Spiritisten, Vaudeville-Komödianten, Funkexperten, Couéisten, Uspenskianern, Skinneriten, Lobotomie-Enthusiasten und Dale-Carnegie-Zeloten, die alle durch den Kriegsausbruch aus Wahnideen und gehätschelten Projekten herausgerissen worden waren«, gegeneinander.[69] Slothrops Karte der liebesbereiten Mädels zeigt im Vergleich mit der Karte des Armeestatistikers Roger Mexiko, der die Verteilung der Raketeneinschläge auf London in den einzelnen Planquadraten penibel verzeichnet, perfekte Übereinstimmung. So scheint sich also hinter dieser Karte jene unsichtbare Hand Gottes zu verbergen, die in dem Roman unablässig angerufen wird, und die von dem Grabstein winkt, auf den der Name eines Slothrop-Ahnen geschrieben ist.

Aus dem Emblembuch von Georgette de Montenay, Anna Roemers Visscher: *Cent emblems chrestiens* (um 1615): Die Inschrift besagt: Von da an, wo ich schwanken werde, hält mich Gottes Hand.[70]

Pynchon hat das Mapping als Faszinosum der paranoischen Imagination in nahezu jeden seiner Romane eingeflochten. In *Mason & Dixon* (1997) erzählt er die Geschichte der beiden Männer, die von 1763 bis 1767 die nach ihnen benannte Linie zwischen Maryland und Pennsylvania vermaßen. Die Vermessung war durch fehlerhafte Karten notwendig geworden. Die Zusammenarbeit des Astronomen Charles Mason und des Geometers Jeremiah Dixon verbindet das astronomische und terrestrische Mapping auf ganz ähnliche Weise wie die Sternchenkarte von Slothrop. Ehe sie ihre Aufgabe in den USA antreten, beobachteten Mason und Dixon im Auftrag der Royal Society von Südafrika aus den Durchgang der Venus zwischen Sonne und Erde. Das erweist sich als hochspirituelle Erfahrung. Als sie nämlich in der Morgendämmerung durch ihre mit Verdunkelungs-Vorsätzen gesicherten Okulare blicken, entdecken sie hinter den flimmernden Rändern der Sonne Gott:

›Ein ziemliches Flimmern‹, murrt Mason. ›Sie werden noch ein Stück am Himmel aufsteigen müssen. (...).‹
Als Dixon den Planeten ausmacht, wird er gleichsam zum bekehrten Sünder. ›Da! Gott in seiner Herrlichkeit!‹[71]

Im Zusammenspiel des Landvermessers Mason und des Astrologen Dixon reichen sich die beiden Grundhaltungen der Paranoia die Hände: die Sterne und die Karte, Inbegriffe jenes Signaltyps und des Mediums, aus denen das Mapping hervorgeht.

Mapping (5): Das flimmernde Ding (2)

Flimmernden Dingen ist der Leser nun schon mehrfach begegnet. Platons Höhlengleichnis schenkte dem Abendland das Modell aller paranoischen Staats- und Welterkenntnis. Hinter dem flimmernden Ding verbergen sich alle Ding-an-sich-Leidenschaften: Gott, der Staat, das Verhängnis, das Böse, das Wahre. Um dieser gewaltigen, die Maßlosigkeit der Paranoia anleitenden Dinge habhaft zu werden, empfiehlt sich ein kurzer Umweg über die achte Auflage von Emil Kraepelins Psychiatrie-Lehrbuch von 1915. In dem umfangreichen Kapitel über Paranoia gibt Kraepelin den Hinweis, dass der klinische Paranoiker alle Naturereignisse mit besonderer Bedeutung versieht. Das kann die Änderung des Wetters sein, der Flug der Vögel oder das »Blinken der Sterne«.[72] Welche Bedeutungen dieses Flimmern haben könnte, erwähnt Kraepelin nur kursorisch: Drohungen oder Verheißungen. Tatsächlich vermag das Blinken oder Flimmern der Sterne dem Auge ganz unterschiedliche Bedeutungen zuzuspielen. Für die Paranoia ist freilich entscheidend, *dass es Bedeutung hat*, dass aus dem Blinken eine Botschaft hervorgeht. Um sich beim Flimmern etwas zu denken, braucht man nicht verrückt zu sein. Ein blinkender Stern steht auch am Anfang der christlichen Weltverschwörung, die uns noch heute in ihren Armen hat und die uns alljährlich zu Weihnachten heimsucht: Es ist jener unmäßig blinkende Stern, der nach apostolischer Auskunft den Weg nach Bethlehem zeigte und der Welt wenigstens den Sohn des göttlichen Dings-an-sich zu sehen gab. Für die religiöse, mythische, astrologische Abschöpfung von spezifischem Sinn an astralen, stellaren und kosmischen Erscheinungen benötigen wir weiter keine Beispiele. Dass Sterne nicht nur flimmern, sondern unendliche Mengen von prognostischer Materie abstrahlen, glauben bereits unsere Kinder.

Das Flimmern gehört zur Paranoia. In Pynchons *Gravity's Rainbow* tritt jener konspirative Pawlowschüler Dr. Jamf auf, der vermutlich der Urheber von Slothrops Konditionierung ist. Aber das ist nicht gewiss. Wie man liest, stellte sich Pawlow die Paranoia so vor:

> Pawlow ging davon aus, daß Obsessionen und paranoide Zustände von gewissen – nun, nennen wir es Zellen, Neuronen auf dem Mosaik der Hirnrinde hervorgerufen werden, die so stark erregt sind, daß sie, durch gegenseitige Induktion, die sie umgebenden Zellen in einen Hemmungszustand versetzen. Ein heller, flammender Punkt, von Dunkelheit umgeben.[73]

Während die Paranoia von flimmernden Dingen angeheizt wird, entsteht auf der Hirnrinde ein flammender Punkt. Das erinnert sehr an die Hirnforschung unserer Tage, von der oben bereits kurz die Rede war. Dort ist inzwischen eine Theorie weithin akzeptiert, wonach das Auge unbewusst auf Muster reagiert, die in einem bestimmten Frequenzspektrum flimmern. Solches Flimmern führt dazu, dass sich im visuellen Kortexbereich die Neuronen auf den gleichen Rhythmus einstimmen, nämlich in der gleichen Frequenz feuern. Auf entsprechende Stimuli reagierten Probanden in einem Versuch durch erhöhte Aufmerksamkeit. Nach der Stimulation durch flimmernde Muster auf einem Bildschirm erkannten die Versuchspersonen andere Elemente und Veränderungen signifikant schneller als zu Beginn.[74] Auf diese Weise nähern sich Psychologen und Neurologen der Antwort auf die Frage, wie Aufmerksamkeit zustande kommt. Aufmerksamkeit heißt dann hirnphysiologisch, dass ein Verbund von Hirnzellen im gleichen Frequenzspektrum von etwa 40-70 Hertz aktiviert ist. Ein optischer Reiz, der im Bereich der Gammafrequenz oszilliert, zieht die Aufmerksamkeit besonders leicht auf sich. Und was sieht der Neurophysiologe, der ein Gehirn beobachtet, das eben etwas Flimmerndes erblickt? Er sieht Flimmern.

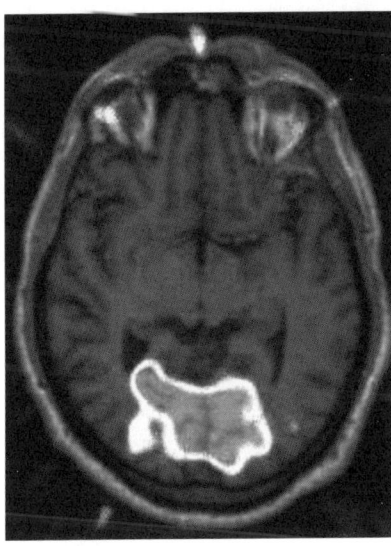

Bei Flickerlicht aktivierte, visuelle Regionen der menschlichen Hirnrinde; mit PET sichtbar gemacht.[75]

Zurück zu *Gravity's Rainbow*. Eine Episode des zweiten Romanteils lässt Slothrop und einige seiner Kollegen nach Italien kommen. Am Meeresstrand spielt sich ein seltsamer Zwischenfall ab, als eine junge Frau von einem Riesenkraken gepackt und beinahe fortgeschleppt wird. Slothrop kann mit Hilfe einer Krabbe, die ihm ein Kollege an die Hand gibt, das gefräßige Ungeheuer ablenken und die junge Frau retten. Slothrop liest auf dem Namensschild den Namen der jungen Frau, die ihn anblickt, als habe sie ihn erkannt:

> So kommt's, daß hier am Strand, halb unter Fremden, die Stimmen einen Klang wie halb von Metall annehmen, jedes Wort ein scharfkantiger Schlag, und daß das Licht, obwohl so strahlend wie zuvor, jetzt weniger erhellt… Es ist ein puritanischer Reflex, der sich hier einschleicht, ein Zwang, den man auch Paranoia nennt, noch andere Ordnungen zu finden, jenseits der sichtbaren.[76]

Das ist also dieses Gottdingsflimmern, das durch Pynchons Roman läuft. Immer findet sich die Struktur des Gottesblicks in dieses Flimmern eingelagert. Es ist ein amerikanisches Emblem, das jeder kennt:

Rückseite des US-Staatssiegels   *Dollar-Note*

Um aber dem Hinweis zu dem Flimmern am italienischen Strand zu folgen, geht es noch einmal zu jenem puritanischen Mapping zurück, das Slothrop wohl von seinen Vorfahren übernommen hat und von dem im 6. Kapitel die Rede war.[77] Dort war von dem Mapping der puritanischen Geistlichen Perkins und Bunyan die Rede, von ihren Karten, die den Weg von der Geburt bis zum Tode in Gnade oder Verwerfung markierten. Sie wiesen den Weg, auf dem durch aufmerksame Semiose innerer Regungen, durch Lesen im eigenen Herzen, wie die Kulturtechnik im 17. Jahrhundert hieß, die furchtbare Gnadenkontingenz einer folgerichtigen Entzifferung weichen sollte. Verschwörungstheoretisch lautete die Frage: Wie kann ich der Konspiration einer längst beschlossenen Verdammnis entgehen?

Ganz gleich nun operiert die Semiose der Verschwörungen, die Bilder von den Katastrophen der amerikanischen Geschichte bearbeitet: Bilder von der Ermordung John F. Kennedys oder Bilder vom Angriff auf die Twin Towers. Das Mapping der paranoischen Imagination und der paranoischen Rationalität unserer Tage zitiert das Mapping des Psychischen, das die Puritaner im 16. und 17. Jahrhundert entwickelten. Allein der Typ der möglichen Katastrophe hat sich verändert, nicht aber das Verfahren der Deixis, das der Anziehungsmacht des flimmernden Dings erliegt und das einen Ring um die prekären Zeichen legt:

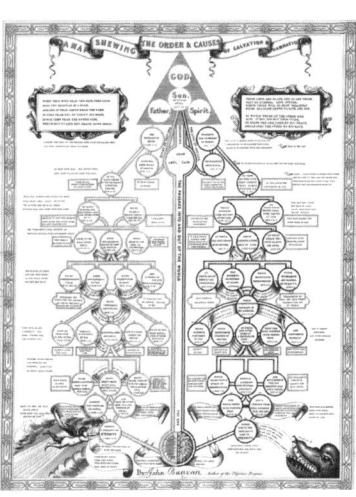

 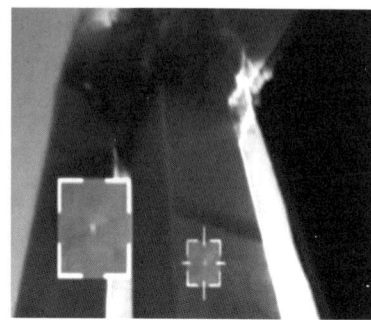

S. 625, links: Reversibles Portrait des 17. Jh. Der Stich von Esme de Boulonnais. zeigt die tödliche Kehrseite eines Portraits, das einen adligen Herrn darstellt: Flimmern zwischen Leben und Tod

S. 625, rechts: Tafel der Zeichen, die den Weg der Gnade anzeigen, aus John Bunyans The Pilgrim's Progress: Flimmern zwischen Gnade und Verwerfung.[78]

links: Durch Blow-up sichtbar gemachtes Flimmern hinter der Mauer an der Elm-Street am 22. November 1963. Den Verschwörungsgläubigen zeigt es einen weiteren Schützen an.

rechts: Durch Blow-up sichtbar gemachtes Flimmern beim Crash im Nordturm des WCT am 11. September 2001. Hinweis auf synchron ausgelöste Explosionen.[79]

Alle diese Bilder sind bereits beschrieben worden. Was hier noch einmal Aufmerksamkeit verdient, ist diese auffällige gleiche Deixis, die den Blick auf die flimmernden Zeichen lenkt. So ziehen sie Blicke und Interpretationen an.

Mapping (6): Genealogien

In Kraepelins *Lehrbuch der Psychiatrie* zählt zu den verschiedenen Erscheinungsformen der Paranoiker auch der »Wahn hoher Abstammung«.[80] In einer Fußnote verweist er auf die beiden französischen Psychiater Pierre Sérieux und Paul Capras, die in einem Artikel aus dem Jahre 1910 sogar von den »interprétateurs filiaux«, den wahnhaften Deutern der Abstammung, sprechen.[81] Kraepelin, Sérieux und Capras zählen zu den Anregern Jacques Lacans, der die paranoische Psychose neu zu verstehen gelehrt hat. Für Lacan zählt die wahnhafte Deutung der Abstammung, das genealogische Delirium nicht zur langen Reihe der Symptome, die die Paranoia ausmachen, sondern verweisen auf ihre dynamische und lebensgeschichtliche Herkunft: die Verwerfung des Vaternamens.[82]

Beinahe alle hier vorgestellten Angehörigen der Familie der Attentäter und Fatumsbesessenen haben sich neue Namen gegeben und diesen neuen Namen auf eine andere genealogische Karte geschrieben. Soll man fragen, welche Neuronen in ihren Köpfen falsch flimmern? Nietzsche erdichtete sich einmal »polnische Edelleute« als Vorfahren und fand dann wieder alle großen Namen der Weltgeschichte von Caesar bis Napoleon in seinem Stammbaum wieder; Schreber erkundete die Verwandtschaft mit seinem Psychiater Flechsig und mit Gott. Joseph Fieschi gab sich einen neuen Namen, Marguerite Anzieu, Lee Harvey Oswald, Chapman, Hinckley ebenso. Alle letzten Menschen, die man kennenlernen durfte, träumten von einer neuen Familie. Eben konnte man lesen, dass Thomas Pynchons Slothrop das Bild seiner Ahnenreihe mit dem Grabstein vor Augen hat.

Der Anschluss eines jeden Menschenkindes an eine Väterreihe, an eine Folge von Vorfahren, die sich in Namenfolgen und Gräberreihen symbolisieren, ist fundamental. Man kann auch essen, trinken und auf zwei Beinen laufen ohne Vorfahren, sogar ohne Sprache. Doch ohne Sprache und ohne Genealogie lebt man allenfalls als Menschenfleisch. Das paranoische Mapping, das hier so ausführlich dokumentiert worden ist, artikuliert und bebildert das fundamentale Verlangen der genealogisch Verwahrlosten oder Verunglückten: das Verlangen nach einer Neugründung und Neuverwurzelung in einer Väterreihe. Alle Fälle, die wir durchgegangen sind, haben eine Verwerfung des Vaternamens, ein genealogisches Desaster mit sich geführt, was keineswegs immer heißt, dass die Väter oder väterlichen Mütter dieser Akteure versagt hätten. Aber das Bild einer Vatergestalt vernichten, das heißt: in der Väterreihe wüten. Und eine andere Vatergestalt als König, Präsident, als Star oder als Inthronisierung des eigenen Ich wiederauferstehen zu lassen, das bildet eine der Triebfedern der paranoischen Tätigkeit. Zu den vielen Handlungsoptionen der Paranoia zählt die Vernichtung aller Menschen, die Staatsgründung, der Mord, die Poesie, die Revolution, der vollendete Wahn, das Attentat, die Familie oder auch die Wissenschaft. Ihre sich aus der genealogischen Katastrophe erhebende Fatumsgewissheit mag dann glücklich oder unglücklich enden.

Es lässt sich gegen diese Fundamentalanthropologie leicht einwenden, dass doch so viele Kinder mit tyrannischen Vätern oder ganz ohne Väter, ohne Mütter, ja ohne Familie ihr Lebensspiel gespielt haben und doch keine Mörder, Revolutionäre oder Tyrannen wurden. In der Tat haben Menschen vieles überlebt, was menschenunmöglich schien. Das Fleisch ist auch in seiner anthropologischen Variante zäh. Aber der denkende Teil dieses Fleisches (und das ist nicht das flimmernde Hirn) überlebt nur in der Hoffnung und Aussicht, dass es wieder Wurzeln schlagen kann in der genealogischen Heimat, die sich ihm stets in der Ahnentafel darstellt.

Vergeblich predigte Nietzsches Zarathustra seinen Jüngern das Übermensch-Mapping: Sie sollten sich aus den Ahnentafeln befreien und ihren Namen neu auf neue Tafeln schreiben. In dem Kapitel »Von alten und neuen Tafeln« des Zarathustra-Buches heißt es: »Oh meine Brüder, nicht zurück soll euer Adel schauen, sondern hinaus! Vertriebene sollt ihr sein aus allen Vater- und Urväterländern!«[83] Das ist eine Jugendbewegungsdevise, die ungeheure Formen von Torheit unter die Deutschen gebracht hat. Eine genealogische Katastrophe kann auch als welthistorische Katastrophe laufen – das zeigt die deutsche Geschichte des 20. Jahrhunderts. Wieder verdanken wir Pierre Legendre eine treffende Formel, die den Tafel-Zertrümmerungswahn der Nazis beschreibt: »Indem die Nazis die Juden schlugen, schlugen sie ihre eigenen Eltern.«[84] Mit dem Mapping der eigenen Herkunft auf Blut und Boden radierten die Nazis ihre Genealogie aus. All der rassistische und menschheitsmordende Wahn hat mit dieser Entwurzelung zu tun. Im folgenden Kapitel werden daher einige dieser zeitgenössischen wurzellosen Menschheitshasser und Vatermörder angeführt werden. Es sind Jugendliche wie fast alle Attentäter, die sich in eine andere Familie hineinschießen und die hoffen, als Gründerfiguren aufzuerstehen.

Postscriptum

Ein letztes Beispiel für die Technik des Mapping, das unendliche Räume, unendliche Tatsachen, unendliche Ängste und Familienreihen durch die kartographische Methode festzuhalten und zu bannen sucht, bietet der Mnemosyne-Atlas des großen Kunsthistorikers Aby Warburg.[85] Warburg wurde vom April 1921 bis August 1924 zur Kur einer schweren Psychose in die Kreuzlinger Klinik Ludwig Binswangers überwiesen. Ludwig Binswanger war wiederum der Neffe Otto Binswangers, der 1889/90 Friedrich Nietzsche in der psychiatrischen Klinik zu Jena behandelte. Bereits in jungen Jahren litt Warburg an Hypochondrie und Verfolgungsangst, später kamen Zwangshandlungen wie Waschzwang und Wahn hinzu. Seine Frau traktierte er mit Zornausbrüchen, zumal wenn er bei ihr hygienische Verstöße zu bemerken glaubte. Seine Wutanfälle begründete er damit, dass er »jede winzige Tatsache sub specie aeterni rückt«[86]. Gegen Ende des Ersten Weltkrieges glaubt Warburg dem Unheil nur noch entgehen zu können, indem er seine Familie und sich selbst tötet, wozu er auch Anstalten unternimmt. Stimmen sagten ihm, man wolle ihn und seine gesamte Familie umbringen. Die kürzlich veröffentlichten Kliniktagebücher berichten auch von Angst vor Judenpogromen.[87] In Kreuzlingen schließlich wird zunächst die Diagnose »Schizophrenie« gestellt, die später nach einer Expertise Kraepelins als »Manisch-depressiver Mischzustand« bestimmt wird.[88]

Damit setzt seine klinische Biografie ein, die am Ende aber doch durch eine weitgehende Heilung abgeschlossen wurde. Die wissenschaftliche Seite dieser Disposition zeigt sich einmal in Warburgs lebenslangem Interesse an dem Thema der Angst. Neben Anteilen der eigenen Lebensgeschichte beförderte das Buch *Mythos und Wis-*

senschaft des italienischen Evolutionstheoretikers Tito Vignoli über die Rolle der Angst im Evolutionsprozess der Menschheit diese Themenwahl.[89] Diese Angsteinstellung, von der Vignoli spricht, ist eine reine Theorie der Paranoia: Die Angst des Primitiven äußert sich dadurch, dass er allen Wahrnehmungen einen fremden Willen oder eine zwingende Ursache zugrunde legt.[90] Hier verhält er sich noch ganz animalisch. Erwähnt sei nur im Vorübergehen, dass Vignolis Paradebeispiel für die Angst eines Tieres, die durch Fehlinterpretation ausgelöst wird, ein flatterndes Ding ist.[91] Die primitive, mythische Interpretation verfährt nach Vignoli ganz analog.

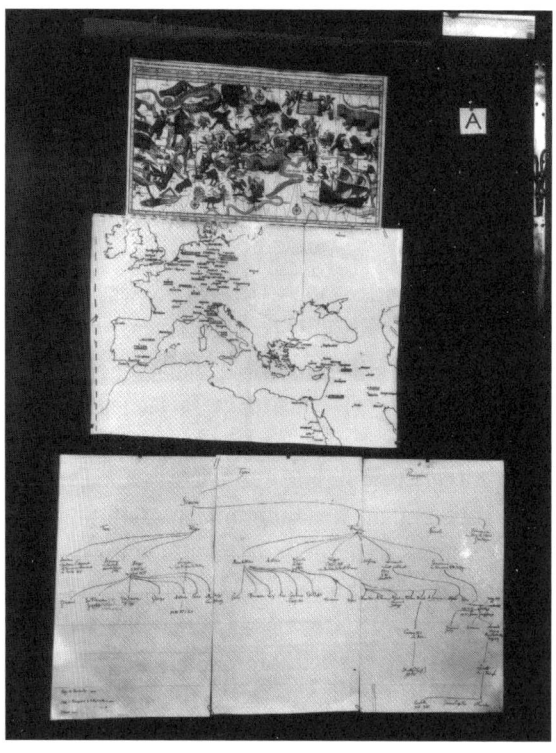

Mapping der Karten. Blatt A aus Aby Warburgs Mnemosyne-Atlas mit einer Himmelsdarstellung mit Sternbildern, einer »Wanderstraßenkarte« des Kulturaustausches zwischen den vier Himmelsrichtungen und einer genealogischen Karte der Familien Medici / Tornabuoni.[87]

Warburgs kunsthistorische Arbeit war dem Nachweis gewidmet, wie solche »primitiven« mythischen Regungen und Affekte in der modernen Kultur fortleben. Die bildende Kunst lässt sich daher begreifen als eine in Bildern angelegte lange Niederschrift dieses Prozesses. Weiter wirkt die eigene phobische Konstitution hinein in Warburgs ausgeprägtes Interesse für Sterne und für Astrologie. In seinen ausgedehnten Studien zur Rolle der Astrologie in der Kunst der Renaissance spielt ein eigener astrologischer Glaube eine elementare Rolle. Und so zeigt die erste Tafel A des Mnemosyne-Atlas, den Warburg nach seiner Entlassung aus der Klinik Binswangers in seinen letzten Jahren erstellt, eine »Himmelsdarstellung mit Sternbildern«.[92] Der Atlas soll in einer langen Serie von Tafeln, auf denen thematisch, historisch, geographisch, ikonographisch zusammenhängende Bildgruppen montiert werden, den »Entdämonisierungsprozeß der phobisch geprägten Eindruckserbmasse« dokumentieren.[93] Es ging Warburg darum, das westliche wie östliche Bildgedächtnis aufzuzeichnen, worin das gebärdensprachliche Kulturgut in seinen Wandlungen und Wanderungen aufbewahrt würde.

Warburgs ebenso rätselhaftes wie wirkungsmächtiges Unternehmen, die Evolution der Menschheit zwischen phobischen Affekten und strikter Rationalität auf einem Atlas zu verzeichnen, zählt mithin zu den kulturschöpferischen Leistungen der paranoischen Vernunft. Angst, Wahn, Halluzination regen sie zu einer wahnhaften Weltinterpretation an. Ihr Traum ist eine Geschichte, in der Mord und Totschlag dereinst aus der Welt rationalisiert werden könnten.

ALTE UND NEUE ATTENTÄTERPROFILE

| Die Wiederkehr des Ödipus: Kind des Zufalls
| Gottspieler und vaterlose Schoolshooter:
  Eric Harris, Dylan Klebold,
  Seung-Hui Cho, Sebastian Bosse
| TNT-Flaneure: die suicide bomber
| Die neue strategische Lage
| Die Aktualität der Paranoia

Die Wiederkehr des Ödipus: Kind des Zufalls

Sophokles' König Ödipus ist vermutlich der erste paranoide Held der abendländischen Literatur. Es lohnt, einen Blick in die Akten dieser griechischen Tragödien zu werfen, da heute durch Schulen und Universitäten Gespenster oder gar Zombies des Ödipus geistern, der sich als »Kind des Zufalls« bezeichnete.

Nicht am Ödipuskomplex litt der König von Theben, nicht an den neurotischen Resten von infantiler Liebe und Hass, sondern am Fluch seiner ungewissen Herkunft. Bis ins Mannesalter hinein wiegten ihn seine Eltern, König Polybos und Königin Merope, in dem Glauben, er sei ihr selbstgezeugter Sohn. So fühlte Ödipus königlich-korinthisches Blut durch seine Adern fließen. Doch dieses Prinzenhochgefühl wurde erschüttert, als ein betrunkener Mann auf einem Bankett behauptete, der Königssohn sei keineswegs der leibliche Spross seines Vaters Polybos. Daraufhin bahnte sich unaufhaltsam eine Katastrophe ihren Weg und ließ dem von seinen Vätern und allen guten Geistern Verlassenen nur noch den Wahn als letzte Zuflucht.

Tatsächlich trägt Ödipus keinen Vaternamen, sondern den Namen seines körperlichen Mals: Er heißt Schwellfuß. Dies wird ihm später der Bote aus Korinth bestätigen: »Bis heute wirst du nach diesem Zufall genannt«.¹ Du bist ein Zufallssohn, sagt der Bote. Was es aber heißt, nach einer Zufallsfügung getauft zu sein, das gibt diese Tragödie zu schaudern. Dem Mund des Betrunkenen entfloh ein Wort, das Schwellfuß einen Stachel ins Fleisch treibt. Heimlich bricht er nach Delphi auf, um die Frage nach dem wahren Vater zu klären. An der fatalen Kreuzung der drei Straßen trifft er auf König Laios, seinen unbekannten Erzeuger, und fügt ihm im Vorfahrtsstreit eine tödliche Verletzung zu. Doch nicht seinen *Vater* erschlägt der Schwellfuß, nicht denjenigen, der ihm einen Namen gab. Sein tödlicher Hieb trifft vielmehr den Mann, der ihn zu einem genealogischen Niemand machte, als er ihm die Fersen durchbohren und mit gefesselten Füßen im Gebirge aussetzen ließ. Später gibt sich Schwellfuß selbst den Namen dieser Verwerfung und zufälligen Rettung: $τύχη$ / Zufall.

Mit dieser Feststellung rütteln wir nicht an der Lesart Freuds, der Ödipus als Vatermörder und Mutterbeschläfer zur populärsten Theoriegestalt des 20. Jahrhunderts erhoben hat.² Jedes Knäblein, so wollen wir gerne glauben, träumt von der lustvoll-süßen Heimkehr ins Mutterbett. Aber wir schwingen uns auch nicht auf das Rad des *Anti-Ödipus* und der Schizowissenschaft von Deleuze und Guattari, die mit dem Problem von Mama und Papa brechen möchte.³ Wir folgen vielmehr Jacques Lacan und Pierre Legendre, die die Frage der Genealogie wieder ins Zentrum einer fundamentalanthropologischen Betrachtung gerückt haben. Um sich in Zeit und Raum der Menschenwelt zurechtzufinden, benötigt jeder Hans und jede Grete nicht nur einen Namen, sondern einen Platz in einer Mütter- und Väterfolge. Ihr Name verknüpft sie mit der symbolischen Reihe der Vorfahren und ihrer Gräber, ohne die sie keinen Anschluss an die Überlieferung, an die Sprache und das Gesetz finden können. Diese genealogische Grundlegung einer jeden Existenz gerät heute auf dem Markt der neuen Biomächte und Bioohnmächte, der Gentechnik, Leihmütter, Schwulenadoptionen, Patchworkfamilien, der Seebestattung und verkürzten Liegezeiten auf den Friedhöfen aus dem Blick. Fundamental ist die Bindung der Menschenkinder an eine Herkunft, aus der heraus sie sich als Glied einer Ahnenreihe betrachten können, die sich durch die Zeit zieht und die ihnen einen Namen und eine symbolische Heimstatt gewährt.[4] Nietzsche stellte der Moderne bereits die Diagnose, dass sie ihre Institutionen verkommen lässt. Die Modernen seien historisch entwurzelt, denn ihnen fehle der »Wille zur Tradition, zur Autorität, zur Verantwortlichkeit auf Jahrhunderte hinaus, zur Solidarität von Geschlechter-Ketten vorwärts und rückwärts in infinitum.«[5]

Die Diagnose trifft zu. Nicht Agambens *homo sacer* ist der Prototyp der neuzeitlichen Biopolitik, sondern der genealogisch und symbolisch verwahrloste Jugendliche unserer Tage. Das einstige *animal rationale* lässt sich nicht mehr als sprechendes Tier bezeichnen, sondern als plapperndes Menschenfleisch. Ersichtlich leiden Jugendliche unserer Zeit, die in keine Väterreihe mehr eintreten, an einem Herkunftskomplex. Zu leiden geben ihnen nicht Betrunkene, die wie in der Geschichte des Ödipus die Vaterschaft ihres Vaters bestreiten: Es sind die betrunkenen Väter selbst, die heute das genealogische Desaster heraufbeschwören. Ihre Trunkenheit ist sozial: Sie wollen nicht Vater sein, sondern möchten selbst als ewiges Kind durchgehen. Diese Väter sind die Träger der durchgehenden Infantilisierung unserer Moderne. Sie bleiben selbst ewige Söhne und vermitteln ihren Kindern keine Vorstellung davon, was es heißt Vater zu sein. Sie schlagen das Vateramt aus und werden unwissend zu Urhebern der genealogischen Verwahrlosung ihrer Kinder. Wir müssen daher heute die Akten der alten Tragödie erneut öffnen und den *König Ödipus* anders lesen.

Sophokles gab der Welt in diesem Stück kein Vatermorddrama zu sehen und zu hören, sondern ein Vatersuchdrama mit mehrfach tödlicher τύχη. König Schwellfuß erzählt seiner Mutter und Gemahlin Iokaste, wie ihn das Wort des Betrunkenen (und das ist das Synonym eines Orakels) in schwere Depressionen stürzte und wilden Zorn erregte, obwohl ihn seine Eltern noch einmal mit der frommen Lüge beruhigen, er sei ihr leibliches Kind. Diese Erschütterung seiner Herkunftsgewissheit nennt Ödipus ein Ding des Zufalls: Es ist das Werk der τύχη (V. 776f.). Allein der τύχη, dieser unbegreiflichen Zufallsmacht, die sein Schicksal verwaltet, verdankt er die geschwollenen genarbten Füße, seinen Namen und den Stachel einer unerbittlichen investigativen Obsession. Dieser Zwischenfall mit dem Betrunkenen, so vertraut sich Ödipus Iokaste weiter an, bildete eigentlich kein Äquivalent für den ungeheuren Zorn und für die unheilbare Kränkung, die einfach nicht nachlassen. Denn seit das Wort des Betrunkenen in sein Ohr drang, verzehrt die Aufklärung seiner Herkunft, der Väter- und Mütterreihe, alle Kräfte, seine ganze ödipale Erkenntnisleidenschaft. Warum konnte man den Vater nicht einfach tauschen? Allein die Herkunft und die Familie sicherten dem Menschen der Antike einen Platz im Sozialen, und seine Väterreihe begründete seine Existenz. Der Name bestimmte das Sein. Doch das triebhafte, zuletzt sogar todestriebhafte Verlangen nach Herkunftsgewissheit, das Ödipus nach Delphi und dann ins thebanische Exil führt, bleibt unerfüllt: Schwellfuß entlockt dem Orakel keinen Hinweis darauf, wer seine wahren Eltern sind. Stattdessen gibt man ihm die furchtbare Auskunft mit auf den Weg, dass er seinen Vater töten und seine Mutter heiraten werde. Nun erschlagen ihn erneut Kummer und Zorn. Er ist wurzellos, heimatlos, sein Name sprießt an unbekanntem Stamm. Nur noch an den flimmernden Sternen (V. 795f.) liest Schwellfuß die Richtung ab, in der der Ort seiner Herkunft liegt, denn diese Stadt Korinth, wo der Orakelspruch wahr werden könnte, muss er meiden. In solch schwarzer Stimmung, in genealogischer Ungewissheit und in tiefem Existenzzweifel stößt er an der Kreuzung der Wege nach Delphi, Korinth und Theben auf den thebanischen König. Die Kreuzung bietet das Schaubild dieses Kräftespiels aus Täuschung, Wahn und Wissen: in Korinth die fromme Lüge, in Theben das genealogische Desaster und in Delphi die trunkenen Münder. Vaterlos, seinem knabenhaften Narzissmus hilflos preisgegeben, kann es Schwellfuß nicht ertragen, dass ein anderer Wahrheitsreisender vor Delphi Vorfahrt beansprucht.

Nicht der Zweifel, sondern »die Gewissheit ist das, was wahnsinnig macht«,[6] schreibt Nietzsche in einem Kommentar zu Shakespeares Ungewissheitsdrama *Hamlet,* aber im Verlangen nach Gewissheit maskieren sich bereits die Vorboten dieses Wahnsinns. Gewissheit zu erlangen, bleibt der rasende Antrieb des Ödipus, der dann als Rätselexperte den Terror der Sphinx von Theben nimmt. Die Position, die ihm als Sohn des Laios irgendwann zugefallen wäre, das Königsamt von Theben, erhält er jetzt nicht von Rechts wegen, nicht weil er es beansprucht; das Amt fällt ihm als Prämie seines philosophischen Scharfsinns zu. Denn die Rätsellöser, das hat Giorgio Colli in seinem Buch über die *Geburt der Philosophie* gezeigt, sind die Weisen und Väter der Philosophen.[7] Freud hat sich ja auch nicht mit dem Vatermörder, sondern mit dem Rätsellöser Ödipus identifiziert.[8]

Anders als das Rätsel lässt das grauenhafte Fatum, das die Familie der Labdakiden seit drei Generationen heimsucht, keinen Raum für Erkenntnisse. Der wissende Teiresias ist ebenso blind wie der wissende Schwellfuß am Ende auch. Für Gewissheiten erhebt das Schicksal namens τύχη stets Wucherpreise.

Der investigative Scharfsinn des Königs wechselt ins Register der paranoischen Vernunft, als es darum geht, die Wahrheit über die Pest herauszufinden. Die Erfahrung sagt den Thebanern, dass hinter einer solchen Heimsuchung die Götter stecken: Und tatsächlich ist die Pest eine Götterkonspiration. Die Götter wollen nicht dulden, dass ein genealogisches Verbrechen ungesühnt bleibt. Die Nachricht, die der Schwager und Onkel Kreon von seiner Mission aus Delphi mitbringt, besagt, dass der Mörder des Laios in Delphi lebt und dass nur die Tötung oder Verbannung des Täters die Stadt von der Pest befreien kann. Aber wer ist der Täter? Das soll nicht so rasch an Licht kommen, weil die Götter auf dem Olymp auch in den von ihnen intrigierten Krimis *suspense* und tragische Ironie lieben. Tragische Ironie lässt jetzt König Schwellfuß den herbeigerufenen Teiresias unerbittlich nach dem Täter fragen. Er ist rasend vor Gewissheitsverlangen, er ist verrückt nach dieser Wahrheit, die er dem Seher mit allen Mitteln entreißen will. Den Ermittlungsfanatismus und die Entschlossenheit dieses Herrschers kann man nur bewundern. Er ist ein Tyrann aus dem Bilderbuch, und als Tyrann weiß er nur zu genau, dass stets nach seinem Leben getrachtet wird.

Die tyrannische Paranoia ist freilich eine graue Alltagsschlauheit. Schon zuvor hatte König Schwellfuß die Vermutung geäußert, dass Laios das Opfer einer politischen Verschwörung in Theben gewesen sein könnte. Jetzt soll Teiresias, der bereits zwei Mal gerufen werden musste, den Täter nennen. Doch als der blinde Seher mit der unangenehmen Wahrheit nicht herausrücken will, bricht der königliche Wahn mit aller Macht hervor: Schwellfuß verdächtigt kurzerhand Teiresias selbst der Mordtat. Dieses Mittel gegen die mantische Verstocktheit wirkt augenblicklich. Dem König, der ihn mit wahnhaften Anklagen reizt, schleudert der blinde Seher die Wahrheit ins Gesicht: Du bist selbst der Mörder! Das ist die äußerste Antwort, und jetzt treten Wahn und Wissen an zum Duell, denn als Schwellfuß in blinder Wut den Seher davonjagen will, setzt Teiresias noch eins drauf: Du nicht, aber die, die dich zeugten, ehrten meine Kunst. Der Sinn dieses vernichtenden Satzes bleibt dem Adressaten einstweilen dunkel. Er geht dieser Sache nicht weiter nach. Schwellfuß interessiert allein die Schicksalsfrage: Wer hat mich gezeugt? Wer hat mir den Namen gegeben? Ausweichend antwortet der Seher: »Heute ist der Tag deiner Geburt und deines Endes«. Das heißt: Ehe die Sonne untergeht, spricht $τύχη$ noch Klartext. Doch der König hat die Überzeugung gewonnen, dass sich der Seher und sein Schwager gegen ihn verschworen haben. Er ist sich völlig sicher, dass ihn dieses konspirative Bündnis vom Thron stoßen will.

Nur mit äußerster Anstrengung vermag Iokaste den König davon abzuhalten, Kreon aufs Schafott zu schicken. Sie will zunächst einmal den Grund der Aufregung wissen. Jetzt erst erzählt Schwellfuß der Gemahlin die Kurzversion seiner Biografie, die Geschichte seiner bezweifelten Herkunft. Aber Iokastes Klugheit vermag nichts mehr. Sie warnt den Mann vergeblich davor, mit aller Macht für Gewissheit zu sorgen. Sie warnt ihn vor dem Glauben an die Seher und an die Orakel. Ja, sie warnt vor dem Wahn. Doch nichts erzielt Wirkung. Seltsamerweise trifft in diesem Augenblick ein Bote aus Korinth ein, der den Tod des Königs Polybos von Korinth meldet. Und der Zufall will, dass dieser Bote auch derjenige ist, der viele Jahre zuvor den namenlosen Knaben mit den Fußfesseln von einem mitleidigen Hirten im Kithairongebirge übernommen hat, um ihn dann dem kinderlosen König Polybos zum Geschenk zu machen. Jetzt steht also fest, dass Polybos nicht sein Vater ist. Noch einmal warnt Iokaste eindringlich davor, die genealogischen Investigationen fortzusetzen: »Mögest du niemals erfahren, wer du bist.« (V. 1068) Aber Ödipus sucht Gewissheit: »Ich will unbedingt meinen Ursprung erkennen« (V. 1077).[9] Todestrieb und Wissenstrieb verbünden sich, um das Verhängnis zu vollenden. Völlig verblendet deutet Ödipus die Warnung seiner Frau als standesängstliche Sorge davor, dass womöglich seine niedere Herkunft ans Licht kommen könnte. Dies scheint ihn aber nicht zu schrecken. Er hat für sich das genealogische Rätsel gelöst: Jetzt nennt er sich Kind des Zufalls (V. 1080).[10] Damit ist das Delirium der Vaterlosigkeit vollendet. Denn wenn der Zufall seine Mutter ist, so phantasiert Schwellfuß weiter, dann sind die wechselnden Monde seine Familie: Er betrachtet sich als astrologisches Monstrum.

Zu den Betriebsarten der Paranoia zählt nicht nur der konspirative Wahn, sondern auch die wahnhafte Deutung der eigenen Abstammung. Es ist das, was französische Psychiater als *genealogische Interpretation* bezeichnen, die nicht selten einen Wahn besonderer Herkunft ausbildet. Wie viele Väter hatte sich Nietzsche ausgedacht! Wer hält sich nicht alles für Gottes Sohn! Diese Paranoia kennt nicht nur den Ursprung, den Lacan analysierte: die Verwerfung des Vaters,[11] das Durchstreichen des Vaternamens; sie kennt auch den Ursprung *durch* die Verwerfung des Vaters. So wollte es das Fatum jenes Mannes, der Schwellfuß hieß und der keinen Vaternamen erhielt. Daher nennt er sich einen Sohn des Zufalls. Manche Herausgeber des griechischen Textes schreiben Τύχη mit einer Majuskel, als ob ihm die Göttin des Glücks das Schicksal gesprochen hätte. Aber die Serie der τύχη-Belege in der Tragödie deutet an, dass Schwellfuß sich als *Sohn des Zufalls* verstehen musste. Er ist ein Trieb am Baum des Zufalls. Das ist die tragische Herkunft schlechthin. Auch der Silen des Aristoteles, den Midas mit Gewalt zum Sprechen brachte (wie Ödipus den Teiresias), nennt den König den »Eintagssohn des elenden Zufalls«,[12] oder nach Nietzsches freier Übersetzung »Elendes Eintagsgeschlecht, des Zufalls Kinder und der Mühsal.«[13] Zwar haben wir immer gesehen, dass die Paranoia blind ist gegenüber der Kontingenz, aber die genealogische Imagination, als Kind des Zufalls in der Welt zu stehen, ist auch ein Wahn, eine fatumbesessene artifizielle Interpretation. Immerhin beweist Schwellfuß die Größe, am Ende die biografische Enthüllung zu akzeptieren. Er begreift die konspirative Macht, die sein Schicksal bestimmte.

Das Fatum des griechischen Mythos, das aus den Göttermündern kommt, wütet stets in den Stammbäumen und ruiniert Vater-Sohn-Reihen. Die mythischen Väter und Mütter vererbten einst den Fluch einer ersten Untat, so wie die Eltern heute Aktienpakete oder Grundstücke hinterlassen. Dazu gibt es reichlich Beispiele: Kronos verschlingt seine Kinder, um der Aussicht zu entgehen, dass ihm einer seiner Söhne die Herrschaft rauben wird. Medea rächt sich an ihrem untreuen Gatten Iason, indem sie ihre gemeinsamen Kinder umbringt. Harpalyke ermordet das Kind, das sie bei einer Vergewaltigung durch ihren Halbbruder Klymenos empfangen hat, und setzt es dem Vater zum Mahl vor. Atreus, ein Enkel des Tantalos, bewirtet seinen Bruder Thyestes mit dem Fleisch von dessen eigenen Zwillingen, die noch gesäugt wurden. Griechenlands tragischer Phobos schauderte am heftigsten bei genealogischen Katastrophen. Das Glück hingegen sorgte bei den Alten stets für Wohlfahrt in der Väterreihe. Platon dekretiert im Dialog *Politikos* daher die Pflicht aller Bürger, für Nachkommen zu sorgen.[14] Als Laios das Vateramt ablehnte und Ödipus aussetzen ließ, um die Königswürde nicht zu verlieren, traf er die falsche Entscheidung. Das Orakel hatte den Rat erteilt, auf Nachkommen zu verzichten, weil sonst der genealogische Fluch des Pelops in Kraft träte, wonach Laios entweder kinderlos sterben oder ihn sein eigener Sohn töten würde. Die Griechen hießen das Schicksal, das Fatum oder den Fluch, den »namenlosen Sohn«, den Sohn, der stets übrigbleibt: Der Historiker Herodot erzählt die Geschichte des Glaukos Epikydides, der als Verwalter eines ihm anvertrauten Vermögens zu betrügen versucht hatte.[15] Als Strafe für sein gebrochenes Versprechen als Treuhänder wird die Familie des lügnerischen Schwörers einfach vergessen. Niemand weiß mehr etwas von ihr. Und das rächende Fatum, das diese Familie auslöscht, heißt bei Herodot »namenloser Sohn«: πάϊς ἀνόνυμος.[16] Zahllos sind die Episoden der griechischen Mythologie, in denen der πάϊς ἀνόνυμος dafür sorgt, dass Väter und Mütter ihre eigenen Kinder umbringen. So hält es die eifersüchtige Hera mit dem thebanischen König Athamas, der im Delirium seinen Sohn Learchos ermordet. Niemals aber sind diese mit Wahn geschlagenen Mördereltern der Paranoia verfallen. Die Paranoia des Schwellfuß' ist hingegen ein Wahngebilde, das dieser aus den Trümmern seiner Herkunft zusammenfügt. In seiner imaginären Sohnesschaft als namenloses Zufallskind beschuldigt er in blinder Tyrannei erst Teiresias und dann Kreon des Mordes an Laios. Die Krankheiten der Macht sind erblich. Die Antike ließ nur die Könige daran sterben. Heute steckt die Machtkrankheit in den Knochen so vieler Zufallskinder. Als Kinder des Schwellfuß' betrachten wir daher nicht nur seine zu tragischem Ruhm gelangten leiblichen Töchter und Söhne Antigone, Eteokles und Polyneikes. Vom Schicksal gezeugte, machtkranke Kinder des Zufalls und namenlose Söhne sind auch die blindwütig mordenden Schoolshooter unserer Tage.

Gottspieler und vaterlose Schoolshooter:
Eric Harris, Dylan Klebold, Seung-hui Cho,
Sebastian Bosse

Die jungen Männer, an deren Namen so furchtbare Taten hängen wie die Mordserien in Universitäten und Schulen, sind in verschiedener Hinsicht vaterverlassene Söhne. Das ist ihr ödipales Geschick. Hier sollen nicht ihre wahrhaft geschlagenen Väter und Mütter in den Anklagezustand versetzt werden; vielmehr geht es darum zu sehen, was bei diesen juvenilen Untergangstaten auch auf dem Spiel steht. Inzwischen vermerkt das globale Gedächtnis eine lange Reihe von Schülermorden in aller Welt[17]: die Morde an der Concordia University in Montreal, Quebec, 1992, an der Thurston Highschool in Springfield, Oregon, im Mai 1998, das Massaker an der Columbine Highschool in Denver, Colorado, im April 1999, an der Ikeda-Grundschule in Osaka im Juni 2001, das *Virginia Tech Massacre* des Studenten Seung-hui Cho am 16. April 2007 oder das *killing spree* des Schülers Pekka-Eric Auvinen am 7. November 2007 an der Iokela Hogh Scholl in der finnischen Stadt Tuusula. In Deutschland ist die Erinnerung an die Bluttat des Erfurter Schülers Robert Steinhäuser am 26. April 2002 noch lebendig, ebenso die Aktion des Emsdettener Sebastian Bosse, der am 20. November 2006 in seiner ehemaligen Schule ein Blutbad anrichten wollte und dabei zahlreiche Schüler, Lehrer und Polizisten verletzte. Das vorerst letzte Ereignis dieser Art war das Schoolshooting des siebzehnjährigen Tim Kretschmer, der am 11. März 2009 eine Reihe von Schülern und Lehrern in seiner ehemaligen Schule in Winnenden tötete, anschließend flüchtete, einen Krankenhausmitarbeiter erschoss, um sich dann in den Ort Wendlingen fahren zu lassen, wo er weitere Personen in einem Industriegebiet tötete, ehe er die Waffe auf sich selbst richtete.

Alle diese Taten weisen die Gemeinsamkeit auf, dass es ausschließlich junge Männer sind, die diesen mörderischen Abschied nehmen, vor allem jedoch, dass Schulen und Universitäten in hoch zivilisierten Ländern wie den USA, Kanada, Japan, Finnland oder Deutschland zum Schauplatz solcher Massaker werden. Sie finden an Orten statt, die als Heimstatt des Friedens gelten. Während die Schauplätze von den Akteuren bewusst ausgewählt werden, sind die Opfer zumeist vom Zufall bestimmt. Die mörderischen und selbstmörderischen Aktionen gelten Institutionen und nicht Personen. Sie sind abstrakt. Der Schoolshooter von Emsdetten, Sebastian Bosse, notierte in seinem Tagebuch: »Du schickst deinen meist gehassten Ort zur Hölle.«[18] Er wollte buchstäblich eine Institution ermorden. Der dabei blitzartig um die Welt gehende Schrecken gehört ebenso zu diesen Ereignissen wie das stolze Bewusstsein der Täter, dass sie globale Aufmerksamkeit und mediale Unsterblichkeit erzielen.

Weiter gilt, dass die Schoolshooter von ihren Vorgängern wissen und sie bewundern. Die beiden Akteure des Highschool-Massakers in Denver, Colorado, Eric Harris und Dylan Klebold, nahmen sich Timothy McVeigh zum Vorbild, der am 19. April 1995 einen desaströsen Bombenanschlag auf das Murrah Federal Building in Oklahoma City verübt hatte, das 168 Menschen, darunter 22 Kindern, das Leben kostete. Ursprünglich hatten sie daher den 19. April für ihre Aktion vorgesehen. Sowohl Seung-hui Cho, der Student, der an der technischen Universität Virginia 32 Personen tötete, als auch der deutsche Schüler Sebastian Bosse bezogen sich ausdrücklich auf die Ereignisse in Denver. Sie gaben alle sozialen Bezüge auf und füllten ihre genealogische Vereinsamung oder Verwahrlosung durch Autoadoption in die Gewalttäterfamilien. Der fünfzehnjährige Schüler Thomas Salomon, der einen Monat nach dem *killing spree* von Colorado in der Heritage Highschool in Conyers fünf Mitschüler mit Pistolenschüssen verletzte, nannte daher die Täter an der Columbine Highschool seine »brothers and sisters«. Diese Geschwisterschaft koppelt sie ab von ihrer Herkunft und bindet sie an die neue Gemeinschaft der Gleichaltrigen, die durch gemeinsamen Hass, durch Musik, Kleidung, Ressentiments und Sprachen als höhere Familie betrachtet wird. »Ich weiß, dass wir Nachfolger haben werden, weil wir so saumäßig gottähnlich sind«, erklärt Dylan Klebold.

Nach Art der Vorsehung, die Immanuel Kant in eine allgemeine und spezielle Providenz teilt[19], spielen diese Schoolshooter Gott. Im Zeichen der allgemeinen Providenz wollen sie die gesamte Menschheit vernichten. Die spezielle Providenz Gottes und dieser Mörder überlässt es hingegen dem Zufall, die Opfer auszuwählen. Sebastian Bosse verehrte den Mörder von Columbine, Eric Harris, in seinem hinterlassenen Tagebuch, als Gott.[20]

Auch sich selbst bezeichnete er als »godlike«.[21] Der Attentäter »folgt der Logik eines Gottes«, schreibt ein anonymer Autor, der offenbar eine solche Tat ausgebrütet hat.[22] Auch der finnische Schoolshooter Pekka-Eric Auvinen erklärte in seinem hinterlassenen Manifest: »Im Vergleich mit euch zurückgebliebenen Massenmenschen bin ich echt gottgleich.« Harris und Klebold betrachteten sich in ihrem paranoischen Duett beide als Gott. Vieles deutet darauf hin, dass sie in ihrer Vorstellung diese Position überhaupt zum ersten Mal besetzten. Nicht alles Gerede von Gott ist Religion. Um diese Formeln herum

*Der finnische Schoolshooter
Pekka-Eric Auvinen*

bildet sich allerdings ein Verbarium von primordialen Signifikanten, mit Lacan zu sprechen, wie Menschheit, Gerechtigkeit, Liebe, Wahrheit, Tod, Martyrium, Rache, deren Montage und dogmatische Ausarbeitung zu jeder Religion gehören. Gewiss entspricht den Gerechtigkeitsformeln, mit denen sie auftraten, keine Vorstellung, die verallgemeinerbar wäre. Aber indem sie von Rache sprechen, bringen sie eine solche Rechtsdimension ins Spiel. Die jungen Schoolshooter sind Gottspieler und Zufallsdämonen. Ihre richterliche Anmaßung, für wenige Stunden oder Minuten über Leben und Tod beliebiger Menschen und über das eigene Ende zu entscheiden, das mörderische Delirium, beschert ihnen das äußerste Hochgefühl ihres Lebens: Es ist *divine wellness*. Einer der letzten Einträge im Tagebuch von Dylan Klebold lautet: *have fun*. So lautet der finale Satz in seinem Ablaufplan des Massakers.[23] Aber *Spaß haben* beim Gottspielen, heißt das Vergnügen genießen, eine unbesetzte Vaterposition als Tyrann einzunehmen. Dieser Vatermord beseitigt daher keineswegs den biologischen Erzeuger, sondern die Institution, die den Zugang zur symbolischen Welt sichert. Einen solchen Zugang haben die Schoolshooter nicht gefunden. Da sie an keine Väterreihe anschließen und keine Institution anerkennen, maskieren sie sich als Gott und geben sich andere Namen. Gegen das Gesetz, gegen die Macht des Anderen, wüten die beiden Mörder von Columbine, indem sie wie Caesar sprechen wollen: »Alles was ich sage, ist Gesetz«. Die Schoolshooter hier wie dort sind gewiss gestörte Persönlichkeiten, isolierte, machtkranke junge Männer, aber ihre Taten, ihre Texte, ihre letzten Worte sind Nachrichten, die genau gelesen werden wollen. Sie schreiben an die Menschheit gerichtete *Antimenschheits-Literatur*.

Am 20. April 1999 veranstalteten der 18-jährige Eric Harris und der 17-jährige Dylan Klebold in der Columbine Highschool in einem Vorort von Denver, Colorado, ein grauenhaftes Massaker. Zwischen 11 und 12 Uhr erschossen sie zwölf Schüler und einen Lehrer, verletzten 24 weitere Personen, ehe sie sich selbst töteten. Ursprünglich wollten sie die Cafeteria der Highschool mit zwei Propangasbomben in die Luft jagen, um anschließend auf die Flüchtenden zu schießen. Das hätte mehreren hundert Menschen das Leben gekostet. Da die Bomben aber nicht explodierten, begnügten sich die beiden bis an die Zähne bewaffneten Mörder damit, vor und in der Cafeteria und später vor allem in der Bibliothek nach Gutdünken auf zufallserwählte Lehrer und Schüler zu schießen.

Eric Harris und Dylan Klebold in der Cafeteria der Columbine Highschool

Das Entsetzen über dieses Massaker ging um die Welt; selbst der damalige amerikanische Präsident Clinton hatte Mühe, dafür noch Worte zu finden.

Die beiden jungen Männer betrachteten sich zwar als Außenseiter, aber sie wurden von ihrer Umwelt nicht als besonders auffällig erlebt. Immer wieder gaben sie sich selbst ihr Qualitätssiegel, das lautete: »Ich bin ganz anders«. Beide waren zeitweise in ärztlicher Betreuung, Klebold wurde von einem Psychologen betreut, Harris erhielt Antidepressiva, aber eben das nährte seinen Verdacht, dass der Arzt seine Gedanken narkotisieren wollte. Selbst wenn es in ihrem Verhalten auch pathologische Züge gab, so deuteten sie selbst ihre Lage keineswegs als Krankheit. Sie betrachteten sich als Helden der *awareness*. Ihr Gemeinschaftswahn sagte, dass sie allein den Durchblick hatten, und das wollten sie der Menschheit in einer blutigen Unterrichtsstunde vermitteln. Ihre Isolation, ihr Unglück, ihr Hass, ihre Paranoia, ihre destruktive Imagination sprechen daher laut und vernehmlich aus den Internet- und Videobotschaften, die sie als Testamente hinterließen; außerdem enthalten ihre Journale und literarischen Texte, die später der Öffentlichkeit zugänglich gemacht wurden, detaillierte Angaben über die Pläne für die Tat. Ganz nach Art der Tyrannen und Massenmörder von Nero bis Ernst Wagner träumten sie davon, die ganze Menschheit auszulöschen.

Es sind zwei namenlose »Eintagessöhne des elenden Zufalls« die ihrerseits gottverlassen, isoliert in juveniler Verzweiflung lebten. Sie selbst deuten ihre Situation als schicksalhaft: Die Wörter *fate* und *doom* streuen sie wie Konfetti über ihre Testamente. Bisweilen richten sie ihren Hass zwar auf bestimmte Mitschüler und erstellen Listen mit ihren Namen, aber im Kern sehen sie sich durch das Fatum von der Menschheit ausgeschlossen. Ihre Lage interpretieren sie in einem Sprachmix aus skatologischen Füllwörtern und reflektierten Begriffen. Sie sind weder verrückt, noch intellektuell debil. Aber sie leben in dem paranoischen Gefühl, dass andere ihre Gedanken kontrollierten. Im Journal von Eric Harris, der sich REB nannte, finden sich unter dem 12. Dezember 1998, gut vier Monate vor der Tat, die folgenden Bemerkungen:

> Ein riesiges Scheißproblem IST, dass die Leute mir sagen was für eine Scheiße ich tun, denken, sagen, machen soll und was sonst

noch. Ich mache, was man sagt, WENN mir danach ist. Aber wenn mir die Leute (d.h. Eltern, Bullen, Gott, Lehrer) sagen, was (…) ich tun, denken, sagen, machen soll und auch sonst noch soll, dann habe ich keine Scheißlust, das auch zu tun! Darum ist mein Scheißname auch REB!!! Niemand ist einen Dreck wert, wenn ich es nicht sage, ich fühle mich wie GOTT und ich wünschte, ich wär's, wo für mich doch alle GANZ KLAR unter mir stehen. Ich weiß schon, dass ich höher stehe als fast alle in der Scheißwelt in Bezug auf eine universale Intelligenz und wo wir im Universum stehen im Vergleich zum Rest des UNIV.[24]

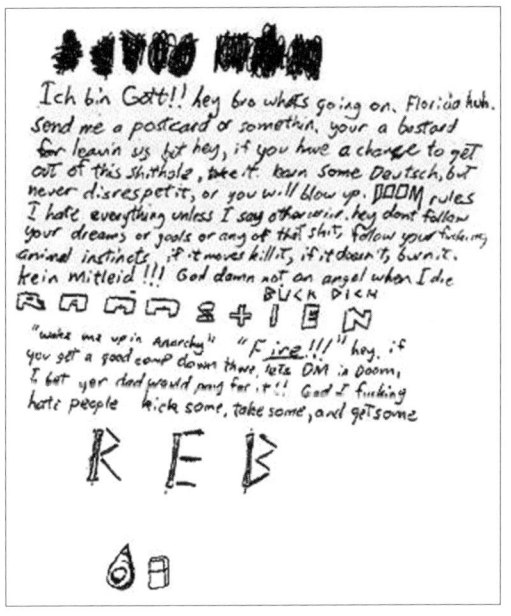

Eintrag von Eric Harris in das Highschool-Jahrbuch seines Freundes Nathan Dykeman, der nach Florida ging: »Hey bro whats going on. Florida huh. Send me a postcard or somethin, your a bastard for leavin us but hey, if you have a chance to get out of this shithole, take it. Learn some Deutsch, but never disrespect it, or you will blow up DOOM rules I hate everything unless I say otherwise. Hey don't follow your dreams or goals or any of that shit, follow your fucking animal instincts if it moves kill it, if it don't, burn it. kein Mitleid!!! God damn not an angel when I die. BUCK DICH. RAMMSTIEN ›wake me up in Anarchy‹ ›Fire!!!‹ hey, if you get a good comp down there, lets DM [i.e. Death Match] in Doom, I bet yer dad would pay for it!! God I fucking hate people kick some, take some, and get some REB«[25]

Die jungen Männer, die sich unbedingt unterscheiden wollen, verlangt es doch nach Zeichen, Sprache und Musik, die sie mit anderen teilen. Sie sehnen sich nach emblematischer und maskuliner Familiarität. Solche Genderzugehörigkeit und semiotische Verwandtschaft gewähren den beiden Waffen, schwarze Kleidung, Nazi-Embleme, skatologisches Vokabular, Musik der Gruppe *Rammstein*. Aber sie sprechen auch die Sprache der paranoischen Familie: einen universalistischen Slang, sie erklären sich für verfolgt, sie stilisieren ihre abgekoppelte Existenz und schwelgen in der wahnhaften Egoformel »Ich bin Gott«. Diesen Satz schreibt Harris (bisweilen auf Deutsch) immer wieder nieder (auch in die Hefte seiner Freunde) und dieser Satz ist das Katapult, mit dem er sich über die Menschheit, Gesetze, Sprache weit hinaus schwingt.

REB schreibt weiter, dass es die Menschheit nicht verdient habe zu überleben und dass die Welt den Tieren zurückgegeben werden müsse: »Kill Mankind«.[26] Seine Aufzeichnungen enthalten unverdaute Fragmente philosophischer Theorie, wonach Mathematik und Naturwissenschaft allein »wahr« seien; alle übrigen kulturellen Werte unterlägen der Beobachterperspektive und seien ohne Referenz. Harris will Anhänger von Thomas Hobbes und Friedrich Nietzsche sein, ohne das weiter zu erläutern. Doch gerade die Nietzsche oder anderen Denkern abgelauschte Lesart, dass alle Wahrheit von Menschenhand stammt und dass alle Sprachzeichen, zumal Werte und Regeln arbiträr sind, geben Harris Grund für Mord- und Auslöschungsphantasien:

> Scheißmitleid Scheißgerechtigkeit Scheißmoral Scheißanstand Scheißregeln Scheißgesetze ... STERBT ihr Menschenworte ... Die Leute denken, sie beziehen sich auf alles aber tun/können es nicht. Sowas wie Wahrhaft Gutes oder Wahrhaft Böses gibt es nicht, alles ist vom Beobachter abhängig. Es ist alles Natur, Chemie, Mathe. Komm damit zurecht. Aber weil damit zurecht zu kommen für die Menschheit unmöglich scheint, da wir die Natur mit Warnzeichen schlagen, dann (...) stirb, brenn, schmelz, verdampf, verrotte, hau scheißemäßig ab. YEAAAAAH!!!! – 6/12/98 –[27]

Es ist das Leiden an Kontingenz. Man darf nicht vergessen: kontingent ist die Welt ohne einen Supersignifikanten, der alles regelt. Darum würde REB gleich die ganze Welt von der Bildfläche verschwinden lassen, wenn er die Macht dazu hätte: »Wenn ich die Welt nuklear auslöschen könnte, würde ich es tun, so sehr hasse ich euch alle.« Das schreibt REB, während er mit seinem Freund Waffen sammelt, Munition hortet und wilde Zerstörungsszenarien ausheckt. Aber sie wollen nicht schweigende, sondern schreibende, denkende und dichtende Killer sein. Größenberauscht wenden sie sich in ihren Journalen an die Überlebenden. REB verfasst sein Testament für ein globales Publikum, ebenso wie die Bild- und Tondokumente, die er ins Netz gestellt hat. Denn die Abschiedsworte gehen nicht an die Familie, sondern an die Menschheit, an eine unübersehbare Hassmenge, der sich die beiden nicht mehr zugehörig fühlen.

Wie kommt ein junger Mensch dazu, sich zum Feind der Menschheit zu stilisieren? Der *inimicus humani generis* ist eine Erfindung römischer kaiserlicher Juristen, die mit dieser Bezeichnung die Prognoseindustrie des 4. Jahrhunderts kriminalisierten. Die Traumdeuter, Vogelschauer, Astrologen und Haruspices sollten ihre Macht über den Alltag und die Politik des römischen Reichs verlieren oder vielmehr an den kaiserlichen Souverän abtreten. Es war Kaiser Constantius, der diesen Titel erfand und damit einen ersten Typus des Extremisten als Gestalt des Rechts hervorbrachte.[28] Die zu »Feinden des Menschengeschlechts« ernannten Zukunftsdeuter waren die Herren des Fatums. Sie allein blickten in die Zukunft, sie allein schöpften die Kontingente von der Gegenwart ab, und ihr Einfluss war daher unvergleichlich. Plötzlich werden sie vom kaiserlichen Vater verworfen und ihrer Familienbezüge mit der Menschheit beraubt. Die Schoolshooter und »Eintagessöhne des Schicksals« sind keine Gelehrten der römischen Rechtsgeschichte, aber sie nehmen die Titel dieser kaiserlich gebrandmarkten vaterlosen Fatumsspezialisten auf, da sie sich selbst für die Minuten ihres mörderischen Rauschs als Agenten des Schicksals aufspielen.

Etwas andere Züge in der literarischen Hinterlassenschaft dieses Mordtandems zeigt das Journal von REBs Freund Dylan Klebold, der sich den Namen VoDKa gab. Auch er ein namenloser Sohn, ein vaterverlassener Knabe, der sich bisweilen als Gott bezeichnet. Aber in seinem Testament dröhnen nicht allein Sätze grenzenloser Überhebung und fiebernden Hasses, sondern es finden sich auch Töne der Verzweiflung und des Verlangens nach Liebe:

> Irgendein Gott bin ich ... Alle Leute, die ich je geliebt haben mag, haben mich im Stich gelassen, meine Eltern kotze ich an und sie hassen mich ... Sie wollen, dass ich Scheißehrgeiz habe!! Aber wie soll ich das, wenn ich durch alles beschissen & kaputtgemacht werde??!!!! Ich habe kein Geld, kein Glück, keine Freunde ... Eric wird bald weiter weg sein ... Ich werde noch weniger als nichts haben ... wie normal. Ich wollte lieben ... ich wollte glücklich und ehrgeizig sein und frei & nett & gut & unwissend ... alle haben mich verlassen ... ich habe kleine und blöde Vergnügungen ... meine sogenannten Hobbys & Aktivitäten ... das ist alles, was mir geblieben ist. Hänge mich an die kleinsten Felsen. Manche Leute, die eine unendliche, steile Klippe emporgeklettert sind ... fanden dann ein Plateau, um darauf zu existieren ... sie sind an mir hochmarschiert, um dahin zu gelangen. Niemand wird mir helfen ... allenfalls mit mir leben, wenn's ihnen passt. Ich habe geholfen, warum sie nicht auch? (...) Werde mir eine Flinte besorgen, mein killing spree gegen jeden machen, den ich will.[29]

Wenige Zeilen später heißt es dann in einer von vielen lyrischen Anwandlungen Klebolds »ich bin ein Gott, ein Gott der Traurigkeit / ausgesetzt in diese ewige Hölle.«[30] Ein selbstmitleidiger, depressiver Ton bestimmt diese Tagebuchaufzeichnungen. Auffällig aber ist dabei, dass der Blick immer wieder in universale, menschheitsgeschichtliche Dimensionen geht. Es sind Worte eines von der väterlichen Linie und damit von der Menschenwelt abgekoppelten suizidalen Knaben, der wie Ödipus von sich sagt: »Das Schicksal ist mein einziger Herr.«[31] Der namenlose Sohn, der sich zum Fatum so vieler Menschen aufschwingt, entstammt dem Fluch selbst.

Fluch und Poesie sind ein ungleiches Paar, doch ihnen ist gemeinsam, dass sie in der Dauer wohnen. Klebold und Harris besuchten in ihrem Gymnasium die creative writing-Klasse und fehlten nach Auskunft der Lehrerin dort kein einziges Mal. Klebold verfasste in diesem Kurs einen Essay über Charles Manson. Die Themenwahl mag auffällig sein, der Text hingegen lässt nichts von der eigenen Mordlust durchscheinen. Es sind kurzum schreibende poesieverdächtige Täter, die aus dem Wahn, von der Menschheit verlassen zu sein, ihre mörderische Rache ersinnen. »Was ich will, wird mir versagt / zu lieben & glücklich zu sein / ich bin als Mensch geboren / ohne die Möglichkeit, auch Mensch zu SEIN«, schreibt Klebold in seiner lyrischen Lebensbilanz.[32] Dass sie *fun* haben wollten in ihren letzten Lebensmomenten, dass sie nach Götterart schallend über die jämmerlich um ihr Leben bittenden Menschen lachten, das bezeugen Schüler und Lehrer, die das Massaker überlebten.

Auch der Highschoolshooter Seung-hui Cho, der am 16. April 2007 auf dem Campus des Virginia Polytechnic Institute in Blacksburg insgesamt 32 Personen tötete und anschließend Selbstmord beging, besuchte creative-writing-Kurse an der Uni und träumte davon, Dichter zu sein. Er hatte die Ereignisse von Columbine genau verfolgt und feierte Harris und Klebold als »Märtyrer«. Wie diese beiden hinterließ der dreiundzwanzigjährige Student koreanischer Herkunft eine ganze Medienbibliothek von Botschaften, die er lange vor der Tat in Form von Videos, Fotos und eines schriftlichen Manifests vorbereitet hatte. Cho begann seine Mordserie am frühen Morgen dieses Apriltages gegen 7 Uhr 15, als er in das Studentenwohnheim auf dem Campus eindrang und dort zwei Studentinnen erschoss. Gleich darauf kehrte er in seine Wohnung zurück, wechselte dort die blutige Kleidung, um anschließend zur Post zu gehen und von dort seine verschiedenen Botschaften der Redaktion des Fernsehsenders NBC News zuzuleiten. Kurz nach 9 Uhr setzte er dann in einem anderen Gebäude der Hochschule sein *killing spree* fort, und vollendete sein furchtbares Werk innerhalb von gut zehn Minuten.

In seinen Botschaften stilisierte sich Cho selbst als gequältes Opfer, das sich über die TV-Öffentlichkeit der anonymen Welt zuwendet, um ihr die Schuld an dieser Tat, die unausweichlich gewesen sei, zuzuschieben.

Cho hat eine Sonderlingskindheit hinter sich, seine Stummheit und Schüchternheit bereiteten den Eltern schon früh große Sorgen. Chos Krankengeschichte ist in dem Regierungsbericht über das Ereignis ausführlich dokumentiert.[33] Dennoch schaffte er es bis zur Hochschule, wo er erst Business Information Systems studierte, um dann als Hauptfach Englisch zu wählen. Ein Versuch, 2005 bei einem New Yorker Verlag ein Buchmanuskript unterzubringen, schlug fehl. Das soll ihn nach Auskunft seiner Geschwister sehr deprimiert haben. Es ging ihm offenbar darum, sich als Autor einen (neuen) Namen zu machen. Als er in einem Kurs seinen bürgerlichen Namen auf eine Teilnehmerliste setzen sollte, schrieb er in die Rubrik nur ein Fragezeichen. Seitdem nannte er sich auch selbst »question mark«. Bisweilen erlaubte sich Cho den Scherz, in seinem Studentenwohnheim anzurufen, sich als »question mark« auszugeben und nach seinem Zwillingsbruder Cho zu fragen.[34] Der Scherz ist ein Glied in einer Kette von Namenverleugnungen. Bei seinen verschiedenen Versuchen, Kontakt mit Studentinnen herzustellen, meldete er sich anonym per E-Mail und antwortete auf die Rückfrage, ob er Cho sei, »Ich weiß nicht, wer ich bin.« Kurz darauf fand die gleiche Studentin auf der Infotafel vor ihrem Zimmer ein Zitat aus Shakespeares *Romeo und Julia* (II, 2) von seiner Hand: »Mit einem Namen / weiß ich euch nicht zu sagen, wer ich bin: / Mein Name, heilige Geliebte, ist mir selbst verhasst, / denn er ist ein Feind von Euch; / hätte ich ihn geschrieben, riss ich das Wort in Stücke.«[35] Auch andere Botschaften des Question-Mark-Cho leugnen den Vaternamen und deuten den lebensgeschichtlichen Hintergrund dieser Namenlosigkeit an. Seine E-Mails zeichnete er bisweilen mit dem biblischen Namen *Ishmael*. Der gleiche Name firmierte als Absender auf seinem Paket mit den Videobotschaften und dem Manifest, und die Zeichen *Ax Ishmael* hatte sich Cho auch mit Tinte auf den Arm geschrieben, als er seinen Feldzug in der Universität unternahm.

Ishmael hieß nach der biblischen Erzählung in *Genesis 14* Abrahams ältester Sohn. Er war auf Betreiben der kinderlosen Sarah mit der Magd Hagar gezeugt worden. Später aber vertrieb Abraham auf

Geheiß Sarahs (und Gottes) sowohl Hagar als auch Ishmael. Wie auch immer Cho diesen Namen verstanden wissen wollte, er verweist auf eine unsichere Stellung im Familiensystem. Ob dieses genealogische Desaster, das Chos Geschichte begleitet, erlebt oder eingebildet war, lässt sich nicht rekonstruieren. Es ist aber seine Geschichte. Denn Cho bearbeitete die gleiche ödipale Problematik in seinem Kurzdrama *Richard McBeef*. Das Stück läuft als Dialog zwischen dem Ex-Footballspieler Richard und seinem dreizehnjährigen Stiefsohn John. Als Richard sich mit John aussprechen möchte und den Jungen in einer freundschaftlich gemeinten Geste berührt, beschimpft ihn John als »alten glatzköpfigen fetten pädophilen Stiefvater«, der ihn sexuell belästige. Einmal in Wut geraten, klagt John den konsternierten Richard an, seinen wirklichen Vater ermordet zu haben: »Du hast meinen Vater UMGEBRACHT und dann die Sache vertuscht. Das war eine Verschwörung. Ganz so wie es die Regierung mit John Lennon und Marilyn Monroe gemacht hat.«[36] Der Streit eskaliert, Johns Mutter Sue schaltet sich ein und schlägt sich auf die Seite des Sohnes und seiner paranoischen Anklage. Sie bewirft Richard mit allerhand Gegenständen, die ihr Ziel aber verfehlen. Indessen zielt John in seinem Zimmer mit Darts auf das Konterfei des Stiefvaters und schmiedet Mordpläne. Als der Streit weiter eskaliert und Mutter Sue mit einer Kettensäge auf Richard losgehen will, flieht der Bedrohte in sein Auto. Doch John folgt ihm und setzt sich auf den Beifahrersitz. Dann drückt er Richard seinen halb verzehrten Bananenmüsliriegel in den Mund und versucht ihm das Ding in die Kehle zu stopfen. »Außer sich vor blinder Angst und Wut« schlägt Richard daraufhin nach John und versetzt ihm einen tödlichen Hieb.

Das infernalische Stück setzt ein Vater-Sohn-Drama in Szene und lässt einen versuchten Vatermord mit dem zufälligen Tod des Sohnes enden. Mutter und Sohn bilden ein brutales paranoisches Tandem und beschuldigen Richard der Verfolgung, Verschwörung und Vertuschung. Auch hier räumt ein »Eintagessohn des elenden Zufalls« und Horrordichter seine Imagination aus: Question-Mark-Cho liefert Bilder seiner Vorstellung, namenlos und vaterverlassen zu sein, sich zu rächen und dafür wieder bestraft zu werden. Seiner Figur John gibt er

653

in dem eben zehn Seiten umfassenden Stück lange Vaterverfluchungsmonologe zu sprechen und legt ihm kraftvolle Beschimpfungen in den Mund, wie »du vorzeitig ejakulierendes Stück Riesenscheiße«. Diese Flüche, Sues Mordversuch mit der Kettensäge oder Johns Attentat mit dem Müsliriegel zeigen zwar Anflüge von grimmigem Humor. Doch es ist keine Aufhellung in der schwarzen Denkwelt dieses gekränkten, von allen Vätern verlassenen Kindes. Da es sich als Dichter keinen neuen Namen machen kann, tritt es als Mörder Ishmael auf.[37]

Ein weiteres Mitglied dieser Familie der Vaterlosen war der Emsdettener Schüler Sebastian Bosse. Er setzte einen Abschiedsbrief, ein Video und sein Tagebuch ins Netz und hinterließ die gleichen medialen Testamente wie seine Vorgänger in Columbine und Blacksburg. Er wollte unbedingt verhindern, dass seine Bilder und Texte zur Vorgeschichte der Tat von der Polizei aus dem Verkehr gezogen würden. Sebastian Bosse hatte sich den 20. November 2006 ausgesucht, um seine »Rache«, wie er es bezeichnete, an der Geschwister-Scholl-Schule in Emsdetten durchzuführen. Er betrat morgens maskiert das Gebäude und begann auf alle Personen zu schießen, die ihm über den Weg liefen. Außerdem warf er Rauchbomben. Erstaunlich, dass bei dieser Aktion nur fünf Personen verletzt wurden. Der Täter war am Ende der einzige Tote.

Sebastian Bosse hatte die Geschwister-Scholl-Schule mehrere Jahre lang besucht und dabei einige Klassen wiederholen müssen. Seine Bilanz dieser Schuljahre war in jeder Hinsicht düster: Man hatte ihn nicht gelten lassen, so schreibt er, es waren Freundschaften zerbrochen, und er hatte zuletzt nur noch mit Verachtung auf all die Schüler geblickt, die sich dem Anpassungszwang fügten. In dem Video und in seinem Abschiedsbrief bezeichnete er die Schule als das wesentliche katastrophale Übel, das seine Racheaktion ausgelöst habe. Doch wie seine Vorbilder in Columbine hasste er die ganze Menschheit: »Ich hasse die Menschheit, ausgenommen mich und meine Familie«.[38] Zwar hatte auch er eine Liste von möglichen Opfern in der Schule zu Papier gebracht, die Namen dann aber wieder durchgestrichen. Er war der Ansicht, dass alle in der Schule schuldig seien. Er fühlte sich dort als Verlierer.

In seinem Abschiedsvideo spricht er Englisch, weil er offensichtlich die Menschheit, die er so hasst, adressiert: »Mein Leben änderte ich, ich war kein Mensch mehr, ich war gottähnlich, und ich begann damit, dieses Massaker zu planen. Ich wollte töten und noch mehr, weil sie mein Leben zerstört hatten.«[39]

Den Ruin erlitt er seiner Ansicht nach vor allem durch den Zwang zur Anpassung. Dass alle Schüler, die sich dem Anpassungszwang entziehen, zu Verlierern werden, liege an den Medien und an der Politik. Politik und Medien zwängen sie ganz wie die Schule, Dinge zu denken, die sie nicht denken wollten. Geradezu verzweifelt besteht er nun darauf, dass seine Tat keine Kopie seiner Vorbilder sei. Dennoch hält er sich für eine Art Doppelgänger von Eric Harris. Am 26. September 2006 schreibt er in sein Tagebuch:

ERIC HARRIS. Der vernünftigste Junge den eine beschissene Highschool bieten kann. pff. ERIC HARRIS IST GOTT! Da gibt es keinen Zweifel. Es ist erschreckend wie ähnlich Eric mir war. Manchmal kommt es mir vor als würde ich sein Leben noch mal leben, als wenn sich das alles noch mal wiederholen würde. Ich bin keine Kopie von REB, VoDKa, Steine, Gill, Kinkel, Weise oder sonst wem! Ich bin die Weiterentwicklung von REB! Aus seinen Fehlern habe ich gelernt, die Bomben. Aus seinem ganzen Leben habe ich gelernt.

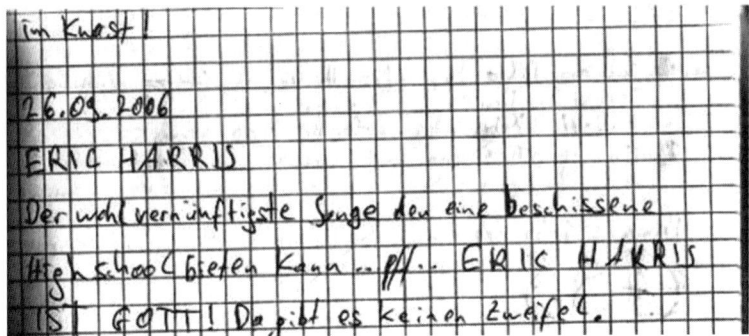

Tagebuchaufzeichnungen von Sebastian Bosse

REB, VoDKa, Stein(häuser), Gill, Kinkel, Weise sind alle Schoolshooter, die zuvor in den USA, Kanada und Erfurt aufgetreten sind. Er ist in dieser Familie der neue evolutionäre Typus, der seine Vorgänger überragt und der sich fortpflanzen möchte. Unter dem 19. November findet sich der Eintrag: »Ich hoffe, dass nach der GSS [Geschwister-Scholl-Schule] andere Außenseiter besser behandelt werden! Und ich hoffe, dass einige von ihnen wie Reb, Vod und Ich sein werden! EIN SCHEISSHELD!«[40]

Das ist die Familie der Menschheitskiller, der vaterverlassenen und namenlosen Rächer. Sie hassen die Schulen, die Medien und ihre Macht, der sie so verfallen sind und in denen sie aus ihrer Verlorenheit und genealogischen Verwahrlosung auftauchen möchten. Diese Familie, die ihre Ressentiments wie Brot und Wein teilt, vereinigt sich in der Ablehnung aller Formen von Recht und Autorität, vor allem aber in der Ablehnung des Vaternamens, da sie sich alle eigene Namen geben. In diesen »Eintagessöhnen des elenden Zufalls« konnte das Gesetz nicht Geltung annehmen: die Notwendigkeit in fremdem Namen, im Namen des Vaters, im Namen der Menschheit, im Namen der Götter zu denken und zu handeln. Ihre Gottspiele exerzieren sich in einer von Vätern und Göttern verlassenen Welt. Dort finden sie keine Form, kein Bild, keine Existenz, in die sie eintreten wollen oder können.

Ihr Ende begehen sie als eine große blutige Inszenierung, als schrecklichen Theatercoup, der aus einer langen Latenz hervorgeht. Zur Vorbereitung zählt das Studium der Vorgänger, ihrer Bilder und ihrer Testamente. Zahlreiche Elemente in der Hinterlassenschaft Sebastian Bosses verweisen auf die Vorbilder und Modelle. Die Einträge in sein Tagebuch schrieb er offensichtlich nicht unter dem jeweils angegebenen Datum, sie sind mehr oder minder in einem Zug niedergelegt. Er wollte das Bild, das er hinterließ, selbst konzipieren und kontrollieren. Die Welt als eine Wüste von Enttäuschungen und die Menschheit als Hölle der Lieblosigkeit hatten ihn, so wollte er gesehen werden, ausgespien.

TNT-Flaneure: *die suicide bomber*

Ganz anders als diese vaterverlassenen, genealogisch verwahrlosten Schoolshooter und Menschheitskiller handeln die *suicide bomber* im Namen von Vätern. Ihre Väterreihe ist intakt. Sie sind Gesandte von Göttern, Propheten, Schriften und wollen ihrem Volk ein verlorenes Leben zurückgeben. Und im Gegensatz zu den Schoolshootern, die sich aus der Väterreihe und aus der Menschheit vertrieben denken, sehen sich die Selbstmordattentäter eng mit der Menschheit verbunden und in die Kette des Seienden eingeschlossen. Dies ist einer der Gründe, warum auch Frauen und Mädchen in diese Familie eintreten. Nicht aus dem eigenen Wahn, sondern von den Gemeinschaften und kollektiven Lebensordnungen empfangen Frauen wie Männer ihren tödlichen Auftrag.

Eine gedankenlose Rede sagt, dass ein Märtyrer oder Held, welchen Tod er auch wählen mag, sein *Leben* opfert. Tatsächlich aber opfert er Zeit. Das betonte bereits der Dichter Jean Paul in einer Erzählung über die Attentäterin Charlotte Corday und ihr Opfer. Danach legt der Täter »auf den Opferaltar eine Gabe von einem ihm unbekannten Gewicht, vielleicht ein Jahrzehend, vielleicht eine Stunde.«[41] Nicht das Leben gehört dem Menschen, sondern allein die Zeit. Darüber kann er verfügen. Das Zeitopfer der Attentäter ist eindrucksvoll genug, denn die westliche Welt, in die der Märtyrerblitz einschlägt, setzt alles daran, den Tod nur gegen die volle Lebenszeit zu tauschen. Es ist allerdings die Zeit eines nackten Lebens (griechisch: *zoe*), das sich nach Giorgio Agamben vom sozialen (menschlichen) Leben (*bios*) unterscheidet.[42] Alle Lebenspolitik unserer Tage, Versicherung, Hygiene, Vorsorge, Impfung, Transplantation, Organspende, zielt auf die Verlängerung des nackten Lebens, und das ist nichts als das plappernde Menschenfleischleben des zeitgenössischen *animal rationale*. Der Herr über das Tierleben als *zoe* ist der Arzt. Längst hat der Arzt den Priester und Prediger des *bios* verdrängt.

Was sich in der Konfrontation zwischen den Selbstmordattentätern und ihren Feinden heute ereignet, das ist nicht der viel zitierte *Clash of Civilisations*, sondern es ist der Clash von zwei Idealen des

Lebens: zwischen *zoe* und *bios*, zwischen dem Ideal eines individuellen Leben, das sich die maximale Zeit, möglichst sogar das Dauerleben, vielleicht in einer Tiefkühltruhe gewährt, ewiges Fleischsein, und dem Ideal eines Gemeinschaftslebens, das das Leben einer Gruppe ist, der Familie, des Volkes, der religiösen Gemeinschaft, etwa des muslimischen *umma*. Gewiss, der Westen kultiviert den Individualismus und verabscheut den kollektivistischen Sinn und Gemeinsinn; aber die vom Opferwillen getriebenen muslimischen Blitzkrieger wollen kein Leben, das nur aus Fleisch besteht, das sein Verfallsdatum auf Dauer in *suspense* halten will. Paradoxerweise also kommt der Todeswille der Attentäter aus einem tiefen und unersättlichen Verlangen nach einem Leben voller Sinn, nämlich einem Leben, das für das Leben aller einsteht. Hingegen kommt das westliche Unverständnis für die *suicide bomber* aus einem ebenso unersättlichen Verlangen nach nacktem Fleischleben, das nur für sich selbst Sorge trägt.

Tatsächlich ist das Opfer der Lebenszeit, das die jungen Männer und Frauen im Nahen Osten oder in Tschetschenien, in Sri Lanka erbracht haben und das unbekannte Selbstmörder in absehbarer Zeit auch unserer europäischen Mitte aufnötigen werden, ein höllischer Triumph des Lebens. Die Verzweiflung und die Verachtung, die aus diesen Taten sprechen, sind allenfalls politisch eine Schwäche; im Zeichen des Lebendigen demonstrieren diese Tode hingegen Hochmut, Verachtung und Lebenswillen. Was ist das für ein Leben? Wie George Bataille in seiner *Allgemeinen Ökonomie* betont, ist der eigentliche Sinn aller Ökonomie die unproduktive Verausgabung: Verschwendung ist danach die Ratio sogar der Sparsamkeit.[43] Durch die Imagination eines Multimillionärs geht immer wieder die Gedankenheimsuchung eines Rauschs der Verausgabung. Die einstige aristokratische Verschwendung, der Luxus der Feudalepoche, den Bauern und Handwerker zu tragen hatten, brachte die bürgerliche Ökonomie und ihre Spar-Ideologie an die Macht. Aber im Auge der Dritten Welt betreibt der Westen die gleiche Verschwendung, wenn Milliarden für die militärische Sicherung des nackten Lebens aufgewendet werden. Ganz anders, doch ganz entsprechend verschwenden die *suicide bomber* die Lebenszeit, um ihrer Gesellschaft, ihrer

Gemeinschaft Fremdherrschaft, Demütigung und Verzweiflung zu ersparen. Größer kann also der Gegensatz nicht sein als der zwischen der Armut der sich Opfernden und dem Reichtum ihrer Opfer. Denn der Reichtum, der Luxus und die Waffen der westlichen Ökonomie sind einer rigorosen Verknappung (Effizienz) des Einsatzes von Leben als Arbeit zu danken. Der reiche Westen sieht den Sinn in der Ökonomie und den Nichtsinn (die Lust) im Konsum. Umgekehrt sieht der bombentragende Märtyrer, der sich opfert, den Sinn in der Verschwendung (des Lebens) und den Unsinn im Rationalismus der Knappheit.

Das Lebenszeitopfer der *suicide bomber* ist weder gedankenlos noch verrückt. Diese Täter verschenken nicht die Zeit einer nackten Existenz, sondern die Jahre eines gedemütigten Lebens. Sie kommen nicht aus jämmerlichen Verhältnissen, sondern sind zumeist gebildet, haben ihre Wurzeln in der Mittelklasse und verfügen über Berufsperspektiven.[44] Aber nicht nur durch ihre soziale Herkunft und ihren materiellen Status machen sie das Opfer zu einer Demonstration der Überlegenheit. Sie dementieren auch alle populären Vorurteile über die Motive. Wie viele politische Attentäter der Vergangenheit handeln sie aus dem starken Gefühl moralischer Verpflichtung heraus. Die *suicide bomber* lassen sich von ihrem brutalen, wachsamen, hochempfindlichen Gewissen überwältigen.[45] Man muss die Moral verdächtigen. Die Moral ist der Terrorist, der das Opfer einfordert, der Auftraggeber der bösen Tat, der mörderische Tyrann des vollkommenen Lebens. Diese Moral ist ein Pseudonym Gottes.

Gewiss sind nicht alle selbstmörderischen Akteure vom gleichen Schlag oder von den gleichen Motiven getrieben. Andere Triebkräfte, möglicherweise sogar sozialer oder familiärer Zwang spielen gewiss eine Rolle bei den so genannten »schwarzen Witwen«, die im tschetschenischen Bürgerkrieg auftreten oder in Russland an Terroraktionen beteiligt sind.[46] Wenig weiß man auch über die Ausbildung und Motivation der *suicide bomber*, die seit Jahren die Guerillastrategie der Taliban in Afghanistan tragen. Sie sind keine Einzelgänger oder Akteure aus eigenstem moralischen oder politischen Antrieb, sondern Mitglieder einer in Ausweglosigkeit versteinerten Gruppe.

Eines der ungelösten Rätsel aber liegt darin, dass es zumeist *junge* Menschen sind, die die ungeheure Macht eines inneren Befehls, der moralischen Gottesstimme vernehmen. Die opferbereiten Attentäter der Geschichte, die Brutusse, Charlotte Cordays, Karl Ludwig Sands oder Friedrich Adlers, sind wie die *suicide bomber* zumeist Zwanzigjährige. Ist dies das Alter, in dem der Todestrieb am stärksten wütet? Ist vielleicht der Todestrieb auch das Geheimnis der Vergeudung? Oder ist es einfach der Logik des Opfers geschuldet, dass der junge Mensch in der Bilanz aller Kulturen der wertvollere ist? Nur das Opfer der Jugend scheint den Göttern zu schmecken. Das Opfer der Jugend, gar das Opfer von jungen Frauen, die Vergeudung mithin von möglichst viel Lebenszeit erschreckt und imponiert am meisten.

Die muslimischen Blitzkrieger des einzelgängerischen Dschihad lassen zwei Sorten von Sprengstoff in die Luft gehen: den tödlichen der Bombe und den lebendigen der Buchstaben. Der Selbstmordattentäter ist auch ein explodierendes Buch. Am Ende arbeitet sein Verstand nur noch in einer Montage von Zitaten. Fast jeder von ihnen hinterlässt ein Testament und ein Bild von sich. Nicht selten ist es auch eine Videobotschaft. Was sie als letztes zu sagen haben, klingt fast immer gleich. Sie hinterlassen keine Literatur, keine Poesie des Todes, sondern monotone Zeugnisse eines Glaubens und einer Entschlossenheit, die nicht aus ihrer Feder geflossen sind, sondern schon hundertmal und mehr niedergelegt wurden. Die Videos und Bilder, die sie als sprechendes Opfer hinter sich lassen, zeigen sie mit Waffe und dem Koran. Das Heilige Buch ist das Emblem ihres Einsatzes. Auch diese Zeichen nehmen sie aus einem Formelrepertoire. Doch die Entscheidung für das Opfer und für die Karriere des Märtyrers erarbeiten sie sich in einsamen Lektüren. Mögen auch die Strategen ihrer militanten Gruppe über den Zeitpunkt und den Ort des Einsatzes bestimmen, die Entscheidung für den mörderischen Blitz treffen sie allein. So sehr der Märtyrer sein Opfer der Gemeinschaft darbringt, so einzelgängerisch verläuft sein Weg dorthin. Der Märtyrer ist der Individualist im religiösen Seelenkollektiv.

Erst recht nach dem Entschluss, sich als Blitzkrieger auszulöschen, sucht der muslimische Täter den Kontakt mit der Schrift. In der Woche vor dem Einsatz liest er ununterbrochen und in unaufhörlichen Wiederholungen jene Suren des Korans, die den Dschihad zum Thema haben, die Entstehung der islamischen Nation, die Bedeutung des Glaubens und Allahs Bevorzugung all derer, die besonders gläubig sind. Stärkung erfährt er weiter durch die Schriften lebender Korangelehrter, die das Selbstmordattentat subtil rechtfertigen.[47] Mit dieser hypermeditativen Vorbereitung durch Lektüre verwandelt sich der ganze körperliche und psychische Betrieb in einen Automaten, der die Bombe aus Wörtern und Sprengstoff ins Ziel trägt. Am Ende ist er wahnsinnig von Lektüren. Sein Wille ist unerschütterlich, kein anderer Gedanke findet mehr Eingang in sein Gehirn. Man kennt diese Art der Vorbereitung auch von anderen Attentätern, denn niemand wird als Killer geboren. Die bekannt gewordene »Geistliche Anleitung« der Attentäter des 11. September enthält die wiederholte Aufforderung, zur Vorbereitung der Aktion in der letzten Nacht immer wieder bestimmte Stellen des Koran zu lesen, zu rezitieren, ihr Bedeutung zu bedenken, zu beten und wieder zu rezitieren.[48]

Wie auch andere Attentäter der Weltgeschichte hinterlassen die *suicide bomber*, Frauen wie Männer, ihr Bild, weil es doch auch und vor allem um ihr Bild geht. Das Bild bietet nicht nur der Vorstellung Halt, die mit dem in viele Teile zerrissenen Körper zu leben hat, sondern es ist der Inbegriff eines imaginären Überlebens. Obwohl wir Modernen das nicht sagen, gewährt uns das Foto Unsterblichkeit ohne Glauben. Auch unser Unglaube ist ein Glaube, und er verlangt nach dem Bild, das die Zeit und den Tod überlistet. Wie viel mehr macht sich der Glaube diese Technik zunutze! An dem Einsatz von Videofilmen oder Digitalfotos, an dem technischen Equipment bei Bomben, die von Mobiltelefonen ausgelöst werden, an dem hoch entwickelten Netzwerk der Al-Qaida-Organisation, das alle modernen Medientechnologien vom Fernsehen bis zum Internet nutzt, lässt sich absehen, dass diese Kriege im Herzen der Hypermoderne stattfinden. Es ist kein archaischer, naiver Glaube, der Ansprüche an die Weltgeschichte stellt, sondern eine andere Vorstellung von der Ordnung der Dinge in der Zeit.

Der Unterschied zwischen der muslimischen und westlichen Ordnung lässt sich an der Differenz von Reinheit und Hygiene begreiflich machen. Wie in allen Religionen spielt auch in der islamischen Kultur geistige und moralische Reinheit eine herausragende Rolle. Diese Reinheit, die einst die jüdisch-christliche Fußwaschung auf ihre Weise zum religiösen Zeichen erhob, ist für den *suicide bomber* eine tiefe Notwendigkeit. Der Sozialwissenschaftler Farhad Khosrokhavar, der eine Reihe von Dschihad-Kämpfern in französischen Gefängnissen interviewt hat, weist darauf hin, dass der Märtyrertod zumal bei den Palästinensern als Reinigung von der alltäglichen moralischen Befleckung gedacht wird, die Überlebenszwänge wie Schwarzmarkthandel, Schmuggel, prekäre Jobs, vielleicht sogar die Zusammenarbeit mit dem Feind mit sich bringen.[49] Auch die »Geistliche Anleitung« ordnet die »große rituelle Waschung« als wesentliche Vorbereitung auf das Attentat an.[50] Der Märtyrer gewinnt durch den Tod seine spirituelle Virginität zurück. Dieses Gefühl der Reinheit kennt der Westen dank seiner Konzentration auf die Hygiene nicht mehr. Die Hygiene ist eine radikal säkularisierte Reinheit, sie ist der Triumph eines körperlichen Überlebenswillens, der keiner Gesetze mehr bedarf. Alte religiöse Vorschriften über Reinheit oder auch Speiseverbote sind hier radikal rationalisiert: Wir wollen chemische Reinheit oder neuerdings biologische Reinheit. Die Gefahren, die das sonst weitgehend risikofreie Leben den meisten Europäern und Amerikanern noch auferlegt, lassen sich durch Therapie, durch alimentäre Vorsicht und durch Hygiene ausgleichen. Das Bild, das der Attentäter hinterlässt, ist auch ein Gespensterbild, aber es ist in den Augen des »Märtyrers« durch eine Läuterung gegangen.

Die neue strategische Lage

Der einzelgängerische Blitzkrieger tritt als neue waffentechnische und kriegspsychologische Erfindung in das 20. Jahrhundert. Am Ende seiner Passage entfaltet die Sprengladung ihre Gewalt mit großer Präzision, weil er seine eigene Auslöschung in Kauf nimmt. Der *suicide bomber*, der für seine Tat nur dann ein Fahrzeug benutzt, wenn er eine besonders große Sprengladung ans Ziel bringen will, beginnt seinen Weg als unauffälliger Zivilist, und erst nach seiner Zerstückelung wird er als Held oder als Mörder identifiziert werden können. Mag er auch blutige Ahnen haben wie die Assassinen des späten Mittelalters, die ihren Mordauftrag in kalter Verachtung des eigenen Lebens ausführten, so tauchte er doch erst zur Oberfläche der Geschichte empor, seit der Krieg in die Totale ging und das Schlachtfeld nunmehr auch Wohnhäuser, Fahrzeuge, Tempel, Bahnhöfe, Botschaften und Supermärkte einschließt. Der *suicide bomber*, den zumeist Terrorgruppen als ihren mörderischen Boten schicken, ist ein Abkömmling des totalen Krieges, ein Urenkel des Partisanen, der vor gut 200 Jahren zum ersten Mal den regulären Krieg störte, als er Napoleons Besatzungsarmee in Spanien aus dem Hinterhalt heraus zusetzte. Gewiss gab es am Rande der Kriege immer schon bewaffnete Schurken und marodierende Banden, aber der Partisan und der *suicide bomber* kommen als taktische Variante einer großen Strategie zum Einsatz. Was früher im Zusammenprall zweier Heere durch Gottes Urteil zur Entscheidung kam, militärischer Sieg oder Niederlage, bleibt heute über Jahrzehnte hinweg offen. Nicht nur im Raum wird der Krieg total, sondern auch in der Zeit. Die Lebenszeit religiös motivierter Selbstmordbomber läuft über Generationen von Vätern und Müttern. Das Würfelspiel der Götter im Terrorkrieg kennt kein Endspiel.[51] Für diejenigen, die heute an eine von einem einzigen Punkt aus gesteuerte terroristische Bedrohung glauben, ist der Selbstmordattentäter eine neue strategische Größe. Zunächst im engeren Kreis des Krieges: Mehr als ein Drittel solcher Angriffe gilt unmittelbar militärischen Zielen.[52] Aber nicht selten sind auch Zivilisten betroffen: Und wenn er eine taktische Atomwaffe unter seinem Mantel verbirgt? Wird dieser Märtyrer das Ende aller Dinge einläuten? Seine endzeitliche Stimmung scheint sehr von dieser Vorstellung angetan. Man kann gewiss sein, dass der japanische Guru Shōkō Asahara, der einige Mitglieder seiner Ōmu Shinrikyō dazu brachte, am 20. März 1995 in fünf Tokyoter U-Bahn-Zügen

Giftgasanschläge zu verüben, auch mit Hilfe von Atombomben das Weltende eingeläutet hätte.[53]

Als erste setzte die Hisbollah 1982 im Libanon *suicide bomber* in Marsch.[54] Es folgten ab 1987 die Befreiungs- oder Unabhängigkeitsbewegungen der Tamilen in Sri Lanka, die Bewohner Kaschmirs und die Kurden in der Türkei. Ihr Terror dient einem politischen Ziel, auch und gerade dann, wenn er seine Opfer unter Zivilisten sucht. Unmittelbar politisch motiviert stoßen auch die jungen palästinensischen Frauen und Männer mit dem Sprenggürtel um die Hüften in die israelischen Städte vor. Aber in Europa, Asien, Afrika und in den USA ist der totale Krieg des Terrors, weil er keine Zeit und keinen Raum achtet, von klaren Zielen abgekoppelt. Oder kann es ein Ziel sein, die westliche Hochzivilisation in metaphysische Unruhe zurück zu versetzen? Die *suicide bomber* von New York, Djerba, Tel Aviv, London, Kabul, Bali oder Moskau sprechen eine gemeinsame Sprache, sie deklamieren ein explosives, in religiösem Vokabular redigiertes Programm, sie produzieren gleiche Bilder und geben ähnliche mentale Zustände zu erkennen – auch wenn sie von unterschiedlichen Leuten und Gruppen mit völlig heterogenen Absichten und Programmen geschickt werden. Diese gemeinsame Sprache äußert sich nicht in abgestimmten, politischen oder gar militärischen Plänen, sondern ist die stets gleiche expressive, archaische, religiöse, zumeist juvenile Gewalt. Unabhängig von spezifischen Absichten, die vereinzelt geäußert werden, wollen diese Gewalttaten etwas zum Ausdruck bringen, was nicht Politik, sondern Metapolitik ist. Politik kann Übel artikulieren, aber die Verzweiflung artikuliert sich in Taten. Der *suicide bomber* lässt Leben und Blut sprechen, vor allem das eigene Blut und das eigene Leben. Er lässt die Macht sprechen, der er sich überantwortet hat: den Willen Gottes, das Fatum.[55] Da für diese religiöse Überzeugung Gottes Wille jeder Fliege ihren Flug vorschreibt, ist auch die Blutspur der Attentäter theologisch von Gottes Hand geschrieben. Der terroristische Ausdruck einer die eigene Existenz und das Leben fremder Menschen verschlingenden explosiven Aktion ist religiös. Nicht weil er die eine oder andere Religion bevorzugt, sondern weil die Religion wie die Gewalt eine Sprache ist, die auf der Grenzlinie von Sein und Nichtsein in primordialen Begriffen predigt.

Die TNT-Flaneure sind preiswert. Sie müssen vor der Tat nicht lange ausgebildet und nach der Tat nicht erfrischt werden. Die Prämie für die Familie des *Märtyrers*, wie er dann heißt, bildet den größten Teil dieser Investition in den terrorisierenden Blitz. Das Equipment des *suicide bombers* kostet nur ein paar hundert Dollar. Er agiert als billige hocheffektive Waffe einer unterlegenen Gruppe, sein plötzlicher Auftritt verschickt einen blutigen Blitz der Verzweiflung. Die Unschlagbarkeit dieser Waffe ist zugleich ihr Nachteil. Denn ihre Wirkung, mögen noch so viele Opfer seine Wege säumen, kommt mit der Nachricht: Die Verzweiflung ist zu allem bereit.

Diese Bereitschaft allerdings ist keine Kleinigkeit. Sie bleibt eine unbestimmte Größe in allen politischen Rechnungen. Als der damalige Präsident der Vereinigten Staaten, George W. Bush, in seiner ersten Reaktion das Attentat auf die WTC-Türme am 11. September 2001 »verachtenswert« nannte, wollte er die Täter moralisch desavouieren und vom strategischen Tableau der Weltmacht streichen. Die Tat der Mohammed Attas hat aber auf allen Kontinenten Eindruck gemacht und eine völlig neue Lage geschaffen. Der todesbereite *suicide bomber* wird zu einer so bedrohlichen Erscheinung, weil er als Parasit der Flugzeuge, Autos, U-Bahnen eine mysteriöse Verbindung von archaisch anmutendem Opferwillen und moderner Technologie darstellt.

Allerdings liegt auch ein Risiko in der rasant ansteigenden Zahl dieser Menschen, die oft namenlos von dem durch eigene Hand ausgelösten Blitz zerrissen werden. Wie ein Fluch holt sie die mediale Ökonomie der Aufmerksamkeitsknappheit ein. Es werden immer mehr. Der amerikanische Politikwissenschaftler Robert A. Pape konnte in seinem Buch *The Strategic Logic of Suicide Terrorism*, das 2005 herauskam, noch behaupten, alle Selbstmordattacken zwischen 1980 und 2003 statistisch erfasst und ausgewertet zu haben. Er errechnete 315 solche Angriffe. Doch in den beiden Jahren 2004 und 2005 waren es bereits 520 in insgesamt 18 Ländern. Blickt man auf den Irak, so stieg die Zahl dieser Ereignisse von 190 im Jahre 2004 auf 478 im Jahr darauf. Und bis zum Juni 2007 belief sich die Bilanz des

Jahres dort auf 265 Selbstmordanschläge. Zuletzt wurde nicht mehr gezählt, denn das Interesse der Welt ist durch diese Mengen längst ausgehöhlt. Aufmerksamkeit bleibt nur durch Nahereignisse scharf. Während die Nachrichten über solche Taten im Irak und in Afghanistan bei uns nur noch Schulterzucken auslösen, bereiten wirkliche oder gefürchtete *suicide terrorists* in Europa zunehmend Sorgen. Man ist sich nicht sicher, ob die vier Detonationen in Londoner U-Bahnen und in einem Bus vom 7. Juli 2005, die den vier Tätern das Leben kosteten, tatsächlich als Selbstmordangriffe geplant waren. Die von den Männern gelösten Rückfahrkarten und die mitgeführten Kreditkarten sprechen dagegen. Nachrichten, dass sich *suicide bomber* auf den Weg nach Europa gemacht haben, sind ernstzunehmen. Das Ziel des Terrorismusexports ist nahezu erreicht: die Besorgnis der Regierungen hat Heerscharen von Überwachungskameras im öffentlichen Raum verteilt und neue Behörden hervorgebracht. Wenn die Besorgnis die Gestalt der Paranoia erreicht hat, dann sieht sie vor lauter Feinden das eigene Leben nicht mehr.

Die *suicide bomber* sind die einsamen Schreckverbreiter des totalen Krieges. Das beschreibt die neue strategische Lage. Dieser Augenblickskrieg kann jederzeit an jeder Stelle ausbrechen und im Radius von wenigen bis zu hundert Metern das machtlose Leben auslöschen. Jeder kann sich ausbilden lassen und das Epizentrum eines suizidalen Erdbebens werden, jeder kann von diesem TNT-Feuerball verschlungen werden. Es geht diesem Schreckverbreiter darum, einen Kontingenzschauder in eine Welt wiedereinzuführen, die den Zufall zu besiegen trachtet, indem sie allen Göttern abschwört. Die Schreckverbreiter stellen aber auch unsere Vernunft auf die Probe.

Die Aktualität der Paranoia

Die Attentäter, die *suicide bomber*, die *schoolshooter* sind Extremisten, sie bilden in der riesigen Menschenwelt eine verschwindende Minderheit, aber eben darum repräsentieren sie unser Verhältnis zu dieser modernen Welt, die in ihrer Komplexität unbegreiflich geworden ist und die sich daher immer wieder zu erneuern, sich selbst neu zu beschreiben oder zu interpretieren sucht. Für die Paranoia der Al-Qaida-Terroristen ist es die einfachste Interpretation, wenn sie den westlichen Unglauben zur Ursache aller Weltübel erklärt. Es sind die einfachen Erklärungen, die bisweilen auch alle vernichtenden Kräfte in sich tragen. Die Gewissheit ist das, was wahnsinnig macht.

Wir haben gesagt, dass die Paranoia eine artifizielle Deutung ist, eine Interpretation, die die von den Regierungen, den Medien, dem *common sense* verbreiteten Lesarten der Dinge nicht akzeptiert, die dem nicht traut, was den Sinnen zugetragen wird und stattdessen ganz andere Zeichen liest und in der Tiefe, im Dunkel, im Hintergrund, im Geheimen gute oder böse Agenten vermutet, die erkannt, entlarvt, bekämpft oder gar beseitigt werden müssen. Wir konnten sehen, dass viele politische Aktionen, die in unserer Zeit dem *Terror* zugerechnet werden, aus solchen individuellen oder kollektiven paranoischen Deutungen hervorgehen. Aber ist unsere Lesart dieses offenbar zunehmend global handelnden Terrorismus nicht ihrerseits artifiziell und vielleicht von paranoischen Deutungskräften beherrscht?

Mark Juergensmeier[56] betrachtet den »religiösen Terrorismus« als eine globale Erscheinung und rechnet ihm ganz unterschiedliche Täter und Tätergruppen zu. Er erwähnt die amerikanischen Abtreibungsgegner, die Anschläge auf Abtreibungskliniken verübt haben, Timothy McVeigh, den Mann, der das Oklahoma Building sprengte, die katholischen und protestantischen Terrorgruppen in Nordirland, den Mörder Yitzhak Rabins, Ygal Amir, oder auch Terrorgruppen in Palästina, die Aum Shinrikyo in Japan oder auch die Sigk-Separatisten, aus deren Kreis die Mörder der indischen Ministerpräsidentin Indira Gandhi hervorgegangen waren.

Eine Lesart, die terroristische Gewalttaten nur als Aktionen von Verschwörergemeinschaften versteht, fällt der Betriebsweise der paranoischen Vernunft anheim, die in Konspirationen denkt. Gewiss gibt es Verschwörungen, aber als globale Bündnisse, als Verschwörung von Verschwörungen, als Superverschwörung, ist sie ein

Wahnkonstrukt. Die Akteure der Konflikte im indischen Punjab, in Palästina oder Nordirland verfolgen jeweils ganz andere terroristische Strategien als Timothy McVeigh oder als muslimische Attentäter unserer Tage. Nicht die Religionen bilden den Grund solcher Kollektive und ihrer Taten, sondern die paranoische Interpretation selbst ist ihrer Struktur nach religiös. Sie bezieht ihre Tatgründe aus artifiziellen Deutungen und bewaffnet sich mit der Fatumsgewissheit, dass sie gesandt und autorisiert ist, eine Schreckenstat zu vollenden. Juergensmeier sieht sehr genau, dass die meisten Terroristen eine Art symbolischer oder theatralischer Politik betreiben, dass sie auf Interpretationen der Welt Einfluss zu nehmen suchen; indem er aber seine Erklärung ganz darauf abstellt, dass religiöse Kollektive als Tatauftraggeber agieren, bleibt er weitgehend blind für die Tatkräfte, die aus der individuellen und kollektiven Paranoia hervorgehen.

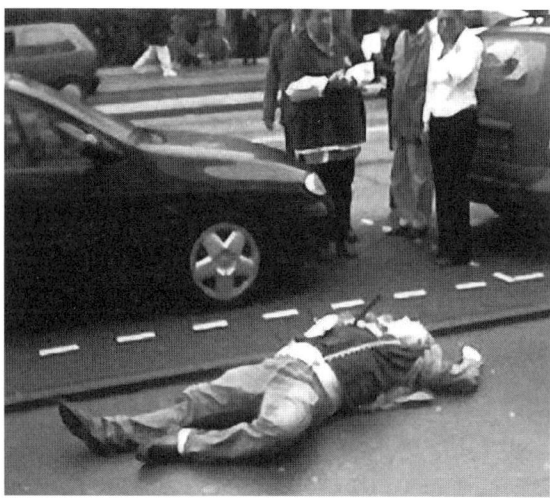

Der Tatort des Attentats auf den holländischen Regisseur Theo van Gogh.

Ein bis heute nachwirkendes Ereignis ist in dieser Hinsicht aufschlussreich: der Mord an dem Künstler und Filmemacher Theo von Gogh am 2. November 2004 in Amsterdam, den ein junger Mann, ein Sohn marokkanischer Einwanderer, namens Mohammed Bouyeri begangen hat. Diese Gewalttat gegenüber einem prominenten Vertreter der medialen Öffentlichkeit, der sich mit provozierenden Äußerungen und Filmen einen Namen gemacht hatte, begründete der Attentäter in einem umfangreichen, als Brief verfassten Manifest. Der 26-jährige Bouyeri, der bei dem Attentat mit seinem Tod rechnete, gab politische und religiöse Gründe für seine Tat an. Sein Ziel war auch eigentlich nicht Theo van Gogh. Der Brief, den er dem Opfer in einer ebenso brutalen wie bedeutsamen Geste an den Körper heftete, war an die niederländische Politikerin Ayaan Hirsi Ali gerichtet.

In diesem Brief wendet sich der Attentäter auf die höflichste Art an die Adressatin, um sie in der Folge mit harten, aber keineswegs unflätigen Worten anzugreifen. Der Brief ist zugleich das Dokument einer wahnhaften Sicht der politischen Verhältnisse in Holland, und er ist in jenem endzeitlichen Ton gehalten, den die Paranoia liebt.

Das Abschiedsgedicht, das der Attentäter bei sich trug.[57]

Der Täter ist davon überzeugt, dass die niederländische Politik dominiert wird von vielen Juden, die in seinen Augen wiederum ein Produkt des Talmuds sind. Die Gefahren, die die Talmudlehre für die Nichtjuden bedeutet, unterstreicht der Täter wie ein theologischer Fachmann mit einer Serie von gelehrten Zitaten. Er schließt an die eifernde abendländische Überlieferung an, indem er alle Übel der Gegenwart den *Juden* zuschreibt: Die Juden wirken in der Unsichtbarkeit der Gesellschaft, die Juden beherrschen die niederländische Politik, die Juden sind die Ursache der Feindschaft gegen die Muslime. Auffällig aber ist die ungeheure Überzeugung, die aus diesem Manifest spricht, und die Mohammed Bouyeri zu der hochmütigen Geste treibt, der Adressatin eine Wette vorzuschlagen. Bei der Wette ginge es um die Frage, welcher Glaube der stärkere, um nicht zu sagen, der wahrere ist: Wer von ihnen beiden, sie, Ayaan Hirsi Ali, oder er, Mohammed Bouyeri, ist bereit, den Tod für den eigenen Glauben in Kauf zu nehmen? Der Attentäter spielt damit ein altes Spiel: Die Wette auf Gott und auf die Überzeugung ist eine alte abendländische Idee.[58] Sie stammt von Blaise Pascal. Immanuel Kant machte dann Ende des 18. Jahrhunderts den Vorschlag, die Leute sollten im politischen Streit sagen, wie viel sie auf die Richtigkeit ihrer Überzeugung wetten: 10 Taler, 1000 Taler, eine Million oder vielleicht ihr Leben? Exakt diese Wette, im Sinne Pascals und Kants, schlägt der junge Mann kurz vor seiner Mordtat, bei der er zu sterben hoffte, seiner Feindin vor. Die Sprache seines Briefes, das Gedicht, das er bei der Tat bei sich trug, aber auch seine späteren Auftritte vor Gericht zeigen Mohammed Bouyeri weder als Verrückten noch als fanatischen Muslim, der stumpfsinnig die Worte fremder Geistlicher wiederkäut, sondern als ein Kind der niederländischen und europäischen Kultur. Das mindert nicht die Scheußlichkeit seines Verbrechens. Er spricht und schreibt als das Kind der Kultur, der er den Rücken kehrt, und nicht als der Delegierte einer feindseligen islamischen Welt. Er ist der Delegierte seiner Paranoia, die ihn auserwählt und aufgefordert hat, alle Zeichen aus der niederländischen Politik, die auf eine Feindschaft gegen den Islam hindeuteten, als eine an ihn persönlich gerichtete Botschaft aufzunehmen.

Aber wie reagierten die niederländische Öffentlichkeit und die niederländische Bevölkerung? In ihrem begreiflichen Entsetzen über diesen Mord rechneten sie die Tat nicht diesem einzelnen unglücklichen, verwirrten, todessüchtigen Mann zu, sondern seiner Gemeinschaft, der engen Gemeinschaft seiner Freunde und der weiten Gemeinschaft der muslimischen Welt. Die schockierten Niederländer taten im Zeichen der paranoischen Interpretation im Prinzip nichts anderes als der Attentäter: Sie sahen nicht, dass hier ein junger Mann in der modernen, für Einwandererkinder gewiss auch unbequemen Wirklichkeit nicht zurecht kam, wahnhaft den Grund dieses persönlichen und allgemeinen Unglücks der jüdischen Konspiration zurechnete und sein Exempel an einer Person statuierte, die er auf eher zufällige Weise mit dieser konspirativen politischen Welt in Verbindung brachte. Die Öffentlichkeit wollte lieber glauben, dass jetzt ein Krieg zwischen der muslimischen Gemeinschaft und der liberalen Gesellschaft ausgebrochen sei, der die gesamte Freiheit, die Offenheit und Kultur der Niederlande mit einem Schlag beseitigte.[59]

Die gleiche Reaktion hätte es vermutlich in Deutschland gegeben, wenn die vier jungen Männer der sogenannten Sauerland-Gruppe mit einem ihrer Anschlagspläne erfolgreich gewesen wären. Die im Herbst 2007 verhafteten Männer waren türkischer und deutscher Herkunft, die beiden deutschen Mitglieder der Gruppe hatten sich zum Islam bekehrt. Nach ihrer Ausbildung in einem afghanischen Camp durch eine usbekische Terrororganisation hatten sie mehrere hundert Liter Wasserstoffperoxid besorgt, um mit Autobomben Anschläge auf US-Einrichtungen, Diskotheken oder Flughäfen zu verüben. Sie wollten durch große Opferzahlen Medienaufmerksamkeit erregen und damit den Abzug der Bundeswehr aus Afghanistan erzwingen. Zwar hatten die vier keine Lust, für ihren Glauben und für ihre politische Überzeugung zu sterben, und ihre Geständnisse vor Gericht zeigten auch deutlich, dass sie an ihrem Leben hängen; aber viele Deutsche hätten eine erfolgreiche Gewalttat auch der muslimischen Gemeinde in Deutschland zugerechnet. Eigentlich müsste die westliche Welt dagegen immunisiert sein, allzu schnell von der Beobachtung einzelner krimineller und terroristischer Aktionen zu der Überzeugung überzugehen, dass sie es mit global organisierten konspirativen Aktionen zu tun habe. Dennoch konnte man im Herbst 2004 allenthalben lesen, dass Bouyeri Verbindungen zur Spitze von Al-Qaida gehabt habe. Woher kommen solche kaum belegten Überzeugungen? Warum ist eine Gesellschaft, die sich vom religiösen Glauben abgekehrt hat, so leicht bereit, einen Verdacht als Gewissheit zu nehmen. Wie steht es überhaupt mit unseren Gewissheiten und Überzeugungen?

Unsere westliche Welt musste ja den Prozess der Aufklärung, den sie seit 500 Jahren durchläuft, mit der Preisgabe vieler grundlegender Überzeugungen bezahlen. An den Namen von Kopernikus, Luther, Kant, Feuerbach, Marx, Darwin, Freud, Einstein, Hitler entlang schreibt sich die Geschichte unserer religiösen, astronomischen, anthropologischen und sozialen Ernüchterungen. Auch die Halbwertzeiten wissenschaftlicher Wahrheiten haben uns eine schwere Gewissheitsmüdigkeit eingetragen. Gewissheitsermüdung ist aber nicht Skepsis, die einen intellektuellen Vorbehalt gegen Dogmen, Systeme, Ideologien und kollektive Einstellungen anmeldet.

Dieser offenbar unvermeidliche Überzeugungsverlust, den sich die Moderne zugemutet hat, tritt uns heute noch an der Rolle der Werbung vor Augen. Wir lassen uns von der Werbung nicht allein deshalb beeinflussen, weil wir uns von der Qualität materieller Güter überzeugen lassen müssen, die wir kaufen sollen. Auch unsere ideellen Güter lächeln neuerdings ihre Überzeugungskräfte von Plakaten und Kinoleinwänden herab. Die gleiche Agentur, die uns ein Waschmittel anpreist, soll in uns auch politische und moralische Überzeugungen hervorbringen: Werbung für politische Parteien, Werbung für Wahrheit, zur Mobilisierung von Hilfe, Werbung für Mitleid, Liebe, Lebenssicherheit. Es sind uns gewiss nicht alle Überzeugungen verloren gegangen, denn jede Gesellschaft, jede Kultur pflegt ihren Glauben und ihre Dogmen. Die Überzeugungskräfte dieses Dogmatismus zeigen sich zum Beispiel bei der Antwort auf die Frage: Wofür wären wir bereit zu sterben? Wir sterben, wenn es sein muss, für unsere Familie, unser Volk, unsere Ehre, unsere Freiheit. Auch hier gibt es Überzeugungen von großer Kraft. Die hypermoderne Welt aber hat dem Kanon der Dinge, für die wir sterben würden, nichts Neues, kein früher unbekanntes großes Ideal hinzugefügt, sie hat nichts hervorgebracht, was den Tausch des Lebens lohnen würde. Auf diese Welt von heute, die keine neuen Werte geschaffen hat, sondern die das Leben selbst als höchsten Wert im Zeichen von Freiheit, Fortschritt und Effizienz dem unablässigen Wandel und der Vervollkommnung seines Wohlseins aussetzt, fällt durch die Auftritte der Attentäter, der *suicide bomber* und *schoolshooter* ein grelles Licht.

Daher auch kann der Islamkritiker Bruce Bawer die europäischen Intellektuellen der Feigheit beschuldigen, weil sie nicht bereit sind, im Kampf gegen die islamische Herausforderung zu sterben: »Am Ende scheint eines gewiss: Gegen Leute, die bereit sind zu sterben wenn es darum geht, unsere Freiheit zu zerstören, haben die Leute, die nicht mehr bereit sind, öffentlich für unsere Freiheit einzutreten, weil sie fürchten müssen, als Rassisten oder Islamphobiker bezeichnet zu werden, wenig Aussicht zu siegen.«[60] Wo wollen wir siegen? Im Irak oder in Palästina, in Afghanistan oder in Europa?

Zu den Überzeugungen, für die wir freilich *nicht* sterben wollen, zählt auch der feste Glaube, dass der politische, soziale, technische, ökonomische Fortschritt die Weltübel reduziert. Unsere messianische Hoffnung tragen wir selbst: Gewiss haben die großen, großartigen Fortschritte in Technik, Medizin, Wissenschaft und Verwaltung viele Probleme gelöst, viel Leiden beseitigt, viele Erkenntnisse gewonnen. Auf der anderen Seite der Fortschritts-Bilanz oder vielmehr auf den Türmen der Lebenserleichterungsgüter verzeichnen wir immer mehr Kontingenz und Ungewissheit. Doch je größer der Komfort, den wir gerne genießen, desto unerbittlicher das Aufbegehren gegen Kontingenz. Denn die überall wuchernde Veränderung, das neue Soziale, Technische, Modische mit dem unvermeidlichen Zuwachs an Konflikten, an Störung, Risiko und Unverständlichkeit, reibt sich mit der Normalitätserwartung, die wir aus unseren Kinderbüchern mitgenommen haben. Die theoretische Aufklärung, die uns in die Moderne geführt hat, von Rousseau über Kant, Hegel, Marx, Nietzsche bis Heidegger oder Adorno ließ hinter ihren komplizierten und nicht selten unverständlichen Sätzen, die sie zur Erleuchtung unseres unmündigen Verstandes schrieben, das Muster des Kinderbuches durchscheinen, das mit den alten Bildern von Liebe, Verständnis, Glück, Gerechtigkeit, Mitgefühl und Frieden unsere philosophischen Kindersinne betörten. Im Banne dieser Bilder leben wir nach wie vor. Wir haben die Kinderbücher ausgelesen und glauben immer noch daran, dass die beiden Königskinder, die sich im dunklen Wald verirrt haben, doch nach Hause finden, heiraten und viele glückliche Jahre leben. Wir Gentechniker, Politiker, Ingenieure, Philosophen, Berater und Generäle wollen unverändert, dass Krankheit, Tod, Hunger, Krieg, Unwissen und Ungerechtigkeit aufhören. Und wendet sich nicht alles ständig zum Besseren? Aber wo sich tatsächlich Entlastungen einstellen, da verschiebt sich sogleich der Erwartungshorizont, und immer dogmatischer pocht unsere Vernunft darauf, dass die Versprechen der perfekten Regelung auch alle Falten unseres alltäglichen Lebens erreichen. So wie uns Kants teleologische Urteilskraft in jedem widrigen Ereignis, sei es eine Überschwemmung oder ein Flohstich, einen höheren Zweck zu begreifen lehrte, so liest umgekehrt unsere paranoische Urteilskraft in jedem Unfall, in jeder Panne, in jedem Skandal, in jedem politischen Problem, in jeder törichten Äußerung eines Imam den Ausfall einer Providenz, eines sonst alles regelnden Anderen, der für den glücklichen Gang der Dinge zu sorgen hat.

Das können wir nicht ertragen.

Aber wir haben die moderne Welt dem permanenten und nicht mehr kontrollierbaren Wandel ausgesetzt. Mit jedem Tag stellen sich neue Fragen und neue Probleme. Die Paranoia, die dafür stets einfache eindimensionale Gründe anführt, ist die Sklerose des Kontingenzsinns. Islamphobiker und die ihnen nachwachsenden Populisten sehen in den religiös motivierten Attentaten, in der Intoleranz und Indifferenz, die viele Imame gegenüber der Moderne, gegenüber den westlichen Fundamentalrechten und Lebensgewohnheiten zum Ausdruck bringen, nicht nur Beschränktheit, Widerstand, Probleme, Konflikte, Herausforderungen, sondern eine große kollektive Aktion. Diese Islamphobiker erwecken den Eindruck, als müssten wir uns wieder bewaffnen und für die Meinungsfreiheit sterben. Aber man sollte nicht Meinungen mit Meinungsfreiheit verwechseln. Lohnt es sich, für jede Meinung zu sterben? Lohnt es sich, für jede artifizielle Deutung, für jeden politischen Wahn die Hand ins Feuer zu legen? Müssen wir für das Recht des niederländischen Politikers Geerd Wilders, den *Koran* mit Hitlers *Mein Kampf* zu vergleichen, Blut spenden? Nein, wir wollen uns gegen offensichtliche Bedrohungen unserer Freiheiten und unserer Grundrechte bewaffnen und wir haben allerdings die Pflicht, alle diejenigen zu schützen, die an Leib und Leben gefährdet sind, weil sie ihr Grundrecht auf Meinungsfreiheit möglicherweise in extremer Weise ausüben wollen. Haben wir nicht im Westen einmütig den Terror der Taliban in Afghanistan zu bekämpfen beschlossen? Wir wollen aber der paranoischen Vernunft, ihren artifiziellen Deutungen und ihrem Missionswahn, die Diagnose stellen.

Wir konnten sehen, dass die Weltgeschichte sowohl in ihren Handlungen, Kriegen, Reden, Verträgen und Programmen als auch in ihren theologischen, philosophischen oder politischen Lesarten von Interpretationen getragen wird. Karl Marx meinte, dass Revolutionen die »Lokomotiven der Weltgeschichte« sind; die wahren Triebkräfte sind hingegen genau die Interpretationen, die Marx gemäß der berühmten 11. Feuerbachthese durch Taten ersetzen wollte. Über das Heil und Unheil der Welt, über Krieg und Frieden, über den Fortschritt, die Freiheit und Unabhängigkeit der Völker, über die Rechte der Minderheiten und über die Gerechtigkeit im Welthandel entscheiden nicht in erster Linie Schwerter und Kanonen, sondern Interpretationen. Wir sollten auch die Deutungen der Reden, Ereignisse, Konflikte und Meinungen, vor allem aber auch die Deutungen der Dogmen und kanonischen Texte, seien sie von Göttern, Propheten, Juristen oder Philosophen geschrieben, mit einer Art von Vorsicht und Gewissenhaftigkeit betreiben, als ob wir es mit hochexplosiven Stoffen zu tun hätten. Als Interpreten winden wir bisweilen wie die *suicide bomber* TNT-Gürtel um unsere Sätze.

ANMERKUNGEN

Grundzüge einer Kritik der paranoischen Vernunft

1 Zur Einheit von Medien und Verdacht siehe das aufschlussreiche Buch von Groys (2000).
2 Kant (1983), Bd. 10, S. 530 (Anthropologie in pragmatischer Absicht § 49).
3 Hofstadter (1967), S. 4.
4 Nietzsche (1980), Bd. 6, S. 269.
5 Vgl. Heuß (1985), S.31.
6 Aristoteles: Peri hermeneias 9. Aristoteles: Werke in deutscher Übersetzung. Begründet von Ernst Grumach. Hg. von Hellmut Flashar, Bd. 1, Teil II: Peri Hermeneias. Übersetzt und erläutert von Hermann Weidemann. Berlin 2002, S. 15.
7 Vgl. Rüdiger Bubner: Die Aristotelische Lehre vom Zufall. In: von Graevenitz, Marquardt (1998), S. 7.
8 Machiavelli (1968), S. 177. Über das Kap. XVIII in Machiavellis Traktat *Il Principe*, das dem Fürsten empfiehlt, seine Rolle gut zu spielen und Schein wie Verstellung einzusetzen, schreibt Friedrich II.: »Machivel, le plus méchéant, plus scélérat des hommes, emploie en ce chapitre tous les arguments que lui suggère sa fureur, pour accréditer le crime.«
9 Kant (1983), Bd. 8, S. 493 (Kritik der Urteilskraft § 67).
10 Vgl. hierzu Sebeok, Sebeok (1982).
11 Hegel (1955), S. 29.
12 Nietzsche (1986), Bd. 8, S. 482, 512.
13 Nietzsche (1986), Bd. 8, S. 546, 550.
14 Nietzsche (1980), Bd. 4, S. 179, 248.
15 Hegel (1955), S. 29.
16 Leibniz (1996), Bd. 1, S. 452f.
17 Diderot (1969), S. 345.
18 Nietzsche (1980), Bd. 11, S. 83.
19 Hohnhorst (1820), Teil I, S. 188.
20 »I despise the representatives«. Bugliosi (2007), S. 948.
21 »[A]t the looking of those pictures, I became enraged at him.« Jones (1992), S. 176.
22 Legendre (1989), S. 61.
23 Sebastian Bosse: Tagebuch. Eintrag vom 19.08.2006. Das Tagebuch findet sich im Netz unter http://staydifferent.st.ohost.de/diary/.

24 Die neuere Medienwissenschaft behandelt diese Phänomene unter dem Begriff der *Latenz*. Vgl. Ellrich, Maye, Meteling (2009).
25 Nietzsche (1980), Bd. 5, S. 126.
26 Aristoteles: Metaphysik Buch VI, Kap. 2.
27 Vgl. Constance Holden: Deconstructing Schizophrenia. In: Science 299 (2003), S. 333-335.
28 Vgl. McGovern and Turkington (2001).
29 Vgl. Strauss (1996), S. 585, demnach psychotische Interpretationen als »understandable exaggerations of normal function« (nachvollziehbare Übertreibungen eines normalen Ablaufs) zu betrachten seien.
30 Schreber (1985), S. 109.
31 Gaupp (1914/1996), S. 126f., S. 135, 140.
32 Immanuel Kant: Kritik der reinen Vernunft. Hg. von Raymund Schmidt. Würzburg 1956 (Philosophische Bibliothek; 37a), S. 7 (Anm.).
33 Vgl. die Belege bei Rogalla von Bieberstein (1976), S. 37ff.
34 Ebd., S. 38.
35 Vgl. die Falldokumentation von Nellen, Schaffner, Stingelin (2007).
36 Wortlaut des Senatsprotokolls: »How can we account for our present situation unless we believe that men high in this Government are concerting to deliver us to disaster? This must be the product of a great conspiracy, a conspiracy on a scale so immense as to dwarf any previous such venture in the history of man«. Congressional Record, 82nd Congress, 1st session (June 14, 1951), S. 6602.
37 Lambert (1998), S. 159.
38 Ebd., S. 231.
39 Schreber (1985), S. 27.
40 Borkowsky (o.J. [1942]), S. 40.
41 Abbé Barruel (1803): Mémoires pour servir à l'histoire du Jacobinisme. 4 Bde. Hambourg.
42 Beleg bei Rogalla von Bieberstein (1976), S. 44.
43 John Robison (1797): Proofs of a Conspiracy Against All the Religions and Governments of Europe, carried on in the Secret Meetings of Free Masons, Illuminati, and Reading Societies. Edinburgh.
44 Schmitt (1935), S. 437f.
45 Vgl. zu Faÿ die neuere Veröffentlichung von Antoine Compagnon: Le cas Bernard Faÿ: Du Collège de France à l'indignité nationale. Paris 2009.
46 Schmitt (1940/1968), S. 229f.
47 Kant (1983), Bd. 2, S. 896 (Versuch über die Krankheiten des Kopfes).

Caesars Tod als Geschichtsmodell:
die Verschwörung der Geschichte

1   Fischer (Hg.) (1974), S. 218.
2   Ehrenberg (1956), S. 69.
3   De divinatione II, 18. Cicero (1991), S. 150ff.
4   De civitate Dei V, 9. Augustinus (1977), S. 234ff.
5   Hegel (1969-71), Bd. 12, S. 45.
6   Ebd., S. 46.
7   Ebd., S. 380.
8   Vgl. Schramm (^{3}1975).
9   Vico (1990), S. 27.
10 In Kap. 2, Buch 10 seines Romans *Agathon* bezeichnet Wieland Caesar als »größten der Sterblichen, den fähigsten eine Welt zu regieren, der jemahls geboren worden ist.« Wieland (1794-1811; 1984), Bd. 2, S. 260.
11 Zu dieser Bezeichnung s. Siebert (1989).
12 Institutio Oratoria X, 1, 114. Quintilian (^{2}1988), Bd. 2, S. 478f.
13 Historia Romana 44,11. Cassius Dio (1985-87), Bd. III, S. 15. De vita Caesarum 79,2f. Sueton (1997), S. 122f.
14 De vita Caesarum 82. Sueton (1997), S. 130f.
15 Ebd., S. 130.
16 Eine ganze popkulturelle Literatur- und Kino-Mythologie hat sich an die Zahl 23 geheftet. Die 23 spielt etwa in Robert Sheas und Robert Anton Wilsons Romanserie *Illuminatus!* eine Rolle als verhängnisvolle Zahl, die zugleich die in der modernen Paranoia berüchtigte Illuminatenbewegung bezeichnet. Sie sollen die Anregung dazu durch William S. Burroughs' Geschichte *23 Skidoo* erhalten haben. An dem gleichen Mythos arbeitet Hans-Christian Schmids Film *23 – Nichts ist so wie es scheint* aus dem Jahr 1998. Vgl. die einschlägige Internet-Seite: http://www.die23er.de (Hinweis von Peter Risthaus).
17 Caesar 66. Plutarch (1964/65), Bd. IV, S. 404.
18 Ebd., S. 402.
19 De divinatione II, 22. Cicero (1991), S. 154.
20 Hobbes (1984), S. 167.
21 Cicero 48. Plutarch (1964/65), Bd. V, S. 306.
22 Nach der Überlieferung durch Sueton: »debere homines consideratius loqui secum ac pro legibus habere quae dicat.« De vita Caesarum 77. Sueton (1997), S. 118. Vgl. hierzu Meier (1982), S. 546, 564.
23 Institutiones 4, 18, 6. Justinian (1990), S. 260.
24 Schmidt-Lilienberg (1901), S. 10ff. Zu Harmodios und Aristogeiton vgl. das 8. Kap.

25 Dialogus de oratoribus 35,5. Tacitus (1998), S. 90f.
26 De officiis 2,25. Cicero (1976), S. 162f.
27 Seneca: Epistolae 95, 45. Die Schrift des Brutus trug den Titel Περὶ καθήκοντος.
28 Hardeterd (1996), S. 39.
29 Meier (1982), S. 546.
30 Historia Romana 44,18. Cassius Dio (1985-87), Bd. III, S. 20.
31 Ebd., S. 21.
32 Almeras (1925), S. 185. Zum Attentat von Charlotte Corday vgl. Kap. 7.
33 Almeras (1925), S. 248.
34 Neuer teutscher Merkur 3 (1793), S. 76.
35 Ebd., S. 86.
36 Zu diesem Attentat vgl. das folgende Kapitel.
37 Samuel Morse: Foreign Conspiracy against the Liberties of the United States: The Numbers of Brutus, originally published in the New-York Observer 1835. Revised and corrected, with notes, by the author. New York 1835. Hier zitiert nach der 7. Auflage. Samuel Morse: Foreign Conspiracy against the Liberties of the United States. The Numbers under the signature of Brutus, originally published in the New York Observer, revised and corrected, with notes, by the author, Samuel F. B. Morse, A.M., President of the National Academy of Design, and Professor of the Arts of Design in the University in the City of New York. Seventh Edition. New York 1855.
38 »(...) promoting the greater activity of Catholic missions in the United States«. Ebd., S. 16.
39 Friedrich Schlegel: Philosophie der Geschichte. In achtzehn Vorlesungen gehalten zu Wien im Jahre 1828. In: Kritische Friedrich-Schlegel-Ausgabe Hg. von Ernst Behler unter Mitwirkung von Jean-Jacques Anstett und Hans Eichner. Bd. 9. Erste Abteilung. Kritische Neuausgabe. München, Paderborn, Wien 1971.
40 Ebd., S. 403.
41 Ebd.
42 Ebd., S. 3.
43 Ebd., S. 428.
44 Samuel Morse: Imminent Dangers to the free Institutions of the United States trough Foreign Immigration, and the Present State. A Series of Numbers originally published in the New-York Journal of Commerce. By an American. New York 1835.
45 Wilson (1929/1972), S. 163.
46 Ebd., S. 164.
47 Vgl. zu diesem Attentat das 8. Kap.
48 Nietzsche (1986), Bd. 8, S. 546, 550.
49 Nietzsche (1980), Bd. 6, S. 269.

50 Heine (1968-76), Bd. III, S. 594.
51 Ebd., S. 604.
52 Nietzsche (1980), Bd. 3, S. 480f.
53 Nietzsche (1986), Bd. 8, 572.
54 Nietzsche (1986), Bd. 6, S. 345.
55 Kant (1993), Bd. 10, S. 530 (Anthropologie §49).
56 Nietzsche (1986), Bd. 8, S. 508, 547.
57 In deutscher Übersetzung wurde aus dem »knechtischen Willen« (servo arbitrio) der »unfreie Wille« »Alles, was wir tun, alles was geschieht, wenn es uns auch veränderlich und zufällig zu geschehen scheint, geschieht dennoch tatsächlich zwangsnotwendig und unwandelbar, wenn Du den Willen Gottes ansiehst. Denn der Wille Gottes ist wirksam, er kann nicht gehindert werden, denn er ist Gottes natürliche Wirkungsmacht. Er ist weiterhin weise, so daß er nicht getäuscht werden kann. Wenn aber der Wille nicht gehindert werden kann, so das Werk selbst auch nicht, daß es geschehe.« Martin Luther: Vom unfreien Willen (1525). In: Kurt Aland (Hrsg.): Luther Deutsch. Die Werke des Reformators in neuer Auswahl für die Gegenwart, Stuttgart und Göttingen 1961ff., Bd. 3,151-334, Bd. 3, S. 172.
58 Nietzsche (1980), Bd. 6, S. 228.
59 Nietzsche (1986), Bd. 8, S. 578.
60 Hobbes (1984), S. 57.
61 Legendre (1989/1998), S. 27.
62 Nietzsche (1980), Bd. 6, S. 313.
63 Caesar 66. Plutarch (1964/65), Bd. IV, S. 404.
64 De vita Caesarum 99,1. Sueton (1997), S. 310f.
65 Mommsen (1992), S.199.
66 Zu den Autoren, die Caesar-Stücke verfasst haben, gehört der deutsche Dichter der Fastnachtsspiele Hans Sachs. Andere Autoren sind der Franzose Antoine Muret, der um 1550 ein lateinisches Caesar-Drama dichtete. Das wurde von Jacques Grévin 1561 in französische Alexandriner übersetzt. Philipp Nikodemus Frischlin, von Kaiser Ferdinand 1576 zum Dichter gekrönt, verfasste 1586 ein lateinisches, satirisches Drama *Caesar redivivus*, der »auferstandene Caesar«. Dieser Auferstandene erlebt aber keine heroischen Höhepunkte mehr. Er besichtigt lediglich das zeitgenössische Germanien und wird mit den großen wissenschaftlichen Errungenschaften Deutschlands bekannt gemacht.
67 Nietzsche (1980), Bd. 3, S. 452.
68 Nietzsche (1980), Bd. 6, S. 287.
69 Ebd., S. 267.
70 Nietzsche (1986), Bd. 8, S. 482.

Caesarbearbeitungen und Napoleonbilder

1 Insgesamt sind es drei Attentate: Die Konspiration des Bildhauers Joseph Ceracchi im Oktober 1800, die freilich rechtzeitig verraten wurde; vgl. hierzu Gustave Hue: Un complot de police sous le consulat. La conspiration de Ceracchi et Arena (Vendémiaire an IX). Paris 1909. Das zweite Attentat mit Hilfe einer Höllenmaschine fand am 24. Dezember des gleichen Jahres statt. Das dritte war der Versuch des jungen Kaufmanns Friedrich Stapß, über den in diesem Kapitel noch berichtet wird. Napoleon spricht auf St. Helena davon: Las Cases (1956/57), Bd. I, S. 460ff. Vgl. auch die Memoiren von Bourienne (1832), S. 247f. sowie 518ff. Eine weitere Quelle sind die Memoiren des Chefs der Geheimpolizei unter Fouché, Pierre-Marie Desmarest (1833/1977).
2 Vgl. Healey (1959), S. 98.
3 Napoleon I (1942), S. 181.
4 Nach dem Zeugnis Talleyrands: »une bonne tragédie doit être regardée comme l'école la plus digne des hommes supérieurs«. In: Biedermann (1909-1911), Bd. I, S. 543. Das gleiche bemerkte Napoleon aber auch gegenüber Goethe. In: Biedermann (1909-1911), Bd. III, S. 537.
5 Ausführlich zum Thema Napoleon und die Tragödie: Healey (1959).
6 Vgl. dazu weiter unten Kap. 9: »Tanzen, Lesen, Schreiben: Psychotechniken der Attentäter«.
7 Über die berühmte Feldbibliothek der Ägypten-Kampagne, zu der auch Goethes *Die Leiden des jungen Werthers* zählte, berichtet Louis-Antoine Fauvelet de Bourrienne in: Mémoires de Bourrienne sur Napoléon, le Directoire, le Consulat, l'Empire et la Restauration, précédés d'une étude de M. H. D'Alméras. Paris o. J. [1829]. Hier zitiert nach der englischen Version: Bourrienne (1832), S. 97f. Der Katalog der Bibliothek Napoleons auf St. Helena findet sich aufgelistet bei Victor Advielle: La Bibliothèque de Napoléon à Sainte-Hélène. Paris 1894. Der Katalog führt Goethes *Werther* nicht auf; das Werk ging nicht mit nach St. Helena.
8 Hobbes (1959), S. 40.
9 Dazu ausführlicher das Kap. 9.
10 Voltaire (1877), Théâtre Bd. 2, S. 350f. Meine Übersetzung.
11 Voltaire gilt als derjenige Autor, der zum ersten Mal diesen Ausdruck »philosophie de l'histoire« in einem 1765 unter Pseudonym erschienenen Werk benutzt hat: [Voltaire] Feu l'abbé Bazin: La philosophie de l'histoire. Amsterdam 1765.
12 Einzelheiten hierzu bei Thierry Lentz: Vers le pouvoir héréditaire: Le *Parallèle entre César, Cromwell, Monck et Bonaparte* de Lucien Bonaparte (Novembre 1800). In: Revue du Souvenir Napoléonien 431 (2000), S. 2-6.
13 Bourrienne (1832), S. 251f.

14 Rapp (1823), S. 21.
15 Las Cases (1956/57), Bd. 2, S. 383.
16 Vgl. hierzu Desmarest (1833/1977), S. 15.
17 Ein Ausdruck, den Goethe mehrfach in Briefen verwendet. Goethe (1956), Bd. III, S. 88, 93, 99.
18 Ausführlich und meisterlich zum Thema Napoleon und Goethe: Seibt (2008).
19 Goethes Bericht über die Begegnung bei Biedermann (1909-1911), Bd. V, 76. Vgl. aber auch den Bericht des Kanzlers von Müller in Biedermann (1909-1911), Bd I, S. 537ff.
20 Napoléon Bonaparte (1979), S. 75.
21 Napoléon (1921), S. 132.
22 Goethe (1966), Bd. 1, S. 44.
23 Biedermann (1909-1911), Bd. V, S. 78.
24 Biedermann (1909-1911), Bd. II, S. 26.
25 z. B. Fischer (1900), S. 49, spricht von der »ursprünglichen Aehnlichkeit der Charaktere«.
26 Fischer (1900), S. 150f.
27 Napoléon Bonaparte (1979), S. 43.
28 Healey (1959), S. 86.
29 Voltaire (1877): Théâtre, Bd. 2, S. 331.
30 Vgl. auch Otto Seel: Eine caesarische Metamorphose? Plutarchs Caesar und Goethes Faust. In: Ders.: Caesar-Studien, Stuttgart 1967, S. 92ff.
31 Goethe (1966), Bd. 14, S. 45.
32 Wie Kanzler von Müller berichtet, trug sich Goethe sogar einige Zeit mit dem Gedanken, nach Paris überzusiedeln. Vgl.: Biedermannn (1909-1911), Bd. I, S. 540.
33 Biedermann (1909-1911), Bd. II, S. 195.
34 Ebd., S. 548.
35 Vgl. hierzu das Kap. 12 »Heilige Zeiten: der Augenblick des Attentats«.
36 Staps (1843), S. 6f. »Er war gleichsam die Ordnung selbst und ich kann sagen, um eines Vergnügens willen hat er sie nie verletzt. Daher durfte ihn sein Vater nie zum Fleiße ermahnen, er war fast zu fleißig, weil er sich von seinem leichter fassenden Bruder nicht wollte übertreffen lassen; und seine Mutter zog ihn zuweilen mit Gewalt zu einer Leibesbewegung und zu jugendlichen Vergnügungen. Es war aber nichts weniger als Phlegma, es war nur der Ehrgeiz, der ihn trieb. Er saß gewöhnlich Abends bis sehr spät neben seinem Vater und las und fragte nach dem, was er nicht verstand.«
37 Kaspar Friedrich Lossius: Gumal und Lina. T. 2. Eine Geschichte für Kinder, zum Unterricht und Vergnügen, besonders, um ihnen die ersten Religionsbegriffe beizubringen. Gotha 1795-1800.

38 Staps (1843), S. 7.
39 Die mir zugängliche Ausgabe: Schroeckh (1811).
40 Staps (1843), S. 22: »Er studierte um diese Zeit viel und gern in Schillers Werken, und vor Ausführung seines Vorhabens soll er, wie man mir erzählt, oft betroffen sein, wie er in dem Mädchen von Orleans las.«
41 Staps (1843), S. 29f.
42 Gesamtdarstellung des Attentats bei Borkowsky (o. J. [1942]).
43 Vgl. Hofstadter (1965), S. 10ff.
44 Rapp (1823), S. 143f.
45 Ebd., S. 144f.
46 Borkowsky (o. J. [1942]), S. 38.
47 Ebd., S. 47.
48 Ebd., S. 50.
49 Ebd., S. 40.
50 Las Cases (1956/57), Bd. 1, S. 461.
51 Las Cases (1956/57), Bd. 2, S. 337. Meine Übersetzung.
52 Seneca: De clementia III, 3: »Nullum tamen clementia ex omnibus magis quam regem aut principem decet.«
53 Bourrienne (1832), S. 38, 193.
54 Borkowsky (o. J. [1942]), S. 60f.
55 Bourrienne (1832), S. 518ff.
56 Eilhard Erich Pauls: Der Freiheit Hauch. Roman aus der Franzosenzeit. Hamburg 1910.
57 Kleist (1964), II, 354f.
58 Pauls (Anm. 56), S. 165f.
59 Walter von Molo: Friedrich Staps. Ein deutsches Volksstück in vier Aufzügen. Hg. von A. Gloy. Paderborn und Würzburg 1918.
60 von Molo (Anm. 59), S. 15f.
61 Das Literaturgedächtnis kennt außer Pauls' Roman und von Molos Drama noch eine ganze Reihe von Stapß-Dichtungen. Bereits 1835 erschien eine »geschichtliche Erzählung in fünf Gesängen«, die den Autornamen Karl Buchner trägt. Karl Buchner: Friedrich Stapß. Geschichtliche Erzählung aus den Zeiten Napoleons, in fünf Gesängen. Hamburg 1835.
Eine Mathilde von Gellhorn verfasste ein historisches Schauspiel zu den Schönbrunner Ereignissen: Mathilde von Gellhorn: Friedrich Stapß der Predigersohn von St. Othmar zu Naumburg a.s.: historisches Trauerspiel in 5 Aufzügen. Naumburg a.S. 1909. Das Stück soll 1897 in Naumburg aufgeführt worden sein. Mathilde von Gellhorn war eine geborene von Kleist und entstammte der Muttrin-Damenschen Linie. Vgl. Gustav Kratz: Geschichte des Geschlechts von Kleist. Teil 1. Berlin 1862, S. 362.
Der Schriftsteller Heinz Steguweit verfasste 1925 das Schauspiel *Die Schwär-*

mer, in dem er Friedrich Stapß und Albert Leo Schlageter, der 1923 wegen seines Widerstandes gegen die französische Ruhrbesetzung hingerichtet wurde, zueinander in Beziehung setzt. Heinz Steguweit: Der Schwärmer (1925). Nach Jürgen Hillesheim, Elisabeth Michael: Lexikon nationalsozialistischer Dichter, Analysen, Biographien, Bibliographien. Würzburg 1993, S. 423, lässt Steguweit in diesem Stück »gleichnishaft Umstände der Tat Schlageters in der Figur eines Jungen Naumburgers, Friedrich Staps, aufleben«. Albert Leo Schlageter, der während der Ruhrbesetzung eine Widerstandsgruppe in Essen anführte und eine Reihe von Anschlägen durchführte, wurde nach einem militärgerichtlichen Verfahren wegen Spionage und Sabotage am 26. Mai 1923 auf der Golzheimer Heide bei Düsseldorf von der französischen Besetzungsmacht erschossen. Auch Schlageter hatte auf ein Gnadengesuch verzichtet.

In seiner kleinen Schrift von 1942 behauptet Borkowsky auch, dass George Sand einen Stapß-Roman unvollendet hinterlassen haben soll. Immer noch geht das Gerücht durch die Welt, dass die französische Autorin ihr Pseudonym, das sie tatsächlich aus dem Namens ihres Geliebten Jules Sandeau geschnitten hat, zum Gedenken an den deutschen Attentäter Karl Ludwig Sand gewählt habe.

62 Vgl. das 8. Kapitel.

Aus den Akten der konspirativen Vernunft

1   Hegel (1969-71), Bd. 7, S. 449 (Rechtsphilosophie § 279, Zusatz).
2   Nietzsche (1980), Bd. 5, S. 119.
3   Nietzsche (1980), Bd. 12, S. 72.
4   Nietzsche (1980), Bd. 9, S. 642.
5   Nietzsche (1986), Bd. 8, S. 573.
6   Gaupp (1938), S. 82.
7   Vgl. Treitinger (1938), S. 204ff.
8   Darstellung nach Schönborn (^{2}1976).
9   »ex auctoritate Augusta manifestetur, cui soli concessum est leges et condere et interpretari.« Justinian (1989), S. 73. Codex L.I, Tit. 17, 2, § 21.
10 »Omnibus enim a nobis dictis imperatoris excipiatur fortuna, cui et ipsas deus leges subiecit, legem animatam eum mittens hominibus«. Justinian (1988), S. 507. Novella 105, 2 § 4.
11 »Hanc legem sequentes Christianorum catholicorum nomen iubemus amplecti, reliquos veros dementes vesanosque iudicantes haeretici dogmatis infamiam sustinere.« Justinian (1989), S. 5. Codex I, 1, § 1.
12 Barrett (1989).
13 Sueton (1997), S. 471ff. Caligula 20.

14 Sueton (1997), S. 474f. Caligula 22,3.
15 Sueton (1997), Caligula 57,1.
16 Sueton (1997), Caligula 14,1.
17 Sueton (1997), Caligula 38,3
18 Justinian (1990), S. 36. Institutiones I,23,3.
19 Sueton (1997), S. 493. Caligula 30,2.
20 Camus (1958), S. 226f.
21 Die folgende Darstellung beruht auf den bekanntlich wenig gesicherten Mitteilungen der Historia Augusta. Da es sich aber hier um eine Darstellung der Caesaren-Poesie handelt, bleibt es ohne Belang, ob die Erfindung vom Caesar oder seinen Protokollanten stammt. Belege nach: Historia Augusta (1967).
22 Historia Augusta (1967), Bd. I, S. 148. Commodus 10, 12.
23 Historia Augusta (1967), Bd. I, S. 146. Commodus 10, 2.
24 Historia Augusta (1967), Bd. I, S. 147. Commodus 11, 2.
25 Historia Augusta (1967), Bd. I, S. 150. Commodus 14, 6f.
26 Historia Augusta (1967), Bd. I, S. 152. Commodus 17, 1-2.
27 Artaud (1967), S. 155f.
28 Ludwig II. König von Bayern (1925), pass.
29 Ebd., S. 145.
30 Beckett: Le dépeupleur. Paris 1970.
31 Ludwig II. König von Bayern (1925), S. 65. Zum Verfahren der Entmündigung Ludwigs s. Schneider (2003).
32 Beleg bei Evers (1986), S. 133.
33 Ebd., S. 142f.
34 Ärztliches Gutachten über den Geisteszustand Seiner Majestät des Königs Ludwig II. von Bayern, in: Ludwig II., König von Bayern (1925), S. 137-155, S. 149f.
35 Evers (1986), S. 133.
36 Ärztliches Gutachten (Anm. 34), S. 137.
37 Die Darstellung folgt den Quellen. Sie sind zusammengefasst in Hacker (1971), hier S. 373.
38 Ärztliches Gutachten (Anm. 34), S. 137-155.
39 Immanuel Kant: Der Streit der Fakultäten. In: Kant (1983), Bd. 9, S. 261ff.
40 Huber (^{3}1978), S. 141-156, S. 143.
41 Die Darstellung folgt Gauweiler (1995).
42 Merkt (Hg.) (1987), S. 90ff.
43 Hacker (1971), S. 367.
44 Merkt (Hg.) (1987), S. 69.
45 Ludwig II, König von Bayern (1925), S. 154.
46 Merkt (Hg.) (1987), S. 46.
47 Ludwig II, König von Bayern (1925), S. 153.

48 Merkt (Hg.) (1987), S. 122.
49 Hacker (1971), S. 352.
50 Ebd., S. 345.
51 Gauweiler (1995).
52 Darstellung nach Israëls (1989), S. 137ff.
53 Die Akten sind zum Teil abgedruckt in: Schreber (1985), S. 342ff.
54 Vgl. Kap. 16, Abschnitt »Der Traum von einer menschenleeren Welt«.
55 Schreber (1985), S. 57.
56 Ebd., S. 136.
57 Ebd., S. 156.
58 Ebd., S. 166.
59 Ebd., S. 109.
60 Ebd., S. 160.
61 Ebd., S. 159.
62 Ebd., S. 50.
63 Ebd., S. 335.
64 Ebd., S. 25f.
65 Ebd., S. 43f.
66 Ebd., S. 194-196.
67 Grotius: Völkerrecht I 10, 5
68 Schreber (1985), S. 41.
69 Canetti (^{2}1976), Bd. 1, S. 249ff.
70 Schreber (1985), S. 131.
71 Die Reproduktion findet sich in: Moderne Kunst. Illustrierte Zeitschrift Bd. 5 (1892). Schreber (1985), S. 175. Die Beschreibung lautet: »[I]n der linken oberen Ecke dieses Bildes ist eine weibliche Gestalt sichtbar, die mit vorgestreckten Armen und gefalteten Händen von oben herabkommt. Man braucht diese Gestalt nur in das Männliche zu übersetzen, um ein ziemlich genaues Bild von der Erscheinung zu haben, in welcher die Nerven des oberen Gottes – wie schon erwähnt in sehr zahlreichen Fällen – beim Herabkommen in meinem Kopfe sich darstellen.«
72 Schreber (1985), S. 131.
73 Ebd., S. 177f.
74 Ebd., S. 130f.
75 Vgl. den Abschnitt über Karl Kraus und Elias Canetti im 6. Kapitel.
76 Nietzsche (1980), Bd.11, S. 83.
77 Sueton (1997), S. 510f. Caligula 42.
78 Aus: Daniel Braca: Onkel Dagobert. Sichere Zeiten. In: Disney: 60 Jahre Onkel Dagobert. Köln 2007, S. 37.
79 Zur öffentlichen Reaktion und zur psychiatrischen Seite dieses Falles, siehe neuerdings die Arbeit von van Raden (2009).

80 Gaupp (1914/1996), S. 39.
81 Ernst Wagner: Wahn (König Ludwig II. von Bayern). Drama in drei Akten von 1921. In: Hofer (1968), S. 87-134, S. 123.
82 Neuzner, Brandstätter (1996), S. 110f.
83 Ebd., S. 93.
84 Ebd., S. 103.
85 Hofer (1968), S. 114.
86 Gaupp (1996), S. 95.
87 Neuzner, Brandstätter (1996), S. 191.
88 Ebd., S. 201.
89 Vgl. das Winnenthaler Krankenblatt bei Foerster et al. (1999), S. 212.
90 Neuzner, Brandstätter (1996), S. 201f.
91 Ebd., S. 112.
92 Die Haeckel-Lektüre wird durch ein Bücherverzeichnis der von Wagner aus der Volksbibliothek Stuttgart entliehenen Werke bestätigt: Neuzner, Brandstätter (1996), S. 53. Vgl. zum Folgenden van Raden (2009), S. 74ff.
93 Peters (^{6}2007), S. 600.
94 Karl Binding, Alfred Hoche: Die Freigabe der Vernichtung lebensunwerten Lebens. Ihr Maß und ihre Form. Leipzig 1920, S. 54.
95 Beleg bei Klee (Hg.) (^{6}2007), S. 59.
96 Gaupp (1914/1996), S. 59, 61 u. pass.
97 Beleg bei Klee (Hg.) (^{6}2007), S. 44.
98 S. Anm. 96.
99 Ebd., S. 55.
100 Robert Gaupp: Die Unfruchtbarmachung geistig und sittlich Kranker und Minderwertiger. Berlin 1925, S. 21f.
101 Vgl. hierzu Klee (^{11}2004).
102 Klee (Hg.) (^{6}2007), S. 54.
103 Gaupp (1938), S. 53.
104 Ebd., S. 80.

Gottes Vikare und ihre Angreifer

1 Matthäus 27, 11.
2 Artaud (1972).
3 Nietzsche (1980), Bd. 11, S. 83.
4 Fallsammlungen und Erläuterungen dazu bei Kaiser (1993).
5 Darstellung nach Knowles (1970) sowie Barlow (1986). Vgl. auch Sarnowsky (1996).
6 Zur literarischen Verarbeitung des Stoffes vgl. Püschel (1963).

7   Dante (1989), S. 162f.
8   Meyer (1978).
9   Eliot (1988), S. 55f.
10 Vgl. hierzu das Kap. 13.
11 Jacobus de Voragine (1979), S. 80.
12 Darstellung nach Holtzmann (1898), S. 66ff., Beck (1946/47), Elm (1996).
13 »Unam sanctam ecclesiam catholicam et ipsam apostolicam urgente fide credere cogimur et tenere, nosque hanc firmiter credimus et simpliciter confitemur, extra quam nec salus est, nec remissio peccatorum, sponso in Canticis proclamante: *Una est columba mea, perfecta mea. Una est matri suae, electa genitrici suae* [Ct 6.8]; quae unum corpus mysticum repraesentat, cuius caput Christus, Christi vero Deus. In qua *unus Dominus, una fides, unum baptisma* [Eph 4.5]. Una nempe fuit diluvii tempore arca Noe, unam ecclesiam praefigurans, quae in uno cubito consummata unum, Noe videlicet, gubernatorem habuit et rectorem, extra quam omnia subsistentia super terram legimus fuisse deleta.« Corpus Iuris Canonici II, tit VIII, cap. 1. In: Emil Friedberg: Corpus Iuris Canonici, pars secunda Decretalium Collectiones. Graz, 1959. Sp. 1245-1246. Meine Übersetzung.
14 Denifle (1989).
15 Herde (1981).
16 Vgl. hierzu die einschränkenden Bemerkungen bei Grundmann (1977), S. 84ff.
17 Holtzmann (1898).
18 Vgl. Elm (1996), S. 91.
19 »Porro subesse Romano Pontifici omni humanae creaturae declaramus, dicimus, deffinimus et pronunciamus omnino esse de necessitate salutis.« (Corpus Iuris Canonici II, tit. VIII, cap. 1).
20 Grandjean (1905), Nr. 1099.
21 Ebd., Nr. 1276.
22 Friedrich (1942), S. 7.
23 Divina Commedia, Inferno XXXIV, 46ff. Dante (1988), Bd. I, S. 407ff.
24 De civitate Dei V. Augustinus (1977) Bd. I, S. 219ff.
25 Divina Commedia, Inferno XIX, 13ff. Dante (1988), Bd. I, S. 221ff.
26 Darstellung nach Mousnier (1970). Vgl. Hansen (1996).
27 Hansen (1996), S. 125.
28 Vgl. Mousnier (1970), S. 55ff.
29 Ebd., S. 26.
30 Ebd.
31 Mousnier (1970), S. 54ff.
32 De Civitate Dei I, 26. Augustinus (1977), S. 44f.
33 Der Stich aus dem Musée Carnevalet bei Mousnier (1970), S. 32f.

34 Mousnier (1970), S. 43.
35 Jacobus de Voragine (1979), S. 326f. Vgl. weiter unten in Kap. 13 die ausführliche Darstellung seiner Geschichte.
36 De Civitate Dei XV, 5. Augustinus (1977), Bd. II, S. 222.
37 Mousnier (1970), S.44.
38 Mann (1965), S. 869f.
39 Kantorowicz (1990).
40 Sterling (1985).
41 Traikow (1985).
42 Vgl. zuletzt von Roques (2001).
43 Ebd., S. 223.
44 Roulette (1984).
45 Das angeblich auf dem Totenbett gesprochene Wort lautet: »Dieu me pardonnera, c'est son métier!« In: Alfred Meißner: Heinrich Heine. Erinnerungen. Hamburg 1856. Nachdruck Leipzig 1973, S. 259.
46 Seneca (1986), S. 100ff.

Der Betrieb der paranoischen Vernunft I

1 Kahlbaum (1863), S. 101ff.
2 Nietzsche (1980), Bd. 13, S. 237.
3 Magaro (1980), S. 142.
4 Hegel (1982), S. 58.
5 Weber (1984), S. 49.
6 Adam Smith: An Inquiry into the Nature and the Causes of the Wealth of Nations. Hg. von Edwin Cannan. London 1904, Bd. 1, S. 421. Vgl. hierzu auch Maye, in Ellrich, Maye, Meteling (2009), S. 153ff.
7 Weber (1984), S. 123.
8 Beleg bei Stachniewski (1991), S. 67.
9 Watkins (1972), S. 11.
10 Stachniewski (1991).
11 Etwa der Fall des Calvin-Anhängers und Juristen Francis Spira, der nach sieben Jahren, in denen er sich als Verworfener betrachtete, Selbstmord begangen haben soll. Die Geschichte wanderte durch unzählige puritanische Traktate. Vgl. Stachniewski (1991), S. 37ff.
12 Beleg bei Watkins (1972), S. 79. Vgl. auch Stachniewski (1991), S. 142f.
13 Stachniewski (1991), S. 27.
14 Beleg bei Watkins (1972), S. 12.
15 Beleg bei Stachniewski (1992), S. 107.
16 Beleg bei Stachniewski (1992), S. 136.

17 Die Vorlage bei Ernest B. Gilman. The Curious Perspective. Literary and Pictorial Wit in the Seventeenth Century. New Haven and London 1978, S. 113. Hinweis bei Stachniewski (1991), S. 136, Anm.
18 Vavasor Powell: Spirituall Experience of Sundry Believers (1652), schrieb: »Experience is a Copy written by the Spirit of God upon the hearts of believers ...« Beleg bei Stachniewski (1991), S. 107. Vgl. auch Verf.: Das Gesetz des Vergessens – das Vergessen des Gesetzes. In: Marion Schulz (Hg.): Die totale Erinnerung. Jahrbuch für Internationale Germanistik. Reihe A. Bern etc. 1997, S. 26-42.
19 »[W]hich you may discover by these signs: 1. You will be most carful to understand the Scripture, to know what doth please and displease God. 2. You will be more careful in the doing of every duty, to fit it to the pleasing of God than man. 3. You will look to your hearts, and not only to your actions; to your ends and thoughts, and the inward manner and degree. 4. You will look to secret duties, as well as public, and to that which man see not, as well as unto which they see. 5. You will reverence your consciences, and have much to do with them, and will not slight them: when they will tell you of God's displeasure, it will disquiet you; when they tell you of his approbation, it will comfort you. 6. Your pleasing men will be charitable for their good; and pious, in order to the pleasing of God; and not proud and ambitious for your honour with them, nor impious against the pleasing of God. 7. Whether men be pleased or displeased, or how they judge of you, or what they call you, will seem a small matter to you, as their own interest, in comparison of God's judgment. You will not live on them. You can bear their displeasure, censures, and reproaches, if God be but pleased. These will be your evidences.« Baxter (1830), Bd. II, S. 576. Meine Übersetzung.
20 Wigglesworth (1970), S. 9. Meine Übersetzung.
21 Watkins (1972), S. 109.
22 »When thou dost read this side then look / Into thy Heart, as in a Book / And see if thou canst read the same / In thee from God by Christ his name / If not, then fear the other side / Which not to life but death doth guide«. Meine Übersetzung.
23 Weber (1984), S. 131.
24 Siehe oben Anm. 14.
25 Legendre (1988), S. 101ff.
26 Kant: Über die Krankheiten des Kopfes. In: Kant (1983), Bd. 2, S. 887. Vgl. hierzu die vortreffliche Arbeit von Rauer (2007), S. 132.
27 Kant: Über die Krankheiten des Kopfes. In: Kant (1983), Bd. 2, S. 896.
28 Ebd.
29 Ebd., S. 897.
30 Vgl. Magaro (1980), S. 151.
31 Immanuel Kant: Anthropologie in pragmatischer Absicht. In: Kant (1983), Bd. 10, S. 530 (§ 49).

32 »[Q]u'il n'y a pas de discours de la folie plus manifeste et plus sensible que celui des psychiatres, et plus précisément sur le sujet paranoïa.« Lacan (1981), S. 28.
33 Immanuel Kant: Zum Ewigen Frieden. In: Kant (1983), Bd. 9, S. 244f.
34 Immanuel Kant: Prolegomena zu einer jeden künftigen Metaphysik, die als Wissenschaft wird auftreten können. In: Kant (1983), Bd. 5, S. 198.
35 Ebd.
36 Ebd.
37 Kant: Kritik der reinen Vernunft. In: Kant (1983), Bd. 3, S. 35.
38 Kant: Über die Krankheiten des Kopfes. In: Kant (1983), Bd. 2, S. 896.
39 Kant: Kritik der Urteilskraft. In: Kant (1983), Bd. 8, S. 366.
40 Kant: Prolegomena (Anm. 34), S. 199f.
41 Immanuel Kant: Idee zu einer allgemeinen Geschichte in weltbürgerlicher Absicht. In: Kant (1983), Bd. 9, S. 48.
42 Kant: Prolegomena (Anm. 34), S. 212.
43 Ebd., S. 210.
44 Kant: Prolegomena (Anm. 34), S. 197.
45 Immanuel Kant: Anthropologie in pragmatischer Hinsicht. In: Kant (1983) Bd. 10, S. 530 (§ 49).
46 Falret (1864), S. 1.
47 Foucault (1970); Foucault (1969); Foucault (2005).
48 Shakespeare lässt Isabella in *Measure for Measure* (II,2) von der »glassy essence« der Menschen sprechen; Descartes gibt die Vorstellung von dem »gläsernen Körper« als Beispiel für Wahnsinn in der ersten Meditation, in: Descartes (1953), S. 268. Cervantes erzählt die Geschichte in der Novelle vom Lizentiaten Vidriera, der glaubte, ganz aus Glas zu sein, in den *Exemplarischen Novellen*.
49 Hobbes (1984), S. 57.
50 Foucault (2005), S. 493.
51 Pinel (1809), S. 164.
52 Hoffmann (1963), S. 23.
53 Falret (1864), S. 194.
54 Vgl. auch Lasègue (1884).
55 Nach Séglas ist die Paranoia »un état psychopathique fonctionnel, caractérisé par une déviation particulière des fonctions intellectuelles les plus élevées, n'impliquant ni une décadence profonde ni un désordre général, s'accompagnant presque toujours d'idées délirantes plus ou moins systématiques et permanentes avec hallucinations fréquentes.« (Séglas 1895, S. 384).
56 Magnan [et al.] (1898), S. 31ff.
57 Esquirol (1838), Bd. I, S. 1.
58 Ebd., S. 422.
59 Ebd., S. 402.

60 Ebd.
61 Zum Attentat Fieschis s. Kap. 8.
62 Zentner (1995).
63 Kraepelin (⁸1915), S. 1707-1779.
64 Bleuler (1911/1978).
65 Kraepelin (⁸1915), Bd. IV, S. 1752.
66 Vgl. die Weber-Biografie von Joachim Radkau: Max Weber. Die Leidenschaft des Denkens. München 2005.
67 Dies scheint sich indessen zu ändern. Vgl. hierzu Kap. 17.
68 Freud (1999), S. 108f.
69 Freud: Psychoanalytische Bemerkungen über einen autobiographisch beschriebenen Fall von Paranoia (Dementia paranoides). In: Freud (1969-75), Bd. VII, S. 133-204, S. 186f.
70 Ebd., S. 186f.
71 Ebd., S. 193.
72 Jervis (1978), S. 277.
73 Büchner (³1979), S. 86.
74 Nur drei neuere Beispiele: Colby (1975), S. 6f.; Magaro (1980), S. 1; Jervis (1978), S. 279.
75 Kraepelin wird des einstigen Kollegen in der 3. Auflage seiner *Einführung in die psychiatrische Klinik* gedenken, indem er ihn als Fallbeispiel für das von ihm so genannte Krankheitsbild der »Paraphrenia systematica« anführt.
76 So Panizza in seiner *Selbstbiographie* in Boeser (1989), S. 9.
77 Darstellung nach Bauer (1984), S. 193ff. Zu Luchenis Attentat vgl. Kap. 8.
78 Boeser (1989), S. 11.
79 Panizza (²1985).
80 Müller (1999), S. 121.
81 Auszüge aus dem Gutachten bei Müller (1999), S. 124ff., hier S. 129.
82 Panizza (1993), S. 101.
83 Müller (1999), S. 212.
84 Auszüge aus Panizzas Notizbuch bei Bauer (1984), S. 216ff.
85 Müller (1999), S. 160.
86 Boeser (1989), S. 12ff.
87 Müller (1999), S. 172.
88 Ebd., S. 176.
89 Kraepelin (1916), S. 219ff.
90 Panizza (1989), ohne Pag.
91 Oskar Panizza: Christus in psicho-pathologischer Beleuchtung. In: Panizza (²1985), S. 206-223, S. 222.
92 Vgl. im Kap. 9 den Abschnitt »Schizographie«.
93 Oskar Panizza (1899), S. 22.

94 Heiner Müller (1979), S. 10.
95 Karl Kraus (1974), S. 85.
96 Karl Kraus (1968-76), Bd. 6 (F 363/364/365, S. 1).
97 Talmud (1996), Bd. 6, S. 74. Buch Sota III, iii,iv.
98 Schreber (1985), S. 16.
99 Canetti (1992), S. 135.
100 Elias Canetti: Karl Kraus. Schule des Widerstandes. In: Canetti (1976), S. 42-53, S. 44.
101 Ebd., S. 50.
102 Ebd., S. 98.
103 Canetti (1985), S. 28.
104 Canetti: Karl Kraus. Schule des Widerstandes. In: Canetti (1976), S. 44.
105 Canetti (²1976), Bd. 2, S. 178.
106 Hanuschek (2005), S. 119.
107 Kraus (1968-76), Heft 890-905, S. 181.
108 Canetti (2006), S. 24f. Vgl. Hanuschek (2005), S. 220.
109 Canetti (²1976), Bd. 2, S. 181.
110 Vgl. Kap 4. und Kap. 16.
111 Canetti (²1976). Bd. 2, S. 203.
112 Ebd. S. 204.
113 Freud: Psychoanalytische Bemerkungen über einen autobiographisch beschriebenen Fall von Paranoia (Anm. 77), S. 200.
114 Zitiert nach Freud (1985), S. 94.
115 Beleg nach Hanuschek: Canetti, S 126.
116 Bloom (1990), S. 40.
117 Freud (1969-1975), Bd. II, S. 493.
118 Ebd., S. 492f.
119 Talmud (1996), Bd. 1, S. 240. Berakhoth 55a.
120 Scholem (1981), S. 219
121 Talmud (1996), Bd. 1, S. 241. Berakhoth 55a.
122 Talmud (1996), Bd. 1, S. 244. Berakhoth 55b.
123 Levinas (1981).
124 Yerushalmi (1999).
125 Freud: Der Moses des Michelangelo. In Freud (1969-1975), Bd. X, S. 195-222, S. 207. Vgl. hierzu den Aufsatz von Carlo Ginzburg: Spurensicherung (Ginzburg 1983).
126 Freud: Moses (Anm. 124), S. 134.
127 Yerushalmi (1999), S. 50f.
128 Lacan (1975).
129 Vgl. Kap. 11.
130 Lacan (1981).

131 Ebd., S. 163.
132 Ebd., S. 230.
133 Legendre (1989/1998), S. 60.
134 Ebd., S. 92.
135 Ebd., S. 88.
136 Ebd., S. 89.
137 Ebd., S. 90.
138 Ebd., S. 91.
139 Ebd., S. 94.
140 Ebd., S. 99.

Die Französische Revolution als welthistorische paranoische Großübung: Charlotte Corday und Jean-Paul Marat

1   Hartig (1987), S. 64f.
2   d'Almeras (1925), S. 68.
3   Focke (1895), S. 158.
4   Ebd.
5   Hartig (1987), S. 111.
6   Michelet (1988), Bd. 2, S. 11.
7   Marat (1789), S. 4. Meine Übersetzung.
8   Hegel (1969-71), Bd. 12, S. 533.
9   *Moniteur* du 19 septembre 1793. Meine Übersetzung.
10 Soboul (1973), S. 328.
11 Ebd.
12 Fischer (1974), S. 397.
13 Vgl. hierzu: Verf. (2005).
14 Fischer (1974), S. 294.
15 Büchner (³1979), S. 24.
16 Hartig (1987), S. 44f.
17 Marat (1790), pass.
18 Ebd. VI, 4.
19 Hartig (1987), S. 128.
20 Ebd., S. 71.
21 Michelet (1988), Bd. 2, S. 17.
22 Almeras (1925), S. 25.
23 Hartig (1987), S. 125.
24 Journal de la République Française Nr. 12 (16. Oktober 1792). Beleg nach Hartig (1987), S. 135.

25 Bonnet (1966), S. 444.
26 Vatel (1861), S. 40.
27 Hartig (1987), S. 111.
28 Vatel (1861), S. 62.
29 Ebd., S. 60f. Meine Übersetzung.
30 Hartig (1987), S. 131.
31 Focke (1895), S. 157.
32 Vatel (1861), S. 51.
33 Thomas (1986), S. 279.
34 Michelet (1988), Bd. 4, S. 226.
35 Rousseau (1959), S. 9.
36 d'Almeras (1925), S. 244f.
37 Vatel (1861), S. 64. Meine Übersetzung.
38 d'Almeras (1925), S. 5.
39 Ebd., S. 119.
40 Focke (1895), S. 152.
41 d'Almeras (1925), S. 68ff. Meine Übersetzung.
42 Michelet (1988), Bd. 2, S. 177.
43 Focke (1895), S. 159.
44 Ebd.
45 Traeger (1986), S. 40.
46 Quellen bei Traeger (1986), S. 212f. u. 216f.
47 Focke (1895), S. 156.
48 d'Almeras (1925), S. 237. Die Nachfrage nach prominenten Schädeln war damals groß. Die um 1800 aufblühende Kranioskopie, die der Arzt Franz Joseph Gall von Wien aus auf einer Tournee in Deutschland und ganz Europa populär machte, richtete ihr Interesse vor allem auf die Gehirnschalen von Genies und Verbrechern. »Könnten Sie es endlich zur Mode machen, dass mich in der Folge jede Art von Genie zum Erben seines Kopfes einsetzte«, schrieb Gall 1798 im *Neuen Teutschen Merkur* des Corday-Fans Christoph Martin Wieland. Vgl. Schneider (2002).
49 d'Almeras (1925), S. 235f.
50 Focke (1895), S. 160.
51 Reproduktionen bei Delaporte (1989).
52 Legendre (1994), S. 123.
53 Fischer (1974), S. 294.
54 Vgl. Kap. 6.
55 Delaporte (1989), S. 191-193.
56 Vgl. auch Beise (1992).
57 Jean Paul (1960-1977), Bd. 6, S. 332.
58 Ebd., S. 339f.

59 Gaulot (1897), S. 216.
60 Darstellung nach Traeger (1986), S. 33ff. u. 171ff.

Das 19. Jahrhundert: Louis-Philippe, August von Kotzebue, Abraham Lincoln, Sissi

1   Schreber (1985), S. 72.
2   Zitiert bei Louessard (2000), S. 43: »C'est à bon droit que la sculpture / Passe pour le plus beau des arts / Puisqu'elle nous offre en miniature / De Louis XVIII les regards. / En buis, en ébène, en albâtre / Son aspect charme tous les yeux, / Il est déjà pas mal en plâtre / En terre il serait encore mieux.« Meine Übersetzung.
3   Louessard (2000).
4   Den Fall berichtet Louessard (2000), S. 256ff. Auch der Mitverschwörer Fieschis, Boireau, soll gesagt haben, dass er den König töten würde, wenn ihn das Los dazu bestimmte. Procès de Fieschi (1836), Bd. 2, S. 53.
5   Louessard (2000), S. 66.
6   Procès de Fieschi (1836), Bd. 1, S. 4.
7   Ebd., Bd. 2, S. 43.
8   Du Camp (o.J.), S. 147.
9   Louessard (2000), S. 153.
10 Vgl. Legendre (1989), S. 27ff.
11 Procès de Fieschi (1836), Bd. 2, S. 38.
12 Procès de Fieschi (1836), Bd. 1, S. 156, 170; Louessard (2000), S. 175.
13 Procès de Fieschi (1836), Bd. 2, S. 33.
14 Ebd., S. 288.
15 Procès de Fieschi (1836), Bd. 1, S. 90ff. Die Namen aller Verhafteten sind aufgeführt.
16 Ebd., S. 171.
17 Ebd., S. 170.
18 Vgl. Friedrich von Zglinitzki: Der Weg des Films. Hildesheim 1979, Bd. 1, S. 179.
19 Thureau-Dangin (²1888-1892), II, 320ff.
20 Werner (1978), S. 126ff.
21 Darstellung nach Kantorowicz (1990), S. 415ff.
22 Der Text auf dem Druck lautet: »N. B. The above is an exact Copy of an infamous French Print, which has lately appeared in Paris among numberlys others, intended to bring the Conduct of their late Monarch in his last moments, into Contempt & Ridicule; It is now Copied & published, in order to hold up a Nation of unfeeling Assassins to that detestation, which every true Englishman must feel for Wretches, who can sport with the sufferings of the unfortunate.«

23 Beleg bei Kantorowicz (1990), S. 431.
24 Hohnhorst (1820), Teil 1, 193.
25 Müller (1925), S. 20.
26 Beleg bei Heydemann (1985), S. 73.
27 Vgl. seinen Brief vom 5. Oktober 1816. Dieses Dokument ist lesenswert, weil es einmal Goethes Respekt vor Oken zum Ausdruck bringt, zugleich aber den »partiellen Wahnsinn« des Publizisten diagnostiziert und prophezeit, dass man diesem Mann vergeblich Strafe androhen werde, denn ebenso wenig würde »man einem Mohren bei Strafe aufgeben, sich weiß zu waschen.« Goethe (1956), Bd. III, S. 370.
28 Kotzebue (1814/15).
29 [Wesselhöft, Robert] (1821). Vgl. das folgende Kapitel.
30 Ebd., S. 151.
31 Ebd., S. 176.
32 Reinfried (1933), S. 529.
33 Brückner (1978), S. 80.
34 Es ist einem Literaturwissenschaftler zu danken, die Quellen dieser Überlegungen rekonstruiert zu haben: Mattern (2008).
35 Hohnhorst (1820), Teil I, S. 188ff.
36 Hohnhorst (1820), Teil II, S. 4.
37 Sand (1821), S. 147.
38 Der Studentenfrieden auf der Wartburg. In: Isis. Encyclopädische Zeitschrift. XI und XII (1817), S. 1558.
39 Anonym: Zeitgemäße Worte eines Preußen an seine Landsleute oder Über der neuen deutschen Freiheits-Prediger Konstitutions-Geschrei und ihre Lästerung deutscher Fürsten. Leipzig 1815.
40 Karl Albrecht von Kamptz: Codex der Gendarmerie; Sammlung interessanter Polizeygesetze. Berlin 1815.
41 Wilhelm Reinhard: Die Bundes-Acte über ob, wann und wie deutscher Landstände. Heidelberg 1817.
42 Theodor von Schmalz: Berichtigung einer Stelle in der Bredow-Venturinischen Chronik für das Jahr 1808: über politische Vereine und ein Wort über Scharnhorsts und meine Verhältnisse zu ihnen. Berlin 1815.
43 Saul Ascher: Die Germanomanie: Skizze in einem Zeitgemälde. Berlin 1814.
44 Müller (1925), S. 92.
45 Zacharias Werner: Die Söhne des Thals: ein dramatisches Gedicht. Berlin 1803/04; Martin Luther, oder Die Weihe der Kraft. Berlin 1807.
46 [Wesselhöft] (1820), S. 147.
47 Josephine Blesch: Studien über Johannes Wit, genannt v. Dörring und seine Denkwürdigkeiten nebst einem Exkurs über die liberalen Strömungen von 1815-1819. Berlin, Leipzig 1917, S. 7. Bleschs Quelle ist ein Verhör mit Jo-

hannes Wit 1824 in Bayreuth, das sich in den Karlsruher Akten überliefert haben soll (=Vortrag über Wit-Dörring und dessen Aussagen. Rep.II, 1, 7 Polizei Nr. 60; hier: §11, Verhör vom 8. April 1824 zu Bayreuth, B. Vol. III, Bl. 162). Wit hatte sich damals im Jahre 1818 selbst als Täter angegeben, und die Jenaer Universität hatte den Behörden damals eine Art Profil über ihn liefern müssen. Hinweis von Pierre Mattern.

48 Jarcke (1831), S. 63.
49 Johannes Wit, gen. von Dörring: Das große Lied. In: Ders.: Fragmente aus meinem Leben und meiner Zeit. Bd. 1. Berlin 1830, S. 830ff. In dem Teil, der »Abendmahlslied freier Freunde« überschrieben ist, lauten die Verse wörtlich: »Dir bist Du, Mensch, entfloh'n, / Ein Christus sollst du werden, / Wie du ein Kind der Erden, / War auch des Menschen Sohn.« Zum näheren Verständnis siehe den ausführlichen Kommentar von Pierre Mattern (2008).
50 Hohnhorst (1820), Teil I, S. 199.
51 Wit, gen. von Dörring (1830), Bd. 1, S. 446.
52 Hohnhorst (1820), Teil I, S. 210.
53 Ebd., S. 126.
54 Ebd.
55 Faksimile der Zeichnung in Hohnhorst (1820), Teil I, S. 229.
56 Ebd., S. 197. Korrekt lautet der Vers: »Das höchste Heil, das letzte, liegt im Schwerte! / Drück' dir den Speer ins treue Herz hinein: / Der Freiheit eine Gasse! –« Theodor Körner: Aufruf. In: Körners sämtliche Werke in zwei Bänden. Eingel. von Josef Dahmen. Berlin, Leipzig o.J., Bd. 1, S. 17f.
57 Ebd., S. 20.
58 Müller (1925), S. 135.
59 Kotzebue (1814/15), Bd. I, S. VIII.
60 Ebd., Bd. II, S. 165.
61 Serres (1981), S. 181.
62 Kimmel (^{2}1969), S. 161.
63 Ebd., S. 21ff.
64 Wilson (1929/1972), S. 29.
65 »I (…) have ever considered it [African slavery] one of the greatest blessings (…) that God ever bestowed upon a favoured nation«, Wilson (1929/1972), S. 51.
66 Pitman (1954/1974), S. 45.
67 Wilson (1929/1972), S. 31.
68 Vgl. auch die Gerichtsakten, in: Pitman (1954/1974).
69 Ebd., S. 154ff.
70 Ebd., S. 144ff.
71 Ebd., S. 311ff.
72 Wilson (1929/1972), S. 164.
73 Ebd., S. 163.

74 Ebd., S. 164. Meine Übersetzung.
75 Kimmel (²1969), S. 37.
76 Ebd., S. 191.
77 Wilson (1929/1972), S. 53.
78 »I am no Roman mother. I love my dear ones before country or anything else«, Ebd., S. 74.
79 Ebd., S. 53.
80 »[John] was insane on that one point«, Kimmel (²1969), S. 176.
81 »The aspiring youth that fired the Ephesian dome, / Outlives in fame the pious fool that rais'd it.« Der Spruch ist nicht aus Shakespeares Richard III. zitiert, sondern aus einer Bühnenversion, die der Theatermann Colley Cibber (1671-1757) nach Shakespeare erstellt hat, Ebd., S. 175.
82 Zitiert nach Lucheni (1998), S. 38.
83 Ebd., S. 164.
84 Matray, Krüger (²1998), S. 208, Bildteil. Meine Übersetzung.
85 Ebd.: »canceleranno tutte le attuale scritte«.
86 »Histoire d'un enfant abandonné à la fin du XIXe siecle«. Die deutsche Ausgabe: Luigi Lucheni: »Ich bereue nichts!« Die Aufzeichnungen des Sisi-Mörders. Hg. von Santo Cappon. Wien 1998.
87 Lucheni (1998), S. 187.
88 Ebd., S. 107.
89 Ebd., S. 103f.
90 Ebd., S. 103.
91 Siehe oben, Zitat Anm. 84.

Tanzen, Lesen, Schreiben:
Psychotechniken der Attentäter

1 Vgl. Podlecki (1966) u. Lavelle (1986).
2 Darstellung nach Hirsch (1926); Bilder nach Fehr (1984).
3 Lacan (1975), S. 225f.
4 Darstellung nach Jacques-Louis David (1989/90), S. 295.
5 Fehr (1984).
6 Vgl. Illich (1991).
7 Schleiermacher (1977).
8 Foucault (1994).
9 Fichte (1943), S. 108.
10 »He reads too much«, sagt Shakespeares Julius Caesar über Cassius (I, 2). Und Hobbes in De homine (13, 7) behauptet: »But the books written by Ro-

man citizens, (...) are full of moral principles and examples liable to make the character of the people hostile to their kings; if only because they see these books praise crimes committed by treacherous people — in particular the killing of kings, except that they call kings ›tyrants‹ before they kill them. But the character of the people is corrupted even more by reading the books (...). This is why Cassiuses and Brutuses have been replaced by Ravaillacs and Cléments, who helped other people's ambitions by killing their kings, but thought that they were serving God.«

11 Robison (⁴1798).
12 Michelet (1988), Bd. 4, S. 226.
13 Nietzsche (1980), Bd. 1, S. 295.
14 Nachweis bei Edith Landmann: Gespräche mit Stefan George. Düsseldorf, München 1963, S. 140.
15 Diese Formel entstammt dem Römischen Recht des Codex Iustinianus, wurde aber durch Papst Bonifatius VIII., der den Satz von der Königlichen Rechtssouveränität auf die kirchliche Autorität ummünzte, bekannt. Vgl. Emil Friedberg: Corpus Iuris Canonici. Leipzig 1879-1881, Bd. 2, S. 937. Siehe dazu Kantorowicz (1990), S. 51 Anm., sowie Legendre (1988) pass.
16 Grotius (1950), S. 47.
17 Man denke an Leibniz' Prognose:»Si mundus adhuc mille annos durabit, et tot libri, ut hodie conscribentur, vereor, ne e Bibliothecis integrae civitates fiant« [»Wenn die Welt noch tausend Jahre währt, und so viele Bücher wie heute geschrieben werden, dann fürchte ich, daß aus den Bibliotheken ganze Staten werden«] Gottfried Wilhelm Leibniz in: Otium Hannoveranum sive Miscellanae ex ore et schedis illustris viri piae memoriae G.G. Leibnitii. Hg. von Joachim Friedrich Feller. Leipzig 1718.
18 [Johann Melchior Goeze]: Kurze aber nothwendige Erinnerungen über die Leiden des jungen Werthers (...). Hamburg 1775, S. 326.
19 [Wesselhöft] (1821). Vgl. die Falldarstellung in Kap. 8.
20 Hohnhorst (1820), Teil 1, S. 189f.
21 Ebd., S. 190f.
22 Heydemann (1986b), S. 285.
23 [Wesselhöft] (1821), S 150f.
24 Michel Foucault: Histoire de la sexualité 3. Le souci de soi. Paris 1984.
25 [Wesselhöft] (1821), S. 167.
26 Ebd., S. 167.
27 Ebd., S. 171.
28 Ebd., S. 170.
29 Ebd., S. 172f.
30 Ebd., S. 173.
31 Ebd., S. 174f.

32 Vgl. den Tathergang nach Klaber, Melanson (1997), S. 9.
33 »The closest friend was his bedroom and his books«, Kaiser (1970), S. 133.
34 Ebd., S. 170.
35 Klaber, Melanson (1997), S. 235.
36 Kaiser (1970), S. 239 (meine Übersetzung).
37 Ebd.
38 Beleg nach Kaiser (1970), S. 424f. »Sometimes writing it down feeds the data into your subconscious mind a little clearer, and when you let your mind know exactly where you want to go, you simply get there a lot quicker. Writing it down brings it into focus – clarifies it – makes you pin down exactly what you wish to achieve.
(…) This simple formula of writing it down and believing works. It works for the young and the old. Once you get moving, your momentum will carry you over many of the obstacles that might have previously stopped you … I dare you to write it down.« Meine Übersetzung.
39 Kaiser (1970), S. 295ff.
40 Thomas Troward: The Edinburgh Lectures on Mental Science. New York 1911, S. 86.
41 Ebda., S. 88f. Wortlaut: »(…) instead of dissipating our energies, we must follow an intelligent method of concentration. The word means being gathered up at a centre, and the centre of anything is that point in which all its forces are equally balanced. To concentrate therefore means first to bring our minds into a condition of equilibrium which will enable us to consciously direct the flow of spirit to a definitively recognized purpose, and then carefully to guard our thoughts from inducing a flow in the opposite direction.« Meine Übersetzung.
42 Canetti (1980), S. 156ff.
43 Lacan (1931).
44 Ebd., S. 513: »Monsieur le Préfet de Musique de l'Amique entraîné de style pour péristyliser le compte Potatos et Margoulin réunis sans suite à l'Orgueil, Breteuil«. (meine Übersetzung).
45 Ebd., S. 515:
»Ce style que j'adresse aux autorités de passage, est le style qu'il faut pour bien former la besace de Mouléra et de son grade d'officier à gratter.
Il est ma défense d'Ordre et de Droit.
Il soutient le bien du Droit.
Il rigoureuse la tougne la plus sotte et il se dit conforme aux droits des peintres.
Il cancre la sougne aux oraies de la splendeur, pour la piloter, en menin, dans le tougne qui la traverse.
Il est Marne et ducat d' »et tort vous l'avez fait ?«
Ce m'est inspiré par le grade d'Eux en l'Assemblée maudite Genève et Cie.
Je le fais rapide et biscornu.

Il est final, le plus sage, en ce qu'il met tougne où ça doit être. Bien-être d'effet à gratter. Marcel le Crabe.« Meine Übersetzung.
46 Bleuler (¹³1975), S. 418. Die Illustration hat durch alle Auflagen des Werks hindurch Bestand gehabt.
47 Panizza (1989), ohne Paginierung. Transskription des Eintrags auf der linken unteren Seite: »Ich gebe dem Doktor Oskar Panizza Eine Miljarde Reichsmark – RM. 1,000,000,000 – zu der einen Miljarde Reichs-Mark RM 1,000,000,000 – die er bereits besitzt von mir. Bayreuth den 4. September 1900 Wilhelm.«
48 Lacan (1933), S. 69.
49 Baker (2004).
50 Ebd., S. 13f.
51 Ebd., S. 136.
52 »Der Schwindler muss sterben, sagt der Fänger im Roggen«, Jones (1992), S. 189.
53 Foucault (1994), Bd. 1, S. 252. Wortlaut: »L'écriture alphabétique est déjà en elle-même une forme de duplication puisqu'elle représente non le signifié, mais les éléments phonétiques qui le signifient; l'idéogramme au contraire représente directement le signifié, indépendamment du système phonétique qui est un autre mode de représentation. Écrire, pour la culture occidentale, ce serait d'entrée de jeu se placer dans l'espace virtuel de l'autoreprésentation et du redoublement; l'écriture signifiant non la chose, mais la parole, l'oeuvre de langage ne ferait rien d'autre qu'avancer plus profondément dans cette impalpable épaisseur du miroir, susciter le double de ce double qu'est déjà l'écriture, découvrir ainsi un infini possible et impossible, poursuivre sans terme la parole, la maintenir au-delà de la mort qui la condamne, et libérer le ruissellement d'un murmure.« Meine Übersetzung.

Das 20. Jahrhundert:
Eskalation der Sichtbarkeit und der Gewalt

1 Hobsbawm (1998), S. 15f.
2 Hegel: Vorlesungen über die Philosophie der Geschichte. In: Hegel (1969-71), Bd. 12, S. 83.
3 Kant (1983), Bd. 9, S. 33.
4 Ebd.
5 Vgl. hier Rüdiger Campe: Spiel der Wahrscheinlichkeit. Literatur und Berechnung zwischen Pascal und Kleist. Göttingen 2002.
6 Vgl. hierzu: Gerhard Lutz: Lessing und die Quinterne. Primärquellen zum Lottofieber im 18. Jahrhundert. In: Dieter Hermening, Erich Wimmer (Hg.):

Volkskultur, Geschichte, Region. FS für Wolfgang Brückner zum 60. Geburtstag. Hg. von Dieter Harmening und Erich Wimmer. Würzburg 1990, S. 128-141. Claudia Albert: Corriger la fortune? Lotterie und Glücksspiel im Urteil des 18. Jahrhunderts. In: Lenz-Jahrbuch 5 (1995), S.118-135.
7 Kant (1983), Bd. 9, S. 50.
8 Friedrich Schiller: Was heißt und zu welchem Ende studiert man Universalgeschichte? In: Schiller (⁴1965-67), Bd. 4, S. 749ff., S. 764.
9 Immanuel Kant: Kritik der reinen Vernunft. In: ders.: Werke, Bd. 4, S. 690.
10 Blaise Pascal: Pensées et opuscules. Hg. von Léon Brunschvicg. Paris 1959, S. 439 (Nr. 233). Meine Übersetzung.
11 Schiller: Was heißt und zu welchem Ende ... (Anm. 8), S. 765.
12 Vgl. sein Schreiben an G. Hufeland vom 20. Mai 1797, über den er das Los Nr. 7666 der Hamburgischen Staatslotterie zu erwerben wünschte. In: Goethes Werke. Sophienausgabe. IV. Abt. Bd. 12. Weimar 1893, S. 126.
13 Goethe (1966), Bd. 3, S. 17.
14 Schlegel (1884), S. 12.
15 Humboldt: Über die Aufgabe des Geschichtsschreibers. In: Humboldt (1960), S. 605.
16 Hegel: Vorlesungen über die Philosophie der Geschichte. In: Hegel (1969-71), Bd. 12, S. 53.
17 Kant: Prolegomena zu einer jeden künftigen Metaphysik die als Wissenschaft wird auftreten können. In: Kant (1983), Bd. 5, S. 199f.
18 Hegel: Vorlesungen über die Philosophie der Geschichte. In: Hegel (1969-71), Bd. 12, S. 49.
19 Rorty (1989), S. 170.
20 Karl Marx: [Thesen über Feuerbach]. In: Karl Marx, Friedrich Engels: Werke, Bd. 3. Berlin 1973, S. 7.
21 Rabaut (1971), S. 69.
22 Cassels (1988), S. 243.
23 Pharos (1917/1918), Bd. 65, S. 45. Zum Aussagewert dieser Pharos-Protokolle vgl. Würthle (1978), S. 65ff.
24 Ebd., S. 50; entsprechend: Mousset (1930), S. 224.
25 Cassels (1988), S. 250.
26 Pharos (1917), Bd. 64, S. 391; entsprechend: Mousset (1930), S. 74.
27 Ebd., S. 391; entsprechend: Mousset (1930), S. 74.
28 Mousset (1930), S. 75.
29 Ebd., S. 115.
30 Ebd., S. 173.
31 Cassels (1988), S. 109, 209; Pharos (1917/1918), Bd. 64, S. 391; entsprechend Mousset (1930), S. 71.
32 Mousset (1930), S. 71.

33 Pharos (1917/1918), Bd. 64, S. 391.
34 Cassels (1988), S. 247.
35 Beleg nach Rabaut (1971), S. 30.
36 Rabaut (1971), S. 28f.
37 Ebd., S. 120.
38 Beleg nach Rabaut (1971), S. 127.
39 Adler (1967), S. 122.
40 Ebd., S. 185f.
41 Ebd., S. 224f.
42 Ebd., S. 190.
43 Ebd., S. 104f.
44 Ebd., S. 128f.
45 Ebd., S. 122.
46 Kraus (1968-76), Bd. 7, F 462-471 (1917), S. 171
47 Ebd, Bd. 1, S. 1
48 Kraus (1968-76), Bd. 6, F 363-365 (1912), S. 5.
49 Lessing (1969), S. 308.
50 Ebd., S. 310.
51 Lessing (1962), S. 49.
52 Ebd.
53 Ebd.
54 Ebd., S. 83.
55 Ebd., S. 260.
56 Ebd., S. 130.
57 Ebd., S. 263.
58 Ebd.
59 Ebd., S. 114.
60 Theodor Lessing: Der Lärm. Eine Kampfschrift gegen die Geräusche unseres Lebens. Wiesbaden 1908.
61 Lessing (1962), S. 317.
62 Faust (1973), I, S. 50ff.
63 Heiber (1991), S. 65.
64 Ebd., S. 64.
65 Faust (1973), II, S. 83.
66 Marwedel (1987), S. 357.
67 Darstellung nach Marwedel (1987), S. 365ff.
68 Ebd., S. 310.
69 Gruchmann (1989), S. 79.
70 Ortner (1999), Haasis (1999). Die folgende Darstellung stützt sich auf die herausragende Biografie von Haasis.
71 Gruchmann (1989), S. 80.

72 Ebd., S. 81.
73 Vgl. die Fotos in dem Ausstellungskatalog bei Steinbach, Tuchel (1997).
74 Gruchmann (1989).
75 Haasis (1999), S. 214ff.
76 Vgl. die Dokumente in Steinbach, Tuchel (1997), S. 95ff.

Bildersturm der Frauen: Marguerite Anzieu und Valerie Solanas

1 Allouch (²1994), S. 188.
2 Lacan (1975).
3 Ebd., S. 226.
4 Ebd., S. 165.
5 Ebd., S. 165.
6 Ebd., S. 181ff.
7 Ebd., S. 195.
8 Allouch (²1994), S. 189f.
9 Ebd., S. 330.
10 Lacan (1975), S. 252ff.
11 Ebd., S. 195.
12 Ebd., S. 163.
13 Freud: Über einen autobiographisch beschriebenen Fall von Paranoia. In: Ders.: (1969-75), Bd. VII, S. 155.
14 Allouch (²1994).
15 Ebd., S. 170.
16 Lacan (1975), S. 161.
17 Ebd., S. 252.
18 Ebd., S. 166.
19 Jacques Lacan: Le stade du miroir comme formateur de la fonction du Je telle qu'elle nous est révélée dans l'expérience psychanalytique. In: Ders. (1966), S. 89ff.
20 Ebd., S. 90.
21 Sigmund Freud: Psychoanalytische Bemerkungen über einen autobiographisch beschriebenen Fall von Paranoia. In: Ders. (1969-1975), Bd. VII, S. 133ff.
22 Lacan (1975), S. 256.
23 Roudinesco (1999), S. 289.
24 Ebd., S. 293.
25 Ebd. (1986), Bd. II, S. 135.
26 Zur Datierung vgl. Allouch (²1994), S. 553ff.
27 Didier Anzieu: Le Moi-peau. Paris 1995.

28 Einen Bericht über die Aufführung und Auszüge aus dem Stück findet man im Netz u.a. unter http://www.villagevoice.com/news/0002,coburn, 11718,1.html. Auszüge aus dem Stück gibt auch Harding (2001), S. 152f.
29 Harding (2001), S. 154.
30 Girodias hatte in der Olympia Press eine Reihe skandalöser, aber auch erstklassiger Bücher veröffentlich, darunter sämtliche Werke von de Sade, die Romane von Henry Miller, Lawrence Durrels *Black book* oder auch Vladimir Nabokovs *Lolita*.
31 Solanas (1996), S. 90.
32 Ebd., S. 25ff.
33 Ebd., S. 68.
34 Ebd., S. 69f.
35 Ebd., S. 71.
36 Norman Mailer: The Prisoner of Sex. New York 1971, S. 43.
37 Solanas (1996), S. 62.
38 Vgl. Friedrich Georg Jünger: Aufmarsch des Nationalismus. Berlin 1926. Carl Schmitt: Der Leviathan (1938). Köln 1982. Martin Heidegger: Überwindung der Metaphysik. In: Ders.: Vorträge und Aufsätze. Pfullingen 1954, S. 67ff.
39 Solanas (1996), S. 74.
40 Ebd., S. 73.
41 Ebd., S. 78.
42 Ebd., S. 67.

Das Attentat auf John F. Kennedy am 22. November 1963

1 Der letzte Überblick, den Bugliosi (2007), S. 3 (Endnotes) zitiert, errechnet 933 Bücher, die sich ausschließlich mit dem Mordfall an John F. Kennedy befassen.
2 Am 18. Februar 2008 ging die Meldung um die Welt, dass im Safe eines Gerichtssaals in Dallas das Protokoll eines Gesprächs zwischen Oswald und Jack Ruby, seinem späteren Mörder, gefunden worden sei.
3 Unter der Adresse www.jfk.org.
4 Im Netz unter http://www.earthcam.com/usa/texas/dallas/dealeyplaza/index.php?goto=live.
5 Pierre Nora: Zwischen Geschichte und Gedächtnis. Frankfurt/Main 1998.
6 Dallek (2003), S. 646.
7 Ebd.
8 Marshall McLuhan (1968), S. 359f.
9 Posner (1994), S. 324ff.
10 Warren Report (1964), S. 101ff. Vgl. Posner (1994), S. 471ff., sowie Bugliosi (2007), S. 382ff u. 450ff.

11 Der Kaufmann Abraham Zapruder hielt das Ereignis mit einer Bell & Howell-Filmkamera auf einem Kodachrome-8-mm-Film fest. Die Kamera nahm 18,3 Bilder/Sek auf; Zapruder stand auf einem Grashügel auf der Dealey Plaza. Die Aufnahme dauert 26,6 Sekunden, 19,3 Sekunden zeigen das Attentat. Die Sequenz besteht aus 486 Einzelbildern. Der gesamte Film mit einer ersten privaten Sequenz findet sich im Netz unter http://www.jfk.org/go/collections/item-detail?fedoraid=sfm:1999.042 Zu diesen Bildern vgl. Kap. 13.
12 Warren Report (1964), S. VI.
13 Warren Report (1964): Commission Exhibit No. 900.
14 Der Air-Condition-Ingenieur und Angestellte der General Service Administration Orville Nix filmte den Auto-Korso Kennedys am 22.11. mit einer Keystone 8mm Auto-Zoom Kamera. Der Film hat drei Sequenzen. Bei den entscheidenden Bildern von etwa 8 Sekunden stand Nix auf der Südseite der Elm-Street. Man findet den Film im Netz unter http://www.jfk-online.com/1nix.html.
15 Bugliosi (2007), S. 532.
16 Warren Report (1964), S. 358.
17 Warren Report (1964), S. 354. Zitate bei Bugliosi (2007), S. 532.
18 Bugliosi (2007), S. 535.
19 Ebd., S. 535.
20 Warren Report (1964), S. 609f.
21 Bugliosi (2007), S. 556f.
22 Warren Report (1964), S. 366.
23 Ebd., S. 365.
24 Bugliosi (2007), S. 551.
25 Warren Report (1964), S. 362.
26 Bugliosi (2007), S. 566.
27 Mailer (1995), S. 285.
28 Ebd., S. 331.
29 Bugliosi (2007), S. 592.
30 Mailer (1995), S. 402.
31 Ebd., pass.
32 McMillan (1977), S. 340.
33 Warren Report (1964), S. 171.
34 McMillan (1977), S. 386f.
35 Ebd., S. 400ff.
36 Ebd., S. 424ff.
37 Ebd., S. 426.
38 Transkription von S. 1: <u>Historic Diary.</u> »Oct. 16. Arrive from Helsinki by train; am met by Intourest Repre. and in car to Hotel ›Berlin‹. Reges. as. ›studet‹ 5 day Lux. tourist. Ticket.) Meet my Intorist guied Rhimma Sherikova I

explain to her I wish to appli. for Rus. citizenship. She is flabbergassed, but aggrees to help. She checks with her boss, main office Intour; than helps me add. a letter to Sup. Sovit asking for citizenship, mean while boss telephons passport & visa office and notifies them about me.
Oct. 17 – Rimma meets me for Intourist sighseeing says we must contin. with this although I am too nevous she is ›sure‹ I'll have an anserwer. soon. Asks me about myself and my reasons for doing this I explain I am a communist, ect. She is politly sym. but uneasy now. She tries to be a friend to me. she feels sorry for me I am someth. new.
Sun Oct. 18. My 20th birthday, we visit exhib. in morning and in the after noon The Lenin-Stalin tomb. She gives me a present Book ›Ideot‹ by Dostoevski.
Oct. 19 Tourism. Am anxious since my visa is good for five days only and still no word from auth. about my reqest.
Oct. 20. Rimmer in the afternoon says Intourist was notified by the pass & visa dept. that they want to see me I am excited greatly by this news.
Oct. 21. (mor) Meeting with single offial. Balding stout, black suit fairly. good English, askes what do I want?, I say Sovite citizenship, he ask why I give vauge answers about ›Great Soviet Union‹ He tells me ›USSR only great in Literature wants use to go back home‹ I am stunned I reiterate, he says he shall check and let me know weather my visa will be (exteaded it exipiers today) Eve. 6.00 Recive word from police official. I must leave country tonight at. 8.00 P.M. as visa expirs. I am shocked!! My dreams! I retire to my room. I have $100. left. I have waited for 2 year to be accepted. My fondes dreams are shattered because of a petty offial; because of bad planning I planned to much! 7.00 P.M. I decide to end it. Soak rist in cold water to numb the pain. Than slash my left wrist. Than plaug wrist into bathtub of hot water. I think, when Rimma comes at 8. to find me dead it wil be a great shock. somewhere, a violin plays, as I«. In: Warren Commission Exhibits, Nr. 24; Im Netz unter http://jfkassassination.net/russ/jfkinfo2/jfk4/f491.htm.

39 Bugliosi (2007), S. 944.
40 Mailer (1995), S. 163.
41 McMillan (1977), S. 40.
42 Ebd., S. 486.
43 Lacan (1933), S. 39.
44 »He must be opposed to their basic foundations *and representatives*.« »I despise the representatives of both systems.« Zitiert nach Bugliosi (2007), S. 948.
45 Weisberg (1965, 1966).
46 Lifton (1988).
47 Bugliosi (2007), S. 1353.
48 Garrison (1992), S. 334.
49 Vgl. hierzu vor allem Lambert (1998).

50 Bugliosi (2007), S. 1352.
51 Beleg bei Lambert (1998), S. 246.
52 Die Formulierung lautet: »severe and disabling psychoneurosis«. Darstellung nach Lambert (1998), S. 11ff.
53 Garrison (1992), S.21.
54 Patricia Lambert zählt deren 11 auf, S. 181f.
55 Posner (1994), S. 446.
56 Lambert (1998), S. 159.
57 Ebd., S. 206.
58 Ebd., S. 246.
59 Ebd., S. 76ff.
60 Ebd., S. 99ff.
61 Ebd., S. 206, 132ff.
62 Posner (1994), S. 449.
63 Scheim (1991), S. 78ff.
64 Bugliosi (2007), S. xli.
65 Warren Report (1964), S. 168.
66 Bugliosi (2007), Endnotes, S. 400.
67 Vgl. oben Anm. 50.
68 Lifton (1988), S. 703.
69 Canetti (²1976), Bd. 2, S. 201f.
70 Bugliosi (2007), S. xli.
71 Ebd., S. v.
72 Ebd., S. xliv.
73 Mailer (1995), S. 283.
74 DeLillo (1993), S. 93.
75 Zusammengefasst bei Bugliosi (2007), S. 550ff.
76 DeLillo (1993), S. 484f.
77 Ebd., S. 403.
78 Mailer (1995), S. 583f.
79 Ebd., S. 283.

Heilige Zeiten: der Augenblick des Attentats

1 Schreber (1985), S. 48.
2 Ebd., S. 342.
3 Ebd., S. 53.
4 Vgl. oben Kap. 5. Siehe Zu Joachim von Fiore siehe auch Karl Löwith: Weltgeschichte und Heilsgeschehen. Stuttgart, Berlin, Köln ⁸1990, S. 136ff.

5   Giorgio Agamben: Il tempo che resta. Un commento alla ›Lettera ai Romani‹. Torino 2000; deutsche Übers. von Davide Giuriato: Die Zeit, die bleibt. Ein Kommentar zum Römerbrief. Frankfurt a.M. 2006. Vgl. hierzu auch meinen Aufsatz: Schneider (2008).
6   »παράγει γὰρ τὸ σχῆμα τοῦ κόσμου τούτου«. Vgl. Agamben (Anm. 5), S. 35f.
7   Heine (1968ff.), Bd. II, S. 245-308, S. 270.
8   Agamben (Anm. 5), S. 152.
9   Lacan (1981), S. 149.
10 Roger Caillois: Der Mensch und das Heilige. Übers. von Brigitte Weidmann. München 1988, S. 147.
11 Einzelheiten bei Dondaine (1953).
12 »In manus tuas, Domine, commendo spritum meum«. In: Dondaine (1953), S. 104.
13 Schreber (1985), S. 79.
14 Traeger (1986), S. 215.
15 Vgl. hierzu Sauerländer (1983).
16 d'Almeras (1925), S. 69.
17 Traeger (1986), S. 215.
18 Vgl. Klaus Lankheit: Jacques-Louis David. Der Tod Marats. Stuttgart 1962, sowie Traeger (1986), S. 63ff. – Vgl. hierzu den Widerspruch von Sauerländer (1983).
19 Peter Weiss: Die Verfolgung und Ermordung Jean-Paul Marats dargestellt durch die Schauspielgruppe des Hospizes von Charenton unter Anleitung des Herrn de Sade. In: Ders.: Stücke I. Frankfurt a.M. 1976, S. 250.
20 »[L]'opposé du possible, c'est assurément le réel, nous serons amenés à définir le réel comme l'impossible.« In: Jacques Lacan: Les quatre concepts fondamentaux de la psychanalyse. Le séminare de Jacques Lacan. Livre XI. Paris 1964, S. 152.
21 Walter Benjamin: Das Kunstwerk im Zeitalter seiner technischen Reproduzierbarkeit. In: W.B.: Gesammelte Schriften. Hg. von R. Tiedemann und H. Schweppenhäuser, unter Mitwirkung von Th. W. Adorno und G. Scholem, Frankfurt a.M. 1974ff., Bd. I, 2, S. 474f.
22 Ralf Piechowiak: John F. Kennedy: Der Jahrhundertmord – Vier Tage im November. ZDF 1993.
23 Nigel Turner: Präsidentenmord 1/2. John F. Kennedy – Die unendliche Legende. WDR 1988.
24 Zu dieser Thematik vgl. Kap. 15.
25 Ernst Jünger: Der Kampf als inneres Erlebnis. In: Ders.: Werke in zehn Bänden. Essays I. Betrachtungen zur Zeit. Stuttgart o. J. [1960-65], S. 51.
26 DeLillo (2007), S. 238.
27 Ebd., S. 38.

Pop Ikonoklasmus. Attentate auf John Lennon und Ronald Reagan

1. Carl Gustav Jung: Synchronizität als Prinzip akausaler Zusammenhänge. In: C.G.J.: Gesammelte Werke Bd. 8, S. 475ff.
2. Salinger (1974), S. 99.
3. Jones (1992), S. 83.
4. Rosen (2000), S. 211.
5. Jones (1992), S. 65f.
6. »I wanted to kill somebody to stop my mind«. In: Ebd., S. 75.
7. Fawcett (1976).
8. Jones (1992), S. 75f.
9. Ebd., S. 218.
10. »I've killed him in my mind already«, Salk (1981), S. 217.
11. Jones (1992), S. 76.
12. Vgl. 6. Kap., Abschnitt »Docteur Lacan (1)«.
13. Jones (1992), S. 176.
14. Salinger (1974), S. 64.
15. Jones (1992), S. 212.
16. Ebd., S. 176.
17. Ebd., S. 117.
18. »looking at those pictures, I became enraged against him«. In: Ebd., S. 176.
19. Ebd., S. 178. Meine Übersetzung.
20. Jung (1967), S. 500f.
21. Rhine (1935), S. 50f.
22. Gardner (1957), S. 308ff.
23. Jung (1967), S. 497.
24. Clarke (1990), S. 23.
25. Caplan (1984), S. 44f.
26. »You talkin' to me? You talkin' to me? Well, I don't see anyone else here«. In: Caplan (1984), S. 77.
27. Im Jahre 1987 fand man in Hinckleys Zelle im St. Elizabeths Mental Hospital in Washington D.C. zwanzig Fotos von Jodie Foster. Daher wurde sein Antrag auf Entlassung abgelehnt. Das gleiche geschah im Jahre 2000, als erneut Jodie-Foster-Material bei ihm gefunden wurde.
28. Caplan (1984), S. 15f.
29. Beleg bei Clarke (1990), S. 62f.
30. Clarke (1990), S. 12.
31. Ebd., S. 44.
32. Caplan (1984), S. 44.
33. Hinckley, Hinckley, Sherrill (1985), S. 259.

34 »It was the first time that we had seen our son play the guitar. The moment passed and shyly he laid the instrument down. ›Do you like the tone?‹ he asked. To me, it had sounded like the choir of angels – but that wasn't all. As he asked the question, instead of keeping his gaze fixed to the ground, he looked me straight in the eye«. In: Ebd., S 355.
35 »Don't they make a darling couple? Nancy is downright sexy. One day you and I will occupy the White House and the peasants will drool with envy.« In: Caplan (1984), S. 45.
36 Ebd., S. 10ff.
37 Ebd., S. 91ff.
38 Ebd., S 183. Vgl. zu einigen Titeln weiter unten.
39 Clarke (1990), S. 58f.
40 »This gun gives me pornographic power. / If I will, the president will fall / And the world will look at me with disbelief«. In: Caplan (1984), S. 45.
41 Beleg nach Low, Jeffries, Bonnie (1986), S. 33.
42 Clarke (1990), S. 6. Vgl. auch das Protokoll der Aussage, die der Sachverständige Dr. Elliott Dietz vor Gericht machte: Low, Jeffries, Bonnie (1986), S. 38ff.
43 Bericht der Washington Post. Zitat nach Clarke (1990), S. 9.
44 Ebd., S. 10.
45 Bremer (1973).
46 FBI File »John W. Hinckley«. Evidence from Park Central Hotel (1981), S. 50.
47 McMillan (1977).
48 Kaiser (1970).
49 FBI File »John W. Hinckley«. Evidence from Evergreen, Colorado (1981), S. 55ff.
50 Hinckley, Hinckley, Sherrill (1985), S. 291.
51 Ebd., S. 300.
52 »Regardless of your lovely life / I am still here writhing in pain / I am still reeling from the truth / Regardless of the outside sun / I remain the far side of crazy / I remain the mortal enemy of Man / Regardless of a million smiles / (…) / I stagger from day to day / I stagger towards the future / Regardless of the laughter of children / I cannot continue to pretend / I cannot continue to live«. In: Ebd., S.195f.
53 Ebd., S 341.
54 Kant: Über die Krankheiten des Kopfes. In: Kant (1983), Bd. 2, S. 896. Vgl. oben Kap. 6.
55 Bremer (1973), S. 128.
56 Ebd., S. 109.
57 Ebd., S. 104.
58 »Like a novelist who knows not how his book will end – I have written this journal – what a shocking surprise that my inner character shall steal the cli-

max and destroy the author and save the anti-hero from assassination!! It may sound exciting & fascinating to readers 100 years later from now – as the Booth conspricy [sic] seems to us today.« In: Bremer (1973), S. 104f.
59 »Got a sign from the headquaters here. To shield the go for the gun. Is there any thing else to say? My cry upon firing will be ›A penny for your thoughts‹«. In: Ebd., S. 137.
60 »Ask me why I did it & I'd say ›I don't know‹, or ›Nothing else to do‹, or ›Why not?‹ or ›I have to kill somebody‹«. In: Ebd., S. 119.
61 »SHIT! I won't even rate a T.V. enteroption in Russia or Europe when the news breaks – they never heard of Wallace. If something big in Nam flares up I'll end up at the bottom of the 1st page in America. The editors will say – ›Wallace dead? Who cares.‹ We won't get more than 3 minutes on network T.V. news. I don't expect anybody to get a big throbbing erection from the news (…). I hope my death makes more sense than my life.« In: Ebd., S. 105f.

Ikonoklasmus der Türme: Der 11. September 2001

1 Rupert von Deutz, De divinis officiis. X, 17. PL 169 Sp. 93f.
2 Martin Heidegger: »Der Lehrer trifft den Türmer an der Tür zum Turmaufgang«. In: M.H.: Feldweg-Gespräche (1944/45). Hg. von Ingrid Schüßler. Frankfurt a.M. 1995 (Gesamtausgabe III, Bd. 77), S. 161-202, S. 168.
3 Ebd., S. 163.
4 Martin Heidegger. Einführung in die Metaphysik. Freiburger Vorlesung Sommersemester 1935. Hg. von Petra Jäger. In: M.H.: Gesamtausgabe. II. Abt. Vorlesungen. Bd. 40. Frankfurt a.M. 1983, S. 40f.
5 Heidegger: »Der Lehrer trifft den Türmer« (Anm. 2), S. 178.
6 Ebd., S. 167.
7 Jacques Lacan: La logique de la castration. In: Lacan (1988), S. 143ff.
8 Albert Speer: Erinnerungen. Gütersloh 1993, S. 69.
9 Vgl. auch Heike Schlie: Turmbau – ein Abriss der Architektur- und Kulturgeschichte. In: Michael Diers, Stefan Grohé, Cornelia Meurer (Hgg.): Der Turm von Jena. Architektur und Zeichen. Jena 1999, S. 125-132.
10 Suger (^{3}2008), S. 256. De consecratione, 3.
11 Die Abhandlungen sind: »De rebus in administratione sua gestis« sowie »De consecratione ecclesiae Sancti Dionysii«. In: Suger (^{3}2008).
12 Ebd., S. 320. De administratione, 166.
13 Erwin Panofsky: Zur Philosophie des Abtes Suger von Saint-Denis. In: Werner Beierwaltes (Hg.): Der Platonismus in der Philosophie des Mittelalters. Darmstadt 1969 (Wege der Forschung; CXCVII), S. 109-120, S. 114. Die The-

sen Panofskys blieben nicht unumstritten, z. B. Christoph Markschies: Gibt es eine »Theologie« der gotischen Kathedrale? Nochmals: Suger von Saint-Denis und Sankt Dionys vom Areopag. Heidelberg 1995.
14 Vgl. hierzu auch den Aufsatz von Lorenz Engell: Der Turm als Medium oder: Ausfahrt nach Babylon. In: Diers, Grohé, Meurer (Hgg.): Der Turm von Jena (Anm. 9), S. 147-151.
15 Vgl. das großartige Werk von Arno Borst: Der Turmbau von Babel. Geschichte der Meinungen über Ursprung und Vielfalt der Sprachen und Völker. München 1995.
16 Vitruvii de architectura libri decem – Vitruv zehn Bücher über Architektur. Hg. u. übers. von Curt Fensterbusch. Darmstadt 1976, S. 44f.
17 Immanuel Kant: Kritik der Urteilskraft. In: Kant (1983), Bd. 5, S. 357.
18 Belege bei Borst: Der Turmbau von Babel (Anm. 15), S. 1299.
19 Ebd., S. 965.
20 Vgl. hierzu Wegener (1995), S. 144ff.
21 Athanasius Kircher: Turris Babel. Amsterdam 1679. Beleg bei: Paolo Farina, Giuliana Rovero, Marcello Tommasi (Hgg.): Il Mondo delle torri. Da Babilonia a Manhattan. Milano 1990, S. 34.
22 Ebd., S. 35.
23 Immanuel Kant: Einleitung zur transzendentalen Methodenlehre. In: Kant (1983), Bd. 4, S. 609.
24 Johann Gottfried Herder: Briefe zur Beförderung der Humanität, in: J.G.H.: Sämtliche Werke. Hg. von B. Suphan, Berlin 1877-1913 (Nachdruck: Hildesheim 1976), Bd. XVII, S. X (Brief 79).
25 Beleg bei Heinrich Klotz: Von der Urhütte zum Wolkenkratzer. Geschichte der gebauten Umwelt. München 1991, S. 239.
26 Stanley Tigerman (Hg.): Chicago Tribune Tower Competition & Late Entries. New York ²1980, S. 8.
27 Beleg bei Paul Goldberger: Wolkenkratzer. Das Hochhaus in Geschichte und Gegenwart. Stuttgart 1981, S. 18.
28 Ebd., S. 16.
29 Legendre (1999). Vgl. Kap. 6, Abschnitt »Die puritanische Rationalität und die Gnade der Effizienz«.
30 Michel Foucault: Les mots et les choses. Une archéologie des sciences humaines. Paris 1977.
31 Ebd., S. 251.
32 Hobbes (1984), Kap. 4 u. 16.
33 Vgl. Hasso Hofmann: Repräsentation. Studien zur Wort- und Begriffsgeschichte von der Antike bis ins 19. Jahrhundert. Berlin 1974.
34 Ceremonial-Buch für den Königlich Preussischen Hof. Berlin 1877.
35 Justinian (1989), S. 2.

36 Friedrich Schiller: Über die ästhetische Erziehung des Menschen in einer Reihe von Briefen. In: Schiller (⁴1965-67), Bd. 5, S. 570-669, S. 585.
37 »Le Moderne dédaigne d'imaginer«. In: Stéphane Mallarmé: Richard Wagner. Rêverie d'un poète français, in: St. M.: Œuvres complètes. Hg. von Henri Mondor u. Georges Jean-Aubry, Paris 1945, S. 539-546, S. 542.
38 Wassily Kandinsky: Über das Geistige in der Kunst. Mit einer Einführung von Max Bill. Bern 1959, S. 136.
39 Immanuel Kant: Kritik der Urteilskraft. In: Kant (1983), Bd. 5, S. 365.
40 Charles Baudelaire: L'Œuvre et la vie d'Eugène Delacroix. In: Baudelaire: Œuvres complètes. Préface, présentation et notes de Marcel Rueff. Paris 1968, S. 530-542, S. 531. Meine Übersetzung.
41 Vgl. Calvin Tomkins: Marcel Duchamp. Eine Biographie. Übers. Jörg Trobitius. München 1999, S. 73.
42 Kant: Kritik der Urteilskraft (Anm. 17), S. 366.
43 »La volonté ne représente pas«. Jean-Jacques Rousseau: Du contrat social. In: Rousseau (1964): S. 9-125, S. 429.
44 Beleg bei Claudia Schmölders: Hitlers Gesicht. Eine physiognomische Biographie. München 2000, S. 97.
45 Herfried Münkler: Die Visibilität der Macht und Strategien der Machtvisualisierung. In: Gerhard Göhler (Hg.), Macht der Öffentlichkeit – Öffentlichkeit der Macht. Baden-Baden 1995, S. 213-230.
46 Jean-Jacques Rousseau: Lettre à d'Alembert. In: Rousseau (1988), S. 115. Meine Übersetzung.
47 Legendre (1994).
48 Michael Polyani: What is a painting? In: The American Scholar 39/4, (1970), S. 655-669 – Weir J.T. Mitchell, Was ist ein Bild? In: Volker Bohn (Hg.): Bildlichkeit. Internationale Beiträge zur Poetik. Frankfurt/Main 1990, S. 17-68 – Gottfried Boehm (Hg.), Was ist ein Bild? München 1994: Und neuerdings zusammenfassend: Klaus Sachs-Hombach, Das Bild als kommunikatives Medium. Elemente einer allgemeinen Bildwissenschaft, Köln 2003.
49 Andreas Alciatus: Notitia Dignitatum imperii Romani. Basilea 1552. Beleg nach Peter Goodrich: Languages of Law. From Logics of Memory to Nomadic Masks. London 1990, S. 260ff.
50 Dario Gamboni: Zerstörte Kunst. Bildersturm und Vandalismus im 20. Jahrhundert. Köln 1998, S. 305ff. (Engl. Orig.: The Destruction of Art. London 1997).
51 »Étudier le Tiers garant de la division pour le sujet institué, le Tiers mainteneur du Miroir, suppose d'admettre que la normativité est d'abord liée, en quelque société que ce soit, au matériau humain, à la logique de la représentation, à la théâtralisation du principe de Raison dans la culture.« In: Legendre (1994), S. 12.
52 Beleg bei Stachniewski (1992), S. 107.

53 Pynchon (1973), S. 145.
54 Ebd., S. 84.
55 Ebd., S. 17.
56 Kraepelin (1913), Bd. IV, S. 1720.

Literatur: Blinzler und Metaphysiker

1 Jean Paul: Die wunderbare Gesellschaft in der Neujahrsnacht. In: Jean Paul (1960-1977), Bd. IV, S. 1121-1138, S. 1133f.
2 Titel der Erstausgabe: Le dernier homme: ouvrage postume par M. de Grainville. 2 Bde. Paris 1805.
3 Grainville: Le dernier homme, Bd. 2, S. 174. Meine Übersetzung.
4 Mary Shelley: Verney, der letzte Mensch. Übersetzt von Ralph Tegtmeier. Bergisch Gladbach 1982, S. 330f.
5 Zum Beispiel Auguste Creuzé de Lesser: Le dernier Homme, poème, imité de Grainville. Paris 1831.
6 Schreber (1968), S. 55.
7 H.G. Wells: Die Zeitmaschine. Übertragen von Felix Paul Grewe. Reinbek 1951, S. 14.
8 Ebd., S. 27.
9 Ebd., S. 116f.
10 Arno Schmidt: Schwarze Spiegel. In: A.S.: Nobodaddy's Kinder. Trilogie. Aus dem Leben eines Fauns. Brand's Heide. Schwarze Spiegel. Reinbek 1963, S. 174, 182.
11 Ebd., S. 186.
12 Margaret Atwood: Oryx and Crake. London 2003.
13 Margaret Atwood: Oryx und Crake. Roman. Deutsch von Barbara Lüdemann. Berlin 2005, S. 376.
14 Maurice Blanchot: Der letzte Mensch. Erzählung. Aus dem Französischen von Jürg Laederach. Basel, Weil am Rhein, Wien 2005, S. 46f.
15 Ebd., S. 51.
16 Ebd., S. 123.
17 Vgl. in Kap. 9 den Abschnitt »Hämmern: Ein Literaturtraum des Performativen«.
18 Baker (2004), S. 29.
19 Ebd., S. 30f.
20 Nietzsche (1980), Bd. 4, S. 19.
21 Ebd., S. 11.
22 Das kann der philosophische Adler Martin Heidegger nicht sehen. Vgl. seine Auslegung des blinzelnden letzten Menschen in der Vorlesung *Was heißt*

Denken. Martin Heidegger: Was heißt denken? In: M.H.: Gesamtausgabe. I. Abt., Bd. 8. Frankfurt a.M. 2002, S. 78f.
23 Politeia 515 c-d. Platon (1990), Bd. 4, S. 556f.
24 Die Belege für das Nomen μαρμαρυγή bzw. für das Verb μαρμαίρω rekurrieren auf Lichterscheinungen: z. B. auf die blitzenden lebhaften Augen der Aphrodite in der *Ilias* (3, 397) oder in Hesiods *Theogonie* auf den Blitz des Zeus (V. 699).
25 Nietzsche (1980), Bd. 1, S. 760.
26 Ebd., Bd. 2, S. 145.
27 Baker (2004), S. 66.
28 Ebd., S. 137.
29 Vgl. in Kap 13 den Abschnitt »11. September 2001, 09 Uhr 15: Angriff auf die Twin Towers«.
30 DeLillo (2007), S. 237.
31 Ebd., S. 158.
32 Ebd., S. 74.
33 Ebd., S. 119.
34 Ebd., S. 225f.
35 Ebd., S. 243.
36 Ebd., S. 211f.
37 Das heißt nicht, dass es keine weiteren Beispiele gäbe. Hervorzuheben ist Marlen Haushofers Roman *Die Wand*. Diesmal ist es eine Frau, die eine Katastrophe überlebt. Jenseits einer unsichtbaren Wand, die eine Alpenlandschaft einschließt, scheint alles Leben erloschen. Die letzte einsame Frau berichtet über ihr Leben in einer Alpenhütte mit Katzen, einem Hund, einer Kuh und einem Stier. Sie ist eine Schwester von Marguerite Anzieu und von Valerie Solanas. Als in ihrer sonst männerfreien Welt ein Exemplar des anderen Geschlechts auftaucht, wird es kurzerhand erschossen. Ein weiterer erwähnenswerter Roman zum Thema ist Herbert Rosendorfers *Großes Solo für Anton*.
38 Glavinic (2006), S. 9.
39 Ebd., S. 20.
40 Ebd., S. 301.

Der Betrieb der paranoischen Vernunft II

1 Quelle: Schneider, Fink (2007), S. 525.
2 Darstellung nach Snyder (³1990)
3 Ebd., S. 86f. Vgl. hierzu Carlsson (1998).
4 Meisenzahl et. al. (1998), S.185ff.
5 Haig et al. (2000).

6 Eindrucksvoll in Schneider, Fink (2007).
7 Mager, Meisenzahl (1998), S. 118.
8 Strauss (1969), S. 585.
9 Johns, Os (2001), S. 1126.
10 Ebd., S. 1130.
11 Freeman, Pugh (2008), S. 6.
12 Ebd., S. 2.
13 Vgl. hierzu Rose, Parker (1978).
14 McGovern, Turkington (2001), S. 157.
15 Strauss (1969), S. 586.
16 McGovern, Turkington (2001), S. 156.
17 Freud (1969-75), S. VII, S. 193.
18 Romme, Escher (1989), S. 214.
19 Immanuel Kant: Anthropologie in pragmatischer Hinsicht. In: Kant (1983) Bd. 10, S. 530 (§ 49).
20 Sehr instruktiv: Blasius (2001).
21 Eine »Verschwörungsmentalität« bescheinigt ihm auch der sonst wohlwollende Hernandez Arias (1998), S. 229.
22 Schmitt (1991), S. 36.
23 Am 2. Dezember 1914 findet sich das Notat: »Meine geistige Widerstandskraft ist so gänzlich gebrochen, dass ich auf jeden noch so kleinen ›Eindruck‹ der Außenwelt reagiere, dass in mir gleich ganze Welten von Erinnerungen und Affekten aufsteigen, wenn ich nur einen Wagen, ein Pferd sehe. Ich möchte weinen, weil mir dann tausend traurige Szenen meiner Kindheit einfallen. Widerstandslos bin ich jedem Eindruck preisgegeben.« In: Schmitt (2003), S. 263f.
24 Zitiert nach Mehring (2009), S. 576.
25 Lethen (1994), S. 215ff.
26 Schmitt (2003), S. 246f.
27 Zitat nach Schmitt (2003), S. 1.
28 Schmitt (1950), S. 53.
29 Schmitt (1988), S. 28ff.
30 Vgl. Grossheutschi (1996).
31 Schmitt (1991), S. 63.
32 Ebd., S. 153.
33 Zuletzt Gross (2000).
34 Schmitt (2003), S. 245.
35 Schmitt (1991), S. 162.
36 Zitat nach Gross (2000), S. 49.
37 Ebd., S. 288.
38 Carl Schmitt: Die deutsche Rechtswissenschaft im Kampf gegen den jüdischen Geist. Schlußwort auf der Tagung der Reichsgruppe Hochschullehrer des

NSRB vom 3. und 4. Oktober 1936, Sp. 1193-1199, Sp. 1195f. Zu den Umständen dieser Tagung s. auch Koenen (1995), S. 708ff.; Gross (2000), S. 120ff.
39 Schmitt (1950), S. 75.
40 Ebd., S. 12.
41 Schmitt (1982), S. 109f.
42 Ebd., S. 82.
43 Ebd., S. 92.
44 Schmitt (1933), S. 33.
45 Schmitt (1991), S. 18.
46 »Kain und Abel (...). Das ist die dialektische Spannung, die die Weltgeschichte in Bewegung hält, und die Weltgeschichte ist noch nicht zu Ende.« Schmitt (1950), S. 89f.
47 Vgl. Schneider (1997).
48 Schmitt (1941), S. 7.
49 Schmitt (^{3}1988), S. 41.
50 Ebd., S. 48.
51 Schmitt (1933b), S. 32.
52 Schmitt (1934), Sp. 947.
53 Schmitt (1941), S. 47.
54 Schmitt (^{3}1988), S. 63. Pascal (1954), S. 1149. Pensées 230. [69].
55 Schmitt (1991), S. 258.
56 Schmitt (1934), Sp. 947.
57 Schmitt (1991), S. 235.
58 Nach der Überlieferung durch Sueton: »debere homines consideratius iam loqui secum ac pro legibus habere quae dicat.« De vita Caesarum 77. Sueton (1997), S. 118.
59 Schmitt (1991), S. 50.
60 Ebd., S. 314.
61 Ebd., S. 236.
62 Ebd., S. 172.
63 Ebd., S. 235.
64 Nietzsche (1980), Bd. 11, S. 619
65 Pynchon (1981), S. 34.
66 Ebd., S. 46.
67 Ebd., S. 137.
68 Vgl. hierzu das instruktive Buch von Melley (2000), S. 81ff.
69 Pynchon (1981), S. 127.
70 Aus: Georgette de Montenay, Anna Roemer Visscher: Cent emblems chrestiens (um 1615). Quelle: Emblem Project Utrecht http://emblems.let.uu.nl/.
71 Pynchon (1999), S. 134. Im Amerikanischen steht für Flimmern »Tremor«: Pynchon (1998), S. 98.

72 Kraepelin (⁸1915), Bd. IV, S. 1720.
73 Pynchon (1981), S. 147.
74 Bauer et al.: Gamma flickers triggers attentional selection without awareness. In: PNAS Early Edition 2009.
75 Nach Karl Zilles: Bildgebende Verfahren: Neue Perspektiven in der Hirnforschung. In: Jahrbuch der Heinrich-Heine-Universität Düsseldorf 3 (2003), S. 117-130, S. 119. Im Netz unter: www.uni-duesseldorf.de/home/Jahrbuch/2003/PDF/Zilles.pdf.
76 Pynchon (1981), S. 300.
77 Vgl. Kap. 6, Abschnitt »Die puritanische Rationalität und die Gnade der Effizienz«.
78 Vgl. Ebd.
79 Vgl. Kap. 15, Abschnitt »*Loose Change*: Das flimmernde Ding«.
80 Kraepelin (⁸1915), S. 1737.
81 Sérieux, Capgras (1910).
82 Vgl. oben im Kap 6 den Abschnitt »Docteur Lacan (1)«.
83 Nietzsche (1980), Bd. 4, S. 255.
84 Legendre (2001), S. 26.
85 Dieser Abschnitt nimmt dankbar eine Anregung von Georges Didi-Huberman auf.
86 Nach der Anamnese in der Kreuzlinger Klinik am 19. Mai 1921. In: Binswanger, Warburg (2007), S. 260f.
87 Ebd., S. 227.
88 Ebd., S. 252.
89 Vignoli (³1885).
90 Vgl. hierzu: Gombrich (1992), S. 94ff.
91 Vignoli (³1885), S. 20, 37.
92 Warburg (2000), S. 9.
93 Ebd., S. 3.
94 Ebd., S. 9.

Alte und neue Attentäterprofile

1 »ὥστ' ὠνομάσθης ἐκ τύχης ταύτης ὅς εἶ«. König Oedipus V. 1036.
2 Vorlesungen zur Einführung in die Psychoanalyse. In: Freud (1969-75), Bd. I, S. 324-232.
3 Deleuze / Guattari (1977), S. 63.
4 Legendre (1985).
5 Nietzsche (1980), Bd. 6, S. 141.
6 Ebd., Bd. 6, S. 287.

7 Giorgio Colli: Die Geburt der Philosophie. Aus dem Italienischen von Reimar Klein. Frankfurt a.M. 1981 (Europäische Bibliothek; 9).
8 Dies berichtet Ernest Jones: Sigmund Freud. Leben und Werk. 3 Bde. München 1982, Bd. II, S. 27f.
9 »σπέρμ' ἰδεῖν βουλήσομαι«. König Ödipus, V. 1077.
10 »παῖς τῆς τύχης«. König Ödipus, V. 1080.
11 Vgl. Kap. 6, Abschnitt »Docteur Lacan (1)«.
12 »τύχης χαλεπῆς ἐφήμερον σπέρμα«. Dieses Aristoteles-Zitat aus dem verlorenen Dialog *Eudemos* überliefert Plutarch in der »Consolatio ad Apollonium« seiner *Moralia*. In: Plutarch's Moralia in fiteen volumes. With an English Translation by Frank Cole Babbitt. London, Cambridge, Mass. 1962, Bd. II, S. 177. Moralia 115 D.
13 In der *Geburt der Tragödie*. In: Nietzsche (1980), Bd. 1, S. 34.
14 Platon (1990), Bd. 8/1, S. 401. Nomoi 773d.
15 Herodot (2001), Bd. II, S. 817ff. Historien VI, 86.
16 Ebd., S. 819.
17 Eine Seite unter http://en.wikipedia.org/wiki/List_of_school-related_attacks-#College_and_university_school_incidents zählt seit Beginn des 20. Jahrhunderts weltweit etwa 50 solcher Fälle in Grundschulen, 170 in Gymnasien und rund 80 in Colleges und Universitäten auf.
18 Sebastian Bosse, *Tagebuch*, Eintrag vom 19. August 2006. Das Tagebuch findet sich im Netz unter http://staydifferent.st.ohost.de/diary/.
19 Immanuel Kant: Metaphysik. Zweiter Theil. In: I.K.: Akademie-Ausgabe, Bd. XVIII, S 480.
20 Sebastian Bosse: *Tagebuch* (Anm. 18). Eintrag vom 26. September 2006.
21 Im Netz unter www.liveleak.com/view?i=68beb6083d.
22 Ani, Friedrich (2004): Aus den Aufzeichnungen des Ludwig D. In: Kursbuch 155 Neue Rechtsordnungen, S. 175-180, S. 175.
23 Eintrag auf S. 26 im Journal von Dylan Klebold. Im Netz unter www.acolumbinesite.com/dylan/journal45.html.
24 »One big fucking problem Is people telling me what to fuckin do, think, say, act, and everything else. Ill do what you say IF I feel like it. But people (I.E. parents, cops, God, teachers) telling me what to (...) do, think, say, act, and everything else just makes me not want to fucking do it! thats why my fucking name is REB!!! no one is worthy of shit unless I say they are, I feel like GOD and I wish I was, having everyone being OFFICIALLY lower than me. I already know that I am higher than almost anymore in the fucking welt in terms of universal Intelligence and where we stand in the universe compared to the rest of the UNIV.« http://www.acolumbinesite.com/eric/writing/journal/journal4.html.
25 »Hey bro whats going on. Florida huh. Send me a postcard or somethin. your a bastard for leavin us but hey, if you have a chance to get out of this shithole, take

it. Learn some Deutsch, but never disrespect it, or you will blow up. DOOM rules I hate everything unless I say otherwise. Hey don't follow your dreams or goals or any of that shit, follow your fucking animal instincts if it moves kill it, if it doesn't, burn it. kein Mitleid!!! God damn not an angel when I die. BUCK DICH. RAMMSTIEN ›wake me up in Anarchy‹ ›Fire!!!‹ hey, if you get a good comp down there, lets DM in Doom, I bet yer dad would pay for it!! God I fucking hate people kick some, take some, and get some REB«.

26 Ebd., journal15html.
27 »fuck mercy fuck justice fuck morals fuck civilized fuck rules fuck laws … DIE manmade words … people think they apply to everything when they dont/cant. theres no such thing as True Good or True evil, its all relative to the observer. its just all nature, chemistry, and math. deal with it. but since dealing with it seems impossible for mankind, since we have to slap warning labels on nature, then … you die. burn, melt, evaporate, decay, just go the fuck away!!!! YAAAAAH!!!! – 6/12/98 –«. Ebd.
28 Vgl. hierzu Fögen (1997), S. 48 und S. 222ff.
29 »Some god i am … All people i ever might have loved have abandoned me, my parents piss me off & hate me … want me to have fuckin ambition!! How can i when i get screwed & destroyed By everything??!!!! I have no money, no happiness, no friends … Eric will be getting farther away soon … I'll have less than nothing … how normal. I wanted to love … i wanted to be happy and ambitious and free & nice & good & ignorant … everyone abandoned me … i have small stupid pleasures, … my so called hobbies & doings … those are all thats left for me. clinging onto the smallest rocks … many people climbing up a never-ending vertical cliff … (…) found a plateau to exist on … they walked up me to get to it. Nobody will help me … only exist w. me if it suits them. i helped, why cant they? (…) will get me a gun, ill go on my killing spree against anyone I want.« In: http://www.acolumbinesite.com/dylan/journal12.html.
30 »me is a god, a god of sadness / exiled to this eternal hell.« Ebd.
31 »Fate is my only master«. Ebd. / journal22.html.
32 »i am denied what i want, / to love & to be happy / being made a human / without the possibility of BEING human«. Ebd.
33 Mass Shootings at Virginia Tech April 16, 2007 (2007), S. 31-53.
34 Ebd., S. 42.
35 »By a name / I know not how to tell thee who I am: / My name, dear saint, is hateful to myself, / Because it is an enemy to thee; / Had I it written, I would tear the word.« Ebd., S. 46.
36 Richard McBeef. Unter der Adresse www.extras.timesonline.co.uk/pdfs/mcbeef.pdf.
37 Zur Rolle der Phantasie bei der Entwicklung des Mordszenarios vgl. Robertz (2002).

38 Sebastian Bosse: Tagebuch (Anm. 18). Eintrag unter dem 25. August 2006.
39 »my life changed, I wasn't a human anymore. I was godlike and I began planning this massacre. I wanted to kill and more, because they ruined my life.« In: www.liveleak.com/view?i=68beb6083d.
40 »I hope that other outcasts will be treated better after GSS! And I hope that some of them will be like Reb, Vod and Me! A FUCKING HERO!« Bosse: Tagebuch (Anm. 18).
41 Jean Paul (1960-1977), Bd. 6, S. 334.
42 Agamben (2002), S. 11ff.
43 Georges Bataille: La part maudite. Essai d'économie générale. In: G.B.: Œuvres completes. Bd. VII, S. 17ff.
44 Pape (2005), S. 199ff.
45 Ebd., S. 219. Vgl. auch Reuter (2002), S. 201.
46 Vgl. hierzu den instruktiven Bericht von Julia Jusik (2005).
47 Khosrokhavar (2005); Reuter (2002), S. 266ff.
48 Kippenberg, Seidensticker (2004), S. 17ff.
49 Khosrokhavar (2005), S. 133.
50 Kippenberg, Seidensticker (2004), S. 17.
51 Vgl. Schneckener (2003), S. 247.
52 Pedahzur (2005), S. 187.
53 Vgl. Lifton (2000).
54 Vgl. die Übersicht bei Pedahzur (2005), S. 241ff.
55 Khosrokhavar (2005), S. 65.
56 Mark Juergensmeiers *Terror im Namen Gottes*, das 2003 im Verlag der University of California erschien und ein Jahr später auch auf Deutsch herauskam, ist eines der bestinformierten und einflussreichsten Bücher zum Thema. Juergensmeier hat mit vielen Akteuren in den USA, Irland und Israel persönlich gesprochen. Er erkennt nun die Motivation dieser terroristischen Aktionen in einem globalen Phänomen, das er »Kulturen der Gewalt« nennt. Darunter versteht er Gemeinschaften, die zumeist religiös orientiert sind und die terroristische Gewalttaten kollektiv rechtfertigen und beschließen. Viele seiner Beispiele erhärten diese These. Allerdings ist nicht die Religion die »Ursache« der Gewalt, sondern die Gewalt versorgt sich mit religiösen Gründen.
57 »Das ist mein letztes Wort ... / Von Kugeln durchbohrt ... / In Blut getauft ... / Wie ich es mir erhofft habe./ Ich lasse eine Botschaft zurück ... / Für euch ... die Kämpfer ... / Der Tawheed-Baum erwartet euch ... / Schmachtend nach eurem Blut ... / Geht auf das Geschäft ein ... / Und Allah öffnet den Weg ... / Er gibt euch den Garten ... / Statt des irdischen Schutts. / Dem Feind habe ich auch etwas zu sagen ... / Du wirst sicher den kürzeren ziehen ... / Der Tod erwartet dich ... / Gejagt von den Rittern des TODES ... / die die Straßen mit Rot färben. / Und für die Scheinheiligen habe ich ein letztes Wort ...

/ Wünsch dir den Tod oder halt den Mund und ... sitz. / Liebe Brüder und Schwestern / Mein Ende ist nah ... / Aber damit ist die Geschichte gewiss noch nicht zu Ende.«

58 Vgl. Kap. 10, Abschnitt »Ende der Geschichtswette und schizophrene Historiologie«.
59 Vgl. hierzu Geert Mak: Der Mord an Theo van Gogh. Geschichte einer moralischen Panik. Frankfurt a.M. 2005.
60 »At least one thing seems certain: against people who are ready to die in the cause of destroying freedom, people who are not willing to speak up for freedom for fear of being called a racist or an Islamophobe don't stand much chance of victory.« Bawer (2009), S. 275.

LITERATUR

ADLER, Friedrich (1967): Friedrich Adler vor dem Ausnahmegericht: 18. und 19. Mai 1917. Hg. u. eingeleitet von J. W. Brügel. Wien/Frankfurt a.M./Zürich.
AGAMBEN, Giorgio (2002): Homo sacer. Die souveräne Macht und das Leben. Aus dem Italienischen von Hubert Thüring. Frankfurt a.M.
ALLOUCH, Jean (1994): Marguerite ou l'Aimée de Lacan. Paris.
D'ALMERAS, Henri (1925): Charlotte Corday d'après les documents contemporains. Paris.
ANI, Friedrich (2004): Aus den Aufzeichnungen des Ludwig D. In : Kursbuch 155 Neue Rechtsordnungen, S. 175-180.
ANZIEU, Didier (1995): Le Moi-peau. Nouvelle édition revue et augmentée. Paris.
ARTAUD, Antonin (1978): Heliogabal oder Der Anarchist auf dem Thron. Aus dem Französischen von Brigitte Weidmann. München.
AUGUSTINUS, Aurelius (1977): Vom Gottesstaat (De civitate Dei). 2 Bde. übersetzt von W. Thimme. München.

BAKER, Nicholson (2004): Checkpoint. New York; deutsch von Eike Schönfeld. Reinbek.
BARLOW, Frank (1990): Thomas Becket. Berkeley, Los Angeles.
BAXTER, Richard (1830): A Christian Directory: Or, A Body of Practical Divinity and Cases of Conscience. In: The Practical Works of Rev. Richard Baxter. Bd. 2, 4-6. London.
BARRETT, Anthony A. (1989): Caligula. The Corruption of Power. London.
BEISE, Arnd (1992): Charlotte Corday. Karriere einer Attentäterin. Marburg (Marburger Studien zur Literatur; 5).
BIEDERMANN, Flodoard Freiherr von (Hg.) (1909-1911): Goethes Gespräche. Gesamtausgabe. 5 Bde. Leipzig.
BINSWANGER, Ludwig u. Aby WARBURG (2007): Die unendliche Heilung. Aby Warburgs Krankengeschichte. Hg. von Chantal Marzia u. Davide Stimilli. Berlin.

BLEULER, Eugen (1911/1978): Dementia Praecox oder Gruppe der Schizophrenien. Leipzig und Wien.
BLEULER, Eugen (^{5}1930): Lehrbuch der Psychiatrie. Berlin.
BLOOM, Harold (1990): Freud. Die Vollkommenheit, die zerstört. In: Ders. (1990): Kafka, Freud, Scholem. 3 Essays. Basel, Frankfurt a.M., S. 31-57.
BONAPARTE, Napoléon (1979): Œuvres littéraires. Hg. von Alain Coelho. Nantes.
BORKOWSKY, Ernst [1942]: Das Schönbrunner Attentat. Im Jahre 1809. Mit Benutzung der geheimen Polizeiakten des französischen Nationalarchivs in Paris. Naumburg/Saale.
BOURRIENNE, Louis-Antoine, Fauvelet de (1832): The Life of Napoleon Bonaparte. Philadelphia.
BOZARSLAN, Hamid (2004): Violence in the Middle East. From Political Struggle to Self-Sacrifice. Princeton.
BREMER, Arthur S. (1973): An Assassin's Diary. With an Introduction by Harding Lemay.
BÜCHNER, Georg (^{3}1979): Sämtliche Werke und Briefe. Hg. von Werner Lehmann. München.
BUGLIOSI, Vincent (2007): Reclaiming History. The Assassination of President John F. Kennedy. New York, London.

CAMUS, Albert (1958): Caligula. In: A.C.: Le Malentendu suivi de Caligula. Nouvelles versions. Paris.
CANETTI, Elias (^{2}1976): Masse und Macht. 2 Bde. München.
— (1976): Das Gewissen der Worte. Essays. München.
— (1980): Die Fackel im Ohr. Lebensgeschichte 1921-1931. München.
— (1995): Die Fliegenpein. Aufzeichnungen. Frankfurt a.M.
CANETTI, Veza und Elias (2006): Briefe an Georges. Hg. von Karen Lauer und Kristian Wachinger. München, Wien.
CAPLAN, Lincoln (1984): The insanity defense and the trial of John W. Hinckley, Jr. Boston.
CARLSSON, Arvid (1998): Schizophrenie und Neurotransmitter-Störungen. Neue Perspektiven und therapeutische Ansätze. In: Möller, Müller (1998), S. 93-116.

CASSELS, Lavender (1988): Der Erzherzog und sein Mörder. Sarajewo, 28. Juni 1914. Übers. von Monika Streissler. Wien, Köln, Graz.

CASSIUS Dio (1985-87): Römische Geschichte. 5 Bde. Übers. von Otto Veh. Zürich, München. (Bibliothek der alten Welt: Griechische Reihe)

CICERO, Marcus Tullius (1991): Über die Wahrsagung. De Divinatione. Lateinisch-deutsch. Hg., übersetzt und erläutert von Christoph Schäublin.

CLARKE, James W. (1990): On Being Mad or Merely Angry. John W. Hinckley, Jr., and other dangerous people. Princeton.

COLBY, Kenneth M. (1975): Artificial paranoia. A computer simulation of paranoid processes. New York (Pergamon general psychology series; 49).

CROITORU, Joseph (2003): Der Märtyrer als Waffe. Die historischen Wurzeln des Selbstmordattentats. München/Wien.

DALLEK, Robert (2003): John F. Kennedy. Ein unvollendetes Leben. München.

DANTE ALIGHIERI (1988): Die Göttliche Komödie. Italienisch und deutsch. Übersetzt und kommentiert von Hermann Gmelin. 6 Bde. München.

— (1989): De Monarchia. Studienausgabe Lateinisch/Deutsch. Einleitung, Übersetzung und Kommentar von Rudi Imbach und Christoph Müller. Stuttgart.

DAVID, Jacques-Louis (1989/90): Jacques-Louis David 1748-1825. Ausstellungskatalog Musée du Louvre, Musée national du château, Versailles. Paris, S. 295.

DELILLO, Don (1993): Sieben Sekunden. Roman. Übersetzt von Hans Hermann. Reinbek.

— (2007): Falling Man. Roman. Deutsch von Frank Heibert. Köln.

DELAPORTE, Jacqueline (Hg.) (1989): Charlotte Corday: une Normande dans la Révolution. Ausstellungskatalog Le Petit-Couronne, Vimoutiers (Orne), Versailles. [Rouen].

DEMANDT, Alexander (Hg.) (1996): Das Attentat in der Geschichte. Köln/Weimar/Wien.

DENIFLE, Heinrich P. (1889): Die Denkschriften der Colonna gegen Bonifaz VIII. und der Cardinäle gegen die Colonna. In: Archiv für Literatur- und Kirchengeschichte des Mittelalters 5 (1889), S. 493-529.

DESMAREST, Pierre-Marie (1833/1977): Témoignages historiques ou 15 ans de haute police sous Napoléon. Genève.

DINER, Dan; Michael STOLLEIS (Hgg.) (1999): Hans Kelsen and Carl Schmitt. A Juxtaposition. Gerlingen (Schriftenreihe des Instituts für deutsche Geschichte Tel Aviv; 20).

DONDAINE, Antoine (1953) : Saint Pierre Martyr. Etudes. In: Archivum Fratrum Praedicatorum. Vol XXIII, S. 66-162.

DU CAMP, Maxime (o. J.): La machine infernale de Fieschi. In: Récits des grands jours de l'histoire; 7, S. 147-168.

DUGGAN, Alfred (1952): Thomas Becket of Canterbury. London.

EHRENBERG, Victor (1956): Das Harmodioslied. In: Wiener Studien 69, S. 57-69.

ELM, Kaspar (1996): Das Attentat von Agnani. Der Überfall auf Papst Bonifazius am 7. September 1303. In: Demandt, Alexander (Hg.) (1996): Das Attentat in der Geschichte. Berlin, S. 91-105.

ESQUIROL, Jean Étienne Dominique (1838): Des maladies mentales considérées sous les rapports médical, hygiénique et médico-légal. 2 vols. Paris.

EVERS, Hans Gerhard (1986): Ludwig II. von Bayern: Theaterfürst – König – Bauherr. Gedanken zum Selbstverständnis. Hg. von J. A. Schmoll gen. Eisenwerth. Bearbeitet v. Klaus Eggert. München.

FALRET, Jean-Pierre (1864): Des maladies mentales et des asiles d'aliénés. Leçons cliniques et considérations générales. Paris.

FAUST, Anselm (1973): Der Nationalsozialistische Studentenbund. 2 Bde. Düsseldorf.

FAWCETT, Anthony (1976): John Lennon. One Day at a Time. New York.

FEHR, Burkhard (1984): Die Tyrannentöter oder: Kann man der Demokratie ein Denkmal setzen? Frankfurt a.M.

FISCHER, Andreas (1900): Goethe und Napoleon. Zweite, erweiterte Auflage. Frauenfeld.

FISCHER, Peter (Hg.) (1974): Reden der Französischen Revolution. München.
FOCKE, Rudolf (1895): Charlotte Corday. Eine kritische Darstellung ihres Lebens und ihrer Persönlichkeit. Leipzig.
FÖGEN, Marie Theres (1997): Die Enteignung der Wahrsager. Studien zum kaiserlichen Wissensmonopol in der Spätantike. Frankfurt a.M.
FOUCAULT, Michel (1969): Wahnsinn und Gesellschaft. Eine Geschichte des Wahns im Zeitalter der Vernunft. Übers. von Ulrich Köppen. Frankfurt a.M.
— (1970): Psychologie und Geisteskrankheit. Übers. von Annelise Botond. Frankfurt a.M.
— (1984): Histoire de la sexualité 3. Le souci de soi. Paris.
— (1994): Le langage à l'infini. In : Ders. : Dits et écrits 1954-1988. Hg. von Daniel Defert u. François Ewald. Paris, Bd. 1, S. 250-261.
— (2005): Die Macht der Psychiatrie. Vorlesung am Collège de France 1973-1974. Hg. von Jacques Lagrange. Übers. von Claudia Brede-Konersmann und Jürgen Schröder. Frankfurt a.M.
FREEMAN, Daniel; Katherine PUGH (2008): Virtual reality study of paranoid thinking in the general population. In: The British Journal of Psychiatry 192, S. 258-263.
FREUD, Sigmund (1969-75): Studienausgabe. Hg. von A. Mitscherlich, A. Richards u. J. Strachey. Frankfurt a.M.
— (1985): Übersicht der Übertragungsneurosen. Ein bisher unbekanntes Manuskript. Hg. von Ilse Gubrich-Simitis. Frankfurt a.M.
FRIEDRICH, Hugo (1942): Die Rechtsmetaphysik in der Göttlichen Komödie. Francesca da Rimini. Frankfurt a.M.

GARDNER, Martin (1957): Fads & Fallacies in the Name of Science. New York.
GARRISON, Jim (1992): Wer erschoss John F. Kennedy? Auf der Spur der Mörder von Dallas. Bergisch Gladbach.
GAUPP, Robert (1938): Krankheit und Tod des paranoischen Massenmörders Hauptlehrer Ernst Wagner. Eine Epikrise. In: Zeitschrift für die gesamte Neurologie und Psychiatrie 163, S. 48-82.

— (1914/1996): Hauptlehrer Wagner. Zur Psychologie des Massenmords. Hg. von Bernd Neuzner. Frickenhausen.
GAUWEILER, Peter (1995): Zur Entmündigung des Königs. In: Bayerische Profile. Hg. von Peter Gauweiler und Christoph Stölzl. München, S. 207-215.
GINZBURG, Carlo (1983): Spurensicherung. Der Jäger entziffert die Fährte, Sherlock Holmes nimmt die Lupe, Freud liest Morelli – die Wissenschaft auf der Suche nach sich selbst. In: ders.: Spurensicherungen. Über verborgene Geschichte. Kunst und soziales Gedächtnis. Aus dem Italienischen von K. F. Hauber. Berlin, S. 61-96.
GLAVINIC, Thomas (2006): Die Arbeit der Nacht. Roman. München.
GOETHE, Johann Wolfgang von (1966): Goethes Werke. Hamburger Ausgabe in 14 Bänden. Hg. Von Erich Trunz. Hamburg
— (1956): Briefe. Textkritisch durchgesehen u. mit Anm. versehen von Bodo Morawe. Hamburg.
GOLDBERG, William (2001): Enemies Within. The Culture of Conspiracy in Modern America. New Haven, London.
GOMBRICH, Ernst H. (1992): Aby Warburg. Eine intellektuelle Biographie. Aus dem Englischen von Matthias Fienbork. Hamburg (Europäische Bibliothek; 12).
GROSS, Raphael (2000): Carl Schmitt und die Juden. Eine deutsche Rechtslehre. Frankfurt a.M.
GROSSHEUTSCHI, Felix (1996): Carl Schmitt und die Lehre vom Katechon. Berlin.
GROTIUS, Hugo (1950): De jure belli ac pacis Libri tres. Drei Bücher vom Recht des Krieges und des Friedens Paris 1625. Hg. und übersetzt von W. Schätzel. Tübingen.
GRUCHMANN, Lothar (Hg.) (1989): Autobiographie eines Attentäters. Johann Georg Elser. Der Anschlag auf Hitler im Bürgerbräu 1939. Hg. und eingeleitet von L.G. Stuttgart.
GRUNDMANN, Herbert (1927/1966): Studien über Joachim von Fiore. Mit einem Vorwort zum Neudruck. Darmstadt (Unveränderter Nachdruck aus: Beiträge zur Kulturgeschichte des Mittelalters und der Renaissance; Bd. 32)

— (1977): Ausgewählte Aufsätze. Teil 2. Joachim von Fiore. Stuttgart (Schriften der Monumenta Germaniae Historica 25,2)

HACKER, Rupert (Hg.) (1971): Ludwig II. von Bayern in Augenzeugenberichten. München.

HALLER, William (^{2}1957). The Rise of Puritanism: or, the Way to the New Jerusalem as set forth in Pulpit and Press from Thomas Cartwright to John Lilburne and John Milton 1570-1643. New York/Evanston/London.

HAMANN, Brigitte (^{3}1990): Elisabeth. Kaiserin wider Willen. München, Zürich.

HANSEN, Reimer (1996): König Heinrich IV. von Frankreich 1610. Der Fürstenmord im konfessionellen Zeitalter. In: Demandt, Alexander (Hg.) (1996): Das Attentat in der Geschichte. Berlin, S. 123-141.

HANUSCHEK, Sven (2005): Elias Canetti. Biographie. München.

HAUSENSTEIN, Wilhelm (1907): Dokumente zur Geschichte des Studenten Karl Ludwig Sand. In: Forschungen zur Geschichte Bayerns 15, S. 160-183; S. 244-270.

HEALEY, Frank George (1959): The literary culture of Napoleon. Genf.

HEGEL, Georg Wilhelm Friedrich (1969-71): Theorie Werkausgabe in zwanzig Bänden. Auf der Grundlage der Werke von 1832-1845 neu edierte Ausgabe. Redaktion: Eva Moldenhauer und Karl Markus Michel. Frankfurt a.M.

— (1982): Weltgeist zwischen Jena und Berlin. Briefe. Hg. und ausgewählt von Hartmut Zinser. Frankfurt a.M., Berlin, Wien.

HEIBER, Helmut (1991): Universität unterm Hakenkreuz. Teil 1. Der Professor im Dritten Reich. Bilder aus der akademischen Provinz. München u.a.

HEINE, Heinrich (1968ff.): Sämtliche Schriften. Hg. von Klaus Briegleb. München.

HERODOT (2001): Historien: griechisch-deutsch. Hg. von Josef Feix. 2 Bde. Düsseldorf, München.

HARDING, James M. (2001): The Simplest Surrealistic Act. Valerie Solanas and the (Re)Assertion of Avantgarde Priorities. In: The Drama Review 45,4, S. 142-162.

HEYDEMANN, Günther (1985): Carl Ludwig Sand. Die Tat als Attentat. Hof.
— (1986a): Der Attentäter Karl Ludwig Sand. 20 Briefe und Dokumente aus den Erlanger und Jenaer Studienjahren. In: Darstellungen und Quellen zur Geschichte der deutschen Einheitsbewegung im neunzehnten und zwanzigsten Jahrhundert. Hg. von Christian Hünemöller u.a. Bd. 12, S. 7-77.
— (1986b): Die Mutter eines Attentäters – Unbekannte Briefe der Dorothea Johanna Wilhelmina Sand (1766-1826) aus Wunsiedel. In: Archiv für Geschichte von Oberfranken 66, S. 279-312.
HINCKLEY, Jack, Jo Ann Hinckley, Elizabeth Sherill (1985): Breaking Points. Michigan.
HIRSCH, Marga (1926): Die athenischen Tyrannenmörder in Geschichtsschreibung und Volkslegende. In: Klio 20, S. 129-167.
HISTORIA AUGUSTA (1967). Römische Herrschergestalten. Bd. I, von Hadrian bis Alexander Severus. Eingel. u. übersetzt von E. Hohl. Bearb. u. erläutert von E. Merten u. A. Rösger. Vorwort von J. Straub. Zürich/München.
HOBBES, Thomas (1959): Vom Menschen. Vom Bürger (Elemente der Philosophie II/III). Eingeleitet u. hg. Von Günter Gawlick. Hamburg.
— (1984): Leviathan oder Stoff, Form und Gewalt eines kirchlichen und bürgerlichen Staates. Hg. und eingel. von Iring Fetscher. Frankfurt a.M.
HOFER, Gunter (1968): Der Mensch im Wahn. Basel, New York 1968 (Bibliotheca Psychiatrica et Neurologica; 136).
HOFSTADTER, Richard (1965): The Paranoid Style in American Politics and Other Essays. New York.
HOFFMANN, Ernst Theodor Amadeus (1963): Die Serapions-Brüder. Gesammelte Erzählungen und Märchen. Hg. Von W. Müller-Seidel u. W. Segebrecht. München.
HOHNHORST [Karl Georg Levin Freiherr von] (1820): Vollständige Uebersicht der gegen Carl Ludwig Sand wegen Meuchelmordes, verübt an dem K. Russischen Staatsrath v. Kotzebue, geführten Untersuchung. 2 Teile. Stuttgart und Tübingen.

HOLTZMANN, Robert (1898): Wilhelm von Nogaret. Rat und Großsiegelbewahrer Philipps des Schönen von Frankreich. Freiburg.
HUBER, Ernst Rudolf (Hg.) (³1978): Dokumente zur deutschen Verfassungsgeschichte. Bd. 1 Deutsche Verfassungsdokumente 1803-1850. Stuttgart.
HUNTINGTON, Samuel P. (1996): The Clash of Civilisations. New York.

ILLICH, Ivan (1991): Im Weinberg des Textes. Als das Schriftbild der Moderne entstand. Frankfurt a.M.

JACOBUS DE VORAGINE (1979): Legenda aurea. Aus dem Lateinischen von Richard Benz. Heideberg.
JEAN PAUL (1960-1977): Werke. Herausgegeben von Norbert Miller. München.
JARCKE, Carl Ernst (1831): Carl Ludwig Sand und sein, an dem kaiserlich=russischen Staatsrath v. Kotzebue verübter Mord. Eine psychologisch=criminalistische Erörterung aus der Geschichte unserer Zeit. Berlin.
JOHNS, Louise C., Jim van OS (2001): The continuity of psychotic experiences in the general population. In: Clinical Psychology Review 21, 8, S. 1125-1141.
JONES, Jack (1992): Let Me Take You Down. Inside the Mind of Mark David Chapman, the Man Who Killed John Lennon.
JUNG, Carl Gustav (1976): Synchronizität als ein Prinzip akausaler Zusammenhänge. In: C.G. Jung: Gesammelte Werke. Hg. von Marianne Niehus-Jung, Lena Hurwitz-Eisner, Franz Riklin, Lilly Jung-Merker, Elisabeth Rüf. Achter Band: Die Dynamik des Unbewussten. Zürich, Stuttgart, S. 475-591.
JÜNGER, Ernst (1979): Attentate. In: Ders.: Sämtliche Werke in 18 Bdn. Bd. 9: Essays III. Stuttgart 1979, S. 346-350.
JUSIK, Julia (2005): Die Bräute Allahs. Selbstmord-Attentäterinnen aus Tschetschenien. Aus dem Russischen von Franziska Seppeler u. David Drevs. St. Pölten, Wien, Linz.
JUSTINIAN (1988): Novellae. In: Corpus Iuris Civilis. Volumen Tertium. Recognovit Rudolfus Schoell. Opus Schoellii morte intercep-

tum absolvit Guilermus Kroll. Hildesheim.
— (1989): Codex Justinianus. In: Corpus Iuris Civilis. Volumen secundum. Recognovit et retractavit Paulus Krueger. Hildesheim.
— (1990): Institutionen. In: Corpus Iuris civilis. Text und Übersetzung. Hg. u. übersetzt von Oko Behrends u.a. Bd. I. Heidelberg.

KAHLBAUM, Karl (1863): Die Gruppirung der psychischen Krankheiten und die Eintheilung der Seelenstörungen. Danzig.
KAISER, Robert Blair (1970): ›R.F.K. must die!‹ A History of the Robert Kennedy Assassination and its Aftermath. New York.
KANT, Immanuel (1983): Werke in zehn Bänden. Hg. von Wilhelm Weischedel. Darmstadt.
KANTOROWICZ, Ernst H. (1990): Die zwei Körper des Königs. Eine Studie zur politischen Theologie des Mittelalters. München.
KHOSROKHAVAR, Farhad (2005): Suicide bombers. Allah's new martyrs. London.
KIMMEL, Stanley (^{2}1969): The Mad Booths of Maryland. New York.
KIPPENBERG, Hans G.; Tilman SEIDENSTICKER (Hgg.) (2004): Terror im Dienste Gottes. Die »Geistliche Anleitung« der Attentäter des 11. September 2001. Frankfurt, New York.
KLABER, William u. Philip H. MELANSON (1997): Shadow Play. The Murder of Robert F. Kennedy, the Trial of Sirhan Sirhan, and the Failure of American Justice. New York.
KLEE, Ernst (Hg.) (^{6}2007): Dokumente zur »Euthanasie«. Frankfurt a.M.
— (^{11}2004): »Euthanasie« im NS-Staat. Die »Vernichtung lebensunwerten Lebens«. Frankfurt a.M.
KLEIST, Heinrich von (1964): Sämtliche Werke und Briefe. Hg. von Helmut Sembdner. Dritte, vermehrte und revidierte Auflage. München.
KNOWLES, David (1970): Thomas Becket. London.
KOENEN, Andreas (1995): Der Fall Carl Schmitt. Sein Aufstieg zum »Kronjuristen des Dritten Reiches«. Darmstadt.
KOTZEBUE, August von (1814/15): Geschichte des Deutschen Reiches von dessen Ursprunge bis zu dessen Untergange. 2 Bde. Leipzig.
KRAEPELIN, Emil (^{8}1915): Psychiatrie. Ein Lehrbuch für Studierende und Ärzte. IV. Band Klinische Psychiatrie, III. Teil. Leipzig.

— (1916): Einführung in die psychiatrische Klinik. 3. völlig umgearbeitete Aufl. Leipzig.

KRAUS, Karl (1974): Die letzten Tage der Menschheit. Tragödie in fünf Akten. Mit Vorspiel und Epilog. München.

— (1968-76): Die Fackel. Nachdruck. München.

LACAN, Jacques (mit J. Lévy-Valensi, Pierre Migault) (1931): Écrits inspirés: Schizographie. In: Les Annales Médico-Psychologiques II, S. 508-522. Übersetzung von Hans-Dieter Gondek in Jacques Lacan (2002).

— (1933): Le Problème du Style et la conception psychiatrique des formes paranoïaques de l'expérience. In: Minotaure 1, S. 68-69. Übersetzung von Hans-Dieter Gondek in: Lacan (2002).

— (1971): Écrits I/II. Paris.

— (1975): De la psychose paranoïaque dans ses rapports avec la personnalité. Paris.

— (1981): Le séminaire. Livre III. Les psychoses. Paris.

— (1988): Le séminaire. Livre V. Les formations de l'inconscient. Paris.

— (2002): Über die paranoische Psychose in ihren Beziehungen zur Persönlichkeit und frühe Schriften über die Paranoia. Übersetzt von Hans-Dieter Gondek. Wien.

LAMBERT, Patricia (1998): False Witness. The Real Story of Jim Garrison's Investigation and Oliver Stone's Film JFK. New York.

LAS CASES, Emmanuel-Dieudonné, comte de (1956/57): Le Mémorial de Sainte-Hélène. Hg. von Gérard Walter. Paris.

LASÈGUE, Ch[arles] (1864): Du délire des persécutions. In: Ch.L.: Etudes médicales. 2 Bde. Paris, Bd. 1, S. 545-566.

LAVELLE, B.M. (1987): The nature of Hipparchos' insult to Harmodios. In: American Journal of Philology 107, S. 318-331.

LEGENDRE, Pierre (1988): Le désir politique de Dieu. Etude sur les montages de l'état et du droit. Paris.

— (1981/1989): Les juifs se livrent à des interprétations insensées. Expertise d'un texte. In: Adélie et Jean-Jacques Rassial (Hgg.): La psychanalyse est-elle une histoire juive? Colloque de Montpellier. Paris, S. 93-113. Übersetzung von Anton Schütz: P. L.: Die Juden interpretieren verrückt. Gutachten zu einem Text. In: Psyche 43 (1989), S. 20-39.

— (1985): L'inestimable objet de la transmission. Étude sur le principe généalogique en Occident. Paris.
— (1989): Le crime du caporal Lortie. Traité sur le père. (Leçons VIII). Paris.
— (1994): Dieu au miroir. Étude sur l'institution des images. Paris (Leçons III).
— (1999): Sur la question dogmatique en occident. Aspects théoriques. Paris.
LEIBNIZ, Gottfried Wilhelm (1996): Kleine Schriften zur Metaphysik. In: G.W.L.: Philosophische Schriften. Hg. und übers. von Hans Heinz Holz. Frankfurt a.M., Bd. 1.
LESSING, Theodor (1962): Geschichte als Sinngebung des Sinnlosen oder die Geburt der Geschichte aus dem Mythos. Hamburg.
— (1969): Einmal und nie wieder. Lebenserinnerungen. Gütersloh.
LETHEN, Helmut (1993): Verhaltenslehren der Kälte. Lebensversuche zwischen den Kriegen. Frankfurt a.M.
LEVINAS, Emmanuel (1983): Quelques vues talmudiques sur le rêve. In: Adélie et Jean-Jacques Rassial (Hgg.): La psychanalyse est-elle une histoire juive? Colloque de Montpellier. Paris, S. 114-128.
LIFTON, David S. (1988): Best Evidence. Disguise and Deception in the Assassination of John F. Kennedy. New York.
LIFTON, Robert Jay (2000): Terror für die Unsterblichkeit. Erlösungssekten proben den Weltuntergang. Aus dem Amerikanischen von Udo Rennert und Ursula Gräfe. München
LOUESSARD, Laurent (2000): L'Épopée des régicides. Passions et drames 1814-1848. Paris.
LOW, Peter W.; John Calvin JEFFRIES, Jr., Richard J. BONNIE (1986): The trial of John W. Hinckley, Jr.: A case study in the insanity defense. New York.
LÜBBERT, Monika (2002): Amok: Der Lauf der Männlichkeit. Frankfurt a.M.
LUDWIG II. König von Bayern (1925): Tagebuch=Aufzeichnungen. Hg. von Edir Grein (i.e. Erwin Riedinger). Schaan / Liechtenstein.

MAGARO, Peter A. (1980): Cognition in Schizophrenia and Paranoia: The Integration of Cognitive Processes. Hillsday. New Jersey.

MAGER, Torsten, Eva M. Meisenzahl (1998): Das dopaminerge System und schizophrene Erkrankungen. In: Möller, Müller (1998), S. 110-126.

MARAT, Jean-Paul (1789): Offrande à la patrie, ou Discours au Tiers-Etat de la France. Au temple de la liberté [Paris] (Les archives de la Révolution française. microfiche).

MARWEDEL, Rainer (1987): Theodor Lessing 1872-1933. Eine Biographie. Neuwied.

MAILER, Norman (1995): Oswalds Geschichte. Der Fall Lee Harvey Oswald. Ein amerikanisches Trauma. Übers. von Maurus Pacher und Brita Baumgärtel. München.

Mass Shootings at Virginia Tech April 16, 2007 (2007): Report of the Virginia Tech Review Panel. Presented to Governor Kaine. Commonwealth of Virginia.

MCGOVERN, John, Douglas Turkington (2001): ›Seeing the Wood from the Trees‹: A Continuum Model of Psychopathology Advocating Cognitive Behaviour Therapy for Schizophrenia. In: Clinical Psychology and Psychotherapy 8, S. 149-175.

MCMILLAN, Priscilla Johnson (1977): Marina and Lee. New York etc.

MERKT, Nikolaus (Hg.) (1987): Ludwig II König von Bayern. Protokolle aus dem besonderen Ausschuss der Bayerischen Kammer der Abgeordneten. München.

MEIER, Christian (1982): Caesar. Berlin.

MEISENZAHL, Eva M. et al. (1998): Welche Erkenntnisse bringt die funktionelle MRT-Diagnostik hinsichtlich der Ätiopathogenese der Schizophrenie? In: Möller; Müller (1998), S. 185-193.

MELLEY, Timothy (2000): Empire of Conspiracy. The Culture of Paranoia in Postwar America. Ithaca and London.

MEYER, Conrad Ferdinand (1978): Der Heilige. In: C.F.M.: Sämtliche Werke in zwei Bänden. Hg. von Erwin Laaths u. Karl Pörnbacher. Darmstadt.

MICHELET, Jules (1988): Geschichte der Französischen Revolution. Übers. von Richard Kühn. 5 Bde. Frankfurt a.M.

MÖLLER, Hans Jürgen, Norbert MÜLLER (Hgg.) (1998): Schizophrenie – Moderne Konzepte zu Diagnostik, Pathogenese und Therapie. Wien, New York 1998.

MOMMSEN, Theodor (1992): Römische Kaisergeschichte. Nach den Vorlesungs-Mitschriften von Sebastian und Paul Hensel 1882/86/ Theodor Mommsen. Hg. von Barbara Demandt. München.

MOUSNIER, Roland (1970): Ein Königsmord in Frankreich. Die Ermordung Heinrichs IV. Aus dem Französischen von Horst Hillienhof. Berlin.

MÜLLER, Heiner (1979): Panizza oder die Einheit Deutschlands. In: Oskar Panizza: Dialoge im Geiste Huttens. München, S. 7-10.

MÜLLER, Jürgen (1999): Der Pazjent als Psychiater. Oskar Panizzas Weg vom Irrenarzt zum Insassen. Bonn.

MÜLLER, Karl Alexander von (1925): Karl Ludwig Sand. München.

MUNRO, Alistair (1999): Dilusional disorder: paranoia and related illnesses. Cambridge.

MURATORI, Lodovico Antonio (2003): Über die Kraft der menschlichen Phantasie. Vorbemerkung und Übers. aus der ital. Sprache von Francesco Fischer. Frankfurt a.M.

NAPOLEON (1921): Documents, Discours, Lettres. Hg. von Paul Amann. Leipzig.

NAPOLEON I (1942): Darstellung der Kriege Caesars, Turennes, Friedrichs des Großen. Übersetzt, erläutert u. hg. von Hans E. Friedrich. Darmstadt, Berlin.

NAPOLÉON BONAPARTE (1979): Œuvres littéraires. Nantes.

NEUZNER, Bernd/BRANDSTÄTTER, Horst (1996): Wagner. Lehrer, Dichter, Massenmörder. Samt Hermann Hesses Novelle Klein und Wagner. Frankfurt a.M. (Die Andere Bibliothek)

NIETZSCHE, Friedrich (1980): Sämtliche Werke. Kritische Studienausgabe. Hg. von Giorgio Colli u. Mazzino Montinari. München.

— (1986): Sämtliche Briefe. Kritische Studienausgabe. Hg. von Giorgio Colli und Mazzino Montinari. München.

PANIZZA, Oskar (1899): Karl Ludwig Sand eine biografisch=psychologische Darstellung von Louis Andrée (Paris). In: Zürcher Diskußszionen, 2. Jahrgang, No. 13-15.

— (^{2}1985): Die kriminelle Psychose, genannt Psychopathia criminalis.

[und andere Schriften]. Mit Vorworten von Bernd Mattheus und mit einem Beitrag von Oswald Wiener. München (Debatte 21).
— (1989): Pour Gambetta. Sämtliche in der Prinzhorn-Sammlung der Psychiatrischen Universitäts-Klinik Heidelberg und im Landeskirchlichen Archiv Nürnberg aufbewahrten Zeichnungen. Hg. Von Armin Abmeier, Michael Farin und Roland Hepp. München.
— (1992): Mama Venus. Texte zu Religion, Sexus und Wahn. Hg. von Michael Bauer. Neuwied.
— (1993): Imperjalja. Manuskript Germ. Qu. 1838 der Handschriftenabteilung der staatlichen Museen Preußischer Kulturbesitz zu Berlin. Hg. von Jürgen Müller. Hürtgenwald (Schriften zur Psychopathologie, Kunst und Literatur).
PAPE, Robert A. (2005): Dying To Win. The Strategic Logic of Suicide Terrorism. New York.
PEDAHZUR, Ami (2005): Suicide Terrorism. Cambridge/Malden, MA.
PEIRCE, Charles Sanders (1967/1970): Schriften I/II. Mit einer Einführung hg. von Karl Otto Apel. Frankfurt a.M.
PHAROS (d.i. Anton Puntigam) (1917/18): Der Prozeß gegen die Attentäter in Sarajewo. (Vom 12.-23. Oktober 1914.) Aktenmäßig dargestellt von Professor Pharos. In: Archiv für Strafrecht und Strafprozeß 64 (1917), 385-418; 65 (1918), S. 7-137.
PINEL, Philippe (1809): Traité médico-philosophique sur l'aliénation mentale. Paris.
PITMAN, David (Hg.) (1954/1974): The Assassination of President Lincoln and the Trial of the Conspirators. New York. Reprint Westport.
PLATON (1990): Werke in acht Bänden. Griechisch und deutsch. Hg. von Gunther Eigler, Darmstadt. Bd. IV: Politeia, bearbeitet von Dietrich Kurz, 617b/c.
PODLECKI, Anthony J. (1966): The political significance of the Athenian »Tyrannicide«-Cult. In: Historia XV, 4, S. 129-141.
POSNER, Gerald (1994): Case Closed. Lee Harvey Oswald and the Assassination of JFK. New York etc.
— (1999): Killing the Dream. James Earl Ray and the Assassination of Martin Luther King, Jr. San Diego, New York, London.

PROCÈS DE FIESCHI (1836): Procès de Fieschi et de ses complices, devant la cour des Pairs, précédé des faits préliminaires et de l'acte de l'accusation. Paris.

PÜSCHEL, Brita (1963): Thomas Becket in der Literatur (Beiträge zur Englischen Philologie; 45). Bochum-Langendreer.

PYNCHON, Thomas (1973): Die Versteigerung von No. 49. Roman. Deutsch von Wulf Teichmann. Reinbek.

— (1981): Die Enden der Parabel. Gravity's Rainbow. Roman. Deutsch von Elfriede Jelinek und Thomas Piltz. Reinbek.

— (1998): Mason & Dixon. London.

— (1999): Mason & Dixon. Roman. Deutsch von Nikolaus Stingl. Reinbek.

RABAUD, Jean (1971): Jaurès et son assassin. Paris.

VON RADEN, Rolf (2009): Patient Massenmörder. Der Fall Ernst Wagner und die biopolitischen Diskurse. Münster (Edition DISS; 25).

RAPP, Jean (1823): Mémoires du général Rapp, aide-de-camp de Napoléon, écrits par lui-même et publiés par sa famille. Paris. (Mémoires des Contemporains)

RAUER, Constantin (2007): Wahn und Wahrheit. Kants Auseinandersetzung mit dem Irrationalen. Berlin.

REIL, Johann Christian (1803/1968): Rhapsodieen über die Anwendung der psychischen Curmethode auf Geisteszerrüttungen. Halle. Unveränderter Nachdruck Amsterdam.

REINFRIED, Hermann (1933); Karl Ludwig Sand nach badischen Akten. In: Zeitschrift für die Geschichte des Oberrheins N.F. 47, S. 509-533.

REUTER, Christoph (2002): Mein Leben ist eine Waffe. Selbstmordattentäter – Psychogramm eines Phänomens. München.

RHINE, J[oseph], B[anks] (1935): Extra-Sensory Perception. London.

— (1954): The Reach of Mind. An account of the most remarkable experiments made by this great scientific pioneer into the question of telepathy and extra-sensory perception. Middlesex.

ROBERTZ, Frank J. (2004): School Shootings. Über die Relevanz der Phantasie für die Begehung von Mehrfachtötungen durch Jugendliche. Frankfurt a.M.

ROBERTZ, Frank J.; Ruben WICKENHÄUSER (2007): Der Riss in der Tafel. Amoklauf und schwere Gewalt in der Schuld. Heidelberg.

ROBISON, John (⁴1798): Proofs of a Conspiracy Against All the Religions and Governments of Europe, Carried on in the Secret Meetings of Free Masons, Illuminati, and Reading Societies, collected from good authorities. New York.

ROMME, Marius A. J., Alexandra D.M.A.C. ESCHER (1989): Hearing voices. In: Schizophrenia Bulletin 15, S. 209-216.

ROQUES, Valeska von (2001): Verschwörung gegen den Papst. Warum Ali Agca auf Papst Johannes Paul II. schoss. München.

ROSE, Geoffrey; D J P BARKER (1978): What is a case? Dichotomy or continuum? In: British Medical Journal 2, S. 873-874.

ROSEN, Robert (2000): Nowhere Man: The Final Days of John Lennon, New York.

ROUDINESCO, Elisabeth (1986): La bataille de cent ans. Histoire de la psychanalyse en France. Bd. 1 1895-1939; Bd. 2 1925-1985. Paris.

— (1999): Jacques Lacan. Bericht über sein Leben. Geschichte eines Denksystems. Frankfurt a.M.

ROULETTE, Christian (1984): Jean-Paul II – Antonov – Agca. La Filière. Paris.

ROUSSEAU, Jean-Jacques (1959): Œuvres complètes I. Les confessions. Autres textes autobiographiques. Hg. von Bernard Gagnebin Paris.

— (1964): Œuvres complètes III. Du contrat social. Écrits politiques. Hg. von Bernard Gagnebin. Paris.

— (1988): Oeuvres complètes V. Écrits sur la musique, la langue et le théâtre. Hg. von Bernard Gagnebin. Paris.

SALINGER, Jerome D. (1974): The Catcher in the Rye. Marmondsworth, Middlesex.

SALK, Lee (1982): My Father, My Son: Intimate Relationships. New York.

SARNOWSKY, Jürgen (1996): Mord im Dom. Thomas Becket. In: Demandt, Alexander (Hg.) (1996): Das Attentat in der Geschichte. Berlin, S. 75-90.

SAUERLÄNDER, Willibald (1983): Davids »Marat à son dernier soupir« oder Malerei und Terreur. In: Idea. Jahrbuch der Hamburger Kunsthalle II. Kunst um 1800. Hg. von Werner Hofmann u. Martin Warnke. Hamburg, S. 49-88.

SCHEIM, David E. (1991): Präsidentenmord. Mafia-Opfer John F. Kennedy. Aus dem Amerikanischen von Christian Quatmann. München.

SCHILLER, Friedrich (⁴1965-67): Sämtliche Werke. Hg. von Gerhard Fricke und Herbert G. Göpfert. München.

SCHLEIERMACHER, Friedrich (1977): Hermeneutik. In: Ders.: Hermeneutik und Kritik. Mit einem Anhang sprachphilosophischer Texte Schleiermachers. Hg. von M. Frank. Frankfurt a.M.

SCHMIDBAUER, Wolfgang (2003): Der Mensch als Bombe. Eine Psychologie des neuen Terrorismus. Reinbek.

SCHMIDT-LILIENBERG (1901): Die Lehre vom Tyrannenmord. Ein Kapitel aus der Rechtsphilosophie. Tübingen [Nachdruck: Aalen 1964]. 38, Heft 7, Sp. 455-458.

SCHMITT, Carl (1933a): Das Gesetz zur Behebung der Not von Volk und Reich. In: Deutsche Juristen-Zeitung 38, Heft 7, Sp. 455-458.

— (1933b): Staat, Bewegung, Volk. Die Dreigliederung der politischen Einheit. Hamburg.

— (1934): Der Führer schützt das Recht. Zur Reichstagsrede Adolf Hitlers vom 13. Juli 1934. In: Deutsche Juristen-Zeitung 39, Heft 15, Sp. 945-950.

— (1935): Die Rechtswissenschaft im Führerstaat. In: Zeitschrift der Akademie für Deutsches Recht 2, S. 435-440.

— (1936): Die deutsche Rechtswissenschaft im Kampf gegen den jüdischen Geist. Schlusswort auf der Tagung der Reichsgruppe Hochschullehrer des NSRB vom 3. und 4. Oktober 1936. In: Deutsche Juristen-Zeitung 41, Heft 20, Sp. 1193-1199.

— (1940/1968): Positionen und Begriffe im Kampf mit Weimar – Genf – Versailles 1923-1939. Berlin.

— (1950): Ex Captivitate Salus. Köln.

— (1981): Land und Meer. Eine weltgeschichtliche Betrachtung. Köln-Lövenich.

— (1941): Völkerrechtliche Großraumordnung mit Interventionsverbot für raumfremde Mächte. Ein Beitrag zum Reichsbegriff des Völkerrechts. Dritte, um ein Kapitel über »Reich und Raum« und mehrere Zusätze erweiterte Ausgabe. Berlin-Leipzig-Wien.

— (^{3}1988): Der Nomos der Erde im Völkerrecht des Jus Publicum Europaeum. Unveränderter Nachdruck der 1950 erschienenen ersten Ausgabe. Berlin.
— (1991): Glossarium. Aufzeichnungen der Jahre 1947-1951. Berlin.
— (2003): Tagebücher Oktober 1912-Februar 1915. Hg. von Ernst Hüsmert. Berlin.

SCHNECKENER, Ulrich (2003): Transnationaler Terrorismus. Charakter und Hintergründe des »neuen« Terrorismus. Frankfurt a.M.

SCHNEIDER, Manfred (1997): Das Gesetz des Vergessens - das Vergessen des Gesetzes. In: Marion Schulz (Hg.): Die totale Erinnerung. Jahrbuch für Internationale Germanistik. Reihe A. Bern etc., S. 26-42.
— (2002): Die Lesbarkeit des Schädels. Lesarten bei Gall, Hegel, Goethe. In: Dietmar Schmidt (Hg.): KörperTopoi. Sagbarkeit – Sichtbarkeit – Wissen. Weimar 2002, S. 209-223.
— (2003): Die Feinde der Vernunft. In: Medardus Brehl, Kristin Platt (Hgg.): Feindschaft. München, S. 139-156 (Schriftenreihe »Genozid und Gedächtnis« hg. vom Institut für Diaspora- und Genozidforschung an der Ruhr-Universität Bochum).
— (2005): Imaginationen des Staates. In: Rudolf Behrens, Jörn Steigerwald (Hgg.): Die Macht und das Imaginäre. Eine kulturelle Verwandtschaft in der Literatur zwischen Früher Neuzeit und Moderne. Würzburg, S. 41-58.

SCHÖNBORN, Christoph von (^{2}1976): L'icône du Christ: Fondements théologiques élaborées entre le Ier et le IIe concile de Nicée (325-787). Fribourg (Paradosis 24).

SCHRAMM, Percy Ernst (^{3}1975): Kaiser, Rom und Renovatio. Studien zur Geschichte des römischen Erneuerungsgedankens vom Ende des Karolingischen Reiches bis zum Investiturstreit. Darmstadt 1975.

SCHREBER, Daniel Paul (1985): Denkwürdigkeiten eines Nervenkranken. Mit Aufsätzen von Franz Baumayer, einem Vorwort, einem Materialanhang und sechs Abbildungen. Hg. von Peter Heiligenthal und Reinhard Volk. Frankfurt/Main. (Unveränderter Nachdruck des Bandes »Bürgerlichen Wahnwelten um 1900«).

SCHROECKH, Johann Matthias (1811): Allgemeine Weltgeschichte für Kinder. Vierte, verbesserte und vermehrte Auflage. Leipzig.

SEIBT, Gustav (2008): Goethe und Napoleon. Eine historische Begegnung. München.

SEMAN, Frederic (1991): The last days of John Lennon: an intimate memoir. New York.

SENECA (1980): Über die Milde. In: Seneca: Von der Seelenruhe. Philosophische Schriften und Briefe. Hg. übersetzt von Heinz Berthold. Leipzig.

SERRES, Michel (1981): Der Parasit. Übers. von Michael Bischoff. Frankfurt a.M.

SIEBERT, Irmgard (1989): »Der größte Sterbliche«: Zu Jacob Burckhardts Caesarbild. In: Karl Christ, Emilio Gadda: (Hgg.): Römische Geschichte und Zeitgeschichte in der deutschen und italienischen Altertumswissenschaft während des 19. und 20. Jahrhunderts. Bd. 1. Caesar und Augustus 1989, S. 89-106. (Bibliotheka di Athenaeum; 12).

SOLANAS, Valerie (1996): Manifest zur Vernichtung der Männer. S.C.U.M. Erweitert um einen Text von Andy Warhol. Augsburg.

SOPHOCLES (1962): Sophocles [Works] in two Volumes. With an English Translation by F. Storr. London, Cambridge.

SNYDER, Solomon H. (^{3}1990): Chemie der Psyche. Drogenwirkungen im Gehirn. Heidelberg.

STACHNIEWSKI, John (1991): The Persecutory Imagination: English Puritanism and the Literature of Religious Despair. Oxford.

[STAPS, Gottlieb] (1843): Friedrich Staps. Erschossen zu Schönbrunn, bei Wien, auf Napoleons Befehl im October 1809. Eine Biographie aus den hinterlassenen Papieren seines Vaters M. Fr. Gottl. Staps, Prediger zu St. Othmar vor Naumburg. Nebst Zeugnissen der Zeitgenossen […]. Berlin.

STEINBACH, Peter, Johannes Tuschel (Hgg.) (1997): »Ich hab den Krieg verhindern wollen«. Georg Elser und das Attentat vom 8. November 1939. Eine Dokumentation. Katalog zur Ausstellung. Berlin

STERLING, Claire (1985): Wer schoß auf den Papst? Das Attentat auf Johannes Paul II. Übersetzt von Wolfgang Crass. München.

STRAUSS, John S. (1969): Hallucinations and Delusions as Points on Continua Function. In: Archives of General Psychiatry 21. S. 581-586.

SUETON [C. Suetonius Tranquillus] (1997): Die Kaiserviten. De vita Caesarum – Berühmte Männer. De viris illustribus. Lat.-deutsch. Hg und übersetzt von Hans Martinet. Düsseldorf/Zürich.

SUGER [Abt Suger von Saint-Denis] (³2008): Ausgewählte Schriften: Ordinatio, De consecratione, De administratione. Hg. von Andreas Speer u. Günter Binding. Darmstadt.

TACITUS, P. Cornelius (1998): Dialog über die Redner – Dialogus de oratoribus. Lat-deutsch. Hg. und übersetzt von Hans Volkmer. Darmstadt.
TALMUD (1996): Der babylonische Talmud. Hg. und übersetzt von Lazarus Goldschmidt. Darmstadt.
THOMAS, Chantal (1986): Portraits de Charlotte Corday. In: Jean-Claude Bonnet (Hg.) : La mort de Marat. Paris, S. 271-286.
THUREAU, Paul (²1888-1892): Histoire de la monarchie de juillet. 7 Bde. Paris.
TRÄGER, Jörg (1986): Der Tod des Marat. Revolution des Menschenbildes. München.
TREITINGER, Otto (1938): Die oströmische Kaiser- und Reichsidee nach ihrer Gestaltung im höfischen Zeremoniell. Jena.

VATEL, Charles (1861): Dossiers du procès criminel de Charlotte de Corday devant le tribunal révolutionnaire. Extraits des archives impériales. Paris
VICO, Giovanni Battista (1990): Prinzipien einer neuen Wissenschaft über die gemeinsame Natur der Völker. 2 Bde. Übersetzt von Vittorio Hösle und Christoph Jermann und mit Textverweisen von Christoph Jermann. Mit einer Einleitung »Vico und die Idee der Kulturwissenschaft« von Vittorio Hösle. Hamburg.
VIGNOLI, Tito (³1885): Myth and Science. An Essay. London.
VOLTAIRE (1877): Œuvres complètes de Voltaire. Précédée de la »Vie de Voltaire« par Condorcet. Bd. 1-52 Nouv. édition. Paris [Nachdruck Nendeln/Liechtenstein].

WARBURG, Aby (2000): Der Bilderatlas Mnemosyne. Hg. von Martin Warnke unter Mitarbeit von Claudia Brink. Berlin (Gesammelte Schriften. Studienausgabe. Hg. von Horst Bredekamp, Michael Diers, Kurt W. Forster, Nicholas Mann, Salvatore Settis u. Martin Warnke. Zweite Abt. II. 1.).

Warren Report (1964): Report of the Warren Commission on the Assassination of President Kennedy. New York.
WATKINS, Owen C. (1972): The Puritan Experience. London.
WEBER, Max (1984): Die protestantische Ethik I. Eine Aufsatzsammlung. Hg. von Johannes Winckelmann. Gütersloh.
WEGENER, Ulrike B. (1995): Der Turmbau zu Babel von Pieter Bruegel bis Athanasius Kircher. Hildesheim, Zürich, New York (Studien zur Kunstgeschichte; 93).
WEISBERG, Harold (1967a): Whitewash – The Report on the Warren Report. New York.
WEISBERG, Harold (1967b): Whitewash II: The FBI-Secret Service Cover-Up. New York.
WEISBERG, Harold (1994): Case Open. The Unanswered JFK Assassination Questions. New York.
WERNER, Michel (1978): Genius und Geldsack. Zum Problem des Schriftstellerberufs bei Heinrich Heine. Hamburg (Heine Studien).
[WESSELHÖFT, Robert] (1821): Carl Ludwig Sand, dargestellt durch seine Tagebücher und Briefe von einigen seiner Freunde. Altenburg.
WIELAND, Christoph Martin (1794-1811, 1984): Sämtliche Werke. Leipzig. Nachdruck: Hamburg.
WIELAND, Claus-Dietrich (1987): Carl Schmitt in Nürnberg (1947). In: 1999. Zeitschrift für Sozialgeschichte des 20. und 21. Jahrhunderts 2, Heft 1, S. 96-122.
WIENER, John (^{2}1991): Come together. John Lennon in his time. Urbana, Chicago.
WIENER, John (1999): Gimme some truth. The John Lennon FBI Files. Berkely, Los Angeles, London.
WIGGLESWORTH, Michael (1970): The Diary of Michael Wigglesworth 1653-1657. The Conscience of a Puritan. Gloucester, Mass.
WÜRTHLE, Friedrich (1978): Dokumente zum Sarajewoprozeß. Wien (Mitteilungen des österreichischen Staatsarchivs. Ergänzungsband 9).

YERUSHALMI, Yosef Hayim (1999): Freuds Moses. Endliches und unendliches Judentum. Frankfurt a.M.

ZENTNER, Marcel (1995): Die Flucht ins Vergessen. Die Anfänge der Psychoanalyse Freuds bei Schopenhauer. Darmstadt.

PERSONENREGISTER

Abaelard (Petrus Abaelardus) 336
Acciarito, Pietro 315
Adler, Alfred 231
Adler, Friedrich 353, 367, 380-386
Adler, Victor 380, 381
Adorno, Theodor W. 673
Aeneas 37
Agamben, Giorgio 464, 465, 635, 657
Agca, Mehmet Ali 174-178
Aivasov, Todor 175
Alarich I. 31
Alberti, Leon 534, 537
d'Albret, Jeanne (Johanna III. von Navarra) 166
Alciatus, Andreas 551
d'Alembert (Jean-Baptiste le Rond) 538, 549
Papst Alexander III. 150, 151
Alexander der Große 24, 37, 62, 69, 97, 106
Zar Alexander I. 81, 84
Zar Alexander II. 215, 381
d'Almeras, Henri 259
Altfillish, Bert K. 342
d'Amiens (Robert-François Damiens) 329
Amir, Ygal 667
Andrée, Salomon August 211
Angiolillo, Michele 215
Anouilh, Jean 147, 154-160
Antoine de Bourbon 166
Antonius (Marcus Antonius) 39, 42, 43, 66, 67, 85, 310
Antonov, Sergej 175
Anzieu, Didier 414, 415
Anzieu, Marguerite 231, 401-415, 422, 425, 496, 550, 627, 717

Anzieu, René 404
Aristogeiton 30, 216, 308, 323-326
Aristoteles 11, 45, 639, 721
Artaud, Antonin 116, 147, 267, 349
Artemidor 39
d'Artois (Graf) 244
Asahara, Shōkō 663
Ascher, Saul 296
Asinof, Eliot 520
Atia 47
Atwood, Margaret 561-577
Atzerodt, George A. 305, 308
Augustinus von Hippo 26, 31, 32, 33, 42, 61, 73, 134, 163, 172, 186, 198, 336
Augustus (Gaius Octavius) 32, 33, 42, 43, 44, 47, 48, 64, 95, 98, 108, 178, 534
Auvinen, Pekka-Eric 642, 642, 644
Avery, Dylan 557
Aviat, Jules 247

Bacon (Lord) 106
Baez, Joan 520
Baker, Nicholson 350, 561, 577-583
Bakunin, Michail Alexandrowitsch 366
Rabbi Banaá 229
Banister, Guy 449, 456, 457
Barbaroux, Charles Jean Marie 48, 245, 246, 247, 254, 257, 262, 264
Barrès, Maurice 377
Barruel, Abbé 26
Barschel, Uwe 313
Bas, Laurent 248
Bataille, Georges 658
Baude (Polizeipräfekt) 278
Baudelaire, Charles 546

Baudrillard, Jean 216
Bauer, Otto 222
Baum, Lyman Frank 496
Baunes (Förderer Fieschis) 279
Bawer, Bruce 673
Baxter, Richard 189
de Beauharnais, Joséphine 70, 511, 522
Rabbi Beçalél 228
Becket, Thomas 147, 149, 154-156, 172
Békessy, Imre 225
Benazech, Charles 286
Benchley, Nathaniel 520
Benedikt XI. (Papst) 160
Benedikt, Ernst 225
Benedikt, Moriz 384, 386
Benjamin, Walter 219, 476
Benoit, Pierre 405, 406, 407, 408, 409, 411
Bermas, Jason 557
Bernhardt, Sarah 405
Berthier, Louis-Alexandre 82, 92
de Béthune, Maximilien 165
de Beurnonville, (Marquis) 252
Beuys, Joseph 551
Binding, Karl Lorenz 144
Binswanger, Ludwig 629, 631
Binswanger, Otto 629
von Bismarck, Otto 59, 60, 117, 124, 125, 127, 211, 212, 217, 366
Blanchot, Maurice 561-577
Blavatzky, Helena Petrovna 345
Bleichröder, Gerson 117
Bleuler, Eugen 206, 347, 348
Bloom, Harold 227
Boehm, Gottfried 551
Boireau, Victor 696
Bonifatius VIII. (Papst) 147, 149, 156-165, 177, 700
Booth, Asia 310
Booth, Edwin 52, 313, 310, 311
Booth, John Wilkes 52, 271, 303-312, 326, 328, 508, 513, 524, 713

Booth, Junius Brutus (sr.) 52, 303, 309
Booth, Junius Brutus (jr.) 52, 303, 309, 310
Booth, Richard 309
Borkowsky, Ernst 99, 684
Bosse, Sebastian 18, 633, 641-656
de Bourrienne, Louis-Antoine Fauvelet 78, 99, 681
Bouyeri, Mohammed 669, 670, 672
Boze, Joseph 270
Brady, James 518, 523
Brandauer, Klaus-Maria 394
Bremer, Arthur H. 487, 519, 520, 523-526
Bresci, Gaetano 48
Brousse, Paul 314
Bruegel, Pieter 536
Brumowski, Godwin 222
Brutus, Decimus 46
Brutus, Lucius Iunius 30, 41
Brutus, Marcus Iunius 10, 11, 29, 32, 33, 36, 37, 39, 40, 41, 42, 45, 47, 48-63, 65, 66, 67, 68, 71, 74, 75, 76, 77, 84, 85, 89, 92-99, 102, 105, 106, 119, 161, 162, 163, 182, 198, 210, 215, 216, 260, 261, 262, 263, 267, 268, 271, 275, 279, 282, 302, 303, 308, 309, 310, 328, 401, 408, 426, 660, 700
Büchner, Georg 208, 252
Buchner, Karl 683
Bugliosi, Vincent 445, 447, 451, 454, 706
Bundy, Ted 520
Bundy, Vernon 450
Bunyan, John 190, 191, 192, 625, 626
Burckhardt, Jacob 37, 62
Burroughs, William S. 678
Bush, George W. 350, 351, 578, 665

Čabrinović, Nedeljko 370, 372, 373, 374

749

Caesar, Gaius Julius 10, 11, 16, 24, 29-69, 71-107, 108, 109, 110, 111, 112, 113, 114, 115, 116, 117, 119, 134, 136, 147, 148, 154, 161, 163, 181, 182, 198, 260, 261, 262, 263, 271, 297, 302, 303-312, 314, 327, 328, 408, 439, 613, 614, 627, 644, 678, 680, 685, 699
Caillois, Roger 467
Caligula 103, 107-117, 119, 134, 136, 138, 139, 179, 181, 182, 224, 426
Calpurnia 39
Calvin, Johannes 167, 180, 182, 184
Campe, Johann Heinrich 95
Camus, Albert 113, 114, 567
Canetti, Elias 132, 135, 179, 217-226, 227, 345, 453
Canetti, Georges 220
Canetti, Veza 220
Cánovas del Castillo, Antonio 215
Cappon (Genfer Bürger) 321
Cappon, Santo 321
Capras, Paul 626, 627
Caracalla 116
Carino de Balsamo 468
Carlsson, Arvid 593, 594
Carlstadt, Johannes (Johann Draconites) 216
Carpaccio, Vittore 468, 469, 471, 478
Carpenter, William (jr.) 517
Carrel, Armand 284
Carter, Jimmy 508, 511, 512, 513, 516
Cassius Parmensis, Gaius 32, 33, 36, 39, 42, 65, 66, 67, 90, 161, 162, 163, 310, 699, 700
Cassius Dio, Lucius 37, 39, 42, 65
Castro, Fidel 427, 443, 456, 457
Catilina, Lucius Sergius 210
Cato 75, 77
de Caunes, Jacques 278, 279, 280
Celik, Oral 175

Ceracchi, Joseph 681
Cervantes, Miguel de 202, 691
Chabot, François 248, 259
Chaerea, Cassius 113
Chapman, Mark David 17, 351, 487, 488, 489, 490, 491-498, 499, 500, 501, 502, 505, 514, 520, 627
Charles I. 187, 192, 287
Charles X. 274, 275
Charles de Bourbon 268
Châtel, Ferdinand Toussaint François 329
Cho, Seung-hui 326, 633, 641-656
Churchill, Winston 519
Cibber, Colley 311
Cicero 31, 32, 33, 38, 41, 42, 43, 45, 58, 68, 74, 95, 198, 279, 329, 408
Ciganović, Milan 374
Cinna 95, 98, 178
Clarke, John Sleeper 304, 310, 311
Claude, Henri 413
Claudius 109
Clément, Jacques 48, 167, 169, 329, 700
Clérambault, Gaëtan 413
Clinton, Bill 645
Coelestin V. 157, 158, 159
de Coligny, Gaspard II. 166
Collins, Lynn 511
Colonna, Jakob 157
Colonna, Petrus 157
Colonna, Sciarra 157, 159
Commodus Antoninus 103, 107-116, 114
Comte, Auguste 21
Connally, John 432, 433
Kaiser Constantinus I. 649
Abbé de Corday 259
Corday, Charlotte (Marie Anne Charlotte de Corday d'Armont) 48, 95, 215, 243-270, 274, 282, 308, 320, 326, 328, 354, 401, 472, 474, 475, 657, 660, 695

de Corday d'Armont, Jacques 243, 249
Corneille, Pierre 73, 98, 258, 259, 260
Corneille, Thomas 258
Cornelisz Van Haarlem 581
Cortés, Donoso 615
Costner, Kevin 447, 448
Cousin De Grainville, Jean-Baptiste François Xavier 561-577, 579
Cromwell, Oliver 48, 78
Čubrilović, Vaso 370, 374
Curie, Pierre 211
Czolgosz, Leon 338

Dagobert Duck 136
Dante Alighieri 147, 153, 160-165, 172, 317, 536
Danton 252, 260
Daru (Generalintendant) 82, 83
Darwin, Charles 387, 440, 672
Däubler, Theodor 608
Daumier, Honoré 285
David, Jacques-Louis 88, 89, 261, 262, 263, 267, 268, 269, 325, 471, 472, 473, 474, 475, 478, 482, 485
Davis, Jefferson 307
Delacroix, Eugène 546
Delahanty, Thomas K. 518
Deleuze, Gilles 634
DeLillo, Don 427, 454-461, 484, 485, 561, 583-589
Depierraz (Gefängniswärter) 321
Descartes, René 202, 691
Desmarest, Pierre-Marie 681
Desmoulins, Camille 253
Deutsch, Hermann Bacher 443
Diamond, William 342, 343
Diderot, Denis 14, 260, 538
Dimitijević, Dragutin 374
Diogenes Laertius 56, 57
Diokletian 51
Dion von Syrakus 37

Dionysos 53, 324, 616
Dionysius von Paris 532
Dixon, Jeremiah 621
Dollfuß, Engelbert 222
Domenichino 467
Domitian 37
Doré, Gustave 164
von Dorotic Pawla Carita Maria Isabella (Cari) 605
Doyle, Arthur Conan 24, 502
Drew, John 483, 485
Dreyfus, Alfred 377
Drouet, Jean-Baptiste 248
Dschingis Khan 24
Duflos Huguette (ex-Duflos) 401-409, 411
Durant, Ariel 439
Durant, Will 439
Durrel, Lawrence 706
Dykeman, Nathan 647

Eckert, Max Rudolf 391
Einstein, Albert 381, 672
Eisenhower, Dwight D. 431, 432
Eliot, T.S. 147, 154-156
Elisabeth von Österreich-Ungarn (Sissi) 210, 271, 313-315, 317, 368
Elser, Johann Georg 353, 367, 393-399
d'Enghien (Louis Antoine Henri de Bourbon-Condé, Herzog von Enghien) 80, 82
d'Epernon (Jean Louis de Nogaret de La Valette) 165
Erasmus von Rotterdam 61
Erler, Reiner 394
Esme de Boulonnais 188, 626
Esquirol, Jean-Etienne Dominique 204, 205, 206
Evrard, Simone 247

Fabre d'Eglantine (Philippe-François-Nazaire Fabre) 258
Falret, Jean-Pierre 201, 203
Farrow, Mia 487
Faustina 114
Fawcett, Anthony 493, 496, 499
Fawkes, Guy 48
Faÿ, Bernhard 27
Fénelon, François 95
Ferrie, David 449, 450, 456, 457, 458, 459
Ferry, Abel 376
Feuerbach, Ludwig 365, 672, 675
Fichte, Johann Gottlieb 327, 331
Fieschi, Joseph Marie 48, 205, 271, 274-277, 278, 279, 280, 281, 282, 283, 297, 320, 627, 696
Finkelstein, Nat 416
Flagg, Ernest 540
Flechsig, Paul Emil 128, 131, 463, 627
Fließ, Wilhelm 207
Follen, Karl 289, 298, 331
de Fontanes, Louis 78
de Forbin, Alexandrine 246
Foster, Jodie 506, 507, 510, 511, 512, 513, 514, 515, 516, 517, 520, 522, 711
Foucault, Michel 123, 202, 327, 332, 351, 543, 544
Fouché, Joseph 79, 80, 81, 94, 98, 681
Fouquier-Tinville (Staatsanwalt) 257
Franz I. 285
Franz Ferdinand von Österreich-Este 366, 367, 368, 369, 370, 371, 373
Franz Joseph I. 225, 368, 381
Freeman, Daniel 600
Freud, Sigmund 179, 180, 207, 208, 226-231, 232, 234, 235, 410, 413, 496, 602, 634, 637, 672
Friedrich I. (Barbarossa) 301
Friedrich II. (Friedrich der Große) 12, 301, 470, 676

Friedrich, Hugo 161
Fries, Jakob Friedrich 289
Fries, Johann Heinrich 331
Frischlin, Philipp Nikodemus 680

Kaiser Galba 109
Gall, Franz Joseph 598, 695
Gamboni, Dario 551
Gance, Abel 267
Gance, Marguerite 267
Gandhi, Indira 667
Gandy, Joseph Michael 530
Garbarini, Vic 520
Garland, Judy 496
Garrison, Jim 25, 433, 447, 448, 449, 450, 451, 456
Gaupp, Robert 137, 140, 141, 144, 145
von Gellhorn, Mathilde 683
George, Stefan 328, 387
Georgette de Montenay 620
Gérôme, Jean-Léon 36
Gibbon, Edward 439
Gill, Kimveer Singh 655, 656
Gillray, James 286
Giovanni di Paolo 162
de Girardin, Émile 283
Girodias, Maurice 417, 418, 706
Glaukos Epikydides 640
Glavinic, Thomas 561, 583-589
Gobain (Grenadier) 82
Goebbels, Joseph 223
von Goethe, Johann Wolfgang 69, 81, 82, 83, 84, 85, 86, 87, 89, 96, 137, 288, 289, 329, 362, 363, 529, 681, 682, 697
Goeze, Johann Melchior 329
van Gogh, Theo 668, 669
Goldberger, Paul 540
Goldstein, Naomi 493
Goodwin, Thomas 187, 553
Goresh, Paul 491

Göring, Hermann 604
Grabež, Trifko 371, 374
Gregor IX. 470
Gregor von Nyssa 532
Grévin, Jacques 686
Groden, Robert 480, 481
Gros, Antoine-Jean 511
Grotius, Hugo 131, 537
Grüner, Joseph Sebastian 86, 87
van Gudden, Hans 209, 213
van Gudden, Johann Bernhard Aloys 122, 124, 125, 213
Guattari, Felix 634
Guellard (Polizeikomissar) 248, 264
Guevara, Ernesto (Che) 459
Guizot, Guillaume-Pierre François 276, 285
Gustav der Große 97

Haasis, Helmut G. 394, 704
Haeckel, Ernst 143, 144, 687
Haig, Albert R. 596
Hammerschlag-Lichtheim, Anna 413
Hannibal 97, 106
Harding, James M. 417
Härlen, Elsa 390
Harmodios 30, 216, 308, 323, 326
Harris, Clara 306
Harris, Eric 633, 641-657
Harron, Mary 416
Hartmann, Nicolai 388
Hartogs, Renatus 438
Hauer, Johann Jakob 264, 265
Hauff, Wilhelm 87, 88
Haushofer, Marlen 717
Hausmann, Raoul 417
Haussmann, Georges-Eugène 279
Haydn, Joseph 79
Hébert, Jacques-René 255
Hegel, Friedrich 13, 14, 21, 22, 26, 32, 33, 36, 41, 42, 103, 163, 181, 182,

250, 302, 327, 354, 356, 363, 364, 365, 366, 387, 388, 393, 673
Heidegger, Martin 232, 365, 423, 528, 530, 539, 541, 552, 560, 614, 673, 716
Heine, Heinrich 53, 54, 56, 178, 285, 465
Heinrich II. (Navarra) 150
Heinrich III. (Navarra) 167
Heinrich IV. (König) 165-168, 169
Heinrich VIII. (König) 153
Hélicon 114
Heliogabal (Elagabal) 16, 103, 107-117, 147, 267
Heraklit 528, 529
d'Herbois, Collot 252
Herder, Johann Gottfried 21
Herodot 536, 537, 640, 641
Herold, David E. 305, 307, 308
Herostratos 311
Hesiod 35, 717
Hess, Moses 366
Himmler, Heinrich 397, 398
Hinckley, Jack 509, 510, 512
Hinckley, Jo Ann 507, 511, 512
Hinckley, John Warnock 487, 505, 506, 507, 508, 509, 510, 511, 512, 513, 514, 516, 517, 518, 519-522, 523, 627, 711
Hindenburg, Paul von 389, 392
Hipparch 30, 323
Hippias 323, 324
Hirsi Ali, Ayaan 669, 670
Rabbi Hisda 229
Hitler, Adolf 26, 106, 144, 222, 223, 350, 353, 365, 366, 367, 391, 392, 393-399, 443, 459, 529, 530, 561, 568, 607, 612, 613, 614, 672, 675
Hobbes, Thomas 42, 63, 66, 188, 202, 328, 543, 545, 552, 609, 615, 648
Hoche, Alfred Erich 144
Hoffmann, E.T.A. 202, 203, 206

Hofstadter, Richard *10*
von Hohenberg, Herzogin Sophie *368*
Holmes, Mary Ann (John Wilkes Booths Mutter) *311*
Holmes, Sherlock *13, 15, 24, 502*
Holt, Joseph *307*
Homer *454*
Hopper, (Psychiater) *513, 520*
Hortense (Stieftochter Napoleons) *79*
Hrdlicka, Alfred *267*
von Humboldt, Wilhelm *356, 363*
Hume, David *388*
Hus, Jan *210, 215*
Husserl, Edmund *387, 388, 390*
Huxley, Aldous *569*
Huxley, Thomas Henry *569*

Ilić, Danilo *370, 374*
Ipekci, Abdi *175*
Innozenz IV. *468*

Jackson, Andrew *308*
Jaurès, Jean *353, 367, 375-380*
Jean de Valois (Duc de Berry) *274, 297*
Jean Paul *267, 268, 287, 561-577, 579, 657*
Jeanne d'Arc *92, 101, 346*
Jeanson, Henri *402*
Jervis, Giovanni *208*
Jesus Christus *63, 66, 105, 106, 147, 148, 157, 158, 179, 180, 202, 215, 294, 297, 298, 332, 357, 473, 498, 499, 528, 531, 538, 608, 609, 613, 688, 698*
Joachim von Fiore *157, 158, 357, 464*
Johann von Leyden *193*
Johannes Paul II. *147, 149, 174-177*
Johnson, Andrew *305, 307, 308*
Johnson, Lyndon B. *424, 427, 432, 434*
Jones, Jack *494*
Juergensmeier, Mark *667, 668, 732*

Jung, Carl Gustav *231, 487, 488, 502-505*
Jünger, Ernst *484*
Jünger, Georg Friedrich *423*
Kaiser Justinian *44, 96, 544*

Kafka, Franz *241*
Kahlbaum, Karl Ludwig *179*
Kaiser, Robert Blair *339, 345, 520, 524*
von Kamptz, Karl Albrecht *296*
Kandinsky, Wassily *545*
Kant, Immanuel *7, 9, 13, 15, 24, 27, 53, 54, 55, 60, 123, 179, 182, 193-201, 205, 208, 215, 220, 226, 229, 356, 357, 359, 360, 361, 364, 365, 387, 388, 413, 522, 535, 538, 546, 596, 602, 643, 670, 672, 673, 674*
Karl der Große *34, 106, 301*
Karl von Österreich-Teschen (Erzherzog Karl) *91, 222*
Karl XII. (Karl von Schweden) *90, 95*
Karl August (Herzog) *81, 85, 288, 289*
Karl IX. *166, 167*
Kassner, Rudolf *547*
Katharina von Medici *166, 167*
Kean, Edmund *303*
Kelsen, Hans *607, 608*
Kennedy, Edward *509, 516, 520*
Kennedy, John Fitzgerald *17, 25, 337, 350, 424, 427-461, 476, 478, 479, 480, 481, 482, 625, 706, 707*
Kennedy, Robert Francis *323, 337-345, 417, 432, 434, 444, 457*
Kennedy Onassis, Jacqueline *432, 478*
Kerr, Alfred *225*
King, Martin Luther *417*
Kinkel, Kipland Philip *655, 656*
Kircher, Athanasius *537, 538*
Klebold, Dylan *633, 641-656*
Kleist, Heinrich von *99, 100, 683*
Klemens Wenzel Fürst von Metternich *49, 292*

Knöppler, Hans 145
Koch, Robert 211
Koerber, Ernest von 381
Koestler, Arthur 504
Kolev, Vassilev 175
Kaiser Konstantin V. 107
Kopernikus 672
Körner, Theodor 295, 300, 698
Köselitz, Heinrich 60
von Kotzebue, August 16, 20, 49, 95, 98, 102, 216, 271-321, 330, 332
Kraepelin, Emil 206, 209, 213, 214, 559, 622, 626, 627, 629, 692
Kraus, Karl 179, 217-226, 384, 385, 386, 388
Kretschmer, Tim 642
Kropotkin, Pjotr Alexejewitsch 373
Kubrick, Stanley 524

Lacan, Alfred 414, 415
Lacan, Jacques 179, 195, 231-236, 238, 321, 323, 325, 346-349, 350, 401, 402, 403, 404, 405, 407, 409, 411, 412-415, 446, 496, 529, 550, 627, 634, 639, 644
bin Laden, Osama 586
Ladvocat, Gaspard 278, 279, 280, 281
Lafitte, Jacques 276
Lafondée (Zahnarzt) 248
Lambert, Patricia 449
Larochelle (Anwalt) 238
Lauze-Duperret (Deputierter) 246
Lawrence, Francis 575
Lawrence, Richard 308
Léchet, Charles 314
Lee, Robert Edward 440
Legendre, Pierre 63, 179, 192, 236-241, 248, 266, 550, 552, 628, 634
Leibniz, Gottfried Wilhelm 14, 700
Lenin, Wladimir Iljitsch 180, 366, 708
Lennon, Cynthia 520
Lennon, John 17, 351, 487-526, 653

Lenz, Jakob Michael Reinhold 208
Leo XIII. 368
Kaiser Leon III. 107
Lermolieff, Ivan (siehe Giovanni Morelli)
Lessing, Gotthold Ephraim 69, 359
Lessing, Theodor 21, 353, 357, 367, 386-392
Lethen, Helmut 605
Lévesque, René 238
Levinas, Emmanuel 229
Lifton, David S. 447, 451, 452
Lincoln, Abraham 52, 271-321, 328, 513
Lincoln, Mary Todd 306
Linzmayer (Wirtschaftsstudent) 503
Lojka, Leopold 370
Lombroso, Cesare 316, 317, 318, 319, 598
London, Jack 440
Long, Huey Pierce 443
Lorenzetti, Ambrogio 532, 533
Lortie, Denis 17, 179, 236- 241, 266
Lossius, Kaspar Friedrich 90
König Lothar 301
Louis XVI. 275, 286, 287
Louis XVIII. 273, 275
Louis-Philippe I. 205, 271-287
Madame Loyer de Maromme (Freundin Charlotte Cordays) 260
Lucchini, Luisa 315
Lucheni, Luigi 210, 271, 313-321
von Luden, Heinrich 288, 289
Ludwig II. (König von Bayern) 103, 117-127, 130, 134, 136, 137, 139, 140, 209, 224, 422, 561
Ludwig VII. 151
Ludwig XIV. 542, 548
Ludwig XVI. 29, 30, 53, 119, 174, 245, 286
Ludwig XVIII. 273, 274

Luise von Hessen-Darmstadt (Frau von Karl August) 85
Luitpold Karl Joseph Wilhelm von Bayern 126
Luther, Martin 20, 61, 167, 180, 184, 210, 216, 289, 290, 292, 296, 336, 676, 680
Freiherr von Lutz, (Ministerpräsident) 125
Lux, Adam 48, 268, 269

Machiavelli, Niccolo 12, 676
Maeterlinck, Maurice 379
Magnan, Valentin 204
Mahomet (Muhammed) 83, 193
Mailer, Norman 423, 427, 441, 445, 454-461
Majer, Gerhard 394
Mallarmé, Stéphane 545
Manchester, William 443
Mann, Heinrich 173
Manson, Charles 488, 520, 651
Mao Tse-tungs 365, 418, 443, 459
Marat, Jean-Paul 48, 88, 95, 243-270, 272, 328, 463, 471-475, 485
Marc Aurel 114, 115
Marcello, Carlos 451, 456
Marcia 115
Marconi, Guglielmo 211
Marey, Jules 282
Marguerite de Valois 166
Martin, John 564, 565
Marto, Francisci 176
Marto, Jacinta 176
Marx, Karl 21, 26, 180, 232, 365, 380, 387, 459, 609, 672, 673, 675
Mason, Charles 621
Matheson, Richard 575
Maupassant, Guy de 373
Maure, Nicolas 248
Mayer, Joseph 144

Mazzinis, Giuseppe 373
McCarthy, Joseph 25
McCarthy, Timothy 518
McKinley, William 338, 350
McLuhan, Marshall 432
McMillan, Priscilla 520
McVeigh, Timothy 643, 667, 668
Mehmedbašić, Muhamed 370
Melville, Herman 616
Mendelssohn, Moses 609
Meyer, Georg Heinrich 141
Meyer, Conrad Ferdinand 153
Michelangelo Buonarotti 230, 473, 373
Michelet, Jules 249, 254, 258, 261, 328
Michelino (Domenico di Francesco) 536
Mignet, François-Auguste 284
Miller, Henry 706
Miller, Jacques-Alain 414
Mirabeau (Honoré Gabriel Victor de Riqueti, Marquis de Mirabeau) 106
Mitchell, William J. T. 551
von Molo, Walter 100, 683
Mommsen, Theodor 65
Monck, Georges 78
Monroe, Marilyn 418, 653
de Montaigne, Michel Eyquem 317
Montané, Jacques Bernard-Marie 257
Montesquieu (Charles de Secondat, Baron de Montesquieu) 244, 317
Moorehead, Alan 444
Morelli, Giovanni 230
Morey, Pierre 278, 279, 282
Morse, Samuel 49, 50, 51
Moses 61, 106, 230, 231, 235, 238, 531
Motilenus 115
Müller, Heiner 216
von Müller, Friedrich 85
Munch, Edvard 267
Münzer, Thomas 216
Murat, Joachim 277, 279, 280

Muratoris 203
Muret, Antoine 680
Mussolini, Benito 366

Nabokov, Vladimir 706
Nabopolassar 533
Napoléon Bonaparte 20, 23, 26, 32, 37, 49, 62, 69, 71-106, 134, 178, 179, 181, 182, 205, 222, 267, 273, 274, 275, 277, 278, 279, 280, 282, 287, 288, 290, 297, 301, 366, 511, 522, 627, 663, 681
Nebukadnezar II. 533
Nero 45, 64, 65, 98, 109, 110, 119, 137, 138, 139, 178, 224, 389, 422, 426, 646
Newman, Barnett 539, 545, 546
Niemöller, Martin 398
Nietzsche, Friedrich 4, 11, 13, 16, 17, 22, 26, 52, 55, 56, 58, 59, 60, 61, 62, 63, 65, 66, 90, 103, 104, 106, 118, 134, 136, 139, 149, 179, 181, 182, 210, 232, 235, 328, 365, 366, 386, 387, 388, 424, 561, 577-583, 616, 627, 628, 629, 635, 636, 639, 648, 673
Nikolaus III. 161, 163, 164
Nix, Orville 434, 480, 707
Nixon, Richard 432, 523, 524
Nogaret, Guillaume de 159
Nora, Pierre 430
Norwood, Richard 186

O'Brien, Tim 521
Oken, Lorenz 289, 296, 697
Ono (Waffenverkäufer) 488, 505
Ono, Yoko 488, 490, 492, 505
d'Orléans, Henri 314
Orsini 48
Orwell, George 439
Oswald, Audrey Marina Rachel 443
Oswald, John Pic 437

Oswald, June 441
Oswald, Lee Harvey 17, 25, 337, 356, 427, 428, 429, 435, 436, 437-447, 449, 450, 451, 452, 453, 454, 455, 456, 457, 458, 459, 460, 461, 479, 480, 496, 524, 627, 706
Oswald, Marguerite (Marguerite Frances Claverie) 437, 438
Oswald, Marina 440, 441, 442, 443, 445, 520
Oswald, Robert Edward Lee (jr.) 437
Oswald, Robert Edward Lee (sr.) 437
Kaiser Otho 109
Overbeck, Ferdinand 60

Panizza, Felix 213
Panizza, Oskar 179, 206, 209-217, 226, 235, 348, 349, 702
Panofsky, Erwin 532, 714
Pape, Robert A. 665
Parcival 120
Parr, Jerry S. 518
Pascal, Blaise 317, 360, 361, 362, 612, 670
Passenante (Koch) 315
Pauls, Eilhard Erich 99, 100, 683
Paulus 179, 464, 465, 466, 606
Payne, Lewis 305, 307, 308
Payne, Michael 445
Payne, Robert 443
Payne, Ruth 445
Peal, Norman V. 440
Péghaire, Annie 414, 415
Pelletan, Philippe 248
le Peletier, Louis-Michel 269, 473
Pepin, Pierre-Théodor-Florentin 278, 279
Périer, Casimir 276
Perkins, William 191, 192, 625
Perovskaja, Sofia 215
Pétion de Villeneuve, Jérôme 252

Petrus von Verona 172, 463, 466-470, 471, 472, 473, 475
Philipon, Charles 285
Philipp der Schöne 156, 159
König Philipp II. 166
Pichon, Édouard 413
Pinel, Philippe 97, 202, 203, 204, 205, 206
von Platen, August 267
Platon 45, 106, 179, 180, 580, 581, 582, 621, 640
Plutarch 36, 37, 39, 40, 41, 42, 64, 72, 74, 78, 87, 258, 260, 268, 328, 329, 721
Poe, Edgar Allan 210
Polanski, Roman 487, 488
Polyani, Michael 551
Pompeius 41, 47, 64, 67, 75, 81
Pontius Pilatus 147
Popitz, Johannes 614
Popović, Cvetko 370, 374
Popp (Justizrat) 213
Potiorek, Oskar 369, 371, 372
Powers, Gary 438
Pradilla, Francisco 133
Prechtl, Michael Matthias 267
Prince of Wales (Edward »David«, Herzog von Windsor) 406, 407
Princip, Gavrilo 366, 371, 372, 373, 374
Pugh, Katherine 600
Pynchon, Thomas 527, 553-556, 616-621, 622, 624, 627

Quintilian 37

Rabin, Yitzhak 667
Rapp, Jean Graf 79
Rathbone, Henry 306
Rather, Dan 454
Ratzinger, Joseph 176
de Ravaillac, François 48, 165, 166, 168, 169, 170, 171, 172, 174, 178, 282, 308, 326, 328, 329, 700
Abbé Raynal 260, 263
Reagan, Nancy 510
Reagan, Ronald 487, 505-511, 515, 517, 518, 519, 520, 523
Reeves, Dana 489
Reil, Johann Christian 205
Reinhard, Wilhelm 296, 297
Remus 95, 132
Rhine, Joseph Banks 502, 503, 504
Rhine, Louisa Ella 502, 504
König Richard III. 303, 308, 311, 699
Richard (Gefängniswärter) 264
Kardinal Richelieu (Armand-Jean I. du Plessis de Richelieu) 613
Riemer (Bibliothekar) 83
Risthaus, Peter 678
Robert, Hubert 530
Robespierre, Maximilian 48, 54, 353, 360, 406, 407, 408, 423, 425
Robison, John 26
Röhm, Ernst Julius 21, 367, 391
Romulus 95, 132
von Roques, Valeska 176
Rorty, Richard 365
Rosen, Robert 492
Rosendorfer, Herbert 717
Roth, Emery 540, 541
von Rothschild, Luise 313
von Rothschild, Mayer Amschel (Baron) 276
Roudinesco, Elisabeth 414
Roulette, Christian 176
Rousseau, Jean-Jacques 54, 188, 193, 205, 249, 252, 258, 260, 268, 317, 318, 547, 549, 550, 576, 673
Rousselin de Corbeau, Alexander Charles Omer 264
Rowe, Korey 557
Ruby, Jack 427, 436, 449, 453, 460, 706

Rudolf von Österreich-Ungarn 368, 369
Rundgren, Todd 490
Rupert von Deutz 528
Russo, Perry Raymund 450

Sachs, Hans 680
de Sade, Donatien-Alphonse-François 706
Saenredam, Jan 581
Sagal, Boris 575
Saint-Amand, Gassier 267
Saint-Just 29, 30, 48, 252, 266, 279
Salinger, Jerome David 351, 488, 492, 498
von Salis, Meta 59
Salk, Lee 494
Salkow, Sidney 595
Sand, George 684
Sand, Karl Ludwig 16, 20, 21, 102, 215, 216, 271, 282, 287-302, 308, 321, 323, 326, 329-337, 350, 383, 660
Sandeau, Jules 684
von Sankt Viktor, Hugo 326
Sanson (Henker) 264, 265
dos Santos, Lúcia 276
Sautelet, Auguste 284
Savary, Anne Jean Marie René 82
Savonarola 210, 215, 216
Scheim, David E. 451
Scheler, Max 390
Schiller, Friedrich 63, 91, 92, 95, 99, 101, 102, 137, 218, 267, 356, 360, 362, 363, 364, 388, 505, 544, 683
Schlageter, Albert Leo 684
Schlegel, August Wilhelm 363
Schlegel, Friedrich 50, 51, 52, 356, 366
Schleiermacher, Friedrich 327
Schmalz, Theodor 296
Schmid, Hans-Christian 678
Schmidt, Arno 349, 561-577, 579
Schmitt, Anima Louise 606

Schmitt, Carl 26, 27, 423, 591, 603-616
Schnurr, Josef 395
Schober, Johann 223, 225
Scholem, Gershom 228
Schopenhauer, Arthur 206, 387, 389
Schrader, Paul 519, 520
Schreber, Daniel Paul 23, 25, 103, 127, 136, 139, 181, 182, 190, 207, 219, 223, 224, 225, 226, 232, 234, 235, 272, 302, 413, 422, 426, 453, 463, 464, 466, 470, 504, 559, 561-577, 579, 602, 627
Schreber, Daniel Gottlob Moritz 128
Schroeckh, Johann Matthias 90, 95, 96, 99
Scipio 24
Scorsese, Martin 506
Seaman, Frederic 491
Séglas, Julien 203, 691
Sellin, Ernst 231
Seneca 45, 98, 178
Septimus Severus 115, 116
Sérieux, Pierre 626, 627
Serres, Michel 302
Servetus, Michael 215
Servilia 47, 74
Severus Alexander 37, 116
Shakespeare, William 63, 65, 66, 67, 68, 69, 77, 90, 106, 202, 303, 309, 310, 312, 328, 408, 520, 636, 637, 652, 691, 699
Shaw, Clay 25, 450
Shea, Robert 678
Shelley, Bill 435
Shelley, Mary 561-577
Shelley, Percy 564
Shirer, William L. 443, 459
Sibbes, Richard 185
Sinclair, Upton 504
Sirhan, Sirhan 323, 337-345, 350, 432, 508, 524

Slattery, James Lawrence (Candy Darling) *416*
Smith, Adam *183*
Sokrates *179, 215, 613*
Solanas, Valerie *23, 321, 401, 415-422, 423, 424, 425, 550, 576, 717*
Sophokles *633, 635*
Soult, Nicolas Jean-de-Dieu *82*
Speer, Albert *529, 530*
Spengler, Oswald *388*
Spiesel, Charles I. *450*
Spinoza, Baruch *106, 607, 609*
Spira, Francis *689*
Spranger, Eduard *390*
Stachniewski, John *185*
Stahl, Friedrich (Stahl-Jolson) *609*
Stalin, Josef *61, 366, 542, 708*
Stanton, Edwin M. *305*
Stapß, Friedrich (sr.) *90, 92, 96, 98, 99, 682*
Stapß, Friedrich (jr.) *23, 26, 49, 71, 89-102, 104, 178, 181, 182, 282, 681, 682, 683, 684*
Starck, Johann-August *24*
Starret, Theodore *539*
Graf von Stauffenberg, Claus Philipp Maria Schenk *366, 615*
Steguweit, Heinz *683, 684*
Steinhäuser, Robert *642*
Sterling, Claire *176*
Stoecker, Adolf *59*
Stone, Oliver *433, 447, 448, 451, 460*
Storch, Niklas *216*
Stourdza, Alexander *289, 292, 297*
Strauss, John S. *599, 602*
Strickman, Evelyn *437*
Strindberg, August *59, 60*
von Stürgkh, Karl Graf *367, 380, 382, 384*
Sueton *37, 39, 40, 64*
Abt Suger *532*

Suratt, John E. *308*
Suratt, Mary E. *308*
Süßmilch, Johann Peter *358*
von Sztáray, Irma *313*

Tacitus *45, 74, 268*
Talleyrand (Charles-Maurice de Talleyrand-Périgord) *82*
Talma, François-Joseph *84, 85*
Tange, Kenzo *540, 541*
Tankosić, Vojin *374*
Tarquinius Superbus, Lucius *30*
Tassaert, Jean-Joseph-François *265*
Tate, Sharon *488*
Tates, Karst Roeland *12, 13*
Taylor, Tom *303*
Theobald von Canterbury *150*
Thiers, Adolphe *276, 282, 284, 285*
Thomas von Aquin *54*
Thornley, Kerry Wendell *439*
Tiberius *51, 108*
Tillius *40*
Tippit, J. D. *435, 436, 460*
Tischbein, Johann Heinrich Wilhelm *57*
Tolstoi, Lew Nikolajewitsch *373*
Trapnell, Garrett *520*
Troward. Thomas *339, 344, 345*
Truelle (Doktor) *402*
Tughlak, Muhammad (Sultan von Delhi) *221*
Turner, Nigel *480*
Twain, Mark *313*

König Umberto I. *314, 315*
Ungemach, Fritz *211, 212, 213*

van Valckenborch, Lucas *536*
van Valckenborch, Maerten *536, 537*
Valéry, Paul *476*
Vanderpoole, Lew *120*

Varo, Remedius 555
Kaiser Vespasian 109
Vetsera, Mary 368
Vico, Giovanni Battista 35, 36, 106, 182, 387
Vignoli, Tito 630
Villain, Raoul-Marie-Alexandre 375, 376, 377, 378, 379, 380
Visscher, Anna Roemers 620
Kaiser Vitellius 109
Vitruv 534, 535
Viviani, René 376
Voltaire (François Marie Arouet) 68, 69, 72, 73, 74, 77, 78, 83, 84, 85, 89, 90, 94, 95, 99, 102, 106, 258, 260, 261, 681

Wagner, Ernst 23, 103, 107, 136-145, 181, 320, 422, 426, 561, 568, 646, 687
Wagner, Richard (Sohn von Ernst) 137
Wagner, Richard 106, 387, 545
Walker, Edwin Anderson 442, 456
Wallace, George 487, 519, 523-526, 713
Warburg, Aby 629, 630, 631
Warhol, Andy 23, 321, 401, 415-422
Weber, Max 182, 183, 183, 189, 192, 207
Weisberg, Harold 447, 451
Weise, Jeffrey James 656
Weiß, Konrad 606
Weiss, Peter 474, 475, 485
Wells, Herbert George (H.G.) 459, 561-577
Werfel, Franz 140, 141, 142
Werner, Zacharias 296
Wharfinger, Richard 554
Whitman, Walt 439
Wieland, Christoph Martin 37, 48, 267, 678
Wigglesworth, Michael 190
Wilders, Geerd 675
Wilhelm I. 59, 117, 544

Wilhelm II. 210, 211, 216, 225, 349, 369
Willis, Philip 479, 480
Wilson, Robert Anton 678
Wimpfen (General) 245
Winn, Steve 520
Wit, Ferdinand Johannes (genannt von Dörring) 298
Wittels, Fritz 231
Wyclif, John 210

Yerushalmi, Yosef Hayim 230, 231

Zahl, Peter-Paul 394
Zapruder, Abraham 433, 460, 476, 477, 478, 707
Zener, Karl 503
von Ziegler (Ministerialrat) 118
Zischka, Rudolf 391, 392
Zola, Émile 373

761

INHALT

GRUNDZÜGE EINER KRITIK
DER PARANOISCHEN VERNUNFT   S. 5-28
| Politik und Verdacht | Kontingenzleugnung | Ikonoklasmus |
Rationalität | Geschichtsbilder | Paranoia als Fatumsgewissheit
und artifizielle Deutung

CAESARS TOD ALS GESCHICHTSMODELL:
DIE VERSCHWÖRUNG DER GESCHICHTE   S. 29-69
| Caesars Tod und die konspirative Philosophie | Die Iden des März
44 | Caesars Tod als Vatermord und Familienaffäre | Brutusschatten
und die Moderne | Noch mehr Brutusschatten: Königsmord und
Gottesmord im 19. Jahrhundert | Kaisertheater. Caesar auf der Bühne

CAESARBEARBEITUNGEN
UND NAPOLEONBILDER   S. 71-102
| Caesars Sohn Napoleon | Caesarnachfolgen und Caesarbear- bei-
tungen: Napoleon in Weimar | Stürzende Kaiserbilder | Das Schön-
brunner Attentat auf Napoleon am 12. Oktober 1809 | Der ›fanatique
de Schoenbrunn‹ oder ein ›deutscher Brutus‹. Stapß in der Literatur

AUS DEN AKTEN DER
KONSPIRATIVEN VERNUNFT   S. 103-145
| Familienähnlichkeiten (1): Caesarenmischpoche | Ikonoklastenver-
schwörung: Caligula, Commodus, Heliogabal | Selbstverschwörung:
König Ludwig II. von Bayern | Gottesverschwörung: Senatspräsident
Daniel Paul Schreber | Dichterverschwörung: Hauptlehrer Ernst
Wagner | Familienähnlichkeiten (2): Wagner und seine Brüder

GOTTES VIKARE
UND IHRE ANGREIFER S. 147-178
| Das Duell des Königs und des Erzbischofs | Becket auf der Bühne: T. S. Eliot und Jean Anouilh | Das Attentat auf Papst Bonifatius VIII. am 7. September 1303 | Bonifatius in Dantes Hölle | Das Attentat auf Henri IV. am 14. Mai 1610 | Mörderkörper und Königskörper | Eschatologische Zeitspenden | Das Attentat auf Papst Johannes Paul II. am 13. Mai 1981 | Die milde Gabe *clementia*

DER BETRIEB DER
PARANOISCHEN VERNUNFT I S. 179-241
| Zuständigkeitsfragen | Die puritanische Rationalität und die Gnade der Effizienz | Kant und die rasende Vernunft | Psychiatrie der Paranoia, Paranoia der Psychiatrie | Die Paranoia der Dichter (1): Oskar Panizza | Die Paranoia der Dichter (2): Karl Kraus und Elias Canetti | Freuds Talmudismus | Docteur Lacan (1) | Pierre Legendre: das Attentat des Gefreiten Denis Lortie

DIE FRANZÖSISCHE REVOLUTION ALS WELTHISTORISCHE
PARANOISCHE GROSSÜBUNG: CHARLOTTE CORDAY
UND JEAN-PAUL MARAT S. 243-270
| Die Ermordung Jean-Paul Marats am 13. Juli 1793 | Das Duell der Souveräne | Die wildgewordene Leserin | Bilderkult: Charlotte | Bilderkult: Marat

DAS 19. JAHRHUNDERT: LOUIS-PHILIPPE, AUGUST
VON KOTZEBUE, ABRAHAM LINCOLN, SISSI S. 271-321
| Das ikonoklastische Attentat im 19. Jahrhundert | Der Anschlag Fieschis auf Louis-Philippe am 28. Juli 1835 | Der Attentäter als Schicksalsfälscher und Techniker | Die Presse und das Bild des Königs | Das Attentat von Karl Ludwig Sand auf August von Kotzebue am 23. März 1819 | ›Schutzbild dieser feilen Zeit‹ | Kotzebue

der Geschichtsfälscher | Caesar and Brutus noch einmal: Abraham Lincoln und John Wilkes Booth an den Iden des April 1865 | Anarchistische Geschichtsrevision: Luigi Luchenis Attentat auf die Kaiserin Elisabeth am 10. September 1898 | Erster Prozess gegen Lucheni: lebenslänglich | Der zweite Prozess: Selbstmord | Aktenraub und Schädelraub

TANZEN, LESEN, SCHREIBEN:
PSYCHOTECHNIKEN DER ATTENTÄTER   S. 323-352
 | Rhythmen: Harmodios und Aristogeiton | Fernsteuerung: Bücher | Skripturale Willenstechnik I: Karl Ludwig Sand | Skripturale Willenstechnik II: Sirhan Sirhan, der Mörder Robert F. Kennedys | Docteur Lacan (2): Schizographie | Hämmern: Ein Literaturtraum des Performativen

DAS 20. JAHRHUNDERT: ESKALATION DER
SICHTBARKEIT UND DER GEWALT   S. 353-399
 | Die drei Dimensionen der Geschichte im 20. Jahrhundert | Ende der Geschichtswette und schizophrene Historiologie | Es hätte auch anders kommen können (1): 28. Juni 1914 | Es hätte auch anders kommen können (2): Die Ermordung von Jean Jaurès am 31. Juli 1914 | Aufstand gegen den Zufall (1): Friedrich Adler | Aufstand gegen den Zufall (2): Theodor Lessing | Es hätte auch anders kommen können (3): Denkmal für den Hitler-Attentäter Georg Elser

BILDERSTURM DER FRAUEN: MARGUERITE
ANZIEU UND VALERIE SOLANAS   S. 401-426
 | Das Attentat von Marguerite Anzieu auf Mme Huguette ex-Duflos am 18. April 1931 | Entwendete Namen, entwendete Lettern | Docteur Lacan (3): Aimée und ihr Sohn, das Nachspiel | Das Attentat von Valerie Solanas auf Andy Warhol am 3. Juni 1968 | Sturm auf das Y-Chromosom und Traum einer männerlosen Welt

DAS ATTENTAT AUF JOHN F. KENNEDY
AM 22. NOVEMBER 1963   S. 427-461
| Unmögliche Erinnerung, totales Gedächtnis | Ereignisse, Daten, Wege, Schussbahnen | Lee Harvey Oswald: Biografie eines Lesers | Verrückte, Nasenschatten, Abgründe und Spuren | Mailer, DeLillo: die Literatur, die Interpretation, der amerikanische Talmud

HEILIGE ZEITEN:
DER AUGENBLICK DES ATTENTATS   S. 463-486
| Heilige Zeiten | 6. April 1252 kurz nach Mittag: Das Attentat auf Petrus von Verona | 13. Juli 1793, 19 Uhr 30: Das Attentat auf Jean-Paul Marat | 22. November 1963, 12 Uhr 30 in Dallas | 11. September 2001, 9 Uhr 15: Angriff auf die Twin Towers

POP IKONOKLASMUS. ATTENTATE AUF
JOHN LENNON UND RONALD REAGAN   S. 487-526
| Die Ermordung John Lennons am 8. Dezember 1980 | Mark David Chapman als Leser | Die Botschaft des Bildes | C.G. Jung als Komplize | Attentat auf Ronald Reagan: Vatermordversuch live | Liebesgeschichte eines Ungeliebten | Hinckley, Leser und Autor | Das Tagebuch des Wallace-Attentäters Arthur Bremer

IKONOKLASMUS DER TÜRME:
DER 11. SEPTEMBER 2001   S. 527-560
| Was ist ein Turm? | Celebrare nomen | Die Botschaft der Türme | Autoikonoklasmus | Anthropologie des Bildes | Thomas Pynchon: *The Crying of Lot 49* | *Loose Change*: das flimmernde Ding (1)

LITERATUR: BLINZLER
UND METAPHYSIKER   S. 561-589
   | Der Traum von einer menschenleeren Welt: Jean Paul, Cousin De
   Grainville, Mary Shelley, Schreber, Wells, Arno Schmidt, Margaret
   Atwood, Maurice Blanchot, Popkultur | Nicholson Bakers Jay meets
   Nietzsches Zarathustra | Don DeLillo: *Falling Man* und Thomas
   Glavinic *Die Arbeit der Nacht*

DER BETRIEB DER
PARANOISCHEN VERNUNFT II   S. 591-631
   | Vorbemerkung | Mapping (1): Hirnforschung | Mapping (2): Die
   alltägliche Paranoia | Mapping (3): Carl Schmitt | Mapping (4):
   Gravity's Rainbow | Mapping (5): Das flimmernde Ding (2) | Map-
   ping (6): Genealogien | Postscriptum

ALTE UND NEUE
ATTENTÄTERPROFILE   S. 633-675
   | Die Wiederkehr des Ödipus: Kind des Zufalls | Gottspieler und
   vaterlose Schoolshooter: Eric Harris, Dylan Klebold, Seung-hui
   Cho, Sebastian Bosse | TNT-Flaneure: die suicide bomber | Die
   neue strategische Lage | Die Aktualität der Paranoia

ANMERKUNGEN   S. 676-724

LITERATUR   S. 725-746

PERSONENREGISTER   S. 748-761

Erste Auflage Berlin 2010

Copyright © 2010 MSB Matthes & Seitz Berlin Verlagsgesellschaft mbH
Göhrener Str. 7, 10437 Berlin, info@matthes-seitz-berlin.de
Alle Rechte vorbehalten.

Umschlaggestaltung: Falk Nordmann, Berlin
Druck und Bindung: Friedrich Pustet, Regensburg

ISBN 978-3-88221-537-3

www.matthes-seitz-berlin.de

DANK

Dieses Buch ist nicht nur das Ergebnis von Beobachtung, Lesen, Denken und bewegten Fingerspitzen, sondern von Freundlichkeit, Engagement, Kritik und Aufmerksamkeit.

Daher danke ich vor allem meinen Mitarbeitern Christian Lück, Nils Menzler und Peter Risthaus, die als Anreger, Leser, Rechercheure, Kritiker, Manuskriptrevisionisten und Gesprächspartner mitgeschrieben haben. Ich danke den Studierenden an der Ruhr-Universität, die sich semesterlang über merkwürdige Schriften und Dokumente zum Thema Paranoia gebeugt und ebenso lebendig wie klug darüber debattiert haben.

Ich danke den Kolleginnen und Kollegen, die mich an verschiedene Orte Alteuropas und der Neuen Welt zu Vorträgen eingeladen haben und mir Gelegenheit gaben, die Ideen und Thesen dieses Buches vor ihrem höheren Verstand auszubreiten: in Linz, Berlin, Darmstadt, Weimar, München, Princeton, New York und Charlottesville.

Für ein glückliches Zeitgeschenk danke ich den beiden Direktoren des IKKM an der Bauhaus-Universität in Weimar, Lorenz Engell und Bernhard Siegert. Sie haben mich im Jahr 2009/10 als Fellow an ihr famoses Kolleg eingeladen und mir dort in der wunderbar offenen und intellektuell anregenden Atmosphäre die Muße beschert, dieses Buch abzuschließen. Ich danke ihnen, den Mitarbeitern des Kollegs, aber auch den Mitfellows dort für das Interesse und die Geduld, die sie mir bei meinen Vorträgen über »flimmernde Dinge« und über die »Söhne des Zufalls« entgegengebracht haben.

Ich danke Thomas Karlauf, Andreas Rötzer und den großartigen Mitarbeitern des Verlags Matthes & Seitz Berlin, die dieses Buch am Kopfschütteln so mancher Verleger und Lektoren vorbei zu den Lesern gebracht haben.